ACCESO GRATIS *a la Lectura en la Nube*

Para visualizar el libro electrónico en la nube de lectura envíe junto a su nombre y apellidos una fotografía del código de barras situado en la contraportada del libro y otra del ticket de compra a la dirección:

ebooktirant@tirant.com

En un máximo de 72 horas laborables le enviaremos el código de acceso con sus instrucciones.

La visualización del libro en **NUBE DE LECTURA** excluye los usos bibliotecarios y públicos que puedan poner el archivo electrónico a disposición de una comunidad de lectores. Se permite tan solo un uso individual y privado.

ARGUMENTACIÓN JURÍDICA
Texto, Razonamiento y Lógica Informal

Procedimiento de selección de originales, ver página web:
www.tirant.net/index.php/editorial/procedimiento-de-seleccion-de-originales

ARGUMENTACIÓN JURÍDICA

Texto, Razonamiento y Lógica Informal

VÍCTOR GABRIEL RODRÍGUEZ

tirant lo blanch
Valencia, 2024

En caso de erratas y actualizaciones, la Editorial Tirant lo Blanch publicará la pertinente corrección en la página web www.tirant.com.

A partir de revisión y ampliación
de la séptima edición en portugués
Copyright 2005 Livraria Martins Fontes Editora Ltda.
Sao Paulo

Traducción
Juan Elías Carrión Díaz

Director de la Colección:
Juan Antonio García Amado

EDITA: TIRANT LO BLANCH
C/ Artes Gráficas, 14 - 46010 - Valencia
TELFS.: 96/361 00 48 - 50
FAX: 96/369 41 51
Email: tlb@tirant.com
www.tirant.com
Librería virtual: www.tirant.es
DEPÓSITO LEGAL: V-3738-2023
ISBN: 978-84-1197-684-8
MAQUETA: Innovatext

Si tiene alguna queja o sugerencia, envíenos un mail a: *atencioncliente@tirant.com.* En caso de no ser atendida su sugerencia, por favor, lea en *www.tirant.net/index.php/empresa/politicas-de-empresa* nuestro procedimiento de quejas.

Responsabilidad Social Corporativa: http://www.tirant.net/Docs/RSCTirant.pdf

Índice

Capítulo III
ARGUMENTACIÓN Y RAZONAMIENTO. PENSAR EN EL OYENTE

Capítulo IV
INTERTEXTUALIDAD: ADHESIÓN DE ESPÍRITUS Y MAGIA ELEMENTAL

Capítulo V
PROGRESIÓN Y COHERENCIA DEL DISCURSO

Capítulo VI

LA NARRACIÓN DE LOS HECHOS, TIEMPO Y ESTRUCTURA

Capítulo VII

ARGUMENTO DE AUTORIDAD: LA PERSUASIÓN DE LA DOCTRINA

Capítulo VIII

ARGUMENTACIÓN POR ANALOGÍA: EL USO DE LA JURISPRUDENCIA

Capítulo IX

EJEMPLO, LO FIGURATIVO Y LA ILUSTRACIÓN DEL DISCURSO

Capítulo X
ESTRUCTURA LÓGICA Y ARGUMENTO: A FORTIORI, AD ABSURDUM Y RIDÍCULO

Capítulo XI
ARGUMENTACIÓN DÉBIL: EVASIÓN Y SENTIDO COMÚN

Capítulo XII
CUANDO EL LENGUAJE ES ARGUMENTO

Capítulo XVI
PECULIARIDADES DEL TEXTO ESCRITO

Capítulo XVII
ESTILO Y CREATIVIDAD

Capítulo XVIII
INTELIGENCIA ARTIFICIAL: ARGUMENTOS A SU FAVOR

Introducción a la Séptima Edición en portugués

Creo que la presentación de esta 7ª edición de la *Argumentación Jurídica* debería comenzar con la afirmación principal: en comparación a las ediciones anteriores, el lector recibe un libro totalmente transformado, algo que es mucho más que una revisión actualizada. Se trata de una relectura completa del contenido, del estilo y las referencias, de los veinte años que nos separan de la primera publicación de esta obra, en portugués, al momento en que terminé esta edición.

Aquí el lector dispone de un nuevo libro, basado en aquella primera idea, pero totalmente repensado y reescrito, como para celebrar estas dos décadas de existencia de la obra. En esta presentación, especialmente para los que conocían la versión en portugués, vale la pena describir alguno de estos cambios.

El proceso de actualización puede esquematizarse en una disyuntiva: (**I**) por un lado, una renovación de la forma y, sobre todo, del contenido, que introduje con la finalidad de que el libro *siguiera* respondiendo a las necesidades del operador del Derecho. Si me permiten la falta de modestia, escuché muchas veces, de alumnos y profesores, pero, principalmente, a operadores del Derecho, una afirmación en este sentido: "la lectura del libro, de principio a fin, cambió por completo mi forma de estudiar y de trabajar". Ese es el lado que denomino objetivo, o en segunda persona: el *lector* continúa usando este libro como una herramienta de estudio que es capaz de transformarlo, de otorgarle habilidades. Para ello fue necesario una intensa actualización, desde la forma en que se enuncian las ideas, el vocabulario, hasta y, sobre todo, la forma en que hoy opera el Derecho; (**II**) en cambio, lo que denomino subjetivo, o en primera persona: después de veinte años de superación y estudio diario, dentro de la universidad (y, a veces, dentro del Poder Judicial) y también como escritor, la obra desactualizada dejó de agradarme personalmente. Desactualizada, compréndase, no por sí misma, sino por lo que entiendo hoy que debe ser un texto que corresponda a mi autoría. Por lo tanto, era necesario un *salto cualitativo* en la escritura, para que pudiera reconocer mi propia creación[1].

Por supuesto se advierte que esta disyuntiva, en algún momento convergerá al mejor resultado, porque ambos aspectos —funcionalidad y renovación técnica— se complementan hacia tal finalidad. Pero esto, claro, solo al final del proceso, porque, como disección, implicaba un trabajo aparentemente contradictorio. Mientras tanto, me preocupaba que mi necesidad de elevar el nivel del texto, de documentar posiciones, de confirmarlas con un método solvente, de precisar el vocabulario técnico, etc., no chocara con la claridad, con la fluidez de la lectura. De lo contrario, sería un libro teórico más, reproduciendo textos ya escritos, sin la innovación que, resaltamos, marcó esta obra, hace veintitantos años.

Para mantener este equilibrio, utilizamos algunas técnicas, que explicamos brevemente a continuación. (**1**) En primer lugar, una actualización general en términos de lenguaje y ejemplos. La relectura de la versión anterior de la obra, a pesar de todo el placer que supone reconocerse en las propias aseveraciones, revelaba (**1.a**) un lenguaje anticuado, que necesitaba urgente renovación. Genial, porque, en la metalingüística pura, confirma nuestra tesis de lo efímero de los medios expresivos. Se reescribieron frases y párrafos enteros en su totalidad, aunque su contenido fuera casi prácticamente el mismo. "Casi", decimos, porque aquí sabemos

---

1 Esta afirmación puede parecer excesivamente subjetiva al lector. Sin embargo, al leer la obra, el lector se acostumbrará a entender cualquier proceso de escritura como una forma de transposición de la personalidad al texto, y al diálogo entre el texto y el propio autor, para la construcción del producto final.

que cualquier cambio enunciativo transforma el contenido, lo notemos o no. En este paso de actualización, también (**1.b**) los ejemplos son diferentes, especialmente cuando se trata de ejercicios de análisis textual. Ejemplos más contemporáneos, abandonando algunos clásicos que, a pesar de serlo, ya no representan para nosotros con exactitud la técnica o la base conceptual sobre la que queríamos disertar. También cuidamos para que los ejemplos tuviesen alcance más amplio, anticipando la edición en español, aunque esa no haya sido una tarea dificultosa: a final, mi formación y mis lecturas, desde niño, siempre han partido de un repertorio hispánico.

En este punto de ejemplificación, sobresalió algo que el libro siempre trata: la seguridad personal de quien escribe, la forma en que el autor, poco a poco, gana en estilo y en la forma de imponer su propia creación. Utilizar, como instrumento de análisis de texto, una canción de los *Ramones* o introducir, en el libro jurídico, la fotografía de un grafiti callejero era algo que me hubiera gustado hacer hace dos décadas, pero que el formalismo jurídico me impedía hacer. El formalismo continúa, pero ya no restringe mi expresividad, eso es lo que quiero decir, debido a la seguridad adquirida tras reiteradas ediciones de ésta y de otras obras. También, como resultado de esta confianza en nuestro propio trabajo, utilizamos (**1.c**) algunos fragmentos narrativos de nuestra autoría, publicados en otros medios, que funcionan aquí como objetos de análisis textual. Esta autorreferencia no significa, creemos, un ejercicio del propio ego, sino de transmitir al lector, de como lo que cuenta el autor en teoría, en la práctica lo demuestra con sus postulados.

También tuvimos que ponernos al día, y mucho, sobre cualquier (**2**) alusión a la actividad forense. En estos años, sobre todo después de la triste Pandemia de 2020, el funcionamiento del derecho cambió radicalmente. Por lo tanto, pensé que un libro de argumentación que no tuviera referencia directa a las *audiencias virtuales*, grabaciones de vídeo por el celular, sustentaciones orales *on-line*, la extracción informática de referencias o, más especialmente, la utilización de la inteligencia artificial por los tribunales o incluso los despachos, tendría escaso valor funcional. Estas transformaciones traen consecuencias en la propia visión filosófica del lenguaje aplicado, en la que a veces hemos tenido que entrar, pero no es el tema principal que nos ocupa. La primera preocupación era saber si los conceptos y, sobre todo, las técnicas seguían estando vigentes, cuando se imponen los soportes digitales y audiovisuales, en un giro sobre el que aún queda mucho por escribir. Por supuesto, todo esto implica la necesidad de una actualización constante, pero esto también forma parte de nuestra propuesta.

En relación con lo que llamamos la parte subjetiva, es decir, dar un **(3)** salto cualitativo para que el texto alcance nuestra evolución de pensamiento y lectura, hubo algunas medidas, que consistieron básicamente en —sin desviar al lector de los objetivos de la obra— profundizar en algunas posiciones teóricas que nos llegaron a lo largo de los años. En resumen **(3.a)** pensamos y reforzamos el método narrativo como estructura de argumentación. Este ha sido en gran medida el fundamento de nuestro análisis del derecho como un todo, tanto en el derecho penal como en la producción científica. A través de esta Editorial, publicamos un libro que retoma esta teoría narrativa[2], pero aquí vamos un poco más lejos. Como hemos dicho, mucho más que una técnica *storytelling* que algunos quieren resucitar, la comprensión narrativa de la construcción y aplicación del derecho es algo que intentamos sedimentar con constantes estudios, también en el derecho penal. Con esa finalidad, en esta séptima edición ha sido necesario ampliar algunos puntos teóricos. Sin desviarnos de nuestro rumbo, añadimos algunas aclaraciones, con alguna referencia a los autores. También **(3.b)** afirmamos la argumentación como técnica y no como ciencia, y luego tocamos lo que algunos filósofos postulan como "pensamiento mágico", al menos para no devaluar

---

2 Véase "El ensayo como tesis: estética y narrativa en la composición del texto científico", de Martins Fontes.

nuestra técnica como arte intuitivo, o cualquier otro predicativo que quieran decir los detractores, adeptos de algún positivismo inalcanzable. En este sentido, tuvimos que pasar por la dura reafirmación de que el derecho tampoco es ciencia y está instrumentalizado por el texto escrito. En estos veinte años que separan los dos extremos de nuestra obra, muchos autores se han adherido a esta posición que, antes, era casi como un grito en el desierto, anclada en poco más que nuestra observación de la vida jurídica cotidiana. En efecto, el hecho de no considerar el derecho como una ciencia no es una falta de respeto a nuestra materia, sino todo lo contrario: es un respeto al método científico y a la consecución de elementos realistas en nuestra epistemología, en nuestra forma de aprehender la realidad. Es natural el movimiento de especializaciones en áreas del conocimiento, como subespecies que surgen en una inevitable línea darwiniana, y la teoría de la argumentación forma parte de esta ramificación, pero esto está lejos de significar una elementalidad científica. En otras palabras, aquellos que consideran la argumentación como algo poético porque dista mucho de ser "ciencia", en nuestra opinión deberían saber un poco más sobre lo que es la ciencia en sí, hasta que se den cuenta de que nosotros mismos, los juristas, no somos científicos per se. En este libro esa convicción es mucho más profunda y justificada, y creemos que esa seguridad se refleja, como elemento de convicción, a lo largo de todo el texto.

Por último, con respecto a esta mejora, el lector verá **(3.c)** numerosas referencias bibliográficas. En cierto modo, la ultrarreferenciación es contraria a lo que nosotros mismos postulamos, pero en este punto no había forma de superar la tendencia actual. La consulta constante de las numerosas obras respondía a nuestra necesidad de confirmar y revisar postulados, además de orientar al lector, en caso de que quisiera profundizar en su estudio. No es cuestión de inseguridad apoyarnos en otros autores, sino al revés: cuando transitamos por la filosofía del lenguaje, la lingüística, lógica formal y matemáticas, o elementos laterales aquí, como las técnicas literarias o incluso de publicidad, señalamos al lector que puede confiar en afirmaciones sobre lo que no es necesariamente nuestro ámbito de dominio.

Para que este enriquecimiento bibliográfico no signifique una negativa de nuestra constante afirmación de que el texto vale por sus ideas y no por las remisiones a otras lecturas, utilizamos un recurso estético: las referencias fueron, en su mayor parte, trasladadas al final del libro, para que el cuerpo principal del texto se lea con cohesión y dinamismo, y no parezca literalmente apoyado en notas a pie de página.

Con este método alcanzamos buenos resultados. En esta revisión redescubrí subjetivamente el libro como mi propia obra, correspondiente a cómo percibo el estado teórico de las cosas. También observo que, en el aspecto global, solo he confirmado, en un proceso de investigación para mí mismo, los postulados que había creado previamente por observación y algo de intuición. En gran medida, las referencias a algunas obras teóricas fundamentales aparecen aquí para ser rechazadas en sus conclusiones o, mejor dicho, ser crítico con su trayectoria. Más concretamente, confirmé que la gran mayoría de los teóricos caen en el error de, al tratar la argumentación, o bien volver al estudio de la hermenéutica jurídica, o bien ignorar la lógica formal. Y así, a medio camino, los libros de Argumentación Jurídica que se encuentran en el mercado no contribuyen a mejorar la expresividad del lector y pocas veces favorecen la construcción estructural del texto.

Sigo creyendo que el gran éxito que han tenido las sucesivas ediciones de este libro se debe a esa falta de pretensiones iniciales, a esa forma de autodescribir el proceso argumentativo —es decir, no querer convertirse en un teórico de la argumentación, sino en alguien que transmite lo que percibe de la construcción textual en el Derecho—. Y esta esencia, en esta nueva relectura, a pesar de toda la confirmación teórica que tuvimos la oportunidad de hacer, no se perdió. El texto es, en esa perspectiva objetiva y subjetiva que decíamos al principio, como primera y segunda persona, la expresión actualizada de mi visión de cómo escribo y cómo argumento, en la posición de jurista o escritor. Como creo que esta técnica puede servir a otros, las presento aquí como lecciones, con el (ahora sí) pretencioso objetivo de que sigan siendo un Programa de Argumentación Jurídica, como manual de clase o como instrumento de autoaprendizaje para el profesional del derecho. Si hay una tesis que demostrar aquí, se diluye a lo largo del texto, sin intención directa de este autor.

Por tanto, esta séptima edición sigue siendo una obra instrumental y teórica, de la que me siento muy orgulloso. Además, ahora se estrena este libro para el mundo hispanohablante. Los que leen este texto en castellano reciben no sólo la traducción del Dr. Juan Elías Carrión. A partir de su texto, he tenido nueva oportunidad revisar y actualizar conceptos, además de cambiar unos pocos ejemplos e ilustraciones, adaptándolos al nuevo público.

***

Capítulo I

Estudiando la argumentación

INTRODUCCIÓN

Iniciamos nuestro estudio con una afirmación muy objetiva: nunca ha sido tan necesario, para el jurista, el estudio de la argumentación.

Todo lo que se verá en este libro, como aspecto introductorio al uso del lenguaje no solo para el convencimiento del interlocutor (un juez), sino también para la organización del propio razonamiento, cobra más relevancia ahora que en tiempos anteriores. Incluso en la época contemporánea, cuando los discursos jurídicos parecen reproducirse a sí mismos, cuando todo el funcionamiento del Derecho, a escala mundial, trata de encajar en formas electrónicas, o incluso cuando la inteligencia artificial ya es capaz de interpretar alegaciones y redactar sentencias[3], es en este momento cuando más debe estudiarse la argumentación. Comprender el lenguaje tal como es, saber mantener estructuras de razonamiento persuasivas, incluso con oyentes acostumbrados a formarse opiniones por los *posts* de las redes sociales —ésta es la tarea de quienes quieren ejercer efectivamente el derecho. Para ello, por supuesto, es necesario revisar parcialmente algunos supuestos de la retórica estudiada en otras épocas, pero con una mirada bastante prudente en lo que concierne a su inmediata aplicación. El objetivo de quienes inicien la lectura de este libro debe ser desarrollar y mejorar una argumentación basada en las necesidades contemporáneas, que incluyen lógica y expresión[4].

---

3 Véase, por ejemplo, el capítulo XVIII sobre la argumentación frente a la inteligencia artificial.

4 Que será, por tanto, efímero.

Si el lector acepta la invitación a concentrarse en esta lectura, paso a paso, encontrará, al final, un fuerte aumento de su capacidad para organizar su razonamiento, desde la formulación de una tesis jurídica a defender hasta la persuasión del juez al respecto. Basta con seguir unas etapas de estudio, y la primera de ellas es la que ya hemos iniciado: situarnos en el momento actual de la actividad argumentativa para el jurista.

UN MAR DE INFORMACIONES

El lector verá que a menudo utilizaremos fragmentos de la literatura, la música, textos visuales o incluso notación matemática. Es una forma de mantener el estudio del lenguaje dentro de sí mismo, en sus diversas manifestaciones, en lugar de limitarse a teorizar. Para nuestro lector, esto debe considerarse no como una mera figura para fijarlo en su memoria, que también lo es, sino como una *demostración*. Lo que explicamos, al ser lenguaje, no solo se traduce —como ocurriría con una técnica jurídica— en él, sino que se *demuestra* como él mismo.

Así, iniciamos con una ilustración: un famoso texto de Samuel T. Coleridge[1], quizá el poema más conocido del romanticismo británico[2].

Día tras día
Nos hemos quedado estancados
Sin aliento y sin movimiento
Paralizados como un barco y un océano en una pintura
Agua, agua por todas partes
Y toda la comida se acababa
Agua, agua por todas partes
Pero ni una gota para beber[5]

---

5 Traducción libre del fragmento: Day after day, day after day/We stuck, nor breath nor motion;/As idle as a painted ship/Upon a painted ocean./Water, water, everywhere, And all the boards did shrink;/Water, water, everywhere,/Nor any drop to drink.

El poeta de principios del siglo XIX consigue, en una narración métrica, transmitir la subjetividad y el terror de su objeto: una aventura maldita en un barco de la Inglaterra imperial, repleta de tormentas, disturbios, motines, encuentros fantasmales[3] y hechizos. En uno de sus pasajes, con una sonoridad que, en el original, recuerda la angustiosa calma del barco a la deriva, el poeta relata una de las maldiciones del protagonista: la tripulación del velero está condenada a morir de sed, cuando sus ojos solo ven agua. "Agua por todas partes, sin una gota para beber". Nada para saciar tu sed, en medio del océano.

Esta maldición del marinero sediento nos sirve ahora de metáfora. Estudiar y aprender sobre argumentación, especialmente en textos jurídicos, puede surgir de la frustración de darnos cuenta de que todos estamos a la deriva en un mar de informaciones. Accedemos a absolutamente todos los datos que queremos, como el marinero que admira el océano, sin una gota de agua potable. Si nos fijamos en la práctica jurídica, cada vez será más frecuente encontrar personas que tienen conocimientos muy especializados en su área, pero que son casi incapaces de *redactar un texto*[4]. Y, si lo son, su construcción no va más allá del nivel informativo, no son más que, por decirlo con cierta exageración, un prospecto de medicamento o un manual de instrucciones. Desaparece la capacidad de *persuasión*, de hacer que el interlocutor cambie su forma de pensar, para que, durante la lectura, se transforme a sí mismo[5]. Sin este potencial para afectar la mentalidad del lector, nos encontramos ante otro texto insípido, pues el océano interminable de informaciones, de realidades parciales burocráticamente puestas en palabras[6].

---

6 El rápido nivel de mejora técnica de la Inteligencia Artificial puede traer la impresión de que ella ayudará a construir textos persuasivos. Ella sí tiene el potencial de mejorar el texto, si aquel que a ella recurre no tiene recursos propios. Pero significará pura ilusión, porque el autor será manipulado por la máquina, ya que el texto que presenta no es expresión de su razonamiento interno. Ese proceso puede traer efectos reversos mucho peores que asumir, de inmediato, limitaciones argu-

Este estado de cosas, sin embargo, no conduce al pesimismo respecto a la necesidad del estudio retórico y argumentativo en la actualidad. Sólo tenemos que adaptarnos a los cambios: la menor cantidad de tiempo, el lenguaje audiovisual, la sistematización de las plataformas digitales, las aplicaciones de inteligencia artificial, entre otros temas que abordaremos en su momento. En otras palabras, nuestra misión es evitar el gran malentendido de que el estudio de la retórica, la construcción textual y la argumentación es anacrónico, algo del pasado, destinado a la producción de materiales (discursos), ya impertinentes, a la justicia digitalizada. Por el contrario, el estudio de la argumentación tiene mayores razones para volver a las bases del Derecho, porque se intensifica la necesidad de adaptación discursiva. El derecho no ha dejado de ser lenguaje, pero el lenguaje ha perdido concreción, es más efímero y, la mayoría de las veces, menos preciso[7].

A todo esto, se suma la buena noticia de que existen una serie de áreas de conocimiento que, si se amalgaman en su debido orden, contribuyen a que el profesional adquiera esta capacidad discursiva. Por lo tanto, el conocimiento retórico no es intuitivo: se puede aprender, entrenar y desarrollar.

EPISTEME Y CORTE HISTÓRICO

De lo expuesto se deriva la cuestión de cuál es el enfoque epistemológico de nuestro estudio, es decir, saber cómo abordar esta área de conocimiento. Existen varios intentos de reinterpretar lo

---

mentativas —materiales o formales— y enseguida buscar su sanación. Las ventajas de la IA y su aproximación al lenguaje natural se cuidarán en el cap. XVIII

7 Por ello, las sucesivas ediciones de este libro han incorporado elementos de notación matemática y de lógica formal. Es que, sin entrar exactamente en expresividad, la reciente apertura del derecho a principios inseguros e ideologías muy ambiguas hacen que vuelva a ser imprescindible al menos considerar momentos de concreción, de definición sobre límites: de qué se habla, cuáles son los límites y las aplicaciones.

que se entiende por una retórica contemporánea, pero entrar en esta discusión no sería fructífero en este momento. Lo que habría que hacer, en un sentido epistemológico, es construir lo que creemos que puede ser un *Programa de Argumentación Jurídica*, es decir, la definición del conjunto de estudios y habilidades que un profesor universitario puede aportar a sus alumnos. Este libro servirá de base para ello, pero su objetivo no es ser solo un libro de texto: está construido para que el lector pueda desarrollar *también* su capacidad argumentativa a través de su propia lectura, quizá ya fuera de los bancos de las facultades de Derecho. Por lo tanto, traemos, en esta parte introductoria del libro, una mínima comprensión de lo que es la disciplina que se estudiará.

Como área de conocimiento que abarca diversas materias y disciplinas, surgen de forma natural diferentes tendencias para su abordaje. Desde una disciplina que observa las relaciones de poder, a un nivel más abstracto[6], pasando por elementos psicológicos, en tramas más subjetivas, a momentos más objetivos y funcionalistas[7], sobre una sociedad anclada en el propio lenguaje. Todas ellas resultan bastante interesantes, y muchas de ellas son exploradas por nosotros, porque la tendencia a interpretar la sociedad como una construcción lingüística tiene reflejos en el estudio de las normas en su conjunto. Así, solo a modo de ejemplo, la interpretación de la sociedad como un sistema de lenguaje que se reproduce a sí mismo, si bien no ofrece respuestas a todas las cuestiones que rodean al ámbito jurídico, sin embargo, enriquece enormemente los estudios lingüísticos dentro de nuestra área de conocimiento, de la que la retórica no es menos parte.

La forma más adecuada, para nuestros objetivos, de exponer los límites del área del conocimiento que aquí vamos a desarrollar, con un sesgo práctico, es exponer la evolución histórica del estudio argumentativo, hasta llegar al momento actual.

En 1954, en Estados Unidos, Johnstone publicó un artículo explicando una "nueva teoría de la Argumentación", que, en gran medida, abre el espacio para lo que hoy estudiamos, aunque, de nuestra parte, impongamos alguna crítica. Introduce su artículo señalando que los principios de la argumentación filosófica aparecen fuera del género clasificatorio. "No parecen identificarse estrictamente con los cánones de la lógica formal, el método científico o cualquier disciplina previamente establecida"[8]. Y a continuación ofrece algo más que una reseña de la obra de los francófonos Chaïm Perelman y L. Olbrechts Tyteca (*Rhétorique et philosophie por une theorie de l'argumentation en philosophie*), publicado dos años antes, en 1952. Johnstone observa que los autores se preocupan de las cuestiones más mundanas de la ética filosófica, además de la idea del libre albedrío[8], que siempre se sitúa como concepto clave en la argumentación. Acercarse a la verdad y a la razón es la necesidad y el compromiso de todo pensador, pero la progresión filosófica proviene de las decisiones sobre los mejores caminos, entre tantos que existen, en lo que denomina "filosofía relativa", en contraste con una filosofía dogmática y absoluta. En tal sentido, las decisiones de la filosofía relativa están influenciadas por vías argumentativas, de ahí la conclusión de que ella misma, es decir, la filosofía relativa, es producto de la retórica[9]. Johnstone critica el punto de vista de los autores belgas al no distinguir exactamente la retórica, como modo de persuasión, de la dialéctica, como arte de encontrar contrapuntos en lo que parece establecido. Aun así, el autor remarca que allí surge un nuevo método para abordar los temas filosóficos. Comienza una reanudación del arte retórico, no como una forma de persuadir sin más, que conduce a resultados, sino de establecer el propio conocimiento, que no siempre puede reducirse a la lógica formal, cartesiana, aunque, decimos nosotros, tenga la perfección formal como meta a alcanzarse.

---

8 Sobre el tema, véase nuestro "Libre Albedrío y Derecho Penal", por Marcial Pons.

9 "Genuine choice is involved, and choice is influenced by argumentation. So relative philosophy is ultimately a product of rhetoric".

RETÓRICA DEL SIGLO XX

Esta obra de Perelman/Olbrechts constituye efectivamente un hito en la evolución del conocimiento retórico. Hasta hoy venerado, por su agudeza en la observación de los fenómenos que proponía, merece, por nuestra parte, humildemente dicho, alguna revisión[10].

Su obra señala que, durante siglos, el papel de la argumentación en el Derecho fue secundario porque las decisiones judiciales no necesitaban ser fundamentadas. El juez, que debía buscar ante todo la "justicia", tenía poco claras las fuentes del derecho y confundía a menudo —porque así era— los preceptos jurídicos con criterios morales y religiosos. El Derecho quedó casi restringido a la atribución de determinados órganos para legislar y otros para aplicar la ley. Sin necesidad de una fundamentación específica de los juicios, de persuasión racional, era natural que el papel de la argumentación y su estudio pasara a un segundo plano, aunque los valores y la mayor subjetividad fueran materiales para la aplicación de elementos de persuasión. Pensemos, por ejemplo, en el absolutismo monárquico, en el que el rey intervenía en las decisiones judiciales y las sentencias rara vez se leían con grandes fundamentos, solo una sucinta exposición del contexto probatorio. Se dejaron de lado los códigos, las leyes escritas y las interpretaciones literales, y la fundamentación de las sentencias se basaban en principios de sentido común. Basta recordar la conocida decisión del rey Salomón al determinar la división del hijo

---

[10] Si el lector nos permite una digresión personal, la obra de Perelman fue punto de partida de todos los que empezamos el estudio de la retórica en fines del siglo XX en países latinos. Por eso, una obra como esta trae los escritos de Perelman/Olbrechts como premisa implícita, y las innovaciones son resultado de una actualización crítica, natural de la dialéctica y del propio paso del tiempo. Las posiciones que, a lo largo del tiempo, dejamos de compartir con esa obra maestra no significa que deje de ser el referente de una generación, especialmente iberoamericana.

de los que se disputaban, o, en una obra que citaremos a menudo, las justas decisiones de Sancho Panza[9], cuando el escudero es nombrado rey de su propia isla: analfabeto, sin basarse más que en el sentido común, impresiona por lo acertado de su noción de justicia.

Por eso Perelman/Olbrechts eligen a la revolución francesa como hito del proceso evolutivo de la relevancia de la formación humana en argumentación[10]. En efecto, el advenimiento de la separación de poderes, de las leyes escritas y de la obligación de fundamentar las decisiones judiciales condujo a la reinvención del discurso, de los procesos escritos, a la racionalización del derecho en su forma de construirse. Después de mucho tiempo de arbitrariedad, la revolución francesa estableció la seguridad y la igualdad como el valor jurídico superior, entendido allí como conformidad de la decisión con la ley previa. El juez se somete a la norma escrita, y esto es lo más relevante en su actividad: la racionalización como huida del subjetivismo y los privilegios.

Y en todo este contexto —por supuesto en líneas muy generales, se insertan las ideas de Darwin, determinando un origen genético para la raza humana en la evolución de las especies, a partir de un único espécimen de vida en la Tierra[11]; Freud afirma que puede interpretar los sueños y descubrir el origen de las personalidades[12]; seguidores de enciclopedistas que se oponen a la fe y vuelven a contar la historia-la cultura en su conjunto se acerca al auge del empirismo, la impresión de que, a grosso modo, todos los fenómenos observables pueden explicarse en el laboratorio. Y mientras el mundo vive la fascinación, como ilustra conocido personaje de la literatura brasileña[11], de "la pura fe de ojos negros y constituciones escritas", cuando pasa "haciendo romanticismo práctico y liberalismo teórico", en el campo de las ciencias humanas florece el positivismo de Comte, refractado en el Derecho por

11 Se trata del personaje *Brás Cubas*, de Machado de Assis. Este autor, aunque iniciando el realismo literario brasileño, era muy crítico al positivismo de su tiempo.

pensadores como Duguit[13] y Hans Kelsen. El Derecho se aleja definitivamente del iusnaturalismo, de la creencia de que existen valores superiores a las leyes establecidas y busca así sistematizar su actividad con el razonamiento y el cálculo casi cartesiano en su aplicación. El derecho, como nos recuerda Larenz[12], se eleva a la categoría de ciencia, pudiendo establecer verdades inequívocas[14]. Una evolución loable, pero que parece aportar menos valor a la argumentación, al lenguaje natural y a las técnicas de persuasión, porque se alejan de la exactitud que exigía entonces el razonamiento jurídico, impregnado de concepciones naturalistas. Por otra parte, es cierto que el movimiento liberal, con el sueño hecho realidad en el Código Napoleónico, condujo al mundo a una seguridad jurídica[15], que no se había experimentado desde hacía mucho tiempo, como luego se dirá.

Pero la creencia en valores exactos y deterministas está alejada de la realidad. Nietzsche, asumiendo la huida de un pensamiento sistemático, pero deseando, según él, "hacer del conocimiento su pasión más poderosa", inaugura el desprendimiento total del hombre de cualquier precepto moral. El racionalismo —y esto es esencialmente importante para nosotros— habría sido desvirtuado por los seguidores de Sócrates, porque no habrían reconocido que su maestro era la superación de sí mismo. A partir de Platón, este racionalismo se vio contaminado por la patología que había provocado la decadencia de la humanidad, un monismo teórico impregnado de moralismo, que no sería más que una ilusión óptica[16]. Del conocido punto de partida de que "Dios ha muerto"[17], sumado a la potencialidad de que el hombre puede destruir la moral, nace el ideal del *Übermensch*, el superhombre, o, mejor, los superhombres, los superiores que alumbrarán la superioridad del

---

12 Nuestra posición del Derecho como Ciencia no coincide con Larenz. En este punto, estamos más cerca de un área de conocimiento aplicado, proposicional y apoyado en paradigmas, como afirma Kuhn. Sin embargo, por el momento, el uso de la palabra ciencia quedaría técnicamente reservado a los métodos experimentales. Así, el citado trabajo de Mario Bunge.

futuro humano. Por supuesto, todo este determinismo y desapego de los elementos morales llega a tal punto, y aquí estamos de nuevo con Perelman, que un tirano[18] calcula que puede desarrollar una raza naturalmente superior en el mundo, la aria. Dicha superioridad física justificaría empíricamente la dominación y, en caso necesario, el exterminio de las razas inferiores. Así, la Segunda Guerra Mundial llegó al extremo de casi llevar a la humanidad a la extinción. Al mismo tiempo, el ser humano observa cómo las matemáticas y la ingeniería, que construyeron máquinas absolutamente modernas, tan admiradas, aumentan los instrumentos de guerra y se convierten en un potencial de muerte y exterminio. Es más, o menos por este camino que Perelman elige el juicio de Nuremberg como el hito de una nueva visión en la filosofía del derecho, cuando demostró que un Estado podía ser criminal[19]. Por supuesto, la visión resulta anacrónica, ya que un estudio de los estados criminales, para nosotros hoy, requeriría una visión más allá del holocausto judío. Lo cual, por supuesto, no es poca cosa[13], pero está desfasado, porque la Segunda Guerra Mundial no marcó el final de los genocidios. Para nosotros, es más importante constatar que la Alemania nazi hizo notar a todo el mundo que la fe en el empirismo y, de alguna manera, en el utilitarismo[14] de base racional conducía ciertamente a un discurso de legitimación de un régimen asesino. Para los que estaban en la cumbre del racionalismo, la Grande Guerra fue una impactante decepción.

---

13 Nos referimos a la realidad de que hoy la idea, la percepción del genocidio va más allá del eurocentrismo de la guerra. No solo porque las muertes de la Segunda Guerra Mundial casi se reprodujeron en otros holocaustos de regímenes totalitarios, sino porque se empieza a asumir que los estados son cómplices, por omisión, de muchas otras muertes que se repiten en zonas periféricas al centro norte: poblaciones indígenas, trabajo esclavo o semiesclavo a la luz del siglo XXI etc. Todo esto importa mucho en el contexto argumentativo, porque amplía notablemente el concepto de justicia, con consecuencias prácticas para la construcción de un discurso efectivamente necesario.

14 Para uma visión crítica del utilitarismo, véase RODRÍGUEZ, Víctor Gabriel, *Delación Premiada: Límites Éticos al Estado*, Bogotá: Temis, 2018.

Entre la revolución francesa y el proceso de Nuremberg, asistimos a la valorización del aspecto absolutamente formal y sistemático del razonamiento judicial, que poco a poco, en la dialéctica común de la humanidad, comenzó a ser superado. Es que uno se da cuenta de que trabajar con valores sociales, con expectativas y con conceptos más amplios, como justicia e igualdad, es también tarea del Derecho, como disciplina de las humanidades. Perelman diría, en el más reciente de sus estudios, que estamos en los albores de una época en la que, sin regresar al derecho natural, el juez busca una solución equitativa y razonable, mientras no escape a los límites de la ley[20]. En nuestra opinión, una afirmación como ésta es básicamente retórica también, porque afirmar que se busca un equilibrio entre el ordenamiento jurídico y los ideales de equidad y justicia es algo, dentro de la argumentación, demasiado amplio, capaz de describir cualquier fase de la evolución del pensamiento humano, desde, por ejemplo, la antigua Grecia o el derecho romano. Una especie de, como se verá más adelante en este libro, una argumentación débil[15], es decir: útil para algún momento del discurso, pero casi incapaz de imponer soluciones. Habría, en nuestra humilde opinión, que profundizar la comprehensión del fenómeno, antes mismo de actualizarla.

ARGUMENTACIÓN CONTEMPORÁNEA

Como habíamos adelantado, las consideraciones de Perelman/Olbrechts llegan hasta la segunda mitad del siglo XX, pero mucho ha ocurrido desde entonces[21]. Hasta aquí estamos de acuerdo con Perelman, porque es un hecho que la ilusión de que existe un derecho aplicable casi matemáticamente se ha desvanecido, en gran medida por la fuerza de los estudios retóricos: la incorporación del estudio del lenguaje y de los principios lingüísticos al derecho sedimentó la comprensión de que tal exactitud matemática era, a su modo, también una forma retórica, un dis-

---

[15] Véase el Capítulo 12.

curso creado para dar seguridad y legitimidad a una decisión jurídica, que ontológicamente es argumentativa. Al mismo tiempo, como veremos al final, parte de las ciencias exactas, como la física newtoniana[16], perdió su capacidad de explicar el mundo entero, lo que también trae menos crédito a lo que se entendía ser el método de laboratorio.

En los últimos años, hemos constatado que la complejidad normativa ha alcanzado niveles tan extremos que la primera duda de los operadores del derecho ni siquiera es saber si la norma es aplicable al caso concreto porque es la más adecuada, sino si sigue en vigor. Aquellos que asistieron a la universidad hace unas décadas recordarán que era sencillo seguir las lecciones dogmáticas del derecho mediante un código o un libro impreso, que se actualizaba cada año. Hoy en día, la producción de leyes es tan intensa que que es imposible impartir una clase sin recurrir a plataformas electrónicas que den cuenta de la legislación vigente de cada día. Del mismo modo, los abogados y jueces siempre consultan los portales legislativos al fundamentar sus escritos, y no es extraño que las resoluciones judiciales se basen en normas ya derogadas, a falta de esta diligencia.

Esta sobreproducción va acompañada de interminables publicaciones de doctrina y jurisprudencia, lo que fatalmente conduce a la desorganización e incertidumbres[22] a la hora de aplicar la ley más justa. En una búsqueda incesante de *seguridad racional* a la hora de sentenciar, el camino, *a grandes rasgos*, fue migrar a un sistema de principios, de grandes ramas inalterables: la Constitución escrita de cada país se ha convertido, con sus derechos fundamen-

16 Es de notarse, sin embargo, que la caída de la Física Newtoniana en los fenómenos de realidad cuántica se haya hecho por elementos puramente lógicos, básicamente cálculos matemáticos, que, a día de hoy, pasados casi cien años de su elaboración, siguen siendo confirmados. Las ondas gravitacionales, previstas teóricamente por Einstein, fueron confirmadas a partir del año del 2015.

tales, en un eje de estabilidad para la dialéctica argumentativa y la construcción de la sentencia.

Además, hay otro fenómeno que se ha ido construyendo en paralelo a lo largo de las décadas: una tardía reconquista democrática. Los años ochenta y noventa fueron, no solo en América Latina sino también en países como España y Portugal, momentos de reinicio de las libertades, de adquisición del orden constitucional. Con nuevas Constituciones redactadas, con la voluntad real de hacer valer los derechos fundamentales inscritos en ellas, entre los que se encontraban no solo nuevos derechos colectivos, sino también derechos de cuarta generación, que son afirmativos y que, por tanto, conllevan en sí mismos a una lógica de aplicación totalmente distinta. Ya no son la defensa del individuo frente al Estado, ni siquiera la defensa de su propiedad y libertad frente a sus semejantes —que no es poco—, sino la obligación del Estado de actuar para garantizar las conquistas colectivas. Últimamente, estas obligaciones son ampliadas por instituciones privadas que han alcanzado un poder a veces mayor que el Estado, y que entonces necesitan ser reguladas y deben demostrar su propia producción normativa[23]. Todo ello ha transformado el discurso y dotado de mayor fuerza a los principios constitucionales. Cualquier país del eje atlántico, con muy pocas excepciones, ha encontrado el fortalecimiento de sus tribunales constitucionales. Por si fuera poco (y sé que esta lista es larga), la misma jurisprudencia de Derechos Fundamentales ha hecho que la producción de los Tribunales Transnacionales entre, para el discurso jurídico, como elemento argumentativo, incluso en regiones que no lograron la integración antes deseada: la jurisprudencia de la Corte Interamericana de Derechos Humanos. Por ejemplo, menos que por su fuerza coercitiva[24] es mucho más por su competencia analítica y la contundencia de su propio texto, que es invocada como argumento ya en muchos países del entorno latinoamericano. Del mismo modo, el Tribunal Europeo de Derechos Humanos, o los órganos internacionales de decisión y *soft law*, que ahora tienen normas que repercuten más intensamente en la vida forense cotidiana, como la OCDE y las distintas ramas de la ONU. Todos con un impacto en la formación del discurso jurídico.

También los cambios políticos y sociales fueron intensos, pero están relacionados con el proceso dinámico de aplicación de los nuevos derechos, en un mecanismo de retroalimentación. Los nuevos movimientos feministas, la lucha efectiva contra el racismo, el lenguaje inclusivo, repercuten en el discurso para la aplicación de las normas. Aunque se produzcan exageraciones[25] que deben ser equilibradas, estos puntos de inclusión van mucho más allá de la letra concreta de la ley, solapándose incluso con las garantías más consolidadas del antiabsolutismo.

Tales necesidades contemporáneas exigen nuevos conceptos que el legislador trata de incorporar, como los principios rectores de una nueva sociedad, y ésta ha sido nuestra ardua tarea en términos legislativos. Sin posibilidad ni tiempo para otras elaboraciones, pero siendo imprescindible para hacer los cambios y las voluntades, la solución de una tercera ola constitucional incorpora megaprincipios rectores, como por ejemplo *el buen vivir* que aparece en las constituciones de Ecuador y Bolivia[17]. En nuestra opinión, el legislador constitucional sabe que estos derechos no son autoaplicables —aunque un Tribunal Constitucional pueda decir lo contrario—, pero también sabe que es pertinente marcar tendencias. En este sentido, buscamos enunciar, nombrar conceptos que nos permitan operar la contemporaneidad. Las notas más llamativas son el cuidado con el medio ambiente y el pluralismo social, con sus tantas contradicciones.

De ahí que los nuevos conceptos conlleven sus propios problemas interpretativos. Un mínimo conocimiento dialéctico nos muestra que hay una reacción a la expansión desenfrenada de las nuevas reivindicaciones minoritarias, porque imponen reglas que se pueden identificar como un nuevo moralismo. Lo que debería ser una agenda de libertad, acaba siendo más opresiva. Al mismo

---

17 Sobre el *buen vivir*, desde una perspectiva crítica, véase RODRÍGUEZ, Víctor Gabriel, O *buen vivir* latino: primeiros lineamentos para a funcionalidade do Sumak Kawsay na Constituição Brasileira, en: *Democracia, Humanismo e Justiça Constitucional*, Belo Horizonte: Forum, 2022.

tiempo, estas ideas se personifican en algunos liderazgos, lo que también es un mal sistémico. Pura dialéctica revelada, pero esto por el momento importa menos.

Para nosotros, es más pertinente señalar que, en esta evolución histórica, se ha producido un fortalecimiento de las interpretaciones de principios. Las innumerables nuevas informaciones, las novedosas fuentes del derecho y de la interpretación, han hecho evidente para el jurista que se estaba produciendo un cambio, pero que quizás no hubiera sido tan evidente en otras épocas: que la única forma de que haya una solución jurídica adecuada, de que los conflictos se clasifiquen como jurídicos/antijurídicos, no es la adecuación automática del hecho a la norma, como se ha venido pensando, sino los fundamentos que están detrás de la toma de decisión. Como si el jurista reconociera su impotencia para tener en cuenta todos los factores determinantes de cada comportamiento, de cada cadena causal, y se contentara entonces —que no es poco— con la razonabilidad de una decisión basada en la explicación de su curso racional. El sistema democrático acepta la decisión judicial no solo porque procede de su poder, sino porque aporta argumentos (racionalmente) legítimos[18].

Y luego lo que creemos que es el punto álgido de este comienzo de siglo: el renacimiento de la admiración por los grandes debates jurídicos, por el razonamiento de las decisiones, por la incorporación de elementos extrajurídicos en sentencias y debates. Como hemos defendido en otras ocasiones, la influencia de los Tribunales Supremos y Constitucionales en todo el mundo no solo se acrecienta por su posición en la cúspide de la pirámide de la organización judicial, ni por la creencia en la Constitución como una especie de sagrado tablero de mandamientos: ganan legitimidad porque hay un proceso de admiración de la dialéctica,

---

18 Este tema volverá a analizarse en el Cap. XVIII, cuando tratemos de las sentencias redactadas mediante inteligencia artificial. Después de todo, ¿puede una sentencia técnicamente perfecta, redactada por un robot, entenderse como prestación jurisdiccional?

de los argumentos de carácter más abierto, del pluralismo de los enfrentamientos en la visión *macro* del ordenamiento jurídico y, por qué no, de la lectura política y proyectada al futuro. Así, fue la argumentación la que aportó una ganancia de legitimidad a todo el *sistema abierto* del Derecho en el que ahora estamos insertos, con la consiguiente retroalimentación: tanto el arte argumentativo aporta a los votos de los más altos tribunales el brillo que le otorga legitimidad, como ese mismo brillo, en una mezcla estética de erudición y coherencia, invita al estudio de la Argumentación. De ahí, en los últimos tiempos, la vuelta al estudio de las formas de convencer, a nuestro juicio, con algunos defectos metodológicos.

Sin embargo, la pasión de los seres humanos por el empirismo[19] utópico hace que sigan alimentando la posibilidad de decisiones basadas en un elemento naturalista-matemático. En otras palabras, sobrevive el ideal de que las decisiones jurídicas forman parte de un sistema mecánico cuyas disfuncionalidades —que las hay— se curarán con el tiempo, como un desarrollo tecnológico común. En consecuencia, si logramos insertar en el proceso de toma de decisiones judiciales *todos* los hechos a tener en cuenta, los argumentos serían prescindibles, porque alimentar el sistema con todas las variables configuraría una decisión única. Ahí está el nacimiento de la fe en la decisión de los jueces robots, de la inteligencia artificial (en sentido propio o amplio), que ya se utilizan[20].

Por otro lado, el *abuso* en la interpretación de los principios, especialmente por parte de esos mismos altos tribunales que fueron ganando su legitimidad, lleva a añorar una interpretación estricta y gramatical de la ley, como si fuera posible volver a la simplicidad

---

19 Somos conscientes de la paradoja, pero es así: la voluntad racional-empirista es en realidad una pasión. Y es bueno que sea así, porque nos mueve a buscar la objetividad, aunque esté impulsada por una fuerza absolutamente racional. Gran parte del derecho sigue siendo emocional, pero una emoción que se hostiliza para buscar la demostración racional, de lógica formal.

20 Véase el Capítulo XVIII.

de los primeros Códigos del liberalismo. Si bien es cierto que las normas pueden organizarse mejor las reglas cuando se sitúan en un sistema operativo unificado, esto no nos libra del pluralismo normativo y de los nuevos valores más complejos que nos han llevado a un sistema abierto del derecho. En todo caso, lo que debe advertirse es que la eventual frustración con la aplicación principialista del Derecho no nace de la argumentación, sino de su ausencia: cuando los tribunales utilizan su autoridad, de ser quien proclama la última palabra, como medio para escapar del sistema de persuasión racional de sus decisiones, ahí es cuando se frustra el sistema abierto, se debilita su legitimidad, y se inflan de nuevo las ilusiones de adecuación automática entre hecho y norma, solo mediada por el juez.

También hay una cuestión más delicada en términos de historia argumentativa, que no podemos evitar. Una reciente pandemia que nos obligó a *encerrarnos* o, mejor dicho, la ansiedad por una vacuna en tiempo récord que nos salvaría (o salvó) la vida, llevó a revalorizar las "ciencias duras", de las ciencias biológicas[26]. El mundo se interesó por lo que era el "método científico", por la pedagogía de los grandes medios de comunicación: los grupos de prueba, los medios de control, las fases de prueba, todo ello se incorporó a los temas cotidianos. Era de esperar, pues, que este entusiasmo por el llamado "método científico" contaminara el discurso jurídico, pero, por nuestra parte, no imaginábamos que la velocidad de esta incorporación fuera tan alta. En pocos meses, operadores jurídicos e incluso estudiantes —en América Latina y Europa— repetían frases como "debe haber prueba científica", o preguntas como "¿está científicamente probado?", en contextos en los que el debate solo podía resolverse a través de juicios de valor, como opciones de, en nuestros ejemplos, política criminal o valoración de la sanción. En este sentido, el movimiento aparentemente pendular[21] del Derecho comienza a tomar su camino de re-

---

[21] Muchos autores, respetables en Derecho penal, hablan del movimiento pendular del derecho. Preferimos decir que ese cariz pendular es apa-

tomar un naturalismo determinista, que es meramente retórico, porque oculta estar internamente corrompido por su diferencia material: los argumentos no son pruebas científicas y el lenguaje no son representaciones de elementos reales.

Lo que debería establecerse como un equilibrio entre determinismo y conocimiento humanístico[27] acaba generando una nueva inestabilidad, que es la del momento actual: aplicaciones de principios y rechazo, aunque sea por ideología, de la hermenéutica positiva se mezclan con una creencia en principios científicos que parecen directamente aplicables al Derecho, pero que sólo lo son como nivel retórico.

OTRO GIRO TECNOLÓGICO

Los tiempos contemporáneos nos han traído más giros tecnológicos, que inciden directamente en el estudio de la argumentación, y que, por tanto, no pueden faltar en esta exposición preliminar. Destacamos cuatro, a pesar de que sabemos que habrá muchos más. Las tecnologías de la información han permitido que las teleconferencias adquieran una calidad excepcional, más aún ante las imposiciones de *aislamiento* que se vivieran en todo el mundo en esta década de 2020. Las audiencias virtuales, juicios celebrados desde casa o desde la oficina, son una tendencia que solo se está sustituyendo parcialmente por las sesiones presenciales; se graban vídeos y se suben a plataformas, lo que implica nuevas habilidades para el orador, pero también para la persona que

---

rente, a partir de una imagen reducida de una espiral. Me explico: el movimiento es para delante, avanza, lo único es que no es rectilíneo, da sus vueltas. Así, quien lo proyecte en una imagen bidimensional lo entenderá como un péndulo o un movimiento circular, pero en realidad no regresa al mismo punto, sino a un punto en la misma angulación del círculo proyectado, pero más para delante. Preferimos esa imagen de la espiral, o mismo una vorágine, porque demuestra que, en la historia, el regreso puro no existe.

maneja el equipo de grabación, aunque coincidan en la misma persona. En el vídeo, más que en el discurso presencial, el grupo de elementos visuales contará cada vez más, en detrimento del poder del verbo, de la propia palabra. Mantener la atención en lo que se dice, también como consecuencia de esto, es una tarea más difícil, por lo que estas líneas deben ser progresivamente más concisas. Esto no es del todo malo.

El segundo punto, bastante más agudo, es la composición de la inteligencia artificial. Un estudio reciente revela que más de la mitad de los tribunales ya hacen un uso efectivo de este tipo de tecnología para filtrar y clasificar las peticiones que reciben. La motivación de los tribunales para utilizar esta inteligencia, de momento, es su capacidad para separar los recursos repetitivos, lo que ocuparía menos material humano. Como argumento a su favor, los tribunales utilizan el llamamiento de la ONU, en sus agendas programáticas, a la ampliación del acceso a la justicia en los países miembros[28]. No tenemos que posicionarnos, aquí, sobre la constitucionalidad de esta sustitución, porque no es el momento. Apenas decimos que sí, acreditamos que los recursos de inteligencia artificial y *machine learning* alcanzarán, con cierto desarrollo, una capacidad de interpretación lingüística muy refinada, muchas veces superior a la humana. Por lo tanto, el argumentador tendrá que saber lidiar con ella, con sus normas, y conocer los métodos para establecer una dialéctica positiva ante los filtros de la máquina. En un sistema de contrainteligencia, no tardarán en surgir algoritmos informáticos que tengan la función de contrarrestar la programación interpretativa, en un proceso de encaje, y entonces, en la batalla de las máquinas, habrá dos caminos: o volvemos a una norma analógica, conservando obviamente todas las facilidades de los *medios*, pero no de sus constructores; o continuamos esta batalla de inteligencias artificiales, disfrazándolas, puntualmente, con revisiones manipulativas por parte del ser humano, solo para un cambio de estilo o creación de excepciones que confirmen la regla. Nada deseable en términos ideales, pero es la realidad tal como se presenta. Plantearemos la cuestión, de forma más práctica, en los capítulos finales de este libro.

La mayor capacidad de procesamiento de datos ha permitido a los tribunales adoptar sistemas de filtros para la toma de decisiones, que no son exactamente inteligencia artificial, pero que implican la entrega del poder de decisión a la propia máquina: el *software* escanea los argumentos escritos de las partes, logrando leer fragmentos gramaticales y, sobre todo, semánticos cada vez más complejos. Así, clasifican cada solicitud y sugieren al magistrado una decisión, supuestamente basada en los paradigmas de la Corte. Esto transforma en gran medida la técnica de cada argumentador, que tiene que saber lidiar con estos filtros, porque son los *gatekeepers*, los dueños del portal que conducen al posterior análisis de la decisión. Como un jugador de ajedrez que juega contra un ordenador, el argumentador tiene que conocer las claves del *software*, al que van dirigidas estas razones.

Por supuesto, puede surgir un futuro distópico, un tiempo en el que los argumentadores, que tienen que superar estos filtros electrónicos, construyan sus propios algoritmos para descifrar la interpretación del tribunal electrónico, y entonces las disputas argumentativas saldrían del campo de la sensibilidad y la inteligencia humana para representar una disputa entre máquinas, como ya ocurre en los campeonatos de ajedrez. Las máquinas aprenden de los humanos y de sí mismas, y ya son capaces de construir argumentos bastante coherentes e incluso estéticos, no cabe duda. Pero su capacidad para comprender el drama humano y cambiar su conclusión en función de su sensibilidad, de su experiencia, nunca será la de un ser humano. Y si lo es —porque creemos mucho en el poder del *software*— entonces nos enfrentamos al problema filosófico de la novela de Mary Shelley, en la que la criatura se superpone al creador, o, más concretamente, en la no menos visionaria obra de Asimov, de la década de 1950: la máquina supera su programación para aprender más allá de servir a su programador.

Los que se quejan de la tecnología para crear decisiones judiciales no se dan cuenta de que la inteligencia artificial utilizada por los jueces es en sí misma un proceso reactivo a los recursos informáticos de los que dispone el argumentador desde hace tiempo. Las formas de explorar de la doctrina y jurisprudencia, la facilitación de la repetición de textos en las memorias del ordenador y sus herramientas de búsqueda fue en gran medida lo que hizo que leer todas las alegaciones fuera una tarea humanamente imposible. Esta hipertrofia (de la extensión) de la argumentación mediante el ordenador es una cuestión algo superada, pero no por ello debe pasarse por alto. La limitación de espacio, de líneas o de tiempo para las alegaciones de las partes en los litigios trata de imponerse, pero la garantía de una amplia defensa, al menos en los casos más complejos, es un verdadero obstáculo a tal pretensión reguladora.

Otro efecto notorio de las tecnologías son las redes sociales. Hay muchos estudios —algunos fiables— sobre su impacto en la vida cotidiana de las personas[29], incluso desde problemas de aprendizaje[30]. No es necesario ahondar en los detalles de estas investigaciones, porque escapa de nuestro objeto de estudio. Evidentemente, la comunicación a través de imágenes y textos telegráficos no permite una construcción textual ni siquiera cercana a la que la actividad forense, en niveles mínimos para la garantía del Estado de Derecho, exige. Pero eso no nos parece lo más importante. Más fundamental es el hecho de que convivimos con las redes sociales todo el tiempo y, queramos o no, incorporamos su forma de comunicación. Las imágenes reduccionistas, sesgadas y a menudo alejadas de cualquier contacto con la realidad, exigen del receptor un *posicionamiento* inmediato. Esto fomenta una cultura de "like/dislike", creando la ilusión de que es posible y necesario posicionarse en temas complejos con unas pocas palabras, una imagen generada por ordenador y, lo que es peor, sin escuchar a la parte contraria. De ahí el origen de los fake news: la mínima ausencia de control de la información[31], pero la innecesaria necesidad de escuchar a las partes implicadas en cada hecho divulgado. Por lo que no sorprende que algunos autores han señalado que incluso nuestra propia democracia está en riesgo.

Si tenemos en cuenta que se ha creado toda una generación de humanos que han nacido posicionándose frente a *posts* en redes sociales, se constata una creciente devaluación del razonamiento más elaborado, esencial en la estructura del texto escrito. De ahí surge la ilusión, presente en nuestras generaciones, de que se pueden decidir procesos sin contar necesariamente con la extensión casi infinita de la dialéctica del contexto probatorio y las abstracciones temáticas sobre este. Peor aún, el oyente pierde incluso la capacidad de intelección de discursos más complejos, lo que vuelve a generar un preconcepto al respecto, como en épocas anteriores: argumentar, para la generación de las redes sociales, vuelve a convertirse en algo tedioso y encaminado al engaño.

Contrafácticamente, quienes se dedican, como los ilusionistas, a reducir pensamientos abstractos, profundos y naturalmente complejos a discursos simplificados y agradables al lenguaje visual de las redes, con pseudofilosofías, se ganan el puesto de grandes pensadores. Su arte consiste en traducir las inquietudes innatas de la sociedad en vídeos breves y apetecibles, lo cual es una habilidad comunicativa, pero tiene un efecto deletéreo a medio plazo: no nos invitan a la lectura, a comprender la estructura indispensable para la elaboración de un argumento coherente. El truco es bien sencillo: los filósofos-videomakers se dan cuenta de la necesidad de los usuarios de la red de comprender un poco más la realidad que les rodea, porque entender el mundo es una pulsión humana, pero lo hacen de nuevo sin obligarse a la estructura del texto escrito, la única capaz de señalar posibles incoherencias o inconsistencias conceptuales.

Una nueva sociedad, que enaltece el fin del preconcepto y el apogeo del conocimiento científico es la misma que saca conclusiones sin escuchar a las partes implicadas y que conoce e interpreta el mundo a través de vídeos de internet, dando lugar a la *cancell culture*, la cultura de la cancelación, que, hoy en día, es el colmo de la inmediatez y del reduccionismo neoinquisitorial y neo-inquisitorial, disfrazado de progresismo teóricamente justificable[32]. El colmo de que se censuren libros o mismo los incineren, para que no haya confrontación con minorías, estaba descrito de manera contundente en las obras distópicas de los años 1950[22], y hoy son realidad en sociedades que se dicen democráticas.

Como conclusión, en el movimiento de espiral nos encontramos, en el momento de escribir este texto, en una *valorización nominal* del proceso argumentativo en Derecho. Se la considera necesaria, pero con poca comprensión de sus objetos y límites, y se espera que reproduzca el método de los artículos científicos, que de hecho ni siquiera son leídos. La construcción del texto escrito, la complejidad del razonamiento y la coherencia son meramente ideales, y la conciencia de su sustancia real, entre la precisión del vocabulario, la gramática, la semántica y el ritmo se pierden ante el culto nominal de estructuras pretenciosamente rígidas, como artículos de revistas científicas. Una estructura que pocos comprenden o dominan efectivamente, pero viven en la comodidad de saber que están ahí, para ser explotados, a disposición del estudiante o jurista. La figura del marinero rodeado de agua, "with no one drop to drink", sin una gota para saciar su sed, como en la metáfora de Coleridge.

CINCO PREMISAS O REFERENCIAS

Encontrando el punto concreto en el que nos encontramos en este momento de la argumentación, podemos llamarlo ilusión lingüística. Por un lado, volvemos a enaltecer el método científico

---

22 Me refiero al clásico Fahrenheit 451, de Radbury, en que aparece: "'You must understand that our civilization is so vast that we can't have our minorities upset and stirred. Ask yourself, what do we want in this country, above all? People want to be happy, isn't that right? (...) '*Coloured people don't like Little Black Sambo. Burn it. White people don't feel good about Uncle Tom's Cabin. Burn it. Someone's written a book on tobacco and cancer of the lungs? The cigarette people are weeping? Burn the book.* Serenity, Montag. Peace, Montag. Take your fight outside. Better yet, into the incinerator." BRADBURY, Ray. *Fahrenheit 451: The gripping and inspiring classic of dystopian science fiction.* HarperCollins Publishers. Kindle Edition, 2022, p. 78.

y los discursos rígidos, al mismo tiempo que perdemos la capacidad de construirlos. Con esta impresión reduccionista, abrimos el camino para que las máquinas sustituyan nuestra apreciación de la realidad, y de ellas nazca una nueva forma de construcción argumentativa: la que tiene que lidiar con los algoritmos interpretativos. El individuo pierde la capacidad de construcción textual, lo que hará que ni siquiera comprenda una sentencia judicial motivada por el computador, como un ajedrecista no entrenado ni siquiera puede comprender por qué el *software* ha creado una jugada genial en el tablero. Quien no parte de este momento histórico es anacrónico en el estudio del tema.

Nuestra espiral evolutiva, por supuesto, padece de su propio reduccionismo. Sin embargo, permite algún posicionamiento, que hemos tomado desde un principio, y que se refractarán, con consideraciones menores o mayores, en el cuerpo de este libro. Son referencias que hemos ido creando a lo largo de las sucesivas ediciones de esta obra, sumadas a otros estudios propios que siempre giran en torno al tema de la construcción narrativa como forma de fundamentar los derechos. Son los siguientes:

1. El texto escrito y la estructura racional

Alguien ya dijo que el texto es más inteligente que el propio creador. Y esto es un hecho, aunque *aparentemente* pueda contrariar algún postulado filosófico[23]. Las estructuras gramaticales son formas de almacenar el propio razonamiento. Parece obvio para las viejas generaciones, pero para las nuevas no lo es. Muchos estudiantes de Derecho hoy en día, con la disponibilidad de materiales audiovisuales (a veces excelentes) para su estudio, no se dan cuenta de que no son más que la finalización, la expresión formal de algo que se compuso en texto escrito. Quienes afirman tener dificultades para construir textos escritos, al tiempo que afirman

---

[23] Se trata de que la causa no puede ser más fuerte que su efecto. De ello se cuidará con más detalle en el capítulo XIV.

ser capaces de componer buenos textos argumentativos jurídicos orales, tienen sin duda una percepción errónea de sus propias capacidades[24]. En el caso más común, esta persona es un gran lector y, conociendo las estructuras de la lengua, sobrevalora pequeñas deficiencias que, eso sí, provocan algún obstáculo a la hora de reducir al texto escrito (como la falta de dominio de alguna regla gramatical); en otra hipótesis, se trata de alguien que alcanza una buena actividad comunicativa *en los límites* del discurso hablado[25]: textos cortos, sin profundidad y bastante susceptibles a fisuras de coherencia, que el propio autor es incapaz de identificar.

No es necesario profundizar mucho para establecer esta premisa de que solo el texto escrito puede alcanzar la complejidad imprescindible para el Derecho. Un texto monográfico que aborde, con cierta estructura, un tema jurídico exige su registro en lenguaje escrito, y no solo porque sea imposible traerlo todo a la memoria —en última instancia, podría grabarse todo en audio y, así, reducirlo automáticamente al lenguaje escrito mediante algún *software*—. Lo principal está en la estructura: lograr esa expresividad necesaria para abordar el tema, hacerlo avanzar en un sentido u otro, contraponer argumentos de tal manera que permitan —antes que, a nadie, al propio autor— que sean revisados y avanzar hacia una conclusión, todo eso es capacidad del lenguaje escrito. Y el texto, cuando alcanza coherencia en sí mismo, sin recursos de *machine learning*, avanza más allá de la capacidad de memoria y articulación momentánea, gana cuerpo y coherencia y se desprende del autor, para superarle en capacidad expresiva. Si los originales de una obra como "El Quijote" o "Cien años de soledad" se perdieran antes de su primera publicación, seguramente sus autores serían incapaces de recrear sus obras.

---

24 Existen, como se verá, una serie de posibles barreras para la escritura de un individuo, muchas de las cuales pueden revertirse muy fácilmente. El quid de la cuestión es, sobre todo, que la persona que afirma ser capaz de construir buenos textos orales puede hacerlo a partir de la lectura. Véase el capítulo XVI.

25 Véase capítulo XV.

La escritura como herramienta parece un elemento obvio para la mayoría de los lectores, pero en este momento histórico es necesario revisarlo: la impresión de que se puede entender y recrear el mundo a través del lenguaje audiovisual es algo presente en las nuevas generaciones. La premisa de este libro, incluso por su propia forma, va en sentido contrario: aunque las reglas gramaticales y de lenguaje no sean el objeto de nuestro estudio, ellas son condiciones previas a cualquier construcción argumentativa. Es en la escritura donde se desarrolla, se sedimenta, permite la comparación y la dialéctica al nivel de complejidad que requiere la ciencia jurídica actual. Su posible transposición al discurso es meramente circunstancial.

2. *Argumentación como pensamiento mágico (crítico)*

En otra obra monográfica de derecho penal[26], publicado hace algunos años, sufrimos varias críticas[27] al señalar que existían, en derecho penal, premisas fijadas como "pensamiento mágico". Nos basamos en la premisa filosófica de Frazer[28] y de Trías[29], solo para decir que la pretensión de conducir los enunciados de las ciencias duras directamente al derecho era una demanda estética, pero no ontológica. En otras palabras, todos quieren anclar el Derecho en certezas científicas, pero éstas aún no existen respecto a las causas

---

26 *Libre albedrío y derecho penal*, por la Editorial Marcial Pons/Brasil.

27 Como puede verse, nuestra propia obra tiene elementos de subjetividad, es decir, contaminados por la propia experiencia del autor. Hemos defendido que la enunciación de estos momentos puede ser, de forma axiomática pero real, un momento de mayor objetividad: al revelar su propio punto de vista, el autor revela sus limitaciones y permite al lector comprender los límites de lo no absoluto en el texto leído. Véase RODRÍGUEZ, Víctor Gabriel, *O Ensaio como tese: estética e narrativa na composição do texto científico*, SP: Martins Fontes, 2016.

28 FRAZER, James George, *The Golden Bough: a study in Magic and Religion*, New York: The McMillan Company, 1947

29 TRÍAS, Eugenio, *Metodología del Pensamiento Mágico*, Barcelona: Edhasa, 1970, p. 53

del comportamiento humano o, mejor dicho, a las razones de su castigo[30]; o, si se nos permite ir un poco más allá, la propia ciencia descubre que el orden geométrico explicado por las matemáticas primordiales y la física newtonianas no es confirmado por la física cuántica —es decir, las propias relaciones de causalidad no están todas desentrañadas, y parece que el universo tiene salvaguardas para impedir la observación de sí mismo en sus estructuras más básicas.

Por tanto, aunque se asume que la argumentación es una forma de buscar la verdad, de ordenar dialécticamente un discurso hasta sostenerlo por su propia estructura, imponiéndose a las contraposiciones, también se parte de la premisa de que, al ser un recorte de la realidad, trabaja con aproximaciones, con representaciones parciales. La función del pensamiento mágico es avanzar, intentar dar sentido en un momento determinado al objeto de discusión, permitiendo extraer de él una conclusión. Como dirá Trías, mientras el pensamiento científico fragmenta, el mágico cubre lagunas.

Si observamos nuestra construcción argumentativa en el foro e incluso en la construcción del derecho, notamos en gran medida el intento de conceptualización, pero no nos acercamos ni de lejos al lenguaje artificial y demostrativo de las otras ciencias. Así, utilizamos aproximaciones para intentar resumir la serie de condicionantes que existen en el momento de tomar una decisión. Y a partir de aproximarnos a *estas aproximaciones* —que Frazer dirá que son la *ley de semejanza* y la *ley de contacto*— podemos convencer a alguien de la razón de su pensamiento, aunque sepamos que es fragmentaria[31].

---

30 RODRÍGUEZ, Víctor Gabriel, Correccionalismo y no-repetición: el papel de las neurociencias en un derecho penal sin dolor, en: *Derecho Penal y Comportamiento Humano*: avances desde la neurociencia y la inteligencia artificial, Eduardo Demetrio Crespo Coordinador, Valencia: Tirant lo Blanch, 2022.

31 "If we analyze the principles of thought on which magic is based, they will probably be found to resolve themselves into two: first, that like produces like, or that an effect resembles its cause; and, second, that

No vamos a ocuparnos de hablar sobre este elemento teórico, porque nos alejaría de nuestra ruta, pero aquí nos basta: utilizamos para argumentar un discurso ciertamente pseudocientífico, del que queremos liberarnos, pero la necesidad humana de tomar decisiones lo hace imposible. Para la toma de decisiones, la argumentación y el razonamiento se construyen sobre leyes de semejanza. Una explicación de esta ley de similitud, que nos parece útil, es la del pensamiento mágico. Sin embargo, porque utilizamos el pensamiento mágico como modo de incorporarlo parcialmente al hiper-realismo de la argumentación, es decir, su naturaleza inexorablemente fragmentaria, añadimos el nombre *crítico,* en el sentido de que filtramos su empleo. No se trata de una crítica antropológica al desarrollo del pensamiento humano, como diría Frazer, sino un modo de, paradójicamente, asumir que las lagunas en nuestro razonamiento son ineludibles, con lo cual hay que recurrir a aproximación y semejanza. Eso no implica huir a la racionalidad, al revés: es describir con exactitud nuestro objeto de trabajo y, de ahí, encontrar el método más perfecto posible.

3. Argumentación como producto narrativo

En otros trabajos hemos argumentado la proximidad de las estructuras narrativas y argumentativas. Es a partir de cómo se estructura la narrativa de los hechos que, transformándose al universo temático, se estudia la construcción argumentativa. Contemporáneamente, de alguna manera intuitiva, se ha afirmado algo cercano a esto, cuando la palabra "narrativa" se ha convertido en sinónimo de versión de los hechos. De nuevo, de forma peyorativa, pero tratando de acercarnos a la esencia de la construcción argumentativa:

---

things which have once been in contact with each other continue to act on each other at a distance after the physical contact has been severed. The former principle may be called the Law of Similarity, the latter the Law of Contact or Contagion". FRAZER, James George, *The Golden Bough: a study in Magic and Religion,* New York: The McMillan Company, 1947, p. 11

una reducción de los hechos que se convirtieron en verdaderos, con una función persuasiva. También han surgido maestros de "storytelling", que simplifican la teoría narrativa, pero connotan algo relevante: que es en cómo progresan los hechos donde reside gran parte de lo que el oyente necesita saber para convencerse.

Trataremos el tema ulteriormente, pero lo que aquí queda: es, en alguna medida, a partir de las grandes narraciones que se estudia la argumentación, y esto explica por qué los juristas tienen un enamoramiento oculto con la literatura: los grandes escritores de ficción literaria siempre han sido adorados por los constructores del discurso, aunque en un momento dado desprecien su falta de ciencia. Mucho se podría decir sobre los límites científicos del Derecho simplemente partiendo de cuánto podría captar un jurista si consiguiera reproducir la estructura de una obra de, por ejemplo, Dostoievski, Telles o Javier Cercas, por poner algunos ejemplos cercanos, o incluso cómo se concibe un cuadro de Velázquez o Rembrandt: desde, en la pintura, la geometría de sus posiciones hasta el juego de luces y sombras; o cómo se estructuran los capítulos, o el momento de revelación de los hechos, o el establecimiento del punto de vista, en la narrativa. Todo esto, verá el lector, no difiere del trabajo argumentativo, si se sabe distinguir bien las semejanzas y oposiciones[33] entre códigos y estructuras.

Sólo por señalarlo, en algunos momentos hemos defendido la narrativa como estructurador del propio tipo, en derecho penal[34], pero ya hay obras concretas que acercan el conflicto jurídico a la narrativa, como la de Brunner[35], que se verá en su momento.

Técnicamente, preferíamos decir que la argumentación sería un producto formal-narrativo, porque no puede contar con toda la libertad de construcción, por ejemplo, de una narrativa ficcional. Para explicarlo en términos matemáticos, la argumentación trabaja a partir de un conjunto[32] de elementos mucho más restric-

---

[32] Lo que, en matemáticas, es la *set theory*, las teorías de conjuntos, que es parte esencial de la lógica formal.

to, con posibilidades menores de combinación. Aún así, su progresión es narrativa.

4. Combinación intertextual

Si los humanos estamos conectados por *aproximación*, como dice el pensamiento mágico, es decir, por una ley de identificación (semejanza y contacto), tenemos, en nuestro método, un sistema más preciso que los antiguos retóricos para designar lo que sería, en términos más antiguos, la "adhesión de los espíritus". Y si desarrollamos narrativamente esta adhesión, para crear conflicto y progresión, en un modo dialéctico que no difiere ontológicamente de la literatura, utilizamos la narrativa como *campo de inserción* de estos elementos de adhesión y transformación de las ideas.

Pero aquí surge un nuevo problema: ¿cuál es el origen de estos argumentos, insertos en el campo narrativo? Su origen sólo puede explicarse a partir de un proceso de relación entre otros textos, que crea la misma comunicación. Ahí reside el valor de la intertextualidad: los textos que conocemos, a partir de nuestras palabras, construyen el lenguaje y el pensamiento del argumentador[33], y a partir de ahí se identifica con los textos que forman (y se convierten en) el repertorio del oyente. Es a partir de esta adhesión cuando se produce la identificación suficiente para que el oyente cambie de opinión.

Un sociólogo puede afirmar que la sociedad es la comunicación en sí misma, aunque sepamos que es mucho más que eso, y sin embargo su concepto es funcional[36]. Al fin y al cabo, define la sociedad *como* comunicación, y lo que existe más allá de ella —que existe— no forma parte de su concepto. De ahí la funcionalidad. También podemos decir que somos *composiciones de textos*, en sus fragmentos y combinaciones, con el fin de convencer: al autor o al interlocutor.

---

33 Veáse este concepto en el cap. IV, que trata específicamente de la intertextualidad.

Esta persuasión a partir de la *organización intertextual* se estudiará aquí de forma más profundizada, bien en la teoría como en la práctica.

5. Dependencia estructurante de la lógica formal

Tal vez el gran error de los primordios de la lógica informal fue la declaración total de independencia de la lógica formal. Aunque intuitivamente, toda argumentación está estructurada en conceptos que son cristalizados en las matemáticas: las no contradicciones, el intento de perfeccionamiento conceptual, o mismo la organización geométrica de un dibujo o el ritmo de una exposición, son todos elementos que se encuentran sedimentados y purificados en la lógica formal. Ahí viene la paradoja de que, si bien es verdad que la lógica formal por sí misma no persuade (los propios matemáticos necesitan estudiar modos de demostrar sus postulados, cuando ellos mismos son totalmente independientes de la comprehensión humana), cualquier discurso jurídico que se aleje de postulados formales mínimos pierde su capacidad de convencer. Por ello, en algunos momentos nuestro lector puede encontrar, en este libro, notaciones típicas de la lógica formal, al menos como modo de recordar que el raciocinio abstracto y generalizante que traen las matemáticas está siempre en los cimientos de la argumentación. El error, con el perdón por la insistencia, es reducir el arte argumentativa a esa obligatoria estructura formalizante.

CONCLUSIÓN

El hecho de que exista una relación simbiótica entre el Derecho y la Argumentación no convierte a esta última en una ciencia exacta o experimental. Ni en una rama específica del derecho, porque es una técnica, que pretende acercarse a la ciencia. Al ser una técnica, se puede revisar su evolución histórica, como hemos hecho aquí, su relevancia, sus diferentes aplicaciones y su método, si éste no se entiende como un método propio de la ciencia, como dirían Descartes o Hume. Además, es una técnica aplicada, por lo que dialoga directamente con el Derecho y, al ser una expresión del mismo, es difícil desvincularse de él.

El objetivo de este manual es establecer lo que antes se llamaba un Programa o Temario. Se trata de definir —y evidentemente explicar— una hoja de ruta de lo que se puede estudiar ahora, dentro de las distintas disciplinas, para comprender y dominar la técnica argumentativo-jurídica. Para ello deberá posicionarse, aunque no sea expresamente, sobre cuestiones filosófico-jurídicas en torno al propio papel de la argumentación. Y esto ocurre, quizás, con más frecuencia de lo que se percibe. Aunque la postura no sea expresa, debe ser *consciente.* En un contexto menor, definiendo en todo momento la pertinencia de incorporar alguna otra ciencia, como las matemáticas, u otro arte. Por ejemplo: ¿hasta qué punto puede trasladarse un principio estético de la pintura —que a su vez utiliza la geometría— al estudio de la argumentación? ¿Hasta qué punto está dispuesto un jurista a aceptar que exactamente esa estética se incorpore a un argumento oral ante un tribunal, o en forma de petición?

En definitiva, por el momento no aceptamos la existencia de un *corpus* científico autónomo en la Argumentación, pero ello no implica retirarle su importancia, sino todo lo contrario. La argumentación es el instrumento que permite toda teoría, práctica y enseñanza jurídicas y, en la época contemporánea, es lo que legitima el Derecho en la mayoría de los sistemas occidentales. Partiendo del reconocimiento de que pensamos por reglas de tentativa de supresión de lagunas cognitivas, construimos, desde nuestro punto de vista, un sistema de enseñanza argumentativa basado en el reconocimiento y valorización de cinco puntos: (a) la racionalidad por el texto escrito; (b) el pensamiento por aproximación (pensamiento mágico); (c) la intertextualidad; y (d) la argumentación como método esencialmente narrativo; (e) la dependencia lógica formal de cualquier recurrido argumentativo.

Capítulo II
El argumento

El propósito de este capítulo es tratar de definir qué es un argumento. Pero esta definición, a pesar de ser conceptual, tiene un efecto práctico inmediato. A partir de ella, ya será posible aportar derivaciones para aplicar en la vida cotidiana argumentativa.

TRES TIPOS CLÁSICOS DE DISCURSO

Argumentar[34] es el arte de utilizar, en una situación comunicativa, los medios de persuasión disponibles[37].

La argumentación se procesa por medio del discurso, es decir, mediante palabras que se enlazan entre sí, formando un todo cohesionado y lleno de sentido, que produce un efecto racional en el interlocutor. Cuanto más coherente sea un discurso, mayor será su capacidad para adherirse a la mente del destinatario[35], porque lo absorberá con facilidad, dejando menos lagunas. La coherencia, como se verá en otro momento, es clave del discurso.

---

34 En la definición de la Real Academia Española, argumento es: "1. Razonamiento para probar o demostrar una proposición, o para convencer lo que se afirma o niega".

35 La palabra "interlocutor" sería siempre la más adecuada para referirse al destinatario de la argumentación. Buscamos la sinonimia (naturalmente imperfecta) para evitar repeticiones. Nótese, como metalenguaje: el objetivo estético de evitar la repetición de palabras, no resuelto por elementos de cohesión, está sujeto a la imperfección de la sinonimia. El autor tiene que decidir entre la reiteración no estética y la sinonimia no perfecta.

Es bien conocida la división tripartita que Aristóteles sedimentó entre Lógica, Dialéctica y Retórica, las dos últimas basadas en premisas meramente verosímiles. El primero se aproxima al discurso científico. En Retórica[36][38], a su vez, también existe una tríada entre los *tipos de discurso*. El criterio de diferenciación entre ellos es el *público* al que se dirige, es decir, quiénes son los destinatarios finales de los mensajes transmitidos. Para cada tipo de público, hay una forma diferente de componer el texto que se les hará llegar para su conocimiento[37].

Aristóteles divide tres tipos de discurso, que vale la pena conocer a modo de introducción. a) El discurso *deliberativo* es aquel cuyo auditorio es una *asamblea* como un senado —actual o de la antigua Grecia[39]. La asamblea está llamada a decidir cuestiones *futuras*: un proyecto, una ley a aplicar, la orientación de uno u otro plan para alcanzar un objetivo. Por último, las cuestiones políticas, en las que se discute sobre lo que es útil, conveniente o adecuado. b) El discurso *judicial* es el que se dirige a un juez o a un tribunal. En él se deciden cuestiones relativas al tiempo pasa-

---

36 La Retórica, como dicho, también procede de una división tripartita. Aristóteles dividió la Argumentación en dialéctica, lógica y retórica. La primera se basaría en el arte de rebatir ideas para alcanzar el conocimiento filosófico; la segunda, anclada en el establecimiento de premisas y conclusiones, para llegar a conclusiones verdaderas (en la obra de los Primeros Analíticos, Aristóteles establece la estructura de los silogismos; en los Segundos Analíticos, encuentra la demostración científica).

37 Se puede citar a Aristóteles, en una traducción muy contemporánea: Son tres géneros de retórica, al igual que hay tres categorías de oyentes de discursos. De hecho, un discurso se compone de tres elementos: la persona que habla, el asunto del que se habla y la persona a la que se dirige el habla. El final del discurso se refiere a este último, al que yo llamo el oyente. El oyente es necesariamente un espectador o un juez. Si ejerce la función de juez, tendrá que pronunciarse o sobre el pasado o sobre el futuro. El que tiene que pronunciarse sobre el futuro es, por ejemplo, el miembro de la asamblea. El que tiene que pronunciarse sobre el pasado es, por ejemplo, el propio juez. El que tiene que decidir sólo sobre la facultad oratoria es el espectador. *Arte retórica*, Capítulo III.

do. Todo lo que está documentado en cualquier proceso son, por supuesto, asuntos del pasado, aunque puedan provocar acontecimientos futuros. Tales hechos pasan por un esclarecimiento, para que se pruebe su ocurrencia de una determinada manera, y luego van a juicio, cuando se llega a ellos mediante un juicio de valor, para que se les aplique una determinada consecuencia. Para Aristóteles, el discurso judicial puede ser tanto la acusación como la defensa. Si seguimos su clasificación, se trata del discurso que más nos interesa. Pero, si observamos la realidad, el discurso jurídico también está matizado por otros estilos. (c) El *discurso epidíctico* o demostrativo es aquel que se pone a un auditorio para alabar o censurar[40] a una determinada persona o hecho, no interactuando con el oyente hasta el punto de tener que tomar posición sobre lo que se relata. Este es el típico discurso de los mítines políticos de hoy en día, al que sólo asisten los votantes del que es el orador principal, ante un público inmenso, enalteciendo sus propias cualidades.

Incluso en el discurso epidíctico, en el que no hay contradicción, está presente el arte de la retórica, de valorar los puntos a favor del orador. Por ejemplo, es porque en un mitin político un candidato no encuentra, en número relevante, opositores con quienes debatir que su discurso puede transitar por una senda argumentativa que conduzca a la adhesión de sus oyentes a las ideas que momentáneamente se enuncian. Y, claro, de ahí reduce la necesidad de argumentos que prevean cualquier tipo de contradicha, de confrontación, de dialéctica[38].

---

38 Véase qué curioso es el pasaje de *Arte retórica*, de Aristóteles, titulado "Habilidad para alabar lo que no merece alabanza": "Conviene igualmente utilizar rasgos cercanos a los que realmente existen en un individuo, para confundirlos de alguna manera, con vistas a alabar o censurar; por ejemplo, del hombre precavido, se dirá que es reservado y calculador; del imprudente, que es honorable; del que no reacciona ante nada, que es de carácter fácil [...]. También es importante tener en cuenta a las personas ante las que se hace el elogio, pues, como dice

La amplitud y equivocidad del discurso político han sido identificadas desde Aristóteles, y muchos otros pensadores lo han estudiado desde diversos puntos de vista[41]. Pero, ¿qué tienen en común los tres tipos de discurso aquí vistos? La respuesta es sencilla: todos buscan *convencer.* También en el discurso demostrativo, cuya única finalidad es elogiar o criticar a una determinada persona o actitud, el objetivo es convencer a los oyentes de lo que se dice: que una determinada persona es importante, que sólo tiene cualidades etc.

Estudiar los discursos a partir de la tripartición de Aristóteles traerá, desde luego, una reducción si comparamos con la actualidad. Eso no significa disminuir la genialidad del filósofo, sencillamente implica imaginar que, si ese cuerpo descriptivo fuera construido actualmente, a lo mejor sería imprescindible imponer categorías distintas a discursos que en aquél entonces sencillamente no existían: el discurso religioso y, principalmente, el discurso publicitario, que busca *vender* un producto, y de lo cual acá nos vamos a aprovechar muchas veces, por cuestiones estructurales y de semántica.

Sin embargo, como rama principal de actuación, consideramos que, en la actividad del derecho, tenemos un interlocutor directo: es el juez o el tribunal, y si el Poder Judicial existe para pacificar disputas o, en nuestra concepción, para poner fin narrativamente a un problema concreto, tenemos *dos partes debatiendo.* Cuando se argumenta en las actividades forenses, en la acusación o en la defensa, no se tiene como objetivo la *deliberación* o el *elogio,* sino la victoria en una controversia. El juez debe tomar *una decisión,* que le lleva a actuar de una determinada manera. Ésa es la idea principal, la controversia.

Puesto que la controversia es una condición del discurso judicial, este discurso está dotado de cualidades que le son peculiares, que vale la pena comprender.

Sócrates, no está de más elogiar a los atenienses en presencia de atenienses" *Idem,* p. 63.

LA DISPUTA ENTRE DOS CRITERIOS

Participar en un discurso judicial es entablar una demanda, una disputa entre *partes*. Cada una de las partes, como es bien sabido, busca el mejor resultado para sí misma: una sentencia y un fallo favorables. Para ello, deben hacer valer una *tesis,* que implica cuestiones relacionadas con la prueba de los hechos alegados y la incidencia de un determinado instituto o consecuencia prevista por la ley, para que el Derecho pueda ser aplicado al caso concreto. Por eso las partes lidian, al fin y al cabo, un juez sería innecesario si no hubiera *controversia*: podría cerrarse un acuerdo de voluntades, como ocurre en la firma de un contrato. Pero no es así, naturalmente: cada una de las partes, cuando recurre al Poder Judicial, cree tener razón, echando a veces una mirada sobre la realidad demasiado comprometida con sus propios intereses.

En Derecho, cuando se habla de una disputa a través de la argumentación, surge, en primer lugar, ante todo la idea de *justicia.* Si dos partes debaten, es natural que se entienda que al menos una de ellas no debe tener razón, no debe estar amparada por el Derecho, porque no es posible que dos ideas contrarias tengan razón.

Desde este punto de vista, la argumentación o retórica sería un instrumento para hacer que el que no tiene razón utilice artificios formales para *engañar* al juez. ¿Quién no ha visto alguna vez llamar pícaro a un abogado porque disfrazaba la verdad mediante trucos y falacias en su discurso?

Esta idea no es rara, sino bastante tragicómica. En un evidente prejuzgamiento, la argumentación se entiende como un debate entre un acierto y un error. Pues bien, si dos tesis entran en conflicto, una es correcta, la otra no, y el embate de la argumentación solamente revelaría quién es la parte que pretende demostrar lo imposible. Así, el debate argumentativo podría compararse a esas imágenes de dibujos animados: la personalidad del protagonista se divide en dos polos diferentes: a la izquierda, su imagen vestida de diablo le tienta hacia una actitud evidentemente malvada, mientras que la misma figura, vestida de ángel, trata de disuadirle, mostrándole el camino del bien. Es fácil saber quién tiene razón, cuál es el mejor camino, con sólo decidirse a buscar la forma angelical.

Algunos intentan ver las disputas procesales con la misma obviedad que el jocoso discurso entre el ángel y el diablo, pretendiendo hacer uso del concepto de justicia. La disputa argumentativa sería una contienda en la que se da la oportunidad de retirar el velo que cubre la división entre justos e injustos: aquel que tiene el derecho y la justicia de su parte refuerza su razón, demostrando, mediante argumentos, que su razonamiento es el único correcto porque deriva de premisas válidas. Cualquier comportamiento es conforme o no a derecho y, por tanto, ante cualquier desacuerdo entre dos partes, sólo una de ellas puede ser amparada por el derecho y/o por la justicia.

Al analizar la justicia en el concepto de Aristóteles, Kelsen defiende la idea de que sólo se pueden hacer dos juicios sobre los hechos: adecuados o inadecuados para el ordenamiento jurídico, y esa división binaria es efectiva, pero en el polo opuesto del debate, el de la decisión[42]. De modo bastante próximo, y quizá sin pasar por una afirmación kelseniana tan básica, Luhmann plantea la misma premisa, revelando una sociedad comunicativa, que tiene al Derecho como subsistema. Este subsistema sería el que filtra toda la comunicación, para una decisión binaria: jurídico/antijurídico, o conforme a la norma/no conforme a la norma. Por nuestra parte, tenemos cierta restricción al decir que esta conformidad/desconformidad es tan binaria en relación con la propia norma. Finalmente, en la etapa actual de principiología, una comparación directa de conformidad/desconformidad parece irreal; de ahí que sea más pertinente pensar en lo que sería más aceptable o menos aceptable, con una decisión basada en una relación de poder. La llamada *autopoiesis*, el proceso de autocreación, puede servir para explicar los macrofenómenos sociales[43], pero el proceso de decisión judicial, para nuestros intereses, no puede entenderse como un procedimiento *ex machina*, automático. Aun así, dentro de la concepción luhmanniana, existe el gran acierto de considerar que toda autotransformación comunicativa conspira a una actualización reductora de la *complejidad del mundo.* Todo lenguaje busca reducir el mundo, que no cabe en él, a una decisión que puede, frente al ordenamiento jurídico, ser binaria: sí o no. Jurídico o no jurídico[44].

El ordenamiento jurídico prescribe modelos de conducta y sus respectivas sanciones, o conflictos y sus soluciones. De ello surgen problemas intrínsecos, como la jerarquía de las normas, las antinomias y las lagunas, lo que explica la necesidad del discurso judicial, que puede caracterizarse como aquel que trata de probar la conformidad o el apartamiento de la conducta humana con las prescripciones jurídicas, entre las que se encuentran la norma y la noción de justicia. Pero esto no quiere decir que, siempre que dos partes estén en litigio, una defienda necesariamente una conducta justa o legal y la otra se aleje de la norma jurídica, o lejos de la justicia.

Merece la pena leer el siguiente texto, extraído del guión de *El violinista en el tejado*, en el que el protagonista, *Tevie*, escucha la discusión entre *Perchik*, un profesor convertido a las ideas comunistas, y otro aldeano (*Mordcha*), ambos opuestos en sus opiniones:

> Mordcha—¡Ah, la Universidad! ¿Es ahí donde ustedes aprenden a responder así a sus mayores?
>
> Perchik—La vida es más de lo que se habla. Debes saber lo que le ocurre al mundo exterior.
>
> Mordcha—¿Por qué preocuparse por el mundo exterior? ¡Deja que el mundo se caliente la cabeza!
>
> Tevie (señalando al aldeano)—Tiene razón. El Libro Sagrado dice: "Si escupes en alto, te caerá en la cara".
>
> Perchik—Eso no tiene sentido. No puedes cerrar los ojos a lo que ocurre en el mundo.
>
> Tevie (señalando a Perchik)—Tiene razón.
>
> Avram—¿Tienen razón uno y otro? ¿Cómo pueden tener razón ambos?
>
> Tevie—Sabes, tú también tienes razón.[39].

---

[39] STEIN, Joseph, *Fidler on the roof*, NY: Crown Publishers, 2010, pp. 31-32. Traducción libre.

El fragmento muestra el asombro del personaje que no admite que, entre dos personas que establecieron un contraste argumentativo, ambas tuvieran razón[45].

Por supuesto, admitir una razón ambivalente puede traer confusión y, por ello, no resuelve el debate jurídico. Imaginemos que un juez dicta una sentencia diciendo que las tesis de ambas partes son correctas; inevitablemente no se resolvería ningún litigio y se corrompería la función binaria del Derecho (justo/injusto).

De hecho, no coexisten dos *verdades* opuestas[46]. En el pensamiento puro, una tesis es contraria al derecho o no, porque no puede ser un *medio* antijurídico. Es decir, incluso es posible que una conducta esté permitida por una norma jurídica y prohibida por otra, pero entonces estaríamos en un conflicto de normas, que es una cuestión hermenéutica[47]. Lo que tenemos en realidad es que un juez no puede aceptar como verdaderas dos tesis opuestas, porque en este caso su juicio sería inocuo, razón por la cual señala como *verdadera* sólo una de las tesis, la que triunfa en su juicio, en su decisión. Pero si dos verdades opuestas no pueden coexistir, dos *argumentos* opuestos no significan necesariamente que uno de ellos sea incorrecto.

¿Cómo puede suceder esto?

ARGUMENTO Y VERDAD

La argumentación no debe confundirse con la lógica formal. Por lo tanto, no puede equivaler a una demostración analítica y absoluta, como ocurre, por ejemplo, en una ecuación matemática.

En una ecuación matemática verdadera, solamente se admite un resultado[40], fijándose las variables. Su resolución, pasada en

---

[40] Lo que, claro, no significa que se apunte para un único número, o, menos aún, para un número natural. Una ecuación de tercer grado puede indicar un lugar aproximado de un número en el gráfico, y un número

una demostración analítica, cualesquiera que sean los métodos válidos por los que se produzca, llegará siempre al mismo resultado. De hecho, ésta es la función de las matemáticas y, en gran medida, del método empírico: cada vez que se repita el experimento, en las mismas condiciones, el resultado será idéntico. La sociedad, como sabemos, o incluso la situación del individuo, no pueden reproducirse en un laboratorio o en una pizarra[48].

Sí es verdad que, aunque sea muy difundida idea reversa, las conclusiones de los métodos empíricos son siempre provisionales, porque, como decía Hempel[49], siempre están en la dependencia de una futura desconfirmación. Nuestro miedo a la inseguridad no admite esa realidad, así que nos fiamos de las ciencias a todo tiempo, pero no nos faltan experiencias de cambios de resultados científicos a partir de nuevos experimentos. En la abstracción matemática, sin embargo, no es así: cuando un teorema es comprobado, su validez es eterna en su sistema. Por ello, claro, la forma estricta con la cual los matemáticos manejan su concepto de "prueba" o demostración. A partir de ésta, su aplicación es más sencilla, y pude ser incluso (o principalmente) hecha por máquinas.

Imaginemos a dos matemáticos discutiendo el resultado de una ecuación bastante compleja, pero que debe resultar un número racional. Cada uno de ellos utiliza un método distinto para resolverla, pero llegan a resultados diferentes: el matemático *A* demuestra que la proposición da como resultado 350, mientras que *B* demuestra que el resultado 700. ¿Qué se deduce de este contexto? Evidentemente, uno de los dos, A o B, está *equivocado*. O ambos.

El matemático trata con números y otros conceptos artificiales, y éstos representan, sobre todo, la *exactitud*. En matemáticas o en derivaciones a ciencias exactas generalmente no hay *opiniones* ni

---

real existe, pero puede que tenga que ser representado por una mera aproximación, ya que es una secuencia infinita de decimales.

posiciones[41], porque los números, por regla general, no lo permiten[50]. Por supuesto, esto se ve facilitado por el hecho de trabajar con un lenguaje totalmente artificial, ya que los números y otros signos matemáticos son representaciones formuladas sobre conceptos aplicables únicamente a un mundo ideal.

Quienes argumentan no trabajan con precisión numérica, por lo que se alejan del concepto binario de *verdadero/falso, sí/no*. Los que argumentan trabajan con lo *aparentemente cierto*, con lo que *puede serlo*, con aquello que es *probable* o con aquello de *de momento* no está desmentido. Es en vista de esta carga de probabilidad con la que se opera que surge la posibilidad de argumentos combinados que componen tesis totalmente diversas, sin que sea posible decir que una de ellas es *correcta* o *incorrecta*, sino sólo poder afirmar que una de ellas es más o menos convincente.

Veamos un ejemplo:

Se cuenta que, en un juicio con jurado, un fiscal mostró a los jueces populares las pruebas del proceso. Procuraba, por tanto, en la práctica del discurso judicial, convencer a los jurados de su tesis. Les mostró, con mucha propiedad —argumentando— que el informe elaborado por la policía técnica concluía que había un 99% de posibilidades de que la bala encontrada en el cuerpo de la víctima mortal hubiera sido disparada por un revólver de propiedad del acusado. El acusador quiso decir que el acusado no podía, ante esas pruebas concretas, negar la autoría del crimen.

---

41 Sabemos que existen en las matemáticas posiciones, inclinaciones e incluso intuiciones, para hipótesis que todavía no son comprobadas. Es decir, asertivas de matemáticos sobre la realidad de los números que, aunque tengan gran sentido, no fueron totalmente demostradas. Hay muchas de ellas, a ejemplo de la hipótesis de Riemann, sobre los números primos o del problema P=NP, que algunas veces vamos referir en este libro. El *Clay Mathematics Institute*, de Massachusetts, ofrece el conocido "The millenium prize problems", un premio de un millón de dólares americanos a quiénes presenten las soluciones a alguno de los elegidos siete problemas matemáticos presentados, pero no absolutamente comprobados. Véase: https://www.claymath.org/millennium-problems/

Frente a este argumento muy fuerte —la probabilidad matemática— el defensor, en respuesta, formuló a los miembros del jurado la siguiente pregunta retórica: "Supongamos que tengo una olla pequeña con cien pastillas de menta en su interior. Y que, a continuación, cogiera uno de ellos, le quitara el papel celofán que lo envuelve y, en su interior, le inyectara una dosis extremadamente mortífera de cualquier veneno. Después, envolvería de nuevo el caramelo letal, lo colocaría en la olla con otros 99 caramelos idénticos y los mezclaría todos. ¿Tendría alguno de los miembros del jurado el valor de sacar algún caramelo del bote, desenvolverlo y probarlo? Desde luego que no. Porque si nadie se arriesga a morir, aunque haya un 99% de probabilidades de que sólo pruebe un caramelo de menta, nadie puede condenar al acusado, aunque haya un 99% de probabilidades de que fuera suya el arma que disparara contra la víctima".

Se cuenta que, utilizando este argumento, el defensor consiguió la absolución de su cliente.

Analicemos esta ilustración. Se trata de un discurso en el que dos partes defendían posiciones opuestas, cada una con su propio argumento. La acusación pretendía probar que el acusado era autor de un delito, mientras que la defensa negaba tal autoría. Por eso, cuando la acusación presentaba un argumento *sólido*, la defensa trataba de *debilitarlo* ante los jurados.

El argumento puede resumirse del siguiente modo:

> *Acusación:* argumento sólido, con pruebas concretas: 99 posibilidades sobre 100 de que el arma que efectuó los disparos fuera la del acusado, lo que le situaría indiscutiblemente como autor del crimen.
>
> *Defensa:* el argumento más débil en matemática probabilística: una posibilidad entre 100 de que la pistola no fuera la que efectuó los disparos. Sin embargo, este 1% no autoriza la certeza.

Nótese que, en esta argumentación, cada uno tenía su parte de razón, aunque ambos pretendían demostrar tesis totalmente opuestas[51].

Cabe señalar que, en este argumento, cada uno de ellos tenía razón, a pesar de que ambos trataban de demostrar tesis totalmente opuestas. A primera vista, un lector poco acostumbrado a la lógica informal puede encontrar incoherencia en la afirmación de que ambos tienen razón y están equivocados al mismo tiempo, igual que, en el famoso ejemplo de la física cuántica, el gato de Schrödinger está, en el mismo momento, vivo y muerto. La clave para deshacer la aparente paradoja reside en darse cuenta de que ninguno de los dos tiene una hipótesis absolutamente verificable, y probablemente ambos lo saben. Y también deben saber que, si recurren a la lógica formal, sus hipótesis no son demostrables. Sólo para practicar la lógica formal, que siempre nos sirve como base argumentativa, veamos cómo resolvería el problema planteado, es decir, la demostración absoluta de la tesis del fiscal o del abogado. Para ello, sería necesario reducir los elementos del discurso (y no de la realidad misma) a unas pocas notaciones, para evitar ambigüedades.

Existe un conjunto de armas (Ca), formado por las armas A.

Ca {A, Ab, Ac...| A es arma}

Existe una única arma del crimen (Ac), que pertenece a ese conjunto:

Ac ∈ Ca

El arma del crimen (Ac) tiene una única Identidad Balística (IBac):

(Ac),(IBac)

Existe un Examen de Balística (EB) que indica un único conjunto de características balísticas, que vamos a resumir y notificar como CCB:

EB ⇒ C{c1, c2, c3... | c é característica del proyectil} = CCB

Existe una arma del reo (Ar), que trae su propia identidad balística (Iar)

$$\exists \mathbf{Ar}, (\mathbf{Iar})$$

Cuando el fiscal argumentó a favor de la condena del acusado debido a este examen, planteó una hipótesis, que puede describirse del siguiente modo: dado que el conjunto de características balísticas (CCB) coincide con la identidad balística del arma del acusado (Iar), el arma del acusado (Ar) es el arma homicida (Ac). Por tanto, el acusado es el autor del crimen.

Dejemos de lado la última inferencia, que es que tener el arma homicida significa ser el autor del crimen (puede que al acusado le hayan robado el arma y se la hayan devuelto después de cometer el crimen, o puede que se la haya prestado a un tercero, cuya identidad no revelará), ya que éste no es el objeto de la disputa con el abogado. Centrémonos en la primera parte de la tesis.

Para demostrarla, tendríamos que decir que cualquier coincidencia entre el Conjunto de Características Balísticas de Examen (CCB) y la identidad balística del arma del acusado (Iar), que llamamos Coin(CCB,Iar), implica la coincidencia (o igualdad) entre el arma del acusado (Ar) y el arma homicida (Ac).

Así, pues, la hipótesis:

$$\forall\ \mathbf{C}_{(\mathrm{CCB,Iar})} \Rightarrow \mathbf{Ar{=}Ac}$$

¿Es correcta esta hipótesis? No lo sabemos todavía, pero nos imponemos la misión de comprobar que *no* es correcta, que es la tesis defensiva. La forma más fácil de demostrar lógicamente que la hipótesis es incorrecta sería demostrar su negación, en lugar de demostrar su eficacia en este caso. Porque, según la regla básica de la lógica formal, para demostrar que no hay relación de implicación(⇒), basta con mostrar que sólo hay *un único* caso en el que la implicación no funciona. En un ejemplo didáctico, para refutar la afirmación de que todos los cisnes son blancos, basta con encontrar un solo cisne no blanco, sin tener que contar cuántos cisnes blancos hay en el mundo. En nuestro ejemplo, la implicación C(Ieb,Iar) ⇒ Ar=Ac, bastaría con probar que existe un arma que tiene tel implicación, pero no es el arma del acusado (Ar).

Esta idea de que probar la negación de la tesis original equivale a demostrar la existencia de un único caso en el que no sea cierta puede describirse así, en nuestro ejemplo:

$$\neg\ [\forall\ \mathbf{Coin}_{(CCB,Iar)}\ ] \Rightarrow \mathbf{(Ar{=}Ac)} \Leftrightarrow \exists\ \mathbf{Coin}_{(CCB,Iar)}\ \mathbf{(\neg Ar{=}Ac)}$$

En cualquier caso, si consideramos un conjunto de 10.000 armas, probablemente habrá en él 99 armas que no son el "arma del acusado" ni el "arma del crimen", pero que cumplirían la coincidencia con las características del arma del acusado y del arma del crimen.

Por lo tanto, nuestra hipótesis de que hay al menos un arma homicida que cumple el criterio CCB es cierta, lo que significa que se demuestra la negativa de la tesis del fiscal.

$$\neg\ [\ \forall\ \mathbf{Coin}_{(CCB,Iar)}\ ] \Rightarrow \mathbf{(Ar{=}Ac)},$$
$$\mathbf{porque\ si\ |Ca|{=}10.000,\ Ca} \subset \mathbf{\sim 99\ A(Coin}_{(CCB,Iar)}\mathbf{)} \not\Rightarrow \mathbf{Ac}$$

La tesis del fiscal, por tanto, no es formalmente cierta.

Pero tampoco lo es la del abogado. Para demostrarlo, bastaría con realizar el mismo proceso, con una probabilidad mucho más amplia: por cada 1 arma que favorece su tesis, hay 99 que la desfavorecen. Sin embargo, no profundizó en esta desventaja, limitándose a afirmar que el riesgo de 99 no es el de 100. Esto es algo evidente, pero que generalmente no se toma en consideración, porque en el concepto de aproximación que nos vemos obligados a hacer para decidir cuestiones cotidianas, 99 y 100 implican casi el mismo resultado.

Para él, pese a todo, bastaba con demostrar que la hipótesis del fiscal no era formalmente correcta. Sin embargo, si lo hiciera utilizando la lógica formal que usamos aquí, no tendría ningún efecto sobre el oyente, porque tanto el abogado como el oyente saben o intuyen que no están trabajando con la verdad absoluta, sino con la más creíble. A partir de ahí, el abogado pasa a la argumentación, que consistía, en el caso concreto, en valorar para el oyente lo meramente probable como si fuera cierto. Ni es cierto que de ese porcentaje pertinente a la criminalística se pueda inferir que un acusado es el verdadero autor de un delito (porque el 99% no es el 100%), ni es cierta la conclusión que quiere extraer la defensa: que la prueba balística no puede ser tenida en cuenta a la hora de establecer la culpabilidad del acusado. La prueba balística es una parte importante para establecer la autoría.

Como no se cuida de lógica estrictamente formal, sino de un proceso de valoración de indicios, evidencias y pruebas, no hay una única conclusión: tanto la acusación como la defensa tienen razón o no. El argumento, pues, antes de ser una forma de demostrar la verdad, es sólo un elemento lingüístico destinado a persuadir. Si bien es cierto que la demostración matemática y la lógica formal también se operan mediante elementos lingüísticos, en la medida en que también tienen su propio método, mucho más restringido, de enunciar y convencer al interlocutor, estos medios son mucho más restringidos, lo que autoriza a operar con la abstracción de una forma mucho más ágil y precisa, pero insuficiente para toda la complejidad de hechos y valores del entorno jurídico. Esto no significa que la lógica formal esté separada del Derecho, porque siempre puede formar parte de la estructura del razonamiento jurídico y, en ocasiones, puede introducirse en el discurso como argumento, dependiendo del oyente y de las condiciones del momento.

La argumentación es un elemento lingüístico porque se exterioriza a través del lenguaje y se altera de acuerdo con su uso. Es, por tanto, un elemento que aparece (exclusivamente) dentro de un proceso comunicativo, que debe ser lo más eficaz posible.

LOS OBJETIVOS Y LOS MEDIOS DE LA ARGUMENTACIÓN

¿Cuál es el objetivo de la argumentación? Quien argumenta tiene, como objetivo final, hacer creer alguna cosa al destinatario del argumento, como ya hemos dicho.

Esta idea, sin embargo, no es unánime, ya que hay quienes afirman que el objetivo principal de la argumentación va más allá de llevar al lector a *creer* en algo, porque el fin último del retórico sería conseguir que el destinatario *actúe* según lo prescrito. Y la diferencia es relevante.

Quienes creen que argumentar es primordialmente conseguir que el oyente *actúe* de una determinada manera, en el discurso judicial, tienen una visión, curiosamente, al mismo tiempo pragmática y utópica. Es pragmática —ya lo hemos explicado— porque se dirige al resultado de forma muy inmediata. Entiende, con su cuota de razón, que el objetivo de quien argumenta es una *acción* concreta por parte del destinatario: el abogado que presenta un alegato, sustentando una determinada tesis, pretende que el magistrado —su destinatario— realice una *acción* determinada por él: juzgar la causa a su favor. De nada serviría —según esta corriente aparentemente pragmática— que el magistrado *creyera* en las razones del abogado argumentador, pero no *actuara* adoptando el pedido.

Pese a ello, los seguidores de esta corriente tropiezan con un elemento de la realidad que no se puede obviar, como son los casos en los que las razones de la acción del oyente escapan al ámbito de la labor argumentativa. Entre la *creencia* del oyente y su *acción* determinada hay una brecha en la que, desgraciadamente, la argumentación no puede interferir[42].

Se puede, con buenos argumentos, convencer a un fumador de que mucho mayor que el placer que proporcionan los cigarrillos son los beneficios que obtendría inmediatamente si dejara de fumar. De ese modo puede llegar, mediante elementos de persuasión no infrecuentes, a creer que es necesario dejar de fumar. Pero elementos externos a la comunicación argumentativa interfieren con la realidad —por ejemplo, la necesidad de introducir nicotina en su cuerpo— y pueden hacer que no actúe según lo prescrito. Mejor si lo hiciera, pero la argumentación por sí sola no puede garantizarlo. El fumador cree, pero no actúa[52].

---

42 En este capítulo también se aborda la corrupción de la función legitimadora de la argumentación jurídica.

Del mismo modo, todo el lenguaje publicitario tiene como objetivo que el interlocutor *compre* un determinado producto. Entonces, el anuncio aporta, en una serie comunicativa, elementos que llevan al destinatario a aceptar el producto anunciado como el mejor entre los competidores. Pero la *capacidad de compra* es un obstáculo insalvable en la argumentación: el consumidor, aunque esté convencido de que necesita comprar el producto, puede no actuar como le dicta la publicidad, por razones económicas. Por supuesto, esto llevaría a preguntarse si una buena comunicación es la que se dirige a quienes se sabe que no pueden actuar como indican los argumentos publicitarios, pero éste es otro debate diferente[53].

Otro ejemplo: un abogado defiende excelentemente una tesis ante el tribunal. De los tres jueces del caso, el magistrado ponente y el magistrado revisor no están de acuerdo con él, sino que apoyan la tesis de la parte contraria. El tercer juez, sin embargo, pensando en los argumentos que les fueron dirigidos, cree que la tesis de nuestro argumentador, a pesar de la opinión de sus colegas, es la correcta. Sin embargo, se plantea una cuestión externa a la *argumentación*: si actúas del modo que prescribe el argumentador, tendrás que estar en desacuerdo con tus colegas. Esto le acarreará —piensa el magistrado— dos consecuencias desagradables, siendo la primera de ellas el hecho mismo de discrepar de un panel que desde hace tiempo es unánime, y la segunda la necesidad de redactar un voto, indispensablemente fundado para disuadir a sus colegas. La indebida comodidad para el juez, y éste, en contra de su deber, deja de lado su libre persuasión e independencia funcional, y aunque cree en la tesis defendida por el argumentador, no actúa en la forma prescrita. Acaba adoptando el voto de sus colegas. Por desgracia, esta es una realidad más común de lo que se puede imaginar.

Así pues, para definir la argumentación no hay que alejarse demasiado de la realidad, y hay que reconocer que entre el creer[43] y

---

43 Cabe señalar que "inducir a crer" no significa inculcar al oyente una creencia absoluta, un valor incuestionable. El trabajo del abogado consistirá a menudo en conocer la posición anterior del juez y, en lugar de

el hacer hay un intervalo que la argumentación debería alcanzar, pero no siempre lo consigue, por muy eficaz que sea[54].

INTERLÚDIO: ARGUMENTACIÓN EN MEDIOS CORRUPTOS

Nuestra posición realista, partiendo, desgraciadamente, de un punto de vista latinoamericano del sistema de justicia, impone la necesidad de prever los momentos de argumentación cuando se trabaja con tribunales o jueces corrompidos, tanto por el dinero como por otras circunstancias.[55] O, dicho en un término más general y eufemístico, la necesidad y el arte de argumentar, mediante diversos elementos de la racionalidad dialéctica del proceso, con quien ya tiene una opinión previamente formada[56].

Teóricamente, conviene saber que, como decíamos en el tema anterior, argumentar se limita a hacer *creer.* Este objetivo, sin embargo, no desobliga a quien argumenta a intentar desviar a su oyente de una posible decisión conforme no con su racionalidad ideal, sino con lo que determina su corrupción. Siendo más claros, existe la posibilidad de transformar al oyente y revertir su decisión manipulada, aunque reconociendo ser esa una tarea *casi* imposible.

Para este intento, la técnica consiste en trasladar el centro de convergencia de los argumentos hacia un nivel superior: hay que hacer creer al oyente corrupto en algo más allá de la tesis jurídica sostenida —cuyos razonamientos ya debe admitir por sí mismo. El trabajo argumentativo debe consistir en sostener la tesis de que

---

intentar cambiarla, demostrar que el caso en cuestión es excepcional y que, por tanto, no merece la aplicación de la posición anterior, aunque pudiera cambiarse. El arte de elegir la tesis a defender, seguido de la elección del relato, reside a menudo en desvincular el caso juzgado de aquellos aparentemente análogos, que obtienen decisiones desfavorables. Trataremos esta cuestión en el capítulo VIII, sobre la argumentación por analogia.

seguir el dictado del agente corruptor no es posible, factible o conveniente para el juez en ese momento concreto. Este trabajo mantiene la relevancia de las razones que sustentan la tesis jurídica, pero, al decirlo, acaba trasladando su factor de gravitación a los inconvenientes de la decisión ímproba.

Son algunas formas de demostrar, con argumentos, la necesidad de vencer puntualmente la tentación corrupta, pero apelar a la descripción de los deberes éticos del magistrado *no* es una de ellas. Existen experiencias[44] exitosas, como: (I) Recoger la jurisprudencia de la Sala y demostrar que cualquier otra solución pondría en entredicho el equilibrio de la decisión, debido a que se produciría una divergencia injustificable con respecto a los precedentes del Tribunal de Justicia; (II) mostrar que la sociedad puede llegar a reconocer una decisión como fraudulenta, debido a su discrepancia con la racionalidad, sumada al conocido poder corruptor de la parte contraria. Y que este rechazo social no compensa las ventajas indebidas; (III) sugerir que se sabe que la decisión ya está tomada en el momento de la exposición argumentativa, pero que su alteración revelaría un cambio positivo para el sistema, que puede compensarse con elementos lícitos como la credibilidad general del Tribunal; (IV) o incluso insinuar, cuando proceda, que el argumentante conoce el sistema corrupto y está dispuesto a denunciarlo, en caso se materialice.

Enfrentarse a sistemas de decisión corruptos no es tarea fácil, y estudiar las formas argumentativas ante factores de subversión del sistema demandaría mayor sistematicidad, quizás para un estudio futuro. Sin embargo, hay dos breves afirmaciones en las que po-

---

44 No sólo por nuestro deber como investigadores de la corrupción, sino también como escritores, hemos recopilado varias narraciones sobre la realidad de la corrupción institucional y cómo afrontarla. En este libro, las narraciones "Carta al abogado de éxito" (Cap. III) y "Guión para cortometraje" (Cap. XVI) demuestran algo de esta perspectiva. Son, sin embargo, como hemos nombrado en el cuerpo del texto, sólo experiencias, que requerirán otro tipo de estudio para que haya sistematicidad.

demos estar de acuerdo: (I) por un lado, es cierto que la corrupción traslada el factor de decisión a algo muy alejado del campo de la dialéctica de las ideas, de modo que el argumentador, que utiliza "solo" su poder enunciativo, se encuentra en una evidente desventaja; (II) por otra parte, si el argumentador es realmente consciente de que se le ha lanzado a un terreno más amplio que el que se encuentra en el expediente judicial, es su deber buscar las herramientas para hacer creer al oyente que puede modificar su decisión, por muy poderosas que sean las fuerzas que le llevan en una dirección diferente. O, al menos, hacer que las razones de la decisión corrompida queden tan debilitadas que al argumentador le resulte más fácil reformarla en un momento posterior recurriendo a un tribunal superior. Esto, hay que decirlo, en la hipótesis de que exista tal tribunal superior en el caso concreto.

Lo ideal sería que la corrupción desapareciera en algunos círculos[45], o al menos dejara de existir a niveles que, como ahora, obligan a construir una sección para discutir la argumentación en círculos éticamente desequilibrados. Estos medios corruptos tienen el sello de la excepcionalidad, pero una excepcionalidad no despreciable para el entorno jurídico. Aquello forma parte de nuestra preocupación argumentativa.

Frente a oyentes con resultados preconcebidos, el buen argumentador, como un atleta que compite contra un adversario que sabe que está muy fortalecido por el dopaje, se ve obligado a crear estrategias *lingüísticas* suficientes para intentar establecer un mínimo equilibrio entre las partes, devolviendo la decisión al terreno de la persuasión racional. Evidentemente no es una tarea sencilla.

---

[45] Hay muchos intentos para hacerlo. De momento, con el desarrollo de la inteligencia artificial, la posibilidad de que una computadora pueda hacer, sola, la decisión de un caso, a penas como baremo para la decisión judicial, sería una forma mínimamente interesante de evitar decisiones corruptas. Eso se discutirá en el último capítulo.

DE ELLO SE DESPRENDE: EL OBJETIVO DE HACER CREER

Para que el interlocutor se crea la tesis, es necesario que se le transmita de tal manera que su razonamiento llegue a adherirse al recorrido transmitido por el argumentador. En este punto, la argumentación en el poder judicial tiene ciertas peculiaridades.

Cuando un futbolista de renombre aparece en televisión y, en un anuncio comercial, afirma utilizar una determinada marca de calzado de fútbol, no cabe duda de que ejerce un efecto persuasivo sobre sus espectadores. En un anuncio como este, hay un argumento que no está expreso, pero que se puede resumir en: si este atleta usa tal calzado de futbol, es porque este calzado es el mejor en su categoría; al fin y al cabo, un jugador de esta categoría solo puede utilizar productos de primera calidad.

La figura de ese deportista de renombre, en el anuncio comercial, funciona como una forma de *convencer* sobre la calidad del producto anunciado. La *figura* del jugador forma parte, pues, de una argumentación que prescinde de complejos razonamientos para ser transmitida, pero que existe ahí simple[57] e implícitamente, de lo contrario el anuncio comercial no tendría ningún efecto directo sobre las ventas del producto. Se puede afirmar que, en la publicidad, *la imagen* y *la reputación* del jugador eran predominantes. Sin embargo, dependen de un silogismo, creado intencionadamente por el argumentador, pero que no se enuncia: un jugador de alto *performance* solo utilizaría productos de calidad. O, en una metonimia más exagerada, que la publicidad siempre sugiere, el calzado de fútbol es el responsable por el desempeño del jugador, con lo cual comprar tal marca significa adquirir parte de las habilidades futbolísticas del protagonista.

Si una persona va a comprar un calzado deportivo, es fácil (y muy probable) que valore imágenes asociadas a ídolos del deporte. Pero cuando un juez valora una tesis jurídica, menos[46] le im-

---

[46] Véase el capítulo VII (sobre el argumento de autoridad).

porta la figura del argumentador, sino el camino que le presentan las partes, pues son razonamientos de este tipo, en una determinada progresión, que deben verse reflejadas en su sentencia.

La vía racional es, en el discurso judicial, su elemento más convincente, ya sea en la interpretación de la ley o en el análisis de las pruebas. Resulta que este razonamiento no es unidireccional, ya que la lógica jurídica no parece exacta[58]. Depende de los argumentos de alteridad e interpersonalidad: en definitiva, para transmitirse de una mente a otra.

Y, al promoverse la exteriorización del razonamiento, el argumentador busca potenciar lo que le es *favorable*, y esto lo hace por medio de técnicas de argumentación. Así, puede decirse que, si el objetivo de la argumentación es *hacer creer* en una afirmación, sus medios son la hipertrofia de los elementos favorables, es decir, la valorización de los mismos.

A menudo hacemos hipertrofias, y no son monopolio del discurso jurídico. Desde el anuncio de una famosa confitería diciendo que sus productos que proporcionan *sabrosa energía y dulces momentos*, en lugar de afirmar que su comida *engorda* demasiado, hasta un elogio a un compañero de trabajo, declarando que está 'muy concentrado' en lugar de ser lento en sus tareas[59].

El lenguaje visual también está lleno de hipertrofias, que aceptamos sin mucha discusión. Por ejemplo, si nos fijamos en una escena de un cómic, veremos constantes exageraciones que pasan desapercibidas. Cuando observamos, por ejemplo, una escena de un superhéroe de Marvel en acción, poco nos damos cuenta de que la proporción de su cuerpo está alterada, más allá de hacerlo musculoso. Lo más probable es que, si se trata de un personaje que se mete en un combate de lucha física, sus manos sean, en el dibujo, mucho más grandes que las de un ser humano corriente, y nos fijamos poco en eso[47]. Al fin y al cabo, cuando el objetivo es la alabanza de ese personaje, hay, por decirlo así, una exage-

---

47 Sobre las imágenes, véase el capítulo IX.

ración aceptable. Es decir, en un primer momento, aceptable; en un segundo momento, absolutamente inadvertida por parte del interlocutor.

En un estudio más detallado, habría que profundizar en la realidad normativa, para conocer *los límites* de esta exageración dentro de la construcción comunicativa de la sociedad. Los votantes aceptan que se idealice a los políticos en sus campañas, los usuarios de la industria de la moda admiten que los cuerpos de las top models distan mucho de los estándares cotidianos de los ciudadanos, los consumidores saben que, parafraseando las palabras de Michael Douglas en su 'día de furia'[48], la hamburguesa que aparece en la fotografía del merendero es mucho más bonita que la que realmente se sirve allí. Hasta cierto punto, se acepta la hipertrofia comunicativa, como forma *standard* de exponer la realidad por la parte interesada. En el discurso jurídico, salvo las debidas proporciones, la valorización de los aspectos de la tesis defendida es la principal técnica de construcción discursiva.

Los médios para esto son los argumentos.

CARACTERÍSTICAS BÁSICAS DE LA ARGUMENTACIÓN

Una vez visto lo que se entiende por argumentación y por los medios que la conforman, conviene sistematizarlos en unas breves características, que se abordarán con mayor profundidad en capítulos posteriores.

La argumentación se diferencia de la mera *demostración*[60] porque tiene como objetivo al interlocutor. La demostración es *impersonal* y, en teoría, válida para todo el público. Se pueden encontrar diferentes formas de enunciarlos[61], como si resolvieran una ecuación, pero siempre, si se hace de acuerdo con las reglas de su ciencia, se alcanzará el mismo resultado.

---

48 Una conocida escena de la película "Falling Down", un día de furia, de 1993.

Para que exista un razonamiento *demostrativo* formal, en un sistema cerrado, como indica Olivier Reboul, muy basado en la lección aristotélica, es necesario que coexistan tres condiciones: a) no debe haber ambigüedad en el significado de los signos, por eso las matemáticas utilizan un lenguaje artificial (el número uno, el cero, el dos son abstracciones, instrumentales para que no haya contradicciones); b) el sistema debe ser coherente, su proposición y su negación no pueden afirmarse dentro de él: así los sistemas de razonamiento formal progresan de manera única y no encuentran contradicciones ni rupturas de coherencia; c) el sistema debe ser completo, vale decir que para cada proposición formada en un sistema debe haber condiciones para demostrar su verdad o falsedad. En otras palabras, cada proposición hecha en el sistema axiomático debe traer una respuesta única, un resultado inequívoco, y no puede haber proposiciones, si son aceptadas por el sistema, que no encuentren un resultado único[49].

La inspiración aristotélica de esta construcción es evidente, porque se basa en una idea específica del estudio de la argumentación demostrativa[62]. Mucho se ha evolucionado desde entonces para comprender el alcance de la *demostración* y, más que eso, lo que podría constituir la ciencia pura. Aun así, sirve bien el concepto de la *artificialidad* del razonamiento demostrativo y su validez sistémica. Desde el punto de vista del análisis del discurso, es posible que esas fronteras tan delimitadas se puedan difuminar, en un sentido vectorialmente doble: en primer lugar, la demostración, si se introduce en la progresión argumentativa, no siempre se mantiene en lenguaje artificial; entonces, que cualquier enunciado, incluso una narración, depende de subsistemas únicos, que garantizan la formación del sentido y, secuencialmente, del resul-

---

[49] Por supuesto, todo el sistema jurídico está orientado a desentrañar las ambigüedades en la aplicación de la norma y a encontrar un resultado seguro. Incluso en el sistema comunicativo Luhmanniano, la función del derecho sería reducir toda la comunicación social, con sus expectativas de comportamiento, a un único resultado en un sistema binario: derecho/no derecho.

tado. Pero esta crítica nuestra, esencial para el realismo jurídico, hay que situarla en un momento posterior.

Es relevante conocer las principales características del sistema retórico, de pensamiento informal, que los autores clásicos han sistematizado. Es útil reconocer las diferencias, pero también en este caso nuevamente nos vemos obligados a flexibilizar algunas afirmaciones, al menos para mantener la coherencia de nuestro sistema. Tomamos como punto de partida la exposición pertinente de Reboul[50], en sus primeras cinco características, pero añadimos nosotros las cuatro siguientes:

a) La argumentación se dirige a un público.

Siempre argumentamos con alguien, delante de alguien. Los argumentos y la progresión del discurso deben variar según la persona a la que se dirija. Esta característica es objeto de nuestro estudio, principalmente cuando tratamos de la *intertextualidad*[63], que, como decíamos antes, es una parte central de nuestra investigación.

b) Utiliza un lenguaje natural.

Cuando argumentamos, utilizamos el mismo lenguaje que empleamos para comunicarnos en el día a día[64]. Y esto somete la construcción argumentativa a diversas reglas, que son las mismas que las de la comunicación en general. Si, por un lado, el lenguaje natural dificulta el tratamiento de los argumentos, ya que no pueden disociarse de un enunciado concreto, por otro les proporciona una serie interminable de recursos: a grandes rasgos, la gramática[65], como reglas de estructuración del lenguaje, y la semántica[66], como elementos de significado. Así, los mismos recursos de la enunciación en general, del lenguaje como un todo, se aplican integralmente a la construcción argumentativa. En este

---

50 Las cuatro últimas serán: pensamiento mágico, estética, narrativa y legitimación, algunas de ellas ya puestas como premisas anteirores. Además, señalamos algunas críticas a pensamientos más absolutos, que se exponen aquí con cierto cuidado.

libro se analizan estas características, especialmente en lo que se refiere a la *competencia lingüística.*

Sin embargo, nos vemos obligados a señalar, para divergencia de la mayoría de los teóricos, que, en el contexto jurídico, el lenguaje utilizado no es tan ´natural´, es decir, no coincide exactamente con el de la vida cotidiana. (a) Bien sea por el entorno formal en el que se desarrollan los juicios, que es de esperar, ya que son solo palabras las que están decidiendo el futuro de las personas y de los sujetos de derecho, la mayoría de las veces de una manera bastante rotunda. A medida que el entorno interactúa con las personas y con el lenguaje, éste pasa a un nivel diferente, no necesariamente mejor, pero tampoco natural. (b) Los conceptos jurídicos tienen un alto grado de especialidad, que sólo encuentran sentido en su episteme, en su área de conocimiento. La misma palabra asume un significado muy diferente en el discurso jurídico, aunque la misma palabra existe fuera de él, denotando algo diferente. Piénsese en el significado jurídico de palabras como *ley, norma, trabajo, sanción, justicia, proceso,* y así verá cómo se transfiguran en su connotación, si se consideran en el contexto entendido como natural. No alcanzan un significado totalmente artificial, pero podemos decir que se trata de un lenguaje natural alterado por el entorno; (c) También la gramática, entendida en sentido amplio, tiene reglas distintas en el contexto jurídico. La lectura de un Código legislativo demuestra que el texto, allí, sigue las reglas de estructuración muy estrictas, y cualquier alteración o incumplimiento altera su significado. La inscripción de un derecho como cláusula permanente en una Constitución, o como derecho fundamental, difiere de su inserción en un lugar menos destacado de la propia Constitución. En general, todas las codificaciones se establecen de tal manera que se empiece por lo más importante y fundamental, y luego se ramifique hacia lo menos relevante y modificable, como en una pirámide invertida. En cierta medida, esta gramática se refleja en cualquier argumentación que tenga la hermenéutica de la ley, o incluso una narrativa que tiene como objetivo el marco jurídico.

En especulaciones más complejas, las relaciones gramaticales, *lato sensu*, aún están por definirse. Para el derecho penal, por ejemplo, la relación entre la descripción naturalista de la acción, su contenido psíquico, el vínculo con todo el contexto social para alcanzar la relación de causalidad e imputación y, en algunas concepciones, la propia inserción de toda la confrontación del propio ordenamiento subyace a la idea abstracta del tipo penal, que a su vez seguirá exigiendo su propia regla gramatical de interpretación. Desde nuestra perspectiva, el lenguaje hermético del derecho y la gramática formada por el ordenamiento jurídico hace que ese 'lenguaje natural' no se pueda confundir con el lenguaje cotidiano, como hacen algunos teóricos. Aun así, está lejos de constituirse en un sistema de notación absolutamente artificial y libre de ambigüedades, como el lenguaje matemático.

c) Sus premisas son creíbles.

Esta característica ha sido objeto de este capítulo, porque está contenida en la clasificación del argumento. Para iniciar un discurso, debemos tener un punto de partida, que no es necesariamente real, sino que es una *premisa.* Un consenso aceptado por el oyente, por el discursante, a partir del cual se añaden otros elementos lingüísticos, que serán responsables de la progresión y alteración del texto. A su debido tiempo demostraremos que estos puntos de partida se acercan mucho a lo que representan los personajes en una narrativa: no son exactamente la realidad, pero tienen un *corpus* suficiente, una autonomía para sufrir una transformación a un ritmo que el oyente pueda seguir.

Imaginemos que el economista X, en una reunión de la Asociación Industrial, prepara un discurso para defender la necesidad de reducir la alícuota de impuestos a la importación del producto Z, por tratarse de un insumo relevante para la industria nacional. Sabe que se basa en premisas que cuentan con el consenso de sus oyentes: que el sistema fiscal es necesario, que estamos ante un Estado legítimamente constituido y, además, que la industria nacional necesita desarrollarse. Su discurso tendría que continuar ad infinitum si no eligiera premisas, pero el economista sabe que hay puntos de partida con los que puede contar. Estos puntos de partida son el *consenso* de sus oyentes, pero no por eso son verdades absolutas. Si se hablara con un grupo de anarquistas, probablemente no estarían de acuerdo con la existencia de impuestos; si se hablara con ecologistas, podrían estar en desacuerdo con cualquier fomento de esa actividad industrial concreta. Sin embargo, hay elementos que se presentan como verdad, y que consecuentemente no están bajo discusión.

El entorno jurídico, para existir como tal, adopta sus propias premisas, a las que estamos habituados. Las presunciones llenan la realidad procesal, y la dogmática está todo anclada en conceptos que no se pueden demostrar, pero que se admiten como reales. Por poner un ejemplo que nos es muy sensible, todo el sistema sancionador del derecho penal se basa en una decisión libre del imputado por enfrentarse a la norma jurídica, cuando la neurociencia pone esta libertad de voluntad, hoy en día, en jaque absoluto. El libre albedrío es una premisa verosímil del derecho, de la que dependen gran parte de las teorías que explican los sistemas de regulación del comportamiento humano, incluídos todos los efectos de la pena.

En cualquier texto, estas premisas son adoptadas, pero no son verdaderas. Se trata de un conjunto mínimo de elementos que no se ponen en discusión, no porque sean dogmáticos, sino porque hay que imponerse límites de tiempo, espacio e incluso intenciones. Eso será analizado en su momento.

d) La progresión depende del orador.

Cuando se argumenta se hace una constante selección de elementos lingüísticos que pueden llegar a componer el discurso. Pensamos en el mejor argumento, las mejores palabras, las citas más apropiadas, formulamos introducciones, conclusiones, prolongamos o acortamos ejemplos. Todo a la libre elección de quien construye su texto, sea oral o escrito.

Desde luego, la tendencia del discurso jurídico es adecuarse a estándares que permitan el juicio masivo, incluso, como tendremos que tangenciar al final de este trabajo, por inteligencia artificial. Pero aquí nos preocupan menos estas hipótesis de estandarización y mucho más la elaboración de razonamientos más complejos y, por tanto, su originalidad. De hecho, en un simple resultado de análisis combinatorio, cuantos más elementos de progresión existen en un discurso, más probabilidades hay de que sea original, creando soluciones alternativas para casos que antes parecían apuntar todos al mismo patrón de la sentencia[51]. La técnica estará en quién consiga construir mejor esta progresión, como veremos en el capítulo dedicado a la coherencia.

e) Las conclusiones son controvertidas.

A diferencia de la lógica formal, la argumentación permite conclusiones controvertidas. Si la multiplicidad de combinaciones de argumentos lleva al infinito las posibilidades de progresión, sus finales —las conclusiones— también serán divergentes. De lo contrario, no habría, en los procesos judiciales, sentencias discrepantes sobre un mismo contexto probatorio, o las salas de juzgamiento serían inútiles, pues las decisiones judiciales, monocráticas o colegiadas, llegarían siempre a la misma respuesta. Los resultados confrontados son una consecuencia necesaria de la naturaleza libre de la retórica.

Cuando hay decisiones confrontadas, está claro que se puede buscar una fisura en la argumentación, como una ruptura de algún silogismo u otro método demostrativo, en un proceso lógico-formal. Pero no es necesariamente así: dado que, al definir la ruta, el argumentador hace una selección de los elementos que

---

51 Es aquello de lo que, mal traducido, habla Coleridge de la "película de la familiaridad", que nos hace acostumbrarnos a lo que ya está ahí, sin ningún tipo de innovación: ojos que ya no ven y corazón que ya no siente: "in consequence of the film of familiarity and selfish solicitude, we have eyes yet see not, ears that hear not, and hearts that neither feel nor understand", WORSWORTH. William, COLERIDGE, Samuel Taylor (2007). "Lyrical Ballads", Pearson Education, p. 367.

la compondrán, la diferencia entre estos elementos conlleva una clara alteración de los resultados.

Nótese entonces la disyuntiva: por un lado, es ilusorio pensar que puede haber un único resultado correcto para un argumento. La multiplicidad de opciones, de interacciones, de caminos, suponen factores cambiantes, para llevar a conclusiones diferentes; por otro lado, es posible identificar desviaciones indebidas del recorrido en cualquier discurso, cuando se trata de contraargumentos. Esto convence al oyente de que el discurso de la parte contraria es erróneo o, en términos más apropiados, es un discurso poco coherente o poco verosímil. Gran parte de nuestro estudio, en este libro, consistirá en el análisis de probables fisuras de la argumentación contraria, que no es necesariamente deshonesta: sólo se identifica a partir de qué decisiones ha construido el diverso argumentante, para llegar a su disonante conclusión.

Las cinco características anteriores son clásicas de la llamada nueva retórica. Detrás, realizada a partir de la combinación de autores con construcción sedimentada en el tema, como Perelman y Reboul. Nuestra construcción, a partir de otras observaciones, impone, además de una visión matizada de esas premisas clásicas, como aquí se comprueba, cuatro nuevas características. Algunas de ellas fueron enunciadas en el capítulo anterior, como premisas de nuestro abordaje teórico, con lo cual vamos a pasar por ellas con menos detalles

CARACTERÍSTICAS QUE SUMAN: MAGIA, NARRATIVA, ESTÉTICA Y LEGITIMACIÓN

Las observaciones realizadas por nosotros, durante los años que llevamos tratando el tema de la argumentación y la narrativa, nos han permitido presentar cuatro nuevas características, aplicables al discurso judicial. Fueron objeto de nuestros estudios y, hay que reconocerlo[67], de nuestra experiencia en la construcción narrativa, con las observaciones teóricas consecuentes. Como premisas, las características se plasmarán en el cuerpo teórico-práctico de este libro, pero aquí se expondrán resumidamente.

Como hemos considerado, en el subtítulo anterior, las características de la argumentación en la llamada "Nueva Retórica", ya un clásico, necesitamos un método para introducir nuestra pequeña contribución —mínimamente, como forma de actualización a la realidad argumentativa actual. Para ello, tenemos que hacer un proceso que no es sólo una suma, sino un breve proceso de deconstrucción y construcción: retirar algo, para construir una nueva base en su lugar. La deconstrucción es *pensamiento mágico* y la *construcción, lógica narrativa.* A ambas añadimos la estética y la legitimación del Estado, solo como complemento sistémico.

Realismo: pensamiento mágico

El aparente oxímoron es significativo. Adoptar una perspectiva realista nos obliga a decir que, en términos comparativos, utilizamos el pensamiento mágico, que parece lo contrario del realismo. El concepto de realismo mágico ya ha sido explicado en otro contexto, pero lo retomamos, enunciando así nuestra característica a la argumentación:

f) La lógica argumentativa se basa en el "pensamiento mágico".

No profundizaremos más en esta teoría, remitiendo al lector a su estudio en otras obras, además de las originales ya citadas de Frazer y Trías[52], pero a grandes rasgos significa admitir que, aunque busquemos, en la medida de lo posible, el razonamiento lógico-formal para alcanzar una verdad intangible —la verdad de lo justo—, nuestro pensamiento argumentativo opera por el lenguaje y, a partir de ahí, por aproximaciones que la mente produce. Estas aproximaciones no coinciden con la relación causal-naturalista para los hechos, ni con el desarrollo de la lógica formal matemática para los elementos conceptuales[68].

---

52 Vid. capítulo 01.

La argumentación es *mágica* porque sigue un sistema de *marcos*, encuadres, aproximaciones que no son ni los hechos ni el propio lenguaje en sí misma. Por ejemplo: si, en un tribunal internacional se escucha el testimonio de una persona que ha sido galardonada con un Premio Nobel de la Paz por su trayectoria profesional, seguramente su palabra gozará de gran crédito. Del mismo modo, si se escucha en el tribunal del jurado el testimonio de una monja devota, que sólo pasaba por la calle de camino a su convento cuando presenció la escena del asesinato. El premio internacional y la figura religiosa otorgan veracidad al testimonio, pero se trata de una asociación absolutamente desprovista de elementos fáctico-naturalistas: el premio Nobel puede mentir por pura vanidad, valorando las acciones que le llevaron a ser reconocido como figura mundial de la paz, o la monja puede estar siendo amenazada o simplemente equivocarse sobre lo que vio[69], como han hecho tantos otros testigos visuales. O la monja puede incluso querer mentir, por razones que dependen de ella.

En un mundo artificial, de razonamiento matemático, estos valores no existirían detrás de cada elemento lingüístico lanzado en un discurso; en la argumentación, tenemos dos opciones: o nos hacemos cargo de estas influencias como falacias, o asumimos que todo nuestro discurso sea mágico. El gran inconveniente de asumirlo como una falacia —y aquí radica nuestra crítica—, es concebir que todo pensamiento meramente aproximativo-asociativo es la *excepción*, cuando en realidad es la regla. Aquellos que no acepten esa afirmación tendrían que buscar cuáles son los criterios de demostración matemáticos y lógico formales, para notar, con realismo, que trabajamos siempre con aproximaciones. Como elementos del lenguaje, siempre estamos lidiando con referencias de intervención, de simbología, de juicios ya hechos y de dogmas no perennes, jamás con exactitud. Este es el precepto de la transferencia del razonamiento mismo, que se realiza por proximidad y asociación: una frase debe referirse a un significado, ya sea un objeto o un concepto, y éste solo existe, en la mente del interlocutor, por experiencia. Así, quien observa un cuadro realizado en tonos oscuros, que representa una noche en el jardín de un cementerio, con la figura de un cuervo en primer plano, es remitido a una experiencia sombría, de terror o tristeza. Aunque una noche en el cementerio sea, formalmente, la misma noche que ocurre en cualquier otro lugar, y el cuervo —el ´cuervo´ del continente americano— sea un ave tan relevante para el ecosistema como cualquier otra, incluso con una estética innegable. Sin embargo, el pintor no tendría forma de comunicar/transmitir la atmósfera sombría sin utilizar algún símbolo lingüístico: el pájaro en la noche del cementerio era una forma segura. Siempre, cabe señalar, por aproximación, en general a partir de algunas convenciones. Como en cualquier discurso argumentativo.

Base: la idea narrativa

g) El argumento utiliza una estructura narrativa.

Nuestro texto aquí también se basa en la idea de que la progresión argumentativa tiene una estructura idéntica a la del texto *narrativo,* inclusive aquel de ficción. Los personajes interactúan entre sí y conducen la trama a diferentes lugares, del mismo modo que los argumentos seleccionados interactúan, complementan o se oponen a la tesis (como adjuntos o antagonistas, respectivamente), y luego conducen a una u otra conclusión, dependiendo de cómo se influyan mutuamente. Y, por supuesto, como en la narrativa, esta conclusión puede resultar menos o más convincente para el interlocutor, en función de factores como la elección de la interacción, la precisión de las relaciones intertextuales, la coherencia y el ritmo. Del mismo modo que un lector de, por ejemplo, una obra de Murakami puede implicarse durante páginas y páginas de una trama mágica, pendiente de cada movimiento de un personaje, y del mismo modo que un espectador de *Star Wars* cree —por unos instantes— en la realidad de los personajes por la calidad de la fotografía y los efectos especiales de la producción, también se desarrolla y convence más de un discurso jurídico a partir del recorrido que se le presenta, y de la veracidad de la tesis por la precisión del lenguaje que se enuncia.

Seguiremos con tal comparación a lo largo de esta obra, y no hay como escapar a ello: es nuestra forma de construir una teoría realista, práctica y funcional para el estudio de la argumentación jurídica hoy: pensamos narrativamente y, ante la imposibilidad de construir una demostración formal como las matemáticas, la coherencia aproximativa es la que nos seduce.

La capacidad narrativa[70], si se suma a unas bases conceptuales claras, coincide en gran medida con la argumentativa.

La dimensión estética

h) La estética forma parte de la construcción argumentativa

Otra característica del texto argumentativo es que tiene una acentuada dimensión estética. Se trata de reconocer que posee una armonía, quizá tomada de las ciencias naturales, a la que estamos acostumbrados, que le permite fijarse en la mente del lector. Esta dimensión se refractará aquí cada vez que hablemos de elementos enunciativos que impliquen orden y armonía, como la organización de los párrafos, los aspectos cohesivos, el ritmo o incluso la precisión del mismo vocabulario. Lejos de predicar un lenguaje formal o el uso de la jerga profesional, la estética va mucho más allá de esto[71]: cada aspecto de la presentación del discurso se amalgama con su propio contenido, y así, como en la música, el cine o la pintura, una estética correcta e intencionada es capaz de convencer, y nos parece que eso es aspecto de la naturaleza, al menos en nivel no-cuántico. Un matemático puede solucionar una función compleja con números, pero tendrá más seguridad al hacerlo cuando transpone sus números a un gráfico: si el gráfico resulta harmónico, la función está correctamente solucionada. Del mismo modo, el jugador de ajedrez, para saber la situación de un partido en el tablero, inicia por mirar si las piedras están dispuestas de modo harmónico: es la primera pista que tiene para saber si las cosas van bien o mal. En la argumentación esa lógica se repite, al revés: la argumentación es verdadera *porque* tiene estética. En parte, funciona.

Descubrir qué es la belleza, en ese momento exacto, donde reside la armonía en la forma de enunciación, incluso en los momentos más formales, es la tarea de todos los que argumentan. En otro capítulo veremos que el dominio de esta capacidad puede considerarse como un argumento en sí mismo.

Dimensión legitimadora del Estado

i) La argumentación jurídica legitima un sistema de derechos, por lo tanto, no se puede usarla para corromperlo.

La argumentación es la forma de legitimar la decisión y, por tanto, todo el proceso de toma de decisiones[72]. En este sentido, la argumentación, específicamente en derecho, se suma al acto de llevar todo el poder del Estado, el *enforcement*, a la decisión. Sin entrar en cuestiones procesales, es a través de la argumentación que se garantiza un mínimo funcional a la decisión del juez; más aún, es allí donde se ancla no sólo el derecho de defensa, sino todo el sistema recursal que, en sus más altas instancias, se erige simplemente como un sistema de casación, es decir, debe legitimar las decisiones argumentativamente aceptables y deconstruir, quitándoles legitimidad, aquellas que no cuenten con un mínimo argumentativo.

Nuestra experiencia, por supuesto, puede pasar por una perspectiva crítica. Porque también la dimensión argumentativa, e incluso la estética (porque existe una estética del Poder por sí mismo) también pueden asumir la función de legitimar aquello que no sirve al Estado. Desde nuestro punto de vista hiperrealista, no se puede descartar que las oraciones que surgen de motivaciones no democráticas se construyan a partir de progresiones aceptables de ideas verosímiles, aprovechando todas las características que hemos expuesto antes: la progresión del propio orador, la simple verosimilitud de las premisas, la posibilidad de conclusiones controvertidas.

Por supuesto, la argumentación puede utilizarse con fines dudosos, pero se trata de un dilema ético que, aunque se refracte muchas veces en este libro, no es el momento de afrontar aquí. La dimensión axiológica de la argumentación puede entrar en el juicio de valor de cada argumentador, pero esto no le quita su función de elemento legitimador del Estado, al contrario: se puede resumir esta definición de finalidad argumentativa y de ética de esta manera simplificada: si la argumentación legitima al Estado, y el Estado es por definición democrático e isonómico, toda argumentación que vaya en contra de estos principios no está basada en elementos mínimos éticos. Si esa ética mínima es la estructura de verosimilitud de la propia argumentación es abstracto, la argumentación que afronte democracia y derechos humanos no es argumentación en absoluto[53].

Cada momento en el que se impone un argumento al texto jurídico es un momento en el que se está construyendo y legitimando un sistema institucional que se basa naturalmente en la democracia. En las dictaduras, diversos elementos de persuasión y pacificación sustituyen a los argumentos. Pero ni siquiera merecen ser mencionados en un libro dedicado al lenguaje.

CONCLUSIÓN

Para ser operativo para el jurista, hay que trabajar con actualizaciones y revisiones de todos los clásicos. Así, optamos por añadir, a la ya bastante moderna retórica, estas características de la argumentación: el pensamiento mágico, la narrativa, la estética y la legitimación del Estado tienen que pertenecer a la operatividad y a los objetivos de quien argumenta.

---

[53] Esa nuestra afirmación no se puede usar, de otra parte, para legitimar la censura a cualquier idea que no esté de acuerdo con un *mainstream* progresista, como suele ocurrir a menudo en algunos países.

El concepto de argumento como elemento lingüístico es relevante para el jurista, pero no puede estar aislado de todo lo que la argumentación representa. Saber dosificar lo que hay de abstracto, formal, dogmático y narrativo en la estructura argumentativa seguirá siendo nuestra tarea.

Capítulo III

Argumentación y razonamiento. Pensar en el oyente

Hasta aquí, ya tenemos cierta diferenciación epistémica entre la Argumentación y el estudio del Derecho propiamente dicho. Siempre seguirá habiendo alguna reticencia en el estudio autónomo de la retórica, pero ésta proviene de un discurso moralista. Moralista, se explica, en el sentido de que pretende extender los postulados dogmáticos del Derecho a toda la actividad argumentativa práctica, a sabiendas de que esta tarea es imposible. Este moralismo, por supuesto, es muy distinto de la ética argumentativa.

El presente capítulo tiene, pues, un sentido muy objetivo: seguir marcando la frontera entre el estudio del Derecho y la Retórica, pero en dos elementos muy prácticos, que sirven de base a toda construcción comunicativa: conocer al auditorio y conocer la propia perspectiva, en la noción de punto de vista.

EL DISCURSO DE LA VERACIDAD CIENTÍFICA

El Derecho no tiene la misma sistemática exacta de las matemáticas, y no hay *fórmulas* ni *diagramas*[54], pero eso no le quita pretensiones científicas.

---

54 Cf. ECO, Umberto. *Cómo se hace una tesis*, p. 21: "... Para algunos, la ciencia se identifica con las ciencias naturales o con la investigación sobre una base cuantitativa: la investigación no es científica si no se lleva a cabo utilizando fórmulas y diagramas".

Por supuesto, no podemos prescindir aquí de la discusión epistemológica sobre qué es la Ciencia Jurídica. Se trata de una definición imprescindible, porque muestra los límites del Derecho y cómo debe ser estudiado. En una sociedad cada vez más compleja, los juristas se ven obligados a definir los límites de su objeto de estudio, incluso con fines didácticos. Una universidad, para graduar a alguien con una licenciatura en Derecho, tiene que decidir qué debe enseñar y bajo qué denominación. Y el estudioso del Derecho, para actualizar y evolucionar esa área de conocimiento, debe delimitar su objeto de estudio. Si se nos permite poner en perspectiva nuestra experiencia de docencia en programas de doctorado en más de un país, hay que decir que son muchos los estudiantes, en las más diversas titulaciones, que se pierden en su trabajo por desatender sin más las cuestiones de método, creación y organización del conocimiento[73].

En la universidad, las asignaturas dogmáticas están dotadas de lo que un autor ha denominado *veracidad científica*[74]. Con esta denominación, que aquí tomamos prestada, nos desviamos de esta discusión del derecho como ciencia. Una alternativa sería la división entre *hard science* y *soft science*, que parece adecuada en su campo, pero que para la cohesión de nuestro texto también se desviaría, pues remitiría constantemente a una disyuntiva que aquí simplemente queremos superar.

Y es que, al absorber el Derecho mediante tesis desarrolladas por la veracidad científica, a algunos de sus operadores les resulta difícil disociar esas tesis de la aplicación del Derecho a casos concretos, en los que ya se abandona el carácter genérico del discurso de verificación como premisa.

En términos más sencillos: algunos operadores del Derecho se apegan demasiado a opiniones prefabricadas, a tesis sustentadas en la doctrina por la que aprehendieron el asunto y entonces no logran —sin ser conscientes de ello— enfrentarse a la ciencia como instrumento importantísimo del argumentador, pasando a entenderla como el único instrumento para *demostrar la realidad.* Cuando se enfrentan a un caso concreto que resolver, para convencer al magistrado, intentan transponer a su discurso el lenguaje de la verificación científica, pero esta adaptación es imposible en su totalidad.

Cuando el argumentador confunde el *conocimiento jurídico con la convicción científica*, considerando lo que aprendió en la universidad como una verdad insuperable, va camino de convertirse en un mal argumentador. Puede incluso ser un jurista competente durante algún tiempo, pero aun así su capacidad para construir su propia doctrina, en un texto escrito, no llega muy lejos, porque la redacción de un corpus coherente en (la llamada) ciencia aplicada también depende de asumir un punto de vista, de reconocer que hay prejuicios de los que uno trata de deshacerse e intervenciones en la realidad que intentamos neutralizar, pero somos incapaces de conseguirlo.

Un buen argumentador debe tener conocimientos jurídicos excepcionales y conceptos bien asentados, pero no puede estar atado en su argumentación por una convicción puramente personal. Debe tener siempre presente que, en su trabajo de argumentación, no busca la *veracidad científica*, que opera *erga omnes*, sino el convencimiento de una o varias personas determinadas respecto a una tesis que surge de una situación fáctica concreta. Este hecho, tan evidente en el sistema anglosajón[75], sigue causando problemas en el sistema latino-germánico, solo porque no hace del caso concreto el centro del estudio, sino que pretende anticipar, siempre, un conocimiento teórico absolutamente estructurado, que precede a alguna aplicación práctica y se establece al margen de toda casuística. Perfecto como sistema, siempre que se reconozca que crea distanciamiento del análisis de elementos de la realidad concreta. A estos elementos no conceptuales de la realidad los denominamos fácticos[76]: personas y cosas.

Por tanto, en el discurso judicial, la 'ciencia del derecho' se utiliza como *instrumento* para convencer a un *alter*, un tercero que se suma a la relación entre autor (primero) y texto (segundo): el juez (tercero). Y el trabajo que lleva a la persuasión de este tercero no es idéntico al que existe en la demostración de una tesis científico-social, como en una tesis académica de un máster, doctorado[55] o *habilitation.* Aunque, personalmente, creemos en una estructura común, que se dirá en su momento, hay un diferencial con el que trabajar, y que cambia toda su composición: la existencia de un oyente específico.

Al ser así, podemos abandonar la discusión del derecho como una 'ciencia' o no. Si me preguntan mi convencimiento personal, el derecho, por puro que sea, no se consagra como conocimiento científico, por su alta contaminación ideológica y su pretensión no de observación de la realidad, sino de sus pretensiones de imposición de orden y cambio. Un científico jamás debería proponer alteraciones en el objeto de estudio, sino hacer pura verificación. Pero tal discusión es, como ya he dicho, un desvío de nuestro tema. Si tenemos claro que, de un lado, las ciencias, salvadas las matemáticas, traen todas el fantasma de la provisionalidad de sus resultados y, de otro, que cuando nos referimos al cientificismo del derecho, estamos lidiando con una *pretensión* de alcanzarse el límite de su conocimiento, otras discusiones son dispensables para nuestros objetivos. Saber eliminar lo que no hace progresar nuestro recorrido es un arte de las ciencias humanas y de la argumentación.

EL DESTINATARIO: CARTA AL JOVEN ABOGADO

De lo dicho hasta ahora se desprende que en la argumentación no existe un público universal[56], y que cuanta más información se tenga sobre el público objetivo, más elementos habrá para compo-

---

55 Veremos que las tesis poseen una estética propia, que tiene una función eminentemente retórica. Este es el tema de nuestro libro "El ensayo como tesis". Pero aquí se abordará desde la perspectiva de la argumentación.

56 Más adelante, al cuidar del argumento de Sentido Común, cuidamos del concepto matemático de *common knowledge*, es decir, el interlocutor perfectamente racional. Véase Capítulo XI.

ner un discurso persuasivo. Propongo ahora un pequeño ejercicio de lectura, para llegar a otras proposiciones, más funcionales.

Recortamos a continuación un texto de nuestra autoría. Fue publicado en un periódico jurídico de gran circulación donde, durante más de 18 años, escribimos narraciones que tocaban temas jurídicos. Los textos figurativos, en los que intervienen personajes, suelen ser más eficaces para que el oyente se adhiera a la opinión del orador que los llamados textos temáticos, basados en conceptos y abstracciones. En este caso, se trata de una carta escrita por un viejo abogado a un novato en la profesión. El lector observará que el contenido de la carta, a pesar de parecer una mera exposición, es eminentemente argumentativo. Mediante un esfuerzo de razonamiento, el escritor de la misiva, es decir, el personaje-autor del texto, intentará convencer al interlocutor sobre algo. Si el lector de la carta es consciente de esta intención de *convencer* y, sobre todo, de las técnicas utilizadas para ello, será otro problema. Lo más probable es que ni siquiera se percate de ellas, pero ahí radica, en gran medida, el componente situacional de la narración.

Por ello, propongo el ejercicio, que consiste en leer el texto e identificar sus principales argumentos. Se pueden anotar en un papel, para compararlos después con nuestros comentarios a continuación:

> **Carta al gran abogado**[57]
>
> Estimado colega,
>
> No tengas miedo, porque ésta no es una carta abierta. La recibirás sellada en rojo, a la manera de alguien como yo, que acaba de cumplir muchos años. Setenta y cuatro. Y por la máquina que acabo de revisar y lubricar, esta vieja Remington que registra en sulfito la presión de mi ánimo. El gran arte de la mecanografía, que aprendí hace tiempo, consiste en hacer que todas las letras aparezcan normalizadas, lo que implica la difícil tarea de lanzar

57 RODRIGUEZ, Victor Gabriel. *Carta ao advogado de sucesso.* Carta Forense, São Paulo, v. 01 feb. 2018.

la misma fuerza sobre cada dedo. Pero a ti no te interesan estos detalles, porque eres joven.

El objeto de esta carta es comunicarle el fin de mi prestación de servicios, sin que ello suponga un ataque o cargo alguno. Acabo de jubilarme, por lo que es mi deber comunicarle la ruptura del vínculo de confianza que durante tanto tiempo nos ha unido. O, al menos, de la prestación continuada de servicios. Esto requiere algunos detalles.

Hablar de confianza es algo más complejo para alguien de mi edad, este anciano atrincherado en viejos valores. Construyo, solo a modo de ejemplo, mi relato de lo ocurrido recientemente. La semana pasada, para ser más exactos.

Debes recordar bien. Espero que lo recuerdes. Porque, en la nueva sala de juntas de tu despacho, la semana pasada me llamaste "perro". "Perro", así, como menospreciando, lo que para mí es una triste señal de tu carácter. Si realmente conocieras a los animales, sabrías que tu insulto era en realidad un poderoso cumplido, porque, digo yo, la fidelidad y el valor canino son hoy las virtudes más raras del hombre. Lo que incluso me recuerda, en estos tiempos revueltos, a una samba de carnaval que solíamos bailar y que decía... No recuerdo exactamente lo que decía, pero era sobre los perros.

Volvamos, si me lo permite, al principio de la escena, de la que escogeré dos aspectos, a mi arbitrio. Delante de tu cliente, me presentaste como "el criminalista", e hiciste los comentarios habituales en las presentaciones, revelando de nuevo tu personalidad: que acababas de pagar unos treinta mil dólares por la reforma y el mobiliario de aquella sala de reuniones tan iluminada, y que tu mujer te había traído, desde Suiza, el reluciente reloj que cubría tu muñeca. Poco después, me llamaste ´perro´.

Bueno, te contaré una historia sobre relojes. ¿Te has fijado en el mío? Por supuesto que sí: un viejo reloj japonés, que vale muy poco, lo que indica que su portador no es un burgués como tú, aunque te hagas llamar hombre de izquierdas. Para retomar: el reloj japonés guarda un secreto interesante, que nunca ha sido revelado. Presta atención.

Hace décadas estuve en Colombia, un viaje para apaciguar las desavenencias entre un cliente mío y su socio de allí, ya me entienden. Yo, más joven, pero con un traje raído, mis zapatos gastados, una corbata de ganchillo y un fajo gordo de dólares en el bolsillo. En un almuerzo que tuve en Bogotá, mi comensal sacó de su maletín un trozo de fieltro negro doblado, que parecía contener algo dentro. Puso el fieltro sobre la mesa y lo desenvolvió. En el fieltro aparecían una docena de diamantes, grandes. Admiré mucho aquellas piedras mientras me hacía una oferta. Me dijo que conocía a un relojero que, si yo lo deseaba, grabaría diez de aquellos diamantes en un reloj barato, lo que me permitiría llevar, ocultas, aquellas piedras a Europa, y obtener allí un absurdo beneficio [antes de que me llames ´contrabandista´, recuerda, noble paladín de la Ética, que el Rolex que llevas en la muñeca suprimió también todos los impuestos de importación].

¿Entiendes lo que quiero decir? Quizá no, porque es usted un poco obtuso. Compré mi discreto reloj japonés en Bogotá y tenía siete diamantes incrustados. ¿Y qué hice después con los diamantes? Nada. Han estado en mi muñeca durante años, sin que nadie más que yo y ahora usted lo supiera. El valor monetario de al menos veinte relojes como el que usted luce está atado a la muñeca de este... este perro.

Algo parecido ocurre en mi oficina, que nunca has visitado porque se ubuca en el centro de la metrópoli, en la ciudad baja. Pues en mi sala de reuniones, que coincide con mi sala de trabajo, solo hay una sólida mesa de jatoba macizo, que pagué a plazos cuando era recién licenciado. Y detrás de mí cuelga un lienzo al óleo húngaro que, si se vendiera a un coleccionista, pagaría unas reformas como las que usted hizo en su sala de reuniones, con sus miles de dólares invertidos para que ese espacio suyo tuviera la calidad estética del mostrador de recepción de un dentista, con asientos duros como la Silla del Dragón. ¿No sabes lo que es la Silla del Dragón, querido comunista? No te preocupes: no me debes nada por haberme sentado en ella unas cuantas veces, para callado el dolor y así garantizar la democracia de la que hoy disfrutas. Esta misiva no es una carta de cobro.

Bien dicho, dejemos a un lado la idiosincrasia del pasado y hablemos de este "hoy".

Hoy. Por si no se ha dado cuenta, mi aspecto empobrecido forma parte efectiva de mi trabajo. Para ser tu perro, para ser el hombre que se pasea por comisarías y juzgados negociando maletas y sobres, debo parecer austero. De lo contrario, aumenta el precio del soborno que paga a las autoridades. Es la parte contraria la que tiene que demostrar que necesita financiar una vida de lujo, con su nuevo Camaro aparcado en la puerta de la comisaría de policía, o la foto del ganado en la granja de Su Excelencia, el juez. Señales intencionadas de ganancias incompatibles, que todos, a excepción de la Hacienda Pública y cobro de Impuestos, percibimos a distancia.

Pero tampoco quiero despertar resentimientos. Mi objetivo, como he dicho al principio, no va más allá de comunicarte mi jubilación, pero preveo que te causará un gran problema. Porque sin mi trabajo —a menos que tengas que adoptar una conducta específica, de la que hablaré más adelante— tu bufete está destinado a la quiebra.

No lo pensabas, pero creo que lo intuyes, porque tú también eres un hombre de comercio. Aunque disfraces esta condición vomitando letanías socialistas, mientras tu camarera indígena uniformada de serviente nos sirve café de cápsula suiza, con ese delicioso perfume de vainilla. Perfume del café, no de la camarera. En realidad, tú no cobras parte del soborno, ordenas a tu cliente que "se ponga derecho con el perro", pero sabes cuánto te beneficias con la transacción: ganas la fidelidad de tu cliente a tu bufete. Al fin y al cabo, está contento porque la investigación contra su hijo, que atropelló al mendigo, se evaporó, o porque la sentencia del magistrado salió, contra todo pronóstico, favorable a la empresa. Todo es culpa de las autoridades corruptas, contra las que tú lanzas ofensas múltiples, pero restringidas al interior de tu renovada sala. Fuera de allá, tú lo sabes, es asunto mío, del perro, pagar los debidos sobornos.

Serás tú entonces, en mi jubilación, como en el cuento del cura que pide a la Madam que suspenda la huelga de prostitutas, cuando se da cuenta de que ellas, las chicas, eran la garantía de la moralidad en la familia cristiana (Jorge Amado, al que nunca has leído). Me rogará que vuelva al trabajo, que siga recogiendo la basura moral por la puerta de atrás de tu despacho. Pero ya no podré hacerlo, porque soy un viejo jubilado.

Quedará entonces la alternativa, que no quise enunciar antes. La próxima vez que tu cliente empresario le golpee con la mano en la cara a su mujer, tú tendrás que ser el perro, el hombre del maletín. Esto debería gustarte porque, en teoría, está conforme a tu tendencia socialista: recogerás la basura con tus propias manos. Y ese día te acordarás de esta carta, aunque yo estaré descansando, en algún lugar de la Costa Azul, discutiendo sobre Baudelaire y haciendo alarde de mi perfecto francés. Si quieres, te regalo mi corbata de croché, que siempre ha funcionado muy bien para que yo parezca un profesional miserable, pero no te prestaré mi viejo reloj japonés. Daría mis diamantes a cualquier perro callejero, pero jamás a una hiena como tú.

Hablando de animales, me ha venido a la mente la samba de carnaval que solía bailar. Si no me equivoco, solía decir "Yo también golpeo cachorros muertos", o algo así. Pero solo se refería al centro de la pandereta, hecho de cuero de perros, ¿sabes? Sí, se entiende. Ni siquiera puedes golpear bien a un perro muerto, cobarde.

Deseándote un futuro brillante,

Lo suscribo

El texto es argumentativo porque utiliza varios elementos lingüísticos que buscan que el lector ideal —ese abogado exitoso— acepte una determinada conclusión. Nótese que no se trata solo de narrar hechos, ni menos de exponer que el escrito se retira. Hay algo más. Con base en esto, entonces, sugerimos una nueva tarea, la de responder a las siguientes preguntas:

1. ¿Cuál es la tesis principal de la que el autor de la carta pretende convencer al abogado-lector?
2. ¿Cuál es la estructura medular o en qué se centran sus argumentos?
3. ¿Qué motivos o razones tiene el autor para escribir la carta?

Reflexionar sobre la estructura de este texto nos hará comprender muchas de las estrategias argumentativas. Por lo tanto, una advertencia, la de que hay que partir del presupuesto, cuando analizamos un texto: siempre suponer que él es *perfectamente intencional.* Así, no hay fallos en su construcción y, sobre todo, sus objetivos están plasmados en cada fragmento de su composición. Al admitir esa *intencionalidad* como premisa[58], nos permitimos comprender la estructura real de la carta. No es una amonestación inútil, y volveremos sobre ella unas cuantas veces: cada vez que hacemos una lectura —salvo revisión o crítica directa— nos obligamos a admitir que hay un *esfuerzo de composición* del objeto leído y que, por tanto, sigue un recorrido determinado por el autor, aunque no lo notemos.

Volvamos a la carta, y después a nuestra pregunta: ¿cuál es la tesis utilizada por su autor? He aquí algunos puntos a considerar.

---

[58] La intencionalidad se mencionará a menudo en este libro como clave de la construcción de cualquier texto.

No en todas sus construcciones puede utilizarse esta técnica, pero, en este caso, la tesis que la carta explicita al lector *no* es efectivamente la que el autor pretende demostrar. En otras palabras, su intención es convencer al lector de algo distinto de lo que se expresa.

El principal objetivo enunciado en el texto es "comunicar el fin de la prestación de servicios", como dice el autor al principio del segundo párrafo. Sin embargo, si observamos bien, para esta comunicación no serían necesarias grandes digresiones, especialmente las ilustrativas, es decir, las que narran hechos cuasi aleatorios, que apoyan la vía argumentativa. Para descubrir la verdadera tesis, hay que construir otro tipo de pregunta: ¿de qué debe convencerse el destinatario al terminar de leer la carta? Es por medio de este cuestionamiento que el intérprete es capaz de reconocer la estructura de muchos textos argumentativos. Una vez más: ¿de que se trata de convencer?

Cuando alguien se dispone a argumentar, sabe que tiene que *transformar* el pensamiento del destinatario sobre un tema. Por tanto, no hay escapatoria: elabora una tesis. Si falta una tesis (lo que no significa que deba ser explícita), el texto no se sostendrá. Si pensamos esta tesis en el caso concreto, vemos que todo converge en un elemento: el joven abogado es el verdadero responsable de los actos inmorales de su despacho. Pero obsérvese que, si esta tesis se enunciara así al inicio del texto, la carta resultaría repulsiva para este interlocutor concreto, por lo que abandonaría inmediatamente su lectura. O, si no abandonara la lectura, asumiría una posición de rechazo a cualquier argumento que pudiera surgir. Por lo tanto, nunca quedaría convencido.

De esta tesis principal se deriva otra, secundaria: el joven abogado se oculta de sí mismo sus actos inmorales; el joven abogado debe aprender a no hacer juicios precipitados sobre otras personas; el joven abogado mantiene una postura de defensor social que, en el fondo, es bastante hipócrita, para contrastar con todas sus actitudes.

Con la finalidad de convencer al destinatario de estas tesis, principales y secundarias, el escritor recupera algunos elementos ilustrativos, hechos, que en realidad funcionan como ejemplos[59], pero que por medio de las constantes comparaciones que el autor lanza entre su realidad y la del destinatario, asumen una configuración temática, es decir, son transportados a la prueba de la tesis. Así que (y aquí respondemos a la pregunta 02), su estructura argumentativa es utilizar las ilustraciones para una primera estrategia: demostrar un paralelismo, una comparativa, entre la condición del viejo abogado y la del joven. Con esto, el escritor deconstruye la primera autoconcepción del joven abogado, de que sólo éste tendría éxito económico: el reloj que lleva diamantes ocultos, el cuadro que vale mucho más que la reforma del despacho del lector de la misiva; paralelamente, el viejo escritor consigue demostrar que su aspecto empobrecido es también una estrategia de postureo social, vectorialmente opuesta a la técnica del joven, para parecer siempre elegante y adinerado. Y va demostrando, progresivamente, que su lector no está tan preparado intelectualmente como él cree, al menos no como el viejo escritor: mediante la intertextualidad[60] negativa, es decir, mostrando que el lector ignora conceptos y realidades que debería conocer (la Silla del Dragón, la letra de una conocida canción, la obra de Jorge Amado[61]), o sugiriendo que el joven abogado no domina idiomas, como el francés.

Naturalmente, el texto revela otras técnicas narrativas, para mantener la progresión y la expectación del lector ante el desen-

---

59 Vid. Capítulo IX.

60 Véase, Capítulo IV.

61 Como vamos a ver, el autor siempre trabaja con relación intertextual. En el caso, son referencias de un abogado brasileño de los tiempos de la dictadura militar de aquel país. La 'silla del dragón' es un instrumento de tortura, la samba es una canción muy antigua, Jorge Amado es un autor muy reconocido de su tiempo, y su novela "Teresa Baptista" refiere a una huelga de prostitutas en una pequeña ciudad de Nordeste de Brasil.

lace de sus ideas, pero revelarlas nos alejaría de nuestro objetivo aquí. La carta muestra que la motivación del autor también es muy distinta de la que enuncia. El autor —el texto lo insinúa a propósito— trae otras motivaciones personales para tomarse la molestia de redactar la carta: una última ofensa (llamarle "perro") estimuló al viejo abogado a enseñar a su ofensor que el mundo que ve es muy distinto de la realidad.

Para este momento de nuestro análisis, es importante aceptar dos afirmaciones como concluyentes:

1. El objetivo final de una argumentación no siempre es el más aparente. En algunos casos, la enunciación de la tesis propiamente dicha, que es de lo que debe convencerse el lector al final del texto, puede apartar al lector de la lectura y aceptación de los argumentos. Esta técnica de tener la tesis refractada a lo largo del texto, en lugar de concentrada en una frase muy asertiva, no siempre es adecuada. En estas hipótesis, sin embargo, nos sirve para lograr este concepto de disyunción, de división entre las intenciones del compositor del texto y lo que enuncia. Hacer esta división no implica confusión mental, desorden o falta de sinceridad: sólo se trata de saber que el foco del argumento es externo, es el razonamiento del oyente.

2. Las motivaciones íntimas del argumentador también se desvinculan de las plasmadas en el texto. *La construcción argumentativa tiene individualidad propia*, diferenciada de su autor, entonces hay que apartar los aspectos subjetivos de este último. En el caso de la carta, sólo por su atractivo literario, acaban floreciendo las motivaciones personales del autor: se siente personalmente ofendido y, por tanto, quiere demostrar al interlocutor que la visión que éste tiene de sí mismo está deconstruida por la realidad.

Cuando un creador elabora una campaña publicitaria, expone argumentos para vender su producto. Su objetivo personal al crear la campaña es promover la venta de su mercancía. Nada más real, nada más justo[77]. Sin embargo, esta motivación nunca se tendrá en cuenta al ver el anuncio: sólo aparecerán los productos y sus cualidades[62].

En el ámbito jurídico debe ser lo mismo. Evidentemente, el abogado crea sus argumentos porque desea tener éxito en la causa, y un fiscal también tiene como motivación personal el éxito de su carrera, el cumplimiento de su deber profesional, también distinto de la construcción de un ideal de justicia. Por supuesto, un fiscal puede, como servidor público, afirmar que su convicción más íntima coincide con la tesis que traslada al juez y a los jurados, y el abogado también tiene la potestad de posicionarse de la misma manera: declarar que habla sólo de aquello de lo que está plenamente convencido. Si lo hacen, se trata, una vez más, de una técnica argumentativa. Funciona con jurados populares y jueces menos experimentados.

Pero el propio autor no puede confundirse con su criatura, por lo que sabrá que su flujo de pensamiento no es el que convencerá al tercero, y con ello no implicamos deshonestidad intelectual, sino todo lo contrario: nos importa la conciencia de que la labor argumentativa es altruista, se hace *por el otro*.

3. Los argumentos elegidos son los que funcionan *para* el destinatario. En el caso de una carta, el autor sabrá qué elementos seleccionar para convencer a ese individuo único. Como también se verá en el próximo capítulo, no funcionan para todo el mundo. En esta carta en particular, como texto literario, surge la moraleja

---

[62] Hay casos extremos, como la publicidad de tabaco, hoy correctamente prohibida, pero que hace décadas era la gran financiadora de muchos deportistas, en una paradoja difícil de entender. La publicidad de productos para niños también se ha alterado mucho. Los relevantes límites éticos que se imponen a las campañas publicitarias se aproximan de aquellos de la argumentación jurídica: tienen que preocuparse con el mundo exterior, lo que no significa que sus mensajes tienen que corresponder a las motivaciones de aquél que las emite. Es un hecho difícil de aceptar en el mundo jurídico, pero cuidaremos del tema, acá, otras tantas veces.

de que el anciano, por su experiencia, hace una lectura mucho más ponderada y realista de su interlocutor: lo desvela, traza un mapa de sus ideas erróneas (no para atacar directamente al destinatario, sino sólo porque esas ideas erróneas son el objeto de su demostración), identifica las distorsiones de su visión de la realidad. Y entonces comienza la segunda etapa, la de la demostración. Como ejemplo, véase la primera frase del texto: "No tengas miedo"[78]. El inicio ya indica, incluso en términos narrativos, que se trata de un escritor que sabe que su lector tiene cierto temor a establecer un diálogo con él.

Estas tres características se desprenden de nuestra primera lectura. Ahora las desarrollaremos en términos un poco más conceptuales.

ARGUMENTACIÓN × FUNDAMENTACIÓN: LA DISTINCIÓN RELATIVA

Toda decisión judicial debe ser motivada o fundamentada[79].

La fundamentación de la sentencia es un elemento esencial no sólo para el proceso, sino también para toda la sociedad, que a partir de los fundamentos gana condiciones para saber si el juez actúa con imparcialidad y si sus decisiones son fruto de la ley o de la arbitrariedad.

Las Constituciones garantizan la motivación de la sentencia, que incluye una explicación de la convicción del juez, las pruebas presentadas y el derecho aplicado, mínimamente.

Cuando el juez expone su razonamiento, enumera argumentos que deben convencer a las partes de que su razonamiento es el más correcto, se deriva de la ley y que su *libre convencimiento* no procede de la arbitrariedad, sino de una buena valoración de todas las pruebas y de todo el ordenamiento jurídico. Él pone a prueba su *método* de razonamiento, explicando minuciosamente su decisión, ya que las partes merecen, por un lado, conocer su proceder racional; por el otro, merecen recibir la *prueba* de que todos los elementos aportados al proceso fueron evaluados, incluyendo en estos elementos los argumentos esgrimidos por las partes, uno por uno.

Así pues, el razonamiento debe ser exhaustivo, debe revelar un camino lógico muy detallado y completo que pueda ser contrastado por quienes estén interesados en un resultado distinto del dado en la decisión. Cuando así procede, el juez se ocupa en *exteriorizar* su propio razonamiento, en explicar —detalladamente— los motivos que *le* llevaron a determinada conclusión, ya sea en la apreciación de las pruebas o en la valoración de las tesis que le han sido presentadas. Su conclusión sólo podrá ser objeto de crítica fundamentada en la medida en que el decisor exponga claramente los medios que *le han llevado a una determinada conclusión.* Al menos así debería ser[63].

En resumen, respecto a lo que nos concierne en este tópico, quien fundamenta explica, en tesis, *su propia decisión.* Veremos a continuación que, en una posición más profunda, se puede apreciar que hasta el mismo juez, en lugar de construir una motivación, acaba siendo convencido por factores muy distintos de los que declara, lo que aproxima su labor a la argumentación propiamente dicha, en la medida en que también pretende convencer a las partes. Pero para este comentario crítico nos remitimos a una lectura posterior[64], que versa sobre el llamado realismo jurídico y sus efectos en la argumentación. En una situación ideal, sin embargo, el hecho de exponer las razones retroalimenta la decisión del magistrado, con lo cual el momento de 'argumentar' en la

---

63 Existe la ilusión de que exista siempre un razonamiento deductivo, pero en la construcción del texto no es siempre así. Aclarar lo que hay de abductivo, de hipótesis creadas por la experiencia, es relevante para que exista contradictorio. Sobre el pensamiento abductivo, uno de los textos más aclaradores es STAAT, Wim. "On Abduction, Deduction, Induction and the Categories." *Transactions of The Charles S Peirce Society* 29 (1993): 225-237

64 Véase Cap. XIV.

sentencia, de trasladar al texto los fundamentos, obligadamente interfiere en la decisión[65].

Cuando leemos sentencias o participamos en el estudio o elaboración doctrinal del Derecho, nos acostumbramos al discurso de la fundamentación, es decir, al discurso en el que las partes explican *sus propias conclusiones*. Es cierto que este discurso nunca aparece puro, y no es raro que incluso en una tesis dotada de la más objetiva cientificidad humana o en una de las decisiones más fundamentadas e imparciales haya inserciones que busquen más la persuasión que la demostración, pero no es la regla.

Pero aquel que argumenta, que defiende un punto de vista *buscando primordialmente la adhesión del lector u oyente* no puede hacerlo como si construyera una fundamentación, un razonamiento del camino por el que se dirige su convencimiento.

La regla básica es que el argumentador no sólo explica su propio *motivo* para *convencer*, sino que puede incluso apartarse de él cuando le preocupa conseguir la adhesión de aquellos a quienes va dirigida su *argumentación*. Para los abogados, esta idea es esencial: deben tener siempre presente que *los razonamientos que los lleva a una determinada convicción no coincide necesariamente con el que lleva al oyente o lector a adherirse a esa.*

Un ejemplo sencillo: un abogado puede estar convencido de que un determinado cliente no es el autor de un delito porque le conoce desde hace años y es testigo de su integridad. Este es su propio motivo predominante, pero no le sirve como argumento, ya que no es lo que convencerá al magistrado. Siendo realistas[66], tal vez incluso el magistrado ha establecido ideas preconcebidas

---

65 Véase también el Cap. XIV, cuando se demuestra la interacción entre razón y dispositivo, comparándose con la lógica formal.

66 También en este caso, todo el mérito es del realismo jurídico, en lo que se refiere al papel de la sentencia. Es un ejercicio de remanencia de impresiones personales e incluso de prejuicios. El hiperrealista es el argumentador que sabe lidiar con esta condición y este procedimiento mental del lector.

en sentido contrario: la condición del acusado, su familia, su origen racial, todo ello *puede* aportar al magistrado un preconcepto de imputación con el que el argumentador tiene que lidiar. Tendrá entonces que obtener pruebas en los expedientes, aunque sea independiente de ellas, por su propio razonamiento, para creer en la tesis que defiende.

Argumentar, en sentido estricto, es algo más que construir buenos razonamientos jurídicos para quienes operan el Derecho. Argumentar significa partir de un buen razonamiento jurídico y *preocuparse por el contenido lingüístico necesario para que el lector lo acepte como verdadero* (o, al menos, lo acepte como el mejor de los razonamientos presentados).

Cuando un abogado, al argumentar, cita un extracto de una sentencia de cualquier tribunal, está utilizando un argumento por analogía. Apoyándose en la equidad, pide que, en hechos análogos, el Poder Judicial aplique idénticos resultados. Al hacer uso de este argumento —porque es un argumento, y no un *fundamento*—, no está diciendo que el abogado haya sido convencido de su tesis en virtud del texto que cita, sino que entiende que esa sentencia funciona como factor de persuasión para aquellos a los que pretende llegar.

El abogado, por defender un interés, no explica su razonamiento, sino que expone una vía que conduce a la adhesión. Esta adhesión depende *del interlocutor*, por lo que atiende a las peculiaridades, gustos y cosmovisión de este.

Volvamos a los ejemplos ya expuestos aquí en este sentido. En la carta que introdujo este subtítulo, el viejo abogado, al dirigirse a un joven prepotente que le había ofendido, ya tiene claros los motivos y fundamentos de su demanda. Pero no son suficientes: a partir de esos fundamentos, el enunciador plantea la pregunta: "¿qué debo hacer para convencer al joven abogado respecto de la razón de mi punto de vista, de mi tesis (aunque esté oculta)?" Al formular esta pregunta, hipotética, el autor traslada el centro de su argumentación al destinatario. Entonces se da cuenta de que los motivos que le convencen no son los *argumentos eficientes* para persuadir al joven petulante. Éste exige, como argumento, un razonamiento peculiar. El ejemplo concreto de la carta, además, sirve para recordarnos que, para convencer, no bastan los grandes argumentos de manual: están las tesis implícitas, los hechos relatados, su posición en el texto, la forma en que progresan, cada una de las palabras seleccionadas para enunciarlos, en la dimensión estética a la que ya nos hemos referido brevemente.

En resumen, existe una distinción entre argumentación y fundamentación, al menos a efectos didácticos. Aunque, en una visión más crítica, ambas son formas externas a la mente del autor para probar un razonamiento, éste tiene su centro de gravedad en quien habla, mientras que la argumentación se centra en aquel *a quien se habla.*

Este centro de gravedad, más desplazado hacia el interlocutor, funciona también como punto de compensación de una gran desventaja: el punto de vista comprometido.

Una desventaja eterna: el punto de vista comprometido

Es importante hacer una observación sobre la actividad de argumentar. Hemos visto que quien argumenta busca llegar al lector, al oyente, al destinatario de sus normas, y para ello no basta con exponer las razones de *su* convicción.

Durante algún tiempo esta idea encontró gran oposición, como ya dijimos en el capítulo anterior. Se creía que un buen razonamiento estaba siempre más cerca de la justificación que de la argumentación, ya que esta última llevaría a la falacia, al engaño, pues se buscaría a toda costa convencer al oyente, sin importar la verdad.

Nunca se procura, al argumentar, el convencimiento del oyente a *cualquier precio.* La argumentación choca con principios éticos válidos y exigibles, como la prohibición de inducir a engaño o alterar los hechos en su esencia[67]. El publicista que anuncia cua-

---

67 Vid. Capítulo XIII.

lidades que no tiene el producto anunciado o el abogado o fiscal que afirma hechos que no existen en el expediente abandonan el proceso de persuasión y caen, ahora sí, en la falsedad[80].

El propósito de la argumentación es potenciar el razonamiento de un *lector determinado.* Y lo que autoriza al argumentador a buscar los elementos de persuasión propios de un interlocutor —a quien van dirigidos sus argumentos— es el hecho de que su argumentación parte siempre de un punto de vista comprometido.

Expliquémonos.

Imaginemos que una persona entra en un concesionario de coches de una marca determinada, interesada en comprar un coche popular. Lleva consigo a su hijo, que sólo tiene once años. En el concesionario, conoce al vendedor. Como duda entre el coche que comprará, porque el modelo similar —de otra marca— también le atrae, el interesado pregunta al vendedor, delante del automóvil que allí se ofrece a la venta: "*¿Es bueno este coche?*"

El hijo, ante la pregunta planteada por su padre, le mira y le pregunta: "¡Qué pregunta más tonta, papá! ¿Qué crees que va a decir el vendedor?"

El comentario del hijo tenía una razón muy obvia. En su inmadurez, hizo una observación pertinente, que el vendedor, ante esa pregunta, sólo podía dar una respuesta: que el coche es bueno. Así que la pregunta sería totalmente prescindible, realmente sin sentido.

Lo que el niño observó al padre es que la respuesta del vendedor obedecía a un claro interés, lo que compromete la veracidad de su respuesta. La respuesta, por muy variada que sea en su formulación, apuntará en una sola dirección: la que responda a los *intereses personales* del interrogado. En este caso, el interés de vender el coche.

Por tanto, el vendedor es parcial.

De lo que quizá no se dio cuenta el niño es de que el interés del vendedor conduce y compromete su respuesta, pero no necesariamente la *corrompe*. Su padre, al preguntar al vendedor si el vehículo que quería vender era bueno, no sólo esperaba la respuesta, sino que intentaba *fomentar una argumentación*. Tal vez podría preguntar: ¿por qué debería comprar este vehículo?

Encargado de la venta, el profesional le contará sobre las ventajas del coche y tendrá que hacerlo con argumentos, demostrando sus afirmaciones. El posible comprador, libre en su sentido crítico, filtrará cada afirmación, pero esto no exime su interés en escucharle. Del mismo modo que el juez sabe que cada una de las partes le aportará argumentos comprometidos, pero ello no le exime de escuchar atentamente cada una de las construcciones que le sean aportadas.

En nuestro ejemplo, el hecho es que el vendedor tiene que buscar un argumento más eficaz como forma de compensar el punto de vista comprometido que aporta. Así, seleccionará los elementos que tengan más efecto sobre ese comprador (si tiene familia numerosa, el espacio interior; si realiza un largo desplazamiento diario, el bajo consumo; si viaja los fines de semana, el maletero).

Por tanto, es lícito que el vendedor intente exponer los argumentos que interesan al comprador, aunque no representen sus motivos personales para la compra del vehículo (incluso porque es posible que, por convicción personal, el vendedor prefiera la marca competidora, pero esto no se cuestiona en ese momento).

El vendedor, por ser parcial, busca en la fuerza de los argumentos la compensación a la inevitable devaluación que sus ideas sufren en el oyente por el simple hecho de proceder de un punto de vista comprometido, ligado a un interés.

En derecho, la situación es análoga. Sólo la *parcialidad* de las partes puede garantizar la *imparcialidad* del juez. Si alguna de las partes es efectivamente imparcial, el juez pierde su condición de neutralidad. Procesalmente, como sabemos, la cobardía de una de las partes en defensa de la tesis puede invalidar toda la dialéctica: la parcialidad es elemental para el funcionamiento, por decírselo de una manera más rotunda, de la Justicia.

Aquel que representa a una parte defiende un interés. Este interés implica inevitablemente una devaluación genérica de todos los argumentos presentados. Al defender a su cliente, el abogado no puede ocultar que su punto de vista está comprometido por un *sentido argumentativo*: el que interesa a su cliente. El acusador hace lo mismo: el hecho de que pueda defender un interés colectivo no implica que no esté parcializado.

Este interés no significa que el abogado o el fiscal, las *partes* al fin, se vean apriorísticamente dispuestos a producir falacias de razonamiento, a conveniencia de sus pretensiones. Al contrario, les da la libertad de buscar en las técnicas argumentativas (y no en el puro razonamiento) la compensación a la indudable devaluación de sus ideas que les impone su parcialidad funcional.

Queda, pues, una premisa relevantemente válida para nuestro estudio, la de que no existe un único camino correcto en la argumentación, ni una verdad absoluta en el Derecho. Razonabilidad y fuerza persuasiva son los principales conceptos con los que debe lidiar el argumentador.

TIEMPOS DE PATERNALISMO: LA PARCIALIDAD COMO NUEVO RIESGO A EVITAR

La argumentación se enfoca en el tercero, el interlocutor que forma parte de la sociedad. Por tanto, en términos generales, recibe el mensaje como un fragmento de un contexto más amplio. Ese contexto mayor es el único que también permite al argumentador establecer las líneas generales de su mensaje, partiendo incluso del código que debe utilizar, el vocabulario y la gramática. En tal sentido, el grado de persuasión de un mensaje también varía en función de las normas sociales vigentes en cada momento, por la vía, por un lado, de cómo se elabora y, por otro, de cómo es interpretada. El mismo texto de una ley puede, como ha demostrado más de un autor[81], asumir una interpretación totalmente distinta, según el lugar donde esté en vigor. Con el discurso jurídico no sería diferente.

El espíritu de los tiempos ha exigido, en la contemporaneidad, que los discursos en general sean menos incisivos, lo que, en cierta medida, parece imponer que sean menos parciales. Al menos, eso es lo que se intenta. En todo el mundo, las campañas publicitarias sufren una serie de restricciones, las campañas electorales son ampliamente vigiladas, las etiquetas de los productos vienen acompañadas de una serie de alertas y *disclaimers*. Si, por un lado, nos enfrentamos a la reacción de una sociedad que ya no tolera el riesgo[82], por otra parte aceptamos un Estado paternalista: dicta lo que el lector de periódicos, el votante, el consumidor puede o no oír, impidiéndole ser "engañado". El ciudadano, en nombre de la seguridad, confirma la teoría según la cual él, el ciudadano individual, es incapaz de decidir por sí mismo ante argumentos que ejercen la dialéctica. En otras palabras, el ciudadano acepta ser protegido de la *parcialidad* de los argumentos, como si éstos representaran un gran riesgo. La siguiente pregunta, como siempre, es quién controla al controlador, quién decide qué argumento es exagerado, qué ideología no se puede propagar, cuáles son las normas en las que se pueden desarrollar los debates.

Poco a poco, esta intolerancia del riesgo argumentativo se va insertando en el Derecho. Ya no es raro oír criticar a los abogados por aceptar la *defensa penal* de acusados que (presumiblemente) cometieron crímenes atroces. En nombre de la democracia, se instaura el paternalismo y se rechaza la libertad de expresión. En la enseñanza jurídica, una vez más, debido a este movimiento en apariencia pendular de valorización y desvalorización de la técnica argumentativa, los cursos jurídicos nuevamente se llenan de inconvenientes contra la misma, porque el dominio de la técnica —aquí en nuestra opinión— traería el riesgo de que los alumnos impongan su forma de ver las cosas de otra manera, de que lancen su mirada fuera del mencionado *film of familiarity* de la que hablaba Coleridge.

En tiempos de mayor moralismo y tendencias paternalistas, en los que una élite[83] ejerce sobre los demás el derecho a imponer límites a los debates, el argumentador tiene que armarse con una cualidad más: antes de demostrar racionalmente su conclusión, imponerse el derecho a lanzar sus argumentos. Saber escapar al control del *statu quo* es una de las grandes artes retóricas, hoy bastante necesaria.

SIGUE: LA LICITUD DE UNA LEY COMUNICATIVA

A partir del prisma hiper-realista[68] que siempre hemos pretendido otorgar a este libro, hay que fijarse: el comprometido punto de vista del argumentista es inevitable. Habrá varios recursos para neutralizar tan necesario sesgo, pero el primero de ellos debe ser la, parafraseando a Jhering, lucha por el derecho a ejercer la argumentación. Nuestra sociedad sólo se mueve a través del proceso comunicativo[84], por lo que la producción textual coherente es un engranaje indispensable en cualquier proceso de decisión. Es ontológica, forma parte del ser mismo de la sentencia, por lo que no es sólo una garantía formal de justicia. El hecho de ser necesariamente parcial no elimina el carácter material de la argumentación[69].

---

68 Cuando nos referimos aquí al hiperrealismo, utilizamos la expresión en un sentido retórico: adecuar la observación de la realidad jurídica. No implica adoptar el realismo jurídico como teoría, que tiene otra carga semántica. Alguna vez, aquí, será mencionado el realismo jurídico, especialmente en la construcción de la sentencia, en su elemento de hermenéutica jurídica.

69 Sabemos que esta afirmación es casi metalingüística, pues va dirigida a valorar la propia actividad. Sin embargo, desde nuestra experiencia, se da la realidad de que muchos abogados sabotean su propio esfuerzo intelectual, en la creencia de que su parcialidad les priva de legitimidad argumentativa.

Desvalorizar el estudio de la comunicación a causa de esta supuesta parcialidad es, si se nos permiten la crítica en este fragmanto final, una técnica cobarde de quienes desean mantener la capacidad de convencer como un privilegio. Y no es raro. Hoy existe incluso la convicción de que el manejo de las reglas de la gramática normativa o la riqueza de vocabulario no son dignos de orgullo como habilidad personal. Mientras tanto, la publicidad aprovecha cualquier supuesta transformación social para vender sus productos a partir de estudios muy minuciosos, en tanto las campañas políticas, en una postura similar, se valen de refinados recursos discursivos. Cuando el profesional del Derecho, por su parte, quiere proclamar el dominio de la argumentación como ejercicio de libertad y garantía democrática, el sistema tiende a cerrarse. El individuo que conozca bien el arte de la retórica será el que mejor sepa identificar la deshonestidad y la manipulación de los argumentos antidemocráticos, y esto debería, por sí mismo, transformar gran parte de nuestro estudio jurídico.

Por ahora, quedémonos con la premisa: la parcialidad de las partes es la garantía del funcionamiento de todo el sistema de justicia, y una igualdad de armas realista, en derecho procesal, depende del dominio de la comunicación por parte de todos los actores implicados.

Capítulo IV
Intertextualidad: adhesión de espíritus y magia elemental

Un abogado nos contó un hecho muy ilustrativo: acudió a una sesión del tribunal para conocer a algunos magistrados. Allí estaban los tres magistrados que participarían en el juicio del caso en el que él actuaba, en la sesión de la semana siguiente. El abogado llevaba su escrito en un sobre grande, un texto breve entregado como última oportunidad para argumentar.

No queriendo interrumpir la sesión, se sentó y asistió a parte de ella. Observó, entonces, atentamente el comportamiento del juez ya elegido como ponente del caso de su interés, previsto para la sesión de la semana siguiente. "Cuando exponía sus votos", dijo el colega con natural exageración, "por cada cinco expresiones que decía, tres eran la locución '*contra legem*'. Desistí de entregar los informes y volví a mi despacho para redactar otros nuevos más apropiados...".

"En esos nuevos escritos", relató, "me preocupé de indicar casi únicamente el texto de la ley en la que se basaba mi petición. Y dije, más de una vez, con gran énfasis, que aceptar el motivo de la parte contraria sería desconocer el derecho positivo, sería ratificar un resultado *contra legem.* Por supuesto, el juez me dio la razón."[70]

Tenía razón, y no le faltaba mérito. El profesional se dio cuenta de algo que ya hemos explicado en capítulos anteriores: que la

---

70 Para ejemplos similares en Irlanda, véase el capítulo IV de la obra: BARRY, Brian M. *How judges judge: Empirical Insights into Judicial Decision Making*, Routledge, 2021.

argumentación se centra en el *oyente*, en el *destinatario*, y fue esto lo que le animó a cambiar el escrito que ya estaba listo. El descubrimiento de nuevas características en el juez que iba a leer los memoriales obligó a modificarlos, pues se identificó una oportunidad de diálogo con las premisas del oyente.

Tener en cuenta al lector ya no es una novedad para nosotros, pero las preguntas siguen siendo: ¿cómo hacerlo? Y cómo establecer un diálogo intertextual con el oyente. En este capítulo, avanzamos una de nuestras premisas de argumentación, comentada en el primer capítulo: la retórica es intertextual.

UN PÚBLICO UNIVERSAL

Siempre hemos defendido que el discurso jurídico, al constituir materia humana, conlleva una cierta dosis de subjetividad, y de ello nos ocuparemos con más detalle al final de este capítulo. Cuando buscamos la adhesión del lector a nuestra tesis, debemos ahondar en sus características. Esto no significa afirmar que se tejerá un discurso *apasionado*, que es muy distinto. Se reconoce que encantos, gustos, preferencias, aspectos culturales e idiosincrasia humana dialogan estrictamente en el momento de la persuasión efectiva. Un reloj que marca la hora con precisión es un instrumento *objetivamente* útil y necesario, pero un Rolex aporta en sí mismo un valor mayor, eminentemente *subjetivo*, pero no por ello menos importante, ya que acaba reflejándose en su precio de mercado. Un Rolex ofrecido como regalo es, para algunos, un bonito capricho, pero si su destinatario ni siquiera conoce la marca, lo más probable es que lo considere un instrumento como cualquier otro (¿quizá más caro y pesado?), con lo que el regalo, como oferta que debe ser apreciada por su destinatario, pierde su valor. Más que eso, puede ser entendido por el receptor como una exageración, un gasto innecesario o, quién sabe, un velado intento de soborno.

Aquel que ofrecería el reloj caro a una persona que no lo apreciaría, ciertamente regaló un reloj excelente, eso es indiscutible.

Un reloj excelente, pero un mal regalo. Esto depende menos de la calidad *objetiva* del bien y más de una *interpretación*, un *entendimiento* que el receptor hace de éste.

Porque del mismo modo que un objeto de calidad no siempre es un buen regalo, una idea fuerte no siempre es un buen argumento. Una idea, para ser un buen argumento, necesita, además de su contenido, al menos tres factores externos a ella: primero, la *comprensión* y el *entendimiento* del lector; segundo, la *coherencia* con los demás argumentos enumerados en el texto; y tercero, la *empatía* del lector, que debe hacer una identificación positiva de lo que se transmite. Todas estas características, como puede verse, son interdependientes, se alimentan como vasos comunicantes.

Ya se ha dicho, *quizá* sin precisión, que todo discurso, en su obtención de sentido, está hecho en un 50% por el hablante y en otro 50% por el receptor, el oyente[85]. Esto significa que al leer (o escuchar) un texto, el interlocutor se convierte en coproductor[86] de su significado, y el buen orador argumentativo tiene muy en cuenta este factor, pues de lo contrario su discurso puede caer en el vacío. En otras palabras, tendrá que prever este factor y, sabiendo que no puede evitar que gran parte del significado sea atribuido por el oyente, tiene que dirigir este proceso en la medida de lo posible, controlando la simbiosis.

Aparentemente o no, el todo está lleno de lagunas, porque no se extiende hasta el infinito. Funciona con fragmentos de significado, que siempre son complementados por el lector/oyente, de modo que se establece la coherencia y, entonces, su potencial para convencer. Si el abogado de la parte le dice a un juez que se debe aplicar el principio de lo *contradictorio* en un caso concreto, obviamente el juez, para entender tal alegación, hace uso de un conocimiento previo, almacenado en su intelecto, que exime al emisor de explicar en qué consiste dicho principio. Si tal fiscal llega a construir una larga explicación sobre esta contradicción, desperdicia en su discurso un espacio precioso que podría dedicar a aportar nueva información, probablemente mucho más relevante para el objetivo de la persuasión. Peor aún, pierde la atención del lector.

Cuanto mejor es la argumentación, más se adhiere al pensamiento del lector, mientras que las lagunas del texto son completadas con mayor rapidez y eficacia por aquel a quien se dirige el discurso y, a un nivel más refinado, cuanto más cercanas son las ideas a su propio razonamiento[71].

LA INTERTEXTUALIDAD

El nombre es complejo, pero el concepto es tan útil como simple[72]: si nuestra argumentación depende siempre de la interpretación del receptor, la intertextualidad es el nuestro discurso hace con otros textos que forman parte de él, pero que pueden no pertenecer al universo de conocimiento del receptor[87].

Todo discurso que compone un individuo, como ya hemos mencionado, está formado por un entramado de diversos textos,

---

71 Para esta afirmación, es necesaria una advertencia: el lector, aquí, sabrá que acercarse a las ideas del interlocutor no significa que siempre quiera ideas que repitan las suyas. A menudo, el interlocutor se encontrará con nuevos aprendizajes, nuevos descubrimientos, que están en el discurso que se le entrega.

72 MARTÍNEZ ALFARO, María Jesús. *Intertextuality: Origins and development of the concept.* Atlantis, 1996, p. 268-285. En el texto, como en otros autores, Martínez Alfaro señala el origen del término en el ensayo de Kristeva "Word, Dialogue and Novel", como "a mosaic of quotations; any text is the absorption and transformation of another. The notion of intertextuality replaces that of intersubjectivity, and poetic language is read as at least double". El texto puede consultarse en pdf en internet, dentro de la obra: KRISTEVA, Julia, The Kristeva Reader, NY: Columbia University Press, 1986. Véase también: CLAYTON, John B. *Influence and intertextuality in literary history.* Univ of Wisconsin Press, 1991 y también JUVAN, Marko. Towards a history of intertextuality in literary and culture studies. *CLCWeb: Comparative Literature and Culture,* 2008, vol. 10, n° 3, p. 1.

que conforma el razonamiento de quien argumenta, se dé cuenta o no. El nivel de eficacia de cada argumento puede ser medido también por la forma en que el destinatario asimila y comprenda las relaciones intertextuales que se establecen sobre él. Una vez un amigo presentó un breve discurso, que intentó hacer extremadamente persuasivo. Con gran erudición, articuló ideas que demostraban la fragilidad del trabajo de un dictamen técnico lanzado en un proceso; lo comparó con otros dictámenes, mucho más fundados, demostrando la disparidad entre el primero y los demás. Y finalizó, con una línea concluyente: *que no se compare Babieca con Rocinante.*

La frase final podría haber constituido un excelente argumento. La imagen de los dos personajes es un ejemplo de diálogo intertextual: el discurso del colega invocaba la presencia de dos figuras de la literatura española: una, símbolo de vigor y fuerza; la otra, de debilidad y fracaso. La representación de uno y otro, en la mente del autor del discurso, suponía sin duda un refuerzo extremadamente persuasivo a las ideas anteriormente expuestas, y así debía hacer que los oyentes, acogiendo tal imagen, creyeran en sus premisas.

Pero el efecto no funcionó como debía, porque los oyentes no conocían a los personajes invocados. Babieca, la yegua de "El Cid Campeador", fuerte y vigorosa, y Rocinante, el débil y flaco caballo de Don Quijote, eran personajes tomados de textos que pertenecían al repertorio del escritor, pero que representaban poco (al menos sólo por el nombre) para los oyentes[73], que no los hubiesen reconocido.

---

73 En este sentido, se trata de un ejemplo representativo de lo efímero de la intertextualidad, como se comentará más adelante. Cervantes construye, a modo de poema, en el Quijote, el "Diálogo entre Babieca y Rocinante", cuando éste se queja de estar flaco y hambriento. En aquella época, Babieca era uno de los caballos más conocidos de la literatura, aunque de tradición oral. Hoy, por supuesto, el caballo de Don Quijote es mucho más reconocido.

El diálogo textual fue ineficaz y, por tanto, el argumento resultó débil. A menos que el argumentador tuviera la *intención* deliberada de mostrar erudición e inquietar a los oyentes, debería haber considerado que los textos de los que había tomado ambos caracteres para la construcción de su argumento no eran conocidos por los interlocutores, y entonces allí no tendrían el efecto pretendido.

La idea era muy correcta, pero, como argumento, se debilitaba debido a un diálogo intertextual deficiente. Las lagunas del texto no fueron completadas adecuadamente por los interlocutores, por lo que su significado quedó perjudicado.

Un buen diálogo intertextual es aquel que compone un discurso que no sólo tiene pleno sentido para el oyente, sino que además le resulta *cercano*. Un ejemplo tomado de un hecho reciente y notorio, la jurisprudencia de un tribunal respetado por el lector, la doctrina de un profesor que cuenta con la admiración del interlocutor son potencialmente buenos argumentos, siempre que sean pertinentes para el razonamiento que se desarrolla.

Por eso, el trabajo argumentativo depende también de la conciencia que se tenga de aquellos a quienes va dirigido. No habrá argumentación perfecta para ningún público, porque la comprensión y la proximidad dependen del lector. Un juez puede respetar la opinión de un tribunal y tener poco aprecio por las sentencias de otro Tribunal, aceptar como correcta, ciegamente, la postura de un doctrinal y mantener restricciones a la teoría de otro, del mismo modo que un jurado puede aceptar siempre como verdadera la opinión de un determinado sacerdote religioso y estar predispuesto a rechazar siempre la postura de un representante de una religión con la que no simpatiza.

No siempre, pues, la idea más erudita constituye el mejor argumento. El argumento fuerte es el elemento lingüístico que encuentra buen *feedback* en determinados interlocutores. Los grandes despachos de abogados investigan en profundidad el posicionamiento de los jueces para construir sus argumentos en función de las ideas y textos que son más fácilmente aceptados por cada uno de los magistrados; saben que es más fácil convencer al interlocutor hablándole de una manera más cercana, con su propio lenguaje, con la misma línea de razonamiento.

Quienes se preocupan por conocer al oyente dan un gran paso hacia el discurso más persuasivo.

FORMALIDAD Y MATERIALIDAD DE LA DECISIÓN INTERTEXTUAL

No siempre dispondremos de información suficiente sobre nuestro lector para construir un texto perfectamente adaptado a los deseos intertextuales. Saber, sobre un juez, cuáles son las doctrinas que más aprecia, en las que más confía, no siempre es posible, cuando incluso tenemos acceso a la identidad de ese juez. Sin embargo, la intertextualidad comienza en etapas anteriores, más delicadas, en cuanto al nivel de *información* que cada lector necesita. Lo que es imprescindible saber para que el texto sea dinámico —adquiera ritmo sin perder sentido— es algo que ya podemos comprender, ayudándonos al momento de construir la narrativa/argumentación[74].

Nótese que, formalmente, podemos indicar la intertextualidade como una regla bastante simple. En teoría, el conjunto de recursos lingüísticos para construir un texto es igual entre el A, el autor de la argumentación, y B, su receptor. Básicamente, ellos tienen el mismo recurso.

Cuando RA es Recurso lingüístico de A y 'v' es cualquier vocablo e V es el idioma

RA = {v ∈ V | v ∈ elementos formales de V}

RB = v | v ∈ elementos formales de V},

Luego, RA = RB.

---

[74] Véase el capítulo 06.

Si los recursos de RA y de RB son iguales, o bien si RA no ultrapasa los recursos RB (RA$\subseteq$ RB), un texto formado a partir de elementos de RA, que podemos llamar TRA siempre será un subconjunto de RB.

TRA $\subseteq$ RA

RA $\subseteq$ RB

TRA $\subseteq$ RB $\Rightarrow$ intertextualidad

Así, el texto (TRA) sólo tiene elementos que están dentro del conjunto de recursos lingüísticos del receptor B, por lo tanto hay intertextualidad perfecta.

Ésa sería una notación muy básica para traer formalmente la intertextualidad. Llevada a niveles exponencialmente más complejos, podrían construir una fórmula para inteligencia artificial: solamente trabajar con determinados recursos que estén en el conjunto de interpretación del lector.

Sin embargo, como ya se ha podido notar, los niveles de conexión entre códigos y su semántica son mucho más amplios y, si llevados al extremo, pueden explicar casi todas las calidades de lo que sea un buen texto, porque involucra todo el cálculo de cómo repercute en el lector, con su tiempo, su intelección, su simpatía a las ideas, su voluntad de conocer para poder decidir, entre otras. Para ello, la notación formal, aunque sea muy ilustrativa,

Comencemos con un fragmento de ficción contemporánea. Se trata de la obra de Haruki Murakami, *Killing Commendatore*. Nótese que Murakami es un autor japonés que, cuando se publicó este libro en concreto, ya era mundialmente conocido, con libros traducidos a varios idiomas y algunas merecidas nominaciones al Premio Nobel de Literatura. En este fragmento, el protagonista relata lo que sabe de un pintor, figura que despierta su gran curiosidad[75]:

---

[75] MURAKAMI, Haruki. *Killing Commendatore* (p. 54). Random House. Edição do Kindle. Traducción libre.

> Su padre era terrateniente, una figura local influyente, y su familia era adinerada. Siempre tuvo talento artístico y triunfó desde muy joven. Se graduó en la Escuela de Bellas Artes de Tokio (más tarde Universidad de las Artes de Tokio) y, con grandes esperanzas en su carrera, se fue a estudiar a Viena de 1936 a 1939. A principios de 1939, antes del comienzo de la Segunda Guerra Mundial, embarcó en un buque de pasajeros procedente de Bremen y regresó a Japón. Hitler estaba en el poder durante este periodo. Austria fue incorporada a Alemania, el llamado *Anschluss,* que tuvo lugar en marzo de 1938. Y el joven Tomohiko Amada estaba allí, en Viena, en aquellos tiempos turbulentos.
>
> (...)
>
> Con el ataque a Pearl Harbor en 1941, Japón entró de lleno en la guerra, y Amada abandonó Tokio y regresó a casa de sus padres en Aso.

La primera vez que leímos el fragmento, pensamos que la frase "A principios de 1939, antes del comienzo de la Segunda Guerra Mundial" tenía algún significado ambiguo. Al elaborar el texto, el autor podría haber querido informar de algo que no fuera de dominio público: que el autor se embarcó en Bremen (Alemania) rumbo a Japón en 1939, pero *antes* del inicio de la Guerra. Sin embargo, al leer el resto de la información, no cabe duda: el autor, Murakami, decidió, al escribir el texto, *decirle* a su lector que la Segunda Guerra comenzó en 1939. Decidió inscribir esa información. Luego, optó por informar que Japón entró en la guerra completamente después del ataque a Pearl Harbour.

Tomamos la elección de intertextualidad de Murakami como correcta, también como una cuestión de autoridad. Obsérvese cómo toma decisiones sobre el nivel informativo de su *lector medio.* Quizá por una cuestión generacional, quizá por su gran éxito en algún público, se ve obligado a informar sobre los comienzos de la gran guerra[76]. También cuál fue el año del ascenso de Hitler y, sobre todo, las consecuencias tras el incidente de Pearl Harbour.

---

[76] Podría haber alguna novedad informativa si se quisiera mantener que la Gran Guerra comienza con la invasión japonesa a China, en lugar del mencionado Anschluss alemán, pero este no es el caso.

Este último fragmento nos demuestra, al menos, que Murakami escribe para un público mundial, más allá de sus primeros lectores, japoneses. Son resoluciones que el autor tuvo que tomar, entre varios factores intertextuales[77], entre los cuales, principalmente, está el de establecer un baremo a su lector medio. Para la mayoría, naturalmente, la información sobra, pero quizá algunos destinatarios no se situarían en la lectura si no se insertaran estas glosas. Una de las muchas decisiones que debe tomar en todo momento el autor del texto, y que nunca será correcta para la totalidad de los destinatarios.

Si queremos profundizar en el ejemplo, para nuestro estudio habrá otros factores en juego. Por ejemplo, cuando se trata de un texto largo —*Killing Commendatore* tiene aproximadamente 700 páginas— el lector llega a esperar que toda la información le sea concedida por el texto, completándola *menos* con su propio repertorio. Como se verá, desarrolla mayor velocidad cuanto mayor es su volumen de lectura. También el tema del libro influye en la decisión: al ser una historia con toques de surrealismo, el lector confía menos en situarla en el contexto histórico real, para esperar que el escritor construya su mundo de forma más independiente. Así que volver a la información de la Guerra es algo que el lector deja en manos del autor. Entre otros muchos factores causales. Cuando el autor sea consciente de estos factores implicados, el texto estará más cerca de la perfección, de adherirse al lector —o al menos a un lector que él decida que es el *estándar*, la norma.

Siempre es una cuestión de toma de decisiones, lo que se va haciendo más exigente en cuanto el texto se hace más complejo. Hay múltiples factores en juego. En nuestro caso: ¿cuánto quiere

---

77 Ciertamente se considera el ritmo de lectura, por ejemplo. En un texto largo (este libro tiene unas 700 páginas), la atención del lector se reduce porque espera que se le transmita toda la información. En un poema sería totalmente distinto, o, por utilizar la referencia japonesa, un haikai. Un poema de pocas sílabas, en el que el lector sabe que tiene que completar por sí mismo gran parte de lo que se le transmite.

saber el juez? ¿Cuánto tiene ya en mente cuando lee un escrito? ¿Cuánto recuerda? ¿Qué jurisprudencia conoce? Al hablar de un caso al juez, el abogado experimenta el mismo dilema que Murakami al hablar de la guerra. La única ventaja es que el juez puede ser un poco más individualizado. En teoría.

PROXIMIDAD, ADHERENCIA Y REDUCCIÓN

En otros estudios que hemos desarrollado a lo largo de varios años, nos hemos ocupado de esta aparente cientificidad del Derecho y de la forma en que recorta y reduce elementos de la realidad. Esta reducción es ya estudiada por casi todos los iusfilósofos que trabajan con la racionalidad del discurso jurídico, y aparece desde el positivismo kelseniano hasta teorías más comprensivas, como la reducción autopoiética de Luhmann. El problema es que esta reducción rara vez es asumida en la práctica del Derecho, y veremos que hay razones para ello, bastante relacionado con el mantenimiento del poder y del *status* necesario del ordenamiento. Esto significa que el filósofo del derecho trata de advertir a los operadores que trabajan con una interpretación reducida de la realidad, que, por eso mismo, les impide alcanzar un buen nivel de certeza y verdad, cuando no de verosimilitud y aproximación. Hans Kelsen, por ejemplo, en una brillante visión sobre lo que es, por un lado, la posibilidad narrativa en la culpabilidad y, por otro, la necesidad normativa del Derecho de poner fin a los conflictos, llega a afirmar que, si el juez tiene en cuenta *todas* las razones que influyeron en el acusado para cometer el delito, estaría *obligado* a indultarle. Por supuesto, el ordenamiento jurídico admite conocer una *parte* de la vida del delincuente, no toda. Su integralidad, la comprensión de *toda* la persona, lleva a pensar que sólo pudo actuar de un modo determinado, de la manera en que actuó. Así, dicho en términos más sencillos, no habría forma de castigarle[88].

Para que los hechos de la vida puedan ser juzgados, necesitamos una técnica *reduccionista,* que luego coincide tanto en el Derecho como en el Lenguaje. Sin poder abarcar la realidad, sólo nos queda representarla, restringiéndola. Una de las teorías que, en años de estudio, nos ha parecido más adecuada para explicar este proceso de reducción en lo que se refiere a la comunicación y a la construcción del Derecho como ciencia, como se ha dicho, es el *pensamiento mágico*, tomada directamente de la filosofía. Habiendo presentado ya los breves puntos conceptuales del pensamiento mágico en el primer capítulo, centrémonos aquí en cuestiones más prácticas, que tal vez perturben la dogmática[89] simplificadora, y acá estamos frente a una paradoja: hay que alcanzar la complejidad de asumir que trabajamos con reducciones constantes. Un nivel más amplio de conocimiento nos lleva a admitir que tenemos que recortar la realidad para poder hacer comunicación de la complejidad.

Imaginemos a un juez que tiene que imponer una pena privativa de libertad a alguien que ha cometido un robo. Él, como juez, puede llegar a creer que entendiendo las pruebas y el caso concreto, conociendo la ley y leyendo atentamente las razones de las partes, está aplicando la justicia en su integridad. Si lo hace, se equivocará: hay una serie de elementos que se le escapan, y que incluso son jurídicamente relevantes, en el momento en que aplica la decisión. El juez también estará en su disyuntiva: o desconoce esta incapacidad, o no la menciona, para que su sentencia adquiera o aparente seguridad jurídica. En este último caso, se tratará además de un truco retórico: simulando seguridad, aporta legitimidad a su sentencia.

El juez nunca podría explicar, por ejemplo, la función real de la pena que aplica. No porque sea un ignorante, sino sencillamente porque el Derecho penal aún no ha establecido esta respuesta. Nadie puede dar una explicación *del todo* convincente de la función de la pena, y no será el juez, en una sentencia concreta, quien pueda hacerlo. Dentro de los límites del texto, impone una persuasión racional.

Esta racionalidad, sin embargo, dista mucho de estar demostrada empíricamente, y suele ser la reconstrucción discursiva sobre elementos de sentido común[78] o sobre posiciones religiosas o filosóficas que, como tales, no pueden configurarse como elementos ni remotamente científicos. En el caso de la pena, no hay ninguna prueba de que el encarcelamiento sea capaz de recuperar al ciudadano, ni siquiera de que pueda reducir la criminalidad. De hecho, lo más probable es que existan pruebas criminológicas que demuestren lo contrario. Sin embargo, la fuerza retórica de la tradición y el merecimiento de pena, en los que se basa históricamente nuestra cultura, justificarán, con un aire de naturalidad, que la consecuencia del delito más grave sea el encarcelamiento. El juez presenta la cantidad final de pena a partir de un cálculo muy dudoso, a su vez originado de los dogmas del código penal, pero no le queda otra: hay que presentar el resultado a la sociedad como si fuera un cálculo puro, hecho a partir de teoremas matemáticos.

Este razonamiento podría trasladarse a todos los ámbitos del Derecho, que extraen la racionalidad de premisas creíbles o simplemente de *dogmas* insuperables, que no se admiten como tales. Con estas comprobaciones, se podría proceder directamente a la conclusión de que el Derecho se basa en argumentos más convincentes. Lo que el juez trata de construir no es otra cosa que un discurso cohesionado, que decida la *quaestio* planteada, con el menor número posible de puntos controvertidos. Para lograrlo, se sirve de un conjunto de *aproximaciones* a la realidad que contribuyen a esa *unidad* de sentido, de la que ha tomado prestados elementos textuales que el oyente acepta como verdaderos. Así, cuestiones dogmáticas como la validez o no de la norma, la pertinencia de la jurisprudencia, la propiedad del lenguaje, la veracidad de la opinión de los expertos, el sentido moral de la justicia basado en restos de dogmas religiosos, etc., son para nosotros elementos de intertextualidad. Que dan esa completitud necesaria, que el pensamiento mágico dirá que existe por contacto y contaminación, pero que aquí decimos que es mera proximidad: la cercanía de

---

78 Véase más adelante, en el capítulo XI.

las referencias contamina de significado algo que no se puede demostrar.

Nótese que la proximidad también existe en las matemáticas. La noción matemática de límite, como el límite mínimo superior (*least upper bound*)[90] en algún conjunto con números reales, o mismo algo teóricamente más sencillo como √2. Tomemos este último. Sabemos que es una medida muy concreta y visible: basta tener un cuadrado de lado 1 y trazar una recta uniendo dos ángulos, algo que todo albañil hace para dividir un azulejo al medio. La medida de esa recta, que es la hipotenusa del triángulo de lado 1, está ahí, visiblemente, como la existencia concreta de √2, sepa o no el albañil que esa es su medida. Sin embargo, si intentamos traducirlo en números decimales, sabemos que el número tendrá infinitas casas (1,4142135 ...). El número de casas de √2 que se utiliza en un cálculo para aplicación en el mundo real va a depender del nivel de exactitud demandada en tal realidad. Es decir, las matemáticas también *aproximan* a un ideal y, en alguna medida, igualmente necesitan hacer una *reducción* en el momento en que transportan la notación (√2) a la realidad. El corte de un azulejo específico que se calcule para la medida de una esquina de un salón no puede ser medido en √2, sino en un múltiplo de 1,414... Si observamos un azulejo cortado a la mitad en dos triángulos, la tal hipotenusa existe en la realidad, pero, si transcrito a la matemática, calculado y luego transportado de vuelta al mundo real por una medición de un objeto a ser construido, perderá exactitud. La reducción y consecuente imprecisión son evidentes, casi como en nuestro proceso humano de comunicación. Casi.

Porque hay una diferencia importante entre la reducción de la lógica formal y la reducción necesaria para la comunicación intertextual. La lógica formal supone la reducción del mundo ideal-representado cuando se lo aplica a la realidad[79], mientras la

---

[79] No hay que confundirse la reducción de la realidad para la notación matemática, que es una forma de eliminar ambigüedades para alcanzar el mundo ideal, como explicado en otros momentos.

argumentación sigue el camino inverso: se reduce la realidad para que quepa en su mensaje. Otra importante consecuencia de ello es que, en el proceso comunicativo-argumentativo, siempre es posible regresar a los hechos para hacer comparaciones (las pruebas de un proceso, por ejemplo), porque, en el confronto entre el mensaje y la realidad, debe prevalecer ésta. En matemáticas es al revés: si hay una discrepancia entre el mundo real y el cálculo (desde que bien hecho), hay que revisar el mundo real, porque en él estará el error[91]. Todo ello se utiliza para nuestra decisión de intertextualidad: reducir el mundo real a lo que el interlocutor desea saber, a la forma como va a construir sus decisiones. Hay que admitir, por lo tanto, que la intertextualidad supone un cálculo funcional-utilitarista.

ESTÉTICA ABSOLUTA Y DISCURSIVA

Hemos establecido que una de las cualidades más evidentes de la retórica es su noción estética. No podemos, aquí, entrar a estudiar qué es la *belleza*, como han hecho muchos filósofos, con cierto grado de divergencia, pero con competencia más que suficiente para llevarnos a comprender que hay una percepción de armonía que lleva al individuo a sentirse atraído por la belleza. Ulises, en la Odisea, sabía que el canto de la sirena sería tan bello que le llevaría a perder totalmente su libertad de acción, por lo que prefirió su propia sordera[92].

La más mínima noción estética tiene un efecto persuasivo. Quien recibe un texto para leerlo se fija primero en su forma: un tipo de letra poco atractivo, un papel sucio (en el caso del discurso impreso) o incluso un orador que aparece mal vestido *pueden* repeler la atracción del destinatario, sólo por cuestiones de forma, totalmente externas y hasta cierto punto no objetivas.

Elementos clásicos de la estética como el orden, las formas geométricas, el ritmo (que también es matemático), la normalización en general, serán siempre objeto de análisis del orador. Sabe que no podrá repetir palabras excesivamente, que eliminará sonidos desagradables, que interrumpirá alguna frase larga, a veces menos por cohesión y más por el mantenimiento de una velocidad de lectura, que también está programada a partir de una métrica imaginaria. Luego vienen otros elementos, como ralentizar el texto en los momentos más relevantes, insertar algún preciosismo intencionado para desajustar el vocabulario o, a la inversa, utilizar la coloquialidad para demostrar la proximidad a algún tema. O, a veces, insertar una frase corta, con un significado más oscuro, pero que cambia el ritmo y la armonía. Rompe lo obvio. Son todas técnicas que se aprenden poco a poco, pero que pertenecen todas a la estética.

Nuestra pregunta, en un capítulo sobre la intertextualidad, va en una dirección ligeramente distinta: ¿existe una construcción estética válida para todo texto jurídico o la belleza depende de los destinatarios? Si existe esta relatividad estética, la siguiente cuestión será saber si es posible reconocer lo que cada interlocutor aprecia como bello y, en consecuencia, adaptar el discurso a sus estándares.

Habrá interlocutores que apreciarán el formalismo en el discurso, el preciosismo en la elección de vocablos; en el discurso oral, la ropa más tradicional, los gestos más comedidos, el tono de voz sereno. Pero romper este patrón estético puede formar parte de la actividad comunicativa, del mismo modo que un cuadro modernista de Picasso puede tener más expresividad que muchos cuadros realistas. Cuando se trata —ya que estamos en esta analogía— de una pintura, la técnica es relevante, es esencial para el pintor. Algunos pintores modernistas, como dirá el personaje de una excelente sátira norteamericana[80], harían bien en empezar su carrera aprendiendo a coger un pincel, tal vez pintando las paredes de su casa, antes de aventurarse por poner su arte sobre un lienzo. Palabras del personaje. En nuestras palabras, la técnica es esencial, pero no para la construcción de una estética única y clásica. La geometría, la armonía, los colores o, en el caso del tex-

---

80 Véase capítulo X.

to escrito, la selección del vocabulario, la elección de los mejores argumentos, la posición del discurso, son elementos estéticos que pueden utilizarse en diversos grados de formalismo.

Tras la consideración, bastante obvia, de que el entorno formal del Derecho tiene su propia estética, y por tanto existe un consenso sobre algunos elementos acerca de lo *bello* y lo *adecuado*, la eficacia comunicativa de esta estética dependerá de lo que espere el interlocutor, de cuánto le agrade. En esto estamos dando primacía a la intertextualidad. Pero también tomará en cuenta la familiaridad que cada discursante tenga con cada estándar estético y, dependiendo de su técnica, de cuánto pueda sostener de cada uno de estos niveles. Utilizar un lenguaje preciosista o uno más periodístico o quizá coloquial puede depender de cuánto lo domine el hablante, y para ello es necesario revisar su idiosincrasia, hasta el punto de no ahogar su originalidad, la que le hace dominar las habilidades comunicativas; en este punto, pasamos el centro gravitatorio de la estética de la intertextualidad a la *intencionalidad* del autor, que puede ser más relevante.

La intencionalidad es un tema para otro momento, pero siempre rodeará nuestros comentarios sobre retórica.

Una canción brasileña dirá que "estamos hechos de silencio y sonido". En un nuestro libro, con mucha menos expresividad, hicimos una afirmación parecida, un dicho que alega que la distancia entre los radios de la rueda de la bicicleta es lo que la sostiene. El cálculo de los intervalos, de los silencios, es tan importante como lo que se va a expresar, porque se llena por la intertextualidad, por lo mucho que el lector tiene en sí mismo para complementar la información. Y es mucho más por el modo en que complementa que se adhiere a la tesis, o la repele.

Por lo tanto, tenemos muy claro que esta relación intertextual es la base de la construcción del macrotexto: su composición y su coherencia. El concepto de relación intertextual se evocará muchas veces en este libro, como base de las técnicas aplicadas.

Capítulo V

Progresión y coherencia del discurso

LA COHERENCIA

Para que una idea[93] represente un argumento sólido, vimos que es necesario trabajar la intertextualidad, en la medida exacta en la que el argumento se complementa con el destinatario. Este fue el tema del capítulo anterior. Pero hay un segundo punto, que hemos insinuado, en el cual hay que profundizar.

Una buena información debe ser *pertinente* para un camino determinado, de modo que pueda representar en la mente del destinatario un paso más hacia la conclusión que se espera que acepte. En pocas palabras, hay un *camino* entre las ideas que gozan de consenso entre los oyentes (premisas) y la conclusión que se espera que acepten. Dicho así, el argumento se convierte únicamente en soporte de un camino que hay que recorrer. Es, por tanto, el *orden* y el *nivel de conexión* entre esos "apoyos", los argumentos, que conducen a la conclusión.

Si un abogado defiende que el concepto de "clamor público" no basta para justificar el encarcelamiento cautelar de un individuo, puede acudir a la jurisprudencia. Ésta, sin embargo, sólo se convertirá en un argumento sólido si converge en esta misma tesis. Si el abogado recorta un texto que, por el contrario, señala que en ciertos casos el clamor público puede motivar el encarcelamiento excepcional, esta sentencia —aunque contenga excelentes fundamentos jurídicos— se convierte en un mal argumento, ya que no conduce a la conclusión. Es una falta de coherencia, nada inusual.

Es hora, pues, de introducir el concepto que se explorará en muchos otros puntos de estudio: la *unidad* de *sentido*. Cuanto mayor sea el nivel de coherencia entre las ideas, más valoradas estarán en el texto argumentativo, lo que es importante para afirmar que se potencia su efecto. Al igual que la intertextualidad, la coherencia es un factor externo a la idea enunciada, pues depende de su interrelación con las demás formuladas en el discurso[94].

Sin embargo, la coherencia depende menos del universo de conocimiento de cada auditorio, de cada receptor del texto argumentativo, si se compara con la intertextualidad como característica absoluta. La conexión entre ideas en el texto es más autónoma en relación con la interpretación del lector, con una característica objetiva: la ruptura en el camino argumentativo ofende la construcción del pensamiento del interlocutor, y por eso —si la identifica— lo más probable es que rechace la conclusión que el retórico pretende imponerle. Si no la identifica, simplemente no está convencido de la conclusión, porque no se le ha guiado paulatinamente hasta ella.

Traemos como ejemplo un texto que hemos recibido recientemente y que reproducimos parafraseado. En teoría, una misiva escrita por un grupo de intelectuales:

> El gobierno del ahora Candidato X, en contra de lo que dicen, no estuvo marcado por la corrupción. No hay ninguna prueba que vincule al ahora Candidato X con ningún acto concreto de corrupción. El gobierno del Candidato X, todos lo sabemos, tenía como principal característica la garantía de la democracia y los derechos sociales.
>
> Además, la lucha contra la corrupción no puede ser un fin en sí mismo. La lucha contra la corrupción sólo es válida si implica mayores garantías de derechos para la población.

El argumento parecía perfecto para quienes lo escribieron, pero hay algo poco convincente en él. Algo que pudo pasar por la mente de quien compuso el texto, pero que, al omitir enunciarlo, demostró una fragilidad, no en sus ideas individualmente consideradas, sino en el hecho de cómo debían unirse. El propósito del texto era, por supuesto, convencer a uno de que votara por el candidato X, pero entre el primer y el segundo párrafo aparece, por supuesto, una fisura. Al fin y al cabo, el objetivo del primer párrafo es la afirmación de que el candidato X no es corrupto, que nada le vincula con la corrupción. Si así lo asumimos, el segundo párrafo ataca al anterior. En otras palabras, se dice que la corrupción *puede ser compensada* con mayores garantías de los derechos sociales.

Hay que señalar, en el texto, que el eje gravitatorio, es decir, la idea más fuerte está en el primer párrafo: la negación de la corrupción. El autor pudo tener la impresión de que la segunda idea sumaba (acabar con la corrupción no puede ser un fin en sí mismo), era un *plus*. Sin embargo, no tuvo en cuenta que, al existir este fuerte eje gravitatorio en la primera afirmación, cualquier idea que lo *relativizara*, de hecho, lo corrompía. La afirmación perdía unidad de sentido cuando decía: el gobierno no es corrupto; pero, si lo es, ha hecho algo por los derechos sociales. Se trata de dos afirmaciones que merecen cada una sus propias ideas derivadas, pero que no pueden coexistir en el mismo trayecto.

En el ejemplo anterior, la coherencia ha alcanzado un nivel grave, la *contradicción*. Sin embargo, es raro ver un argumento contradictorio, pero la mera ausencia de contradicción no implica necesariamente una buena coherencia. Esto se debe a que se desarrolla en varios niveles, durante el transcurso argumentativo.

COHERENCIA Y RECORTES

El texto que sigue es un fragmento del poema "I-Juca-Pirama", un poema conocido del primer romanticismo de la literatura brasileña. Ahí, se enaltecían los hechos de los indígenas, en el intento de la creación de un idealismo nacionalista[81]. En él, el viejo guerrero Tupi maldice a su hijo, al enterarse que éste fue apresado por los indios Timbiras, debido a que lloró frente a la muerte:

---

[81] Gonçalves Dias: *Poesía indianista*, pp. 58-60.

¿Has llorado en presencia de la muerte?
¿Has llorado en presencia de extraños?
El cobarde no desciende del fuerte;
¡Porque has llorado, no eres hijo mío!
Puedes tú, maldito descendiente
De una tribu de nobles guerreros,
Suplicando a crueles forasteros,
Ser presa de los viles Aimorés.
[...]
Maldito seas, y solo en la tierra;
Porque has llegado a tal vileza,
Que en presencia de la muerte has llorado,
Tú, cobarde, hijo mio no eres.

Enfurecido por la revelación de que su hijo había sido cobarde ante el enemigo y al haber "rechazado la muerte en guerra", el viejo indio comienza a maldecirlo. Sin embargo, para apoyar la gravedad de sus vaticinios, de sus maldiciones, busca primero eliminar la condición de su hijo y, para ello, argumenta afirmando que "el cobarde no desciende del fuerte".

Fuera de su contexto, el argumento es falaz, ya que adopta una idea que parece falsa, aunque con algún índice de probabilidad. Es probable que un padre valiente tenga un hijo valiente, pero esto no valida decir que un padre valiente no pueda, bajo ninguna circunstancia, generar un descendiente miedoso.

La afirmación "el cobarde no desciende del fuerte" no tiene ningún valor fuera del poema. Científicamente es sólo un absurdo: en un juicio de relación familiar, no se podría negar un resultado positivo afirmando que no hay relación biológica entre cobardes e intrépidos. Pero en el poema la idea es perfecta y funciona como *argumento* principal o único. Sin embargo, está claro que la relación de ascendencia a la que se refiere el enunciador no es la relación *biológica,* sino la afectiva e ideal. En esta relación, ahora sí, es posible afirmar que un padre valiente no tiene un hijo cobarde, porque en estas condiciones se rompe el vínculo afectivo, y esta es entonces la tesis defendida por el jefe tupí. Si "el cobarde no desciende del fuerte"/"Tú, cobarde, no eres mi hijo". Es esta tesis la que permite sostener una serie de maldiciones que el patriarca lanza al "no-hijo", que serán en clímax de esa parte del poema.

Si lo llevamos al extremo, nos encontramos en la cima del pensamiento mágico: la identificación entre padre e hijo se produce a través de la transmisión de las características espirituales del primero al segundo. Pero, por supuesto, el significado de la frase no es literal, sólo connotativo: el padre deja de reconocer como hijo suyo a un cobarde, a pesar del vínculo biológico.

Así, la coherencia depende de la creación de *un universo* por el propio argumentador. Reforzamos, aquí, que es él quien debe aportar los límites de sentido, establecer por los que debe guiarse el lector, cuando mezcla su propio universo de conocimiento a la aceptación de los límites de realidad que el discurso le muestra. Todo texto es un fragmento de la realidad[82], por lo que debe establecer sus reglas de selección y conducción. Es lo que hizo el padre tupí del ejemplo: mostró a su hijo cómo él, el padre, interpreta una relación paterna: en este caso, la transferencia de virtudes.

Desde el diseño de la tesis, de las grandes ideas a exponer, hasta la extensión de cada cita, de cada palabra. O, incluso, los momentos de silencio y las *no desviaciones*, es decir, las consideraciones objetivamente buenas, pero inapropiadas en el texto.

ESTABLECIENDO LA COHERENCIA

La unidad de sentido en el discurso se establece, en primer lugar, por la no contradicción. Si afirmo que un acusado no fue el autor del disparo que mató a la víctima, no puedo, al mismo tiempo, sostener que la acción se produjo en legítima defensa[83].

---

[82] Como hemos afirmado en el capítulo anterior, en la argumentación jurídica, aunque se construya sobre bases narrativas, el interlocutor siempre puede regresar a confrontar el universo que le es presentado con las informaciones que tiene sobre la realidad.

[83] Sobre la corrección de las tesis subsidiarias, véase capítulo XIV

Los grados de coherencia pueden nombrarse, al menos para fines referenciales.

Un discurso no contradictorio puede ser *poco coherente*. Basta con que, para ello, el interlocutor no encuentre unidad de sentido suficiente. Si digo que en un determinado caso el acusado actuó en estado de necesidad porque no le gustaba llevar pistola, el oyente encuentra incoherente mi discurso, porque no observa una relación directa entre *no andar* armado y estar en *estado de necesidad*.

Un discurso que no sea incoherente puede ser *poco coherente*, en la medida en que no contenga suficientes relaciones de sentido que lleven al lector a una perfecta *conducción* de su razonamiento. La mayor coherencia del texto o discurso persuasivo viene dada en la combinación de argumentos clave, que representan los pasos principales del camino. Veamos como ejemplo el texto siguiente, que forma parte del discurso del personaje Otávio Santarrita, del dramaturgo brasileño Dias Gomes[84]:

> Me pregunto cuánto me queda. ¿Diez, veinte años? Eso sólo me preocupa porque aún no he terminado mi trabajo. No es que tenga miedo a la muerte. No tengo miedo a la muerte, eso seguro. Pero no estoy preparado para envejecer, esa es la verdad. Perder el vigor físico, la agilidad mental, la memoria... me aterra. La vejez es un tremendo truco de la naturaleza. O de Dios, ¿quién sabe? Además, ¿qué se puede esperar de un dios que creó el universo provocando una gran explosión? ¡Dios es un terrorista!

Quejándose de su falta de vigor físico, el personaje se rebela contra la figura de Dios. Irritado, concluye la idea de que Dios sería un terrorista, y para ello aporta un argumento: habría creado el universo a partir de una explosión. Evidentemente, entre la idea de que el universo fue creado a partir del *big-bang* y la conclusión de que Dios implantaría el terror hay una coherencia que, aunque se puede deducir, es defectuosa.

---

84 *Mi reino por un caballo*, p. 87.

En el caso concreto de la ficción, la falta de coherencia directa es intencionada. Al tratarse de una obra de teatro, según cómo la interprete el actor, puede incluso alcanzar un fin humorístico. Pero esa no es la intención principal: la fisura en la coherencia es una forma de demostrar el asco del personaje, su arremetida contra Dios, contra la vida. La falta de relación consigue, al fin y al cabo, ser una excelente descripción de un estado de ánimo, sin necesidad de enunciarlo explícitamente. Véase cómo ocurre algo muy parecido en la conocida introducción de "el restaurante del fin del mundo", de Adams:

> La historia, hasta ahora: al principio, Dios hizo el mundo. Esto enfureció a mucha gente y fue considerado como una pésima jugada (*"a bad move"*)[85].

El resumen de la "Historia" que construye el narrador carece de fundamento, porque la creación del mundo no podría haber irritado a las criaturas, que ni siquiera existían. La ruptura de la coherencia, sin embargo, es intencionada y marca el tono del resto del libro.

En el discurso argumentativo, una coherencia deficiente dificulta la persuasión. Como en el ejemplo anterior, en un texto de coherencia comprometida, el lector comprende el texto, pero rara vez es persuadido, porque percibe, consciente o intuitivamente, que el recorrido es defectuoso. En el ámbito forense, en el que el argumento es contradicho por la parte contraria, el lector se ve inducido a preferir el que mejor conduce al fin perseguido, por lo que rechaza el texto en el que las conclusiones no se derivan necesariamente de las premisas establecidas.

Las fisuras de coherencia son mucho más comunes de lo que cabría imaginar, cuando emprendemos un análisis más detallado

---

85 Cfr. ADAMS, Douglas, *The restaurant at the end of Universe*, NY: Ballantine Books, 1995. "The story so far: in the beginning, the universe was created. This has made a lot of people very angry and been widely regarded as a bad move".

de los discursos. Especialmente en los textos más largos —y la facilidad de copiar y pegar de los ordenadores ha permitido textos largos—, la preocupación del argumentador está mucho más en recopilar información y argumentos[86] que en establecer una trayectoria coherente. Una de las funciones de este capítulo, como hemos dejado claro, es deconstruir la idea de que el texto persuasivo depende de la exhaustividad y la extensión, salvo en los casos en que esta extensión esté extremadamente justificada.

COHERENCIA Y SENTIDO: DEPENDENCIA DEL MUNDO EXTERIOR

Veamos el siguiente texto:

> Perro y burro son dos animales agraviados. Ser tonto también es un agravio. (Entre tú y yo, lo justifico. En mi carrera he conocido algunos burros más tontos que ciertos hombres). Entre estos hombres, se me conoce comúnmente como un chucho, o mejor dicho, un perro sin dueño. Me llaman chucho. Poco saben que, para un perro, que le llamen "sin dueño" es el mayor de los cumplidos. Para un hombre también lo sería...
>
> Soy un chucho, estoy orgulloso de decirlo. Y quiero a mis hermanos, con o sin dueño. He soportado muchas injusticias personales sin reaccionar. Y la seguiré aguantando, seguro. Pero a mi raza, delante de mí, no le tolero la ofensa.

Es el comienzo de *Confesiones de un mestizo de Orígenes Lessa*[87], uno de los grandes autores de la literatura brasileña. En el pasaje, el protagonista, un perro sin dueño, teje explicaciones sobre su propia condición, la circunstancia de ser llamado mestizo o elogiado con el predicativo de "perro sin dueño". El texto busca establecer *coherencia*, conexión entre las ideas expuestas en él, des-

86 Es muy contrastante la afirmación de que se pueda trasladar un 'argumento' de un texto a otro, cuando el segundo tiene poca coherencia. Evidentemente, el fragmento pierde su carácter de argumento, cuando, en su nuevo contexto, no es capaz de destinarse a convencer.

87 Confesiones de un mestizo, p. 14.

de su mismo título: inevitable una explicación, preliminar, para mostrar al lector quién es el "mestizo", protagonista. Desde este comienzo, el autor ya establece coherencia con el título de la obra y deja fijadas una serie de condiciones, que aparecen en este primer fragmento, imprescindibles para dar sentido a la integridad de la obra, especialmente en lo que se refiere a las circunstancias del personaje y de la narración: un perro antropomorfo, con capacidad de expresión, que hará observaciones, desde su perspectiva, sobre la condición humana. Todo ello se encuentra, con excepcional enunciación, en este pequeño fragmento del texto.

Incluso en esa obra de ficción, en la que el autor no tiene la menor obligación de vincularse con la realidad, debe establecer una coherencia, fijar unas premisas que guíen el pensamiento del lector[95]. Así pues, la diferencia entre la narrativa literaria y la argumentación estriba únicamente en que la primera no tiene necesariamente un vínculo estrecho con el mundo exterior, mientras que la argumentación exige un diálogo constante con la realidad, como veremos a continuación, en lecturas de gran valor práctico.

Desconectado del vínculo obligatorio con el mundo exterior, el narrador literario sigue esforzándose celosamente para que las ideas de su texto estén siempre combinadas, no permitiendo que el razonamiento del interlocutor encuentre una fragmentación involuntaria, que haga que el discurso pierda su unidad y deje entonces de adherirse a la mente del destinatario (y tal adhesión es el objetivo de la narrativa literaria tanto como lo es de la argumentación).

El propio autor del texto establece parámetros y fronteras para su mundo creado, y por ellos debe guiarse, pues de lo contrario rompe la coherencia y pierde así la adhesión del lector. La única diferencia es que el texto argumentativo, lejos de la licencia de la ficción, *tiene un estrecho vínculo con la realidad*, con el mundo exterior. Claro que, si somos perspicaces, a menudo vemos que estos vínculos son tan frágiles que rozan lo ridículo: el discurso de un candidato en política, sobre todo en el contexto latino, trae promesas tan inalcanzables que superan la realidad mágica de estas obras de ficción. Aun así, salvo excepciones que también son técnicas argumentativas, ningún político prescinde de las promesas de campaña, que sólo caben en pensamientos mágicos: un discurso mesiánico, con influencias de culto a la personalidad[96], de promesa de tiempos mejores.

En el contexto jurídico, podemos decir, al menos para fines de un primer abordaje, que hay una coherencia *externa* y otra *interna*[97]. El destinatario de un discurso sabe que, para obtener coherencia, tendrá que tomar en cuenta factores e informaciones que no están en el propio texto, pero que forman parte del mundo exterior, de la realidad que él conoce. Coherencia e intertextualidad otra vez se tocan.

COHERENCIA Y EXTENSIÓN DE LA ARGUMENTACIÓN

Llegamos aquí, brevemente, a un punto relevante en el estudio de la argumentación, que no pocas veces suscita la atención de los operadores de la retórica jurídica, especialmente en la construcción de textos escritos. ¿Qué extensión debe tener un texto argumentativo?

En el cotidiano forense se puede observar, desde luego, que la extensión de los textos depende mucho del estilo de cada autor. El estilo es el conjunto de características que nos permiten atribuir individualidad a una obra. Así, algunos magistrados escriben sentencias largas y otros, decisiones cortas, lo que en sí mismo no representa un mejor o peor contenido de razonamiento. Del mismo modo, el mismo diferencial se observa en los abogados, es decir, unos se extienden en digresiones, mientras que otros, disertando sobre el mismo tema, utilizan un lenguaje casi telegráfico. Esto tampoco implica un contenido mejor o peor, siempre que prevalezca la intencionalidad[88]. De hecho, el estilo y la subjetividad serán objeto de un capítulo aparte (XVII)[98].

---

88 Normalmente, una denuncia acusatoria ofrecerá una descripción sucinta de los hechos, mientras que la defensa de un acusado será más

Pero reducir la cuestión de la longitud del argumento a la idiosincrasia sería eludir la respuesta a la pregunta planteada. La longitud del texto está directamente relacionada con la coherencia, y por eso debe tratarse aquí.

De entrada, hay que reconocer que todo lector u oyente tiene en su interior, aunque no se dé cuenta, una ley indeclinable: que el argumentador dedicará más tiempo a hablar de lo que es más importante. Así, la coherencia del texto disminuye cuando el argumentador dedica demasiado espacio (o tiempo) a explicar una premisa que no tiene ningún valor serio para la conclusión que se pretende imponer. Si en las razones del recurso el argumentador se extiende durante páginas en torno a un concepto jurídico que ya está arraigado en el juez, no sólo desperdicia espacio que podría reservarse para cuestiones más decisivas, sino que confunde al lector, porque éste intuye que la cuestión sobre la que más se ha extendido el argumentador es la principal.

Para establecer un texto coherente hay que tener en cuenta, pues, este primer mandamiento: extenderse en lo más importante. ¿Y qué es lo más importante en un texto argumentativo? Lo que mejor contribuye a la persuasión.

Esta observación tampoco soluciona el dilema y, por el contrario, impone la necesidad de nuevas consideraciones en busca de cuál es el punto de persuasión más relevante en el caso concreto.

---

detallada. Esto se debe a que la acusación sabe que puede perderse en contradicciones si se centra en las circunstancias, mientras que para la defensa son precisamente las circunstancias las que pueden deshacer el núcleo de la acusación: horas, fechas, cuestiones personales, jerarquías, todo ello forma parte de la respuesta a la construcción minimalista del acusador. De modo no intencional, como se comentará, aparecen mucho los errores de coherencia espacial: páginas de doctrina o jurisprudencia, que no hacen sino desvirtuar la atención que pueda prestarse al contenido en el texto específico.

Buscar la coherencia es primero comprender hasta qué punto el interlocutor necesita la información y los argumentos expuestos. Veamos este ejemplo de coherencia narrativa:

a) El abogado Dr. João no consiguió llegar al foro porque el edificio se incendió.

Sólo en este breve pasaje del texto falta información para una buena comprensión. Aunque el narrador pueda tener una idea perfecta de lo que está hablando, el interlocutor no puede establecer exactamente la unidad de significado: después de todo, ¿cuál fue el edificio que se incendió? Podría ser el edificio del foro, el de su oficina u otro. A menos que el oyente pueda contar con otra información implícita, sería preferible decirle:

El abogado Dr. João no pudo llegar a tiempo al foro porque el edificio de Correos se incendió, los bomberos bloquearon la avenida principal y el tráfico se volvió caótico.

Cuanto más largo es el texto —por supuesto—, más detalles caben y, por tanto, menor es el riesgo de omitir información. Pero el exceso es perjudicial.

En el siguiente ejemplo, la situación es diferente: hay poca pero suficiente información.

b) El hombre de la mesa de al lado encendió su cigarro, y el humo me incomodó.

El texto b no indica a qué "humo" se refiere, pero el lector, a diferencia del texto a, no se pregunta "¿qué es el humo?", porque uno puede entender inmediatamente que se trata del humo exhalado por el cigarro. También se entiende, por "mesa de al lado", que el ciudadano estaba en un restaurante o algo similar. Sin embargo, de qué establecimiento se trataba exactamente carece de interés para el núcleo de la narración, o ya ha sido dilucidado. No es imposible, sin embargo, sobre todo teniendo en cuenta el lenguaje detallado que a veces exige la ley, que los juristas tiendan a escribir, por supuesto con cierta exageración por nuestra parte, de esta manera:

b) Estaba en el restaurante, cuando el hombre que ocupaba [o estaba sentado en] la mesa inmediatamente contigua a la mía en-

> cendió el cigarro que llevaba y el humo que salía del (retro) mencionado cigarro me incomodó.

La tendencia de los operadores jurídicos a descender a las minucias es justificable. Nuestro lenguaje tiene que deshacer ambigüedades en todo momento, no puede dejar dudas, cuando redactamos documentos. Aquí es el momento de separar lo que es el lenguaje notarial, o el de los contratos, y la escritura persuasiva. Un registro de la propiedad o un contrato de fusión empresarial tienen que ser muy detallados y, por muy cuidadosamente que se redacten, no es raro que aparezcan ambigüedades. Se trata de intenciones. Pero no es un texto persuasivo, sino casi enteramente informativo-descriptivo.

A continuación, empezamos a establecer un criterio más objetivo para la extensión del texto argumentativo: debe contener la información que contribuya a la persuasión y a la coherencia, es decir, al establecimiento del significado deseado en la progresión del discurso.

Es importante que el argumentador sea consciente de la progresión de la argumentación y de cómo la longitud de cada argumento es significativa para su contexto. Se puede comparar —siempre sin exactitud— el proceso argumentativo con el económico: si aparecen afirmaciones demasiado extensas, más de lo que el contenido soporta, el argumento en su conjunto se devalúa. Igual que un proceso inflacionario monetario, en el que, al imprimirse demasiadas monedas, cada una de ellas, por igual, pierde su valor. La economía que no soporta mucha moneda es como el contexto que no soporta la longitud o cantidad de argumentos: deprecia cada uno de ellos. En nuestro contexto, pues, a veces es mucho más rentable que un texto parezca breve, lo que puede implicar mayor fuerza en cada argumento. Así, cuando se citan varias sentencias judiciales para probar una tesis en un recurso, cada una de ellas vale poco ante las demás. En uno u otro caso concreto, puede ser más recomendable citar una sola sentencia, pero que sea absolutamente análoga al caso que se expone y a la solución que se espera[89]. El sistema anglosajón del *common law*, como acá se mentará alguna vez, ya está habituado a ese tipo de valor de un precedente único.

La decisión está en el centro gravitatorio, el punto hacia el que debe converger cada fragmento argumentativo. O, para decirlo con más fuerza, el error más común en la construcción jurídica es la falta de conciencia de cuál es *efectivamente* el factor más persuasivo, y aquí de nuevo nos centramos en el lector. A menudo, en un extenso escrito jurídico, el argumentador dedica páginas a justificar tesis que no llaman la atención del lector-juez, por diversas razones. Entre ellas, la principal es que al magistrado no le interesan las tesis jurídicas en nivel abstracto, sino aquellas que se aplican efectivamente al caso concreto, el cual, a su vez, depende de la vinculación entre la narración de los hechos y un único punto a decidir, lo que prescinde de una disertación profesoral[90] sobre la teoría jurídica en su conjunto. Así, al prolongar un texto con lecciones magistrales —argumentaciones autorizadas— sobre temas más efímeros de esa área del Derecho, el autor desvía la atención del lector de lo que puede influir en la decisión. Es un momento de elección y planificación, en un estado intermedio de coherencia. Es el momento de entender cuál es realmente el objeto de controversia, desde la propia percepción del autor y, por otro, de recurrir al conocimiento intertextual[99], satisfacer las necesidades cognitivas del lector en ese caso concreto.

TEXTO Y RITMO

Toda comunicación impone su ritmo, y el interlocutor, conscientemente o no, lo busca para la comprensión del discurso que se transmite. Hagamos una analogía.

---

89 Véase el capítulo VIII.

90 Habrá motivos para una disertación, más vinculados al argumento de autoridade. Véase capítulo VII.

Quién ve la telenovela, típicamente las brasileñas o mexicanas[100], que duran meses en episodios diarios, sabe que mantienen un ritmo lento de evolución. Por eso, el espectador adapta su nivel de atención a esa lentitud: deja de asistir a fragmentos de la telenovela para hablar por teléfono, leer, cenar, cuando no se pierde capítulos enteros en otras actividades. El autor de la telenovela, consciente de esta falta de atención, sabrá destacar algún *plot twist,* a algún momento de giro relevante; porém, quando o telespectador asiste alguna película hecha para el cine, su nivel de atención se altera radicalmente: es casi imposible perder cualquier de las escenas, cualquier diálogo. Si lo pierde, perjudica la unidad de sentido.

La trama cinematográfica no es por definición *mejor* o *peor* que la telenovela sólo porque sea mucho más densa. Cada texto tiene sus propias características, pero el autor de uno u otro debe ser consciente del ritmo esperado para cada uno. Así, en la trama de la película un hecho decisivo puede exteriorizarse en una escena muy breve, quizá sólo sugerida con una breve imagen (al fin y al cabo, si tiene un alto nivel de atención, crea expectativas con mayor concreción: un asesinato sólo puede sugerirse con el levantamiento de un arma y un corte brusco de la escena, porque el interlocutor se encarga de completarlo: sólo el asesinato complementaría el sentido del fragmento); en la telenovela, el mismo hecho decisivo debe ocupar una larga escena, con un reflejo expreso en las demás, a ser posible, retomado en el episodio siguiente, aunque sea indirectamente.

Si se transgrede este ritmo, el espectador se frustra y pierde el contenido del mensaje. La película que no aporta progresión en el conflicto se vuelve monótona, al igual que la telenovela que muestra escenas relevantes en pocos capítulos puede perder audiencia, porque los espectadores, incapaces de seguir el desarrollo de la trama, la percibirán como confusa.

La argumentación también sigue su ritmo como uno de los factores determinantes de su extensión. Largo o corto, debe regirse por el establecimiento de un *ritmo* decidido y con criterio. Al leer un texto argumentativo, el interlocutor adopta un ritmo de interpretación y se frustra si se infringe.

En el aula, solemos dar un ejemplo claro de cómo el lector adopta un ritmo de lectura del texto, ya sea en términos de *macrotexto* —los argumentos principales y la coherencia— o de *microtexto* —la estructura de las frases y su cohesión[101]. Un atleta es invitado a correr. Conoce los límites de su cuerpo y entonces se le presenta un punto de partida: debe correr a partir de ahí. Pero esto no es suficiente para el atleta, ya que antes de comenzar la carrera, debe conocer la longitud del recorrido que tendrá que afrontar. Sólo así sabrá qué *ritmo* fijar para su ejercicio, porque una carrera de 100 metros no puede hacerse de forma similar a una de 42 kilómetros. Cuando un interlocutor lee un texto, mide constantemente el ritmo de lectura, no sólo fijándose inicialmente en su longitud (¿cuántas páginas tiene?), sino también intentando averiguar cuál es la carga informativa de cada pasaje, cuánta atención necesita para comprender lo que se le transmite. Lo mismo ocurre con cada frase: por visión periférica, todo lector encuentra el final de la frase cuando empieza a leer por la mayúscula, esto es lo que le permite dar sentido a la frase en una sola lectura, sin tener que invertirla[91].

La extensión de un discurso no interfiere, como condición única, en que sea bueno o malo, persuasivo o no. Pero sin duda es un factor relevante para establecer la coherencia. La extensión —siendo bien conscientes de ello— determina el espacio que debe ocupar cada argumento o información, así como la relevancia o no de ideas menores, que acaban prolongando otras mayores, que deberían merecer ese complemento.

---

91 En español, un primer signo de interrogación al principio de la frase anuncia que será interrogativa. En alemán, la posición del verbo en la frase cumple una función similar. Son características interesantes de cada lengua, pero no cambian el hecho de que el lector establece su ritmo buscando el final de cada frase en el momento en que comienza.

En función de la extensión y el nivel de detalle e información nueva expuestos, el discurso adquiere un ritmo que impone un nivel de atención específico al interlocutor. Este ritmo no debe romperse, a menos que sea una característica intencionada del autor. En nuestra opinión, en la escritura en general, el ritmo es uno de los factores preponderantes, porque es armonía en progresión. La armonía informa al autor sobre lo que ocurre en el propio texto, en un proceso de *feedback*, de retroalimentación, como en el juego del ajedrez: la armonía geométrica es una de las grandes piezas de información, para el ajedrecista, sobre su condición de ganador. Un tablero de ajedrez armónicamente equilibrado informa al jugador de que se encuentra en una condición de equilibrio en la propia partida, aunque pueda ganar o perder; un equipo de fútbol también tiene menos probabilidades de ser atacado cuando sus jugadores se encuentran en una posición armónica. A partir de esta posición, es posible establecer una velocidad menor o mayor para cada una de sus piezas.

Como el ritmo, en el micro y macrotexto, no es sólo un detalle, volveremos sobre él unas cuantas veces.

EL NIVEL NECESARIO DE INFORMACIÓN

Cuando nos ocupamos del *ritmo*, no se trata específicamente de la métrica, que está directamente relacionada con los poemas y la música. Pero tiene algo que ver, porque el ritmo impuesto al oyente de una canción o un poema es parte relevante de la coherencia. El ritmo es el movimiento a partir de las posiciones asumidas, que en principio deben ser equilibradas. Puede establecerse, por ejemplo, en una imagen, cuando la repetición de elementos impone un movimiento más rápido o aburrido, como en el famoso cuadro de Warhol, en el que se secuencian latas de sopa, o en las pinturas de banderas de Alfredo Volpi[102].

Dejamos el ejemplo de las imágenes y pasamos a las letras, pero letras insertadas en canciones, por lo tanto naturalmente enlazadas al ritmo. Como veremos, son letras que consiguen crear un contexto pictórico, de imágenes y otras informaciones de contexto, como el paso del tiempo. La primera es toda una narración. En mi traducción libre, se pierde gran parte de la métrica musical, pero se conserva la planificación de la narración. Es una canción de *Ramones*[92]:

> Otra noche por las calles,
> Me detengo en mi lugar habitual
> Camarero, por favor.
> Tankeray con tónica es mi bebida favorita
> No me gusta nada colorido allí.
> Sólo huele a perfume, no es para mí.

El autor construye todo un contexto con explicaciones mínimas. Está de noche en la calle, entra y se sienta en el "lugar de siempre[93]". Pide *Tankeray* con tónica, y aquí se nota, en aras de la coherencia, el uso de la intertextualidad, porque no sólo el lector tiene que conocer la marca de la bebida, pero, como se verá, es importante que sepa más sobre ella: la bebida gin tonic es clara como el agua. "No me gusta nada colorido (rosa) allí" (*I don't like anything coloured pink*).

El que escucha la canción, con esto, ya tiene lo necesario para dibujar mentalmente toda la escena: la noche, la soledad del individuo, el bar de siempre (por eso frecuenta el bar, de donde se puede deducir que le gusta el sitio, que confía en los que allá están, entre tantas otras derivaciones importantes al panorama), la petición de la bebida, e incluso algo más de personalidad específica: la bebida con esencias, que "no es para mí", ya señala el minimalismo típico del *punk*. Todo preparado para la acción, que ahora dará movimiento al ambiente:

> Parece que alguien puso algo
> Alguien puso algo en mi bebida

---

92 Ramones (Richie Ramone), álbum *Animal Boy*, 1986.

93 En inglés, la carga de sentido es aún más directa, lo que permite ser aún más sucinto. Literalmente, el narrador "se detiene en su asiento habitual", lo que ya denota al lector que está en el bar.

Alguien puso algo
Alguien puso algo...
Visión borrosa y pensamientos sucios
Estoy descolocado, todo deshecho (*distraught*)
Sintiendo que algo vendrá...

La canción sigue, pero esto es lo fundamental. El personaje empieza a darse cuenta de que algo anda mal con él. Y se percata de que alguien ha puesto algo en su bebida. Cuando se lee la segunda parte, gran parte del significado se atribuye al primero, que es una de las características de la coherencia: el autor no necesita explicar el texto anterior, porque lo hará la acción siguiente. En este caso, el personaje que acaba de comentar que no le gusta nada más que su habitual *Tankeray* con tónica, aparentemente acordó tomar algo diferente. Sugiere que tomó esa colorida bebida que "no era para él" y entonces surte efecto en su mente. ¿Quién le dio una bebida diferente a la habitual? ¿Estaba ya previsto que hubiera veneno en su copa? ¿Cuál fue el motivo de esta acción? No forma parte de su plan dar la respuesta, porque no las tiene[103], pero se crea la expectativa.

Nótese el ritmo, no sólo de la canción: repite frases entrecortadas, y los completa gradualmente, como para dar el efecto verbal de que alguien ha tomado un alucinógeno. Esto también se materializa en la coherencia, aunque sea en la libertad poética de la letra musical[94], pero, lo que es más importante, aporta realismo a la narración: incorpora, a través del ritmo de la canción, el habla típica (externa) de alguien bajo la influencia de un alucinógeno, sugiriendo todo el caos (interno) de la mente de quien no puede expresarse correctamente.

---

94 Está también la técnica de construir una narración con el verbo en presente, que es algo laborioso. Al hacerlo, se consigue el efecto de transmitir al oyente lo que está ocurriendo en ese instante, de modo que el personaje puede, en este caso, expresarse con las palabras y el ritmo de repetición que sugieren que está bajo el efecto de alguna droga oculta en su bebida, lo que forma parte de su narración.

A partir de ahí, todo el conflicto está planteado y la historia ya demuestra su propósito, su intencionalidad. Incluso hay un argumento claro en la narración, algo así como un “no es culpa mía”, que al final también se refuerza[95] en pocas palabras: *alguien* puso algo en mi bebida, por eso no pude prestarte atención (*‘I couldn’t care what you think of me’*).

Para lograr la coherencia, pues, es necesario apoyarse en distintos elementos del conocimiento del mundo del lector, y esto es lo que hace posible la síntesis: en menos de tres frases, los Ramones eran capaces de describir una escena que se quedaba grabada en la memoria, al igual que sus melodías sencillas de tres acordes, pero densas en significado imaginario[104].

Cuando el autor hace caso omiso de los elementos interpretativos internos y externos del lector, probablemente se repite a sí mismo, su texto no avanza y el intérprete no está seguro del curso de su texto ni del mensaje que se quiere transmitir. Si, por el contrario, el autor explota los *marcos* de conocimiento que el lector ya posee, es probable que obtenga una respuesta mucho más directa.

Vea como esto ocurre en otro ejemplo, una canción española. Hay, por supuesto, toda una letra para ella, pero aquí sólo nos importa el título, que coincide con el de la película para la que fue compuesta. Con una sola frase, todo un escenario y un conflicto ya está dibujado:

¿Qué hace una chica como tú en un lugar como este[96] *?*

La letra confirma lo que la genial frase del título ya mostraba. El protagonista se encuentra en algo que probablemente sea un bar, y conoce a una chica que está fuera de lugar. La per-

---

95 “I couldn’t care what you think of me, ‘cause somebody put something in my drink”

96 “*¿Qué hace una chica como tú en un sitio como éste?* Es la canción del grupo madrileño Burning, compuesta directamente para la película de Fernando Colomo.

cepción de la contradicción entre ella y el lugar donde está es suficiente para todo un conflicto que, apoyado por la melodía y otros elementos extratextuales[97], complementa la escena. El resto de la letra de la canción no hace sino realzar el choque, confirmando la percepción del narrador-personaje de que hay algo muy excepcional en la presencia de la mujer en ese ambiente.

Claro que para el contexto jurídico al que nos dedicamos, este tipo de construcción no tiene cabida. O, mejor dicho, no encuentra *exactamente* un lugar, porque el paralelismo entre las canciones y nuestra condición jurídica no tan es lejano. Basta con preguntarse, cuando construimos un texto jurídico: ¿qué es realmente necesario para mi lector? ¿Qué puede deducir de mi información? ¿Qué sabe ya de la condición, el lugar, el tiempo y el espacio en los que aparece mi texto? Y a partir de ahí: ¿cómo puedo estructurar mi argumentación para que sus palabras formen un universo de sentido en el lector? Esta es la clave de la coherencia: un universo de sentido, compuesto de fragmentos dialogantes —como en una canción de los Ramones.

En una acción de cobro de rentas, por regla general, están implícitos una serie de condicionantes que no es necesario narrar, ya que los datos del contrato de arrendamiento y el impago son suficientes para situar al lector en un contexto suficiente para la decisión. En una acción de alimentos, las largas narraciones sobre la historia de la pareja divorciada no importan para el binomio necesidad y posibilidad que afectan a la reclamación judicializada. Dos o tres frases situarían al lector en el conjunto de la historia, pues recoge información de elementos que, aparentemente burocráticos, ya forman parte de la comprensión del macrotexto: el

97 Por supuesto, hay una serie de elementos intertextuales que interactúan en la letra: el ritmo de la canción, sus instrumentos, la época en la que está compuesta (el inicio de la llamada movida madrileña), todo lo cual llena de significado la expresión "un sitio como este". El autor de la letra lo sabe, por lo que prescinde de más detalles descriptivos.

título "acción de alimentos" ya dilucida gran parte de lo que quizá el escritor imagina que necesita narrar.

HABLA ALGO, DI OTRA COSA

A principios de la década de 2000, un jefe de Estado latinoamericano, de visita en Namibia, dijo: "Quien llega a Windhoek no tiene la sensación de estar en un país africano. Pocas ciudades en el mundo son tan limpias, tan bellas arquitectónicamente y tienen gente tan extraordinaria como esta ciudad". Cuestiones políticas aparte, el discurso, como dijo un periódico, "causó vergüenza entre la delegación brasileña".

Porque la coherencia depende, como ya se ha visto, siempre desde el conocimiento del mundo también del oyente, es cierto que el significado de un argumento puede extenderse a lo que no se ha enunciado lingüísticamente. Entonces, si se dice que *una ciudad está tan limpia que ni siquiera parece África*, ciertamente esto significa —aunque no sea tan elaborado— que África es en general sucia. Aunque no lo quisiese, reveló la premisa en la que se basaba su discurso, y esto llegó, infelizmente, a ser más importante que el discurso en sí mismo.

Habrá, sin embargo, momentos en que este mensaje implícito sea intencionado, y forma parte de saber manejar la coherencia: a dónde se refiere cada afirmación, a partir del conocimiento del mundo que tiene el interlocutor. Si, en un discurso, un abogado dice que "Este Tribunal, como no es habitual en este país, está compuesto sólo por magistrados honestos", está transmitiendo un mensaje sobre la clase de jueces que quizá sea más importante que el cumplido que presuntamente pretendía hacer.

Recursos como la ironía son propios de esta necesidad del oyente de atribuir coherencia al discurso y pueden utilizarse en derecho, siempre que se haga de forma muy comedida. Si alguien dice "Nunca sospecharía que el Doctor Juanito fuera capaz de apropiarse de dinero público, porque los políticos en general son muy honrados" está utilizando un recurso que contrasta la coherencia entre el sentido común de que los políticos son deshonestos, con la idea de que nunca se sospecharía que un diputado concreto fuera capaz de robar. Hay que suprimir una de las afirmaciones, o cambiar su significado.

La desventaja de utilizar la ironía no es sólo que parezca arrogante, sino que puede no ser comprendida por el lector. La ventaja es que, como a menudo puede decirse o insinuarse aquí, un oyente siempre se siente atraído por estructuras discursivas más elaboradas[98], más calculado, aunque sea para que parezca simple y sencillo. Nuevamente, el criterio está en predecir el efecto que tal característica tendrá en el lector.

ILUSTRACIÓN: DEFENSA DE UN HOMICIDIO

Como ilustración de la coherencia y el ritmo, utilizamos un texto que publicamos hace algún tiempo en un periódico. Simula el discurso de un abogado, pero mezclado con ficción. Sin el mismo arte que las letras de los Ramones, busca demarcar la objetividad del informe —y, aquí, del argumento— con el flujo de pensamiento del discurso en tiempo presente. Para despertar el interés del lector, sin embargo, es necesario dar cierta información a un ritmo determinado, tanto en el flujo de cada frase como en la información sobre la historia. Como veremos al examinar la narrativa, el punto de vista sugerido puede ser más persuasivo que las propias afirmaciones temáticas asertivas. En este sentido, el discurso es de un abogado que promueve la defensa de la mujer que mató a *Haustyrann*[99], el tirano del hogar. Su tesis es la autodefen-

---

98 Claro que para ello es necesario que el lector preste un nivel de atención que permita una construcción más compleja. La ironía en la comunicación inmediata, como los medios sociales, a menudo no se entiende y se convierte en fuente de malentendidos.

99 El tema es explicado desde 2008 en nuestros *Fundamentos de Direito Penal.*

sa, pero los argumentos para ello aparecen gradualmente. Lea el texto para luego, extraemos cuatro consejos sobre la coherencia:

Boceto del asesino de mujeres[100]

Lo esencial es: un tiro al marido, durmiendo. El que dormía era el marido, claro, si no sería muy fácil, inimputabilidad y demás. En la frente. Pero visto ahora bajo ese tópico griego de que nadie se baña dos veces en el mismo río, porque cada vez que lees el proceso parece que son otros personajes, es otra historia. La esencia es la misma, aunque con diferentes matices, el cadáver está en la cama, con una herida de bala en la frente y la imagen es aterradora. Aterrador no es exactamente la palabra, porque el problema es que la colorida imagen del muerto todo ensangrentado persuade, el jurado siempre piensa que el cuerpo, porque yace sin vida, perteneció a un santo. Sobre todo así, tumbado en su propia cama, pero el defensor tiene que saber elevarse por encima de anclajes tan fuertes para la acusación: las imágenes del cuerpo y la sangre. No en vano, cada foto del cadáver me trae a la memoria el sonido —el mismísimo sonido— de la rotunda voz tribunicia de mi primer maestro. Sabes que vienes a por la portería del portero, ¿verdad? Y señaló la silla del defensa—. En una cancha de fútbol, la portería es el suelo que pisa el elefante, es donde nunca crece la hierba. Estoy en la portería del portero, en el campo del elefante, y no se puede esperar que allí broten flores. Así es la Tribuna de la defensa.

Pero ahí están los flancos y yo siempre lo pienso, menos mal que soy de la Vieja Escuela, la que practicaba la estrategia y el cálculo, de palabras suaves, y olfateaba debilidades, y punto de vista, y predicciones de jugador de ajedrez, algo que no está al alcance de los que se pasan la eterna adolescencia pegando tiros en videojuegos, sino que se lo digan a ellos. Yo no digo nada, simplemente hago lo que me enseñaron, leer el caso e invadirme poco a poco en la piel del acusado, del acusado del caso, y entonces cuando el defensor empieza a pensar y ver y oír y oler como el acusado, la metamorfosis se perfecciona. Entonces, ¿por qué maté, quiero decir, por qué iba a matar a su marido?

El marido llega a casa y va a golpear a la acusada, es así todas las noches, por lo que no sería diferente hoy. Y duele que te peguen, ¿sabes? El alcohol y las drogas, que teníamos dinero para comprar,

100 RODRIGUEZ, Victor Gabriel. Esboço da mulher assassina. **Carta Forense**, São Paulo, 2018.

se hizo rico en una estafa de negocios y ahora estamos en la miseria de nuevo, que nuestra fortuna ha vuelto al polvo, como dice en la Biblia, que habla de ello. Los testigos dicen aquí: la acusada es creyente y lee la Biblia, y ahora me doy cuenta de que la acusada es una paradoja andante, porque es la creyente que duda, ¿cómo puede? Porque tal vez su gran error sea obedecer lo que el Pastor dicta en teoría pero en la práctica prohíbe: que hay que leer ese grueso libro de principio a fin e interpretarlo por uno mismo, ella observó que su Biblia era una colección encuadernada de libros con una historia casi lineal de héroes, maldiciones y mucha sangre. Y de héroes sanguinarios, que cumplieron con su deber.

Entonces me pregunto. Ella se pregunta, digo yo. ¿Qué está haciendo bien en la situación exacta en la que se encuentra? Porque ahora su marido le pega, y le duele (¿lo he dicho ya?), y está drogado, pero como de costumbre en algún momento se desconectará para siempre, aunque duerma rechinando los dientes y amenazando con matarla. Sí, la está amenazando de muerte, piensa ella, y si el muy cabrón cumple su promesa, yo seré una mujer menos en la Tierra y un asesino más que desaparecerá en el mundo, o será encarcelado hasta que escape y mate a otra. Y entonces habría dos mujeres muertas. La gran cuestión teológica —ella no utiliza este adjetivo, pero lo entiende mejor que nosotros— es cómo complacer a Dios en este momento, porque quizá el mayor acto de amor que el Creador espera de ella es el valor de actuar en nombre de un mundo terrenal mejor.

Seguimos la teología, al revés. Vuelvo a la portería ¿Qué significa no reaccionar ante el agresor? Moralmente, ¿martirizarse da como resultado la Salvación? No, significa quedarme estática esperando que el asesino cumpla su promesa, que la próxima vez me destroce de verdad con el cuchillo y sea mortal. Por lo tanto, no reaccionar, desde el punto de vista de la víctima, implica suicidarse. Y esto Dios sólo se lo permitió a Judas.

Claro, déjame volver a ser abogado. Vuelvo a la portería, ¿qué argumentará el fiscal? Que la acusada no tenía por qué ejecutar a su marido con sus propias manos, que debería haber buscado el poder judicial, separación de cuerpos en el Tribunal de Familia, salir de casa, colocar en el camino, *on the road like a rollings stone*, como una rebelde y muy-muy anacrónica chica hippie. Como si no supiera que no tiene otro hogar, y dejarlo significa perder su techo, a ella y a sus hijos, porque no vive en una casa rodante, ni recibe Subsidio de Vivienda para alquilar una casa de cuatro mil reales por ahí, claro que nada de eso se va a decir. Ni que la policía de allí no llegue rápido cuando se la llama, porque aquí solo entran rápidio cuando hay invasión de la *favela* para pegar tiros a quién se oponga en el camino de las autoridades. Cállese, señora, y hable conmigo a solas, yo que soy tu abogado ¿Cómo ha pasado?

Así que... le dije simplemente: Un día te irás a dormir y te dispararé. ¿Y quién no sueña con un final así, dormirse y no saber nunca que te has despertado porque tus sesos han salpicado toda la almohada? La decisión estaba tomada, sería esa misma noche, mientras dormía. Entonces dije:

—Mi amor, el polvo se está acabando.

—¿Cómo así?

—El polvo del café. No tenemos más café.

—Ahn. ¿Y para qué diablos quieres preparar un café a estas horas de la noche?

—Para darte otra oportunidad.

Pero no quiso café y amenazó con levantarse de la cama para pegarme otra vez. Luego se durmió de golpe, con el mismo crujir de dientes, ese sueño que significaría despertar muerto.

Ahora, aquí en la portería, leyendo el expediente, me pregunto si les diré a los jurados algo que sé que ella pensaba: apretar el gatillo no era hacer algo bueno por el mundo, sino para sí misma, Ve rápido, salda tus cuentas con el Maligno, antes de que te aumente la deuda. ¡Corre, aún estás a tiempo! Porque simplemente era el momento de sacar el revólver del bote de arroz y disparar una vez.

Esto se llama, señores del jurado, llevar a cabo la legítima defensa tan pronto como sea posible. Nótese el "posible". Así que olvídense de las figuras delictivas que la fiscal leerá como si viviera dentro de esa imaginaria autocaravana, que puede arrancar en cualquier momento en busca del infinito, o incluso de mi discurso sobre lo que se llama 'estado de necesidad defensivo', y presten atención sólo a la cuestión jurídica: ¿absuelve el jurado al acusado?

Absuelve, porque su mundo era el terreno del portero en la cancha, es suelo pisado por el elefante. Vivía en la portería, allí, donde no crece la hierba.

Se pueden hacer muchas observaciones sobre el método de construcción textual, pero notamos principalmente que, aunque narrativo, existe una estrutura básica: una tesis sólo sugerida al final del primer párrafo, pero que tiene sentido al final, en la última frase del texto. Con esta estructura, el defensor construye su discurso como si no estuviera todo planeado, como si hubiera una narración natural, fluyente, que no obstante estuviera bastante pensada. Cerrando en el último párrafo, en la comparación entre la vida del acusado y el suelo pisado por un elefante, el texto envía su mensaje al lector, que, si ha seguido bien la historia, entenderá el mensaje como obligatorio: ¿el jurado absuelve al acusado? Absuelve.

Su estructura nos ayuda a entender algo relevante acerca de cuánto se debe revelar de la coherencia prevista para cada argumento. Lo desarrollamos en el siguiente tema, de alcance ultra-práctico.

REGLAS SOBRE COHERENCIA

Como se ha dicho, el destinatario del argumento, aunque nunca haya estudiado nada sobre coherencia, se adhiere más a las ideas que se le presentan en un camino bien formado[105]. Esto significa aceptar que el redactor debe esforzarse por que sus argumentos estén enlazados de la mejor manera posible, es decir, parezcan lógica e irrefutablemente cohesionadas.

Desde luego, cuanto más compleja sea la argumentación, más trabajo y conciencia de esa calidad del discurso requerirá. En este capítulo, al ejemplificar diversos caminos textuales, ya hemos contribuido en gran medida a una coherencia más sólida. Tal como ha sido nuestro método aquí, es mejor que el lector de esta obra conozca cada concepto y característica del texto, que establecer reglas a seguir o consejos a enunciar. Esto se debe a que las normas y consejos son genéricos y nunca cubrirán todas las situaciones argumentativas. La percepción de las técnicas de cada ejemplo se traslada a la práctica de la construcción textual del lector.

Nos oponemos a este punto en particular, sólo porque, más que consejos, son la síntesis de algo que hemos trabajado en este capítulo, y que en otros se dilucidará más a fondo.

1. Atrévete a excluir ideas e información

En primer lugar, la persona que construye el discurso debe tener bien claro que existen numerosas posibilidades para la progresión del texto. Por lo tanto, no es de extrañar que, en el curso de su creación argumentativa, se sienta confuso sobre la mejor manera de construir su discurso o se sienta algo irritado porque *todas las ideas que se le ocurren no encajan en una única progresión*. El proceso de toma de *decisiones*[101], sobre el cual se podría disertar, es natural en el momento de escribir estas líneas. Las dudas, los arrepentimientos, la constante impresión de que había una forma mejor de haberlo empezado todo, eso forma parte de cualquier proceso de escritura más largo.

Esta inseguridad genera el deseo de introducir en el texto todas las ideas que existen, pero esto es imposible y sólo genera confusión. La coherencia es el arte de asignar sentido entre elementos; por tanto, no pueden ser infinitos. Cada uno requiere su *locus*, su espacio, sus argumentos derivados, pero el discurso le impone límites. No puede extenderse hasta el infinito, por muy lógico que sea.

Preocuparse por el espacio o el tiempo disponibles para la enunciación del discurso es intrínseco a la argumentación, a diferencia de lo que ocurre con la demostración. Un matemático, cuando resuelve un problema de su especialidad, no se preocupa por cuestiones como el espacio sobre el papel del que dispone para demostrarlo, pero un abogado al que se le conceden sólo quince minutos para un alegato oral tiene ciertamente en el límite de tiempo una cuestión de coherencia discursiva: encajar los temas, premisas y argumentos que caben en ese interregno determinado.

Y la *exclusión* de muchas ideas de este contexto es consecuencia de la necesidad de selección que nos ocupa y evita la confusión de dos partes: el argumentador y el interlocutor.

---

[101] Nuestra formación en derecho penal nos inclinará siempre a discutir el proceso de toma de decisiones de la mente. Para evitar más citas aquí, consulte: RODRÍGUEZ, Víctor. *Livre Arbítrio e Direito Penal*. São Paulo: Marcial Pons, 2018.

2. Las palabras de conexión no fuerzan la coherencia

Nuestro segundo consejo, que se refiere a la secuenciación, se desprende de esta misma no definición de la progresión del discurso. Hemos visto antes la característica de la argumentación de que el paso de una premisa a una conclusión es meramente *verosímil*. Pero esta verosimilitud no implica duda o inseguridad en esta frontera de una idea a otra.

Decimos esto porque, sobre todo en el texto escrito, es natural que el escritor se preocupe por enunciar elementos conectores de ideas (especialmente entre párrafos) para que la línea de su discurso parezca segura. El texto se llena entonces —por regla general, al principio de los párrafos— de conectivos como: de este modo, así que, del mismo modo, por lo tanto, consecuencia de esto, así que, entre otros. Este exceso de elementos que enlazan expresamente enunciados acaba, si se utilizan de forma exagerada, teniendo el efecto contrario: denotan inseguridad en la conducción del texto[106].

Recuerde: las ideas son coherentes, independientemente de si van acompañadas de "de esta manera[102]", "por tanto" o "de esta forma". No siempre es necesario hacer explícita su conexión, y dejar que el lector lo haga por sí mismo es un gran atractivo para su percepción lógica. El ejemplo anterior, de la defensa de la homicida, es paradigma de este acierto: todos los hechos narrados convergen a la tesis sustentada, sin que sea necesario enumerar cada argumento ni indicar el paso de uno a otro. Al contrario, el autor se esfuerza por romper estas fronteras, tratando de hacerlas menos marcadas. Esta recomendación está más relacionada con la topografía gráfica del texto. Todo discurso tiene una proyección espacial, porque el lector, como ya se ha dicho, siempre espera

---

102 "Cohesion is neither a nacessary nor a suficiente condition for coherence" SCHWARZ, Monika. Establishing coherence in text. Conceptual continuity and text-world models. *Logos and Language*, 2001, vol. 2, n° 1, p. 21.

entretenerse más con lo más importante. Esto nos lleva a un consejo muy eficaz: el escritor debe hacer un borrador de su discurso.

3. Planificar el discurso por temas

Quien comienza, por ejemplo, las razones para apelar sin haber planificado ya, siquiera a grandes rasgos, el recorrido de sus argumentos, da un gran paso hacia la construcción de un texto confuso y, por tanto, no persuasivo. A menudo, en medio de la progresión de las ideas, tendrá que enunciar una larga información que ya debería ser una premisa de su discurso, pero que aún no estaba expresada en el texto porque, antes de invocar un nuevo argumento, parecía prescindible. Entonces tendrá que interrumpir la progresión del discurso para informar de algún hecho[103] y, por lo tanto, interrumpe el hilo de pensamiento del lector, igual que interrumpe el propio.

Discurso y planificación previa, pues el tiempo empleado en afilar el hacha nunca es en vano. El tiempo que se pierde en preparar un buen borrador o plan se recuperará en la facilidad con la que se construye el discurso y en su coherencia resultante. Y esta regla no suele tener excepciones, de lo que nos ocuparemos en capítulos posteriores.

De hecho, solemos decir que la comparación final del texto con su planificación previa da una buena idea del nivel de intencionalidad y conciencia de la escritura de cada persona. Los amantes del arte saben que los grandes cuadros de los mejores artistas van precedidos de una serie de bocetos, o incluso de cuadros enteros que en su momento no aparecieron, pero que más tarde se revelan como meros preparativos de la obra maestra final. Cuando elevamos nuestro nivel de escritura, prevemos mejor, al hacer un borrador, cuántos subtítulos, párrafos o líneas se utilizarán en nuestra argumentación. Así pues, una buena planificación

---

103 Más adelante veremos cómo y por qué se repelen las progresiones temáticas y figurativas.

del texto (borrador, notas, temas) sirve, al menos, como eficaz elemento de entrenamiento.

Profundizaremos en el tema cuando veamos la creación de argumentos, pero ya podemos decir: el momento de construcción del esqueleto del texto es, por regla general, aquel en el que se clarifican los argumentos, permitiendo crear los secundarios, porque encuentran su lugar; o excluirlos, porque no forman parte de la progresión.

4. Predecir lo que el lector necesita saber

Otra recomendación para establecer la coherencia viene, de nuevo, relacionada con la intertextualidad. Nada mina más la coherencia que las explicaciones que aparecen repetidas o en exceso o, peor aún, las explicaciones o premisas de las que el lector carece para la comprensión de un discurso. Para que se establezca la coherencia, el argumentador debe preocuparse *realmente* por ponerse en el lugar del lector y saber qué necesita para descodificar el texto, de modo que el razonamiento del interlocutor siga el camino que se le traza intencionadamente.

5. El quinto consejo sigue este nivel más profundo. Intentaremos exponerlo aquí sin ningún tipo de arrogancia, sino con la experiencia de mucha construcción textual y lectura siempre guiada a la, por así decirlo, ingeniería inversa de los grandes textos: entender su proceso de construcción. Por eso hay que afirmar que los textos más convincentes disfrazan su sistemática. No basta con que exista coherencia, es necesario que su establecimiento no se haga notar.

Comprendamos esta estructura de principio a fin. En primer lugar, los resultados: quien contempla un cuadro de Velázquez o Goya no ve las líneas maestras del dibujo, los primeros bocetos detrás del lienzo, ni siquiera los numerosos estudios que se hicieron sobre otros soportes. Los pintores se centran en la preparación del resultado final, y habrá innumerables historias de artistas que mantuvieron su obra en construcción en absoluto secreto hasta el momento de presentarla al público. Por supuesto, mucho tiene que ver con el factor sorpresa, que el público se encuentre con el choque de la creación, como ocurre con las Escuelas de Samba en el carnaval de Brasil, que cubren sus carrozas e impiden cualquier captura de su imagen: se reservan para el momento mágico de la travesía. Como los vestidos de las *top models* antes de subir a la pasarela.

Pero hay un segundo factor: cuando se revela muy claramente la estructura que hay detrás de una creación, como es un texto, se demuestra su proceso de construcción, y en ello puede haber un debilitamiento argumentativo. Al fin y al cabo, como hemos dicho, la coherencia implica decisiones entre lo que se incorporará o no al discurso, lo que, por las razones más diversas, se excluirá o no del texto final. Estas decisiones tienen que ver con el mantenimiento de la *unidad de sentido* y, en el pensamiento mágico, con la proximidad al oyente. Esto significa que si ponemos de forma muy sistematizada cada uno de los argumentos utilizados, explicitamos todas las técnicas y referenciamos cada proceso de razonamiento, podemos seducir por la estructura, pero nace el efecto contrario: se revela concomitantemente lo que no se colocó, que son las lagunas de la construcción.

Por ejemplo, en el Tribunal del Jurado hay muchos argumentadores que, por miedo a extenderse, enuncian al oyente la enumeración de cada uno de sus argumentos. Otros lo hacen en papel o incluso en dispositivos digitales. Hay que tener en cuenta que lo que puede ser didáctico no siempre es convincente, y aún menos eficaz, cuando se trata de un texto sometido al debate inmediato. La estructura revelada permite al lector identificar cada momento en el que la opción del argumentador podría ser diferente.

No se trata —conviene señalarlo— de aconsejar que el texto no tenga nunca enumeraciones. Al contrario, en función de su extensión y objetivos, debe abusar de títulos y subtítulos, debe destacar su condición ordinaria. Pero éste no es el proceso refinado de la coherencia: aquí se intenta hablar de un tema sin dejar claro para qué se utiliza cada recurso lingüístico y qué motiva su organización específica. El escritor más experimentado conoce, aunque sea intuitivamente, su obligación de mostrar su texto al lector como un producto acabado y fruto de un razonamiento fluido y directo. Aunque esta naturalidad le haya costado mil borradores[104].

A partir de este consejo, hay que deshacer dos aparentes contradicciones: en primer lugar, la que existe entre la afirmación de que el interlocutor aprecia los discursos bien formulados y este consejo de que no se debe expresar su estructura. La percepción de que existe una preparación del discurso, de que hay un camino que seguir, no es lo mismo que puntuar toda su estructura. Por ejemplo, empezar un discurso indicando los temas que se tratarán es una seductora señal de respeto al oyente, que nota que se valora su tiempo porque no habrá pérdidas ni rodeos. Pero esto no significa revelar la estructura construida por el propio orador. Ésta es mucho más detallada y puede incluso —siempre que, con un gran grado de intención— desviarse de la enunciada al principio, con la adición de un argumento o un tema, que se encaja en aparente improvisación, a la causa de la atracción temática.

El segundo es parte de otro consejo: no hay contradicción entre la omisión de revelar toda la estructura textual y la obligación de delimitar el tema a tratar.

6. Delimitar el tema a tratar.

Sobre todo en los textos más libres, es esencial que el lector tenga claro el *tema* de lo que se va a decir. Además de todas las cuestiones organizativas que conlleva esta delimitación, desde el punto de vista del interlocutor la principal ventaja es no frustrar las expectativas. Puede haber excepciones, sobre todo cuando se

---

[104] En otro de nuestros trabajos, que aborda este tema específico, ilustramos: ¿cuánto entrenamiento y cuánta fuerza física se necesitan para que un bailarín levante a su pareja en brazos con elegancia, firmeza y —sobre todo— esa mirada sonriente, que nos convence de que no está haciendo el menor esfuerzo, como si levantara una copa de cava?

trata de narraciones, pero la regla es que la persona sepa lo que espera.

Cuando nos ocupamos del texto científico, esta característica es prominente. El autor, dentro de las ciencias humanas, es libre de tratar el tema que desee. Esto hace que tenga la obligación, aún mayor, de construir una delimitación exacta de lo que será expuesto, porque no puede abordar, en un artículo o en un libro, la historia completa de una nación, el desarrollo económico de un continente, o el derecho penal globalmente considerado. Así, por ejemplo, tiene que decir: "nuestro objetivo aquí es revisar las cartas existentes sobre las navegaciones españolas en los años 1630 a 1640, para intentar averiguar si hubo comercio de madera de Brasil y si esto representó relevancia económica en aquellos tiempos". Con esto, el lector sabe lo que va a encontrar y, como se dirá en un momento posterior, no verá frustradas sus expectativas, lo que también es una característica de la intertextualidad en el proceso de atribución de coherencia. En el contexto narrativo, estos elementos serán bastante claros.

7. Dejarse influir por el propio texto

En un determinado momento, nos daremos cuenta de que el propio texto es capaz de influir en su autor. Y el autor tiene que ser capaz de reconocer el momento en que la coherencia de lo que escribe le hace cambiar sus formas, quizá incluso sus conclusiones. Pero éste es un tema más avanzado, que se tratará subsiguientemente. Profundizar en él, por ahora, sólo generaría confusión[105].

CONCLUSIÓN

El nivel de coherencia de un texto permite que el lector transforme lo que lee en algo que tenga sentido para él y lo motive a decidir en un sentido u otro, adhiriéndose (o no) a la tesis que

105 Ver capítulo XIV.

se le presenta. Todos sabemos que, en Derecho, el nivel de complejidad de cada alegato varía mucho, desde una petición muy sencilla hasta la exposición de varios factores controvertidos, en la realidad fáctica y en los valores jurídicos que se le deben atribuir, pero todos ellos, los alegatos, tienen que ser elaborados con una vía objetiva.

La percepción que el lector tiene de un discurso coherente es intuitiva, porque no lo leerá midiendo los vínculos entre argumentos, lo que no resta mérito al escritor: cuanto más se oculte su elaboración de coherencia, más convincente será el texto. Tendremos que profundizar en esta estructura desde nuestro punto de vista, que creemos bastante bien establecido: la estructura narrativa rige la construcción retórica, incluso cuando sólo se discuten conceptos. Es una cuestión para los próximos capítulos.

Capítulo VI

La narración de los hechos, tiempo y estructura

Hasta ahora, nos hemos acercado a la argumentación y la hemos definido como el enunciado que pretende conducir a la persuasión. En ocasiones nos hemos referido a las narraciones, sin pasar por ello a su conceptualización y análisis.

Por otro lado, hemos fijado la premisa de que toda nuestra expresividad tiene una esencia narrativa. Esto implica aceptar que la argumentación que desarrollamos, a partir de estructuras aparentemente formales de razonamiento, está pensada a semejanza del conflicto y la transformación de personajes. Desde nuestro punto de vista, la construcción de la lógica formal es narrativa en su esencia. No podremos utilizar este trabajo más generalizado como prueba de nuestra tesis, pero tampoco sería honesto repetir mitos sobre la narrativa en el ámbito judicial que están completamente reñidos con la lógica y los propios hechos.

La solución aquí será exponer la narración a partir de una ganancia en complejidad: desde las construcciones más simples, con principios elementales, hasta las fórmulas más detalladas, éstas evidentemente con mayor capacidad para describir los fenómenos estudiados.

NARRATIVA ELEMENTAL: LOS HECHOS COMO PREMISA

La concepción más elemental de la narrativa es la que dirige casi todas las premisas jurídicas: hechos y derecho. Esta noción procede de una transposición bastante rudimentaria del mundo real al mundo jurídico. En teoría, nos encontramos ante la diferenciación, realmente existente, entre los hechos y sus consecuencias jurídicas. Habría entonces un mundo efectivo, fenomenológico, sobre el cual debe haber un efecto normativo, porque hubo un estado de desequilibrio que merece ser compensado. En este sentido, la narración de los hechos representa este mundo fenomenológico, terrenal; la presentación del derecho, en el alegato jurídico, significaría entonces la incidencia de este mundo etéreo, normativo, determinando la intervención en el universo fáctico para solucionar el desequilibrio jurídico establecido. Si esto se traslada al alegato jurídico, éste se dividiría entre "los hechos" y "el derecho", teniendo los primeros el lugar narrativo. Esta narrativa sería de naturaleza naturalista, objetiva, en la que no cabrían los conceptos ni la dirección de su teoría.

La división entre estos dos mundos (fáctico/jurídico) sería perfecta si fuera posible presentarlos al juez directamente, sin la intermediación de un texto —oral, escrito o visual—. Como si, en un ejercicio de ciencia ficción, se pusiera en una petición el propio mundo (los hechos), seguido de conceptos, de algún modo materializados, que serían la ley. Aunque este es un excelente comienzo para una narrativa fantástica —algo así como fragmentar el propio universo y presentarlo en una réplica—, no es en absoluto factible: lo más que puede ofrecerse, para la petición del juez, es una *representación* de los hechos que crearon un desequilibrio y, a continuación, una representación de los elementos normativos que deberían hacerse valer en el caso. La primera sería una estructura típicamente narrativa, la segunda argumentativa. Pero ambas son lenguaje y, por supuesto, están entrelazadas en sus características.

Dicho esto, ya se sabe que la función de la narrativa es ante todo informar sobre los hechos. Este es el nivel en el que nos encontramos ahora.

LO FIGURATIVO EN LA NARRATIVA

Aceptando este primer nivel de separación, lo *figurativo* es la principal característica de la narrativa. Se diferencia de la argumentación propiamente dicha por trabajar con *figuras, es decir, personajes que actúan sobre la realidad* de una determinada manera, transformándola.

Vea cómo el siguiente texto es eminentemente narrativo:

> Me quedé sentada diez minutos, lo suficiente para beberme la mitad de la sopa y comerme unas galletas, y luego fui al teléfono. Mordecai no había encontrado nada.
>
> Consultando los clasificados, empecé a llamar a agentes y servicios de alquiler de pisos. Luego pedí un coche con chófer a una empresa de alquiler de coches. Me di una larga ducha para relajar mis adoloridos músculos.
>
> Mi chófer se llamaba León. Me senté delante, a su lado, intentando no hacer muecas cada vez que el coche pasaba por un bache.[106]

El texto narrativo está representado por figuras, ya sean *personas* (en el texto anterior, el protagonista, Mordecai y León) y *cosas* (sopa, galletas, teléfono, anuncios clasificados, coche).

Estas personas y cosas interactúan para determinar el cambio de una realidad[107]. El cambio, es decir, la alteración del *status quo ante*, representa el núcleo de toda la narración, y sólo puede ocurrir por la acción y combinación de las figuras presentadas. En un robo consumado, se produce una alteración de la realidad anterior por la intervención de personajes: alguien que tenía un reloj de oro pierde, por la intervención de un segundo personaje, ese bien, que, con cierta acción amenazante o violenta, se lo llevó para sí mismo[108].

---

106 GRISHAM, John. *O advogado*, p. 36.

107 Así, Todorov dirá que los dos principios de la narrativa son la sucesión y la transformación. TODOROV, Tzvetan. The 2 principles of narrative. *Diacritics*, 1971, p. 39.

108 Por supuesto, el lector más atento ya se ha dado cuenta de que esta misma narración incluye una serie de juicios que no son específicamente fácticos. "Causar la muerte" aporta al menos dos elementos valorativos que el Derecho penal debate como tema, sin resolver en miles de páginas de doctrina: la relación de causalidad y el juicio de imputación (cuál es la causa real de la muerte de alguien y si esta causa puede atri-

Cuando narramos los hechos, en lugar de centrarnos en los conceptos, presentamos la relación con las cifras. Ellas son el factor determinante del texto, y su interacción es lo que determina el curso. Para el campo de la retórica jurídica, éste es un elemento relevante, porque la mezcla involuntaria de narración con digresiones temáticas representa uno de los errores más comunes de coherencia, porque saca al lector del eje progresivo: el paso del tiempo.

EL EJE TEMPORAL

Los elementos de la narración son los personajes y las cosas. Se presentan al lector según un orden que también es característico, a saber, *el paso del tiempo.* Entre una acción y otra, que determina los cambios realizados por los personajes, hay un lapso de tiempo, que debe indicarse al lector como eje principal de la coherencia narrativa.

La indicación del paso del tiempo es esencial en el discurso narrativo y puede aparecer de forma explícita (como la determinación de la fecha y la hora) o implícita (la referencia a un hito histórico o la propia secuencia de acciones, que permite identificar el paso del tiempo, etc.)[107].

Así, mientras que la progresión del argumento es *lógica,* representando la cadena de ideas que se combinan, la progresión de la narración es *temporal,* porque, indicado o no, el tiempo es el único elemento que ordena las acciones narradas.

Esta diferencia entre los ejes narrativo y argumentativo es lo que subyace a la *separación* habitual en el discurso forense escrito, es decir, *los hechos* —lo narrativo— y el *derecho* —lo argumentativo—. No se trata sólo de construir una separación organizativa, estandarizada como práctica jurídica cristalizada, sino también de

buirse a una acción individual de alguien). Sin embargo, como hemos dicho, estamos en un primer nivel narrativo.

separar discursos que fluyen esencialmente por progresiones diferentes, en la medida en que la argumentación no se rige por el paso del tiempo.

Está claro que la distinción entre narración y argumentación es conceptual, ya que no hay texto narrativo *puro* ni discurso argumentativo en el que no intervenga la narración. Cuando, en la argumentación, ponemos un ejemplo, hacemos una analogía o incluso recordamos hechos como argumentos específicos para un determinado efecto argumentativo, recurrimos a lo figurativo y al paso del tiempo porque nos sirven en ese momento. Sin embargo, cuando esto ocurre, pasamos directamente al eje temporal progresivo de la narración.

Véase, como ejemplo, el siguiente discurso de Plutarco[109]:

> El labrador no puede hacer fructífero cualquier árbol, ni el cazador domar al primer animal que se le ponga por delante; por eso buscan otros medios de sacar provecho, el primero de la esterilidad de las plantas, el segundo del salvajismo de los animales. El agua del mar es poco potable y tiene mal sabor; pero sustenta a los peces, favorece los viajes en todas las direcciones, es una vía de acceso y un vehículo para quienes la utilizan. Cuando el sátiro contempló por primera vez el fuego, quiso besarlo y abrazarlo; entonces Prometeo le dijo:
>
> "De tu barba de cabra llorarás la pérdida."
>
> El fuego quema a quien lo toca; pero proporciona luz y calor, sirve para multitud de usos a quien sabe utilizarlo.

Para comprobar cómo del enemigo puedes obtener provechosos frutos, Plutarco recurre a ejemplos y comparaciones figurados: en el fondo, se rige por personajes y cosas, y no por ideas propiamente dichas. Así, relata las actitudes de diversos personajes (campesino, cazador) y recuerda la mitología de Prometeo y su diálogo con el sátiro, para demostrar su tesis. Sin embargo, el autor es muy consciente de que, aunque utiliza la figuración y, por tanto, el paso del tiempo, se trata de una mera *ayuda* a la progre-

---

109 *Cómo sacarles provecho a tus enemigos*, p. 5.

sión argumentativa. Por eso los ejemplos son breves y los diálogos mínimos. Al fin y al cabo, sólo utiliza las figuras en la medida en que sirven al camino argumentativo, porque su intención allí es argumentar, no relatar hechos (lo que ocurriría, en un discurso primordialmente *narrativo*, si la intención del autor fuera contar el drama de Prometeo).

El texto argumentativo también utiliza el discurso narrativo porque la argumentación pura es imposible, pero mantiene su progresividad lógica, sin ahondar en el paso del tiempo. El texto narrativo, en cambio, tiene el paso del tiempo como factor rector principal, pero no único.

Por lo tanto, la técnica narrativa del texto supone siempre una progresión temporal. En el momento de la enunciación, el narrador asigna un marco temporal en su texto, un núcleo que tiene como presente el instante del *momento del habla*, del momento de la enunciación y, a partir de ahí, sitúa los hechos narrados como anteriores, concomitantes o posteriores a este hito. El acto de enunciación establece un momento presente, que es el fundamento de toda la relación temporal narrativa[108].

Al igual que la argumentación utiliza la narrativa, esta última se aprovecha de ella, como veremos en el próximo tema.

FUNCIÓN ARGUMENTATIVA DE LA NARRACIÓN DE LOS HECHOS: EL PUNTO DE VISTA

Una gran parte de razón tienen aquellos que, sostienen que en muchos procedimientos judiciales, es más importante la narración de *los hechos* para convencer al lector de la propia argumentación, es decir, que en algunas peticiones el juez presta más atención a la narración de los hechos que a la persuasión del *derecho*. Pero esto no sólo ocurre en las peticiones, en los textos escritos de la vida forense cotidiana. Muchos argumentos orales, fructíferos, de abogados, se concentran en el *esclarecimiento* de los *hechos* ocurridos durante el proceso, siguiendo su discurso un trayecto eminentemente narrativo, regidos por el paso del tiempo. La mayoría de las veces, desde un punto de vista narrativo, la consecuencia jurídica es casi intuitiva.

¿Por qué? Para responder a esto, leamos un extracto de la defensa de Enrico Ferri [110]:

> Dice que quería darse un baño porque en los países del norte bañarse es un hábito muy común. Acababa de viajar entre 36 y 40 horas sin parar y necesitaba un baño. Pero la camarera le dijo que tardaría media hora en prepararle el baño, y él tenía prisa y renunció a bañarse. Luego se aseó rápidamente, se arregló, salió y preguntó dónde podía encontrarla. Pergunta ao porteiro, que, como os senhores viram aqui, não tem uma estrutura gigantesca, seja corpórea, seja por sua função na pensão. Él responde: "Probablemente en el Hotel Regina, el Hotel Excelsior, allí sirven el té de la tarde" Va, busca ansiosamente, no encuentra; vuelve a la pensión; algunos han visto a su amada. Sabe que ella está allí, se siente de nuevo bajo su influencia, sabe que respira su mismo aire, que su tormento de amor está realmente cerca.
>
> [...]
>
> Sólo en el instante fatal y desastroso de la acción fulminante, la idea preestablecida del suicidio evoca también de repente la idea de la muerte de otro, y el amante desesperado llega a la idea del suicidio, puesto que está ofuscado por el asesinato, puesto que los frenos de su voluntad ya no funcionan. Entonces, en un impulso que oscurece sus sentimientos y su voluntad, dispara tres tiros a la mujer desnuda en la cama con la pistola a quemarropa, con la luz encendida.

No es difícil ver que el enunciador actúa en defensa del acusado, que, según el texto, acaba cometiendo un homicidio. No hay, sin embargo (o aparentemente), argumentos en el texto, sino sólo elementos informativos, lo que había sucedido al personaje —el acusado— hasta el momento del delito, el irrefrenable instinto de la voluntad que culmina con la muerte de la mujer. De hecho, ¿realmente no hay argumentos?

---

110 *Defensas penales*, p. 105.

Los argumentos (como elementos lingüísticos destinados a la persuasión) están en el texto, pero *diluidos* de forma que no aparecen explícitamente. Lo explicamos. El texto anterior es evidentemente *narrativo*, ya que muestra la acción de los personajes, su transformación en el espacio y en el tiempo, tratando de informar al oyente (en este caso, los miembros del jurado) sobre hechos relevantes para el juicio. Pero como creación del intelecto humano, como ocurre con cualquier discurso, la narración asume un *punto de vista* que parte de su enunciador. Este punto de vista *rige* el camino seguido y determina que, aunque el enunciador no pueda revelarla explícitamente, la narración se construye según una interpretación personal. Dicha interpretación puede ser una tesis que se demostrará en otro momento, cuando comienza la argumentación propiamente dicha, como suele ocurrir en el discurso judicial. Cabe destacar que, insertado en medio de una serie de hechos, aporta su tesis: el acusado piensa en el suicidio, pero, con la mente "nublada", saca fuerzas para asesinar. Evidentemente, son hechos controvertidos, que dependerán de la prueba, pero eso será en otra fase.

Al construir una narración, el enunciador transforma los hechos en elementos lingüísticos. Por lo tanto, está obligado a *seleccionar* los más importantes de una realidad para un *fin determinado*. El narrador deportivo encargado de retransmitir por radio un partido de fútbol sabe que es imposible relatar al oyente todo lo que ve (la acción de cada uno de los 22 jugadores, el comportamiento de los aficionados, el árbitro, los jueces de línea, los policías, todos los cuales actúan simultáneamente), por lo que *elige* los movimientos más importantes. En general, opta por narrar el comportamiento de los jugadores que interfieren en la trayectoria del balón. Nota: no describe la trayectoria del balón, sino que la utiliza como centro de definición de las acciones que pretende narrar. Los personajes que están cerca del balón, con posibilidades de desviarlo, suelen ser el objeto de su narración. Si en ese momento hay otro elemento que establezca el núcleo de su texto, lo cambiará, pero de forma justificada: una pelea entre el público, un incidente con los entrenadores al borde del campo, etc. Poniéndose en la piel del oyente, su arte consiste en complementar las imágenes y dar al partido una interpretación conflictiva, que va mucho más allá del plano informativo[109].

El buen narrador selecciona elementos de la realidad que *conducen* al interlocutor, en el transcurso del tiempo, a un punto de vista que pretende demostrar. En el ejemplo de Ferri, ateniéndose a la verdad procesal —a lo que es demostrable en ella—, selecciona los hechos que contribuyen al centro al que su tesis confluirá[111]: a agitación mental del autor del crimen, apasionado, que debería conducir a una menor reprochabilidad de su conducta. Esta *tesis* no forma parte de la narración, pero la simbiosis de ambas es inequívoca: la tesis a defender contribuye a la selección narrativa, y la narrativa sustentará a futuro esta tesis, temática.

Por tanto, la narración, impulsada por el eje temporal, no da cabida a argumentos *explícitos,* sino que éstos se sitúan periféricamente.

En este razonamiento hay que hacer dos consideraciones relevantes sobre el efecto retórico del texto narrativo. La primera es que si el enunciador, en el relato, deja claro que está comprometido con la tesis que luego defenderá, su versión perderá credibilidad en la misma medida. A primera vista, puede parecer una postura extraña, pero representa uno más de los efectos pragmáticos de la distinción entre argumentación y narración de hechos.

El *argumento* tiene un punto de vista explícito. Ferri, en la defensa que aquí leímos, podría decirle al jurado: "Probaré, con distintos argumentos, cómo la pasión y los celos pueden hacer que una persona sea absolutamente inconsciente de la gravedad de los hechos que ha provocado." Sólo se trata de haber explicitado su tesis argumentativa. Pero imaginemos que Ferri dijera: "*Narraré*

---

111 Entendiendo que el propio autor del texto debe creer en la narración que crea, véase, EGRI, Lajos. *The art of dramatic writing: Its basis in the creative interpretation of human motives.* Simon and Schuster, 1972, especialmente p. 15.

los hechos de tal manera que ustedes, señores del jurado, se convencerán de que el acusado estaba tan obnubilado por la pasión que ni siquiera se dio cuenta de la gravedad de su acto." Con este relato, condenarías todo tu discurso, porque el jurado espera que la narración de los hechos sea meramente informativa, no comprometida con puntos de vista.

El punto de vista existe e impregna toda la narración de los hechos, pero nunca debe revelarse. Por eso, a diferencia de la argumentación, en la narrativa el punto de vista debe estar *implícito.*

Y es imposible que la intención del autor deje de influir en el proceso de creación, cómo el texto discursivo. En clase, traemos un ejemplo ilustrativo. Imagine que dos amigos, Pedro y Paulo, caminando por el centro de la ciudad, se encuentran con un amigo en común al que no veían desde hacía mucho tiempo. Se trataba de Hermes, que iba vestido con chaqueta y corbata, esta última un poco floja en el cuello; mucho más obeso que la última vez que lo vieron, estaba sin afeitar y sonriente, bajando de su Mercedes-Benz descapotable de 1980, brillante porque estaba bien encerado, saludó rápidamente a ambos amigos, les dio una tarjeta de la empresa donde trabajaba, les pidió a ambos que no dejaran de visitarle, se excusó porque tenía prisa, se despidió también sonriendo, volvió a subir a su coche y se marchó.

A Paulo siempre le había gustado mucho Hermes, pero Pedro —nadie sabía— tenía una vieja rencilla con él, porque le había robado una novia, en su época escolar. En sus relatos del encuentro con Hermes, Pedro y Paulo dieron versiones diferentes de la historia.

Versión de Paulo:

> Conocimos a Hermes. Estaba muy bien, muy contento de vernos. Debe de estar muy bien. Estaba gordo, sonrojado, un aire descuidado, el prototipo del *big boss*, el que está en la cima: sin afeitar, con la corbata aflojada, displicente. Bajó de un enorme Mercedes-Benz, una limusina que brillaba, con asientos de cuero que hacía años que no veía. Mostró toda su satisfacción por el encuen-

> tro y, muy apresuradamente —como todo hombre de negocios—, insistió con valentía en que volviéramos a vernos.

Versión de Pedro:

> Nos encontramos con Hermes. Fue bastante cordial cuando nos vio, no mucho más que eso. Pobre tipo, no debe estar muy bien. Muy pasado de peso y fuera de forma, mal vestido, la corbata floja. Sin afeitar, una dejadez que le daba mal aspecto. Salió de un coche viejo, una de esas bañeras, ¿sabes? Todo bien, trató de mejorar su aspecto y, para disimular, le echó tanta cera a aquella vieja lata que brillaba mucho. Rápidamente dio la excusa de que tenía prisa y salió corriendo, nos dio su tarjeta y nos dijo que le llamáramos; esa historia, formalidades, ni siquiera insistió mucho.

Ninguno de ellos mintió sobre los hechos y fueron discretos a la hora de expresar juicios de valor. No revelaron expresamente sus puntos de vista porque, de hacerlo, su relato perdería credibilidad. Sin embargo, muestran realidades totalmente distintas al interlocutor, basadas en los mismos hechos. La dialéctica puede estar presente en el relato, pero siempre de forma implícita[112].

El segundo hecho importante a destacar sobre el efecto pretendiente de la narración es consecuencia del primero. Si la explicitación del punto de vista perjudica a la narración, ésta, cuando es aparentemente informativa, encuentra en el interlocutor una mayor probabilidad de atención que el propio argumento.

¿Qué es más convincente: la propaganda política de un candidato concreto en época electoral, o un telediario que, aparentemente independiente de cualquier opinión política, informa de hechos en gran medida beneficiosos para la imagen del mismo candidato[110]? Por supuesto, la segunda hipótesis. Cualquier candidato cambiaría sus cinco minutos de tiempo electoral por un minuto de infiltración de sus ideas diluidas en noticias, en contenidos puramente narrativos, en un telediario de gran audiencia.

---

112 Este punto se explorará más a fondo en este capítulo como esencia de la propia narración.

Del mismo modo, vale mucho más la pena un *merchandising* insertado en una telenovela, en la que un personaje utiliza sin pretensiones una determinada marca de detergente, visible para el espectador, que esa misma actriz aparezca, fuera de su personaje, en horario publicitario, anunciando con diversos argumentos las ventajas de ese mismo producto de limpieza.

Así pues, el efecto persuasivo de la narración puede ser menor porque este tipo de discurso no supone grandes enunciados argumentativos, pero tiene la ventaja de atraer —siempre que se respeten sus estrechos límites— la atención del interlocutor.

Hemos insistido, en varios trabajos, en que el efecto persuasivo de la narración debe ser más valorado por el profesional del Derecho. La función persuasiva de la narración de hechos es de gran valor, por lo que las técnicas de progresión de este tipo de texto merecen un estudio más profundo. La coherencia narrativa es un rasgo distintivo que debe adquirir el escritor, porque la libertad que existe en la exposición de los hechos y su característica nodal de *exponer novedad* son elementos que despiertan interés en el receptor del discurso, pudiendo ser éste el momento principal de formación de opinión[113].

COHERENCIA NARRATIVA

Hay mucho que decir sobre la narrativa y su progresión, pero aquí daremos una visión más sucinta, limitándonos de nuevo a la diferenciación entre construcción argumentativa y narrativa y los efectos de una sobre la otra.

La narración es figurativa y tiene un punto de vista implícito, no revelado (a diferencia de la argumentación, en la que el punto de vista debe hacerse necesariamente explícito para que el interlocutor comprenda lo que se le pide). La narración se rige por el

113 Véase el capítulo XVIII, donde se habla más de los efectos del discurso innovador.

paso del tiempo[111], lo que implica serias diferencias en el establecimiento de su coherencia.

Todo interlocutor, conscientemente o no, adopta como eje progresivo de una narrativa el transcurso del tiempo[112], Por ello, siempre busca referencias temporales en su texto; cuando un lector comienza una novela o cuando un jurado escucha el relato del hecho delictivo, quiere, ya de entrada, una primera orientación cronológica: ¿cuándo ocurre el primer hecho narrado?

Las acciones que componen la narración están ordenadas en el tiempo y, por tanto, en los discursos más largos, gran parte de la falta de claridad puede atribuirse a la ausencia de referencias temporales. Sin embargo, antes de establecer la progresión temporal de la narración, el enunciador debe elegir qué hechos seleccionar para informar al oyente. En este punto, como en la coherencia argumentativa, selecciona los hechos más importantes y añade otros, menos relevantes, sólo como forma de aclarar o enfatizar a los primeros. La narración que informa demasiado sobre lo que no es el núcleo del conflicto establecido también resta comprensión e interés al oyente. Desvaloriza la lectura, al igual que la argumentación en sentido estricto.

Solemos, con fines didácticos, establecer cuatro tipos de hechos en la narrativa del discurso judicial: a) los hechos *jurídicamente relevantes*: son aquellas sobre las que recae una consecuencia jurídica directa, y suelen representar el núcleo de la argumentación; b) los hechos que contribuyen a la *comprensión* de los jurídicamente relevantes: son los responsables de crear el *contexto* del primero, para que el oyente pueda comprender el proceso y las circunstancias en las que se produce lo jurídicamente relevante. Representan unas condiciones mínimas para esta comprensión y, según se dice, para que una narración sea mínimamente comprensible, debe responder a siete preguntas: ¿qué?, ¿quién?, ¿cómo?, ¿cuándo?, ¿dónde?, ¿por qué?, ¿por tanto?...; c) los hechos que contribuyen a *enfatizar* otros hechos más importantes: son aquellos que establecen circunstancias con finalidad persuasiva, con miras a la argumentación; y d) los hechos que satisfacen la *curiosidad* del lector o despiertan su interés: son los que contribuyen a la progresión de un conflicto en el discurso narrativo, los que hacen que el oyente anhele su desenlace, aumentando su atención. En general, estos últimos sólo son adecuados para la narración literaria, pero algunos discursos jurídicos lo permiten cuando son más largos. O, en textos más breves, pueden al menos poner en duda las circunstancias, es decir, hechos que rodean al principal y que no se narrarán, que es también una especie de colisión, que crea expectativa; además, lo que distingue la *narrativa* de la narración es la presencia, em esta, de la consciente progresión de un conflicto.

El establecimiento de tal clasificación sirve para evitar, en la selección de los hechos, la menor coherencia debida a la agregación de informaciones poco útiles o a la falta de circunstancias relevantes. Se dice entonces que sólo pueden enunciarse los últimos hechos —que contribuyen a la progresión del conflicto— si se agotan los anteriores, como en una cadena de importancia.

La exposición del paso del tiempo en la narración depende de dos factores principales: el orden de disposición de los hechos en el discurso y la indicación de los intervalos entre las acciones relatadas.

Se dice que los hechos en el discurso están dispuestos en *orden cronológico* cuando se enuncian en la secuencia temporal en que ocurrieron, es decir, siguiendo el curso del calendario o del reloj; los hechos están en orden *alineado* o *alterado* cuando su disposición en el discurso no sigue la disposición temporal.

La pregunta es: ¿por dónde debe empezar una narración? ¿Por el hecho más importante? ¿Por el hecho que ocurrió primero? La regla es que, en la narración del discurso judicial, los hechos se ordenan cronológicamente. Esto facilita la respuesta a la pregunta: la narración debe comenzar por el hecho que ocurrió primero y luego por los demás. Si, fijado este método, aún no se sabe con qué hecho comenzar, el problema es otro: aún no se ha hecho una correcta selección de los hechos que deben ser expuestos en el discurso narrativo.

Pero, excepcionalmente, puede elegirse un orden no lineal para la narración de los hechos en el discurso judicial. Para permitir la subversión del orden cronológico, debemos volver al punto en el que hemos insistido a regañadientes: esta subversión debe ser el resultado de un proceso consciente, de una *intención* determinada, que además está muy bien determinada.

Cuando la subversión del orden cronológico no es intencionada (y esto es frecuente), es el resultado de una mala planificación por parte del autor del discurso: olvidando haber narrado un hecho anterior, lo presenta en un momento posterior, y esto rompe la coherencia preestablecida, generando a menudo confusión en la mente del interlocutor.

Intencionalmente, sin embargo, la narración no cronológica tiene ventajas discursivas, siendo el propósito más común el de dar poco énfasis al paso del tiempo. Así pues, si la narración cronológica ayuda a orientar al oyente en cuanto al paso del tiempo, La alineación le *desorienta* respecto a este mismo aspecto. A veces el paso del tiempo tiene un efecto deletéreo sobre el factor argumentativo, como ocurre en el discurso del abogado del tribunal del jurado que, en busca de hacer valer la tesis de que el acusado actuó con emoción violenta *inmediatamente después* de una provocación injusta por parte de la víctima, narra los hechos en un orden modificado. Con este recurso, si su intención es imponer, con su carga informativa, menos relevancia al (largo) paso del tiempo entre la *provocación* injusta y el delito, lo consigue. Invertir el orden cronológico se convierte en un eficaz método de información.

En la narrativa perteneciente a la ficción literaria, la narración no lineal cumple diferentes funciones, no sólo para la progresión del conflicto (con la anticipación de un hecho que crea expectación en el lector), pero también revelando el *flujo del pensamiento*, es decir, describiendo los hechos en la reflexión del personaje, tal y como allí ocurrirían efectivamente: mezclada con recuerdos más remotos, impregnada de hechos ocurridos recientemente, con una noción del tiempo alterada por las emociones, etc. Léase, como ejemplo, un extracto de la ficción de Lygia Fagundes Telles[114]:

> Volví a la grabadora, uno siempre lo hace. Estoy menos brillante que ayer, la saliva se me espesa en la boca, lo mismo pasa con los animales, Rahul empieza a salivar y a lamerse el hocico cuando tiene miedo. La mañana en que Gregorio... bueno, esa mañana de horror en que se fue, mientras yo corría desesperada, miré a Rahul que estaba en su posición de esfinge. Se lamía el hocico.
>
> Y no sé por qué me viene a la memoria la historia del río sacando esos peces, quizá los mejores, los más bonitos, los más limpios. "¿Pero viajó porque tenía que hacerlo o?", preguntó Ananta cuando lo mencioné. Me quedé mirando su cara de idiota. "No, cariño, se fue de aquí con el viento sólo para echar un vistazo a la Gioconda en el Louvre, ¡oh, padre mío! [...].

Había una ventaja evidente en el fragmento del autor, para su propósito específico, de la inversión del orden narrativo, la anacronía[113]. Aparece la verosimilitud del pensamiento tal y como existe en la mente humana, llena de intermedios, recuerdos y confusiones.

La desventaja evidente de la no linealidad narrativa es la ruptura de la coherencia, que siempre reduce el nivel de comprensión del interlocutor. Cuando el enunciador desea subvertir el orden cronológico, debe sopesar estos factores.

Veamos, a modo de ilustración, lo que ocurre en el siguiente texto de Gabriel García Márquez[115]:

> El día que lo iban a matar, Santiago Nasar se levantó a las 5.30 de la mañana para esperar el barco en el que llegaba el obispo. Había soñado que caminaba por un bosque de grandes higueras donde caía una suave lluvia, y por un momento se sintió feliz en el sueño, pero al despertar se sintió completamente salpicado de caca de pájaro. "Siempre soñaba con árboles", me dijo su madre 27 años después, recordando los detalles de aquel ingrato lunes. "La semana anterior había soñado que iba sola en un avión de

---

114 *As horas nuas*, p. 189.

115 *Crônica de uma morte anunciada*, p. 2.

> papel aluminizado que volaba sin tropezar entre los almendros", me dijo.

El protagonista Santiago Nasar narra, como vemos, despertando el día en que sería asesinado[114]. Sin embargo, esta escena es sólo el primer marco temporal del texto recortado. Nota como el texto, en ese corto fragmento, se traslada entre tiempos distintos: 1) el despertar, a las 5,30; 2) el hecho de soñar, marcado por el pretérito anterior ("había sonñado"); 3) el regreso al momento en que despertó ("pero al despertar"); 4) la madre del protagonista hablando, en tempo muy posterior ("27 años después"); 5) el vuelto a la primera escena ("ingrato lunes"); 6) un tempo aun anterior a la primera escena ("la semana anterior había soñado"); 7) reincorporación a un pasado reciente ("me ha dicho"); e 8) todoello enunciado en un tiempo absolutamente posterior, enmarcado por el narrador, ya que usa, aunque cuando describe el último hecho en su tiempo lineal (lo que decía la madre), el verbo en pretérito.

El ejemplo de García Márquez quizá ilustre cómo los excesivos desplazamientos en el tiempo narrativo pueden perjudicar la comprensión del lector. Pero al menos refuerza la casi imposibilidad de una narración estrictamente cronológica y lineal de los hechos; de ahí la necesidad de discurrir el discurso narrativo con diversas referencias temporales, que dejen claro el recorrido al lector. En este ejemplo, la intención de García Márquez era desplazar el conflicto eliminando la expectativa de futuro del personaje, cuya muerte inminente era conocida por todos, al tiempo que atraía los elementos conflictivos a esas pocas horas posteriores, las del "día en que lo matarían". A la vez, el autor hace que el lector viva la misma extraña expectación que los que conviven con el protagonista: saben que lo matarán pronto y viven ese compás de espera, recreado por el escritor.

Por tanto, el primer factor que indica la coherencia temporal en la narración es el orden en que se enuncian los hechos, y el segundo factor es la enunciación lingüística de los hitos temporales. Las referencias a fechas, horas, intervalos enunciados expresamente (*una hora, dos horas, un año...*), adverbios o locuciones que indican tiempo (*inmediatamente después, remotamente...*), alusiones a monumentos históricos (*en la época del Rey Carlos V...*) son todos elementos que orientan de modo más explícito al lector sobre el eje de la coherencia narrativa.

Posteriormente, en este mismo capítulo, haremos otras consideraciones sobre la esencialidad del tiempo. Esto nos ayudará a darnos cuenta de algo que puede contribuir a la comprensión narrativa: Aunque es el autor quien construye la enunciación del marco narrativo, el tiempo *es* la esencia de nuestro pensamiento, ya que está en el curso de nuestra existencia. Por lo tanto, el conflicto de la formación con el paso del tiempo es inmanente al texto. Pero eso será para otro momento.

EL PERSONAJE

Hemos dicho que la narrativa es figurativa, es decir, trabaja con *personajes* y *objetos*. Los personajes suelen ser individuos humanos, pero a veces puede haber antropomorfización, dotándose objetos y animales de características humanas. Lo importante es que dispongan de la *capacidad de actuar*, porque son ellos los que pueden transformar su entorno.

En Derecho, muchos desprecian la capacidad de construir personajes, que son esenciales para que el juez comprenda los hechos. Al fin y al cabo, es a partir del sujeto que actúa que se pueden atribuir valores y circunstancias a su acción. No dispongo de suficientes estadísticas, pero mis años en el tribunal del jurado, con el estudio de la narrativa, pueden probar que la composición mental que el jurado se hace sobre acusado y víctima, como *personalidad* y *carácter*, son quizá más determinantes para su decisión que la concepción que se hace de la acción en sí. Además, en la función de juzgar, por muy exento que se esté, el lector quiere saber quién está exactamente detrás de la acción, porque eso influye en la interpretación de su decisión. Por lo tanto, antes de ocuparnos de la estructura básica de la narración, cabe señalar que la construcción de cada personaje, que tendrá la capacidad de transformar el entorno de forma jurídicamente relevante, es esencial.

Un observador del mundo jurídico sabrá que el derecho penal busca juzgar *hechos*, no *personas*, y por ello dirá que la construcción de cada personaje es un factor menor en la narrativa. En derecho penal, cualquier consideración más relevante de la personalidad puede ser acusada de desviarse a lo que se llama un 'derecho penal del autor'. Sin embargo, éste es un punto de vista que se restringe a la dogmática —que es utópica en un sentido amplio— y del que aquí, por epistemología, tenemos que apartarnos. Gran parte de la decisión de cada juez sobre la desaprobación del hecho de un acusado radica en señalar si aquél es o no expresión de su *personalidad*[115]. Para ello, el autor deriva elementos, en términos narrativos, de la información que posee sobre el personaje para encontrar su contradicción o no con el acto transgresor del que se le acusa. De este modo, buscará el nivel de *coherencia* entre el personaje y la acción narrada, lo que obliga al escritor a configurar el agente creador del conflicto.

Puede ser así en un primer momento, pero la complejidad de los hechos, especialmente para la decisión del juez, le hará buscar información sobre los individuos cuya conducta juzgará. La creación del personaje es un elemento relevante en cualquier tipo de narración, ya que será, al menos parcialmente, de ahí de donde se extraiga la información necesaria para esa construcción del individuo, de donde derive el juicio de sus actos conformes/desconformes con su personalidad.

CREACIÓN DEL PERSONAJE

Para crear un personaje, para describirlo al lector, hay varios retos que se repiten en el texto en general. En resumen, hay que seleccionar *elementos*, entre los muchos que existen, que puedan dar indicios de lo que es el personaje. ¿Cuáles son esos elementos en concreto? Es una pregunta difícil de responder, pero intentaremos dar algunas directrices.

Para ello, lea el fragmento de un texto de nuestra autoría, publicado como libro autónomo[116]. En él, se hace la narración-descripción de un vídeo grabado de forma oculta: una reunión entre el Gobernador del Estado, su Secretario de Seguridad, un agente de las fuerzas militares. Y en este fragmento, se introduce un nuevo personaje, un hombre mayor. Veamos el texto, con el objetivo concreto de reconocer lo que podemos deducir de cada personaje:

> *Alguien toca a la puerta. Dos golpes rápidos.*
> **Secretario:** *¡Adelante!*
> *El vídeo enfoca la puerta. Es el propio Gobernador quien la abre, un hombre gordo de unos sesenta años, con traje azul marino y corbata a rayas morada y azul. Entra rápidamente para saludar al secretario, y todos se levantan al verle, sorprendidos. El Gobernador hace una señal a otras dos personas para que le sigan. Una es el coronel Pontes, de 62 años, que va de uniforme, y la otra será identificada como el profesor Calatrava, de 91 años, con chaqueta de lana a cuadros y pantalón de terciopelo beige. Lleva gafas grandes con cristales tintados y camina con cierta dificultad, utilizando una especie de muleta metálica ligera que sujeta con la mano derecha y que le llega hasta el antebrazo por el codo. El Secretario levanta los brazos en señal de ovación al reconocer al visitante:*
>
> **Secretario:** *¡Profesor Calatrava! Su Excelencia no es una sorpresa, ¡es un don divino!*
>
> *El profesor se acerca para abrazar al Secretario de Seguridad Pública. Su voz es baja, pero muy grave:*
>
> **Calatrava:** *Vamos, Julio, puedes llamarme Excelencia cuando sea mayor. Somos viejos conocidos.*
> **Secretario:** *De toda la vida. Usted es mi referencia jurídica. Todo lo que aprendí en los bancos de la facultad se lo debo a usted.!*
>
> **Calatrava:** *No sé si eso es un halago.*
>
> **Secretario:** *Profesor, recuerdo cada palabra de sus clases. Y es increíble, el tiempo no pasa por usted, ¡mire qué joven está!*

---

116 *O grupo de Exterminio*, Ed. Liberars, 2020.

Calatrava: *Y tu realmente no pierdes tu adicción a ser falso. Estoy hecho polvo. Ayer hice cuentas y para seguir vivo tengo que tomar once pastillas al día. Riñón infectado, músculo cardíaco con no sé qué, coágulo de no sé dónde. Me miro al espejo y veo una momia con muletas.*

Secretario: *Pero se queja con la ènergía de un quinceañero. Un cerebro lúcido, eso es lo que importa.*

Calatrava: *Eso es verdad. Ayer mismo llegué desde París.*

Los personajes parecen suficientemente creados para los fines del texto[117]. La primera construcción es externa: el escritor aprovecha que está describiendo un vídeo para introducir en la mente del lector aspectos que conforman los personajes. La edad, el vestuario. Esto define mucho lo que será la jerarquía de cada uno. Pero lo principal viene después: es con el diálogo, *sugerido*, que las principales características aparecen al lector, y esta habilidad, para el jurista, es tal vez la técnica de mayor interés.

En el breve diálogo, pueden verse algunas características que, luego, cobrarán su relevancia[118]. El "Profesor Calatrava", de 91 años de edad, pide que le llamen Excelencia "cuando sea mayor". Esto demuestra que, aunque se queje de su cuerpo, se toma su edad con buen humor. El Secretario de Seguridad Pública se presenta como antiguo alumno del Profesor, pero cuando éste no sabe si es un elogio cuando el antiguo alumno dice que "todo lo que aprendí en los bancos de la escuela se lo debo a usted", se revelan las características del Secretario como mal alumno, y del Profesor como alguien sincero. Cuando el profesor nos dice en la

---

117 Obsérvese que la estructura, aunque planteada en diálogos, no está concebida para un texto dramático, es decir, para ser interpretada por actores. En el caso de un texto dramático, se basa en la interpretación de los actores, lo que aleja la necesidad de información. Aun así, la estructura del texto no puede escapar a la de un diálogo real, en el que las palabras no hacen descripciones de ambiente o estados de ánimo, sino que a lo sumo los sugieren.

118 Al tratarse de un ejemplo de caso concreto para una decisión judicial, la composición de cada personaje tiene consecuencias jurídicas.

última frase que había llegado el día anterior de París, se indica mucho sobre su estatus social, su cultura y su vitalidad.

Aquello, en lo que respecta a la construcción de personajes, hemos extraído algunos puntos elementales, que consideramos útiles para los juristas. Conviene señalar que las principales características de los personajes se revelan por sus propias acciones, no por características estáticas y menos aún por adjetivos. Describir al profesor Calatrava como "rico, inteligente, anciano, elegante, sarcástico" podría formar una imagen de él, pero no sería convincente. Aquí llegamos a otro punto, que desarrollaremos más adelante: la distinción entre argumentación y narración es cuestionable en algunos sentidos, porque se mezclan las características (a veces señaladas como excluyentes) de cada una de ellas. De momento, hagamos hincapié: el esfuerzo del escritor consiste siempre en *convencer* sobre las características de su personaje, por lo que no basta con enunciarlas. Si, en un juicio, la madre del acusado es llamada a declarar, obviamente dirá que su hijo es trabajador, dedicado, honesto e inocente. No bastarán los adjetivos, y el abogado, para construir la *personalidad* del acusado, recurrirá a elementos circunstanciales pero objetivos: cómo actúa con la gente, cómo fue su infancia, a qué se dedica, cuál es su esfera de poder dentro del contexto en que se produjo el delito, etc. La mejor descripción del personaje es preponderantemente objetiva, y esta objetivación conlleva efectos normativos, que veremos en otro momento.

Otro punto importante es que los personajes se basan en *tipos*, pero no pueden ser *arquetipos*. Esto merece entenderse con más detalle.

Hay que señalar, en primer lugar, que todos necesitamos situar a los personajes dentro de alguna escala prototípica. En una simplificación sociológica, este fenómeno se conoce como el rol (o papel) social, pero aquí tenemos un elemento mucho más práctico: nuestra comprensión del mundo es incapaz de captar la complejidad de un individuo, traducir una personalidad. Se necesitarían páginas y páginas de texto para describir a un solo individuo, y, sin embargo, faltaría mucho para completarlo. Por lo tanto, es natural, tanto en comunicación, como en Derecho, que existan reducciones de estos individuos a algunos roles (papeles), a algunas *características elementales* principales, que nos permiten comprenderlo. Esto forma parte de la coherencia y la intertextualidad, que ya hemos repasado. En el texto citado, por ejemplo, hay un gobernador de estado y un militar. La posición que ocupa cada uno de ellos ya define algunas características, que el lector puede formarse por sí mismo: el gobernador es un político, tendrá un mejor discurso, será más conciliador, más prolijo y desde luego menos asertivo que el militar. Al menos, en el desempeño de su función; el viejo maestro hablará más despacio, será más erudito y seguramente tendrá una comprensión muy diferente del conflicto que se inicia. Tenemos que dar forma a estos frames, estos marcos de información sobre cada personaje[116].

Veremos, más adelante, que estos *tipos*, por si mismos, están incompletos, aunque sean útiles herramientas. Sin embargo, el problema más grave del narrador principiante, o que no controla bien la intencionalidad de su texto, es el de confundir los *tipos* con los *arquetipos*. Existe un mínimo de flexibilización[117], dentro de cada tipo, lo que sugiere que existen características únicas propias de cada individuo. Si no fuera así, y aquí nos apoyamos en un determinismo[119], todos los personajes actuarían de la misma manera y, por tanto, todas las historias serían iguales. En el ejemplo del diálogo anterior, se dan algunas de estas pequeñas sorpresas: el Secretario de Seguridad Pública es un mal alumno, el profesor, a pesar de ser llamado como autoridad científica y —como dirá la historia— encontrarse en una situación conflictiva, está de buen humor y parece muy relajado. Lo cual, por supuesto, ya añade algo distintivo al conflicto.

Siguen siendo un tipo, pero hay diferenciaciones que los distinguen del arquetipo. Desde pequeños estamos acostumbrados a

---

119 Véase, por ejemplo, nuestro estudio sobre Leibniz y su determinismo basado en mundos posibles.

un arquetipo narrativo y a un arquetipo de personaje. El héroe, el villano, la princesa a la que hay que salvar, el lobo feroz, los ingenuos niños perdidos en el bosque, etc.; sin embargo, como dice Burguess, en un contexto mucho más complejo, "no hay nadie completamente malo, ni completamente bueno"[120]. Existen importantes estudios que son una referencia en la identificación de estos arquetipos, que poco a poco se han ido sedimentando en nuestra cultura, la cultura humana en general. Hay una gran proximidad con el *pensamiento mágico* en el hecho de que las agrupaciones humanas desarrollan mitos y personajes que casi siempre representan el mismo papel, y no es imposible demarcar algunas características de todos ellos. Es lo que hizo Joseph Campbell en su obra "El héroe de las mil caras", en la que trata de desvelar, entre tantos mitos de la humanidad, cuál es el arquetipo de héroe. La obra, que ha influido en historias de gran impacto, como *Star Wars*, construye el concepto de *monomito*, una serie de características coincidentes en el viaje de todos o casi todos los grandes personajes heroicos. La llamada a la aventura, el primer rechazo, la persuasión, el viaje iniciático, la negativa a abandonar su misión, el regreso con poderes que luego puede transferir a quienes le siguen. Incluyendo, en la mayoría de los casos, nacer de forma poco ortodoxa, como, según Campbell, Buda, de quien se dice que descendió del cielo al vientre de su madre en un elefante blanco, o Sinilau, una leyenda de Tonga, que reuniría varias de las características del nacimiento del héroe: nacimiento de una virgen, lucha por el padre, desafíos y pruebas, redención de su propio padre, coronación de la madre y, finalmente, triunfo celestial de los buenos hijos, mientras que los falsos son castigados[121].

---

120 "It is as inhuman to be totally good as it is to be totally evil" BURGUESS, Anthony, *A clockwork Orange*, citado em nosso *Livre Arbitrio e Direito Penal*, São Paulo: Marcial Pons, 2018.

121 En palabras exactas de Campbell: "This tale is of particular interest, not because of its extreme absurdity, but because it clearly announces, in unconscious burlesque, every one of the major motifs of the typical life of the hero: virgin birth, quest for the father, ordeal, atonement with the

En un contexto jurídico, no vamos a ocuparnos de la construcción de héroes, pero es sumamente útil conocer los arquetipos, sobre todo para advertir cuándo, en lugar de aportar un personaje real, aunque sea un personaje tipo, al proceso, no se está creando un arquetipo.

La gran tarea de componer personajes individuales en la narrativa jurídica es apartarlos de la idea arquetípica. Si, por un lado, en gran medida los roles sociales están determinados para los jurídicamente relevantes —como el inquilino, el deudor, el cónyuge que pide alimentos—, y en gran medida son *tipos* o *arquetipos* que no necesitan de la narrativa, cuando ésta existe su función debe ser destruir las ideas preconcebidas. Así, el acusado en el caso de asesinato no es un asesino, sino una persona que tiene una vida como cualquier otra, y que merece ser juzgado a partir de un fragmento de su acción. Si algo importa en su biografía, será alterar la visión que el jurado tiene de *quien* se sienta en el banquillo de los acusados: alguien con una personalidad inclinada al delito.

Todo personaje, para lograr un mínimo de complejidad, crear interés en el lector y, en nuestro caso jurídico, propiciar un resultado distinto del paradigmático, tiene que desviarse de la construcción arquetípica. Como en matemáticas, si el argumentador deja entrar a su cliente como factor ya determinado de una función, no puede quejarse del resultado desfavorable de la misma: ya lo sabe. Por el contrario, si el resultado es desfavorable (la condena del asesino), su reacción debe ser cambiar el arquetipo, alterar el paradigma, la función que determina el resultado.

---

father, the assumption and coronation of the virgin mother,and finally, the heavenly triumph of the true sons while the pretenders are heated hot" CAMPBELL, Joseph, *The hero with a Thousand faces,* New Jersey: Princeton University Press, 2004, pp. 288-289. Más modernamente, como colección, véase: CAMPBELL, Joseph. *Myths to live by.* Joseph Campbell Foundation, 2017. También en una colección que analiza los mitos religiosos como metáforas, véase: CAMPBELL, Joseph. *The inner reaches of outer space: Metaphor as myth and as religion.* New World Library, 2002.

La ficción tiene sus ejemplos de personajes que son muy diferentes del concepto de su tiempo, o de lo que se espera de ellos al principio. Y a partir de ahí surgen los conflictos. El Quijote, como sabemos, es uno de ellos, ya que frustra totalmente lo que cabría esperar de un héroe de capa y espada, un caballero andante[122]. En muchos cómics contemporáneos, los antiguos héroes invencibles también adquieren debilidades humanas, vicios, lo que los hace más realistas y complejos. Un ejemplo de lo que desarrollamos aquí está en lo paradigmático[118] La novela de Camus *El extranjero*, con su conocida introducción:

> Hoy ha fallecido mi madre. O quizá fue ayer. He recibido un telegrama de la residencia: "Su madre ha fallecido. Entierro mañana. Nuestro más sentido pésame". Pero no significa mucho. Tal vez fue ayer.

Sin desvelar la trama, el lector sabrá que hay toda una construcción jurídica detrás de esta concepción del personaje: a diferencia de los demás, el narrador no se ve afectado por la muerte de su propia madre, lo que lo aparta de todo arquetipo de héroe e incluso de hombre común. Esta indiferencia o apatía, sin embargo, traerá graves consecuencias al personaje: su extraña personalidad acaba convirtiéndose en el único factor interpretativo de un acto reputado como criminal, que, sin embargo, no debe ser considerado como antijurídico. En otras palabras, su compleja personalidad causa efectos jurídicos, en medio de un conflicto.

En muchos casos, la narración jurídica se pierde en la descripción de los personajes. El lector tiene que extraer de cada *agente* de su relato una serie de características objetivas que configuran la acción que va a tener lugar, incluso cuando esa acción está antropomorfizada, cuando el personaje no es una persona física. Así, cuando se empieza a describir una empresa por el número

---

122 El Quijote asume que estaba loco, pero su locura pasa. Es genial cómo Cervantes acaba con el personaje, dejando claro que su muerte no es un delirio.

de empleados que tiene, los empleos indirectos que genera, el desarrollo regional o la cantidad de impuestos que paga, se está demostrando que su acción —por ejemplo, un accidente medioambiental— no es su característica principal. Y entonces el juez está preparado para una comprensión contextualizada de la acción que viene. Una acción, como diremos, siempre conflictiva.

EXISTENCIA DE CONFLICTO Y PROGRESIÓN INMANENTE

Aquí comenzamos un estudio algo más complejo acerca de la narrativa, que tendrá efectos directos en la forma misma de concebir un argumento. La estructura narrativa debe converger siempre en un conflicto, y este asume varias funciones. No sólo es un factor clave para atraer la atención del lector, pero, principalmente, él es la razón de ser de la propia narrativa. Las personas sólo empiezan a denunciar los hechos si representan un problema, un conflicto y, por supuesto, una solución.

Existe, pues, un patrón narrativo al que ningún narrador puede sustraerse, pues de lo contrario todo el texto se desentrañaría. Esto no significa que todos los conflictos sean iguales. Tomemos, por ejemplo, este pasaje de una obra de Agatha Christie[123]:

> La expresión de Monsieur Bouc le dio que pensar. Estaba claro que algo inusual había ocurrido.
>
> —¿Qué es lo que pasa? —preguntó el detective Poirot.
>
> —Cosas muy serias, amigo mío. Primero, la nieve que detuvo este tren. Y ahora...
>
> Hizo una pausa y el jefe de la carreta soltó una especie de gemido.
>
> —¿Y ahora qué?
>
> —Y ahora un pasajero aparece muerto, apuñalado hasta la muerte.

---

123 CHRISTIE, Agatha, *Asesinato en el Orient Express,* Barcelona: Planeta, 2021, p. 44 (traducción libre).

El conflicto desencadenado es muy claro: hay un asesinato, el autor es desconocido y, como ya da a entender la obra, será tarea del detective Hércules Poirot desentrañar el misterio y poner al verdadero autor del delito al alcance de la ley. Pero hay otros conflictos que no aparecen tan claros y se diluyen en el texto —lo que puede resultar arriesgado para el lector menos atento—, pero que siguen estando presentes. Tomemos este fragmento de Carver:

> Mi marido come con enorme apetito. Mas, no creo que tenga hambre, la verdad. Mastica, con los brazos sobre la mesa, y dirige su mirada a algo que hay al otro lado de la habitación. Me mira y luego aparta la mirada. Se limpia la boca con la servilleta. Encoge los hombros y continúa comiendo.
>
> "¿Por qué me estás mirando?" Él pregunta. "¿Qué?" y puso el tenedor en la mesa.
>
> "¿Estaba mirando?" Yo digo, y sacudo la cabeza[124].

El fragmento es el comienzo de un relato que sugiere un choque psicológico. La mujer, en el *locus* narrador-personaje, está descontenta con su marido, y esto se desprende de la forma en que lo describe. La confrontación en el relato, a pesar de la intervención de otros personajes, no *parece* progresar hacia lo que podría preverse en otro tipo de narración: la agresión, tal vez el asesinato por la propia mujer insatisfecha, o algún acontecimiento importante que, por el contrario, determinara que la pareja volviera a amarse. Sin embargo, para el propósito específico de la narración, el hecho de que, a pesar de otros acontecimientos circunstanciales, no se desencadene un cambio importante en la relación es en sí mismo un elemento conflictivo. Más lento y sutil, por supuesto, que un asesinato de Agatha Christie, pero no por ello menos intenso[119], a medio plazo.

La existencia de un conflicto tiene que ser bastante clara para el que escribe la narración. Algún choque se producirá, que pon-

---

124 CARVER, Raymond, *So much Water so close to home,* en: What We Talk About When We Talk About Love, Londres: Vintage Random House, 2009, p. 37 (traducción libre).

drá a los personajes en bandos opuestos, o creará un problema común que deberá ser resuelto. Este enfrentamiento *avanza* hacia una solución, pero esto sucede poco a poco. Una de las funciones de esta progresión es crear en el lector una *expectativa* sobre el desenlace, lo cual no es sólo una función literaria: es la naturaleza de la narración, sea cual sea, que el desenlace se produzca mediante la resolución del conflicto, por lo que esta expectativa es intrínseca a la narración, desde el punto de vista del lector. El lector espera que aparezca el desenlace, porque es el fin del problema, pero antes de que llegue, el conflicto avanza. Desde el punto de vista del escritor, esta expectativa sirve para orientar su texto hacia lo que debe seleccionarse: entra en el texto narrativo la información que crea en el lector mayor expectativa.

Otra función de la progresión es más básica: es el contingente de toda la información necesaria para la narrativa. Recuerda que cuando narramos es porque queremos transmitir una serie de información a nuestro oyente. Su elemento funcional es exponer una secuencia de hechos: el periodista tiene que informar de lo que ocurre en su zona de cobertura, el abogado tiene que decir al juez cuál es el problema de hecho, el economista debe contar cuál es la evolución del mercado en ese momento, y las cifras no hablan por sí solas. Sin embargo, en contra de lo que muchos piensan, esta funcionalidad no puede ser inmediata, sino que tiene que aparecer con el paso de las lineas. Por lo tanto, el conflicto progresa, tiene que utilizar una línea de tiempo para que la información imprescindible pueda ingresar.

Recuerde el ejemplo anterior, del texto donde hay una reunión entre el Gobernador del Estado, el Profesor y el Secretario de Seguridad Pública. Quien comienza el texto no puede limitarse a decir que todos serán encargados de decidir una cuestión relevante: en este caso, si atender una petición del crimen organizado, u organizar una guerra urbana para combatirlo, cobrándose muchas vidas. Si se hace así, se pierde el momento del conflicto, no por un momento literario, sino porque el propio conflicto *depende* de una información previa, que lo anuncia, pero de forma *inmanente*. Se inserta un fragmento de información, con la función de avanzar hacia el conflicto, pero al mismo tiempo esto es lo que la convierte en información nuclear, indispensable. Tomemos el siguiente extracto del diálogo, en el que uno de los personajes empieza a discrepar de los demás:

> **Secretario de Seguridad:** ¿Y cuándo me va a invitar el profesor a tomar ese vino y a ver esa famosa colección de estilográficas? ¡Ni siquiera sabía de su existencia!
>
> *El anciano piensa un momento. El Gobernador ya se come las galletas.*
>
> **Profesor Calatrava:** Bueno, depende de dos factores. Primero, que te gusten las plumas y estudies algo sobre ellas, porque si no pensarás que son antiguas. Luego, tienes que esperar un poco porque el armario donde las muestro está en restauración. La presentación es importante. Las estoy mostrando en un cofre que me regaló el profesor Meleno cuando me convertí en catedrático. Es del siglo XVI, con un cuadro de la Guerra de la Reconquista. He puesto un cristal dentro, así que cuando enciendo la luz que hay sobre el cofre y lo abro, aparecen todas las estilográficas. De fondo, el sonido de Mahler. Es todo un ritual.
>
> **Coronel Pontes:** Es bonito tener una colección así. Por desgracia, es inaccesible para los militares.
>
> **Profesor Calatrava:** No creas que gasté tanto en ellas. La primera estilográfica me la regaló mi padre cuando me licencié, así que las fui comprando una a una. Es un arte. Individualmente, y más hace sesenta años, no valían mucho. Lo que valen...
>
> **Gobernador del Estado:** (Interrumpiendo) Profesor, ahorre sus palabras al Coronel. Él simplemente está insinuando que usted gana muy poco, para que yo le aumente el sueldo. Como si fuera posible para mí, con este presupuesto....
>
> *Inmediatamente llamaron a la puerta y entró el mayordomo, una mujer mayor, con dos teteras de plata y varias tazas, grandes y pequeñas.*
>
> **Camarera:** ¿Café, café con leche? Acabo de tomarlo, a través de un colador de tela. Como Dios manda.
>
> **Coronel Pontes:** Como un militar: instrumentos viejos, poco eficientes, ¡pero mucho amor por la causa!
>
> **Gobernador:** Sentémonos aquí a tomar un café, ¿de acuerdo?
>
> **Secretario:** ¿Qué tal si celebramos la reunión en esta sala ahora? Mis materiales están aquí, tendré la mesa preparada.

Gobernador: (Con la boca llena). Para mí, perfecto.

La secretaria ingresa y prepara la mesa para la reunión, el Gobernador se coloca a la cabeza, junto al Coronel y el Profesor. Sobre la mesa, solo hojas de papel y el periódico del día.

Al tratarse de una parte introductoria de la narración —en este caso en discurso directo—, nos encontramos aún en una fase de conformación de los personajes. El lector, sin embargo, intuye que algo está a punto de suceder, porque, desde luego, una reunión entre autoridades, con la inusual presencia de un profesor que no forma parte del grupo, es algo que *indica* un conflicto. En esta fase de presentación, las características de los personajes pasan objetivamente, como hemos comentado: colección de estilográficas, un Gobernador que habla con la boca llena de comida, por lo que parece más informal y conciliador. Pero el conflicto ya empieza, cuando uno de los personajes se queja dos veces levemente de su condición: dice que la paga militar es baja y luego se queja indirectamente del armamento que tiene, cuando lo compara con la vieja cafetera. Es importante revelar, en este caso, esta inmanencia del conflicto: la situación, tal como existe, revela el enfrentamiento, porque es la razón misma de la narrativa[120].

Imaginemos, pues, que este conflicto no avanzara poco a poco. En otras palabras, si el militar de la historia no hubiera demostrado ya su malestar desde el principio de la reunión. Así, cuando más tarde se oponga vehementemente a los demás, en el clímax del conflicto, el texto carecerá de coherencia: el personaje parecerá una persona irascible, desequilibrada, entre otros elementos. Por tanto, es intrínseco a la propia narración que el personaje manifieste su postura desde el principio, y que ésta se vaya agudizando a medida que los problemas que se plantean a la decisión de todos se hacen más delicados.

Por lo tanto, el conflicto tiene que progresar hasta su clímax. La progresión del conflicto y la expectativa del desenlace son estructurales y funcionales a la narrativa.

ESTRUCTURA DEL PENSAMIENTO NARRATIVO

En otros trabajos de nuestra autoría, hemos profundizado en desvelar la función narrativa en el propio derecho. Sin necesidad de avanzar a elementos psicológicos, sino sólo en el estudio estructurante del texto y, por tanto, del ordenamiento jurídico, tenemos una conclusión muy asertiva: pensamos *narrativamente*, no sólo cuando intencionalmente narramos. En otras palabras, la estructura narrativa es la de nuestro pensamiento, incluso cuando imaginamos construir un argumento puramente conceptual, como una doctrina jurídica. Esta afirmación puede parecer contradictoria con lo dicho al principio del capítulo, en el que destacábamos que había características propias del texto narrativo: personajes, cosas, cambio de *statu quo ante*, transcurso del tiempo.

En efecto, hay elementos narrativos *stricto sensu*, pero todos ellos están tomados de la construcción lógica informal. Para explicarlo mejor, abordaremos la estructura básica del texto narrativo.

Éste tiene esta estructura de la que no se puede escapar: presentación de una situación aparentemente armoniosa; aparición de un problema, que progresará hasta el conflicto; clímax del conflicto, solución.

Un anuncio, cuando no es meramente estático[121], es un ejemplo casi arquetípico de narración: 1. la familia feliz está ante el desayuno (*status quo* definido), 2. el niño se queja de que necesita algo sabroso para comer, el padre se queja de que tiene que ser algo sano (conflicto enunciado); 3. aparece la madre con el nuevo cereal "C", que es sabroso y tiene nutrientes (conflicto resuelto con el producto que se va a vender). Pero también cualquier guión cinematográfico, cualquier telenovela, todos guardan algo con esa arquitectura, aunque sean lo más complejo posible[122]. Véase, otro ejemplo, el comienzo de la novela Anna Karenina, de Tolstoi. Es una de las obras más completas sobre el drama humano y, sin embargo, ya en su capítulo inicial muestra una situación conflictiva que necesita solución.

> "Cada familia feliz se parece, cada familia infeliz es infeliz a su manera.
>
> En el hogar de los Oblónski todo era confusión. La esposa se había enterado de que su marido tenía una aventura con su antigua ama de llaves francesa y le había dicho que no podía vivir con él bajo el mismo techo. Esta situación se prolongaba desde hacía tres días y era un tormento para los cónyuges, todos los parientes y los criados. Todos, parientes y criados por igual, pensaban que no tenía sentido que ambos vivieran juntos y que las personas que se encontraban por casualidad en cualquier posada estarían más unidas que ellos, los parientes y criados de Oblónski. La esposa no había salido de sus aposentos, el marido llevaba tres días sin parar en casa. Los niños correteaban por la casa, como perdidos; la institutriz inglesa se había peleado con el ama de llaves y había escrito una nota a una colega, pidiéndole que le buscara otro trabajo; la cocinera había abandonado la casa el día anterior, a la hora de la cena; el ayudante de la cocinera y el cochero habían preguntado por las cuentas".[125]

No hacen falta más comentarios para desvelar esta estructura. El conflicto familiar avanzará y, aunque no es el núcleo del libro, muestra que hay muchos problemas que se tratarán en esa obra. Ojo, sin necesidad de adjetivación alguna: sólo describir objetivamente unos hechos aparentemente mundanos.

Si mantenemos este armazón, estamos en condiciones de demostrar dos cuestiones: en primer lugar, que incluso el texto argumentativo sigue esta misma estructura narrativa. En segundo lugar, que el propio Derecho se cataliza por la narrativa, la resolución del conflicto a través de la intervención del Estado como personaje. Este elemento es más complejo y, tal vez, para ello sólo necesitamos una referencia.

APROXIMÁNDOSE A LA ARGUMENTACIÓN

Es controvertido, pero creemos que tenemos argumentos suficientes para demostrar que la narrativa es la estructura primaria

---

125 TOLSTÓI, Liev. *Anna Kariênina*. Trad. Rubens Figueiredo. São Paulo: Cosac Naify, 2005.

de cualquier otro género textual, incluida la argumentación[126]. La base de que existe un *status quo ante*, el cual se modifica por un conflicto propuesto, que progresa y se define.

Esta estructura básica también está presente en textos argumentativos aparentemente puros, de razonamiento dogmático abstracto, desde la persona que construye un discurso de quince minutos para ser expuesto oralmente ante un tribunal, hasta el individuo que trabaja durante años redactando una tesis doctoral en Derecho. Considerar estos discursos como una narración es, en mi opinión, la forma más realista de progresar en su estructura.

Para ello, primero podemos deconstruir algunas de las diferencias más repetidas entre narrativa y argumentación, que los profesores de redacción y escritura, desde la escuela, nos plantean. Así pues, relativicemos algunos puntos concretos de estas fronteras. El compromiso con la realidad, la diferencia entre lo figurativo y tema, el eje de progresión temporal, el punto de vista oculto, son elementos que pueden ser reinterpretados por este enfoque estructural que aquí proponemos.

Comencemos con el compromiso con la **realidad**.

En los textos narrativos, el aparente menor compromiso con la realidad hace más evidente el vínculo entre la progresión del texto y la voluntad del autor. Es él quien elige libremente las figuras (personas o cosas) que componen su texto, suponiendo que todas siguen su intencionalidad, porque la historia inventada siempre está formada de significados. Tenga en cuenta que cuando utilizamos el participio "inventado", nos referimos a un relato ficcionalizado o no. La invención de la historia puede ser fiel a la

---

126 Esta afirmación será defendida aquí, pero hay que decir que proviene del primer análisis de nuestros propios textos, en un trabajo ininterrumpido de escritura de textos científicos, literarios y argumentativo-forenses. Quizás pensar narrativamente no sea útil a todo productor de textos jurídicos, pero creemos que es el método más útil de aproximar la estructura del propio pensamiento a la concepción del texto argumentativo.

realidad, pero no será ella misma. Por tanto, la propia narración (ficticia o no) está limitada por la inmediatez a la realidad, entendida como la realidad que el autor consigue hacer creer al lector, de lo contrario éste se desconecta de la historia: cuanto más se aleje del mundo reconocido por el lector, más tendrá que aportar elementos convincentes para construir su propio mundo; luego, en la argumentación o incluso en la escritura científica, la conexión con la realidad tiene mucho de mera apariencia: en la labor de reflexión, la invocación de una idea por parte del compositor adquiere más fuerza, más significación, que un hecho real no seleccionado para la composición del texto.

Retomemos algo relevante: el escritor —de defensa jurídica, doctrina o narrativa, ficcional o no— es en cualquier caso incapaz de abarcar la realidad. Puede reconstruir algo cercano a ella o, mejor dicho, algo lingüísticamente representado. Algo que, al final de la cadena, que es el cerebro del destinatario, permite recomponer un recuerdo verosímil. Este es el arte de todos los que se expresan, al igual que ocurre con el arte del pintor. Saber que lo que él ve como un borrón de pintura se transformará, a la distancia adecuada y en composición con los demás trazos del cuadro, en una figura llena de significado es un ejercicio de conciencia y previsión —mucho más que de inspiración y firmeza de trazo— que muy pocos dominan. En el arte de la fotografía no es muy diferente.

Por eso, en esta parte más profunda del capítulo, nos sentimos tan cómodos comparando la construcción de la idea rectora de un discurso, su tesis, con la constitución de un **personaje** de ficción. Y las relaciones con las ideas —que se combinan y transforman al final en una conclusión— también en la interacción y convivencia de los personajes que se convocan en el texto.

Sigamos: en el mundo del yo que el texto del autor narrativo crea y mantiene, los personajes son aquellos capaces de promover la transformación necesaria para que la trama avance. ¿Y qué es la trama? Desde el punto de vista de los personajes, es su combinación e interacción con los demás componentes del tejido, aunque desde la perspectiva de sus pensamientos. Sólo la co-interacción de estos actores, del entorno y viceversa permite que el texto avance, que progrese por una vía mínimamente coherente. Si este recorrido es temporalmente, o si elige para sí otra lógica interna de expresión, es cuestión muy distinta. No puede haber narración sin un personaje que la conduzca, entendido habitualmente como protagonista, hacia el que converge el eje de la narración, aunque sea parcialmente. Y si el exceso de personajes impide encontrar un protagonista concreto, la coherencia interna de la narración indicará un carácter colectivo (como en la novela brasileña *O Cortiço,* o en la española *La Colmena,* entre muchas otras).

La historia de la literatura indica un movimiento de relativización de las características de los personajes de ficción, que se alejan de los arquetipos de los que ya hemos hablado, a partir de la posición de bueno/malo del protagonista y del antagonista, así como de la asunción de papeles previamente definidos en la progresión de la trama, de personajes de segunda línea: la amante, el banquero, el político, que en el pasado desempeñaban un papel de juego de progresión lista y previsible aunque enriquecida por las miles de posibilidades combinatorias, al igual que el juego de ajedrez con su infinita red de combinaciones, de personajes estigmatizados. Los personajes de la literatura actual se complican.

De modo casi idéntico a la progresión narrativa, se identifica que la progresión del texto disertativo importa una serie de libertades, de elección de continuidad por parte del narrador. Como ya hemos visto, aunque el mejor discursor parezca seguir un camino obligatorio, tan inmutable como la solución de una ecuación, su actividad es un proceso de toma de decisiones constante e interminable. Como el personaje, el *argumento* que estructura el discurso también debe aparecer bien definido. Sólo puede invocarse en un texto disertativo con una intención clara en la trama, o cuando existe una función metalingüística, también argumentativa[123]. La inscripción de un argumento sin relevancia para la progresión de las ideas no difiere de la aparición de un personaje sin lugar en la narrativa, del mismo modo que una tesis sin novedad resulta de la misma falta de calidad que una narración conflictiva pero previsible. Sólo un buen argumento, solidificado y compuesto por varios pensamientos más, tridimensional (es decir, con profundidad), puede transformar y hacer evolucionar una tesis. Los grandes argumentos de un discurso, sobre todo si es más largo, se combinan, interactúan, discuten, se encuentran y desencuentran, se alejan y reconcilian, se atraen y enamoran directamente o se repelen a muerte aunque inconscientemente se deseen, como protagonista y antagonista. Sólo la construcción del personaje-argumento proporciona esa trama que interesa al lector más allá de lo meramente expositivo; al mismo tiempo, sólo la trama permite al personaje, que no existe fuera de ella. El argumento eliminado de la tesis tampoco sirve de algo, o siquiera puede como tal ser definido.

Y la competencia del escritor para construir un personaje coherente no es diferente de la que debe tener el operador del derecho o el científico humano (doctrinal) para componer sus ideas clave. Algún concepto totalitario, prejuicioso o reduccionista, como los que abundan en disertaciones o piezas jurídicas de mala calidad, no es otra cosa que una simplificación (pretenciosa) de la realidad, igual que un personaje-arquetípico es una simplificación indebida del ser humano, de la que ya nos hemos ocupado tanto aquí. Una idea totalitaria o prejuiciosa, generalizadora, es incapaz de interacciones eficaces, del mismo modo que un protagonista que sólo hace el bien es incapaz de tener una relación interesante con otro personaje, y resulta inverosímil al ser tan predecible.

La tendencia histórica de los personajes a adquirir complejidad se materializa también en la construcción de las ideas clave o conceptos que guían la tesis y el discurso. Los conceptos se vuelven abstrusos y polifacéticos porque los aspectos de la comprensión de la realidad son cada vez más densos, de modo que un concepto cerrado, no flexible al cambio, es tan infantil como una bruja de cuento incapaz de otra actitud que no sea la gran maldad. Y la profundidad de un concepto, de una idea clave, trae como consecuencia, por así decirlo en un efecto cascada, una serie de necesidad de revisión de los conceptos que se combinan, porque para un personaje-argumento complejo sus relaciones de interacción son infinitas, diversas e interpretables desde diversos aspectos. Un buen personaje contemporáneo es una plétora de reacciones imprevisibles no directamente clasificables como virtuosas o viciosas, simplemente humanas; un concepto o argumento científico contemporáneo, sin perder coherencia, puede dar direcciones muy originales (inesperadas) a una tesis jurídica, del mismo modo que un personaje complejo sorprenderá al lector con una reacción virtuosa o nefasta, sin sacrificar su perfil. Quienes han trabajado en la actividad forense ven mucho más clara esta complejificación en efecto cascada de modo mucho más evidente: cuestiones que antes pasaban desapercibidas, que no entraban en el discurso, se introducen en cualquier litigio. En un caso penal, por ejemplo, se debaten cuestiones sobre la libertad de la voluntad, la influencia del entorno, comportamiento de las empresas, respeto del medio ambiente y, no es raro, incluso realidades y opiniones políticas. Es la sociedad la que se ha hecho más intrincada y esto se ha trasladado al Derecho, en multitud de combinaciones que hoy encuentran su espacio dentro de los foros. El operador jurídico que no hace uso de estas nuevas interacciones está desperdiciando la posibilidad de éxito, o ignora esta gama de nuevos elementos externos porque no son de interés para su tesis, por lo tanto con presente función argumentativa.

También es frecuente, como hemos visto en el capítulo sobre la coherencia textual, que algunas tesis más largas no tengan un único **eje explícito de progresión**, y no por ello, salvo en una interpretación menos profunda, abandonan la coherencia. Por el contrario, son más convincentes, en una transposición del pensamiento mágico, porque implican al oyente sin darle la oportunidad de contradecirlas inmediatamente. Así, un discurso argumentativo puede abandonar las ideas-eje principales explícitas, prefiriendo analizar diversos aspectos de un tema de forma aparentemente independiente. Es una forma arriesgada de construir un texto argumentativo, pero está en armonía con la constatación de que, como ya hemos comentado, la coherencia del texto no se consigue enunciando, sino encadenando[127] temas. Así, es posible que, por ejemplo, una tesis académica que a primera vista parece contener información poco más densa que un libro de texto, en una segunda o tercera lectura resulte contener un eje de progresión hasta entonces invisible, ciertamente de enunciación prescindible en opinión del autor, pero que le guía. El protagonista de una tesis puede ser una entidad colectiva, como en las narraciones modernas, una entidad de la que sólo se capta un fragmento, pero un fragmento que cumple la tesis en su conjunto, aunque esto sólo sea perceptible en una segunda lectura. Por supuesto, en discursos muy largos, dependiendo del interlocutor, esta postura será arriesgada.

La antigua distinción entre el texto narrativo como representativo y el texto disertativo como interpretativo también está en cierto modo condenada a muerte. La narración conduce a la interpretación de la realidad a partir de un tema que, de tan bien narrado, se coloca ante el público como un tema de todos, como dice Vargas Llosa. O, en una frase magistral de la escritora Rosa Montero, decir que *el buen escritor habla de los demás cuando habla de sí mismo y el mal escritor habla siempre de sí mismo cuando habla de los demás*[128]. La universalización de la (buena) narrativa es siempre una de sus características. No hacen falta grandes ejemplos para demostrar que la mera presentación de los hechos por parte del narrador —sea ficticio o no— ya presupone una interpretación a veces más acertada que la del científico, aunque permanezca velada. Si no fuera así, los buenos escritores de ficción no serían venerados en los círculos académicos como los intérpretes más competentes de la condición humana.

---

127 Así se identifica un error tan común en el científico novato como en el escritor de ficción cándido: darse cuenta de que para describir bien un concepto puede ser más útil visitar sus relaciones, sus adyacencias, que repetirlo constantemente. Las escasísimas apariciones de Darth Vader en los episodios de Star Wars no le quitan el rango de personaje más fascinante del cine.

128 Entrevista al periódico *El País*, el 29 de noviembre de 2010.

Y la argumentación, a su vez, tiene el mismo estatuto que la narración: es también la representación de un concepto principal que asume al principio una misión, la de interactuar, combinar y sobrevivir, como el héroe arquetípico de Campbell, a los desafíos extremos que se le impondrán, los desafíos de la dialéctica. Una vez más, el guión argumentativo se acerca al narrativo: si es un *supuesto* de toda narración interpretar la realidad antes de reconstruirla mediante el lenguaje, también es premisa de cualquier exposición interpretativa el dominio de una técnica narrativa. Evitemos aquí simplificar la narración diciendo que es sólo una introducción, un clímax y una solución, porque, como hemos visto, ella trae sus sub-conflictos. Sin embargo, la estructura básica es la que ya hemos indicado. A esto se añaden, en una obra más densa, la expresión de sentimientos, interpretaciones, vacíos, interacciones, personajes y voces. Una buena narración es polifónica como una música de gran armonía; del mismo modo, al establecer el tema de su argumento, el autor identifica un *conflicto* principal que debe ser resuelto por los diversos sub-conflictos que él mismo crea (en la medida en que los introduce en su nuevo mundo textual), para iniciar una progresión que, aunque parezca descriptiva, estacionaria en el espacio y en el tiempo, presupone la reactivación de constantes enfrentamientos.

Un buen discurso argumentativo, como una novela, tiene su progresión determinada no por un único conflicto, sino por varios que están interconectados, pero de los que en un momento dado hay que prescindir porque el texto no puede solucionarlos todos. Construir y probar una tesis argumentativa significa ser capaz de trazar la trayectoria de una idea concreta, que comparamos a un personaje-protagonista, en un mundo que se autorrecrea con sus paisajes y combinaciones, pero que presume una infinidad de otros elementos textuales que, aunque no visitados, conforman su universo casi infinito. Las limitaciones de tiempo y espacio en el discurso forense, por supuesto, harán que el autor recorte la exposición de este universo a su locus, a la superficie de que dispone, como ya hemos tratado muchas veces.

A diferencia de un texto narrativo, la progresión del argumento no se rige por el paso del tiempo. Los personajes-conceptos se encuentran y desencuentran según una progresión que no puede indicarse cronológicamente. La definición de que la argumentación tiene una progresión ideológica, mientras que la narrativa depende en esencia del paso del tiempo es algo que, en nuestra opinión, tampoco es capaz de determinar la división de los dos tipos de texto. Aquí damos dos motivos principales.

a. La primera es que la indicación del tiempo como factor rector de la narrativa es un estigma casi completamente superado. La teoría narrativa lleva mucho tiempo indicando distintas maneras de mostrar (o no mostrar) el paso del tiempo al lector, como una forma literaria de, en la mayoría de los casos, mantener la perspectiva más subjetiva del texto: como le interesa al narrador.

Como hemos visto antes, la inversión del paso del tiempo es a menudo intencionada, y en las narraciones más elaboradas se produce repetidamente. En el discurso forense el uso de esta técnica es más raro, pero no inexistente.

Al prescindir del paso del tiempo, o al relegarlo a una segunda dimensión, inferior, en el orden discursivo, el narrador demuestra (una vez más) que su texto es interpretado, dirigido por sus factores elementales, que ni siquiera son los coeficientes temporales. Dice, pues, que la narración busca ya la supremacía de lo conceptual, no de lo figurado.

b. Si el tiempo deja de ser un factor determinante en la narración, el discurso argumentativo también tiene una dimensión cronológica, como hemos señalado ampliamente aquí como hemos señalado ampliamente aquí.

A la escasa indicación del paso del tiempo en el texto temático, como el argumento, no significa que pueda extraerse de él todo un orden temporal. Cualquier discurso jurídico que no dialogue con su momento presente, y esto ya implica situarlo en el tiempo. Incluso el pensamiento más conceptual siempre tendrá detrás una *narrativa* de su evolución, un conflicto cronológico que aparece implícito, por mucho que se intente ocultar. Un texto doctrinal siempre tendrá una contextualización histórica y una defensa ante los tribunales, por muy conceptual que pretenda ser, casi siempre se centrará en un contexto fáctico específico.

Incluso cuando existe un texto puramente conceptual que no depende del paso del tiempo, le es intrínseca una opción secuencial. Porque determina un *orden* en lo que se demuestra, sencillamente porque el texto escrito no puede ser una fotografía, en la que el lector elige por dónde empezar a observar, aunque esa misma fotografía imponga un enfoque.

La linealidad en sentido formal (el texto se compone de líneas) del discurso escrito provoca una nueva distribución temporal: lo que se leerá obligatoriamente antes, lo que se leerá obligatoriamente *después*, igual que una canción, que parte siempre de la relación con el tiempo, a partir del compás seleccionado. Así, quien hace cualquier composición escrita aporta *formalmente* una relación de tiempo. Es la formalidad del tiempo, que aporta ritmo a la lectura, algo de lo que ya nos hemos ocupado aquí, y en lo que insistiremos como elemental.

Narrativa y argumentación *stricto sensu* se encuentran entonces con la disipada frontera entre figuras y temas, personajes y conceptos, que aún pervive, pero con tendencia a perecer. Es cierto que subsiste en ellos una noción de ritmo, de velocidad intratextual, que no está directamente relacionada con el paso del tiempo material, sino con el tiempo formal, como hemos concluido.

En resumen, la división entre texto argumentativo y narrativo tiene su razón de ser[129], evidentemente, pero la estructura narra-

---

129 El argumentador siempre tendrá que diferenciar, en su texto, cuáles son los hechos controvertidos, para estructurar su primera narración. Después, identificar las cuestiones probatorias que afectan a los hechos. Después, las cuestiones jurídicas que afectan a los hechos y, si las hay, las

tiva es la base de la evolución lógica de la argumentación, el desarrollo con la dialéctica de los argumentos y el desenlace, que *satisface* la curiosidad del lector por una conclusión son todos, por así decirlo, *derivados* del arte narrativo y análogos a él. Porque nuestra razón funciona en esta expectativa de creación y resolución de conflictos, y de orden y paso del tiempo, aunque sean internos.

Si evolucionamos más —aunque esta teoría la dejamos para más adelante - la mayor habilidad del argumentador consiste en hacer que el oyente siga la progresión de sus ideas, como si tuviera la capacidad de entrar en su mente. Esta llamada a compartir elimina el tono profesoral del discurso y permite invitar al oyente a razonar con el tesista, no sólo empatizando con el texto sino, sobre todo, ordenando la demostración para llegar a una conclusión que, aunque sólo creíble, parece única. Se trata también de un arte importado de las grandes narraciones, sobre todo de las más contemporáneas: el autor invita al oyente, tácita o explícitamente, a ser personaje observador de su relato, llamado a formar parte de la historia e incluso a juzgar las acciones y conclusiones del autor. En Brasil es conocida la invitación a seguir al autor se sitúa los primeros momentos de la novela *Dom Casmurro*[130], cuya transcripción acá nos es válida:

> Mi objetivo evidente era unir los dos extremos de la vida y restaurar la adolescencia en la vejez. Pues bien, señor, no he podido restaurar lo que fui y lo que he sido. En todo, si la cara es la misma, la fisonomía es distinta. Si sólo me faltaran los demás, bien; un hombre se consuela más o menos con las personas que pierde; pero me falto yo mismo, y ese vacío lo es todo. (...) Fue entonces cuando los bustos pintados en las paredes me hablaron y me dijeron que, ya que no podían reconstituir mis viejos tiempos, tomara la pluma y contara algunos de ellos. Tal vez la narración me haría ilusión, y

---

divergencias de interpretación jurídica que se retroalimentan, es decir, que existen por sí mismas. Cada una de ellas requerirá su propia estructura y sus ejes no se fusionarán. Sin embargo, su base es narrativa.

130 Machado de Assis, *Dom Casmurro,* Rio: H. Garnier Editores, primeira edição (1899), p. 04-06, disponible en la biblioteca digital del Senado Federal.

> las sombras pasarían ligeras. (...) Empecemos, pues, la evocación con una famosa tarde de noviembre, que nunca me ha olvidado. He tenido muchas otras, mejores y peores, pero ésa nunca se me ha borrado de la memoria. Eso es lo que comprenderá leyendo.

Obsérvese cómo el autor invita a comprender y resolver su propio conflicto y, sin decirlo exactamente, confía al lector la responsabilidad de "unir los dos extremos de la vida". Por supuesto, presentará su versión de los hechos y a partir de ahí invitará al juicio del lector.

La argumentación, en los tribunales, en un *estándar* más refinado, también funciona con la misma estructura: una invitación del orador a su oyente para que acepte una versión concreta de los hechos, como si siguiera su razonamiento. Al transformar esta tesis ya preparada en un discurso que avanza y que aparece ante el lector como si participara en la progresión, el hablante discursivo utiliza la estructura narrativa, aunque de forma intuitiva.

EL DERECHO EN CLAVE NARRATIVA

En nuestros estudios, la estructura narrativa como la forma en que el Derecho está pensado ha adquirido relevancia lo largo de los años. Este libro no es precisamente el espacio para disertar a fondo sobre el tema, porque exige la demostración de una tesis. Sin embargo, en este capítulo sobre la narrativa, es interesante una mínima aproximación a este poder estructurador del texto figurativo. Originariamente, pensamos en esta estructura para el Derecho penal, pero puede trasladarse a otras áreas. En este subtítulo presentamos un resumen de esa tesis para el derecho penal, invitando el lector acá a saltar al tópico siguiente, caso legítimamente no le interese incursionar en esa cuestión jurídica que es mera hipótesis nuestra.

Básicamente hemos sostenido que, desde Beling en Derecho penal, se ha tendido a definir en derecho la *tipicidad*. Hoy en día hay autores que hablan de tipicidad procesal o incluso civil. Este es un tema que requiere un largo desarrollo y que probablemente el lector de esta obra pueda dominar, lo que, por intertextualidad, nos impide aportar grandes explicaciones. En síntesis, el concepto de tipo está en que éste no sea el artículo de la ley o una frase. El artículo de ley es una unidad de la Codificación y la frase es una unidad lingüística del **idioma**. Pero el tipo es una **unidad lingüística**, que utiliza la lengua como instrumento de expresión, pero que obviamente **no coincide** con ella. Como unidad lingüística, el tipo tiene su propia **gramática**[124] y, dentro de la gramática, su **sintaxis**, que tampoco es la sintaxis del idioma.

Así pues, el tipo es una **unidad lingüística** que se expresa —porque no hay otra forma de hacerlo— mediante el lenguaje natural[131] del idioma. Y el idioma, ya lo hemos dicho, abre la puerta a contenidos equívocos, mal definidos, pero también ricos y flexibles en su interpretación, que puede y debe realizarse *pro reo*. En vista de esta unidad lingüística **propia** que el tipo significa, tenemos que asumir una premisa: que, aunque el concepto de tipo está asentado (o, mejor dicho, la existencia de un concepto de tipo, al menos en el ámbito penal, sea asentada), algunos o muchos elementos de su gramática no se han definido. Lo cual —no en términos científicos, sino en términos funcionales para los ciudadanos, los jueces y los tribunales— es de lamentar, porque el aspecto más importante de una gramática (incluso la del lenguaje natural) es formar un consenso sobre las reglas de comunicación[125].

Las preguntas pueden parecer insistentes o bizantinas, pero hay que entender que si el tipo no se consolida como unidad lingüística propia (por tanto autónoma y con normas propias), pierde su razón de ser y se reduce a cualquier artículo de la ley, aunque sea descriptivo. Y la complejidad de la aplicación del derecho

---

131 Chomsky presenta una definición básica del lenguaje (natural o artificial): "El lenguaje es un conjunto (finito o infinito) de frases, cada una de longitud finita y construida por concatenación a partir de un conjunto finito de elementos", CHOMSKY, N. *El análisis*, p. 58.

exige una abstracción mucho mayor que la del artículo, al menos para que esté supeditada a pensamientos más complejos.

Proponemos[132] que la diferencia entre el tipo y el simple artículo de ley es que éste *sugiere la narración de un conflicto.* Así, en primer lugar, el modo narrativo, que ya hemos explicado: el tipo penal es esencialmente *figurativo,* trabaja con personajes y cosas que interactúan para cambiar un *statu quo ante.* En otras palabras: el tipo propondrá siempre un estado inicial de cosas, que en su transcurso cambia por la acción de alguien. Este alguien actúa, acciona, transformando este *statu quo.* Esta transformación, evidentemente narrativa, no es *necesariamente* conflictiva, pero es cierto que el tipo la *sugiere.* Cuando, en derecho penal, se dice *matar a alguien* o *apropiarse de bienes muebles,* hay un conflicto *sugerido* por un modo estándar, es decir, un modo típico[126]. Así, hemos evolucionado hasta afirmar que el *tipo* no es sólo una unidad lingüística, sino una unidad *narrativa,* en la que se encuentra su estructura básica: personaje, acción, conflicto, clímax. Y solución (desenlace).

Negamos por tanto, dentro del derecho penal, el tipo como pura construcción temática, que se combina como en un silogismo, en la dialéctica o en un ensayo filosófico: ideas y conceptos que se combinan (interactúan), se transforman y concluyen, con independencia del paso del tiempo. No. Como elemento figurativo, el tipo se guía por el paso del *tiempo,* necesario para que el estado de cosas cambie. En el relato, este tiempo no aparece (sobre todo porque a menudo importa poco su definición) enunciado, pero está presente. Dicha interpretación puede trasladarse a cualquier otro ámbito del Derecho, ya que la descripción fáctica, el conflicto y la norma que lo resuelve son elementos comunes a todo el universo jurídico.

---

132 Véase en nuestro *Fundamentos de Direito Penal Brasileiro,* SP: Atlas, 2010, especialmente el subtítulo 5.10. Para más información sobre la versión narrativa del tipo, véase MACRI JR., José Roberto, *O engano típico no Estelionato,* Tese de Doutorado-Direito USP, 2022.

Debe entenderse que decir que el tipo es eminentemente figurativo no significa que sólo pueda *describir* cuestiones materiales-concretas, como en el apogeo del empirismo naturalista propuso su creador en derecho penal, Beling. Por el contrario, puede utilizar elementos inmateriales, subjetivos y cargados de valor. Pero nótese que el conflicto en sí siempre está sugerido (implícito) pero presente. A través de una narración eminentemente objetiva, se insinúa un conflicto *temático* y sugerido. En otras palabras, como en toda narración, no se expresa. Sin embargo, lo que se expresa como consecuencia esencial del *probable conflicto* es su resultado. En el caso del tipo penal, el resultado es la pena. En otras situaciones tipo descritas en otros ámbitos del Derecho, el resultado es el precepto secundario, la consecuencia jurídica: la obligación de pagar, la obligación de hacer, la disolución del contrato, la anulación de las elecciones, etc.

Todo precepto primario de la ley es la sugerencia de un conflicto. Y el surgimiento de un conflicto, exige una solución, que es la sentencia. Por tanto, la expectativa por el resultado, por ese resultante que es la aplicación de la norma, es lo que legitima la sentencia. El lector, aquí, se recordará que el papel fundamental de la argumentación es dar legitimidad a todo derecho, que no se haga como imposición de un razonamiento autoritario, sino persuasivo, lógico y, aun aplicando una norma dogmática, que sea una norma dentro de unos límites razonables.

Por lo tanto, podemos decir que, cuando el juez dicta una resolución motivada, en lugar de interpretar el precepto primario de la ley en abstracto (el tipo), trata de explicar la existencia del conflicto. Cualquiera que se asome a una sentencia de primer grado, que analice la prueba, advertirá que todo juez (o todo buen juez) se molestará en no justificar una adecuación jurídica sólo en la interpretación lingüística, sino que irá más allá: describirá cómo la acción típica en los hechos concretos constituyó el conflicto, llegando a un clímax de enfrentamiento. Además, al describir la solución, justificará cómo pone fin a la situación desestabilizadora expuesta por las partes. En el Derecho penal, en el caso de condena, la conducta del agente desestabilizó el orden y el clímax es la adecuación de los hechos a la norma descriptiva; en la misma hipótesis, pero en el caso de absolución, mostrará que el conflicto no existió, y que la pena no sería entonces el epílogo de un clímax creado por su acción, sino un castigo desvinculado de la progresión del contexto. Por tanto, injusto.

En otros artículos, explicamos más sobre la estructura conflictiva del derecho. Y, también, de los momentos en los que el juez decide que la situación que se le expone *no* representa un conflicto, o al menos un conflicto digno de intervención legislativa. En estas hipótesis radican los temas jurídicos más debatidos como la responsabilidad, la imputación, la relación de causalidad o incluso las acciones que, aunque lesivas, no contradicen la ley, como son, en el caso penal, las llamadas causas justificantes. También, en un orden más ampliado, se puede comprender todo el derecho como la satisfacción de la expectativa de desenlace que tienen todos los ciudadanos, como todos los que leen una novela desean conocer su final, experimentando una sensación de estabilidad que puede ser ilusoria.

Entender el proceso de aplicación de la ley como un proceso narrativo nos enseña mucho sobre cómo funciona la norma, además de explicar un hermetismo interno del sistema, porque, además de la hermenéutica tradicional, demuestra por qué la argumentación y el razonamiento son necesarios para legitimar el sistema, cada uno de los cuales tiene también su propia estructura conflictiva.

Si en esta obra no hay *topos*, para asegurar el ritmo y la coherencia, para profundizar en este tema, al menos se anima al lector a conocer cada vez más a fondo los recursos de la narrativa, tal es su aplicación en el derecho.

LA ESTRUCTURA FIGURATIVA COMPLEJA: MACRO Y MICROTEXTO

En esta progresión de complejización, ya se puede disertar con mayor libertad sobre la falta de pureza de los textos narrativos y sus consecuencias. Ahora bien, es mucho más sencillo aceptar que la argumentación pura no existe, porque siempre retomará hechos, figurativos, aunque sea para recordar la realidad en la que se centran los temas; tampoco es difícil constatar que la narración puramente informativa no existe, porque surge de un punto de vista. En este subtítulo, profundizaremos en dos técnicas para construir este punto de vista implícito: en el macrotexto y en el microtexto. Para ilustrar, veamos fragmento narrativo:

> "Necesito un trago", pensó él. Y se apartó de los que querían abrazarle, con los oídos atormentados por los gritos de "¡Viva!" y los altavoces coreando su nombre. Susurró a María Vilanova: "Tengo que ir al baño", y se abrió paso entre la gente del balcón, de vuelta al Palacio. Corrió al despacho que había ocupado como Ministro de Defensa de Arévalo. Tras cerrar la puerta con llave, se dirigió al armario situado detrás de su mesa, donde tenía escondida su botella de whisky. Con el pulso desbocado, la abrió y llenó medio vaso con la bebida. El cuerpo le temblaba, sobre todo las manos. Tuvo que agarrar el vaso con los diez dedos para evitar que se cayera y le salpicara whisky por todo el pantalón. "Eres un alcohólico", pensó, sobresaltado. "Te estás matando, acabarás como tu padre. No puedes dejar que eso ocurra". (...) Le asustó que se hubiera pasado toda la ceremonia de la victoria obsesionado con tomarse una copa. "¿Ya soy alcohólico?", se volvió a preguntar. ¡Con todo el trabajo que tenía por delante! ¿Iba a defraudar a la gente con su miserable deseo de beber? Y aunque no pudiera beber, tampoco podría verter el vaso de whisky que sostenía, un poco tembloroso, entre las manos, sobre el fregadero.
>
> Vargas Llosa, Mario. Harsh Times (pp. 27-28). Faber & Faber. Edição do Kindle (traducción libre).

El libro de Vargas Llosa, *Tiempos Recios*, construye, a partir de algún personaje principal, la narración sobre algunos presidentes militares de Guatemala, así como otros involucrados con el poder en ese país. Sin embargo, de *todos* los presidentes, el autor prefiere a *uno* de ellos para presentarlo como el más competente, el más perjudicado por el comportamiento de los demás. No lo convierte en un arquetipo, en un héroe, y ni siquiera es el personaje del que más se ocupa. Sin embargo, la narración adquiere un punto de vista: Jacobo Árbenz era, entre los hombres de alta alcurnia de

Guatemala, el de mejor carácter, el más apto para tomar el mando de la nación, en opinión del autor del libro. Este punto de vista, sin embargo, debe aparecer de forma sutil, porque de lo contrario pondría en peligro toda la narración, que se convertiría en propaganda (o en una tesis no respaldada por hechos y documentos). Para un lector más ilustrado, cualquier exageración en la exposición del punto de vista convertiría el texto narrativo en lo que los ingleses llaman "*biased*", es decir, *parcial* por su propio origen.

¿Cuál es la técnica utilizada por el Premio Nobel para este protagonismo? De forma muy sutil, crea un subconflicto, en el que el personaje lucha contra la dependencia del alcohol. Pero el personaje logra la motivación para superar la adicción, que como tal requiere un esfuerzo sobrehumano, pero mucho más que eso: la supera en nombre del buen gobierno para su Guatemala. La motivación radica en el pensamiento, expresado en el texto, de que su pueblo merece un líder con cuerpo, mente y honor sanos, y eso implica mantenerse alejado de la bebida. Con este pequeño fragmento, este mínimo subconflicto frente a tantos problemas que plantea el libro, el otro hombre consigue situar su perspectiva, el centro moral de su narración, que siempre estará sin pretensiones[133].

En el macrotexto, pues, la progresión narrativa se caracteriza por el equilibrio. El autor tendrá en cuenta al público y medirá hasta qué punto ese público soporta la selección de informaciones que respaldan ese punto de vista. Si su público simpatiza mucho con su idea, como en las narraciones de héroes o en los mítines políticos para partidarios, las virtudes de un personaje pueden ensalzarse en la objetividad de sus acciones de forma menos velada. Si, por el contrario, los lectores u oyentes buscan imparcialidad, la forma de seducir el punto de vista del orador tiene que ser más refinada, más constante pero con una serie de concesiones. En

---

133 En el libro, en concreto, Vargas Llosa opta por construir un epílogo, como un capítulo final al margen de la narración, que explica algo de su posición política. Prescindible, en nuestra opinión.

el ejemplo, la mera relación del presidente con el alcohol, quizá totalmente ficticia, fue una técnica excelente.

Quizá lo más relevante, en lo que a la narración se refiere, es que ese punto de vista existe de todos modos: nadie relata un hecho sólo con fines informativos, sino porque desea demostrar una tesis, un modo en que se produjo la sucesión de acciones y las causas del desenlace. Sin embargo, de forma aparentemente paradójica, es la forma de ocultar este punto de vista —y no de revelarlo— lo que caracteriza el mayor arte del narrador. La ausencia de objetividad pura en el texto narrativo es de su naturaleza.

Esta falta de objetividad, empero, noestá anclada sólo en la macroestructura, en la construcción del punto de vista. Radica en la imposibilidad misma de que el lenguaje refleje la objetividad. Es el nivel de lo que llamamos *microtexto.* Pocos autores se dan cuenta de ello, pero esta conciencia, en nuestra opinión, es esencial, por un lado, para la intencionalidad en la composición narrativa y, por otro, para comprender, en la actividad forense, el lugar jurídico de la narración de los hechos.

Para entenderlo, vea el siguiente fragmento. Es el fragmento inicial de un clásico contemporáneo, *Soldados de Salamina*:

> Fue en el verano de 1994, hace ahora más de seis meses, cuando oí hablar por primera vez del fusilamiento de Rafael Sánchez Mazas. Tres cosas acababan de ocurrirme por entonces: la primera es que mi padre había muerto; la segunda es que mi mujer me había abandonado; la tercera es que había abandonado la carrera de escritor. Miento. La verdad es que, de esas tres cosas, las dos primeras son exactas, exactísimas. No así la tercera. En realidad, mi carrera de escritor no había acabado de arrancar nunca, así que difícilmente podía abandonarla.

Intenta interpretar la narración desde la conceptualización más primaria: Trabaja con figuras, que son personas y cosas. Y las sitúa en un sentido de evolución temporal. En el caso del texto, la evolución temporal es bastante marcada: aparecen el año (1994) y el momento enunciativo (seis meses después de 1994). Perfecto. Pero ahora veamos los objetos. El autor dice que “ocurrieron tres cosas". Parece más que evidente que se referirá a tres elementos muy palpables, porque la palabra "cosa" (la *res* de nuestro Derecho) es concreción por antonomasia. Pero cuáles son esas "cosas": la muerte del padre, abandono de su mujer y fin de su carrera de escritor.

Con esta observación, ya podemos ver a dónde queremos llegar: no son cosas, ni siquiera hechos en sentido estricto, sino hechos sobre los cuales obligatoriamente incide un *juicio de valor*. Decir que su mujer 'le abandonó' es todo un proceso, que de nuevo depende de las relaciones causales y, sobre todo, de la imputación (a quién se puede atribuir la separación de la pareja). Entonces, el protagonista renuncia a la "carrera de escritor". Dejamos a un lado la imputación (¿desistió de su carrera?) y llegamos a un nuevo juicio: ¿qué es la *carrera de escritor*? Magistralmente, el autor utiliza esta misma necesidad de juicio de valor para abrir un flanco a partir del cual contar otros hechos de la vida del narrador-personaje que se presenta. Y, en metalenguaje, plantea la pregunta: pero, ¿a qué se puede llamar "carrera de escritor"?

No es sólo una cuestión de carga semántica, del significado de la propia palabra. Tanto la palabra "manzana" como la expresión "carrera de escritor" tienen una función sustantiva, pero esta última depende necesariamente de un juicio que se haga de ella. Nuestra crítica aquí es que los juristas, que deberían ser los más versados en conocer la indispensabilidad de los juicios de valor que se emiten en cada momento, son los que, antes que otros, exigen una narración objetiva, como si sólo fuera posible hacer cualquier narración (o "contar cualquier historia") recurriendo a objetos concretos: máquina de escribir, ordenador, papel, libros, lo que evitaría el juicio "carrera de escritor". Y a esto se añadiría, para la carrera de escritor, el dinero que se recibe por escribir, que no puede llamarse "remuneración" o aun menos "derechos autorales", porque estas palabras contienen juicios complejos.

El Derecho Penal, como sabemos, ha tenido que enfrentarse exactamente a este dilema lingüístico. Porque el Código Penal está obligado a describir con precisión, incluso sin definir el carácter y los detalles circunstanciales, la conducta que será castigada. En un primer momento, un pensamiento físico-naturalista, nada utópico, imaginó que el llamado tipo penal podía describirse con acciones que afectan a objetos, como si se describiera un juego de billar, donde una bola golpea a otra, hasta meterla en la tronera de la esquina: verbo y sustantivos concretos, nada más. Un análisis más detallado ha roto esta ilusión, y el jurista ha asumido que, por muy objetiva que sea la descripción, contiene necesariamente elementos normativos. Los penalistas dirán que temas como "documento falso" o, por supuesto, locuciones adverbiales como "sin justa causa" son elementos normativos. Sin embargo, a la vista de lo que ya dominamos sobre narrativa, es sencillo reconocer que palabras como "vida", "violencia", "amenaza" dependen de juicios de valor. Hoy en día —y esto es sólo para demostrar la necesidad de adaptación cultural— incluso el sustantivo "mujer" depende de una carga ideológica muy densa.

Este nivel de detalle nos resulta relevante, como hemos dicho, no sólo para el dominio de nuestra construcción narrativa, sino para deconstruir una ilusión de muchos en la práctica forense: la narración objetiva de los hechos no existe porque, para referirnos a hechos de mayor complejidad, se necesitan elementos lingüísticos que dependen de juicios. Y estos juicios pueden ser verdaderos o falsos. Nuevamente, en una relación simbiótica, los juicios dan sentido a la narración y la narración es la que permite comprender el alcance del juicio de valor. Si esta relación se rompe, no hay forma de construir una narración, por muy informativa que pretenda ser.

¿Qué es tener una "carrera de escritor"? ¿Qué es "actuar con violencia"? ¿Qué significa "matar" a alguien? Son elementos narrativos que, a estas alturas, sabemos que remiten necesariamente a planos temáticos. Sin más ilusiones.

EL TIEMPO INMANENTE: PROYECTARSE AL FUTURO

En este punto, entramos en algo que puede ser de menor interés para aquellos que buscan reglas prácticas para la construcción narrativa, pero que es importante para el establecimiento de la relevancia narrativa en el Derecho. Mucho menos que el *storytelling* al que muchos derivan en la escritura actual, lo que queremos dejar claro es que establecer la razón del tiempo —que en última instancia rige la narración— está en la naturaleza misma de la argumentación. Quizá no sea en el establecimiento de la retórica aristotélica, porque, para los filósofos, es a partir de Hegel cuando se establece la relevancia del tiempo como construcción de la propia conciencia. Siempre estamos proyectados hacia el futuro, en una expectativa del paso del tiempo, diría Hegel. Así que, añadimos, siempre pensamos con el tiempo como eje rector, incluso cuando queremos abstraernos.

Si recordamos algo de la filosofía clásica, una lectura de la *Fenomenología del Espíritu* nos permite darnos cuenta de que Hegel concibió una división de la mente, como etapas, para llegar al Conocimiento y a la conciencia del Espíritu Subjetivo. Lo que hemos reducido enormemente para nuestro interés como eje central de su disertación es la dialéctica propia de la mente, que busca conocer la filosofía en su *movimiento* constante. Para Hegel, la conciencia, que busca el saber, y la autoconciencia, el saber de sí mismo, no pueden aprehenderse a sí mismas sino a través de las *figuras* de la conciencia, que no son el saber absoluto, sino el saber en uno de sus momentos. Frente al conocimiento de estos momentos[[127]], la conciencia se impulsa en un movimiento dialéctico, que siempre se confirma en un instante futuro[134]. Así, cuando la propia conciencia se dé cuenta de que todas sus experiencias son *momentos* de un movimiento, estará avanzando hacia el conocimiento puro, la ciencia en sí misma. En este sentido, siempre buscamos el conocimiento abstracto, pero anclado en momentos específicos.

Es importante señalar que, para Hegel, el espíritu es entonces conciencia, y ésta, absoluta, está por tanto obligada a desplegarse en momentos distintos. En el espíritu subjetivo está la autocon-

---

134 Como observa Marías, "cada estadio encuentra su verdad en el siguiente". MARÍAS, Julián, *Historia*... cit. p. 311.

ciencia y en el espíritu objetivo está la ética, que el espíritu es sustancia que se enfrenta a sí misma para alcanzar la inmutabilidad, porque "el espíritu es la sustancia y la esencia universal, igual a sí misma y permanente, su fin y su meta"[135]. Es a partir de esta interpretación que Hannah Arendt, retomando en gran medida la tesis de Koyré, según la cual el individuo sólo se afirma en el futuro, y esto significa la primacía del individuo. Es decir, hay en el futuro una. Es decir, existe en el futuro una primacía sobre el pasado y ello, según Arendt, reverte gran parte del pensamiento filosófico vigente en los contemporáneos a Hegel[136]: Antes de él, el pasado se imponía al futuro. Las consecuencias de esta proyección en el futuro, en el propio espíritu humano, son de interés para nuestro tema: el individuo se convierte en un eterno "ya-no", que Arendt nomina como "willing ego", traducido como "el yo volente",, que transforma al hombre en algo así como un futuro anticipado, porque el presente es un efímero lapso de tiempo en el que el individuo no está, porque proyecta su propio futuro en un Ahora[128], en una relación de retroalimentación[137]. En este sentido, el tiempo es también esencial en la disolución de todos los seres, disolviéndolos en no-seres y revelándose entonces como elemento negativo del mundo sensible[129]. Es el tiempo que muestra la presencia del Otro en cada concepto, ese otro que, para Hegel, es tan relevante para la comprensión del propio sujeto, que en esa alteridad se reconoce.

Esta interpretación ya nos permite comprender cómo concibe Hegel la mente humana: a partir de la conciencia de un fin anticipado, que se presiente como fin absoluto, los proyectos de la

---

135 HEGEL, G. W. F., *Fenomenología del Espíritu*, cit., p. 259. Más adelante, concluye: "El espíritu es, así, la esencia real absoluta que se sostiene a sí misma. Todas las figuras anteriores de la conciencia son abstracciones de este espíritu. Son el analizarse del espíritu", idem.

136 ARENDT, Hannah, The life of the mind II-Willing, San Diego: Harcourt Publishing, 1981, p. 40.

137 ARENDT, Hannah, The life of the mind II-Willing, San Diego: Harcourt Publishing, 1981, p. 42.

voluntad son objetos de pensamiento[130], y entonces el hombre se convierte en pensador constante de su propio futuro. Consciente de la dialéctica, de la inestabilidad, el hombre no sólo piensa sus acciones, sino que es el propio **futuro anticipado**, en una constante interpretación de lo que está por ocurrir pero que por eso mismo ya existe[131].

Los filósofos de inspiración hegeliana siempre han conferido una gran importancia al paso del tiempo, como figura necesaria para la comprensión de cualquier fenómeno. Para nosotros, en la narrativa, es importante señalar que siempre nos proyectamos hacia una resolución futura de un problema, por lo que la narrativa es el funcionamiento de la propia conciencia: una incesante red (o línea) de conflictos que se desencadenan en otro. Este conflicto existe a causa de la eterna interpersonalidad, es decir, sólo podemos comprendernos a nosotros mismos a partir del otro, y esto impulsa a la mente a una eterna comparación con terceras figuras, del mismo modo que un personaje sólo cobra sentido cuando otros se unen a él, y crean así un conflicto que se resolverá en un momento futuro. La narrativa es, para nosotros, la técnica de demostrar este eterno conflicto con el paso del tiempo[132], incluso cuando los elementos son los más estables[133].

En este sentido, cualquier representación textual es una representación narrativa, aunque parezca más abstracta, porque es la mente del individuo, nuestro aprendizaje, quien la pone en tal condición. Una pintura o una fotografía, por muy estáticas que parezcan, serán indicativas de un porvenir, algo que en la mente humana se proyecta hacia el futuro, y el futuro es el tiempo en su transcurso. En otras palabras, quien ofrece una representación que parece estacionaria —como parece estacionario un texto puramente conceptual— o que se limita a reflejar el pasado, está proyectando un tiempo futuro, porque sabe que el receptor siempre imaginará un conflicto que se resolverá más tarde, con otra acción.

CONCLUSIÓN

Pensamos narrativamente, como ya hemos dicho. Por lo tanto, conocer las técnicas de desarrollo de personajes, de evolución del conflicto, de marcación del ritmo y de detallar las circunstancias es algo que se aplica a todas las aplicaciones jurídicas.

Si bien es cierto, que hay un momento de narración en sentido muy estricto, en el que lo figurativo está más presente, las reglas de construcción siguen siendo las mismas: todas apuntan a un desenlace.

Bien es verdad que, en las páginas siguientes, estudiamos los patrones argumentativos en un sentido más estable, pero no nos apartamos del hecho de que cada uno de ellos se encuadra en una coherencia narrativa. Las ideas progresan, se transforman y llegan a un final concluyente, como los personajes; éstos, a su vez, sólo se describen desde una relación de dependencia con ideas, conceptos y valores que nunca será puramente naturalista. La diferencia es el eje de la progresión: el paso del tiempo y las figuras más concretas marcan el tono del texto narrativo. Como hemos visto, tiene mucho más poder fuerza de persuasión de lo que se suele afirmar en los trabajos de retórica forense.

Capítulo VII

Argumento de autoridad: la persuasión de la doctrina

PRESENTACIÓN: LOS TIPOS DE ARGUMENTO

Hasta ahora hemos tratado cuestiones genéricas de la argumentación jurídica: la presentación de la función del argumento, la estructura del texto, su coherencia, la intertextualidad y la narrativa. Todos estos son puntos importantes, que constituyen la base discursiva, por lo que ahora podemos pasar con mayor detalle.

Es hora de presentar los *tipos de argumentos usuales* de aquel que habla en el medio forense. Sólo nos queda, en esta introducción, dedicar unas palabras al método de selección de estos tipos y a la utilidad de su estudio.

Dado que los argumentos son medios lingüísticos de persuasión, su clasificación puede aproximarse al infinito. Sus resultados varían en función del marco teórico y del método utilizado para su validación. Además, los argumentos se construyen todo el tiempo, y siempre habrá quien, ante un nuevo ejemplo inserto en un discurso, esté dispuesto a concederle autonomía clasificatoria.

Nuestro método, aquí, seguirá un camino sencillo: presentaremos los tipos de argumentación más comunes, habituales en derecho, buscando destacar su aspecto pragmático. A partir de aquí, se pueden extraer algunas abstracciones teóricas, sólo para que haya un punto de partida para el estudio más profundizado por parte del lector.

Los ejemplos que buscamos no son simplemente para ilustrar, sino también para dar a los lectores la oportunidad de practicar su análisis del discurso. Esto significa que cada nueva lectura o actividad de escritura puede convertirse en otra práctica de adquisición de recursos propios. La diversificación de argumentos y la adquisición de nuevas técnicas es lo que hace que el texto sea más persuasivo, evitando la repetición y la previsibilidad.

Tampoco trataremos de distinguir los argumentos de las falacias, como hacen algunos manuales muy antiguos. Una técnica argumentativa, por ser el lenguaje mismo, sólo puede aplicarse por pensamiento mágico, por aproximación, como ya hemos explicado. Por verosimilitud, por su sostenibilidad[134]. Con esta premisa, buscamos que cada argumento aporte a la coherencia discursiva tanto como sea capaz de hacerlo: si está sobrecargado, si se hace un uso exagerado de su capacidad, no convencerá o, incluso, será deshonesto. Esto se aproxima al estudio pertinente de las *falacias informales*. Se basan en el hecho, muy comentado aquí, de que existe un vínculo de plausibilidad con la realidad en la argumentación cotidiana, y ésta forma su propia realidad[135]. Observaremos que el límite entre un argumento válido y su falacia no puede calibrarse más que comparándolo con el destinatario del mensaje: la medida en que el destinatario acepta como probable la contaminación y el alcance de cada prueba externa a la vía insertada en el texto que se le presenta. Si, en algún momento utilizamos elementos de la lógica formal, siempre útil, ella será para estructura y comparación, pero jamás para explicar la totalidad del texto argumentativo.

Comenzamos, pues, con el argumento de autoridad. Éste merece un examen más detenido aquí por dos razones: en primer lugar, porque proporciona fundamentos que se aplican a otros tipos de argumentos que dependen de él, lo que veremos a continuación; en segundo lugar, porque es uno de los argumentos más relevantes en el discurso judicial contemporáneo.

LA AUTORIDAD

Muchas de las verdades que aceptamos se basan en el conocimiento de las autoridades. Si queremos conocer el pronóstico del tiempo, confiamos en la opinión de autoridades, expertos en meteorología, para que nos den un diagnóstico que no somos capaces de obtener por nosotros mismos, con nuestro conocimiento lego. Del mismo modo, si tenemos un problema de salud, consultamos a un médico especialista, recabando sus conclusiones y recomendaciones, ante el cuadro clínico que nos establece, tras solicitar pruebas, sometidas a la valoración de otros especialistas que la realizan. Creemos en la opinión del médico y del meteorólogo porque, en cierta medida, confiamos en que sólo hagan afirmaciones derivadas de observaciones científicas aplicadas a la realidad que se les pone delante: el cuerpo del paciente, las condiciones climáticas de una región en un momento determinado.

Dentro de este concepto, en un mundo en el que cada vez nuestros conocimientos se reducen a ámbitos más específicos, gran parte de lo que creemos nos ha sido transmitido a través de las manifestaciones de las autoridades. De niños, experimentamos sensaciones diversas, desconfiando de las afirmaciones que nos hacen quienes ya las han experimentado: metemos el dedo en el enchufe y sentimos la primera descarga, y es raro que un niño tema a un perro a no ser que éste le haya amenazado al menos con atacarle. Con el paso del tiempo, sin embargo, nos ha resultado imposible experimentar y conocer todas las áreas del saber humano, descansando nuestra fidelidad en pronunciamientos establecidos por quienes, en sentido común, son reconocidos como ungidos de un saber que autoriza la manifestación convincente de una opinión sobre temas establecidos.

En retórica, sin embargo, un conocimiento técnico basado únicamente en declaraciones de autoridades consigue, reflexionando sobre el panorama más amplio, crear una verdadera *dictadura de autoridades*. Por un lado, se amplían los datos que forman el conocimiento humano y, por otro, se reduce el tiempo de las personas para poder establecer conocimientos y recopilar informaciones suficientes sobre los orígenes de cada materia o problema abordado, dejando a cada interesado la alternativa de establecer premisas o conclusiones basándose en quienes tienen una experiencia arraigada, o a quienes se reconoce que se han dedicado a estudiar un tema concreto. Son los especialistas o *expertos.* En nuestra compleja sociedad, no hay alternativa: es imposible contrastar toda la información, así que interpretamos la realidad basándonos en la confianza de que hay especialistas detrás de cada interacción social.

Como señalan autores especializados en el tema[136], el estereotipo del problema de la autoridad ha estado compuesto por la figura del Big Brother, creación de Orwell, en la que una oligarquía fijaba pensamientos y conceptos, mediante un sistema de control férreo, dictando a la gente cómo actuar y pensar. Exageraciones aparte, la fuerza del concepto de autoridad establecida, influida por factores como la ciencia, la religión, los medios de comunicación, las redes sociales y la cultura de masas contemporánea, hace que el argumento de la autoridad esté hipertrofiado, sobrevalorado.

Sin embargo, antes de proceder a dicha crítica, es necesario llegar al concepto de argumento de autoridad.

ARGUMENTUM AD VERECUNDIAM

El argumento de autoridad es el que utiliza la lección de una persona con gran reputación en una determinada área del saber para corroborar la tesis del argumentador. También es llamado *argumentum magister dixit o ad verecundiam.* Esta última denominación fue creada por John Locke, en el siglo XVII. Lo definió como un tipo de argumento utilizado para afirmar la propia posición o silenciar a un opositor[137]. Significaría recurrir a la opinión de una tercera persona, que se ha "forjado su nombre" y se ha ganado su reputación en el sentido común como persona de cierta autoridad. Según el filósofo, cuando una persona se labra cierta reputación en la sociedad, subraya la modestia de los demás, que tienen pocas dudas sobre la posición de quienes tienen esa cualificación específica. De este modo, quien no conociera la *opinión de las autoridades* podía ser colocado en una discusión como imprudente o ignorante, haciendo que un discursante adverso gozara de mayor crédito, si se atenía a la opinión de quienes se han forjado un buen nombre.

Utilizar el *argumentum ad verecundiam* significa introducir en una discusión la opinión de un experto, del que se presume un profundo conocimiento sobre un tema determinado.

La *cita de doctrina* representa el uso más común del argumento de autoridad en nuestro discurso forense actual. Reconociendo a profesores con vastos conocimientos y obras de notorio valor jurídico, se buscan sus manifestaciones que estén de acuerdo con la tesis fijada por el argumentador, de forma que prevalezca su opinión contraria en relación con la parte adversa.

Cuando se establece esta coherencia entre la tesis propuesta por el autor (o al menos un punto fuerte a demostrar) y la posición de la autoridad, se perfecciona el argumentum *ad verecundiam.*

Pero la pregunta sigue siendo: ¿en qué se basa su efecto, su capacidad de convencer?

En líneas generales, la autoridad invocada presenta un aval para la veracidad de la posición sostenida por el argumentador. Se supone que los pensamientos de la autoridad y del argumentante convergen, pero la autoridad otorga mayor peso al argumento, el de la especialidad. Pero no es solo eso.

Hay otra ventaja en el uso del argumento *ad verecundiam,* y se aplica mucho más específicamente al discurso judicial, aunque muy pocos escritores jurídicos lo hacen. Se trata de la *presunción de imparcialidad.* Cada vez que un autor expone su argumentación en la dialéctica procesal —como ya hemos dicho— parte de un punto de vista comprometido con los intereses que defiende, porque asume la condición de *parte.* Esto no condiciona su argumentación a la deshonestidad, pero siempre hace que el interlocutor, que debe ser convencido, vincule en cierto modo esta parcialidad a la posibilidad de la existencia de una argumentación que conduzca a la falacia. Cuando el argumentador utiliza la posición de una autoridad, en gran medida deshace esa negatividad, porque el lector sabe que esa opinión, defendida por la autoridad, no sirve a intereses distintos de la veracidad científica[138]. O, al menos, no está relacionada con ese interés particular.

Por tanto, el efecto persuasivo del *argumentum ad verecundiam* descansa en una doble causa: por un lado, la presunción de conocimiento y, por otro, la *presunción de imparcialidad* de la autoridad y de sus posiciones sobre la tesis que pretende probar.

CIENCIA Y VERDAD

Lo que se busca en el (buen) argumento de autoridad es, ante todo, que refleje un pensamiento fiable y, en la medida de lo posible, científico[138]. En nuestra sociedad contemporánea, los modelos científicos están muy extendidos en todas las áreas del conocimiento, y las reflexiones subjetivas, aunque se cuelen en consideraciones de lógica informal, se rechazan como afirmaciones apasionadas de escasa técnica. Descartes buscaba modelos geométricos de razonamiento, partiendo de premisas indubitables y representando las inferencias sólo por etapas que no pudieran conducir de lo cierto a lo falso; así, un razonamiento podía tender al infinito sin apartarse de una veridicidad comprobada[[139]].

Parece que, en nuestra técnica cotidiana, no disponemos del tiempo, el espacio o los conocimientos para trazar estos mismos pasos, por lo que nos contentamos con fijar razonamientos prefabricados a partir de *fuentes* fiables. No es difícil, sin embargo, imaginar que esas fuentes seguras, las autoridades, aunque representen el razonamiento científico tan anhelado por nuestra sociedad inmediata y tecnológica, pueden constituir una falacia: la de imponer como verdadera una conclusión sólo porque procede de esa fuente.

Pero, aunque lejos de la exactitud, se persigue la precisión científica en sentido ampliado, como ya hemos dicho. Las ciencias humanas están en clara desventaja en esta búsqueda, pero siguen librando la batalla. Por ello, es natural que el razonamiento del magistrado se guíe, en la actividad jurídica y en la interpretación

---

138 Evidentemente, el concepto de 'ciencia' utilizado para este tipo de argumento es muy amplio.

de la Ley, por un recorrido que se aproxima de la construcción científica o de la lógica dedutiva (matemática)e y, de ahí, de la seguridad de los resultados. O si lograra reducir la complejidad de los hechos a fórmulas matemáticas, a la exactitud de las conclusiones. Ninguna de las hipótesis se consigue plenamente, al menos en Derecho, pero el argumentador, cuando le place, defenderá la exactitud del razonamiento jurídico científico y, no pudiendo reconstruirlo todo, etapa por etapa, hasta la premisa más remota del ordenamiento, presenta un texto con presunción de método empírico.

En derecho, la opinión del llamado "jurista de renombre" es inevitablemente necesaria, incluso en los textos académicos. Aquellos textos que, en teoría, deberían cuestionar y huir de lo que no es observación y prueba, pero esta huida es imposible: como ciencia humana, las interpretaciones y reinterpretaciones son imprescindibles y los llamados "referentes teóricos" tampoco se puede prescindir de ellos. Son fundamentos necesarios para iniciar cualquier pensamiento más complejo, que no tiene posibilidad de nacer de cero, de describir todas las premisas y refutar las críticas que se le hacen.

Invocar autoridades es indispensable, en esta expresión, decimos con mayor realismo, de pensamiento mágico: la autoridad tiene la magia de ser quien dictamina la verdad, o, porque su conocimiento, por pura contaminación, pasa al fragmento de su afirmación. Siempre, en pos de la racionalidad, intentaremos disminuir tal efecto mágico, pero también es de la misma racionalidad, en nuestro caso, asumir que existe. Los límites entre la magia, que, hemos defendido, es imprescindible en la argumentación, y la falacia[139] que conduce al engaño, es algo que siempre tendremos que establecer[140].

---

139 La falacia, en el sentido informal, es aquella que no se sostiene siquiera por verosimilitud.

140 Nuestro lector ya se ha dado cuenta de que es en el límite máximo entre la fuerza de la autoridad y su falacia donde reside el poder de la argumentación. El límite de cuánto encanta y convence y aquel en el

LA FIABILIDAD DE LA OPINIÓN DE LA AUTORIDAD: *QUIA NOMINOR LEO*

Se dice que el león estaba hambriento e intentó cazar a la cebra, pero no lo conseguía. La cebra se internó en la selva, corrió y corrió; de vez en cuando la presa, a la fuga, invadía el río, donde, con las patas más largas, escapaba del rey de la selva. Furioso, el felino, bajo el sabio consejo de la leona, propuso al cocodrilo un trabajo en equipo: el cocodrilo y su hembra acecharían a la cebra en el agua, mientras que el león y la leona la perseguirían en tierra. No habría escapatoria. Con la táctica, escapar era realmente imposible, y la cebra sucumbió a la boca del cocodrilo. Llegó entonces el momento de repartir la presa entre los cuatro cazadores, y el león anunció: "Dividamos la cebra en dos mitades. La primera mitad se dividirá en partes iguales: un tercio al cocodrilo, por matar la presa; otro tercio a su hembra, por haber hecho la emboscada; el último, a la leona, por haberlo planeado todo a la perfección. Y la otra mitad es mía, porque me llamo León".

Quia nominor leo[141]. La autoridad del león le daba la razón, aunque su explicación no fuera la más razonable. Si pensamos en la argumentación como una forma de llevar a la persuasión a cualquier precio, podemos aprovechar una sola opinión de un autor consagrado para apoyar nuestra tesis, sin necesidad en absoluto de profundizar en lo que había llevado a la autoridad a concluir de esta o aquella manera.

Esta ilustración nos sirve para iniciar las consideraciones necesarias sobre el alcance y los límites del argumento de autoridad. Si un médico reconocido me receta un determinado medicamento, lo tomaré sin dudarlo: lo tomo porque me lo ha recomendado un profesional reconocido de la medicina. Pero si no realiza ningu-

---

que puede ser desenmascarado como sólo una afirmación válida para un origen que, sin embargo, no se traslada a la vía lógica a demostrar.

141 Una versión de esta expresión está documentada en: LAVAL, Ramón Arminio. *Del latín en el folklore chileno.* Impr. Cervantes, 1910.

na prueba clínica ni de laboratorio, si su consulta es muy rápida y veo que ni siquiera se ha fijado en mi estado de salud, yo, como paciente lego, puedo cuestionar el diagnóstico del *experto.* Quizá no consiga rehacer ese diagnóstico, colocar algo en su lugar, pero estoy en condiciones de ponerlo en duda.

La desconfianza en las autoridades está muy extendida en la actualidad, cuando los medios de comunicación o las redes sociales coronan la sabiduría de individuos que distan mucho de ser equiparables a otros expertos, éstos sí de gran calibre y conocimiento en sus áreas de estudio y actividad. No es infrecuente que se deje de lado a verdaderos expertos en favor de otros con mayor *background* mediático: el médico, el abogado, el profesor, el nutricionista que más aparece en internet o al que más publicita la editorial por ser autor de *best-sellers* del ámbito técnico, con muy poca originalidad científica. Es, en mi opinión, una elevación de la falacia de autoridad, por tanto derivada de ella: como sociedad, necesitamos de especialistas y, para buscarlos, acudimos a la seguridad del reconocimiento público, aun sabiendo que éste no es necesariamente el más recomendable[140].

Por tanto, aunque la apelación a la autoridad es absolutamente funcional en la argumentación, aprovechando la humildad del interlocutor para reconocer su desconocimiento, o al menos un conocimiento menor sobre el tema del que habla la autoridad, deben observarse algunos principios para que no se tome (sólo) la fuente como medio absoluto de atribuir valor a una conclusión, ya que incluso esta fuente puede ser dudosa.

Cuando el argumento de autoridad se desvirtúa de su función de presunción razonable de certeza de la opinión de un verdadero *experto* para dar mayor credibilidad a una tesis, se convierte en la mencionada *falacia de autoridad.* No es algo sencillo conocer los límites entre lo que es el argumento de autoridad y lo que es su falacia, porque no son lados opuestos. Existe una frontera muy difusa entre uno y otro, que aún se intenta definir. Un razonamiento simplista asignaría esta frontera como el límite de la verdad y la mentira, pero aquí ni siquiera se trata de hechos, sino de la mera incorporación de un elemento lingüístico al discurso, con referencia a un *estatus* de poder, derivado de la autoridad. Si asumimos que la autoridad en sí misma ya no es demostrativa, sino *mágica* por contaminación, se entiende que ya se puede constituir una falacia *per se*; sin embargo, su indispensabilidad para el discurso jurídico la revela como una fuerza no necesariamente falaz, sino útil en el nivel de abstracción que tiene el discurso, que es el lenguaje natural.

En este juego de tira y afloja, de reforzar o quebrar el argumento de autoridad, no hay respuesta correcta, si no se relaciona con el auditorio: o lo acepta como persuasivo, como neutro o como falaz. En este último caso, su efecto se invierte.

ESTABLECIENDO LA VALIDEZ DEL ARGUMENTO

Básicamente, la regla de validez de este tipo de argumentación es que una afirmación es válida porque proviene de una autoridad. Por supuesto, esta regla es frágil para un discurso más solidificado, especialmente uno que tendrá confrontación, que enfrentará contradicción.

Walton, en una obra de referencia sobre el tema, estableció seis criterios de validez para el argumento de autoridad. Hay seis preguntas que, si se responden todas afirmativamente, establecen que tal argumento es válido. Estamos parcialmente de acuerdo con los criterios y los reproducimos aquí, aunque con *dos salvedades*: La primera es que cada uno de estos criterios es incierto en sí mismo, porque sus respuestas tampoco son exactas. Por tanto, hay que reconocer que si descendemos a un nivel de información más profundo, las preguntas sufren la misma relatividad que la pregunta en general y serían, por tanto, reproducciones de su incertidumbre. Esta semi-tautología nos parece clara, pero hay que reconocer que el establecimiento de criterios incorpora una dimensión analítica: cuando se plantean cuestiones de validez a un argumento, se pueden identificar más claramente sus virtudes y debilidades, como se identifican los pilares de un edificio. Al menos, está más localizado y permite una mayor confrontación.

Nuestra segunda objeción a los criterios de Walton radica en cierto reduccionismo por su parte, que no es necesariamente una crítica, sino un aspecto complementario. Walton plantea seis cuestiones que giran en torno a la relación entre la autoridad y su afirmación. El argumento carece de la relación entre el propio enunciador, es decir, el que invoca la autoridad y la introduce en su discurso. En otras palabras, los seis criterios de Walton sirven para que el *enunciador* sea consciente de la validez de un posible argumento de autoridad que va a utilizar, pero no avanzan sobre lo que el interlocutor, el destinatario del *argumento como argumento,* debe cuestionarse al recibirlo. Así, añadimos tres criterios más, que sólo son complementarios, pero que permiten la continuidad analítica. En consecuencia, nos atrevemos a nombrar los seis criterios primarios[142] de Walton (de la relación afirmación/autoridad) y a añadir sólo *tres criterios secundarios,* por nuestra observación, centrados en la relación (afirmación-autoridad/argumentador). Completan nuestro análisis.

CRITERIOS PRIMARIOS DEL ANÁLISIS DEL ARGUMENTO DE AUTORIDAD

Imaginemos que un experto (**E**) presenta una determinada afirmación (**A**), que es utilizada en un discurso por un argumentador, en concordancia con su tesis. Un argumento de autoridad, para ser válido, debe haber respondido afirmativa o satisfactoriamente a todas estas preguntas, según Walton:

---

142 El término "primário" se entiende como más esencial y relevante. Añadir una segunda marcha, una segunda dimensión a tales criterios no significa que sean mejores o más evolucionados, simplemente los complementan.

1. La pregunta del experto: ¿Cuál es el crédito de **E** como una fuente científica?
2. Pregunta de área: ¿Es **E** un experto en el área donde se encuentra **A**?
3. Cuestión de validez de la opinión: ¿Qué ha dicho **E** que implique realmente **A**?
4. Cuestión de confiabilidad: ¿**E** es personalmente confiable como fuente?
5. Pregunta de consistencia: ¿Concuerda **A** con las declaraciones de otros expertos?
6. Pregunta sobre las pruebas: ¿La afirmación A se basa en pruebas?

La respuesta a estas cuestiones primarias garantiza la validez del argumento *ad verecundiam*, alejándolo de la falacia, del señuelo del pronunciamiento sin validez científica. Analicemos brevemente cada una de ellas. Sólo entonces añadiremos nuestros otros criterios.

LA PREGUNTA DEL EXPERTO

¿Cuál es el crédito del experto como una fuente científica? La autoridad debe estar acreditada como tal. Cuando se cita doctrina en la argumentación jurídica, siempre se debe buscar una autoridad autorizada científicamente, es decir, normalmente un profesor universitario de renombre. Parece natural, por tanto, que si el fundamento del argumento de autoridad es la presunción de razón en virtud de la buena fuente del pronunciamiento utilizado, tanto más fuerte será el argumento cuanto mejor sea esa fuente.

Sin embargo, este punto permite algunas observaciones.

Es un hecho que, en las cuestiones teóricas del Derecho, el estudio universitario es el mayor factor de credibilidad de la autoridad. La ciencia jurídica se desarrolla mejor, técnica y precisamente, en las universidades. Son el ámbito autorizado para el crecimiento del propio conocimiento jurídico, por lo que siempre es preferible recurrir a una autoridad que tenga reconocida actividad académica. Se presume que han sido puestas a prueba varias veces y han adquirido la amplitud y profundidad de conocimientos necesarios para que no construyan tesis o pensamientos en el desconocimiento de los factores que son esenciales para sus manifestaciones.[141]. Esto es, evidentemente, una presunción, porque el entorno académico también tiene sus problemáticas.

Con la certificación del mérito del experto como autoridad, sobre todo académica, el primer gran riesgo es alejarse de la falacia del argumento del *magister dixit*: la de elegir como autoridad a personas de éxito, de renombre en un área determinada, pero que técnicamente no pueden situarse como autoridades porque no tienen la acreditación adecuada para ello, aunque sean de gran fama.

Este tema ya ha sido abordado en nuestra introducción acá: los intereses mediáticos que llevan a que personas con conocimientos no tan vastos en su campo sean reconocidas como grandes conocedores. El crédito de autoridad no se consigue, o mejor dicho, no debería conseguirse mediante la publicidad, la aparición reiterada en los medios de comunicación, las redes sociales o la venta de productos que lleven tu nombre. Sin generalizaciones, por supuesto: la fama también puede venir de una ineludible competencia técnica y científica, pero es ésta la que debe ser el reclamo de la autoridad.

También hay que subrayar que la autoridad técnica no debe confundirse con el *poder*. En el ámbito jurídico, donde esta confusión es muy frecuente, solemos afirmar que autoridad *jurídica* no es lo mismo que autoridad *judicial* o autoridad *legal*. Un cargo público elevado y reconocido o una carrera profesional exitosa no *determinan* la autoridad jurídica de un pronunciamiento científico. Sólo se puede confiar en la autoridad del pronunciamiento debida a la experiencia o al cargo si el tema abordado, como se verá más adelante, es específico de esa misma experiencia, como si un juez de notable trayectoria escribiera sobre el oficio de juzgar, o un gobernador de estado se pronunciara sobre la ardua tarea de comandar un gobierno.

A modo de ejemplo, merece la pena mencionar el discurso de Sancho Panza, que, al tomar el cargo de gobernador de la ínsula, afirma, con los dichos populares característicos de sus discursos, que su recién impuesta autoridad encubrirá su ignorancia y hará prevalecer sus opiniones. "Cuando tenga el poder y la vara, haré lo que me plazca"[143]. Es uno de los grandes momentos de la literatura, cuando el hombre sencillo, dotado de poder, se ve tentado a convertirse en tirano[142], pero no sólo dando órdenes, sino siendo visto como alguien que tiene razón[143].

Una vez más, está claro que la autoridad también depende en cierta medida del público al que se dirige. Las palabras del Romano Pontífice a los católicos siempre dotadas de razón[144], porque son pronunciados por el legítimo sucesor de Pedro, y no por ello sus pronunciamientos carecen de razonamientos lógicos y fundamentos desarrollados. La autoridad religiosa sabe que su condición de jefe supremo, que no es poco, no basta para eliminar la necesidad de razonar cada uno de sus pronunciamientos, ya sea porque quiere convencer a cada uno de sus oyentes o bien porque sus palabras siempre serán criticadas, o, aun más, porque quiere *mover* a sus destinatarios a que actúen de determinada forma, y para tanto hace falta más que autoridad.

La primera cuestión, pues, de la validez del argumento de autoridad investiga la formación *científica* de quien se presenta como experto. Abundan los errores, con autoridades que se presentan como tales, pero no lo son. Conviene recordar siempre que cuanto mayor sea la representatividad de la persona invocada como

---

143 "y teniendo yo el mando y el palo haré lo que quisiere; cuanto más que el que tiene el padre alcalde, seguro va al juicio y siendo yo gobernador, que es más que alcalde, llegaos, que la dejan ver!" CERVANTES, Miguel. *El ingenioso hidalgo Don Quijote de la Mancha*, p. 737.

experto, más sólido será el argumento que se extraiga de ella. Sin embargo, la autoridad por sí sola no determina el argumento.

CUESTIÓN DEL ÁREA

Ejemplo poco técnico, pero bastante esclarecedor:

Tres sabios científicos llegan en coche a una ciudad rural en la que nunca han estado antes. Asisten a un importante congreso en el salón noble del ayuntamiento local, pero no tienen ni idea de dónde se encuentra la sede del gobierno municipal. Entonces preguntan a un lugareño que pasa por allí, un provinciano iletrado, que lleva mazorcas de maíz en una balsa de paja. Ciertamente, el hombre podrá decirles dónde está el ayuntamiento.

En ese momento, ¿cuál de los cuatro personajes es la autoridad? Evidentemente, el campesino. Cualquiera que sea la respuesta que dé (a menos que diga que la sede del gobierno está en Marte) es digna de todo el crédito, porque en esa materia —la topografía de la región— es el único experto de todos, y no hay nadie mejor que él para dar la respuesta.

Caricaturas aparte, es evidente que las credenciales científicas de la autoridad no bastan para que sea aceptada como fuente fiable de manifestación sobre cualquier tema. La autoridad es especialista en su área de conocimiento y, fuera de ella, tiene una opinión como cualquier otra, que requiere un amplio razonamiento, ya que no se presume que sea expresión de sus conocimientos reconocidos.

Se dice que Albert Einstein, que como científico alcanzó un gran éxito en vida, fue requerido por la prensa para hablar continuamente sobre cuestiones políticas y sociales en la comunidad norteamericana y europea. Por supuesto, Einstein era una autoridad en física y matemáticas, pero no en cuestiones políticas, donde se suponía que sólo funcionaba como comentarista lego, a pesar de que poseía una inteligencia privilegiada, una perspicaz visión del mundo y una admirable historia de vida.

En la televisión, en los programas de media tarde, los artistas de telenovelas son llamados a debatir sobre temas nacionales, como si fueran grandes expertos en economía o sociología; en las redes sociales, los llamados *influencers* opinan a diario sobre los temas más diversos y, haciendo honor a su nombre, su opinión tiene una gran repercusión. Por supuesto, sólo unos pocos dan crédito a esas opiniones como si emanaran de alguien que hace presumir de veracidad todas sus manifestaciones, por lo que la influencia (a veces sorprendentemente grande) de los juicios del artista es tan subjetiva que debe dejarse al estudio de publicistas o psicólogos sociales[145].

Sin embargo, en el discurso judicial no es infrecuente encontrar distorsiones de la manifestación de la autoridad, que acercan el argumento a la falacia. Algunas autoridades en una determinada área del Derecho, en dictámenes y otras manifestaciones, opinan a veces sobre materias que en nada se parecen a aquellas en las que realmente son expertos. Son raros los casos, pero a veces algunas autoridades aprovechan su reconocimiento público para inmiscuirse en ámbitos sobre los que saben poco, o menos que un verdadero especialista en la materia, pero de menor renombre. En ese caso, el argumento pierde su valor, porque, como decía la máxima romana, el zapatero no debe juzgar más que las sandalias (*Ne supra crepidam sutor iudicaret*).

El tema de las especialidades en el área del Derecho es algo en lo que no profundizaremos mucho aquí, buscando sólo el efecto argumentativo. Sólo es pertinente señalar que, aunque las especialidades y disciplinas del Derecho están en constante crecimiento, algunos juristas de renombre, por su amplio conocimiento del ordenamiento jurídico en su conjunto, pueden atreverse a opinar en un área distinta, conservando su condición de fuente acreditada, ya que siguen, en un ámbito estrecho, un razonamiento jurídico más amplio que efectivamente dominan. Pero es necesario actuar con cautela.

Si alguien es un experto acreditado en un campo concreto, y si su afirmación está relacionada con él, el argumento de autoridad ya ha ganado gran fuerza. Caso contrario, ha perdido uno de sus apoyos. Y hay otros.

CUESTIÓN DE LA VALIDEZ DE LA OPINIÓN

¿Qué ha dicho **E** que implique realmente **A**?

Esa es, en nuestra opinión, la cuestión más importante del argumento *ad verecundiam*, la validez de la opinión de la autoridad. Se trata de una cuestión compleja, porque implica directamente el concepto de este argumento: si la autoridad es realmente especialista en una determinada área de conocimiento, y si su pronunciamiento se refiere a esa misma área, importa que todos los oyentes acepten ese pronunciamiento como verdadero, porque se *presume* que la autoridad no se equivoca dentro de esos límites. Sin embargo, aunque proceda de una buena fuente, mejor será el argumento cuando la propia autoridad añada otras razones.

Así, la autoridad no está exenta de demostrar el curso de su razonamiento, de mostrar sus fundamentos, al menos en aras de su propia humildad. Tiene que saber que sus conclusiones deben derivarse de otras premisas, en una progresión lógica o de causalidad, a la que está sometida cualquier argumentación[146].

Cuando, en la actividad forense, se invoca la doctrina, incluso para una cuestión topográfica, del tamaño del propio texto que se construye, y la cita se resume a las conclusiones del doctrinador, se incrementa el riesgo de la debilidad contextual. Por supuesto, tal reduccionismo es atribuible a quien cita la autoridad, y no a la autoridad misma. Esto nos remite, una vez más, a la reserva de lo posible en el texto: cada argumento tiene su espacio limitado, por lo que incluso un pronunciamiento de autoridad, que originalmente fundamenta para buscar el convencimiento del lector, se transporta a la argumentación en un elemento bipartito, compuesto sólo por la autoridad y su pronunciamiento. La típica cita que tiene grandes posibilidades de ser falsificada o descolocada, pero que, por otra parte, también puede responder a la esencia misma del argumento *ad verecundiam*: resumir una fundamentación buscando apoyo en la palabra del experto, debido a la necesidad de avanzar, de hacer progresar el discurso.

CUESTIÓN DE CONFIABILIDAD

¿El experto E es una fuente confiable?

La cuestión está bastante clara, y el buen lector ya lo intuía, por eso hay poco que decir. La autoridad, el experto, tiene características objetivas que le hacen aparecer en esta condición, y esto ya ha sido analizado. Pero parece indispensable que la autoridad tenga rectitud de carácter, y ésta es una característica subjetiva. La honestidad, no sólo en el sentido venal, sino la honestidad moral, la rectitud de mantener la propia opinión y posición científica son características importantes de la autoridad.

Si el argumento *ad verecundiam* es el argumento del humilde, de veneración a aquel que merece el *status* de autoridad, sin duda hay obstáculos para cuestionar la confiabilidad de un maestro, precisamente porque el orador y la audiencia, para que el argumento funcione bien, tienen el máximo respeto por el especialista cuyo posicionamiento es invocado. Mefistófeles, en Fausto[144], de Goethe, advierte de la decepción que puede producirse ante el maestro:

> Ni siquiera si la verdad lleva a alguien a la juventud,
> A que un joven de esos no se suscribe,
> Pero que, al cabo de los años, puede resultar ser,
> Cuando sientas que te rasca tu propia piel,
> Piensa que el núcleo mismo de la luz enciende.
> Asierta entonces: "El Maestro era un tonto".

Por lo tanto, está en la naturaleza del argumento *magister dixit* que no se cuestione la corrección de la opinión de quien es reconocido como maestro. Sin embargo, el argumentador, en su

---

[144] *Fausto*, p. 274

dialéctica, siempre que no caiga en ofensas personales, conocidas como *ad hominem*, tiene todo el derecho a cuestionar la confiabilidad de la autoridad.

Nullius addictus iurare in verba magistri[145], dicen los que abogan por la autonomía intelectual. Es muy raro, pero a veces los profesores fallan en su personalidad, y esto causa una mancha en su reputación, que deja dudas sobre la rectitud del pronunciamiento de esa autoridad.

Un pronunciamiento fundamentado de una autoridad en un determinado campo del saber puede, en ocasiones, no reflejar sus verdaderos conocimientos. En tiempos de opiniones polarizadas, la autoridad puede ceder a las presiones más diversas, no sólo económicas, sino también a la necesidad de participar en determinados grupos (como la propia Universidad), de defender ideologías generales, sin querer reconocer sus fallas. No es tan rara la corrupción del pensamiento.

Cuando esto se comprueba, la autoridad cae en descrédito y, por tanto, el argumento pierde su valor. Quien se topa, por ejemplo, con una opinión de un jurista, suele recurrir a su doctrina escrita, buscando saber si la postura sustentada en la opinión es un reflejo de su doctrina, con coherencia. Si no es así, se dice que la autoridad tiene la *forked tongue*, lengua bífida, lengua de serpiente.

Una autoridad también puede contradecirse si no estudia el asunto en profundidad, quizá por descuido, exceso de trabajo, etc. Las contradicciones son siempre causa de descrédito para la fuente. Un ejemplo es la narración literaria del juicio de Jim Williams en la novela de Jon Berendt[146]. En el pleno, en el cuarto juicio del caso, el abogado Seiler gana el caso desacreditando a los peritos: “Seiler ridiculizó a la acusación por las incoherencias

---

145 “Nadie está obligado a jurar sobre las palabras de un maestro”, citado de Horácio.

146 *Medianoche en el jardín del bien y del mal*, p. 391.

de los testimonios de los peritos que llamaron, especialmente la del Dr. Larry Howard, director del laboratorio estatal. En un juicio, el Dr. Howard había afirmado que Williams no podía haber disparado todos esos tiros a Hansford estando detrás de su escritorio; en otro, dijo que Williams podía haberlo hecho. En distintos momentos, Howard había dicho que la silla de Danny Hansford se había caído hacia atrás, hacia los lados o hacia delante [ ]”.

Evidentemente, como ya hemos visto, todo experto o científico puede cambiar de opinión, valores y conceptos en el curso de su experiencia, pero debe ser claro al registrar esta transformación como el sedimento de su conocimiento, no su destrucción.

La confiabilidad de la fuente, entonces, aparece más en las características subjetivas de la autoridad, pero sigue siendo una cuestión importante para la validez de un buen argumento, siempre que se respeten bien los límites muy estrechos que la argumentación honorable impone a las cuestiones subjetivas. En la actualidad, también gracias a las redes sociales, a la ya mencionada *cancel culture* ha abandonado su carácter primordial de poder imponer la reacción a personas antes inalcanzables, para ser un medio de demonización de algunos individuos, sólo por expresar una opinión que no converge con lo que quieren los dueños del poder de los medios sociales. Afectados por la presión del mercado, los medios de comunicación, las redes sociales o los patrocinadores ayudan a promover este nuevo tipo de ostracismo del “cancelado”; por presiones políticas, el sistema universitario, que debería ser el que más invirtiera en la pluralidad del pensamiento, *cancela* a los opositores, lo que repercute en su posición de autoridad; por presiones más etéreas, grandes artistas y pensadores tienen sus obras revisitadas, sin la menor preocupación, del observador-censor, por trasladarse a la época y al contexto del autor. Las obras son descalificadas y anuladas —o incluso a veces directamente alteradas[147]—, como si no fueran un marco de la humanidad, un paso indispensable para crear la contemporaneidad con la que nos expresamos y de la que dependemos.

En otras palabras, la confiabilidad de la fuente debe analizarse, añadimos nosotros, sobre la base de su actitud profesional, sin transferirle actitudes de su vida privada y, sobre todo, con tolerancia. Una autoridad que piensa diferente de mí sigue siendo una autoridad.

CUESTIÓN DE CONSISTENCIA

¿La afirmación **A** coincide con la opinión de otros expertos?

La ciencia no se hace aisladamente, y las divergencias son habituales en los asuntos humanos, en aras de la argumentación. Todo pronunciamiento es más coherente cuanto más al unísono está en relación con otros del mismo calibre. Cuando se trata de una materia que dominamos, como el Derecho, es fácil investigar y averiguar si el pronunciamiento de una autoridad está validado por otros de igual o mayor saber.

La unanimidad no puede existir; es rara y, como dijo el dramaturgo..., burra. Pero la comparación del pronunciamiento de la conclusión de una autoridad con el de otras sirve, como mínimo, para fomentar el debate, comparar los puntos de divergencia y crear un contraargumento. O bien para validar aún más la posición de la autoridad.

Quien se encuentra con un argumento *ad verecundiam* articulado por la parte contraria debe ir en busca de otros que digan lo contrario y que, por tanto, le sean favorables. Aquel que tiene un buen argumento de autoridad a su favor no está obligado a citar a otra autoridad que defienda una tesis diferente, ya que ello restaría coherencia a su texto. Además, citar la doctrina contraria es trabajo de la parte opositora, que debe encontrarla y trabajar con ella en su beneficio, pues de lo contrario no habría argumentación, sino ciertamente sólo un texto informativo o didáctico, o una investigación científica.

Cuanto mayor es la aclamación de un mismo principio por diversas autoridades, mayor es la fuerza del argumento; así, en teoría, es más coherente cuanto menos aislado aparece.

Claramente este pensamiento no puede tomarse de forma absoluta. Conforme analizaremos cuando nos ocupemos de la jurisprudencia, la cantidad no aporta certeza, por una serie de motivos. En especial, porque, en gran medida, la técnica de la argumentación recomienda transformar los hechos sobre los cuales se diserta en un caso *impar*, en algo que merezca una atención distinta. A veces, esta atención peculiar implica aportar una solución disonante de la mayoría, sólo porque las premisas son diferentes: volviendo a nuestra comparación narrativa, sabemos que personajes diversos, con actuaciones distintas frente a los mismos conflictos, no siempre encontrarán el mismo final. En este caso, se invoca a la autoridad precisamente porque su conclusión es diferente de las demás, por lo que el peso del argumento como tal se traslada de la posible unanimidad de sus afirmaciones a las razones innovadoras que la autoridad aporta.

No se puede negar, sin embargo, que incluso en las ciencias exactas o demostrativas, un elevado número de autoridades que prueben la tesis es persuasivo. Al fin y al cabo, si la comunidad científica apoya una idea, debe ser real, porque se *presume* que es correcta. No siempre, por supuesto. Sobre esta cuestión de la cantidad, nos ocuparemos en otro capítulo.

CUESTIÓN DE LAS PRUEBAS

¿La afirmación **A** se basa en pruebas?

Para que un argumentum *ad verecundiam* sea eficaz, también debe aportar pruebas materiales de sus conclusiones. La prueba, en metodología, significa la cita de documentos que permitan al lector probar las fuentes de todos los razonamientos desarrollados. Así, si cito un libro de doctrina, debo indicar detalladamente de dónde lo he sacado: nombre de la obra, lugar de publicación, nombre del editor, año de publicación, página en la que aparece en el libro. Sólo así permito al lector y a la parte contraria demostrar, si lo desean, la veracidad de lo que he utilizado para fundamentar el razonamiento.

Del mismo modo, si un perito criminalista, que es una autoridad en su campo de conocimiento, certifica que una determinada sustancia que se le envía para su examen es una droga ilícita, debe conservar parte de esa sustancia para una posterior contraprueba. Permite entonces que su *parecer magister dixit* se someta al debido cuestionamiento.

El trabajo probatorio es también un requisito previo para una buena argumentación a partir de la autoridad, de modo que se eviten la falacia y el engaño.

Sobre este último punto, merece la pena profundizar algo, señalando que existen citas falsas, fruto del trabajo erróneo o malintencionado de unos pocos argumentadores. Tales citas pueden perpetuarse por el descuido de escritores posteriores de investigar la fuente primaria del texto citado ya de segunda mano.

De hecho, la falsedad de las citaciones no es algo nuevo. Se sabe que, en el siglo V d.C., los emperadores romanos Teodosio II y Valentiniano III, debido a las citas falsas (o al menos no debidamente documentadas) que los litigantes llevaban a los tribunales, constituyeron a la llamada *Ley de las citas*. Allí se estableció que sólo los escritos de cinco jurisconsultos (Gayo, Papiniano, Ulpiano, Pablo y Modestino) podían ser invocados en juicio. Pero las opiniones de los jurisconsultos podían diferir entre sí y, cuando esto sucedía, prevalecía la opinión de la mayoría de este llamado "Tribunal de los Muertos"[148]. En caso de empate, sin embargo, la opinión de Papiniano preponderaba. Claro que, para nosotros, siempre quedará la pregunta de por qué se eligió la opinión de Papiniano como la predominante, lo que lo encumbró como autoridad entre las autoridades. De todos modos, el hecho es que, incluso allí, ya había dudas sobre la veracidad de las referencias, de ahí la restricción del número de autoridades citadas, para permitir cierto control de autenticidad.

Incluso con los medios de búsqueda que aportan las redes informáticas actuales, sigue habiendo varias citas falseadas, pero son un extremo al que el estudio de la argumentación siquiera necesitaría llegar. Otro punto, más relevante, y no tan alejado de la cita falsa, es aquella descontextualizada, traída sólo para dar al texto un aire de sostenibilidad documental y erudición. Sobre este punto, trataremos más adelante.

En este punto, basta con decir: una opinión de autoridad debe someterse a un examen probatorio, a esta "cuestión de las pruebas", como cualquier argumento. Ninguna afirmación prevalece sólo por su fuente. Ni siquiera la de Papiniano.

Si la respuesta es positiva a estos seis criterios para medir el argumento de autoridad, nos encontramos ante un argumento de autoridad bastante resistente, que puede ser persuasivo incluso en discursos más complejos. Pero hay más.

LA RELACIÓN ENTRE AFIRMACIÓN DE LA AUTORIDAD Y EL ARGUMENTADOR

La relevancia del argumento de autoridad exige que podamos indagar más sobre su validez en un momento dado. Ciertamente, si tenemos una visión amplia de lo que es un argumento, sabemos que la cita de autoridad es un elemento lingüístico más dentro de un discurso, sólo uno. Sin embargo, la autoridad tiene un polo tan atractivo que a menudo se convierte en el polo decisivo de todo el discurso.

El orador que invoca el *ad verecundiam* tiene que ser cuidadoso con este abuso de autoridad. Salvo en los casos en que lo haga de forma absolutamente intencionada, el argumentador no debe perder las riendas de su discurso cediéndoselas a las citas. Debe demostrar que conoce los límites exactos de la afirmación de la autoridad invocándola pertinentemente a su curso. De lo contrario, en la ilusión de que el oyente se deja persuadir por el *magister dixit*, el orador pierde la atención. Dicho de un modo muy coloquial, hay que se consciente de que el argumento tiene todas las ventajas enumeradas, incluida la imparcialidad, pero ello no exime al retórico de presentar *su* construcción al interlocutor. En el discurso jurídico, además, no es infrecuente que el juez conozca ya la posición de las autoridades citadas, por lo que, en sí mismo, el texto de la autoridad no es persuasivo. Sólo se convierte en *argumento* a través del trabajo coherente del autor. Nuestras tres cuestiones complementarias se refieren a esta relación argumento/argumentante.

CUESTIÓN DE LA CONCIENCIA DEL ARGUMENTADOR

La primera cuestión es si el argumentador conoce los límites de la autoridad. Debe demostrar que conoce la autoridad con la que trabaja, y el momento en que aparece. Por ejemplo, decir *por qué* se invoca esa autoridad y no otra, o el momento en que el texto fue escrito, porque la autoridad puede haber cambiado de opinión. En resumen, el argumentador debe insertar en su discurso la razón por la que se introduce esa autoridad. De lo contrario, parecerá que el único criterio por el que se introduce la cita es el apoyo a la tesis.

No hay nada menos persuasivo para un discurso que demostrarlo como una coherencia de opiniones ajenas, recogidas sólo bajo el criterio de ser las que apoyan la opinión o tesis sostenida, con lo cual, el orador debe enunciar los motivos por los que se invoca esa autoridad.

A veces, sin embargo, el argumentador puede tener la sinceridad de decir que sabe poco de la autoridad, pero que es válida porque es externa, ajena al hecho juzgado. Cuando lo hace en ese contexto, llama aún más la atención sobre las palabras de la cita, las ideas que están ahí. A menudo, la lectura de una novela o una novela corta que reflexiona sobre el estado de ánimo de un personaje vale más que una autoridad en sí misma. En el caso de un gran escritor, sigue siendo un argumento de autoridad, en el que se admite la falta de especialización técnica del autor (no es psiquiatra, por ejemplo), pero es una autoridad en revelar las percepciones humanas. Sin embargo, la forma en que se enuncia esta percepción la califica de autoritaria.

El escritor que demuestre ser consciente de este vínculo se dará cuenta de que al lector le importa menos la cita y más cómo encajan los argumentos.

CUESTIÓN DE EXENCIÓN ABSOLUTA DE LA FUENTE

La técnica reciente, si procedía de las formas de gobernanza[149], ya sea por la pulverización de las noticias en Internet, dando lugar a una posible desinformación, ha innovado mucho la comprensión de lo que son las opiniones comprometidas. En resumen, la frontera se ha difuminado en cuanto a si una autoridad está inclinada a decir la verdad o a mentir, o a estar comprometida con un punto de vista o impedida de pronunciarse sobre el tema.

Los criterios para encontrar una afirmación como *biased*, como no del todo imparciales han sido los más variados. Una empresa auditora puede querer sobrevalorar los activos de una empresa auditada no por sí misma, sino porque su principal cliente está en la misma área; un científico puede pronunciarse sobre la validez de un experimento sólo porque formó parte de un equipo que trataba de buscar financiación para una experiencia análoga, sin dejar de ser una autoridad en la materia. s. Las autoridades no son necesariamente mentirosas, son *biased,* sesgadas. En otras palabras, nos encontramos en un momento en el que los parámetros para comprometer el punto de vista son cada vez más refinados, incorporando un mayor rigor y exigiendo, por tanto, un distanciamiento efectivo de la autoridad del pronunciamiento.

El mundo jurídico tiende fácilmente a la polarización. Y, una vez asumido un polo, es difícil que la autoridad revise su posición si es contraria a esa tendencia asumida. El cambio de la opinión, aunque pueda ocurrir subjetivamente, se presentará por escrito con el paso de muchos años, o tal vez nunca. En este sentido, no es nada insólito que algunos autores se hayan posicionado previamente sobre puntos diferentes, sólo porque su conclusión es armónica con el polo adoptado.

El abogado, por ejemplo, ya sabe a qué jurista recurrirá para su opinión cuando se manifieste en contra o a favor del sistema bancario. Análogamente, los autores que estén a favor de la condena y los que estén a favor de la defensa tendrán sus escritos ya preformateados para dar su opinión sobre cada tema. Por un lado, por supuesto que es una forma de coherencia, pero es una coherencia que se combate desde un punto de vista ideológico, lo que significa algo más cercano a la sospecha que a la regularidad de opinión.

Cuando se introduce en el discurso, el argumentador tiene que demostrar que conoce este nivel más detallado del origen de la autoridad, limpiándola de cualquier otra condición sospechosa. A veces será necesario compararla con otras autoridades y decir lo imparcial que es, o lo libre ideológicamente que funciona. Todo ello dependerá, por supuesto, del espacio argumentativo, pero no deja de ser una relación necesaria entre el argumentador y la autoridad invocada.

LA CONCLUSIÓN DE LA PERTINENCIA DEL MOMENTO DISCURSIVO (PLACEMENT)

Bastante próximo al criterio de Walton de si existe una relación entre el discurso de la autoridad y la conclusión argumentada, nuestro cuestionamiento se limita a desplazar el foco. El argumentador debe demostrar que es particularmente consciente del *lugar* que ocupa esa cita en la progresión del discurso, lo que significa tener la maestría de que la doctrina de la autoridad no tiene razón de ser cuando se aparta del propio argumento; *contrario sensu,* cuando se incorpora al discurso, debe demostrarse su relevancia en ese momento específico.

En general, como hemos dicho, la coherencia entre argumentos es algo que no hace falta afirmar, pero aquí se puede abrir una excepción muy relativa. Como se trata de invocar la autoridad, hay un momento en el que el argumentador tiene que demostrar el dominio sobre esa cita, en el *locus* exacto en el que se encuentra. De lo contrario, volverá a parecer un mosaico de opiniones concertadas por un sentido vectorial, pero sin —en lo que a esto se refiere— la necesaria pertinencia del discurso y su posición. Al funcionar como un importante captador de atención, existe el riesgo de que la propia autoridad destaque sobre la progresión argumentativa. Por lo tanto, es tarea de quienes la invitan al texto demostrar que se le asigna un momento pertinente, como personaje que ocupa un lugar específico dentro de la trama.

En el contexto de las tesis académicas, es frecuente ver las opiniones de autoridades añadidas en notas a pie de página, como un apoyo que está entre lo cuantitativo y, como diremos más adelante, lo estético. En el discurso forense, por su parte, no es infrecuente que el escritor termine el subtítulo con la enunciación de la doctrina. La doctrina es la última palabra. Cuando actúa así, salvo en casos muy excepcionales, el escritor demuestra que ha perdido el dominio exacto de la convergencia de la cita para su tesis, como, en una narración, un personaje que aparece al final de una escena, sin ninguna función en la trama. Estamos casi en el nivel estético del texto, pero aún no: el orador debe demostrar que sus ideas *rigen* el curso y la autoridad es un accesorio, un apéndice. Sólo entonces el argumento es válido como *argumento* y no como lección de cátedra. La conciencia del tiempo y el espacio del argumento de autoridad lo transforma en un potente convencimiento de algo que sobra y, por tanto, socava el ritmo y la coherencia.

Los grafitis atribuidos al artista Banksy demuestran que cualquier expresión no vale por sí misma: tiene un momento y un lugar concretos para aparecer. Los ratones pintados en el muro interactúan con el paisaje real de la torre Eiffel.

FORMAS ESPECÍFICAS DEL ARGUMENTO DE AUTORIDAD

La utilización de la doctrina jurídica es el principal argumento de autoridad en derecho. Tiene la ventaja, como ya se ha dicho, más allá de la reputación del experto, de la imparcialidad, porque se escribe sin un destinatario específico. Es un instrumento para demostrar la imparcialidad en la discusión jurídica. La desventaja, por supuesto, radica en su carácter genérico, por lo que el argumentador siempre debe tratar de probar su adecuación al caso concreto. La doctrina citada se construyó en un momento alejado del caso concreto y nunca se adecuará exactamente a él.

Otros dos ámbitos de argumentación de autoridad son las pericias y los dictámenes. Éstos, a diferencia de la doctrina, son específicos.

Las pericias en general

Las pericias en general son una forma de producir el argumento *ad verecundiam*. El perito emite una opinión fundamentada sobre una materia que se presume que domina, y sus conclusiones se aceptan como ciertas. No obstante, el informe debe estar suficientemente motivado para permitir una contradicción. La ley procesal de algunos países latinos ha avanzado[150] y, en Brasil, por ejemplo, ahora se exigeuna fundamentación de la pericia "con coherencia lógica, indicando cómo ha llegado a sus conclusiones", lo que revela la necesidad de una argumentación analítica. Además, la cuestión de la coherencia científica también aparece en el texto, cuando se afirma que debe haber "una indicación del método utilizado, aclarándolo y demostrando que es predominantemente aceptado por los especialistas en el área de conocimiento de la que procede". El propósito de la ley, en este punto, es someter el argumento de autoridad a criterios más seguros que el *simple quia nominor leo.*

Sin embargo, principalmente en América Latina, hay que reconocer que las pericias de las autoridades públicas, e incluso la pericia privada en la que antes confiaba el magistrado, se presume mucho más fuerte de lo que el sentido común, la lógica y, sobre todo, el proceso democrático deberían recomendar. Ya sea por la evidente cobardía de la propia autoridad pública a la hora de enfrentarse al Estado[151], ya sea por la comodidad de hacer descansar todas las conclusiones en una única prueba, aunque no esté plenamente demostrada, cualquier contradicción con el trabajo del perito es extremadamente raro. Cuestionar este exceso de confianza en los agentes del Estado requeriría muchas líneas en este estudio, pero no se puede dejar de decir que, aunque con todo respeto a los profesionales expertos, es obligatorio para el Estado de Derecho exigir la presentación de pruebas de cada una de sus afirmaciones aunque sean de expertos oficiales, rechazando la atribución de la condición de veracidad sólo por su origen. La eliminación de presunciones debe producirse no sólo porque todo agente, estatal o privado, está sujeto a corrupción, sino también porque la realidad es compleja, el acceso a la información es defectuoso y los medios de análisis son variados y a menudo controvertidos entre los propios peritos.

Así pues, la pericia puede ser un gran locus de argumento de autoridad, sujeto a todas las cuestiones planteadas aquí como fundamentales.

Los pareceres

Con relación a los pareceres, ya hemos hecho varias referencias a ello, ya que representan, en la práctica jurídica cotidiana, una forma habitual de utilizar el argumento de autoridad.

El parecer es la opinión del experto, aplicada. Debe estar bien fundamentado y tener pruebas, confiabilidad y coherencia, como se exige a todos los argumentos autorizados válidos, como ya se ha explicado en los temas anteriores. Es habitual que los profesores de Derecho, generalmente juristas, sean contratados por las partes para que emitan dictámenes en casos específicos. Así, su escrito se transforma en la aplicación de la doctrina al caso concreto.

El parecer se refleja en la solución de un caso específico, que suele ser más complejo e intrincado. El consultado formula preguntas, cuestiones a la autoridad consultiva, que, objetivando responderlas, estudia el problema en un razonamiento preliminar. Por lo tanto, un parecer con una redacción técnica es aquel que esboza, en su razonamiento, un camino que proporciona apoyo a las preguntas que aún deben ser respondidas. Es necesario que el parecerista presente su currículum vitae, si no está ya reconocido públicamente (cuestión de experto); que demuestre al principio o diluido a lo largo del texto su cxperiencia en el tema sobre el cual diserta (cuestión de área); que exponga, en un recorrido lógico-argumentativo, todos los puntos en los que se basa su opinión (cuestión de pruebas); que compare su resultado con la doctrina de otros expertos (cuestión de consistencia) y, además, que demuestre que su postura ya ha sido adoptada por él en otras ocasiones (cuestión de confiabilidad).

Sin embargo, el consultor que encarga un parecer, con la intención de utilizarlo como argumento de autoridad, conoce obviamente la dirección en la que deben apuntar las respuestas del parecer. Por ello, no es raro, por no decir extremadamente frecuente, que las preguntas que se formulan en los pareceres destinados a la argumentación magister dixit sean *preguntas retóricas*, es decir, aquellas cuya respuesta, en términos generales, ya conoce el consultante. Con respuestas fundamentadas que cumplan los requisitos de un buen argumentum ad verecundiam, el parecer se transforma en un excelente argumento y goza de las ventajas típicas del *magister dixit*: la presunción de conocimiento (de veracidad) y la presunción de imparcialidad.

La presunción de imparcialidad del magister dixit pierde terreno en algunos —pocos, hay que decirlo— casos en los que el propio evaluador deja de *fundamentar* para *argumentar* en *sentido estricto*. Su interés va más allá del primordial (porque nunca es puro) discurso científico, la fundamentación, para lanzarse a una obra puramente argumentativa, es decir, centrada en el propio lector. En este sentido, como ya hemos visto en el Capítulo III, el opinante abandona la exposición de su propio *convencimiento* para exponer las ideas que tienen mayor efecto persuasivo sobre su lector específico, ya sea el inmediato (el consultante) o el *mediato* (el juez de derecho o la autoridad administrativa, en el caso de pareceres formulados para ser adjuntados a los autos).

Si se produce tal distorsión, el parecer carecerá de *imparcialidad*, que representa una de las fuerzas argumentativas del *magister dixit*. Al fin y al cabo, a diferencia de lo que ocurre con la doctrina citada en un artículo copiado de un libro o revista publicado por puro interés científico, en estos casos distorsionados, el opinador se revela como una persona con un punto de vista comprometido, ya que defiende un interés. No puede decirse —como nunca se dice en materia de argumentación— que el orador esté dispuesto a mentir o a engañar, pero sí es cierto que el punto de vista comprometido con un interés a defender elimina el pilar de la imparcialidad, que es uno (aunque no el principal) de los que sustentan la argumentación *ab auctoritatem*.

Pero esa falta de imparcialidad no aparece por presunción, sino que deba ser probada por quien pretende demostrar o corromper la validez del pronunciamiento del *magister dixit* en el parecer. Un caso más delicado se plantea cuando el evaluador, en su pronunciamiento concreto, contradice una posición previamente escrita en su doctrina. Cuando lo hace, corrompe la autoridad del pronunciamiento en términos de *confiabilidad* (véase el subtítulo anterior), y así la opinión, como argumento, pierde su valor, deja de persuadir.

Algunos operadores del Derecho, en su trato diario con los pareceres jurídicos incluidos en los autos del proceso, indican la posibilidad, para nada rara de pronunciamientos que carecen de coherencia con la opinión expresada en la doctrina previa del evaluador. Para ello cuentan con un argumento convincente: que sería innecesario recabar el parecer de una autoridad si ésta ya hubiera expuesto en su doctrina la tesis que se pretende defender, pues bastaría con copiar, en citas, el extracto de la doctrina pertinente para el caso concreto. Argumentación convincente que hace hincapié en la vigilancia de la validez de los pareceres, que a menudo enardecen los procesos con consideraciones tomadas por la parte.

Sin embargo, es necesario tener mucho cuidado cuando se intenta desvalorizar una autoridad, ya que el deber de coherencia constante de la opinión de quien fundamenta (y no meramente argumenta) es observado por los sabios. Es indispensable cerciorarse de que el caso concreto no presenta peculiaridades que hagan que la opinión del consultante difiera de una hipótesis genérica o de otro caso particular sobre el cual emitiera pronunciamiento. Como es difícil, es más, imposible, que dos casos concretos sean idénticos, sus diferencias pueden llevar a conclusiones muy distintas, como comentaremos más adelante en relación con los argumentos por analogía. Sólo entonces, después de que se haya establecido que existe una discrepancia entre la opinión fuera de los aspectos peculiares de la discusión[152] del caso concreto, es que se puede demostrar que la autoridad, en su opinión, utiliza la falacia *tu quoque*[153], la lengua bifurcada.

El orador debe, así, saber transponer el parecer a su discurso, porque sólo entonces disponemos de un elemento lingüístico destinado a convencer. Nuestras preguntas auxiliares deben ser respondidas: si el argumentador tiene pleno dominio del porqué de esa autoridad. Si el orador puede garantizar la absoluta imparcialidad de la fuente, que en el caso del parecer es la realización de la consulta mediante honorarios; si el orador sabe exactamente el momento, el punto de la argumentación en el que ese parecer es pertinente, sin delegar su camino en las palabras del parecer. Así, cumplirá los requisitos que proponemos para la calidad del argumento, en la intersección entre el pronunciamiento de la autoridad y el discurso de quien invoca la autoridad, siempre como *fragmento*, como uno de los soportes de su tesis.

EXAGERACIONES Y MAL USO DEL ARGUMENTO

Cuando se estudia un tipo de argumento, se debe conocer sus puntos fuertes y débiles.

A lo largo de este capítulo, hemos diluido diversas formas de devaluar este tipo de argumento, principalmente afirmando que, en el discurso judicial, ha sufrido una hipertrofia indebida, es decir, se ha dado mayor crédito a la fuente que a los fundamentos de su afirmación, cuando, evidentemente, debería ser todo lo contrario.

En resumen, hay dos caminhos distintos para destruir un argumento *magister dixit*. La primera consiste en desviar la discusión de la persona de la autoridad a sus propios fundamentos: la autoridad no puede, sólo por su notorio conocimiento, liberarse de la carga de fundamentar todas sus opiniones, pues de lo contrario sería, por así decirlo, una "autoridad arbitraria". Y esto no está permitido, al menos en el ámbito científico.

No sólo en Derecho se eligen *autoridades* que emiten pronunciamientos, los cuales están sobrevalorados. Con el "poder" de la autoridad, muchos eruditos, científicos y profesores se expresan sin tener que molestarse en demostrar los fundamentos de sus conclusiones. Y, sin embargo, persuaden, porque el pronunciamiento autoritario es la consecuencia del poder. Como solemos ilustrar[147], recordamos la historia de Carpaccio, contada por Luis Fernando Verissimo. Carpaccio era un bufón de la corte de un reino medieval, famosísimo por su competencia.

Hacía reír a los bichos y a las piedras, como solían decir. Por ello, tenía a sus pies a todos los súbditos del reino, quizá más que el propio rey. Cierto día, insatisfecho, le dice al rey que él, el bufón Carpaccio, quiere ser la majestad misma, que estaba cansado de ser bufón. Seguidamente, en la pluma de Verissimo, en el diálogo entre el rey y el payaso, siguen estas ilustrativas palabras[148]:

> El rey se levantó y abrió los brazos.
>
> —Te estoy ofreciendo un reino. Mi reino. Con todas las ventajas...
>
> Carpaccio hizo su cara de poco caso, famosa en toda Europa, que todos pensaban que era una máscara cómica y era su cara más real. La boca parecía la de un gran pez triste.
>
> —¿Qué ventajas?
>
> —Riqueza, sirvientes, mujeres. Un lugar en la mesa con los nobles. Un lugar seguro en el cielo. ¿Por qué alguien más quiere ser rey?

---

147 Véanse las funciones de la ilustración, como dar concreción al texto, en el capítulo IX.

148 "Bobos II", en: *Outras do analista de Bagé*, pp. 58-9.

—Para decidir. Para cambiar las cosas, para decretar que piedra es bicho y bicho es piedra. Para sacarnos la historia de las narices.

—¡Pero eso es la desventaja del poder!

—Ese es el poder. El resto hasta un tonto puede conseguirlo, si vive lo suficiente.

La autoridad, por grande que sea, no puede asentarse en la presunción de la buena fuente de su pronunciamiento. Así adquiere el poder y puede prescindir de las razones necesarias para muchas de sus afirmaciones o, peor aún, puede caer en la tentación de innovar, sin humildad científica, con cada pronunciamiento (en hipérbole, al "decir que piedra es bicho y bicho es piedra", como en la ilustración anterior). De ahí la posibilidad de aquel que se tope con el argumentum *ad verecundiam* encuentre una falacia *ab auctorictatem*.

LA ESTÉTICA ESTRUCTURANTE DE LAS NOTAS A PIE DE PÁGINA

En los textos académicos, en particular, se vuelve a insistir demasiado en el argumento de autoridad. Dándonos cuenta de que estamos utilizando una metonimia genérica, podemos decir que las notas a pie de página acaban hipertrofiándose, sustituyendo al propio cuerpo argumentativo. No es difícil, en el mundo académico, encontrar textos que poco se sustentan en su propia construcción, pero se cree que son sólidas porque tienen una gran variedad de citas. En otro apartado hemos profundizado en cómo esta auténtica recopilación de referencias puede perjudicar al texto principal, pero aquí nos centraremos en lo que realmente influye en la argumentación de la actividad jurídica en sí misma. En un contexto en el que la actividad académica ya está muy extendida en la vida cotidiana de quienes operan el Derecho en los tribunales, en cierta medida estas consideraciones también sirven para la retórica forense. Las diferencias se puntuarán posteriormente.

Podemos pensar en un cuadro de una gran batalla de la Edad Moderna, con caballería, como tantos que existen, creado para alabar las hazañas de los comandantes victoriosos o de los soldados caídos. La pintura, como ya hemos visto, debe ser intencional y conducir, a través de una serie de efectos (proporción, perspectiva, sombreado o incluso la forma de desenfocar los paisajes desenfocados) a un centro de la mirada. Posiblemente, este centro será un héroe específico, que comanda —como Napoleón en su caballo— o algún guerrero en plena acción. Si pensamos en un héroe-comandante, sabemos que necesita de su ejército. Por eso, en ese gran cuadro que imaginamos, habrá varios personajes componiendo la escena: soldados, caballos, armas, cuerpos caídos: un centenar de objetos y personajes diferentes, para dar magnanimidad al cuadro. Si observamos la pintura en su totalidad, nos damos cuenta de que todos estos personajes tienen su función específica, sugerir una narrativa, pero su papel principal es innegable: respaldan a la figura principal. Sobre ellos, por encima de todos, se alza la figura del protagonista de la imagen.

Antes de adentrarnos en las funciones argumentativas, hay que tomar esta estética: todo texto académico se apoya, casi literalmente, en citas. Éstas funcionan como cimientos del cuerpo del texto, basándose en la proporción y el enfoque, al igual que una pintura: la primera (y a veces única) valoración que hace el interlocutor del texto académico es observar la cantidad y diversidad de las notas de pie de página. Si son muchas, se entiende que el transcurso del texto se sustenta en. Siendo pocos, se pensará que el texto carece de base de sustentación. Un pensamiento mágico, por pura asociación, por el que se entiende que el texto vale sus referencias, que rara vez se leerán a detalle.

La necesidad y el problema de la dictadura de las autoridades no acaban de empezar. Quizás el libro más revolucionario de todos los tiempos, que consiguió romper todo un estatus de valores dominantes y de escritura sin tener que apelar a neologismos ni romper reglas gramaticales, comienza con una enorme lección sobre el (falso) valor de las autoridades y la facilidad que existía, al recopilarlas e insertarlas como nota en el texto, para demostrar erudición. En el prefacio a la obra tantas veces citada aquí, Cervantes relata una conversación con un crítico de los originales de su obra. Y relata el consejo de que, para hacer citas relevantes, basta con buscar "un libro que las recoja todas, de la A a la Z", y así seleccionar las que parezcan más importantes. Esto ya ocurría en el siglo XVII. Y dice que, si las citas no sirven para nada, "al menos ese amplio catálogo de autores servirá para dar, de improviso, autoridad al libro[154]". El autor dice en su metalenguaje que la obra puede adquirir autoridad citando a Aristóteles y Cicerón, pero que debe concentrarse en la historia, en las reacciones del lector, y menos en "citar al margen los libros y autores de donde tomaste las frases y dichos que pones en tu historia". Sí, el problema existía desde entonces, y el Quijote *también* quiso romper esa cadena.

Así tenemos: por un lado, la percepción estética —equivocada, pero presente— de que el texto se apoya en sus notas a pie de página; por otro lado, la facilidad para buscarlas como falso supuesto, es decir, que la cita no es la base misma del cuerpo del texto, sino sólo un complemento en busca de esa estética. Pensamiento mágico, una vez más.

Claro que esta condición no es la ideal y nuestra posición es extremadamente crítica con la sobrevaloración de las notas a pie de página, especialmente en la construcción de la ciencia. Este abuso de las referencias conduce a una larga cadena de consecuencias deletéreas, que clasificamos en dos niveles: el del propio texto y el de los extratextuales, en especial la ciencia jurídica en sí misma. En resumen, en el texto, Entre ellas se encuentran (**a**) la falta de coherencia y ritmo del discurso, porque desvía el foco de su propia argumentación hacia la reproducción de otros textos; (**b**) su falta de originalidad, porque la reproducción de la lectura de otros, aunque importante, frena cualquier evolución. Al fin y al cabo, cualquier pensamiento original no encontrará, por su propia esencia, antecedentes que citar, y, en esta lógica, tal ausencia de referencias se interpretará como falta de razón; **c**) como consecuencia directa de ambas (a y b), la desvalorización de las ideas de todo el texto, como cuestión topográfica: el lector tiende a mirar rápidamente *cualquier* texto que le parezca una reproducción, una catalogación de otros textos, sobre todo en estos tiempos tecnológicos, en los que el ordenador es capaz, por sí solo, de encontrar las referencias en una base de datos, prácticamente listas. En este punto, la relación del lector con las notas de pie de página es ambivalente, por no decir esquizofrénica: al mismo tiempo que reclama su presencia, en esa impresión estética de que el pie de página grande y sólido es el que sostiene el cuerpo del texto, evita leer el texto mismo, porque sabe que allí no son más que reproducción de lo que ya conoce. Por otro lado, el autor es quien conocerá a su público y, lamentablemente, muchas veces será más apropiado que su construcción textual asuma más la fachada de una gran reproducción de textos ya publicados, que propiamente la construcción de un camino propio, capaz de cambiar la cosmovisión, de transformar el pensamiento del lector.

Para la propia ciencia, el efecto de la sobrevaloración de las referencias, como en un bucle de retroalimentación, es también gran parte de su causa. La capacidad de un científico se mide por el impacto de su publicación, y dicho impacto, a su vez, (d) se mide por el número de citas que las redes encuentran en su texto. Así, los científicos exigirán referencias[149] y tenderán a desvalorizar los textos que no les citen a ellos o a sus compañeros, creando auténticas burbujas de conocimiento, en un fenómeno muy similar al que se produce en las redes sociales.. El grupo es autorreferencial y el valor del texto científico se mide por este movimiento circular y centrípeto, que apunta al mismo núcleo referencial, despreciando todo un universo de pensamiento que podría ser explorado. Los mecanismos de medición de impacto contribuyen a agravar el problema, atribuyendo relevancia a las nuevas publicaciones a partir de esas referencias que busca, en una nueva reinflación del sistema; (e) Como problema más grave, los propios autores, en la lucha por ser citados, buscan siempre escribir sobre los mismos temas, por-

---

149 Así, de modo realista: KHOKHLOV, A. N. How scientometrics became the most important science for researchers of all specialties. *Moscow University Biological Sciences Bulletin*, 2020, vol. 75, n° 4, p. 159-163.

que son los más buscados para publicar[155]. En este sentido, toda la ciencia se dirige hacia los temas que se ponen de moda, citando los textos que ya son los más relevantes (en una tendencia a reproducir su punto de vista), lo que destruye temas menores e impide el crecimiento de científicos con opiniones divergentes. Si a esto añadimos que las lenguas menos difundidas científicamente no encuentran lectores, prácticamente se entierra el futuro de los textos que pretenden estudiar problemas locales, o imponer como relevantes los problemas que no son vistos como tales por la comunidad científica dominante. Esta espiral se acerca mucho a lo que se ha llamado el *asesinato* epistémico.

Todo ello convergerá en la dictadura de las autoridades, que nos importa esencialmente en retórica.

Evidentemente, partimos aquí de este punto de vista crítico para la argumentación. El riesgo, ya materializado, de que abogar por un menor número de citas se interprete simplemente como una forma de evitar la lectura y las referencias ya se ha hecho, según nuestra experiencia[156]. Las notas de pie de página y las citas de diversas obras tienen muchas funciones relevantes e indispensables. Mencionamos aquí brevemente cuatro de ellas: (**a**) aportar pruebas documentales de lo que se afirma, evitando el plagio; (**b**) permitir al lector consultar fuentes primarias, así como complementarias, para profundizar en el tema; (**c**) demostrar, en el contexto general, que quien escribe el texto ha realizado una lectura exhaustiva sobre el tema; (**d**) como consecuencia, librarse del llamado Síndrome de Adán, es decir, imaginar que uno es el primero en exponer una determinada tesis o idea, como si fuera el primer ser creado en el planeta. Es muy probable que una idea que un autor considere original ya haya existido, haya sido trabajada y tal vez superada por otros autores. Así, en ciencia, las referencias a otros autores han de ser constantes, ya que el texto científico no es, a diferencia del Quijote, "una gran invención",[157] que prescinde de antiguas referencias.

Por lo tanto, aquí nos referimos al *abuso* de las notas de pie de página, más no a su uso habitual, especialmente en ciencias. Pero si constatamos, como se ha dicho, que el discurso académico se introduce en la retórica forense, y que esta obra equipara en gran medida la producción científica humana, la retórica y la narrativa, estas observaciones alcanzan su pertinencia.

Nuestra crítica al exceso de notas de pie de página, a pesar de reconocer su función, sirve como punto de reflexión para el lector, al menos para que tenga claro que la construcción de un texto fluido es más relevante que las referencias, pero, sobre todo, que, aunque opte por llenarse de estas citas circunstanciales, no puede delegar en ellas el sustento total del texto. La argumentación no puede apoyarse únicamente en la autoridad, ni utilizar la nota de pie de página como base: se trata de un complemento. Por otra parte, al tratarse de técnicas de persuasión, nuestra crítica no puede superponerse a una realidad dominante: como regla, las notas a pie de página son valoradas por el lector, como lo eran en los tiempos de Cervantes, aportando legitimidad al texto. Si esa legitimidad es falsa o real, cada lector deberá discernirlo.

EL MAYOR INTELECTUAL DEL MUNDO: LA PERTINENCIA DE LA AUTORIDAD

Las cuestiones relacionadas con el problema de las autoridades en las ciencias humanas nos plantean interrogantes sobre el uso de las citas en la retórica forense. El problema de fondo, basicamente, es saber cuánto de lo que dicen las autoridades se acerca a la verdad, o cuánto de su propia construcción, aunque nunca admitida o ni siquiera consciente por el propio *magister*, se transforma en un alejamiento de lo aceptable y lo razonable, de forma contrafáctica, precisamente para demostrar autoridad. En otras palabras, quien domina una determinada área del saber, en un momento dado, ejerce la autoridad *como autoridad* cuando se aparta de todo criterio de razonabilidad.

Me atrevo a utilizar un ejemplo que a muchos de mis colegas les resultará familiar. En los últimos años de la carrera de Derecho, solía trabajar en una escuela, con clases de escritura para adolescentes. La Facultad de Letras y Filosofía de la universidad a la que asistía convocó a cierto lingüista para dar una conferencia, un intelectual cuya obra yo ya había leído en parte, y que era realmente muy interesante. Pero todos los profesores de la escuela en la que estaba se organizaron para asistir a la conferencia, lo cual parecía extraño: éramos de derecho, gramática, biología, geografía e historia, ¿por qué íbamos a estar *todos* interesados en asistir? Las plazas estaban muy disputadas, pero mi escuela nos facilitaba algunas entradas.

Los profesores multidisciplinarios estaban interesados en asistir a la conferencia porque no iba a darla un lingüista cualquiera. Iba a darla un profesor al que todos calificaban como "el mayor intelectual del mundo". Para nosotros, que todos teníamos pretensiones intelectuales, asistir al "más grande del mundo", significara lo que significara eso, era una oportunidad que no podíamos desaprovechar.

Fui a la conferencia, un auditorio abarrotado. Con todos mis respetos, me pareció un tipo brillante, pero ya detecté algunos juegos retóricos que he apuntado, porque en aquél entonces redactaba el borrador de lo que, unos años más tarde, sería la primera edición de este libro. La deferencia del público hacia el intelectual era casi religiosa, y él no los defraudó: como un semidiós, presentó soluciones a casi todos los problemas del universo. No ignoro que hay que referirse a él, muchas, muchas veces, por su visión del mundo, su capacidad intelectual —que es inmensa—, su erudición y su disciplina en la investigación y en la construcción de un *corpus* teórico propio, para la lingüística. Sin embargo, no encontré ningún fundamento para que sus frases fueran, como se ha dicho, un dogma para los oyentes. Por un lado, su título de "mayor intelectual del mundo" no debió ser promovido por él mismo —como en la conocida figura de Napoleón autocoronándose— pero, por otro lado, también quedó claro que nuestro personaje, a diferencia de Bob Dylan que recientemente rechazó ser galardonado con el premio Nobel de Literatura[150], no abdicó

[150] O, de modo mucho más sonante, Marlon Brando, con el Óscar por su participación en *El Padrino*.

del título de rey de los intelectuales. Su conferencia, aunque retóricamente muy interesante, fue mucho más allá del ámbito en el que ese intelectual era verdaderamente brillante.

Llevamos casi treinta años de esta hazaña, y dicho profesor sigue ostentando el título de "mayor intelectual del mundo". Una búsqueda en Internet muestra que, en la actualidad, la prensa de mi país aún da cabida a la máxima "El profesor da soluciones para el futuro de Brasil". Escuchas sus soluciones y, de nuevo, aunque las pronuncia alguien excepcionalmente inteligente, no te parecen innovadoras. El mayor intelectual del mundo, de ser así, tendría una solución única en la que nadie ha pensado jamás, como un campeón del mundo de ajedrez crea una jugada que ningún ser humano ha podido calcular. Aprovechando el tema, la pregunta que me hice en su momento sigue en pie: ¿por qué no es el mayor intelectual del mundo Bob Fischer, en el ajedrez, Vargas Llosa u otro escritor literario latino, o algún antropólogo chino a cuya obra ni siquiera fue vertida a idiomas occidentales?

No se trata sólo de rebelarse contra la arbitrariedad de estos títulos, que abundan. El problema radica en el camino que debe recorrer el intelectual para alcanzar notoriedad y, a partir de ahí, lo que puede ser perjudicial, en nuestro campo del Derecho, todavía mucho más proclive a las relaciones de poder que otras áreas. En definitiva, no es difícil darse cuenta de que uno de los grandes ingredientes para que el intelectual destaque entre su élite y asuma la posición de monarca es su capacidad para crear polémica. Así pues, llevar tu ideología al extremo es la fórmula para conocer a los medios de comunicación: los extremos atraen a los estudiantes porque los elevan a puntos utópicos, altamente seductores. Y son del gusto de quienes producen ciencia, porque aportan una razón al debate, como un faro que brilla para atraer la crítica mientras le da un norte. La situación se agrava en épocas de sobreproducción de conocimientos, cuando hay que crear controversias, para dar lugar a continuos debates, por deseo de las pseudociencias. La ciencia humana necesita una polémica incesante, del mismo modo que, exagerando, los periodistas deportivos necesitan partidos de fútbol todos los miércoles y domingos, de lo contrario no tienen su labor. Las columnas de sociales también demandan matrimonios, divorcios y posibles infidelidades conyugales. Parte de un gran engranaje de la sociedad, que incluye la academia jurídica y también la actividad forense. Como dijo una vez un poeta, "si no fuera por el crimen, mucha gente se moriría de hambre"[151], también tenemos, cuando estamos en la posición de un doctrinal —que no es el caso aquí—, que crear controversias o intentar resolverlas, para mantener la discusión jurídica en movimiento. Preferiblemente, en un movimiento de mejora, pero no siempre.

CONCLUSIÓN

En el discurso forense, sin embargo, hay que cortar la espiral de creación descrita en el subtítulo anterior, porque el juez tiene que tomar en cada momento una decisión definitiva sobre el caso. Es también un ejercicio de creación/mantenimiento de la coherencia discursiva, pero con al menos dos grandes diferencias: la primera, que debe descender a la realidad de la casuística, del caso concreto, y entonces sus soluciones son puestas inmediatamente a prueba, en confrontación con el mundo real y todas sus presiones; la segunda, que el juez no puede seleccionar recortes, problemas concretos y prescindir de otros elementos, en un proceso de depuración común a la doctrina. El juez está obligado a decidir lo que se le plantea en su totalidad, por lo que la parcialidad práctica de su texto es una gran cualidad, al igual que la de quien intenta influir en su decisión.

---

151 En este sentido, la letra del cantante de samba Dicró: "Si no fuera por la delincuencia, mucha gente se moriría de hambre. El vagabundo es quien garantiza el pago de los hombres. Porque un preso crea empleo, puedes creerlo: hay un policía para detener, un comisario para procesar, un fiscal para 'hacerle la calavera', un juez para condenar, un carcelero para cuidar y un abogado para liberar", Dicró, *Cabide de Emprego.*

Nuestra conclusión es la misma: la autoridad, como doctrina, al inmiscuirse en el texto jurídico, debe hacerlo guiada por el discurso del argumentador. De lo contrario, el riesgo de desviarse de la solución pretendida, con efecto inverso, es alto.

Capítulo VIII

Argumentación por analogía: el uso de la jurisprudencia

LA ANALOGÍA Y LA ILUSTRACIÓN

En la mitología griega, Prometeo roba el fuego a la humanidad y, queriendo jugar a ser dios, recibe un cruel castigo. Una leyenda que ilustrará siempre la figura de todos aquellos que se atrevan a inmiscuirse en el proceso de creación de la vida, Mary Shelley lo rescató como subtítulo de la obra: "Frankenstein: or the Modern Prometheus". Fuera de la mitología, conflictos tan llamativos como Hamlet o Romeo y Julieta se reinventan en diversas obras contemporáneas, lo que siempre nos llevará a que se repita la pregunta de si Shakespeare fue un creador de textos que merecen ser actualizados y traducidos a los tiempos contemporáneos, o si simplemente (entiéndase bien lo de "simplemente") supo captar los grandes conflictos, sistematizarlos y recopilarlos en sus obras teatrales. Alguien dijo una vez que, después de Shakespeare, no hay nada nuevo en dramaturgia[158]: todos los grandes dramas no son más que versiones de sus estructuras.

García Márquez consiguió llevar al extremo esta relación cíclica. Gran parte de la magia de su obra más famosa reside en la repetición de los destinos de los personajes, hasta el punto mágico de poder narrar, como si ocurrieran simultáneamente, los acontecimientos de personajes separados por generaciones. En otras palabras, la obra se basa en la realidad de que los hechos se repiten[159], si no idénticos, similares.

Ahora, vayamos al Derecho, atendiendo las debidas proporciones, utilizamos la misma premisa: los problemas llevados al Poder

Judicial son complejos fácticos, narrativa de conflictos[152], como hemos insistido. La existencia de este conflicto, en el plano de la realidad, desencadena un nuevo enfrentamiento judicial, que debe resolverse mediante una sentencia. Pero estos complejos fácticos son forzosamente similares a otros que han existido en el pasado, porque, como en un catálogo shakesperiano, los dramas y conflictos humanos están muy próximos en su esencia. Tanto el autor de la obra literaria como el juez pueden elegir en qué sentido va el resultado de su conflicto, pero el juez está *más* apegado a una norma[153]: conflictos similares deben resolverse de la misma manera.

Con esto, ya entendemos que el *argumento por analogía*, en derecho, se ancla esencialmente en el uso de la jurisprudencia o, mejor dicho, en los precedentes del tribunal. También, que el gran arte de construir la analogía estará en demostrar que existe una relación de similaridad, punto por punto, entre el caso paradigmático y el caso concreto en el que debe aplicarse el argumento.

JURISPRUDENCIA: LA ANALOGÍA Y LA AUTORIDAD

La utilización de la jurisprudencia se convierte en un argumento a *simili* (o por analogía) en la medida en que se utiliza una determinada sentencia como parámetro o paradigma del resultado que se pretende alcanzar.

Pero la jurisprudencia también está dotada, en cierta medida, de la fuerza de la autoridad. No sólo autoridad jurisdiccional, sino

---

152 En la proximidad narrativa de la jurisprudencia, incluido el análisis de los factores estéticos, véase la ya clásica, WEST, Robin. *Jurisprudence as narrative: An aesthetic analysis of modern legal theory. NYUL Rev.*, 1985, vol. 60, p. 145.

153 El autor literario, a pesar de su libertad, está, por coherencia, atado a un desenlace determinado. O, al menos, el lector tiene la sensación de que, aunque sorprendente, el desenlace no podría ser otro en una buena narración. Es un análisis a ex post de cualquier obra, pero siempre es eficaz.

autoridad científica, tal como se expone en la lección anterior, el argumento *ad verecundiam*[160]. También tiene, como factor de apoyo, la presunción de que el ponente de la sentencia invocada como paradigma conoce bien el Derecho y, en consecuencia, es improbable que se pronuncie mal sobre cuestiones jurídicas.

Como es bien sabido, una sentencia de un tribunal superior tiene, en teoría, mayor efecto vinculante que la decisión de un simple magistrado del primer grado de jurisdicción, pues se *presume* que el marco científico-jurídico del ministro de la judicatura es mayor que el del magistrado al principio de su carrera. Ciertamente, una presunción.

Si consideramos el aspecto *autoritativo* de la jurisprudencia, existe una ventaja en la cita de doctrina, algo ya insinuado en el capítulo anterior: la jurisprudencia nace del caso concreto, por tanto su vinculación con la realidad, la plausibilidad de la aplicación de los dictámenes puestos en ella ya está probada. No es un experimento ni una utopía, como podría ser una doctrina más avanzada. Por supuesto, la jurisprudencia tiene desventajas, entre las que destaca que mezcla o confunde la *autoridad* argumentativa con la autoridad judicial, por lo que trasplanta lo que es menos razonada y más arbitraria para el mundo de las ideas jurídicas. Pero esto es menos discutible[154].

En este punto nos interesa más estudiar el uso de los precedentes judiciales en los textos jurídicos como argumento de analogía. La comparación entre un conflito otro lo identifica, reclamando la misma solución final. Es lo que se llama argumento *a simili*.

USO DE LA JURISPRUDENCIA: CANTIDAD Y CALIDAD

Parece bastante real el hecho que se relata, con Albert Einstein como protagonista. Cuando explicó la teoría de la relatividad, coleccionó, como es bien sabido, muchos detractores. Científicos

---

154 Remitimos toda la cuestión del argumento de autoridad al texto anterior.

que no creían en sus innovaciones[161], a pesar de que la realidad cuántica ya era ampliamente aceptada por muchos. Aprovechando esta controversia en sus inicios, el editor Hans Israel publicó en 1931, el libro '*hundert Autoren gegen Einstein*' (100 autores contra Einstein), en el que muchos científicos escribieron y otros fueron referenciados, hasta alcanzar un centenar, como opositores al genio alemán. Hasta aquí estamos bien documentados, ya que el libro existe y puede consultarse en varias reimpresiones. Se dice, sin embargo, que Einstein, al recibir la obra en mano, habría declarado: "pero, si me equivoco… sería suficiente un único científico".

Genio, como siempre, esa respuesta suya, si no es real, está bien inventada. Al presentar sus teorías innovadoras, Einstein invitó a la comunidad jurídica a quebrantar su razón, y no a reunirse en gran número para desmentirlo. La cantidad de opositores no comprueba un argumento. Al contrario, oprime y demuestra que la unanimidad existe para romperse y, cuando se rompe, provoca sin duda reacciones conservadoras en quienes no aceptan cambios de paradigma. Si pensamos en el año en que se publicó este libro (1931), cuando el antisemitismo en Alemania ya se preparaba para otro holocausto, la reacción ante el hecho de que un judío pudiera hacer avanzar a la humanidad hasta cálculos y dimensiones antes inimaginables era casi predecible.

Einstein tenía razón en reírse de la conspiración de científicos contra su teoría, claro, si se considera el mundo científico puro. Una sola demostración bastaba para deconstruir su hipótesis: una idea, algo de tiza y una pizarra. Sin embargo, en este universo de "pensamiento mágico", donde se mueve la argumentación, no es así: la reunión de varias autoridades de la ciencia contra un solo científico, en gran parte incomprendido, fue un factor de imposición e intimidación. Hoy en día se siguen publicando libros con esa naturaleza de confrontación por volumen, en el ámbito jurídico especialmente: varios autores defendiendo un punto de vista; o incluso manifiestos y cartas uniendo autoridades para tratar de imponer una verdad, mucho más por cantidad que por argumentos.

Si pasamos a la práctica, la jurisprudencia[162] trae mucho de esta creencia del pensamiento mayoritario. Abundan los textos jurídicos que recogen sentencias en el mismo sentido, como si la cantidad impusiera la verdad[155]. Esta estrategia, aunque pueda resultar persuasiva para el lector más desprevenido, pierde valor en la época contemporánea, por varias razones. Algunas de ellas: (a) el lector sabe que las sentencias recogidas han pasado por el filstro de la selección del argumentador. Por tanto, aunque el número de sentencias indique una "abrumadora mayoría" de jurisprudencia en sintonía con la tesis defendida, la cantidad no es tan representativa como en otras ocasiones; (b) los buscadores informáticos promueven interacciones casi infinitas para cosechar estas sentencias, por lo que se sabe que la jurisprudencia, si en tema amplio, es bastante surtida; (c) la enunciación del resumen de las sentencias, normalmente los que caben en las citas, oculta detalles que serían decisivos para marcar la pertinencia o impertinencia de la analogía pretendida; (d) la cantidad de sentencias difumina datos más relevantes para la analogía, como la pertinencia del Tribunal que la declara o la fecha en que tuvo lugar. Esta relación de poder es importante para el caso concreto.

Esta persuade por la *autoridad* del tribunal (el tribunal más respetado, como argumento de autoridad), por su *actualidad* y por la

---

155 Es bien cierto que algunos métodos, principalmente norteamericanos, pretenden demostrar la razonabilidad de una sentencia por el número de precedentes, pero en este sentido se trata de una medida cuantitativa con varios criterios de medición, no sólo la enunciación, en el texto, de una multitud de decisiones, ausente la demostración de proporcionalidad con el número real de decisiones en sentido contrario. En este caso, la cantidad no es determinante, sino la adherencia. Así, en el método propuesto por Baker: "When the arguments of one party are convincing, the judge would rule in that party's favor on the basis of closeness with the set of precedents presented; when a definite conclusion is unclear, the judge would invest additional resources to discover which sets of precedents govern". BAKER, Scott; MEZZETTI, Claudio. A theory of rational jurisprudence. *Journal of Political Economy*, 2012, vol. 120, n° 3, p. 520.

proximidad entre el foro y el tema, donde estas últimas características (*actualidad* y *proximidad*) son valores intrínsecos del argumento por analogía[163].

PRECEDENTES Y COMMON LAW

Al analizar la jurisprudencia como argumento por analogía, consideramos ahora la tendencia, nada oculta en los sistemas latinos, hacia el *common law*[164]. La admiración que existe por la técnica de los precedentes aporta, en nuestra opinión, una motivación contradictoria al sistema que la inspira: grosso modo, se pretende utilizar los precedentes para cerrar el espectro argumentativo, cuando su gran ventaja es la necesidad de ampliar la narrativa y el método analítico[165].

Ha habido esfuerzos por parte del poder legislativo, en casi toda Iberoamérica, para dar fuerza a los precedentes. La legislación adjetiva pretende establecer una jerarquía de decisiones superiores a las que los jueces de instrucción deben seguir[156], mientras que alguna vez habrá incluso alteraciones constitucionales para permitir que el Poder Judicial cree enunciados que, en la práctica, complementen la ley y restrinjan el potencial para crear nuevas interpretaciones, a través de la dialéctica argumentativa. Esto, por desgracia, es todo lo contrario de la argumentación por analogía, incluso de la jurisprudencia del *common law*: al no estar anclada en el derecho detallado, el recurso al precedente conlleva una *mayor* argumentación por las partes y un razonamiento más extenso por parte del poder judicial. El juez debe, en su método persuasivo, repensar y reelaborar las posibilidades de analogía, sobre aproximaciones y distinciones (*distinguish*[166]), algo de lo que el derecho positivo del sistema latino prescinde en gran medida.

---

156 En el caso brasileño, el art. 927 del CPC vigente en Brasil, pero también el 489, §1 y los arts. 976 a 987, todos del mismo cuerpo normativo.

Por lo tanto, el uso de los precedentes como argumento, al que aquí nos referimos, es extremadamente eficaz y no puede confundirse con el sistema vinculante, que está mucho más cerca del ejercicio de la creación normativa por el Poder Judicial: sedimenta pequeñas declaraciones, de efecto normativo, que impiden que los temas sean sometidos a nueva consideración y discusión. No nos corresponde examinar aquí la pertinencia, el alcance y la aceptabilidad de esta generalización por parte del poder judicial, entre otras cosas porque varía según cada país.

La única ventaja, en términos de libertad argumentativa, que se deriva de este alejamiento del *common law* es su apreciación real de la cultura del precedente. Si se valoran, cuando se utilizan correctamente, el análisis jurisprudencial se convierte en persuasivo. Siempre conviene subrayar que estamos bastante lejos del common law, incluso en la práctica: en el sistema latino, el mismo tribunal tiene precedentes en direcciones diametralmente opuestas y los utiliza cuando lo considera oportuno. Desgraciadamente, esta es la práctica. Una transición efectiva al *common law*, que no estaría mal, supondría otorgar a la jurisprudencia un tratamiento analítico del que estamos muy alejados. Sin embargo, como argumento es sumamente persuasivo.

A CONTINUACIÓN: VALOR Y USO DE LA JURISPRUDENCIA

Por tanto, el mejor elemento de la utilización de la jurisprudencia es el nivel de proximidad entre *foro* y *tema*, es decir, entre el caso que se discute y la solución que se pretende dar al mismo, reflejada en una sentencia paradigmática. Los menús masivos, ya lo hemos visto, no son persuasivos, salvo en los casos en que se realice un estudio cuantitativo de las decisiones, lo que es raro en el discurso forense.

Las sentencias de altas cortes suelen tener un resumen, para facilitar su uso como paradigma jurisprudencial. Los resúmenes facilitan la *pesquisa* para el interesado, pero rara vez son eficientes en el propio discurso argumentativo, salvo en situaciones especiales. En general, el resúmen de la sentencia se convierte en un recurso persuasivo en dos casos diferentes: cuando el juez es lego en la materia y no le interesa entender más que lo superficial necesario para su decisión (en el caso de cuestiones eminentemente jurídicas en el tribunal del jurado) o cuando la cuestión es tan poco controvertida que no merece, en la coherencia del discurso, mayor profundidad, reservando así más espacio para temas de menor certeza para el interlocutor. En este sentido, es sólo una ganancia de coherencia y ritmo al texto y menos un argumento por analogía.

Pero para quien utiliza la jurisprudencia es discutible la cuestión de su alcance. Si, por tanto, se desaconseja el uso de meras comillas y se recomienda encarecidamente probar la estrecha relación entre el *tema* y el *foro*, o entre el caso concreto y la sentencia paradigmática, se entiende que la sentencia paradigmática debe transcribirse íntegramente, o al menos en un extenso apartado, para que pueda entenderse la relación de paralelismo inherente a este tipo de argumentación. Esta idea iría en contra de una recomendación seria para ritmo y coherencia, la de evitar las transcripciones largas. Técnicas de formato como las notas de pie de página o adjuntar la decisión paradigmática como anexo, incluso en una plataforma electrónica, pueden ser alternativas a la pérdida de ritmo.

La cita en la jurisprudencia es más una labor de coherencia argumentativa. Si es demasiado breve, pierde su valor como analogía y no persuade al interlocutor. Si es demasiado larga, disuade al oyente de leer o prestar atención y, por muy detallada que sea, caerá en el vacío (con toda probabilidad, en un texto escrito, el lector no tendrá el menor reparo en saltársela y pasar al siguiente texto).

Cuando se utiliza la jurisprudencia, lo mejor es elegir la sentencia paradigmática y transcribirla con tanto detalle como sea necesario para demostrar el paralelismo. Esta necesidad se mide por el nivel de utilización de las ideas copiadas en el propio discurso del argumentador, antes o después de la cita.

En caso de que el sistema latino adopte realmente el sistema del *common law* en algún momento futuro, estos términos de comparación analítica podrían modificarse. Al fin y al cabo, en un Derecho basado en precedentes, muchos de ellos llegan a ser tan conocidos que basta citar su nombre para que sean inmediatamente traídos a la memoria del destinatario, en un clásico trabajo de intertextualidad. Aunque el interlocutor no recuerde cada sentencia, las obras jurídicas tienen por objeto recopilarlas y comentarlas, de modo que existe toda una obra de referencia: a partir de la sentencia, se remite a todo el contenido de la decisión y a la doctrina, que comenta la técnica, los valores e incluso los límites analógicos de cada decisión. La comparación con otros precedentes, su actualidad, su posible anulación por otros tribunales, la distinción entre este caso y otros análogos, todo ello pasa por el comentario jurídico de la jurisprudencia en el *common law*. Estos *background* son los que dan al argumentador la seguridad de citar simplemente el nombre de sentencias conocidas, manteniendo el ritmo rápido de su discurso, sin entrar necesariamente en una comparación analítica.

COMBATIENDO EL ARGUMENTO DE LA ANALOGÍA

Para combatir el uso de la analogía, hay que deconstruir para el oyente los paralelismos entre el foro y el tema presentado por la parte contraria. Lo que el *common law* denomina trabajo de *distinguishing*[157]. Los elementos materiales en los que se basan el caso paradigmático y la sentencia no son idénticos, por lo que no habrá necesariamente la misma conclusión.

Esto puede hacerse exigiendo a la parte contraria que demuestre eficazmente el paralelismo que desea probar. Los que recortan

157 LAMOND, Grant, "Precedent and Analogy in Legal Reasoning", *The Stanford Encyclopedia of Philosophy* (Spring 2016 Edition), Edward N. Zalta (ed.), URL = <https://plato.stanford.edu/archives/spr2016/entries/legal-reas-prec/>

resúmenes de sentencias rara vez demuestran la proximidad suficiente que deben tener el caso y el paradigma para que la sentencia sea aceptada como paradigma. Sin embargo, esta ausencia de requisitos suficientes debe ser mostrada al juez, de lo contrario, debido a la inercia del argumento opuesto, la analogía acaba siendo efectiva.

También es posible, en la búsqueda de la deconstrucción de ese paralelismo, demostrar la propia disparidad entre *foro* y *tema*. Y esto no es nada raro: hay demasiados recortes de sentencias que se acercan tanto al contenido real de la argumentación que no es difícil demostrar que hay una mera tangencia o incluso contradicción entre la sentencia citada y la tesis que se pretende hacer prevalecer. Si, por ejemplo, un autor cita una jurisprudencia que dice: "Actúa en estado de necesidad quien, sin malos antecedentes, necesitado de zapatos, sustrae un par de un establecimiento comercial", efectivamente aporta pocos datos que permitan hacer la analogía, porque no dice si la *necesidad de zapatos* en la sentencia significa *no tener nada que ponerse o necesitar zapatos nuevos, en mejores condiciones*. Si la sentencia, en su integridad, aclaraba que la primera interpretación era lícita y el retor pretendía probar la segunda (zapatos más nuevos), evidentemente había establecido una falla en su argumentación.

Otra forma de combatir el argumento *a simili* es encontrar otra analogía que pueda hacer frente a la primera. En el ejemplo jurisprudencial, existen varias sentencias que defienden posturas dispares, y los buenos repertorios y compilaciones ya indican sus antítesis. Es un medio gastado pero útil, al denotar que también debe ser el momento de insistir en el aspecto a *verecundiam* que reviste la jurisprudencia. Esta segunda forma regresaría al tema de la indispensabilidad de que la organización judicial cuente con un mecanismo célere para decidir cuál es su posición frente a sentencias en sentido contrario, lo que, en los países latinos, en general, no ha sido viable. Ello, claro está, otorga aún mayor relevancia al argumento *a simili*, pues deben añadirse detalladas razones circunstanciales que lleven al juzgador a seguir un determinado precedente de los tribunales, aunque existan otros en sentido contrario.

CAMBIANDO LA JURISPRUDENCIA: EL *OVERRULLING*

Habrá un momento en que el argumentador tendrá, como mejor tesis, la necesidad de cambiar la posición tradicional del juzgado al que se argumenta. Se trata de una situación más excepcional, porque —por no hablar de otros problemas de naturaleza menos objetiva— cambiar el precedente socava su lógica intrínseca: la función de seguir un precedente es la estabilidad. La jurisprudencia viene a evitar lo efímero y lo provisional.

Pero la característica de la perpetuidad dista mucho de pertenecer a la naturaleza humana, y menos aún a la posición de los tribunales. Por lo tanto, es bastante comprensible que siempre haya formas de que se produzca lo que alguna ley ha decidido llamar "superación del entendimiento"[158]. Dicha superación es una gran prueba de que todo el sistema jurídico es narrativo-argumentativo, al entender que la mente humana siempre está superando conflictos que se recrean, justo cuando uno cree que están decididos. Los motivos del cambio expreso de posición de los tribunales son tan variados como la capacidad mental humana para hacer nuevas asociaciones, pero es posible mencionar tres causas principales: el cambio del contexto social, el cambio de comprensión sobre ese contexto o la propia experiencia, que demuestra que la comprensión anterior tenía efectos deletéreos. Claro que otros motivos en el sentido político ideológico también pueden darse en la composición de cada tribunal, pero siendo realistas, será difícil que el Tribunal *anuncie* que desea cambiar sus precedentes sólo porque han cambiado las personas que lo componen, y que militan en posiciones diferentes. En la vida real, todos sabemos, este cambio *ad persona* es más que habitual, aunque jámas explicitado.

---

158 Art. 489, VI, del CPC de Brasil.

La ciencia jurídica norteamericana es, por razones obvias, más experimentada en el tratamiento de los criterios para modificar un precedente. También es más realista, ya que muestra que, para que exista tal potencial de transición, hay que tener en cuenta a los jueces dispuestos a cambiar mediante el razonamiento y a los que están ideológicamente sesgados (*biased*). Son experiencias diferentes para cada uno de ellos.

La primera resistencia que encontrará el argumentador al intentar superar el juicio es asumir la necesidad del cambio. Se trata de afirmar la autoridad del Tribunal, que casi nunca querrá asumir que sus posiciones son efímeras. Al fin y al cabo, detrás de este reconocimiento hay muchos otros, como la necesidad de alterar una serie de posiciones derivadas de aquellos, tener que revisar posiblemente otras sentencias (con tesis como la retroactividad de la jurisprudencia), o simplemente abrir paso a otras cuestiones, sólo porque, en un sistema sólo imaginario, la revisión demuestra fragilidad[167]. Pero también hay elementos personales, que ya hemos explicado: cambiar un precedente requiere una revisión más exhaustiva del caso, una fundamentación más detallada y la necesidad de soportar las críticas de los compañeros, de las partes o incluso de la doctrina[168].

El mayor obstáculo al *overrulling*, sin embargo, radica en sus consecuencias para los demás casos. Después de todo, el tribunal tendrá que decidir qué hacer con los casos resueltos sobre la base de la orientación jurisprudencial anterior, que en esa decisión cambia[169]. Se trata de elementos procesales, que carecen de interés para nuestro ámbito de argumentación y retórica, salvo en un aspecto: que, en la práctica, es mucho más sencillo hacer reconocer al juez que existe una diferenciación, y no una anulación de precedentes, en relación con la sentencia paradigmática. Pedir una u otra solución es algo que el argumentador debe decidir sopesando la realidad de su juzgado, la capacidad de influencia y, por supuesto, el Zeitgeist, el espíritu de su tiempo.

Nuestra experiencia, ya sea trabajando en un tribunal o simplemente observándolo, demuestra que el cambio en la jurisprudencia imperante está extremadamente contaminado por factores que están lejos del control de meros elementos lingüísticos. En otras palabras, cuando estudiamos la argumentación, señalamos las decisiones que toman las relaciones de poder, pero no la controlamos, y esto ya se ha comentado en este trabajo. El momento del cambio de decisión depende de múltiples factores, que no merece la pena discutir aquí. El hecho es que, al menos con la excusa de la estabilidad, el argumentador encontrará resistencia.

CONCLUSIÓN

El argumento por analogía tiene la ventaja de ser un mecanismo de acoplamiento, de aplicación a la realidad concreta. A diferencia del argumento de autoridad, el uso de la jurisprudencia es una demostración directa de que la similitud alegada es posible porque ya ha sido utilizada por otros tribunales. Los criterios para el estudio de la *jurisprudencia* como área autónoma de conocimiento se multiplican, con diversos estudios que pretenden aportar criterios para el establecimiento de una similitud racional, es decir, que cada tribunal no decida sin más *cuál* es el precedente a aplicar, utilizándolo como autorreferente. De ser así, cada precedente permitirá que la fundamentación del caso concreto sea suprimida por una mera referencia a una sentencia anterior que puede ser aleatoriamente seleccionada.

A medida que nuestro sistema latino-germánico se aproxime al *common law*, se crearán debidamente —o, mejor dicho, se importarán— los estudios para el correcto uso del precedente como vinculante, que luego deberán incluirse como estructura de la argumentación. Por el momento, la demostración analítica de la similitud es la mejor técnica para utilizar la argumentación por analogía.

Capítulo IX

Ejemplo, lo figurativo y la ilustración del discurso

EL EJEMPLO

El argumento del ejemplo es ampliamente conocido. Es habitual que en las discusiones que implican más al sentido común, los interlocutores busquen ejemplos. En conversaciones populares, o en discursos improvisados, es frecuente oír la expresión "por ejemplo".

El hablante sabe, o al menos intuye, que el ejemplo sirve para confirmar la regla, que tal vez ni siquiera sea capaz de enunciar. El ejemplo, en este uso más coloquial, sustituye a la conceptualización.

Pero hay veces en que el ejemplo, como argumento, puede cobrar mayor fuerza, siempre que sea representativo. Un libro de nuestra autoría, de estilo ensayístico, comienza con una serie de ejemplos e ilustraciones. Con el perdón de citar nuestro propio texto, se puede hacer el ejercicio de lectura, cuya misión es identificar: dónde están los ejemplos y cuál es su función. Así, la primera página del libro:

> **I.** Pierre Bergé dice que Yves Saint Laurent solo escapaba a la depresión un día: el desfile anual de sus creaciones. El resto, dice, era un completo desgraciado. El diseñador no es ni el primero ni el último hombre que crea por necesidad, un impulso expresivo que, cuando alcanza el vértice de su realización —en su caso, el tiempo efímero de la pasarela— ya presagia el regreso del autor al abismo profundo. Un abismo del que, muy probablemente, intentará escapar con un nuevo estallido de producción artística, sea cuando sea.
>
> Mi sensación cuando publico un libro o veo mi tesis escrita y encuadernada, lista para ser presentada al tribunal examinador, no

es sustancialmente distinta a la del estilista. Y dudo de quienes, viviendo esta situación, afirman tener una experiencia diferente: un momento de excitación por la obra terminada, que no tarda en convertirse en decepción, un rebote más doloroso que la ansiedad que precedió al trabajo terminado. Es fruto del amor-odio que surge no sólo de la alternancia de sensaciones de ultrainteligencia y, otras veces no muy lejanas, de incapacidad mental —que creo que solo en parte proviene de la imaginación del científico—, sino también de la inconstancia de la percepción que se forma en el autor sobre su propia creación. El texto producido a veces le parece una obra de genio, a veces un plagio infantil de pensamientos más avanzados de otros, formulaciones que su intelecto ni siquiera puede alcanzar, y mucho menos superar.

La relación amor-odio es difusa a lo largo de todo el proceso de creación, y esta **depresión puerperal** es sólo un pico de fuerza —la cresta de los gráficos de onda, que revelan un proceso continuo—, pero que creo que es un indicador positivo: sólo los autores mediocres admiran sus obras una vez terminadas, releyéndolas (o escuchándolas, o viéndolas) cuando ya no se pueden cambiar, como el animal que lame a su **novillo**. Los buenos creadores, se sabe, se negarán a volver a este contacto, salvo para una hipótesis crítica, es decir, una recreación. En esa ocasión pueden incluso toparse con un texto de calidad sorprendente, pero será un momento excepcional: por regla general, la revisión de la obra es un tormento para su autor. Así, la **agonía del personaje de Monteiro Lobato**, Aldrovando Cantagalo[159], que muere al descubrir un error de colocación pronominal en su libro editado no proviene, creo, del error en sí, sino de la etapa de decepción por el exceso de expectativas. Se trataba de su primer libro, pobrecillo.

El abuso de ejemplos no es recomendable en el texto jurídico, pero aquí tenemos un caso menos habitual. Era intención del autor —yo, en este caso— comenzar el texto con una serie de ilustraciones, para demostrar la tesis que vendría después: que las experiencias personales forman parte de las hipótesis y respuestas del proceso de creación, por así decirlo, de la ciencia humana.

---

159 Cuento de ese importante autor de la literatura brasileña (Monteiro Lobato). Aldrovando Cantagalo sueña en publicar su libro de gramática y, en el día que la obra sale a la luz, nota un error ortográfico, hecho por su editor, en la primera página de la obra. Eso le conduce al suicidio.

Por lo tanto, el texto ya ilustra una ocurrencia, sin muchos detalles fácticos y complementada con juicios de valor, sobre un suceso concreto con el diseñador de moda Yves Saint Laurent. Aunque el lector no conozca su figura, como no la conoció el propio autor del texto, el nombre aporta cierta representatividad y generalización: un creador que se esfuerza mucho por llegar al momento de la pasarela, y sólo ahí es feliz. Por lo demás, el sentimiento más común es el sufrimiento.

En primer lugar, hay que señalar que, inmediatamente después, el texto dice que San Lorenzo no será "ni el primero ni el último hombre" que viva una relación de amor-odio con su proceso creativo, mientras que ahí se insinúa, en metalenguaje, que el propio autor del texto la vive. Sin embargo, lo más relevante es que el autor ensancha el ejemplo del diseñador de moda, demostrando que el ejemplo no es más que una referencia a algo mucho más amplio. No se trata de una excepción, sino de una regla. De hecho, el caso de Saint Laurent es un elemento sin más concreción que la representación del propio artista famoso, en términos de lo que llamamos "ilustración": un recurso rápido a la figuración, para dar concreción al texto. Ya sea por comparación, metáfora, metonimia o antonomasia, otras figuras del fragmento aparecen y sitúan al lector, evitando la pura conceptualización: "depresión puerperal" equipara el lanzamiento de la obra con el parto y la relación entre madre e hijo, del mismo modo que, animalizando, la expresión "bestia que lame al ternero". En el mismo párrafo, se recupera la historia completa de Aldrovando Cantagallo, que puede no sonar familiar al lector en un primer momento, pero que juega con la intertextualidad de un destinatario que, hoy en día, puede encontrar rápidamente la referencia a través de las redes virtuales, si así lo desea[170]. En el primer caso, del estilista, nos encontramos ante el ejemplo en sí. En los casos posteriores, de ilustraciones. Se aproximan.

El ejemplo es un tipo de argumento que va del hecho a la regla[171]. Se trata, por tanto, de un modo de argumentación distinto de la analogía, ya que ésta compara dos casos para extraer de ellos una afirmación o regla final. Será más persuasiva cuanto mejor sea su representación y adhesión al caso concreto. Estos son los requisitos que trataremos a continuación.

REQUISITOS DEL EJEMPLO

El ejemplo exige que exista una falta de consenso entre la regla que pretende demostrar, de lo contrario deja de ser un ejemplo y es una mera ilustración, aunque el lenguaje común denomina a ambos con el mismo nombre. "Regla" e "ilustración" son conceptos directamente relacionados a lo que llamamos ejemplo en el discurso[160].

Al igual que la ilustración, el ejemplo es figurativo[161], es decir, presenta un hecho concreto y no sólo la relación entre conceptos. Por eso se dice que es un argumento que va del hecho a la regla.

La pregunta más natural que cabe hacerse sobre el ejemplo es si puede confirmar la regla. Por lo general, las ciencias intentan, antes de formular cualquier postulado, pescar varios ejemplos distintos, para poder buscar una generalización que evite la falacia[[172]]. Véase cómo se formula el ejemplo en el siguiente texto, un conocido (y brillante) argumento de Luis Fernando Verissimo[162]:

> Respondí que el lenguaje, cualquier lenguaje, es un medio de comunicación y debe juzgarse exclusivamente como tal. Una vez respetadas algunas reglas gramaticales básicas, para evitar las vejaciones más flagrantes, las demás son prescindibles. La sintaxis es una cuestión de uso, no de principios. Escribir bien es escribir con claridad, no necesariamente bien. Por ejemplo: decir que se escribe claro no es cierto, pero está claro, ¿no es cierto? Lo importante es comunicar (y cuando sea posible sorprender, iluminar, divertir,

---

160 La primera definición de ejemplo en el Oxford Languages Dictionary, disponible en internet, es: "a thing characteristic of its kind or illustrating a general rule".

161 Véase el capítulo V.

162 "El gigoló de las palabras". En: *O nariz e outras histórias*, p. 77.

emocionar... pero entonces entramos en el terreno del talento, que tampoco tiene nada que ver con la gramática).

La gramática es el esqueleto del lenguaje. Solo predomina en las lenguas muertas, y allí sólo interesa a los necrólogos y a los profesores de latín, personas en general poco comunicativas. *Esa gravedad sombría que se advierte en las fotografías de grupo de los miembros de la Academia Brasileña de Letras es de desaprobación de que el portugués siga vivo.* Solo esperan, uniformados, a que el portugués muera para poder llevar el ataúd y escribir su autopsia definitiva.

Verissimo aprovecha el consenso de que *la gramática es el esqueleto de la lengua* (un argumento de sentido común) para desvirtuar el argumento: el esqueleto, como imagen de la *estructura,* se convierte en imagen de la muerte, ya que sólo predomina en las *lenguas muertas*[163]. Así llega a su principal ejemplo, que se desarrolla *contrario sensu,* para confirmar su regla: la gramática no es esencial para la comunicación. Ejemplo: *los profesores de latín* son excelentes gramáticos pero pésimos comunicadores.

Al utilizar el ejemplo de los *profesores de latín,* el enunciador confirma su hipótesis. Claro que el tono humorístico del texto le permite evitar presentar datos más concretos, que pertenecerían más bien a la ciencia, como una encuesta que demostrara efectivamente que los profesores de latín comunican mal. Quizás aquí esté el punto más relevante y controvertido sobre el efecto del ejemplo: el autor no dispone de datos concretos sobre la falta de comunicación de los profesores de latín, pero el hecho es que lo da por correcto y, a pesar de la generalización, resultó extremadamente funcional. No como ciencia, pero como ejemplo, fue persuasivo[164].

---

163 Véase el capítulo XIII, comentario al mismo texto, en relación con la argumentación sofista.

164 A continuación, Verissimo también se pone a sí mismo como ejemplo, esta vez positivo, confirmando la misma tesis: "... Y advertí que mi implicación con la gramática se debía ciertamente a mi poca intimidad con ella. Siempre se me ha dado fatal el portugués. Pero —eso ya lo dije—

Sin embargo, el ejemplo que confirma efectivamente la norma, en el discurso judicial, debe ser más que una ilustración, que una observación de la realidad fugaz, en cuyo caso será fácilmente deconstruible. Para que funcione como factor de persuasión eficaz, la principal recomendación es que vaya seguido de otros tantos que indiquen el mismo sentido. En el texto sobre Saint Laurent, aunque no se enuncien muchos ejemplos, el autor escribe sobre la posibilidad de que se revelen: no faltan ejemplos análogos, afianza, y el lector lo sabrá debidamente[173]. Desde luego, la afirmación de que hay otros ejemplos, sin nombrarlos necesariamente, pero invocándola desde la intertextualidad del lector es en sí misma un argumento.

REPRESENTATIVIDAD DEL EJEMPLO

La cuestión principal del argumento por el ejemplo es saber si es capaz de confirmar la regla que se propone. Si propongo como ejemplo real el hecho de que *fulano de tal*, pobre y analfabeto, se hizo millonario al encontrar un billete de lotería premiado o al ser descubierto por los medios de comunicación y convertirse en un *popstar*, no puedo proponer la regla segura de que nuestra sociedad da a todos la oportunidad de alcanzar un excelente nivel de vida. Puedo confirmar con este ejemplo que algunas personas tienen mucha suerte, o que hay casos muy interesantes de grandes fortunas que han surgido de la nada. No más que eso.

Porque cada ejemplo tiene su nivel de representatividad. No puede sobrepasar sus límites, es decir, el alcance de una determinada regla, porque si lo hace, alcanzará la falacia, y puede llegar a los límites del absurdo o del prejuicio.

En este contexto, el serio consejo de que el ejemplo, salvo la hipótesis de gran representatividad, no debe venir aislado de *otros ti-*

---

ya ven, la intimidad con la gramática es tan prescindible que me gano la vida escribiendo, a pesar de mi total inocencia en la matéria".

pos de argumentos que confirmen la proposición aportada, salvo que el nivel de coherencia lo permita, como siempre hemos puesto de manifiesto, otorgando menor importancia a la regla propuesta.

HABLANDO DE ILUSTRACIÓN

El oyente trabaja con la imaginación y, como se ha dicho, con un ritmo de interpretación de los elementos que se le lanzan. En un momento dado, toda la atención se pierde, porque una de las miserias del hombre es el cansancio y la consiguiente distracción. Lo que es demasiado abstracto cansa y dificulta el entendimiento[174].

El profesor que enseña la asignatura sabe que su alumno se distraerá después de cierta cantidad de explicaciones, y el abogado del tribunal del jurado sabe que las dos horas de que dispone para la primera defensa no puede dedicarlas íntegramente a explicar el caso; es necesario variar, distraer.

Una de las formas de entretener rápidamente al público o al lector es la ilustración. La ilustración es la parte figurada de la argumentación que, sin apartarse del tema defendido, por estar intrínsecamente ligada a él, lo refuerza, *sin demostrar necesariamente una regla.* Veamos cómo ocurre esto en Machado de Assis[165], en su conocido *Memorias Póstumas de Brás Cubas,* una historia cuyo protagonista-narrador es un difunto-autor, es decir, está muerto:

> Corto, pero alegre
>
> Yo estaba postrado. Y sin embargo yo era, en ese momento, un fiel compendio de trivialidad y presunción. Nunca antes el problema de la vida y de la muerte había abrumado mi cerebro; nunca hasta aquel día había contemplado el abismo de lo Inexplicable. Me faltaba lo esencial, que es el estímulo, el vértigo.
>
> A decir verdad, reflejaba las opiniones de un peluquero que conocí en Módena, y que se distinguía por no tenerlas en absoluto. Era

165 *Memorias póstumas de Brás Cubas.* Capítulo XXIV, p. 62.

> la flor de la peluquería; por muy larga que fuera la operación del tocado, nunca se aburría o enfadaba. Intercaló los peinados con muchas motas y tirones, llenos de un pico, de un sabor...
>
> No tenía otra filosofía. Tampoco yo.

Brás Cubas quiere demostrar a su lector que jamás se había preocupado por la muerte, porque *carecía de estímulo.* Hasta ese momento, este ilustre personaje no había pensado en cuestiones filosóficas. Podría describir esta situación de escepticismo o despreocupación con muchas palabras, pero prefirió una *imagen.* Describiendo la figura del peluquero de Módena y su estricta ocupación con el trabajo, la ilustración transmitía (hay que reconocer que con el arte descriptivo de Machado), también como en una analogía algo imperfecta pero muy eficaz, la poca preocupación del personaje por el final de la vida. Ese era el objetivo del texto.

En el discurso de Machado, la imagen del peluquero de italiano asume, pues, doble función: la *didáctica,* de facilitar la comprensión, lo que tiene como consecuencia directa ahorrar otras explicaciones más conceptuales y por tanto más lentas, si la imagen no calara directamente en el lector; y la segunda función —también muy común a lo *figurativo* del discurso—, el propio entretenimiento del lector, que subjetivamente tiene mucho mayor estímulo para imaginar la peculiar figura del peluquero que para recibir explicaciones objetivas o técnicas sobre el estado de ánimo del escéptico narrador-personaje. De hecho, estas dos características se reflejan en el propio título del capítulo, denominado "Corto pero alegre". *Corto,* porque la imagen del peluquero permitía lograr una mayor coherencia, permitiendo al narrador decir más sobre su estado en ese momento; y *alegre* porque, efectivamente, sabía el autor ser inesperada y, por lo tanto, digna de humor la figura de un barbero discreto y sin opiniones, lo cual es, cuando menos, muy raro.

Quizá lo más importante a tenerse en cuenta sobre la figuración o ilustración del discurso es que, aunque se parece al ejemplo y a la analogía, que son argumentos más complejos, *no tiene las mismas pretensiones.* El ejemplo del lacónico barbero de Brás Cubas no demostró que los barberos sean personas con poca opinión sobre el mundo, porque la generalización era imposible. Pero fue relevante, en caso de que el lector de la novela lo creyera real (o verosímil dentro de su mundo), para demostrar que puede haber alguien que no esté ocupado en cavilaciones filosóficas sobre la vida, sólo ocupado en cumplir su función laboral. Si el lector acepta el paralelismo, traslada esas características a la figura del narrador, que era su intención.

ILUSTRACIÓN Y ARGUMENTO

La importancia didáctica y, por así decirlo, lúdica de la ilustración, como hemos visto en el ejemplo de Machado, también está presente en la argumentación. Pero una buena ilustración adquiere aún más importancia cuando se utiliza con sentido de oportunidad. Un ejemplo más complejo, y por tanto más pertinente, se encuentra en el capítulo XXXI del segundo volumen del Quijote. En resumen, el protagonista y su fiel escudero son invitados a una comida por una pareja de nobles. El ingenioso hidalgo advierte varias veces a Sancho que no hable demasiado, porque las palabras del escudero estaban llenas de malentendidos. Sancho va a su cuarto a ponerse unas buenas ropas que le han prestado, y al volver observa que el noble le pide a don Quijote que se siente a la cabecera de la mesa. El caballero de la Triste Figura se niega y entonces Sancho le pide que le cuente una historia que conoce, sobre sentarse a la mesa. La historia se acercaba bastante a la escena que estaban viviendo: Sancho supo que un rico terrateniente, al que conocía bien, había invitado a un labrador a cenar[175]. El labrador se negó a sentarse a la cabecera de la mesa, decía la historia de Sancho, pero el Quijote le escuchaba furioso, porque Sancho había roto su promesa de mantenerse callado[176]. El fiel escudero, sin embargo, le aseguró que su historia era pertinente e ilustrativa. Y Sancho concluye la escena, con su brevísima narración:

> "—Digo, así —dijo Sancho—, que estando, como he dicho, los dos para sentarse a la mesa, el labrador porfiaba con el hidalgo que tomase la cabecera de la mesa, y el hidalgo porfiaba también que el labrador la tomase, porque en su casa se había de hacer

lo que él mandase; pero el labrador, que presumía de cortés y bien criado, jamás quiso, hasta que el hidalgo, mohíno, poniéndole ambas manos sobre los hombros, le hizo sentar por fuerza, diciéndole: «Sentaos, majagranzas, que adondequiera que yo me siente será vuestra cabecera». Y este es el cuento, y en verdad que creo que no ha sido aquí traído fuera de propósito".

Sancho concluye que el cuento no se relató "fuera de lugar" y que era correcto. Sin saberlo, sin poder conceptualizarlo, su ilustración es una de las grandes representaciones de las relaciones de poder disfrazadas de cortesía: allí donde se sentara el patrón, allí se convertiría en el jefe de la mesa, aunque originariamente no lo fuera. Puesto que la intención de Sancho era decir que estaban allí en posición de sirvientes, aunque disfrazados de grandes honores, no puede haber argumento más persuasivo.

La ilustración, se repite, no es tan juiciosa como el ejemplo, porque no pretende credibilidad ni representatividad, sino sólo llegar al lector para que acepte con más énfasis una idea que tiene mayor consenso, pero que necesita ser reforzada y comprendida. Y la comprensión[177] es un elemento esencial en el discurso, porque mientras no se comprenda una idea que debe fijarse como premisa, el argumentador no puede pasar al elemento efectivamente persuasivo, que alcanza lo que en su discurso goza de menor consenso.

La ilustración es, por tanto, un buen medio de establecer la coherencia en los textos argumentativos. Prepara al oyente para la aprehensión de otros argumentos más específicos, y el interlocutor puede traerla a colación siempre que sea necesario para establecer el vínculo esencial con los elementos que componen su recorrido.

Quien desaprovecha el efecto persuasivo de las imágenes renuncia a gran parte de la adhesión que se pretende en la argumentación. Las paradojas, las antítesis, las comparaciones y las sinestesias son recursos habituales en la argumentación, que tienen un evidente valor ilustrativo y acercan el texto a la realidad del lector, haciéndole comprender y aceptar lo que se le propone. En los discursos orales, los momentos de ilustración, como en una comparación, sirven en gran medida al interlocutor, porque es principalmente al oír la ilustración que el oyente manifiesta más, en su expresión corporal, el nivel de aceptación de lo que se le transmite: se ríe, asiente, abre más los ojos o permanece impasible. Esta última reacción, por supuesto, es una mala señal.

En cualquier caso, el argumentador debe tener en cuenta que tiene a su alcance *opciones expresivas* diferentes. Estas opciones incluyen la elección de ilustraciones en el texto, las diversas formas de presentar la misma idea, de manera más o menos concreta, más o menos cercana a la mente de cada lector, de cada oyente. Estas opciones expresivas se reflejan tanto en la importancia de la ilustración (efecto de concreción)[178] así como la posibilidad de variación semántica, con acceso a un léxico diferenciado y juicioso, que es el tema del capítulo XI.

TENDENCIA ACTUAL DE LO FIGURATIVO

No hace falta mucho esfuerzo para darse cuenta de hasta qué punto lo figurativo se ha apoderado de los discursos actuales. Sin embargo, se produce a niveles muy diferentes.

En primer lugar, hay pocos textos que funcionen sólo a nivel conceptual. Las ilustraciones son constantes y los textos más breves son como crónicas. Su contenido puede ser eminentemente temático, pero no prescinden de las figuras de las que surgen, donde empieza y acaba el texto. Si no hubiera una historia inicial, el destinatario seguramente no estaría interesado en leerla; el recurso que utiliza el escritor para defender una idea y, al mismo tiempo, atraer la lectura es insertar lo figurativo en el texto, iniciando, por ejemplo, com la narrativa de un hecho que ocurrirá con él mismo[179].

En un trabajo publicado sobre estructura textual, hemos defendido seriamente que no hay que buscar literatura en el discurso jurídico, sino utilizar los recursos necesarios para invitar a la lectura o a la escucha atenta del discurso, incluso a quienes tienen la obligación constitucional de valorar todas las peticiones relacionadas con la posible lesión o amenaza del derecho.

Recomendamos, por tanto, el uso del texto figurativo y de la ilustración en el discurso jurídico, dentro de sus estrechos límites, tal y como se ha expuesto en el tema anterior. Es la salida que el periodismo y la literatura científica y filosófica encuentran en la crónica y el ensayo y que, aunque no sean géneros nuevos y puedan tener una tipología poco definida, representan efectivamente una tendencia. Ahora bien, si resulta atractivo para el interlocutor, es un argumento eficaz.

Cuestión distinta es la reflexión sobre cuál es la importancia del recurso del lenguaje oral y sobre todo escrito, frente a la primacía de las imágenes. En tiempos en que los individuos llevan en sus bolsillos dispositivos que graban vídeos con mejor calidad que muchas cámaras de cine de hace unas décadas, la comunicación por la palabra ha perdido espacio. La literatura persiste como arte, pero pierde fuerza para de competir con las ficciones serializadas de *streaming*. Es muy raro, como ya hemos dicho, que alguien se dedique a leer e interpretar textos más profundos como ocio. A menudo, el estudio del Derecho a través de la lectura se sustituye por lecciones que están disponibles a centenares en vídeo, y que evidentemente son mucho más fáciles de comprender que un texto impreso.

El problema radica en la falsa impresión de que sólo es posible trabajar en Derecho con imágenes. Como ya hemos explicado, un discurso oral o un vídeo, o una buena película, tienen detrás literatura y escritura. Incluso el argumento oral perfecto, o el discurso de cinco minutos que transforma la historia de la humanidad, aunque haya algo de improvisación, están todos pensados y estructurados en texto escrito. Es imposible planificar la realidad discursiva sin la escritura.

Otra cosa es que el escritor, en el texto escrito, tenga en cuenta la intertextualidad, la forma en que interactúa con el texto imaginario. Se puede dar un ejemplo a partir de este mismo texto: al mencionar, en el párrafo anterior, discursos que han transformado la humanidad, sé que tengo un lector que puede acceder fácilmente a ellos en el original, posiblemente en vídeo, reviviendo más intensamente aquellas palabras[180], con otro tipo de experiencia. La progresión de esta posibilidad audiovisual es imparable, tanto porque los medios tecnológicos mejoran como porque la colección de grabaciones crece exponencialmente.

No se trata, en retórica forense, de intentar competir con las imágenes. Son imbatibles en su campo de fuerza. Para ser elegido, un político sabe que una fotografía suya inaugurando una obra o abrazando a un determinado simpatizante es mucho más válida que un gobierno que ha realizado grandes inversiones. Se pasará el día alimentando con fotografías las redes sociales porque sabe que ese es el lenguaje actual de sus votantes.

Las imágenes encuentran su propio significado, la semiótica de los símbolos, y es muy útil que el escritor la domine[181]. Tenga en cuenta, interprételo. Observe el diseño de una página web de noticias: dónde están las imágenes, cuáles son los titulares, sobre qué quiere llamar la atención. Lo mismo con algún diseño: como se ha dicho antes[166], hay personas que leen cómics de superhéroes, como los de Marvel, durante toda su vida, y nunca se han dado cuenta de que, aunque tienen forma humana, sus proporciones no son naturales, y no se trata sólo de hipertrofia muscular. Quien lee este tipo de cómics, sin entender directamente la desproporción, es sin duda un mal lector y, nos atrevemos a decir, no está en camino de ser un gran argumentador: toda figura de persuasión, de expresión, es relevante para quien argumenta, incluso en el discurso cerrado del derecho.

Utilizar imágenes o contenidos audiovisuales ya no es un problema tecnológico. Es posible hacer peticiones con imágenes, incluso vídeos, y saber articularlas no es sencillo. Al igual que una ilustración en un libro literario, las imágenes tienen la ventaja de fijar y dar gran concreción a lo que se propone: una fotografía de un edificio derrumbado, de las heridas de un accidente laboral, del coche destrozado en el accidente, todo ello puede ahorrar páginas de texto descriptivo y, además, puede servir para concretar

---

166 Véase el capítulo II

el discurso, con un mayor grado de persuación[167]. Por otro lado, aparte de que rara vez tienen una inserción estética recomendable[[182]], desvía la lectura, presentándose como un importante foco de atracción, que no siempre es interesante. El compositor de un discurso escrito tiene que calcular (ser consciente de) lo relevante que es para él este desplazamiento hacia la imagen, al igual que el orador que hace presentaciones en imágenes en la pantalla: ¿cuál es el equilibrio entre la imagen que guía el discurso y la que desvía la atención del oyente, que desvía su mirada del orador a la pantalla? Se trata de un cálculo de riesgos.

En resumen, lo figurativo es pertinente y hoy se ve renovada por discursos audiovisuales que encajan incluso en un soporte creado esencialmente para la escritura, como son los textos informáticos. Recordando que no sustituyen a la escritura, el cálculo de sus ventajas depende de la intertextualidad. Una de las más importantes es la presencia.

LA IMAGEN Y LA CUESTIÓN DE LA PRESENCIA

Algunos médicos dicen que el dolor más fuerte del cuerpo humano es el de los riñones; otros, el del parto. El psicólogo dirá otra cosa: el dolor más fuerte del cuerpo humano es el que *yo* estoy sintiendo. Gran lección para todo el contexto argumentativo, la fuerza de la argumentación está en traer el problema discutido hacia la presencia del oyente. El mundo está repleto de guerras, de gente llorando en la cárcel, de congéneres muriendo de hambre o bajo agresión y tortura, pero la retórica tiene que convertir la decisión del oyente/lector en el mayor problema del universo, en aquel momento. Ésa es la naturaleza de cualquier debate.

---

167 Investigación relevante: PISTORI, Maria Helena Cruz. Discurso jurídico e imágenes. *Filología y Lingüística Portuguesa*, 2015, vol. 17, nº 2, p. 597-618. Los ejemplos allí expuestos demuestran cómo la fotografía en la petición puede ser realmente persuasiva, salvando el texto escrito..

Ante el jurado, el fiscal muestra a los jurados fotografías evidentemente impactantes del cadáver, el cuerpo de la víctima del delito en juicio. No es un proceso muy ético, pero el fiscal cree que es necesario que el jurado sepa que no se trata de un delito *más*: es la acción de alguien que ha transformado una vida en ese mismo cuerpo putrefacto y acribillado que los jurados ven en ese momento. Existe el riesgo de que el jurado se sienta ofendido por tener que ver cifras chocantes y teóricamente prescindibles[183], pero un buen alegato oral te mostrará que las fotografías cumplen la función de materializar esa discusión. El sentimiento de hacer justicia (léase ahí, venganza) en nombre de ese cadáver, presente, aflora en el juez.

No hace falta un razonamiento muy elaborado para demostrar que la guerra entre naciones es prácticamente irracional, pero la foto de portada de un periódico que muestra a una madre llorando mientras su casa y su familia son diezmadas por un ataque militar; o la imagen de un niño corriendo desnudo huyendo de las armas químicas; o el disco de un cantante estadounidense sobre la deforestación del Amazonas, un bosque que apenas sabe dónde está... todo conmueve al mundo: hacen realidad, que existe independientemente de la ilustración, presentan al interlocutor. Motivan una reacción más enérgica de todos los ciudadanos. Más un anuncio publicitario, como em un *outdoor* al borde de la carretera: transforma la necesidad de comprar el producto anunciado, que antes ni siquiera existía, en quizás la máxima prioridad del consumidor. A menudo despierta hambre donde no la había, o sed, y entonces el interlocutor-conductor se desvía de su ruta, con el fin de parar en el restaurante y pedir un sándwich como el que estaba en la *Billboard*. Naturalmente.

Por eso la argumentación también puede considerarse el arte de hacer que los elementos más importantes estén presentes en la mente del lector. No se trata sólo de imágenes visuales. Un recurso lingüístico, una cita literaria, un toque de humor, una fotografía, los documentos que se adjuntan, aunque digan lo que ya se sabe (hay una víctima de asesinato, el sacrificio es cruel, la guerra es injusta, la segregación racial es inaceptable...), pueden, sin que el interlocutor se dé cuenta, aumentar la presencia de un determinado argumento y hacerlo así preferible al razonamiento de la parte contraria, que, aunque correcto, no está tan arraigado en el momento de tomar su decisión.

EXAGERACIÓN DE LA IMAGEN Y DEL EJEMPLO

Como se verá a continuación, el ejemplo y la imagen son argumentos relevantes, pero sin la fuerza necesaria para la persuasión racional, de forma aislada. El escritor debe tener en cuenta que el ejemplo desvía el eje de progresión del texto. Aunque defendemos que la estructura de fondo de cualquier texto, si bien sea retórico, es la narrativa, en el momento en que se introduce cualquier critério figurativo, el eje de progresión está en ellas: en las personas, en las cosas... en lo que, en definitiva, conforma el ejemplo. Cuando se trata de una imagen visual, la regla es la misma, pero más agravada: la ilustración puede ser un punto de atracción, pero es figurativa. Además, al aportar otro elemento sensorial, puede desviar la atención del lector, que se centra más en la imagen (evidentemente más atractiva, por sus propios recursos) que en el texto. Así pues, su efecto es inverso: en lugar de aportar simpatía y presencia al lector, lo desvían de lo que se estaba discutiendo y se salen del eje progresivo. Además, al igual que en el texto científico, el derecho está poco preparado para superar el "aura de dignidad que da el texto escrito y de ahí, *contrario sensu*, el problema de la informalidad y la posible vulgarización[168] de la imagen.

Todo, siempre, una cuestión de riesgo a calcularse, en el que profundizaremos cuando nos ocupemos de argumentos débiles[169].

---

168 Como metalenguaje, consideremos este mismo libro: del mismo modo que una imagen atrae al interlocutor y concreta la comprensión, en algún momento puede alejar al lector más tradicional. Es un riesgo de enunciación.

169 Véase capítulo XI.

CONCLUSIÓN

El ejemplo confirma una regla y, por tanto, está sujeto a condiciones de validez; la ilustración tiene otros atractivos (como ser didáctica, aumentar la presencia de otros argumentos en la mente del lector, hacer una pausa en una discusión que se vuelve tediosamente temática, permitir la reanudación tras explicaciones paralelas o más profundas, etc.), pero por sí sola no puede confirmar una tesis, ya que carece de representatividad.

Ambos son figurativos y parecen muy próximos, pero tienen funciones realmente distintas, que no pueden confundirse.

Para combatir el ejemplo, lo mejor es atacar su representatividad tratándolo como un caso aislado, lo que no es infrecuente. Así, encontrar un contraejemplo, es decir, un caso diferente que no confirme la regla, es la mejor manera de hacerlo.

La ilustración no tiene por qué combatir, ya que es un mero recurso retórico, que puede ceder ante argumentos más sólidos. Señalar la ilustración utilizada por la parte contraria como un mero recurso didáctico, sin ningún compromiso con la verdad o la coherencia lógica, también puede ser útil, en uno u otro caso. Si la ilustración se utiliza como si fuera un ejemplo, por error o malicia de la parte contraria, se puede señalar su debilidad para confirmar cualquier regla.

Hoy en día, con la posibilidad de insertar elementos audiovisuales en cualquier soporte de argumentación forense, como son las peticiones, es bastante necesario tener en cuenta, también, sus posibles desventajas, a la hora de funcionar como un elemento atractivo, que se desvíe del guion temático, dañando la coherencia.

Capítulo X
Estructura lógica y argumento: a fortiori, ad absurdum y ridículo

EL ARGUMENTO JURÍDICO

No se puede decir que exista un *argumento jurídico* propiamente dicho, porque, como medio lingüístico que busca la persuasión, en el discurso forense pueden utilizarse todos los tipos de argumentos. Sin embargo, hay construcciones creadas y fomentadas con mayor intensidad en la batalla judicial, ya sea porque están relacionadas con el trabajo a prueba, ya sea porque se basan en principios jurídicos, de la interpretación de la norma.

El argumento de autoridad y el argumento *a simili* también tenían su especificidad en el Derecho, pero en esta lección hemos intentado agrupar técnicas argumentativas un poco más específicas y también habituales. Los razonamientos *contrario sensu, a fortiori* e *ad absurdum* son habituales en el discurso forense.

Sin embargo, nuestro método es en sí mismo una demostración de intertextualidad: como ya hemos pasado por algunas lecciones sobre la naturaleza y la función de los argumentos, aquí aceleramos el ritmo de la exposición, evitando repeticiones. Los siguientes tipos de argumento se expondrán más brevemente, dejando al final las referencias y una mayor elaboración si el lector está interesado. A estas alturas, el lector ya puede deducir algunas desventajas o potencialidades de cada instrumento retórico. La presentación de cada argumento será entonces más bien un ejercicio, una oportunidad para el análisis discursiva, que, hecho de forma sistemática, es la mejor manera de construir la propia retórica.

Además, algunos argumentos etiquetados como "propiamente jurídicos" se confunden con la estructura de las normas y su hermenéutica. Por ello, algunos autores —a nuestro juicio, erróneamente— invocan para la retórica temas que son más propios de la hermenéutica jurídica. Las teorías, por ejemplo, de la desjudicialización de los conflictos normativos están todas profundizadas por una teoría hermenéutica, con tal acumulación de conocimientos que, si intentáramos reproducirla aquí, haríamos una simplificación casi ridícula. Algunos manuales de retórica, repetimos, caen en este error epistemológico, y entonces reducen un área de conocimiento que tiene su propio método y su objetivo específico. Así, la argumentación jurídica en sí no es la técnica hermenéutica propiamente dicha.

Si rastreamos el estudio de la retórica en comparación con la dogmática, nos encontramos con que esta última se ha desarrollado y capilarizado, ocupando un lugar mucho mayor en el currículo de la carrera de Derecho que en épocas pasadas; por el contrario, el estudio de la lengua, la lingüística y el discurso ha ido disminuyendo, al igual que la formación lingüística y literaria de la enseñanza secundaria en general. Por tanto, si imitamos el programa de retórica antigua, o incluso las referencias de Aristóteles o incluso de la Edad Moderna, caemos en un tremendo equívoco metodológico: tratamos las técnicas dogmáticas de resolución de conflictos normativos como elementos de retórica, como si fueran estructuras nacidas en la lógica informal. Como epistemología, tienen mejor cabida en la hermenéutica, que indicará qué es lo técnicamente más lícito para la solución de cada conflicto.

Los argumentos se presentarán aquí como una enunciación de los principales elementos hermenéuticos, pero no como un sustituto de estos.

EL ARGUMENTO *CONTRARIO SENSU*

Su principal fundamento es el conocido principio de legalidad, presente, de algún modo, en todas las legislaciones latinas[170]. En la constitución Brasileña así se enuncia: "Nadie está obligado a hacer o abstenerse de hacer nada salvo en virtud de la ley".

Su origen como argumento, en el ámbito judicial, está en la invocación al interlocutor de que, si la norma jurídica prescribe una conducta y su transgresión una sanción (directa o indirecta), todos los sujetos que no sean el destinatario literal de ese precepto deben quedar excluidos de su incidencia. De ese modo, si el artículo del Código Penal dispone que "el que, de cualquier modo, contribuya en el delito será castigado con las penas que se le impongan....", téngase, *contrario sensu*, que quienes no contribuyen al delito no pueden incurrir en sus penas.

El argumento contrario sensu (de interpretación inversa) no sólo se utiliza para interpretar disposiciones jurídicas, ya que puede articularse cuando se invocan afirmaciones en sentido contrario a favor de la tesis que el argumentador necesita probar. El razonamiento *contrario sensu*, como forma de persuasión, es habitual cuando se recurre a la doctrina y a la jurisprudencia para tratar casos distintos, en sentido contrario a la pretendida analogía. De modo que, si la jurisprudencia establece *que la prisión preventiva es legal cuando existen indicios fundados de autoría*, puede sostenerse, *contrario sensu*, que, en ausencia de pruebas tan contundentes, la prisión preventiva deviene ilegal.

Lo mismo ocurre en el siguiente ejemplo:

> El testigo declaró en el plenario que, como no tenía clase esa tarde, llegó pronto a casa. De ello se deduce, contrario sensu, que tenía por costumbre llegar tarde a casa los días de clase.

Sin embargo, la validez del argumento *contrario sensu* debe evaluarse caso por caso, ya que a menudo puede tender a la falacia,

---

170 En España, véanse los artículos 25 e 103.1 de la Constitución.

lo que hace que su poder de persuasión sea mucho menor. Vea cómo ocurre en el caso siguiente:

> El Código Penal establece que los menores de dieciocho años son penalmente inimputables. Así, *contrario sensu*, los mayores de dieciocho años son penalmente responsables.

¿Es correcto el razonamiento? No[184]. No *todos* los mayores de dieciocho años son penalmente responsables, ya que los enfermos mentales totalmente incapaces de comprender el carácter ilícito de sus actos, aunque sean mayores de dieciocho años, también se ven favorecidos por la inimputabilidad. Evidentemente, el problema está en la ambigüedad de las asertivas, que, al tratarse de lenguaje natural, no piensan en construir hipótesis totalmente verdaderas.

La asertiva primera de que todos los mejores de deciocho años son inimputables se podría escribir así, en notación formal:

$$\forall x(x<18) \Rightarrow \textbf{no-imputable}$$

Eso no legitima, como verdadeira, la afirmación:

$$\forall x(x\geq 18) \Rightarrow \textbf{imputable}$$

Para alcanzar la asertiva más próxima a la totalidade verdadera, se escribiría é:

$$[\forall x(x<18) \Rightarrow \textbf{no-imputable}] \land [\exists x(x\geq 18) \Rightarrow \textbf{imputable}]$$

Es decir, todo menor de dieciocho años es no-imputable y hay uno o más mayores de dieciocho años igualmente no-imputables.

Véase otro ejemplo:

> Un respetado autor afirma que "el funcionario público que se apropia de bienes, muebles o inmuebles, comete un delito". Por lo tanto, una persona que se apropia de bienes ajenos, no siendo funcionario público, no comete delito.

El razonamiento es de nuevo inaceptable. Sólo un funcionario público, en la definición penal del término, comete el delito de peculado, lo que no significa que la actitud de apropiarse indebidamente de bienes ajenos sólo sea una *conducta delictiva* para un funcionario público.

El reduccionismo es una falacia común al argumentum *contrario sensu*, y debe evitarse, porque el interlocutor que percibe la falacia no queda persuadido. El reduccionismo consiste en eliminar elementos esenciales de la argumentación[171], indispensable para su validez, ya que el discurso argumentativo tiene, como ya se ha explicado, un serio compromiso con la realidad: aunque la interpretación de los hechos observables nunca pueda ser lo suficientemente exhaustiva como para describir y considerar *todos* los fenómenos que les conciernen, el interlocutor puede sentirse ofendido si no se tienen en cuenta elementos que ya considera esenciales como premisa.

Por tanto, el razonamiento *contrario sensu* es un recurso argumentativo válido, entre otras cosas porque tiene un probado origen lógico-formal, bastante válida, que es la prueba por contradicción. Importa decir que, a veces, el mejor modo de probar la veracidad de una afirmación es demostrar la falsedad de su negación, y al revés[172]. Pero eso sólo valdrá siempre que no tienda al reduccionismo y atienda a la posibilidad de que la norma o precepto interpretado conlleve la posibilidad de una lectura inversa, lo que algún autor denominó "bicondicional"[185]. En otras palabras, hay que testar si la afirmación de toda la realidad está *bien* reducida al raciocinio formal construido, y eso no es algo sencillo de hacer.

---

171 Véase el capítulo XIII.

172 Para comprobar que todo hombre H tiene una propiedad P, $\forall(h)(Ph)$, se puede asumir la negativa $\neg\forall(h)(Ph)$ y demostrar que ella es falsa. Eso quiere decir que la no-negativa es verdadera, porque hay al menos un caso no-verdadero $\exists(h)\neg(Ph)$. Véase, de modo didáctico, SOLOW, D., *How to Read and Do Proofs– an introduction to mathematical thought processes*, NY: John Wiley & Sons, 1990.

EL ARGUMENTO *AD ABSURDUM*

El argumento del *absurdum* es otro típico del discurso jurídico. También denominado argumento *apagógico*, es aquella que trata de demostrar la falsedad de una proposición ampliando su significado y aplicándole reglas lógicas de derecho, hasta llegar a un resultado que el interlocutor entiende como imposible. La imposibilidad del resultado hace que el interlocutor rechace su génesis, que es el principal objetivo del discursante.

El siguiente texto es un ejemplo de un tipo de argumento *ad absurdum* con una construcción muy sencilla:

> El acusado está en prisión por tenencia ilícita de un arma de fuego. La fiscalía quiere denegarle el derecho a la libertad provisional, ya que alega que el delito es grave y la ley no le permite beneficiarse de ella. Pero pensemos: según estadísticas recientes, aproximadamente un millón de armas ilegales deambulan por la ciudad de São Paulo. Si hay 1 millón de armas ilegales, hay el mismo número de personas cometiendo el mismo delito que el reo. Dado que la justicia es igual para todos —y esto parece innegable— debería haber, en este momento, 1 millón de ciudadanos de esta metrópoli detenidos por los mismos cargos. Esto significa que, por el principio jurídico más sensato y banal, ¡ni siquiera si el mayor barrio de São Paulo se transformara en una cárcel habría forma de alojar a todos los presuntos detenidos!

El argumento es pertinente. Se observa que, al someter la proposición de la parte contraria (la detención cautelar del acusado debido a la gravedad del delito) a la aplicación de otras reglas lógicas y elementos verosímiles de la realidad, se induce un resultado absurdo que el interlocutor no acepta (que el mayor barrio de la ciudad se transforme en una cárcel para alojar a quienes cometen delito análogo). Se introdujo en el discurso una premisa verosímil (aunque no probada en un texto oral): que hay 1 millón de armas clandestinas en São Paulo. A continuación, se cuestionó el principio jurídico básico de que la justicia debe aplicarse a todos los que han cometido el delito. El resultado de este razonamiento, tal como allí se construye, es inaceptable: el encarcelamiento de casi el diez por ciento de la población de la metrópoli[186].

La construcción es persuasiva porque, al menos por intuición, el oyente se da cuenta de haber algo bastante erróneo en la premisa que se pretende deconstruir. Si se lleva al extremo, se llega a un resultado absurdo. Obsérvese que el oyente no tiene por qué creer en la verosimilitud de la conclusión simplemente porque sea absurda. Pero hay una tesis que el argumentador quiere demostrar, que en este caso ni siquiera se ha expresado: que el delito de llevar un arma no es tan intolerable[187]. Algo falla en su criminalización.

Un ejemplo literario muy ilustrativo, en este mismo sentido, es la llamada "huelga del canasto cerrado", em la novela *Tereza Batista cansada de guerra,* del autor brasileño Jorge Amado. En la narración, cuya estructura utilizamos siempre como modelo argumentativo, las prostitutas de la ciudad son acosadas por las autoridades y los moralistas. La protagonista, Tereza Batista[188], insufla a estas profesionales el deseo de iniciar una huelga. Con esa paralización, son las propias autoridades conservadoras, que tanto criminalizaron la actividad, las que actúan para obligar a las prostitutas a volver al trabajo. La ciudad no podría sostenerse, o caería en el caos, si los burdeles siguen cerrados por mucho tiempo. La estructura narrativa de Jorge Amado contiene un argumento *ad absurdum*: aunque la huelga tiene la poca verosimilitud de quien roza el realismo mágico, supone una situación que, al existir, revela los extremos de la situación, la absurdidad, el contrasentido[189]. Este extremo, por inaceptable, deconstruye la realidad en su conjunto. El lector no cree en la viabilidad del resultado absurdo, pero sin duda se ve llevado a concluir que la premisa que pretende destruir es irrazonable.

Esta cuestión se plantea con mayor énfasis porque es en el disparate, en el contrasentido, que el oyente (y la parte contraria, en el caso de la producción dialéctica de sentido en el discurso judicial) cuestiona la validez de las premisas que se le asignan para la reflexión, porque se enfrenta a un resultado que ofende su sentido común (resultado, por otra parte, sobre el que descansa toda la fuerza de la argumentación).

Por supuesto, la fuerza del argumento apagógico reside en la inaceptabilidad del resultado que se propone como final. Sin embargo, el interlocutor debe estar suficientemente convencido de que es lícito el camino apagógico que conduce a ese resultado inaceptable, o, dicho de otro modo, que lo inadmisible en el razonamiento es la premisa inicial, y no cualquiera de esas ideas accesorias que conducen al resultado, ya que todas ellas son verosímiles y encajan lógicamente entre sí.

La progresión del argumentum *ad absurdum* es también un asunto de gran atención para el interlocutor, ya que, al darse cuenta del resultado inadmisible, su primera reacción es buscar un hecho no verdadero en el camino argumentativo que haya permitido la desviación del razonamiento. En el ejemplo de las armas ilegales, el interlocutor cuestionaría las cifras presentadas y, si fueran patentemente exageradas, rechazaría de plano el argumento. La posibilidad de construir silogismos continuos, como en una verdadera demostración científica que se acerque al razonamiento exacto, es la más potente arma de quien argumenta hasta el absurdo.

Aunque la argumentación en su conjunto tiende a trabajar más con la verosimilitud que con la verdad (aunque esta última aparece en datos indubitables en el discurso argumentativo, como quien dice que *un hombre es mortal*) y más con lo probable que con la certeza, Ya se ha dicho que la apariencia de demostración exacta impregna siempre el discurso. Por ello, hay que tener cuidado al enunciar el argumento *ad absurdum*, fijando todas las premisas utilizadas con un ritmo lento, para que el interlocutor se dé cuenta de su verosimilitud, que suena a verdad absoluta. El razonamiento lógico siempre seduce, aunque pueda desviarse de la demostración absoluta.

Podemos nosotros, en términos lógicos, hacer una demonstración por contradición. Se desea comprobar una propiedad de algo cuando hay un número n (por ejemplo, necesidad de pena al reo Ticio, único acusado por tenencia de arma). Se supone, así, que para cualquier número *n* existe esa propiedad *P* (en nuestro exemplo, necesidad de pena). Luego, que, al existir en *n*, existe en el número natural siguiente (n+1)[173].

(∀n)[P(n)] (hipótesis que se quiere probar falsa)

(∀n)[P(n) ⇒ P(n+1)] (premisa lógica)

Pero si establezco una secuencia N que es de N son los números naturales (en nuestro caso, número de personas con tenencia ilícita de armas) hasta 5 millones, la propiedad P (necesidad de pena) se hace inaceptable. Así:

Téngase **N{1,2,3,4 ...5e106}**

Luego

(∀n)[P(n) ⇒ P(N)] es falso o apenas

(∃n)[P(n) ⇏ P(n+1)], lo que quiere decir que la proposición anterior no es verdadera[174].

De nuevo, el ejemplo de la tenencia ilícita de armas: hay que ser consciente de que hay datos que pueden llegar a ser poco fiables, aunque el argumento en su conjunto es excelentemente persuasivo: la cifra de 1 millón de armas parece exagerada y, si las hay, muchas de ellas deben estar inservibles. Algunas personas pueden poseer varias de estas armas, lo que reduciría considerablemente el número de delincuentes; además, es posible que algunas de las armas ni siquiera tengan dueño, por estar a la deriva o en almacenes oficiales, por lo que no se contabilizarían a los efectos previstos. Tampoco es función del Derecho penal acabar con todos los delitos, sino proporcionar una expectativa de control o pacificación. Sin embargo, estas ideas no podían aparecer en la

---

173 Hasta aquí, la estructura verdadera de los argumentos *a fortiori*, que se verá posteriormente.

174 Para fines más prácticos, el lector no necesita dominar notaciones de lógica formal que se presentan en esta obra. Lo más interesante, acá, es saber que existe un aspecto de construcción que fundamenta la estructura del argumento, y que el destinatario siempre intuye. La coherencia, como se ha dicho, tiene en la lógica formal su base más profunda.

construcción del discurso, ya que son responsabilidad de la parte contraria, por lo que el razonamiento se hizo fuerte[190].

Argumentum *ad absurdum* es, por último, excelentemente persuasivo. En el discurso judicial, existe una predilección por los razonamientos que parecen bien conducidos, pero una verdadera aversión a la posibilidad de llegar a resultados inaceptables que ofendan a la *lógica jurídica*, aunque sea fruto de la propia creación del argumentador[191]. Sin embargo, hay que tener cuidado de que todas las premisas parezcan creíbles, ya que, de lo contrario, la construcción argumentativa se debilita o incluso se viene abajo.

El argumento hasta el absurdo puede encontrar un nivel simplemente consecuencialista, teleológico. Se trata, *básicamente*, de elevar una proposición a consecuencias hipotéticas inaceptables, no necesariamente absurdas[192]. En Brasil, por ejemplo, se cuenta que el sanitarista Oswaldo Cruz, para combatir la propagación de la peste bubónica, ofreció un pago a los ciudadanos que pudieran demostrar que habían matado una rata. A primera vista, se trataba de una medida eficaz para diezmar a los roedores, cuyas pulgas transmitían la peste. Sin embargo, el resultado (la consecuencia) de la medida fue a la inversa: bien porque se ofreció demasiado dinero, bien porque el famoso sanitario no tuvo en cuenta la miserable situación de la población, la medida tuvo como consecuencia la multiplicación de las ratas en la metrópoli. ¿Por qué? La respuesta es obvia: muchos ciudadanos hicieron verdaderos criaderos de ratas para llevarlas muertas a las autoridades y cobrar su recompensa.

El ejemplo es extremo, pero real y documentado[193]. Hoy en día, tal argumento se utiliza en una serie de situaciones en las que se establece cualquier tipo de ayuda gubernamental desequilibrada.

La diferencia entre el argumento *absurdum* y el consecuencialista es que este último no aporta reduccionismo, aunque su consecuencia pueda ser inaceptable; el hecho de que la consecuencia exista realmente, como en el caso de la cría de ratas en Río de

Janeiro, es sólo lateral, pero ayuda claramente: si se puede probar una consecuencia no intencionada, cuánto más eficaz es el argumento.

Para combatir el argumentum *ad absurdum* basta con demostrar que hay reglas aplicadas a la afirmación que no se corresponden con la verdad, aunque *parezcan verdaderas*. Así, en el ejemplo del arma de fuego, bastaría con pedir pruebas de que había 1 millón de revólveres clandestinos en la ciudad; pero, como nos damos cuenta, se corre el riesgo de que el oyente siga entendiendo la premisa como verosímil, y entonces el contraargumento funcionaría al revés, reforzando la idea que se pretendía destruir. De hecho, en argumentación se aplica la regla: el argumento que no persuade puede ser perjudicial. Por lo tanto, el elemento de intencionalidad también significa calcular qué reacciones (y oportunidades para ellas) tendrá el interlocutor.

EL USO DE LA RIDICULIZACIÓN

El uso del argumento *ad absurdum* nos lleva a la breve referencia al uso del ridículo también como medio de persuasión. El razonamiento ridículo es aquel que merece la desaprobación de la risa porque se eleva a un nivel de inaceptabilidad sin humor. Cuando existe consenso o verosimilitud en una afirmación dada, cualquier otro razonamiento que la contradiga puede dar lugar al ridículo.

El ridículo lleva a la risa, y la risa es humorística[194]. *Ridendo castigat mores*, señala la máxima latina, por lo que el humor es un medio eficaz para rebatir lo que no se quiere rebatir de frente, bien porque cansa, bien porque no se puede hacer por miedo, bien porque no se quiere, en la coherencia del discurso, detenerse en lo que no es el tema central.

Elevar al ridículo forma parte del argumento *ad absurdum*, y puede decirse que el humor bien colocado tiene la capacidad de ser más persuasivo —por la cuestión de la presencia, que ya hemos tratado— que las largas críticas a la argumentación de la parte contraria, porque, *grosso modo*, el oyente al que el argumento le eleva el humor siempre tiende a adherirse al orador que le anima[195].

Para ilustrarlo, lea el fragmento de la "Fábula de los dos leones" de Stanislaw Ponte Preta[196]. En él, el cronista cuenta cómo dos leones se escaparon del zoo y fueron encontrados más tarde. Uno, delgado y maltratado, y el otro, gordo y vigoroso, volvieron al cautiverio y luego se encontraron. El siguiente fragmento es su pasaje final, el diálogo entre los dos animales[175]:

> En cuanto volvieron a estar juntos, el león que había huido a los bosques de Tijuca le dijo a su compañero: "Muchacho, ¿cómo hiciste para quedarte en la ciudad todo este tiempo y aún así volver con tan buena salud?". Yo, que huí a los bosques de Tijuca, tuve que pedir ayuda, porque apenas encontraba qué comer, cómo es que vas, cuéntame cómo te fue.
>
> El otro león entonces explicó entonces: "Me llené de coraje y me fui a esconder a una oficina pública. Todos los días me comía a un funcionario y nadie se daba cuenta de que faltaba.
>
> —¿Y por qué has vuelto aquí? ¿Te habías quedado sin funcionarios?
>
> —En absoluto. Lo que no se acaba en Brasil son los funcionarios públicos. Cometí un error muy grave. Me comí al director, a un jefe de sección, a varios funcionarios menores, sin que nadie se diera cuenta. Pero, el día que me los comí a la señora que servía el café, me pillaron.

Cualquiera que lea el texto puede percibir la crítica a la ineficacia de la función pública con gran efecto persuasivo, quizá mayor que un discurso lleno de estadísticas y repetición de información conocida sobre el mal sistema burocrático. Con humor, el argumento va más allá de lo que sería meramente expositivo para lograr el resultado del convencimento.

Existen momentos en las que la frontera entre, por un lado, llevar las reglas hasta sus últimas consecuencias para conseguir

---

175 *Primo Altamirando y ellas*, p. 154

un resultado inaceptable y, por otro, ridiculizar la tesis contraria es bastante difusa. Al fin y al cabo, el argumento *ad absurdum*, de que cuidamos anteriormente, puede también llegar a la ridiculización. Obsérvese el ejemplo de J.K. Toole, que hemos rescatado como, en nuestra opinión, una de las grandes obras literarias de la época contemporánea.

El escritor J.K. Toole crea un protagonista que, lleno de contradicciones con su tiempo, como un nuevo Quijote, se rebela contra la decadencia moral del mundo. Ignatius, mimado y alienado dentro de la dividida, prejuiciosa y racista sociedad de New Orleans[197], es un hombre nada aficionado al trabajo, aunque muy intelectual y un gran lector. En una breve encuesta que realizamos, el protagonista, incluso en la tercera persona de un narrador omnisciente, se refiere 14 veces a la expresión "taste and decency", gusto y decencia[198]. Este es el perfil del protagonista, Ignatius[199], que se acerca al estereotipo de lo "grotesco"[200]. En un pasaje, se encuentra con una exposición de arte, que está a medio camino entre el arte moderno y una exposición de artistas aficionados. Enfurecido, se lanza a una crítica voraz de todos los cuadros expuestos, diciendo que esos artistas deberían primero tomar lecciones de cómo usar un pincel. Quizá no estaba equivocado. Al ser expulsado de la exposición callejera, el protagonista Ignatios lanza su última imagen: "Si a vosotros, 'artistas', os encargaran pintar la Capilla Sixtina, hoy parecería una estación de metro de los suburbios"[201].

La comparación no es falsa, pero tiende a lo ridículo: de hecho, muchos artistas de la pintura contemporánea estarían orgullosos de que la Capilla Sixtina se transformara en algo parecido a la decoración de graffiti de las estaciones de tren, pero eso es un juicio de valor que debe hacer cada uno. Como texto casi declaradamente humorístico, Toole narra la escena como para demostrar el inconformismo conservador del personaje, pero no cabe duda de que ha lanzado un argumento consecuencialista: extiendan este "arte" a los grandes monumentos y tendremos un resultado llevado (al menos en la mente del personaje) al extremo del mal gusto. Construcción consecuencialista, absurda o ridículo: en este caso, ese límite está aún por decidirse. Lo que es innegable es el efecto humorístico *por la ridiculización.* En un discurso, si no hubiera una respuesta rápida, la defensa de la pintura moderna quedaría derrotada: la Capilla Sixtina, moderna, tendría una estética sucia como la estación de metro.

En el discurso judicial, el papel del humor es bastante discutible, y quizá estos breves estudios no puedan atreverse a aconsejar cuándo el toque humorístico puede ser eficaz, y en qué escenario. Lo que sí se puede decir es que la mirada sombría de algunos operadores jurídicos no está justificada, porque el buen humor, en sí mismo, nunca resta seriedad a ningún trabajo; Sin embargo, la profundidad y respetabilidad del entorno en el que se desarrolla el discurso judicial autoriza una severa desaprobación de los disparates inoportunos que aparecen como una auténtica huida de una discusión más profunda del asunto sometido a la dialéctica de suasoria. Además, la generalización es la gran tendencia del humor, y puede ir en contra de principios éticos seguros, lo que nunca es deseable. No es difícil que cualquier ridiculización utilice la persona del *ex adverso,* la parte contraria, con fines despectivos, lo que es inaceptable en términos éticos y puede eliminar todo equilibrio del discurso.

Mal colocado, el ridiculizador se vuelve ridículo[202].

ARGUMENTO *A FORTIORI*

El argumento *a fortiori* es típico del razonamiento jurídico porque requiere una distinción entre normas prohibitivas y permisivas. Está muy extendido, como es habitual en la dialéctica forense. *A fortiori* significa *con mayor razón.* Argumentando *a fortiori,* el hablante impone una analogía con un plus: que su razonamiento tiene aún mayor razón de ser válido que el que resultaría de la analogía perfecta. Veamos casos más concretos.

Se divide en dos tipos distintos: los argumentos *a minori ad maius* y *a maiori ad minus.* En ambos existe el mismo principio de que, si una norma jurídica impone un comportamiento a alguien, con mayor razón determina una conducta que tiene las mismas características, pero con mayor intensidad, gravedad o razón.

El argumento *a minori ad maius* se aplica en el caso de las prescripciones negativas. Formulemos la siguiente hipótesis: si una ley prescribe que no se puede circular de noche con los faros del vehículo apagados, *a fortiori* debe entenderse que está prohibido circular de noche con un vehículo sin faros[203]. Si la ley prohíbe lo menor, evidentemente debe prohibir lo mayor.

El argumento *a minori ad maius* tiene aplicación práctica cuando se investiga la jurisprudencia y la doctrina y se encuentra, en sentencias o en obras de literatura jurídica, una posición aún más incisiva que la que se pretende demostrar. Si la ley entiende que un documento que contiene una firma no legalizada carece de valor jurídico, un documento con una firma *no identificada*, con mayor razón, debe tener sus consecuencias jurídicas anuladas.

Ese tipo de argumentación *puede* ser aproximada a la idea de comprobación por *inducción* en la lógica formal, que vimos anteriormente en el argumento *ad absurdum*. Significa decir que, si un número tiene una propiedad, el número siguiente lo tiene[176]. Aquí se impone, por ejemplo, que para cualquier número *n* existe una propiedad *P*, que, al existir en *n*, existe en el número natural siguiente (n+1):

$$(\forall \mathbf{n})[\mathbf{P}(\mathbf{n}) \Rightarrow \mathbf{P}(\mathbf{n}+1)]$$

o bien, para no estar en secuencia de números:

$$(\forall \mathbf{n}|\mathbf{n}=\mathbf{x})[\mathbf{P}(\mathbf{n}) \Rightarrow \mathbf{P}(\mathbf{n}|\mathbf{n}>\mathbf{x})]$$

Eso se trata de una técnica muy interesante, pero, claro, no válida para cualquier característica, es decir, para *toda* propiedad P. Si decimos, por ejemplo, que la calidad P es de ser un número

---

176 Cuando se llega al infinito o a cualquier cantidad extremada, se está en la argumentación *ad absurdum*, como se ha visto.

múltiplo de 2 (ser *par*, por lo tanto), ella se aplica al *n=4*, pero no se aplica a (n+1), ya que el número siguiente, 5, no es par. Es decir, existe una lógica del racicinio por inducción, pero no siempre, siquiera en la lógica formal, se puede trasladar una característica al elemento siguiente, sin más investigaciones[204].

El segundo tipo de argumento *a fortiori* es el argumento *a maiori ad minus*, que queda bien expresada en la máxima de que *quien puede lo más, puede lo menos.* Su razonamiento es análogo al expuesto anteriormente, pero con aplicación a normas permisivas en lugar de prohibitivas[205]: si la ley concede un determinado beneficio a alguien, sin duda concede un beneficio menor, que está contenido en ella. Si una jurisprudencia recogida en un discurso defiende que quien cometió un delito con abuso de violencia puede responder al proceso en libertad, *con mayor razón* debe liberarse de la cárcel a una persona que haya cometido el mismo delito sin recurrir a la violencia.

De modo formal, así se representaría:

$$\mathbf{(\forall n)[P(n) \Rightarrow P(n\text{-}1)]} \text{ o bien}$$

$$\mathbf{(\forall n|n=x)[P(n) \Rightarrow P(n|n<x)]}$$

Para combatir el argumento *a fortiori,* basta con buscar la imperfección en la analogía, puesto que ella es su primer sustrato. En el ejemplo de la distinción entre allanamiento de morada y lesiones corporales leves, basta con recurrir al principio de reserva de ley para demostrar que los favores legales deben interpretarse estrictamente y, por tanto, si la ley no hace una referencia exacta al allanamiento de morada, la persona que lo cometió no merece el favor *iuris.* Pero esto no excluye la validez y la fuerza persuasiva del razonamiento lógico de este tipo de argumentos.

EL CÓRAX

El argumento del córax es aquel que, según Reboul[206], consiste en decir que una tesis o un hecho es falso porque es demasiado verdadero. Un argumento habitual para los penalistas, aunque pervive en otros ámbitos.

Los juristas con experiencia en litigios forenses saben lo complejo que es la producción de pruebas, lo difícil que es encontrar una versión sólida en medio de pruebas que apuntan en direcciones a veces diametralmente opuestas. Documentos que faltan, versiones diferentes para cada testigo, inseguridad en los reconocimientos, fallos de memoria, intimidación, intercambio de cifras, todo ello forma lagunas que se llenan con la argumentación, el razonamiento lógico, la razonabilidad.

El argumento del córax[207] pretende demostrar que, en ausencia de estas lagunas, la *imperfección* de la versión presentada aparece. Paradójico, porque la *perfección* resulta ser la causa de la imperfección, pero en realidad la pseudoperfección no es más que la forma en que se manifiesta la ingenuidad del ser humano, manipulando la propia realidad.

No han sido ni serán pocas las ocasiones en las que los defensores del tribunal del jurado demuestren que las declaraciones prestadas en comisaría por varios testigos fueron redactadas por la misma frase incriminatoria, sólo porque describen el mismo hecho sin contradicción alguna. De ser tan poco contradictorios, los testimonios pasan a ser falsos; en otras palabras, de ser tan verdaderos, pasan a ser falsos.

Es curioso que la perfección se convierta en el blanco de las críticas, pero el córax se basa en la vanidad y la codicia de la mente humana, que es tan compleja e impenetrable que siempre representa un material argumentativo muy rico para el argumentador: cuando hay simulación o mentira, se tiende a sobrevalorar lo aparente, que supera a la propia realidad. Así, el reloj falso es —a ojos del profano— más bonito que el auténtico, pero esta belleza denuncia ante el *experto* la falsedad del producto, del mismo modo que el testigo que relata detalles extremos de lo que dice haber presenciado parece, en realidad, no haber visto nada en absoluto. Si nos permiten entrar en algo de experiencia profesional, el día a día del tribunal penal desgraciadamente nos hace confirmar las sospechas de las ficciones de Agatha Christie: las acusaciones perfectas, las escenas muy definidas, las pistas dejadas de forma muy visible, todo ello hace sospechar al más experimentado que la estructura no es real[208]. Transmitir esta desconfianza de la probabilidad inversa[209] al interlocutor es el córax.

Como empezamos a trabajar con casos penales cuando aún estábamos en la universidad, tardamos menos de lo habitual en aprender algo que algunos juristas tardan en aceptar: la mentira y la manipulación son constantes en muchos ambientes de trabajo. Hay ambientes de conspiración en el servicio público, en la judicatura, en la academia, en sociedades secretas, en los cárteles de grandes empresas, en restaurantes que sólo unos pocos pueden frecuentar, entre tantos otros. Quizá por eso nos hemos dedicado en los últimos años al estudio de los *delatores*, que tienen una razón extra para mentir ante los tribunales: acusan en nombre de su propia libertad. Pero no sólo ellos: muchos mienten y falsifican pruebas, en los más diversos ámbitos. Y a veces el hecho de que parezcan muy seguras y perfectas es en realidad, como en las novelas policíacas, el mayor indicio de que no son ciertas. Como hemos dicho más de una vez, algunas esferas de poder juegan con un tablero más amplio que el de un abogado nuevo en el caso, y éste tiene que estar preparado para enfrentarse a esa ampliada realidad. Pero esto es sólo una declaración personal sobre la plausibilidad de la eficacia inversa, aunque demostrativa de que el argumento del córax tiene una estructura práctica efectiva.

Para combatir el argumento del córax, sólo es necesario reforzar la evidencia perfecta, demostrando que el argumentador que invoca el córax lo ha encontrado como única salida, frente a la contundencia de la evidencia a la que debería enfrentarse[210]. Pero no se puede negar que, en ciertos casos peculiares, es muy persuasivo.

CONCLUSIÓN: LA HIPÓTESIS NARRATIVA

Aquí pretendemos dar a las cuestiones lógicas más comunes en derecho su dimensión enunciativa. Nuevamente, pensamos que uno de los grandes equívocos de la enseñanza de la retórica es tratar de convertirla en repeticiones de hermenéutica. Si esto ocurre, será una repetición viciada, porque los estudios hermenéutico-dogmáticos han avanzado, mientras que, por las razones demostradas tantas veces aquí, los estudios lingüísticos o, mejor dicho, las competencias lingüísticas tienden a disminuir mucho con el paso de las generaciones. Aunque no sólo son eficaces, sino que están en la esencia misma del Derecho, como ya se ha dicho[177].

Algunos de los argumentos presentados en este capítulo, típicamente jurídicos, se inspiran efectivamente en las reglas de la hermenéutica, pero nos interesa su dimensión enunciativa. Siguiendo con nuestro paralelismo entre argumentación y narrativa, estos argumentos funcionan como una técnica de narración en retrospectiva. Como si, al principio de un libro o de una película, el interlocutor fuera conducido a una realidad que no quiere aceptar, un *outcome*, una consecuencia que le parece absurda. Si esto ocurre, se crea naturalmente la curiosidad-narrativa de desvelar cómo se llegó a ese resultado poco aceptable. Si el resultado es trivial (no absurdo), esta curiosidad obviamente no se produce.

En la novela más conocida de la literatura brasileña, el autor utiliza esta técnica: revela que es una persona gruñona y malhumorada, hasta el punto de que le apodaban "Dom Casmurro". Pronto explica que no siempre fue una persona así, por lo que el lector siente la curiosidad de conocer la causa de su dolor: el propio lector pide el *flashback*. Lo mismo ocurre con *Cien años de*

---

177 Reiterando la posición, Atienza: "Nadie duda de que el ejercicio de la abogacía consiste fundamentalmente en argumentar, y todos solemos estar de acuerdo en que la cualidad que mejor define lo que se entiende por un 'buen jurista' es quizá su habilidad para construir argumentos y manejarlos con soltura". Simplemente no compartimos la corrección de la afirmación de que "nadie duda" de que el ejercicio de la abogacía es argumentación, porque, como hemos visto desde el primer capítulo, existen detractores de esta postura. ATIENZA, Manuel. Las razones del derecho. São Paulo: Landy, 2000, p. 19.

soledad, con su famoso "Muchos años después, frente al pelotón de fusilamiento, el coronel Aureliano Buendía habría de recordar aquella tarde remota en que su padre lo llevó a conocer el hielo" la situación extrema del fusilamiento pone al lector, de manera muy inmediata, a conocer el motivo de la condena a muerte y, además, por qué justo ese recuerdo se produce en el personaje, en un momento tan significativo. No se puede evitar que la curiosidad se despierte y se dirija hacia esos otros momentos, que es exactamente la intención del escritor.

Cuando un argumentador utiliza un proceso *ad absurdum*, su técnica se asemeja, en nuestra lógica informal, al *flashback*. El oyente descarta el absurdo desenlace, pero se pregunta: ¿cómo se ha llegado a eso? Entonces su curiosidad narrativa le abre a la solución razonable del conflicto planteado, lo que significa volver a la discusión y presentar una alternativa creíble. Esta alternativa es la finalización del conflicto, que el oyente acepta como correcta, si mantiene su indignación ante el absurdo. El argumento de Córax sigue la misma regla: la perfección, contrastada con la experiencia de un mundo constantemente imperfecto, levanta sospechas y indicia un conflicto, que se solucionaría con una nueva narrativa detrás de todo lo que se presenta.

Capítulo XI

Argumentación débil: evasión y sentido común

EL ARGUMENTO COMÚN

La argumentación tiene sus altibajos. Hay momentos tópicos en la construcción de un discurso, en los que ideas complejas se combinan para llevar al interlocutor a aceptar un determinado resultado: los temas se encuentran y se separan, convergen hacia la misma conclusión por el mismo camino o por caminos diferentes, según la estrategia del orador. A veces pasan por razonamientos complejos, como el córax o el *argumentum ad absurdum*; pero también hay ocasiones en que el discurso no puede pretender alcanzar gran profundidad, porque se desvía de la pretensión del discursante.

Los argumentos débiles, que son el objeto de este capítulo, no persuadirán por sí solos, pero pueden ayudar a marcar el ritmo del texto, a desviarse de una ruta argumentativa, o para no tener que enfrentarse demasiado directamente a las convincentes razones de la parte contraria.

Al igual que en una narración, no siempre una película tendrá escenas fuertes y decisivas, como —para seguir con los estereotipos— la muerte del villano o la boda del protagonista con su amada. Hay que añadir otros elementos a la trama, que mientras tanto convergen en estos momentos más fuertes del discurso. Los personajes secundarios o las escenas aparentemente menos pretenciosas no son, por definición, menos importantes para la trama cuando se consideran como algo sistémico, es decir, cuando todas las piezas son interdependientes. Así, la cena que tiene lugar con el protagonista, su mujer y sus hijos, todos en el restaurante, a ritmo lento, mientras esperan con suspense la posibilidad de que algún asesino entre en el establecimiento y lo ejecute es también, dentro del contexto, nuclear[178]: su posible asesinato ocurrido de repente, sin esta lenta danza del diálogo familiar, hace que la relevancia y el significado de la propia muerte se desvanezcan, si tenemos en cuenta toda la progresión del conflicto. Siempre que se coloquen con intencionalidad. El objetivo del estudio y análisis del discurso en su conjunto es alcanzar este nivel máximo de intencionalidad, donde nada escapa al autor y cada elemento cobra sentido. Tanto en el texto narrativo como en el temático, dada la proximidad en la que tanto hemos insistido aquí.

Por tanto, la definición de argumentos "débiles" que aquí se ofrece es una generalización, pertinente y puramente didáctica. Como toda generalización, hay que interpretarla con prudencia: un argumento débil puede ser decisivo para allanar el camino a uno fuerte. No obstante, es esencial tener muy presente la dimensión de la argumentación en progresión, reconociendo su impotencia para ganar un discurso por sí sola.

ARGUMENTO *AD HOMINEM*

Todo argumento, por estar dirigido a un auditorio, aunque no esté específicamente determinado, puede decirse que está dirigido *ad hominem*, a los hombres, a menos que se trate de un argumento *ad humanitatem*, que busca un auditorio universal. Sin embargo, un argumento *ad hominem* es aquel que pretende criticar a un hombre concreto más que las ideas que emite[211].

Muchos autores sostienen que este tipo de argumentación es una falacia, porque los ataques personales no descalifican a sus fuentes, y por tanto no se podría construir una argumentación sólida basada en ataques verbales a personas que esgrimen argumentos sólidos. Los argumentos son valiosos por su materialidad

---

178 Aludimos aquí a una escena clásica de la serie "The Sopranos".

lógica y su confrontación con la realidad[212], no por las características buenas o malas del orador que la pronuncia.

Sin embargo, cuando tratamos extensamente el argumento *ad verecundiam*, hicimos varias recomendaciones relativas a la conveniencia de cuestionar la cualificación personal de la autoridad para ocupar tal cargo, de modo que pueda presumirse que sus pronunciamientos son todos correctos. Ahora bien, los argumentos *ad hominem* pueden plantearse lícitamente en un discurso sin desembocar inmediatamente en la ofensa personal, como es habitual en los debates políticos más acalorados.

Walton divide tales argumentos en tres clases diferentes, y aquí nos apropiaremos de su escala. Ninguna escala, como es sabido, es perfecta, porque clasificar elementos del lenguaje siempre implicará una zona gris, con una serie de relativismos que hay que tener en cuenta. El primero de ellos, el argumento *ad hominem* abusivo, se centra en el ataque directo a la persona del argumentador, incluido el vilipendio de su fiabilidad como persona o de su propio carácter. Este tipo de argumentación es la que tiende a la pura ofensa, como si se introdujeran en la discusión elementos que en realidad no caben en ella, como la nacionalidad, el sexo, el origen étnico de algún argumentador. Es habitual en el (mal) discurso político escuchar frases como "Eres un ladrón y por eso no deberías ni hablar de corrupción en política", como si la mala fama del acusado fuera causa suficiente para borrar toda una serie de razones objetivas que demuestran una denuncia efectiva de la corrupción. O, por ejemplo, "un candidato que ha sido engañado por su mujer no merece mi voto", negándose a debatir o escuchar su programa de gobierno, o "¿quién es ese famoso profesor borracho que cree que puede enseñarme Derecho si ni siquiera es capaz de cuidar de su propia adicción?", como si el alcoholismo excluyera totalmente la posibilidad de ser una autoridad en un tema concreto.

El abusivo argumento *ad hominem*[213] —se desprende de su denominación— no se justifica en ninguna circunstancia, excepción hecha a alguna retorsión en igual medida. Nos damos cuenta, sin embargo, de que en este caso no se trata de argumentación como tal, porque hay una frontera ética que separa lo que es el estudio de la argumentación de la discusión primaria. Esta última no tiene cabida en ningún estudio retórico, aunque pueda ocurrir a menudo.

El segundo tipo de argumento ad hominem, en la concepción de Walton, es el argumento *ad hominem* circunstancial. Es aquella en la que se infiere o demuestra que la posición del argumentador no es compatible con el contenido de las ideas o argumentos que expone. En esas circunstancias, el argumento *ad hominem* tiene ahora cierto valor, sin constituir una falta grave en términos de discurso. Así, en un reciente debate político, un candidato a gobernador fue confrontado sobre su situación de endeudamiento personal. El oponente expuso la situación de ultraendeudamiento personal del candidato entrevistado, que se quejó de que no se plantearan allí temas de su vida privada por no ser pertinentes para el debate político. La respuesta de la oposición era obvia: el candidato que se propone ocuparse de las cuentas de un Estado debe haber demostrado al menos que sabe gestionar la economía de su propia casa. Por supuesto, no es un argumento elegante, pero tiene su función.

En ocasiones, puede haber un argumento *ad hominem* justificable. Eso pasa cuando las características del orador se confunden con el cargumento. A veces, en la judicatura, se rechaza el argumento *ad hominem* como forma de evitar la polémica y mantener la regularidad de los debates, lo que hasta cierto punto es deseable. Sin embargo, hay ocasiones en las que el sentido de la realidad y el derecho a una defensa amplia tienen que superar protocolos y escrúpulos excesivos. En el contexto —hay que decirlo— latinoamericano, nos encontramos a menudo con autoridades corruptas, o incluso implicadas en casos graves como la tortura, promoviendo discursos y redactando sentencias que, por su propio origen, están corrompidas. O jueces que, colocados en sus puestos por designación política, no son parciales desde el principio[179]. En estos casos,

---

179 Véase sobre el refinamiento de los criterios de *biased position*, que comentamos en el capítulo VII.

el incentivo de la denuncia de irregularidades debería funcionar de la siguiente manera, a *speak up culture*, el orador no puede dejar de demostrar y denunciar los hechos que subyacen al tema que trata, aunque se trate de la vida aparentemente privada del orador[214].

Como argumentación primordial, el argumento *ad hominem* no es relevante. Pero de modo secundário tenemos de entenderlo como útil, porque, aunque en ambientes en que las ideas deberían ser más puras, como la Academia y la ciencia[215], los interlocutores son un peso importante. Eso toca lo que ya hemos estudiado en el argumento de autoridad.

EL ARGUMENTO DEL SENTIDO COMÚN

El argumento de sentido común es aquel que aprovecha una afirmación que goza de consenso general y no es rebatida por ninguno de los interlocutores.

El sentido común es aquel conocimiento amplio y genérico que no tiene un respaldo científico profundo, pero que está ampliamente difundido en la sociedad. Por lo tanto, si alguien dice que la función del derecho es repartir justicia, o bien dice que 'sin educación el país no avanzará', está utilizando el sentido común.

Ese sentido común se convierte en argumento cuando se aplica en el discurso para apoyar una idea determinada. Una tesis, es decir, la idea principal que se pretende demostrar, no puede ser sentido común, porque no requiere argumentos, ya que es unánimemente aceptada en cualquier auditorio.

La ventaja del argumento del sentido común es que tiene la cualidad de ser absolutamente incontestable. La idea de utilizar un argumento que no admite contradicción es seductora, porque su uso no implica realmente la réplica: ¿quién puede decir que la educación no es la solución para el país? ¿Qué argumentador puede decir que la Ley no persigue la justicia? Ante un argumento así, la parte contraria debería, a primera vista, callarse.

Es bien cierto que el argumento del sentido común no admite contradicción específica, pero esto se compensa (siempre hay una compensación) con su poca fuerza. Este tipo de argumento es siempre muy suave, vago, obtuso, y por ello es raro que su colocación en un discurso opere la victoria, exclusivamente. Por otra parte, también es cierto que, en momentos de pertinencia, sobre todo en el discurso oral, la exposición de algo que es puro sentido común puede fermentar las ideas hasta hacerlas próximas a la aceptabilidad general, e imponer así al interlocutor —a veces en una construcción rayana en la falacia— una idea impugnable como si fuera incontestable[216].

No es difícil que, tan obtusa es la argumentación de sentido común, se aplique a las dos partes enfrentadas en el discurso. De este modo, el político de ultraderecha y el político de izquierda radical se oponen en la discusión de sus planes de gobierno. El comunista, pretendiendo imitar la experiencia soviética, propone: "Daré prioridad a la educación, porque, para mí, sin ella no se puede formar el país". El político fascista, a su vez, pretendiendo imitar a la sociedad austriaca, propugna lo mismo: "Yo también me ocuparé sólo de la escuela, porque ella ha formado Europa tal como es hoy." Se ve que lo que existía no era sólo un consenso entre ambos, sino *una argumentación en la que, aunque se combatían, los opositores aunaban ideas idénticas.* Cada uno invocó el consenso a su favor, y así la concordia fue inevitable. Para el votante más atento, por supuesto, la discusión fue absolutamente infructuosa, porque los argumentos son débiles: sería importante saber cuáles son los planes de cada uno para intervenir por una buena educación en el país.

Los argumentos son débiles, pero sin embargo bastante habituales en el discurso político. ¿Por qué? Porque a veces, como decíamos en la Introducción, es necesario afirmar lo obvio, o, mejor dicho, *es fructífero enunciar el consenso.* Enunciar lo que todos saben puede, en raros casos, tener un efecto determinante en lógica formal, en los casos de conocimiento común (common knowledge), como en el interesante juego lógicos de los prisioneros y del sombrero rojo (*Game or red hats*[180]) descrito por Newman[217], pero ello requiere una situación ideal, en que todos los participantes sean extremadamente racionales, lo que no existe en el universo en que pasa la argumentación. Por lo tanto, nuestra idea de enunciar lo que es de sentido común difiere del concepto desarrollado en el *common knowledge*, porque no supone una racionalidad absoluta del interlocutor, al revés: lleva en cuenta que él no siempre accede a las ideas, conceptos, temas o incluso hechos necesarios para decidir, con lo cual hay que traerlos a la luz. Pensemos en el mismo debate de los políticos que se presentan al gobierno, donde uno de ellos dice lo siguiente:

> ¡Lo que nuestro país hace con los jubilados es una vergüenza! Ancianos, que han contribuido toda su vida a la construcción de la historia de nuestro Brasil, pasan días en las colas de la Seguridad Social, esperando una jubilación irrisoria, incluso vergonzosa. Maltratados, mueren en las colas de los hospitales, ni siquiera tienen derecho a medicamentos y son las personas que, matemáticamente, más impuestos pagaron al gobierno, el mismo gobierno que ni siquiera los asiste. Esta situación tiene que cambiar, porque, además de ser insoportable, representa la mayor de las injusticias.

El argumento es obvio, meramente ilustrativo, pero puede ser relevante en determinados momentos. En este caso concreto, el orador ha afirmado lo obvio, pero puede haberle hecho ganar muchos votos: los votantes que dependen de la seguridad social se han convencido de que la jubilación será una prioridad en el gobierno. Este pequeño cambio en la mente del oyente fue la tesis subyacente del sentido común que puede traducirse así: Yo, como candidato, prestaré mi atención al problema de las pensiones bajas, al igual que ocupé mi tiempo de palabra en ha-

---

[180] Merece la pena conocer el juego, y la forma como se lo soluciona con informaciones evidentes, siempre y cuando todos los participantes sean perfectamente racionales. El juego *red hats* con los prisioneros es reproducido en la primera página de NEWMAN, Peter, *Common Knowledge and the Game of Red Hats*. New Series, Vol. 27, Special Number in Memory of Sukhamoy Chakravarty (1992), pp. 451-457. Véase también el teorema de Aumann, indicado en la nota de fin.

cerlo. No es precisamente el argumento más convincente, puede ser una promesa política más, pero tiene un gran potencial en este caso. El sentido común apoya los populismos, pero también apoya las grandes causas relevantes para hacerlas presentes en un discurso.

La frase "las vidas de los negros importan" es un ejemplo paradigmático de cómo un argumento de sentido común puede tener relevancia en un discurso. Si todos somos iguales ante la ley, la vida de todos importa por igual. Sin embargo, es precisamente porque afirma lo obvio —enunciando lo que no debería ser necesario decir— que la frase consigue llamar tanto la atención sobre la cruel realidad del racismo.

Es conveniente resaltar, antes de seguir viendo la fuerza del argumento de sentido común en el arte de resaltar lo incontestable, que gran parte de la fuerza de este tipo de argumentación puede descansar en su expresividad, en la adhesión a lo que tiene como mayor cualidad su forma. Es así, por ejemplo, como los refranes y proverbios populares ganan cuerpo cuando se invocan en un contexto que los sustenta, como gran refuerzo de la persuasión de un discurso. Una vez más, recurrimos a Cervantes:

> Voy a parar —dijo Sancho— en que vuestra merced me señale salario conocido de lo que me ha de dar cada mes el tiempo que le sirviere, y que el tal salario se me pague de su hacienda, que no quiero estar a mercedes que llegan tarde, mal o nunca; yo quiero saber lo que gano, poco o mucho que sea; *que sobre un huevo pone la gallina y muchos pocos hacen un mucho, y mientras se gana algo no se pierde nada.*

Sancho Panza, como personaje, representa la sabiduría popular, la forma de pensar del analfabeto que, aun así, consigue resolver complejos dilemas morales. En este ejemplo, para defender su salario, enumera tres dichos populares que le dan la razón: *sobre un huevo pone la gallina, muchos pocos hacen un mucho, y mientras se gana algo no se pierde nada.* El valor significativo es innegable y todos apoyan su petición.

La argumentación basada exclusivamente en el sentido común, como es bien sabido, no va más allá de la mera exposición y, por tanto, no persuade, pero la invocación de la idea de consenso en favor de un conjunto lógico más representativo puede significar un punto decisivo en el discurso, incluso el articulado en el ámbito forense. En los alegatos jurídicos, se utilizan más para reforzar y enfatizar una posición específica, como recurso retórico. Fuera del contexto jurídico, los argumentos de sentido común son recurrentes en discursos políticos demagógicos o en anuncios publicitarios que afirman lo obvio[181].

Las oportunidades para utilizar el argumento de sentido común deben ser observadas por el orador, teniendo en cuenta, una

---

181 En Edición anterior de esta obra, analizábamos una secuencia de ejemplos, que ahora decidimos meramente enunciar, acá en pie de página. En el discurso político: "*Nuestro partido es consciente de que el país debe cuidar de su gente*"; en el publicitario: *¿Por qué pagar más? El consumidor debe elegir el mejor producto, al precio más bajo. Compre nuestra marca;* En el judicial: '*Es esencial que el juez sea ecuánime*'; todos ellos son expresión de lo evidente, pero, a depender de las ideas que los acompaña o de la necesidad de imponer un ritmo más lento a una secuencia de ideas, pueden tener gran efecto suasorio.

vez más, la coherencia de su texto y la aceptación de la audiencia. Para argumentaciones de ritmo más lento, este elemento es muy pertinente, ya que permite reflexionar sobre otros temas o informaciones que pueden sumarse y volverse confusas en ausencia de refuerzo de principios y premisas ya conocidos por el interlocutor, pero que se refuerzan como si fueran una conclusión.

En la vía argumentativa, pues, el argumento de sentido común aparece casi como una petición de principio, es decir, el error en esforzarse por argumentar o demostrar una tesis que el interlocutor ya ha admitido. Quien viene a pedir "*¡justicia!*" En un discurso ante un representante del Poder Judicial cae, si no refuerza su tesis con un objetivo más concreto y contestable, en una petición de principio, porque quiere convencer al interlocutor de lo que él ya está plenamente convencido: que debe ser justo. De alguna manera, el argumentador se alinea con el pensamiento mayoritario, porque el sentido común es el que domina (puede haber alguien que entienda que la *injusticia* es importante en algún caso, pero eso será más raro) y nos une como sociedad[218]. Por lo tanto, enunciarla no siempre es un desperdicio[219].

Es difícil combatir el argumento del sentido común porque su naturaleza es invocar lo que es de consenso absoluto. Lo que se recomienda es demostrar cómo la amplitud del argumento lo hace débil: la ley dicta que a cada uno se le dé lo que es suyo, pero ¿qué es de cada uno? Dice el refrán que muerto está el burro prudente, pero ¿qué significa ser prudente? ¿Cuándo, por el contrario, hay que atreverse? Son ejemplos de contradicción, pero débiles, y realmente es mejor no profundizar en responder a lo que ya no tiene profundidad.

ARGUMENTO DE FUGA

El ajedrecista sabe que, cuando el caballo salta, el rey huye[182].

182 "Al salto del caballo, menearlo", era el dicho, refiriéndose a mover el rey.

La figura del ajedrez es ilustrativa: si el rey es atacado por alguna de las piezas enemigas, puede protegerse moviendo a uno de los otros personajes de su reino al centro del camino: el alfil, la reina, un peón. Sin embargo, si el rey es atacado por el caballo, tiene que moverse, porque el caballo, con su extraño campo de acción, salta por encima de cualquier otra pieza. Enfrentado a él, el rey no tiene más remedio que huir; pero no todo jaque del caballo es jaque mate[220].

A veces, el que discute es como el rey delante del caballo: desvía la cuestión porque no puede afrontarla directamente. Para mayor ilustración, véase la escena descrita en el fragmento de una importante canción de rock brasileña de los años ochenta.:

> ¿Tú crees que va a llover?
> Yo sigo pidiendo atención
> como un perro haciendo meneos
> Tú no dices sí o no,
> haces como que no entiende y lo disimula
> Y me pregunta:
> ¿Tú crees que va a llover? [183]

La narración —una vez más, por ritmo y precisión de vocabulario— del drama que vive el personaje por la forma que la mujer finge ignorar sus intenciones amorosas. Ella simplemente pregunta "¿va a llover?", y la indagación funciona, porque deja al protagonista sin reacción. Al dejar claro el potente conflicto para el personaje que espera una respuesta, el poema subraya la forma sutil en que se produce la huida.

En esencia, la fuga no difiere de la que realiza el abogado en el tribunal del jurado, cuando expone el porqué de la pena que puede resultar del veredicto que se espera: expone los pros y los contras de la pena más grave, en qué puede convertirse el acusado si entra en prisión, la familia que depende de él, sus hijos, el trabajo que dejará. Es evidente que escapa a la discusión del núcleo del caso —la autoría del delito—, pero así, entreteniéndose en

---

[183] Paralamas do Sucesso, EMI-ODEON, 1987.

cuestiones periféricas, consigue ser más persuasivo de lo que sería si tratara de abordar una discusión más específica, por ejemplo, negando la existencia de un factor de calificación al que apunta todo el contexto probatorio. El argumento de la huida no es inválido por definición, sólo es débil.

Hay ciertos momentos en los que el argumentador necesita desviar la discusión, porque la parte contraria siempre buscará que el camino argumentativo siga aquellos elementos que le son más favorables, sobre los que no hay buenos argumentos por parte del oponente. Imaginemos, pues, el siguiente diálogo:

> *Defensa: El testigo Tício declaró ante el tribunal que no reconocía al acusado como autor del crimen: "No parece la misma persona a la que vi desenfundar el arma", dijo Tício, en otro claro indicio de que el acusado no es el verdadero homicida.*
>
> *Fiscal: Un paréntesis, doctor. En comisaría, en el calor de los hechos, el mismo testigo reconoció positivamente al acusado. ¿Podría Ud leer ahora al jurado la declaración de Tício en comisaría?*
>
> *Defensor: No, no puedo. La acusación ha tenido su oportunidad de hablar y de replicar, y nuestro procedimiento penal, justo al menos en teoría, me da a mí, como defensa, el mismo tiempo que ha tenido usted, sólo que ahora para articular lo que es favorable a mi cliente. Ojalá tuviéramos, siempre, en una sociedad tan igualitaria como la distribución del tiempo en el Tribunal del Jurado, la misma oportunidad de exposición para todos los intereses en conflicto que tenemos, como tribunos, en el plenario. No haré su papel, Doctor, porque si lo hago me convertiré en un mal abogado, de mal abogado en mal profesional, de mal profesional en un ser socialmente inútil y, de ser socialmente inútil, pronto en un delincuente. Su petición, Doctor, es imposible de cumplir, me perdone.*

Evidentemente, el discurso del abogado en su intervención final se desvió de lo que se le había pedido, porque no le interesaba continuar la argumentación tal como pretendía dirigir la acusación, promoviendo el paréntesis. La igualdad en el proceso penal no era el tema principal de debate, y sería ampliamente favorable al letrado de la defensa que aportara otros argumentos que dieran continuidad a la exposición probatoria del caso, pero, como él mismo había manifestado, si lo hacía estaría desvirtuando su propia vía argumentativa.

La evasión es lícita en la argumentación, siempre que el tema desarrollado le parezca al interlocutor, aunque sea en un grado mínimo, pertinente para la discusión (pues, en el ejemplo dado, el abogado desarrolla su discurso articulando un tema lo más cercano posible al que pretende evitar, algo sobre el proceso penal en el tribunal del jurado). Como es el argumentador quien crea su recorrido temático, siempre tiene el talento de elegir el mejor tema, siempre que no ignore el núcleo de la discusión. El destinatario del mensaje, al notar que el interlocutor no aborda el tema que se le propone, *puede* entender que asuma su falta de razón, o al menos tenerlo como un argumentador deshonesto. Por lo tanto, la evasión es un recurso momentáneo: volvamos a nuestra ilustración, el rey amenazado por el caballo no puede huir de su ataque más de un paso.

CONCLUSIÓN

El argumento *ad hominem*, el argumento de sentido común y el argumento de fuga no son los más eficaces en la argumentación jurídica, pero se utilizan repetidamente. Siempre que representen la verdadera intención del orador, sirven al menos para establecer una buena coherencia, prolongando una argumentación más importante y compleja o, por el contrario, desviando la atención de lo que no es decisivo para que el interlocutor comprenda en profundidad. Son técnicas válidas, si prevalece la templanza.

Desgraciadamente, los argumentos débiles, que tienen como antonomasia el sentido común, están sobreexplotados en los discursos actuales, efectivamente por falta de estructura e investigación. Pero también son la base de la inmensa mayoría de los medios visuales actuales, tanto dentro como fuera del entorno judicial, y esto de forma intencionada. Cuando un político hace un vídeo para su campaña, en el que muestra imágenes del país, o fotos suyas besando a niños pequeños en la calle y siendo abrazado por la gente, sabe que cualquier discurso que haya detrás no puede ser complejo ni contundente, ya que confundiría al interlocutor. Luego, llenará el texto de elementos débiles como "hombre honesto", "buen ciudadano", "amigo de los más vulnerables", "nascido del pueblo" lo que no refleja nada tan convincente, pero abre espacio para que las imágenes hagan su efecto[184].

También se ve en los tribunales a abogados que dedican gran parte de su tiempo de palabra a saludar a los jueces, a referirse a su honradez, a sus virtudes, a su cumplimiento del servicio público. Mientras lo hacen, otros elementos —quizá su propia imagen— ejercen su persuasión. Si lo ha calculado, no deja de ser una técnica, un complemento de su objetivo.

---

184 Base se los populismos, como se sabe.

Capítulo XII

Cuando el lenguaje es argumento

PREDISPOSICIÓN A LA ARGUMENTACIÓN

Todo discurso se basa en un acuerdo mínimo entre el orador y su interlocutor. Para que se produzca una argumentación eficaz, alguien debe estar decidido a exponer sus ideas y, por supuesto, otro debe estar dispuesto a escuchar o leer. Si consideramos que la disponibilidad a escuchar ya representa un principio de persuasión, entonces ya hay un flanco abierto al discurso.

Conseguir la atención del interlocutor, sin embargo, no es tarea sencilla: gigantescos esfuerzos realizan los anunciantes en busca de hacerse ver frente a tantos otros anuncios, en una sociedad saturada de argumentos de venta. Las narraciones interesantes, los cuerpos bellos, las imágenes intrigantes, la novedad estética, todo son formas de intentar captar ese primer escalón de atención. En el contexto jurídico, como ya se ha señalado, sería muy superficial pensar que el comando legal de que el juez debe observar los alegatos dispensaría recursos para ganar la atención del interlocutor, aumentando su capacidad para absorber los argumentos y la información que se le debe transmitir. De hecho, uno de los mayores obstáculos para la transformación de la capacidad argumentativa es la creencia del argumentador de que algún juez está obligado a escucharle o, peor aún, a leer lo que escribe. El que hace un discurso no puede dar por sentada esa receptividad. Si es así, por llevar el ejemplo al extremo, todos los generales cuentan, por disciplina militar, con la plena atención de sus mandos, alineados, en posición de firmes y en absoluto silencio; del mismo modo, el sacerdote que pronuncia un discurso en la iglesia, por la obligada creencia de sus fieles. Y esto no ha impedido que generales y sacerdotes hayan creado discursos que han cambiado la vida de sus discípulos, entrando para la historia de la comunicación.

Una vez aceptada esta habilidad, hay que conseguir buenos niveles de atención por parte del interlocutor, lo que requiere las más variadas técnicas. Para el orador, ropa idónea al ambiente, gestos firmes y apropiados, entonación de voz adecuada, uno u otro recurso más extravagante para llamar la atención, como la simulación de un olvido, una improvisación previamente tan planeada, entre otros; para el texto escrito, siempre es eficaz utilizar un buen formato y, en ya raro caso de un texto impreso, buen papel y limpieza. Esto ya se sabe, y es sólo premisa de lo que se va a discutir acá.

Porque es en el uso del lenguaje en el microtexto, en las palabras y su estructura, donde descansará la mejor manera de atraer al oyente hacia ti. Cuando alguien escucha un determinado argumento, se fija primero en la forma y luego en el contenido, y esto es bastante natural: antes de degustar un plato, nos fijamos en su aspecto, en cómo se nos presenta; del mismo modo, quien ve a un orador se fija en cómo se presenta para hablar, o en la forma que adopta su texto escrito[185]. Luego sigue teniendo en cuenta la forma, absorbiendo el lenguaje del orador. Sabe que el contenido le será transmitido, pero *por medio* del lenguaje, de ahí su importancia en todo discurso.

Es un rasgo humano admirar lo *bello*. Un animal puede tener instintos y afectos, pero en regla no aprecia la belleza de una obra de arte. Un cuadro de Goya adornando una habitación, a los ojos de un animal, no es más que una simple pared. La belleza es de la naturaleza[186], pero sólo el ser humano la reproduce intenciona-

---

185 Véase el capítulo XVI.

186 Hay toda una interesante discusión respecto al aspecto geométrico de la Naturaleza, llevando a creer que la armonía geométrica, porque es la fórmula de las cosas de la naturaleza, sería la perfección. Esa idea, de modos distintos, está en la base del cubismo de Picasso o de las geometrías perfectas del neoclasicismo impulsado por los régimenes tota-

damente. Así, la selección de las palabras, la forma de exponer el razonamiento busca el orden y la armonía. Un poco lírico, pero cierto.

Este libro no tiene por objeto tratar el lenguaje con el lector, siendo éste un tema específico de los manuales de buena redacción. Pero el lenguaje nos importa en la medida en que es argumento, por lo que hay un mínimo de exposición sobre sus consecuencias. En el momento en que el buen lenguaje sirve como medio para reforzar una idea, su interés para el estudio de la retórica se hace relevante. Por eso se dice que existe un *argumento lingüístico*. Es decir, todo argumento es lingüístico, pero el lenguaje, la explotación del código utilizado, se puede considerar como un argumento en sí mismo.

PALABRA

Todo discurso tiene[221] un trasfondo cognitivo, es decir, una forma de ejercer el pensamiento justo, de revelar información, nociones sobre la realidad. El habla está hecha de palabras, y la palabra obviamente informa porque es un medio de producir conocimiento.

De hecho, todo nuestro *razonamiento* actual se ejerce mediante palabras. Cuando un científico descubre algo nuevo en su en-

---

litarios de los tiempos de la Segunda Guerra. La concepción de que la estética geométrica es la de la Naturaleza sufre un abalo teórico con la teoría del caos o la observación cuántica, pero, en nuestra opinión, eso se reconstruye con la teoría del entrelazamiento (*entangled quantum states*), cuya puesta en práctica rindió el Premio Nobel de Física de 2022 a Aspect, Clauser y Zeilinger. Claro, hay mucho más en esas teorías que nuestra reducción a caos o no-caos, como por ejemplo la existencia de la estética misma si distante de los ojos del observador, que puede traer una comprobación incluso de lo que es la interpretación humana de un texto. Pero vamos a dejar esas observaciones para otros momentos de nuestro estudio.

torno, su primera actitud es bautizarlo, darle un nombre. Sólo a partir de su nombre se construirán con ella nuevos pensamientos, nuevos conceptos, que se combinen para llegar a conclusiones importantes[222]. La aprehensión de nuevas palabras, en este contexto, implica la aprehensión de nuevos conceptos *antes* de significar sin duda un nuevo recurso para expresarse con mayor claridad. Cuando un lector consulta una palabra del diccionario[187], cuyo significado desconocía por completo, no sólo ha añadido un recurso a su forma de expresarse, sino que, sobre todo, ha añadido a su razonamiento el *concepto significante* que ese nuevo término trae consigo. Este concepto podría incluso estar latente en la mente de esa persona, pero despierta a través del conocimiento de la nueva palabra, porque es a través de su nombre, y sólo de su nombre, que ese concepto puede componer cualquier pensamiento lógico de ese ser humano[223]. Así, un lego en derecho que aprende lo que es una nulidad no sólo incorpora ese término a su vocabulario pasivo, sino que, sobre todo, puede articular razonamientos por este nuevo concepto que ha aprendido y puede entender lo que es un proceso nulo, una nulidad relativa o absoluta, una causa de nulidad, o la nulidad que se hubiera producido en el proceso en el que es parte.

No hace falta investigar mucho para demostrar que quienes tienen un vocabulario activo más amplio, que pueden trabajar con distintas palabras, incluidas lenguas extranjeras, son más capaces de ejercitar mayores elementos contextuales. Habrá quien pueda dar buenos discursos con poca lectura, pero la situación es excepcional y, como se ha dicho muchas veces, sus textos no alcanzan mayor complejidad. Una repetición de vocabulario en un discurso superficial, sencillo y popular puede significar simplemente una falta de estilo; esa misma repetición en un discurso más complejo, en cambio, es un claro fallo estructural: no se sos-

---

187 El mundo digital ha hecho perder gran parte del valor del diccionario, pero es imprescindible un consenso mínimo sobre el significado de un vocablo, para el desarrollo del lenguaje formal.

tiene porque debería buscar una expresión más amplia y compleja[224], pero no lo consigue.

La posesión de un vasto vocabulario es un factor distintivo no sólo para quienes se aventuran en la literatura, sino para todos los que trabajan con sujetos humanos y, como se ha dicho, no sólo en el ingenio para exteriorizar el razonamiento, sino también para aprehenderlo y elaborarlo. Es fácil concluir entonces por qué nos fijamos tanto en la selección de vocablos de los que hablan, en la forma en que expresan y articulan sus frases, incluso antes de interesarnos por el contenido: *el buen*[188] *vocabulario hace presumir el conocimiento,* y es en este sentido en el que se convierte en argumento. No se trata aquí de erudición general, sino de dominio del tema sobre el que estamos debatiendo. Trataremos este aspecto en el transcurso de este capítulo.

CONTENIDO Y FORMA

El argumento de la competencia lingüística es un argumento en el que el contenido y la forma se combinan para persuadir. En la medida en que todo discurso se vehicula a través de la palabra, puede decirse, *grosso modo,* que la buena elección de las palabras es también un tipo de argumentación, y por tanto se entremezcla con el propio contenido, en una amalgama difícil de deshacer, porque la argumentación es una fusión continua de razonamiento y expresividad, o, en otra variante, la *retórica* es una íntima unión entre estilo y argumentación.

Los juristas están acostumbrados a valorizar la forma y a distinguirla del formalismo, tema que genera interminables discusiones en el plano jurídico, todas ellas importantes. La forma es un instrumento de garantía de una serie de derechos sustanciales. Si la forma no estuviera salvaguardada, el fondo, lo que es mate-

---

188 Ya se verá que el buen vocabulario no es necesariamente el más erudito, en su momento.

rial, raramente sería igualmente preservado o ejercido, porque da validez al acto; se trata de una cuestión jurídica en la que no es necesario profundizar, pero existe un estrecho paralelismo entre este valor esencial de la forma en el derecho y la forma en la argumentación.

Para entenderlo, es interesante leer este fragmento del discurso de Ruy Barbosa, todavía en el Imperio, en defensa de la elección directa[189]:

> Pero no cambió; porque por encima de nuestras discrepancias jurídicas sobre la forma, estábamos unánimemente unidos en un pensamiento superior, en una convicción política; y era que faltaríamos a nuestro deber planteando nuestra cuestión en la forma; era que debíamos aceptar la forma, cualquiera que fuese, mientras se salvase el fondo; era que, ya fuese por ley constituyente o por ley ordinaria, nuestro compromiso definitivo y esencial consistía en la elección directa.
>
> "La forma es una gran cuestión, la forma lo es todo", responde una voz del Senado. Señores, no niego que, en boca de un jurista, este apotegma sonaría delicioso; pero en boca de un hombre de Estado, es monstruoso; es la negación de todo lo que se ha aprendido en estas materias; porque, particularmente en las cosas políticas, o en la mente de toda la experiencia acumulada por la humanidad, o la gran cuestión es siempre la cuestión de la moral, la cuestión de la utilidad, la cuestión de la necesidad, y la forma no es más que un accidente, modificable según las exigencias de una ocasión.
>
> Pero, insisten desde allí, la forma es la Constitución. ¿Y qué es la Constitución? La Constitución, según las impresiones sentimentales de un noble senador, es una frágil individualidad cuya vida pende del filo de nuestros puñales.

Ruy Barbosa es considerado un maestro de la oratoria en Brasil[190], no sin razón[225]. En este fragmento, discute la superioridad,

---

[189] Discurso pronunciado en la Cámara de Diputados de Río de Janeiro, en la sesión del 21 de junio de 1880. En: BARBOSA, Ruy. Selección de escritos y discursos, p. 127.

[190] La biografía de Ruy Barbosa, al público internacional, se puede encontrar en TURNER, Charles W, *Ruy Barbosa: Brazilian Crusader for the Essential Freedom*, NY: Kessinger Publishing, 2010.

en el contexto político, del fondo sobre la forma, reservando esta última para las discusiones jurídicas. Y comienza su discurso con un argumento que busca ganarse la simpatía de su amplio auditorio: situándose como una entidad que, en nombre de su ideal —las elecciones directas— pretende superar las diferencias legales, que serían todas formales. Se esfuerza por prescindir de la forma, porque no pertenecería al contexto político, sino al ámbito jurídico, que era entonces el objeto de estudio de los estudiosos del Derecho (a los que, por entonces, no incluía).

Pero lo curioso es darse cuenta de que, al tiempo que se prescinde de la forma (jurídica) de discusión política, es a través de la *forma* (lingüística) como se enfatiza su discurso. Sus recursos, tras la lectura del texto, no necesitan ser señalados al lector en gran número: la selección de palabras, los pasajes hiperbólicos, las imágenes, etc. No se puede decir que las ideas políticas de Ruy Barbosa fuesen todas innovadoras, ni que argumentos similares a los suyos no hubieran sido invocados con frecuencia por sus coetáneos, pero el modo, la *forma* en que se transmiten esos argumentos es única, de ahí la fuerza del discurso del Águila de La Haya[191], recordado hasta hoy, en el mundo de lengua lusitana, como un símbolo de argumentación eficaz. Cohesión, redacción precisa, linealidad en el avance hacia la conclusión.

Hay que considerar, empero, lo que era el buen lenguaje en su época. Las palabras del siglo XIX no pueden ser las mismas que las de hoy, la capacidad de atención de los oyentes es diferente, la importancia que se da a un discurso parlamentario es totalmente distinta. Si nos fijamos bien, no sólo las palabras son viejas (antiguas), sino que su significado también ha cambiado: lo que es la *forma*, desde los estudios del proceso y el procedimiento constitucionales, el valor de la constitución y su técnica: los cambios son rotundos, en todas las naciones del Occidente.

---

191 Apodo o mote del orador y político brasileño Ruy Barbosa.

Por tanto, la buena retórica, la argumentación contundente, no es sólo la que construye un buen razonamiento, sino también la que lo exterioriza, lo enuncia de modo calculado. Como esta enunciación contribuye también a la persuasión, es una argumentación. Y uno de los más decisivos.

EL LENGUAJE ADECUADO

Cuando construimos un discurso jurídico, tenemos que seleccionar las palabras adecuadas para exteriorizar nuestras ideas y argumentos, eso ya se sabe. Existen muchos vocablos autorizados en el léxico culto y muchos de ellos pueden inscribirse para expresar (casi) el mismo significado que otro, intercambiándose, a depender del contexto, sin gran pérdida de sentido. La labor de *selección vocabular* es, por tanto, una tarea esencial del escritor.

Las buenas palabras son las que revelan competencia, y cuanto más se acerquen a la comprensión del interlocutor, más le llegarán a su razonamiento. Las palabras son el punto de contacto entre el razonamiento del autor y su destinatario y, para seguir aprovechando la imagen ya formada, deben *adherirse* al público con gran propiedad.

Ya bien se sabe que el derecho demanda un lenguaje formal, pero aun dentro de ese formalismo hay muchos niveles. En algunos países de habla Iberoamericana, como España, bien el lenguaje del Derecho es mucho menos gongórico[226], bien el lenguaje formal y el lenguaje popular no tienen *tanta* distinción. En países de habla latinoamericana, existe más distancia entre, por ejemplo, el lenguaje escrito y el lenguaje hablado, aunque no sea exactamente la forma de expresión[192], sino su contexto/ambiente, lo que más importa ahora. Un paraguayo o un argentino pueden, en lenguaje oral, dialogar de modo no necesariamente inadecuado, incluso en ambientes más formales, en español con interseccio-

---

192 Sobre discurso escrito y oral, veánse capítulos XV e XVI

nes, respectivamente, entre el *guaraní* y el *lunfardo*, sin que eso signifique un gran bajón en su nivel de formalidad y respeto hacia el interlocutor. Un habitante de la región central de España, a su vez, puede, con poquísimas variaciones en comparación con el castellano formal, alcanzar una comunicación bastante coloquial para su ambiente.

De ahí concluirse que no hay lenguaje *a priori* mejor o peor, sencillamente menos o más adecuado. Si observamos la letra de canciones de origen popular, como un *tango* porteño, un *rap*, un *funk* brasileño o incluso un *narcocorrido*, sabemos que el poeta, caso intentara aproximarse del lenguaje formal para su expresión, crearía una canción artificial y sin cualquier poder de penetración entre sus oyentes[227].

Esos variopintos peldaños de lenguaje no pueden ser comprendidos, sin embargo, como licencia para admitir lenguaje pobre o, incluso, errores gramaticales en los discursos jurídicos[193]. La llamada propiedad lingüística siempre será un tema de percepción, dominio e intencionalidad.

EL DISCURSO JURÍDICO EN EL VOCABULARIO

En algunos aspectos, nuestro mundo actual concede un gran valor al lenguaje. Del mismo modo que se devalúan las reglas del lenguaje y se presta poca atención a la precisión lingüística en el habla cotidiana, el llamado lenguaje científico adquiere cada vez más valor. A medida que la tecnología se expande, también

---

193 Infelizmente, es cada vez más común, en todos los países, una preocupación menor con el estudio de las reglas de la lengua. Los errores, como se dirá, denotan menos dominio lingüístico, sencillamente porque no son intencionados. La falta de intención es la medida que se utiliza distinguir la falta de dominio de lenguaje y, en el extremo opuesto, la capacidad de trabajar con distintos niveles de formalidad en en discurso.

lo hace este lenguaje técnico: como se ha dicho, con cada nuevo descubrimiento, con cada nuevo concepto, surge un nombre.

La observación es curiosa y útil para nuestro estudio de la argumentación: paradójicamente, cuanto menos se valora el lenguaje y la expresividad de la lengua, el lenguaje aparentemente técnico, con alguna hipérbole, vale oro en esta sociedad de la información: desconfiamos del médico que no utiliza el vocabulario médico[228], igual que un economista que habla con gran claridad puede ser percibido como poco técnico; o un abogado que no utiliza el lenguaje *específico* de su campo puede ser visto como alguien que no conoce el tema sobre el que debe opinar. Es mucho más fácil e inmediato valorar si alguien domina el lenguaje de su entorno que si conoce la materia, y así las palabras y la técnica —que no son necesariamente lo mismo— trabajan juntas en intensa simbiosis hasta que resulta difícil distinguirlas.

En resumen, conocer la técnica significa en gran medida conocer su lenguaje específico. Conocer el lenguaje que debe emplearse en un determinado discurso es, por tanto, un buen argumento, en la medida en que el interlocutor siempre *presume* que el que tiene mejor lenguaje, es decir, el que mejor enuncia sus ideas, conoce más a fondo el tema sobre el que habla.

Esta suposición de que que aquel que adopte la mejor forma es el que tiene más contenido que constituye la verdadera fuerza del argumento de la competencia lingüística. Y se basa en una observación inequívoca de la realidad: no se compra un libro por su portada, pero se supone que el libro mejor acabado, con una edición más cara, ha merecido más atención por parte del editor que invierte en un buen contenido. Del mismo modo, el que articula mejor sus argumentos hace suponer al interlocutor que sabe más del tema sobre el que habla, y esto es fácilmente observable. ¿Quién puede negar que, por muy erudito e ilustre que sea un expositor, si tartamudea y tiene poca intimidad con la oratoria, no gustará en su exposición? La razón de esta antipatía por parte del auditorio es obvia: aunque todo el auditorio sabe que la timidez y la tartamudez no tienen nada que ver con el conocimiento del tema, el tímido tartamudo *parece* inseguro en su exposición, y esta inseguridad es inmediatamente transportada por el oyente al presunto (desconocimiento) del tema a exponer [229]. Cuando vemos —y vemos— a un gran abogado cometer los más elementales errores gramaticales, nos cuesta creer que pueda ser un abogado tan capaz como se proclama: cuando menos, resulta paradójico que alguien pretenda conocer todas las complejas y entrelazadas reglas del derecho mientras ignora una docena de normas elementales del idioma.

Por eso decíamos al principio que el vocabulario del hablante es objeto de la atención inmediata del interlocutor, que lo tiene como tarjeta de visita.

El vocabulario técnico jurídico es, por tanto, el más importante que hay que dominar en el discurso judicial, aunque no el único. Articulando bien el lenguaje técnico del derecho, la llamada terminología jurídica, el buen orador ya trae en su discurso, aunque diluida en cada enunciación, una portentosa argumentación, la presunción de un buen contenido a través de una forma eficiente.

Pero (siempre hay un pero) quienes especifican cierta *jerga jurídica* como buen lenguaje jurídico están muy confundidos. No se trata de un argumento de competencia lingüística, por lo que son necesarias algunas palabras para explicitar esta distinción.

LENGUAJE TÉCNICO Y JERGA

Cuando un interlocutor queda impresionado por la capacidad de un determinado orador para articular palabras técnicas, no le está juzgando, desde luego, por su habilidad para recopilar y repetir *jergas.*

La jerga es el argot profesional, el lenguaje que se desarrolla como medio de distinguir una clase particular. Conocemos la jerga, sobre todo si recordamos el ejemplo de los jóvenes: siempre tienen un lenguaje propio de su entorno, como forma de diferenciarse y, a veces, de hacer que los adultos, ajenos a su grupo en general, no les entiendan. La jerga tiene exactamente estas mismas funciones: diferenciar a los que la conocen de los que la ignoran[230] y para evitar que estos últimos entiendan el mismo lenguaje. En la realidad de los tribunales, hay muchas palabras que son vacías de sentido, y que solo sirven para distinguir una clase y transformar el ejercicio del derecho en algo inasequible a los no-iniciados. Aunque de modo no consciente, un lenguaje artificial, hermético a un grupo, se desarrolla, se impone y se perpetúa, sin real ganancia a los significados y a la técnica.

Evidentemente, el verdadero lenguaje jurídico, como argumento que presume el conocimiento de la materia, dista mucho de este tipo de *jerga.* El lenguaje técnico es un lenguaje que nace en la teoría[231], es decir, que tiene un marco teórico profundo porque su uso invoca inmediatamente un concepto científico lleno de significado. Se compone a través de un cuerpo funcional, es decir, un conjunto de herramientas para tratar con el ente abstracto que es el Derecho. Por ello, palabras como "culpabilidad" o "dolo" pueden parecer preciosas a quienes no pertenecen al ámbito jurídico, pero no hay forma de evitar su uso en una defensa, una sentencia o una doctrina que discute elementos del injusto. Del crimen.

El lenguaje técnico es el que está cargado de significado científico[194], de conceptos, *y esto le autoriza a diferenciarse, en la argumentación, del lenguaje ordinario.* La jerga, en cambio, representa una diferenciación del lenguaje ordinario sin ninguna justificación técnica, por lo que su uso no aparece como una competencia lingüística, salvo en los casos en que el discurso es intencional.

Lo que ocurre a menudo, como error grave en la argumentación, es que se utiliza la jerga como si fuera lenguaje técnico. Así, en lugar de representar un argumento, ponen en peligro la expresividad y se hacen pesadas, alejando al interlocutor en lugar

---

194 HYLAND, Ken; TSE, Polly. Is there an "academic vocabulary"? *TESOL quarterly*, 2007, vol. 41, n° 2, p. 235-253.

de ponerlo en el contacto necesario que debería existir con el argumentador[232]. El discurso lleno de jerga se vuelve aburrido, poco cohesionado y, lo que es peor, nada técnico.

Sobre este tema, (una vez más) es imposible no recordar la percepción que Machado de Assis, con su inagotable talento, hace sobre la importancia del lenguaje jurídico, cuando el personaje Brás Cubas se dedica a recordar la época de su licenciatura. Siga el texto para sacar conclusiones[195]:

> No tenía otra filosofía. Ni yo. No digo que la Universidad no me hubiera enseñado algo; pero sólo memorizaba las fórmulas, el vocabulario, el esqueleto. La trataba como trataba el latín; me embolsaba tres versos de Virgilio, dos de Horacio, una docena de locuciones morales y políticas, para los gastos de la conversación. Las traté como traté la historia y la jurisprudencia. De todas las cosas he escogido la fraseología, la corteza, la ornamentación. Quizá sorprenda al lector la franqueza con que expongo y subrayo mi mediocridad; le advierto que la franqueza es la primera virtud de un difunto.

Brás Cubas declara más de una vez que había estudiado muy mal Derecho, y que había recibido, como gran "nombramiento juerguista", el grado de bachiller "con la solemnidad del estilo, después de los años de la ley"[196]. El pasaje es poco menos que genial. Demuestra que, para graduarse en la facultad de derecho, le bastaba con captar algo de su lenguaje, y, a partir de algún punto, esto continúa hasta hoy en los cursos jurídicos: fraseología, corteza, ornamentación es mucho de lo que el estudiante se lleva de la facultad de derecho.

El problema aquí, seamos francos, es el del autoengaño. Muchos juristas creen que su maestría discursiva reside en el uso de esta jerga, y por ello no estudian las técnicas de construcción discursiva que podrían llevar su texto a un nivel superior, más convincente, directo e, incluso, con mayor técnica. La buena noticia,

---

195 *Memorias póstumas de Brás Cubas. Capítulo 24, p. 62.*

196 *Idem,* Capítulo 20, p. 56.

si es que la hay, es que esta alucinación de la jerga profesional no se da sólo en el derecho: periodistas, administradores, religiosos, médicos, analistas políticos, todos tienen el potencial de presentar en sus discursos la jerga disfrazada de tecnicismo.

Para deshacerse de él, hay que identificarlo, como intentamos hacer a continuación.

COMPETENCIA LINGÜÍSTICA Y LENGUAJE COTIDIANO

Es muy común en el lenguaje jurídico el uso de los llamados *preciosismos*, cuya especie que destaca es el *arcaísmo*. Preciosismo es el lenguaje innecesariamente rebuscado, que adquiere aires de culto pero no lo es.

Las palabras raras que se utilizan poco en la vida cotidiana no significan directamente competencia lingüística, porque una buena argumentación se transmite con fluidez y objetividad, y no, por el contrario, con palabras que dificultan la comprensión[197]. Quien abusa de palabras preciosas está a un paso de romper la coherencia interna del discurso y, con ello, de caer en el ridículo: si pretendemos componer un texto en un lenguaje que demuestre excesiva erudición, mediante el conocimiento de un vasto vocabulario, debemos mantenerlo al mismo nivel durante todo el curso; de nada sirve media docena de palabras escogidas a dedo del diccionario, con significado nebuloso para el interlocutor, en una enunciación impregnada de errores gramaticales e impropiedades léxicas. La práctica de la lectura del discurso forense, al menos en todos los países de habla latina, nos revela esta realidad.

En Derecho, la competencia lingüística implica —o *debería* implicar— un lenguaje preciso, directo, culto y claro. El nivel de lenguaje culto, sin embargo, difiere del lenguaje preciosista y fal-

197 "Proicit ampullas et sesquipedalia verba" – Rechaza el estilo rebuscado y las palabras con pie y medio.

samente pomposo. El vocabulario utilizado debe ser rico, amplio, pero en un lenguaje cotidiano, que no induzca a confusión o, lo que es lo mismo, que no reste integridad al discurso. Cualquier término más raro debe contar con la *sustentabilidad* en la enunciación, es decir, debe insertarse en un contexto apropiado. Es importante hacer hincapié en este aspecto, ya que muchos autores confunden el lenguaje culto con el uso de términos inusuales, antiguos y arcaicos que tienen un significado poco preciso para el lector medio. Veamos, por ejemplo, el texto siguiente, extraído de la obra *Ensaio sobre a cegueira*, de José Saramago:

> Un estómago que funciona al revés se despierta temprano. Algunos de los ciegos abrieron los ojos cuando aún faltaba mucho para que amaneciera, y en su caso no fue tanto porque tuvieran hambre como porque su reloj biológico, o como se llame, ya estaba desafinando, supusieron que era de día, así que pensaron: déjame dormir, y pronto se dieron cuenta de que no, que estaban los ronquidos de sus compañeros, que no daban lugar a equívocos. Ahora bien, está claro por los libros, pero mucho más por la experiencia, que quien se levanta al amanecer por placer, o quien ha tenido que levantarse al amanecer por necesidad, difícilmente tolera en su presencia a otros que duermen profundamente, y con doble razón en el caso que nos ocupa, porque hay una gran diferencia entre un ciego que duerme y un ciego al que no se le han abierto los ojos del todo[198].

El lector debe darse cuenta de que las palabras utilizadas en el texto, por un autor portugués, son variadas y asumen un significado preciso y bastante claro, a pesar del estilo propio de Saramago de frases largas, con mezcla de pensamientos diferentes. No nos interesa aquí su estilo literario, sino simplemente la siguiente observación: ¿hay en el texto palabras arcaicas, rebuscadas u oscuras? Desde luego que no. Todas las palabras utilizadas en el texto son de uso corriente.

No se puede decir que el autor utilice un lenguaje inculto y coloquial, y menos aún que su texto sea ineficaz, pues no en vano

---

198 *Ensaio sobre a cegueira*, p. 99.

el conjunto de su obra obtuvo el Premio Nobel de Literatura. De hecho, lo que determina la eficacia y el estilo del texto no es el uso de unas pocas palabras raras, sino la selección constante de términos precisos para enunciar la idea que se quiere transmitir.

Además, el lenguaje cotidiano implica cierta flexibilidad, incluso en las reglas gramaticales extremadamente rígidas. Si el lector observa un texto periodístico, puede ver, por ejemplo, algunas colocaciones de pronombres alejadas de la norma culta, pero que respetan la sonoridad y la proximidad del lenguaje oral. En el discurso jurídico no hay que descartar la gramaticalidad formal, pero la existencia de una norma culta alejada del discurso coloquial es un factor a tener en cuenta.

CARGA SEMÁNTICA

Como hemos visto, una buena enunciación significa también una argumentación, porque el interlocutor se ve inducido a suponer que la idea mejor enunciada, mejor transmitida, es la que cuenta con mayor razón. Por tanto, forma y contenido no son independientes en el contexto argumentativo.

Pero también hay que destacar que en el vasto vocabulario de la lengua portuguesa (como en cualquier lengua contemporánea), el conocimiento del poder de las palabras es también un factor relevante para quien argumenta. A cada palabra (conjunto de letras que, en las lenguas occidentales, representan sonidos) va unida una idea, un determinado significado. Esta palabra, junto con su significado, se denomina *término*. Las palabras que tienen un significado análogo se llaman sinónimos[199], y el diccionario, el conjunto ordenado de palabras de una lengua, se encarga de enumerarlas todas o, al menos, de indicar esta coincidencia de significados. Variar palabras con el mismo significado (o, más

---

[199] Más adelante veremos que no existe la sinonimia perfecta. El uso de la palabra "sinónimo" aquí solo tiene un propósito didáctico.

técnicamente, con significados similares) no es sólo una cuestión estilística. El significado de cada término tiene su importancia argumentativa, que el orador no puede descuidar.

Cuando un ministro afirma que, con el aumento del precio del petróleo en el contexto mundial, puede haber una *flexibilización* de los valores de las tarifas públicas en general, ciertamente está utilizando un argumento de enunciación, de competencia lingüística. Aunque la *flexibilización* puede significar *hacerlo flexible*, es decir, aumento o disminución, en este caso está claro que es imposible disminuir las tarifas públicas; si se descarta esta hipótesis, sólo puede entenderse que las tarifas públicas, según el discurso del ministro, *aumentarán*[233].

¿Flexibilización y aumento tienen el mismo significado? Pueden transmitir un mensaje similar al interlocutor, pero el orador, al utilizar el primer término, no ignoraba que su discurso sería más persuasivo (menos duro, puesto que estaba transmitiendo malas noticias) evitando a toda costa la odiosa palabra *aumento*, en uso del eufemismo. Cuando el abogado defensor, ante el tribunal del jurado, dice que su cliente *infringió la ley*, mientras que el fiscal dice que el acusado *asesinó* o, aún menos técnicamente, masacró a tres personas, se refieren al mismo hecho, pero la carga de significado de cada una de las expresiones *acompaña* a su contexto argumentativo.

Muchos nombres sirven a puntos de vista argumentativos y, por tanto, deben utilizarse adecuadamente. Son el contenido del propio argumento, en una simbiosis de contenido y forma: ciertamente, si un historiador se refiere a una determinada cruzada como "batalla contra los *infieles*", demuestra su punto de vista sólo por el vocabulario que ha utilizado para enunciar el hecho, sin necesidad de revelar explícitamente, por el contenido de su tesis, cuál será su posición: en contra o a favor de las batallas de base religiosa. Del mismo modo, el industrial rico dirá que su negocio es *generar lucro*, mientras que el sindicalista que representa a sus empleados hablará de *acumular capital*; quien está a favor del aborto lo llama "interrupción voluntaria del embarazo", y así se evita ese primer nombre.

Últimamente, la lucha por lo "políticamente correcto" ha aumentado la atención sobre la carga semántica. En este sentido, ya no sería correcto decir "favelas" o "chabolas" sino "comunidad", o "habitante de la calle" sino "persona en situación de calle"[200], entre muchos otros. Esta realidad muestra que hay quien reconoce el valor ideológico que puede existir en el proceso de selección de vocabulario, y esto es muy relevante. La crítica es que estas palabras son impuestas por un grupo que utiliza la *cancel culture* para imponer una forma de hablar que aún no ha tenido tiempo ni consenso social. Los propios dictadores del nuevo lenguaje dudan de muchos de estos términos que imponen, especialmente en el debate sobre si es preferible un *softening*, un lenguaje suave para evitar ofender o, por el contrario, un lenguaje contundente para describir situaciones y circunstancias de forma más realista. Así, el cambio de la palabra "favela" por "comunidad", al tiempo que elimina el horrible estigma del "favelado", alivia la cruda realidad: un edificio de lujo es también una "comunidad". El lenguaje siempre debe transformarse y debatirse, pero nunca imponerse[234].

Sobre el lenguaje de lo "políticamente correcto", aquí hay mucho que se podría discutir, pero no es exactamente el caso. El escritor sólo tiene que observar las ventajas e inconvenientes de utilizar cada palabra en el sentido en que la inserta en su texto, sopesando cómo la interpretará el lector.

Por otro lado, dominar el llamado lenguaje políticamente correcto puede servir como mera jerga. Utilizar las expresiones actualmente aceptadas por un determinado grupo imponente da, menos que precisión, sólo el sentimiento de pertenencia, de adhesión. Por tanto, no prescinde del dominio del vocabulario en su conjunto, para otorgar capacidad expresiva en pensamientos más complejos. Al igual que la jerga, el potencial ilusorio del lenguaje políticamente correcto es elevado.

---

200 Esas denominaciones, claro, varían en cada país.

EXPRESIONES LATINAS Y BROCARDOS JURÍDICOS

Al tratar de la carga semántica, de la fuerza del significado de las palabras, se puede atender, en el contexto jurídico, al valor de los llamados *brocales jurídicos* y de las expresiones latinas. ¿Cuál es su verdadero significado en el contexto de la argumentación?

Permítanos una digresión. Hace algún tiempo, se recomendaba que, en el examen de acceso a la profesión de abogado en Brasil, el candidato utilizara al menos tres expresiones latinas. Los candidatos, entonces, para cumplir la recomendación, tenían ya preparadas en la memoria tres expresiones latinas genéricas que caben en cualquier trabajo. Generalmente, me dijo un candidato, usamos *data venia, ab ovo y ex positis*; como mucho, un *rebus sic stantibus.* Allí: requisito cumplido.

Al seleccionar expresiones genéricas sólo para cumplir un hipotético requisito de la prueba, se enunciaron expresiones absolutamente *vacías de sentido.* El problema es que este error se repite en la práctica jurídica diaria: escritos y sentencias impregnados de expresiones latinas que no aportan nada a su equivalente en lengua vernácula, sólo hacen que el lenguaje sea poco objetivo.

Como argumentación, las expresiones latinas pueden tener dos funciones: como demostración de competencia lingüística, tienen el efecto persuasivo de mostrar al interlocutor un cierto dominio del tema jurídico que le hace presumir autoridad en la enunciación de la tesis. Este efecto, sin embargo, se desmorona cuando estas expresiones son genéricas y, antes de revelar un conocimiento más profundo de la ciencia jurídica o, menos aún, del latín, sólo muestran que el hablante utiliza algunas expresiones latinas como comodines, *jokers,* con la intención de hacer más culto un discurso que no sostiene el arcaísmo de la lengua muerta.

La segunda función de la expresión latina es revelar que un determinado principio es tan antiguo y ampliamente aceptado que debe interpretarse como de *sentido común. Grosso modo,* la expresión latina cargada de significado muestra que un determinado principio es tan antiguo que ha cristalizado en una lengua muerta; a esto se añade un argumento más claro de competencia lingüística, ya que la expresión cargada de significado revela la erudición del hablante. Las expresiones cargadas de significado son los llamados *brocardos*, los axiomas jurídicos, las máximas que revelan principios ampliamente aceptados, de ahí su proximidad al argumento de sentido común. Estas expresiones no son exclusivas del ámbito jurídico, pero es en el discurso judicial donde aparecen con más frecuencia. Pueden ser extremadamente persuasivas, si están bien situadas en el contexto del discurso, sostenidas, sin parecer pedantes. Así, si alguien, al solicitar la denegación de la declaración de un testigo, por ser sólo una medida dilatoria, al estar ya todas las pruebas en la causa, argumenta que *Ursi cum adsit vestigia quaeris* o que *In silvam ligna feras*[235], invoca indudablemente el lenguaje como medio de persuasión, ya que las frases cortas valen mucho más que las largas explicaciones de por qué debe hacerse una negativa[236]. Si no, al menos, refuerzan los argumentos ya enunciados con gran capacidad de adhesión. Por supuesto, son argumentos débiles, no convergen en una tesis, pero pueden ser decisivos en una disputa muy disputada.

Por supuesto, el latín sigue siendo una lengua viva en el Derecho, y no sólo es la estructura de nuestra lengua vernácula, sino también la forma original en que se expresaron muchos de nuestros institutos jurídicos. Sin embargo, el riesgo de que se utilice como mera jerga, que más bien contamina el texto y le quita sentido, es bastante alto, esencialmente en la época contemporánea.

Y consideraciones similares pueden hacerse con otros préstamos, especialmente en lengua inglesa: aunque pueden tener un excelente poder comunicativo, también pueden utilizarse como medio de comunicación, demostrar el dominio del nombre original de cada instituto —a menudo ni siquiera traducido—, para otros no sobrepasa el *status* de jerga profesional, poco adecuado para textos más formales, en argumentos más largos.

SINÓNIMOS Y POLISEMIA

Hay un relato corto de Carver que tiene uno de los títulos más parafraseados de la historia. Porque realmente es excelente. "*¿De qué hablamos cuando hablamos de amor*[237]" comienza con una escena de semidiscusión entre dos parejas. Como es habitual en los relatos cortos del autor, las parejas no están en perfecta armonía, siempre atravesadas por traiciones, divorcios, depresiones de la mediana edad, etc. A continuación, uno de los protagonistas cuenta la historia de una pareja que *realmente* se ama, y después narra un hecho concreto, que tiene que ver con un accidente, y después lo que la mujer es capaz de hacer por el hombre al que ama, y viceversa. Ese acto de ella, en toda la historia, es, para el protagonista-narrador, la definición del amor. Sin esa historia, sin la narrativa completa de lo que pasó con aquella pareja, dice el narrador, la palabra no tiene sentido. A eso se refiere cuando habla de amor[238].

La palabra amor es polisémica. Su significado varía, al igual que las palabras *justicia, culpa.* O, dentro del derecho penal, la palabra "castigo[239]", "pena", "retribución"[240]. Definirlo como un concepto abierto no es en absoluto suficiente, pero ayuda a comprender que se trata de palabras que requieren una mayor carga de significado, que habrá que sacar de su contexto: ya sea la referencia a una determinada doctrina, a alguna posición filosófica o, como en el ejemplo de Raymond Carver, a un conjunto de hechos, que al mismo tiempo ilustran y dan sentido al término amplio.

Pero el lector más atento o perspicaz verá que incluso las palabras con un significado más cerrado tienen cierto grado de polisemia. Por eso, cuando intentamos evitar la repetición de palabras, una de las soluciones es buscar sinónimos. Un buen diccionario de sinónimos ayuda a la comprensión, pero siempre hay que tener en cuenta que ninguna sinonimia es perfecta. Ofendería a la razonabilidad —y esto se estudia mucho en hermenéutica jurídica— que hubiera dos palabras para el mismo significado[241]. Si existen de forma diferenciada, su función es llenarse de significado diferente. Sin embargo, aunque sean sinónimos, su misma condición de haber sido insertados para evitar la repetición altera su significado en el microtexto: si utilizo la palabra "diverso" en lugar de "diferente", para evitar la reiteración de esta última, "diverso" y "diferente" en ese *locus* no tendrían el mismo significado, porque el término "diferente" sonaría repetido, mientras que "diverso" asume el papel de variación de vocabulario[242]. El diccionario de sinónimos siempre es útil, pero la sinonimia perfecta no existe.

Además, como veremos al examinar la *cohesión*, el conocimiento del lector, proporcionado en la intertextualidad por el hablante, remite a pequeñas variaciones de significado por referencia al mundo exterior. En este sentido, actualmente nos inclinamos por exponer la existencia, en textos más largos, de lo que algunos autores han denominado dualidad monosémica (*monosemical bias*), que aparece en el microtexto. Un ejemplo sencillo: cuando hablamos de cárcel, puede proyectar en el lector la imagen de una prisión concreta. No hay polisemia aquí, sobre la gran diferencia de significado entre pena, castigo o encarcelamiento como restricción de la libertad en abstracto. Sin embargo, si hablamos de la cárcel en América Latina, o de una cárcel de mujeres, estamos tratando el mismo tema, pero nos referimos a realidades concretas diferentes. Estas realidades están en el mundo exterior al texto, pero son llamadas a formar parte de él. En este sentido, cuando el autor consigue, con una palabra, especificar elementos del mundo exterior del destinatario, utiliza esta polisemia disminuida, esta dualidad, y puede intentar que alcance un sentido monosémico puro, lo cual es bastante difícil, pero posible.

¿POR QUÉ NO TE CALLAS?

En la reunión de jefes de Estado latinoamericanos de 2007, el entonces presidente Hugo Chávez debatió con el presidente del Gobierno español, Rodríguez Zapatero. En pocas palabras, el Sr. Chávez llamó "fascista" al anterior presidente de España. Zapatero, en defensa de su homólogo, pidió respeto para el presidente venezolano, pero éste continuó con sus ataques. Cuestiones ideológicas aparte, fue un hecho que Chávez no dejó hablar a Zapatero, interrumpiéndole a cada momento, mientras éste pedía calma y respeto. Es un hecho. En la silla de al lado, el entonces rey de España, Juan Carlos I, vio cómo todo sucedía.

En un momento dado, mientras el presidente venezolano una vez más interrumpía el discurso del español, el Rey de España le hizo a Chávez esta pregunta: "¿Por qué no te callas? La frase se recuerda hasta hoy, para bien o para mal, en toda Hispanoamérica. El monarca ibérico se levantó y abandonó la conversación, en señal de protesta. Chávez diría después que no había oído la frase que le había dicho el rey, esa orden de callarse.

No vamos a analizar la cuestión desde el punto de vista material, sólo la forma. El rey, a la cabeza del Estado, junto a su jefe de Gobierno, decidió hacer una declaración al margen del protocolo. Y para ello utilizó un discurso coloquial, corto y directo. En mi opinión, no puede decirse que fuera un momento de irritación, no calculado, sino todo lo contrario: el discurso coloquial, totalmente (en condiciones normales) impropio de un monarca en representatividad estatal, sonó allí como el desenlace obligado de una discusión: un punto y final, de alguien que quería terminar el semi-diálogo sin descender a ofensas sobre el fascismo, ya para entonces bastante desgastado.

En ese momento, el rey sumó al menos dos factores a su frase: por un lado, la señal de que los actos protocolarios para intentar abrir la palabra a la respuesta a las ofensas ya habían resultado ineficaces; por otro, deslegitimar la posición de Chávez rebajando la condición de Jefe de Estado, hablando como en un diálogo de pub. En términos discursivos, el habla surtió efecto, pues fue notorio el apoyo de los demás estadista —aunque todos ideológicamente alineados con Chávez— a la oposición ofendida.

La ruptura de la lengua era un argumento de competencia lingüística. Y, ahí, permitió al argumentador sacar a todo su estado de una condición subordinada a recibir ataques frontales de otro jefe.

De nuevo, cuestiones ideológicas aparte, el discurso funcionó muy bien. En derecho, como en las relaciones internacionales, son raros los momentos en los que se recomienda rebajar el lenguaje y romper el protocolo, pero no deja de ser un punto a tener en cuenta.

CONCLUSIÓN

La creación del discurso es un acto muy personal. Si construimos un texto, oral o escrito, en un día determinado, es esencialmente distinto del que enunciaríamos si lo dejáramos para el día siguiente. Al tratarse de linguaje, el médio de enuciar son infinitos. Quienes abogan por un razonamiento puramente lógico desprecian el resultado de una frase bien elaborada, unas palabras con propiedad y un discurso fluido. Muchos ignoran, también en este sentido, la capacidad creativa, la necesidad de adaptarse a unos entornos concretos. Otros, más elaborados y gongóricos en sus discursos, ni siquiera tienen en cuenta que a veces se dirigen a jueces más jóvenes, clientes de empresas, que no comprenden ni valoran los términos arcaicos. Si a esto añadimos el hecho notorio de que los *estándares* del lenguaje, en la contemporaneidad de la ultracomunicación y las redes sociales, están cambiando a una velocidad sin precedentes, la búsqueda de la precisión del lenguaje debe ser cada vez más intensa.

Así que hay que disipar el engaño de que buscar un lenguaje mejor significa recurrir a vocablos raros: el esfuerzo es mayor para que el lector, como volveremos a decir, no se dé cuenta de que el discurso está muy bien pensado y calculado para llegar a él. El momento en que será mejor utilizar términos más eruditos, dando competencia al discurso y diferenciando al orador de los demás, o el momento en que bastará una frase coloquial para desconcertar al adversario, sin que por ello se pierda la posición del que lleva la delantera, todo esto tiene que ser estudiado y observado por quien está construyendo una carrera en Derecho. Al fin y al cabo —no hace falta decirlo— todo su trabajo, como el de los jefes de Estado, se basará en el discurso.

Capítulo XIII

Orden y momentos argumentativos

En el capítulo anterior, dedicado a la competencia lingüística, finalizamos nuestra presentación de los tipos de argumentos más usuales en el contexto jurídico. Es importante que sean siempre variados, porque, como veremos, tienen más posibilidades de persuadir.

La taxonomía, la clasificación de los tipos de argumentos, siempre puede ampliarse, pero como metalenguaje, este trabajo también tiene que tomar decisiones sobre su espacio, su extensión y sus objetivos. Así pues, vistos los tipos principales, es el momento de volver a utilizarlos en la estructura de la argumentación, como en un movimiento en espiral: regresamos al punto de la coherencia, pero avanzado, con un sentido determinado, el de encontrar la discursividad más perfecta.

ORDEN DE LOS ARGUMENTOS

La disposición de los argumentos es una cuestión de interés relevante en la práctica del discurso judicial. En el aula, muchos alumnos se preguntan *dónde empezar* la argumentación, y no cabe duda de que se trata de un punto crucial en el análisis del discurso.

Sin embargo, esta pregunta conlleva una duda que hay que disipar. Cuando te preguntas *cómo empezar* un discurso, lo más probable es que te estés preguntando *cuál es tu primer paso en el proceso de construcción.* En otras palabras, cómo trabajar con la hoja en blanco. Una argumentación, un escrito para un alegato oral ante un tribunal, todo ello comienza con una hoja (de papel o virtual) vacío. Poner las primeras palabras no significa hacer una introducción al discurso. Por lo tanto, nunca debe haber confusión entre lo que es el principio "para el lector" y lo que es el principio "para el argumentador".

Si apuntamos a una regla muy práctica, está claro que un escritor nunca comienza la construcción del discurso por su introducción. Si lo hace, es porque su experiencia le autoriza a crear *mentalmente* una estructura. Así, un dibujante de cómics puede, a partir de la repetición del dibujo de un personaje, empezar un trabajo sin hacer un boceto sobre estructuras, proporciones, anatomía y perspectiva de un movimiento corporal, pero no es la regla. Lo ordinario es que empiece la obra con un dibujo estructural, que luego borrará, pero que le permita asegurarse de que su obra final no tiene errores de posición ni de proporción. Ocurre lo mismo con la redacción de cualquier texto: se empieza por el cuerpo principal, tal vez títulos y subtítulos, tal vez un recordatorio de cada argumento, de sus conclusiones.

Como ya hemos dicho, es la misma estructura que hace el narrador de una novela o de un cuento: dibuja a los personajes, los entrevista[201], conoce su potencial, sabe cómo acabará el texto y los dirige hacia esa conclusión, basándose en sus características. Si es necesario añadir un personaje, eliminarlo o introducir otra acción, se verá en el transcurso de la construcción, una vez que haya una estructura mínima.

Pero el lector ha de tener en cuenta que, a estas alturas de nuestro trabajo, traemos estas comparaciones con la libertad de que él ya conoce las diferencias que existen entre la narrativa y la argumentación, sobre todo con relación a su eje progresivo: el tiempo. Así, ambas no son lo mismo, pero están muy próximas en el proceso constructivo. El lector también sabe que trabajan con reglas de aproximación y contacto, por lo que pueden dejar hue-

---

201 Sobre el proceso de creación de personajes a partir de una "entrevista", como si se tratara de una persona real, véase REY, Marcos, *O roteirista Profissional*, SP: Ática, 1995.

cos de sentido para que el lector los complete, siempre y cuando lo haga según la progresión que se pensó.

Sobre la cuestión estructural, sólo aconsejaría que el autor hiciera estructuras que se detallen gradualmente. Estas estructuras tienen diferentes nombres en las distintas áreas de conocimiento (en dibujo, un *sketch,* un *croquis,* en dramaturgia, el *plot,* luego el *rough*), pero lo relevante es tener muy clara la definición de cada camino que se va a trazar. Y, principalmente, como diremos, que el escritor está *seguro* de que conducirá al lector por su senda. Es un poder al que no puede renunciar[202].

Al ejercer este poder, conviene recordar que la argumentación no es una demostración formal. En la argumentación, es innecesario (y casi siempre imposible) construir una cadena causa-consecuencia absolutamente lineal, y ello conduce a una mayor libertad en la construcción de los discursos, que pueden comenzar con la exposición de la posición y la tesis principal ("La defensa probará, en estos minutos de intervención, que el acusado *actuó en legítima defensa,* y ello será categórico para los jurados cuando mostremos todas las pruebas del proceso sobre el que ahora disertamos...") o reservar esa misma petición para el final ("La defensa, en este caso, tiene una opinión muy distinta a la de la acusación. Sin embargo, antes de que podamos decir al jurado cuál será la solicitud, es necesario que presentemos pruebas de que la acusación, atendiendo a sus propios intereses, que no se ha informado a Su Señoría"). Sin embargo, sea cual sea el razonamiento formulado, inductivo o deductivo, la combinación argumentativa la establece el autor. Su mayor error, si se nos permite el experimento, es pensar que existen fórmulas lógicas rígidas que se imponen a su propio pensamiento: estas normas, inexistentes para quienes

---

[202] El autor de un texto se dará cuenta de que, en un momento dado, las construcciones más complejas, el texto se impondrá. Se construirá a sí mismo. Pero esto no significa que pierda el control, al contrario: son las señales de que existe una coherencia intencional. Lo comentaremos en el próximo capítulo, además de lo que se ha dicho aquí.

dominan la construcción discursiva, son mitos que constriñen, intimidan y, sobre todo, desvían el camino del escritor no tan experimentado. Ya hemos dado aquí abundantes ejemplos de esta cuestión.

Que un discurso bien pensado y redactado pueda parecer *improvisado* es un arte que el escritor desarrollará con el tiempo. Siempre formarán parte de un discurso intencionado.

MOMENTOS PRINCIPALES DEL ARGUMENTO

Nos hemos conformado con la segura afirmación de que el orden de los argumentos depende de la coherencia preestablecida por el orador. Sin embargo, alguien ya ha dicho que el discurso se parece al vuelo de un avión, que gasta la mayor parte de su energía en el momento del despegue y del aterrizaje, y el transcurso del vuelo es siempre más económico, tranquilo y seguro. Es cierto que el piloto que ha realizado un buen despegue se preocupa menos por el avión durante el transcurso de su ruta. Lo mismo ocurre con los argumentos orales o escritos: un comienzo bien situado ahorra energía en las aclaraciones y en mantener la atención después. Todo interlocutor, ya sea lector o espectador, tiene grandes expectativas ante el inicio del discurso, como ante cualquier texto. Que el silencio previo al inicio del discurso oral o el margen y encabezamiento del escrito forman parte del mismo[243], y luego funcionan como creadores de expectativas para el interlocutor, del mismo modo que ocurre al principio de una película: ¿de qué va? ¿Qué quiere transmitirme?

Insistimos en esta noción de expectación por el exordio[203] porque, no pocas veces, la práctica de los discursos forenses a la que

203 En el ajedrez, por ejemplo, siempre se espera por la forma cómo uno va a hacer la *apertura* de su juego, su primer movimiento. Es determinante para todo lo que viene enseguida. Claro, en un esquema causal perfecto como el ajedrez, en que el sistema causa-consecuencia puede ser percibido y calculado con exactitud, cualquier jugada es claramen-

asistimos, especialmente en los alegatos orales —permítasenos la expresión— *desaprovecha* esta oportunidad. Los argumentos que comienzan con largos saludos y no hacen hincapié en el inicio efectivo de la argumentación, utilizando lugares comunes, perogrulladas insensibles para esta introducción del discurso, acaban por no crear en el interlocutor el más mínimo interés por escuchar lo que se va a decir. Tal vez por inseguridad, tal vez por falta de audacia o, peor aún, porque ni siquiera piensan en ello, los textos (orales o escritos) recurren poco a las buenas construcciones introductorias. Ahora bien, un avión que quiera ahorrar combustible en la pista seguro que no despega.

Si es imprescindible (y lo es) en el discurso judicial realizar saludos extensos, a veces derivados de un protocolo exagerado, en el texto oral o escrito, el orador puede, tras ellos, establecer unos límites claros que enmarquen el inicio efectivo del discurso original, ya separado de lo obligatorio: un subtítulo en el texto escrito, un breve intervalo de tiempo entre los saludos de rigor y el inicio de la argumentación propiamente dicha, en el texto oral (recurso este último muy utilizado por los abogados del tribunal del jurado, pero, al parecer, poco explotado por quienes realizan las argumentaciones ante magistrados, que suelen tener como 15 minutos de duración). Esto permite, por supuesto, imponer un inicio real para el habla, la introducción que capta la atención del interlocutor, aclarando las razones que le invitan a prestar atención al discurso.

Hay muchas formas de mantener la atención del interlocutor, aprovechando su expectación ante el exordio en un texto escrito u oral. Sin embargo, el hecho de que el comienzo del discurso deba mantener la atención del lector o escuchante no significa que sea nuclear, porque ni siquiera está en condiciones de hacer-

---

te determinante de las demás, no solo la primera. Pero la primera es dónde se revela qué es lo que el jugador propone, cual su filosofía de juego. Algo por lo que el adversario espera, como el ex-adverso en un discurso jurídico debe aguardar por el exordio del discurso.

lo: el destinatario necesita conocer la propuesta que se le hace, familiarizarse con lo que se va a contextualizar y adquirir curiosidad. En el discurso oral, los saludos son esenciales, las primeras palabras pueden dar una idea general de lo que se va a decir exactamente. No es tarea sencilla saber, en la introducción, hasta qué punto se puede invadir directamente el tema o la cuestión problemática, porque hay una cuestión de ritmo: el lector/oyente dispone de un cierto intervalo para saber de qué se está hablando. Corresponde al escritor, en una nueva lección de intertextualidad, calibrar cuánta información necesita el interlocutor. El famoso discurso de Martin Luther King en 1963, contrariamente a lo que se suele publicitar en los fragmentos, no comienza con "Tengo un sueño" (*I have a dream*). El brillante discurso se detuvo en la obligación, primero, de saludar a los presentes, de subrayar las condiciones de la división y el racismo, y luego de llegar a una verdadera introducción. El "*I have a dream*", de hecho, ya era un semiclímax ante todo lo que se iba a decir[244].

En literatura, las grandes introducciones son las que presental al lector lo que se va a contar, no necesariamente de forma impactante, sino de forma *problematizadora.* El lector tiene que sentirse invitado a participar en algo que hasta ahora desconocía, y por tanto querer incorporarse a ese universo. Ya hemos citado en este libro la magnífica introducción *de Dom Casmurro,* de *La Mala Hora* y *El Extranjero,* mostrando cómo todas ellas llaman la atención sobre un conflicto que va a desarrollarse. Desde las primeras líneas. Todas ellas están autorizadas por la licencia de la ficción, pero encuentran una fórmula equilibrada para despertar el interés de una manera suave pero rápida. Cuando un abogado, al principio de su alocución, dice algo como "Sus Señorías pueden pensar que he venido aquí a repetir lo que ya está escrito en el caso, pero no: hay novedades, muy capaces de hacer que lo que ustedes ya piensan se reforme totalmente", por ejemplo, atrapa al lector sin desperdiciar necesariamente el clímax de su discurso.

Hay editores de libros de ficción que dicen que, para decidir si editan o no una obra, leen sus diez primeras líneas. Quizá veinte.

El buen escritor sabe que ese es el momento decisivo para captar la atención.

En un juicio con jurado, el primer saludo ya puede marcar el tono de todo el discurso. Cuando se trata del primer discurso acusatorio, el jurado necesita entender que el caso del día es relevante, que debe acompañar a la narración, y para ello debe empezar por enunciar la diferencia, la pizca de originalidad: este caso es trágico, y la tragedia no es como todas las demás. La defensa, en su discurso inicial, debe encontrar la manera, si se nos permite decirlo, de romper el muro del discurso acusatorio, ciertamente construido para no estar abierto a contraargumentos. Una confrontación directa, según nuestra experiencia, no es la mejor manera de intentar esta brecha, como un ariete que se enfrenta a la parte más resistente del muro. Encontrar una grieta en ella después de rodearla, en lenguaje gráfico. Esto implica que el discurso comienza con concesiones: reconocer razones en la parte contraria, ser empático con su forma de entender la realidad, y luego disentir sobre la cuestión principal.

En cualquier caso, hacer del primer momento del discurso el lugar atrayente.

ALGO SOBRE EL DESENLACE

El desenlace de una petición debe ser muy objetivo. Debe decir lo que se pretende, debe ser, valga la redundancia, concluyente. El juez debe mirar el fragmento final de la petición y saber exactamente lo que se quiere. Aun así, el jurado.

En discursos más largos, sin embargo, hay que pensar en la coherencia del macrotexto. Cuánta emoción puede admitirse, los límites hasta los que lo que se ha dicho apoya la conclusión. En otras palabras, el desenlace, por el mero hecho de serlo, no autoriza la creación de un *gran finale*, especialmente en el lenguaje contemporáneo, donde existe una tendencia inequívoca a que el interlocutor sea más activo, a que se le invite a tomar parte del proceso de razonamiento, que al fin y al cabo es su propia decisión. Esto no implica renunciar a la conducción eficaz del discurso, sino todo lo contrario: atraer al lector o al oyente para que componga la conclusión es una forma de seguir al mando, de no perder su atención en una ruptura de la coherencia.

En un texto nuestro, publicado en una obra sobre redacción científica, reflexionamos sobre los resultados no concluyentes, que son típicos de la redacción de ensayos. La principal explicación que dan los teóricos al hecho de que el resultado del ensayo no imponga conclusiones concretas es que es provisional, que es un fragmento de texto. Discrepamos un poco, porque esa provisionalidad es aparente: el hecho de que no quiera concluir de forma dogmática puede ser una estrategia muy intencionada del autor, para no sonar impositivo. En una breve narración, hecha en ese texto, intentamos demostrar esta tesis: para escapar a la ruptura de ritmo y coherencia de un discurso, ser inconcluso puede ser el mejor final, atrayendo al lector a convencerse a sí mismo. Con alguna transformación de eje (utilizando la primera persona), relato aquí la experiencia, con una importante referencia a *Masters of the Universe*:

> "Como abogado, trabajé durante algunos años con uno de los grandes maestros del Tribunal del Jurado en São Paulo, era todo un orador, con el sugestivamente literario nombre de Doctor Fausto. El Doctor Fausto, como abogado defensor, casi siempre hacía llorar a uno u otro miembro del Consejo de Sentencia al final de sus discursos, un estilo romántico que, en mi opinión, ya no tiene lugar en la práctica jurídica actual. Pero los ingredientes le ayudaron: se especializó en la defensa de los entonces famosos "justicieros", asesinos que generalmente tenían una biografía novelesca. Y también se han extinguido. Como escudero, acompañé al doctor Fausto todos los días, a todos los juicios, escuchando íntegramente sus discursos, conociendo sus palabras, sus entonaciones. La armonía, por compleja que fuera, era para mí una repetición. Observaba su dulce discurso porque esperaba con impaciencia el desenlace, siempre cambiaba algo, pero en su mayor parte todo me resultaba previsible, y sólo me di cuenta más tarde, cuando miré la hoja de papel en la que estaba garabateando, de que una vez, mientras él preparaba su *gran finale* —terminando su discurso

> de defensa con una historia lacrimógena—, yo había dibujado a Orko. ¿Cuántos años hacía que no veía a Orko? Quizá el lector aquí presente no recuerde a este personaje de dibujos animados, pero se lo explicaré más adelante. Lamento no haber conservado ese garabato sin pretensiones.
>
> "Años más tarde, publiqué un texto titulado *El estremecedor discurso de Orko*, que fue reproducido en más de una revista jurídica y circuló ampliamente por internet. Allí —sin revelar el origen del comentario porque el Doctor Fausto, aún vivo, era mi lector más querido— enfatizaba mi comparación con *Masters of the Universe*, para ridiculizar a los románticos: "Porque al final de cada episodio de He-Man, cuyo guión rara vez escapaba a la idea de un plan frustrado de Skeletor para conquistar Eternia, venía, como apéndice, una ridícula lección moral, generalmente protagonizada por Orko. El gracioso mago sin rostro aparecía después del eufemístico deathmatch, queriendo ordeñar el guión para un final feliz y didáctico: 'No juzgues a los demás', decía Orko, 'Ayuda a tus amigos', 'No digas mentiras', entre otros que no recuerdo, porque no tuvieron ningún efecto pedagógico en mí".
>
> "La comparación no era muy erudita, pero para mí tenía un significado relevante: demostrar que siempre me habían molestado los desenlaces incongruentes, porque llevaba casi dos décadas hablando de Orko sin ver ningún episodio de Masters del Universo. Inconscientemente, invocaba al pequeño mago cada vez que asistía a una de las muchas películas que marcaron mi adolescencia, como Terminator, o Karate Kid, que del mismo modo siempre terminaban con un lacrimógeno final cuando el sentimentalismo se había alejado de todo el guión.

Trasladar estos consejos directamente al ámbito jurídico no será sencillo, pero hay un elemento común: ya sea en una petición, un discurso ante un jurado, un ensayo académico o una narración, el resultado debe tener una *sustentabilidad*. Tiene que apoyarse en los argumentos anteriores, sin encargarse de transformar todo el estilo previo, sólo para marcar el punto final. En muchos casos, el final existe por sí mismo, como el final de la página, el espacio en blanco al final del capítulo, el límite del archivo ya abierto en la pantalla del ordenador, o un mero gesto corporal de despedida de un orador al final del tiempo que le ha sido asignado.

Mostrar conciencia e intencionalidad al final del texto no implica sacar del fragmento final más de lo que puede aportar. Un intento de hacer demasiado hincapié en el final da invariablemente la impresión de que no se ha sostenido todo el argumento, con muy pocas excepciones[204].

¿ARGUMENTAR O MOSTRAR ERUDICIÓN?

En el capítulo siguiente nos ocuparemos de los excesos argumentativos, pero aquí se aplica específicamente la cuestión del subtítulo: los límites de la demostración de erudición. Hay una marcada tendencia entre los argumentadores a empezar demostrando el dominio de algún tema y, en su defecto, acabar con una exhibición de pseudoerudición[205]. Puede haber momentos en los que sea necesario hacer reconocer al público la superioridad intelectual del orador, pero esos momentos son raros.

Otra cosa muy distinta es la precisión del vocabulario o el juego constante con la intertextualidad, que ya hemos cuidado mucho. En el subtítulo anterior, como ilustración, invocábamos a un personaje de dibujos animados, y esto para algunos puede hacer el discurso más fluido, la comunicación más cercana, la intelección más directa. Y la referencia no es en absoluto una demostración de erudición.

Cualquiera que observe el curso del discurso de los escritores jurídicos se dará cuenta de que su tendencia es casi siempre el de abandonar la referencia erudita, aunque adquiera más conocimientos, y preocuparse por cuestiones más técnicas de su texto, como el diálogo eficaz de sus referencias con el lector y el oyente, incluso desde la elección del vocabulario. Una serie de factores son causa para esa simplificación y objetividad de las referencias

---

204 En los textos epideícticos, como los de celebraciones y homenajes, o en los discursos políticos ante un público correligionario, el resultado suele ser un valor emocional desligado de la progresión discursiva. Y, sin embargo, funciona. Pero se trata de situaciones excepcionales.

205 "Altissima quaque flumina minimo sono labi" – Cuanto más profundos son los ríos, menos ruidosa es la corriente.

jurídicas, alguna de ellas apuntadas en los primeros capítulos de este libro.

CONCLUSIÓN

Además de los tipos de argumentación, la actividad argumentativa depende de otros factores para su éxito. La coherencia, la intertextualidad, que ya hemos estudiado, y, aquí, la honestidad y la buena argumentación. Pensar en ser leal al interlocutor y a la parte contraria no es sólo un principio ético, sino que también tiene un efecto pragmático: basta recordar que ninguna *mentira* puede sostenerse mucho tiempo ni ser irreductible a una mente más crítica.

En cuanto al orden de los argumentos, lo esencial es recordar que depende de cada discurso, pero que no se pueden desaprovechar sus momentos principales. Utilizar un lugar común para el exordio o la conclusión del discurso sólo para tener *cómo empezarlo* o terminarlo puede representar el fracaso de un contexto argumental altamente persuasivo.

Capítulo XIV

Espacio de argumentación jurídica: sentencia y tesis subsidiarias

Tras analizar las técnicas argumentativas generales, reservamos este capítulo para unos breves comentarios sobre dos cuestiones propias del discurso jurídico, que creemos que no pueden dejarse de lado al tratar de la construcción textual en derecho. En primer lugar, conocer algo del método de redacción de la sentencia[245], bien para que el lector-juez analice su propio proceso de escritura, bien para que el argumentador disponga de nuevos parámetros para adaptar sus argumentos al destinatario. En un segundo momento, derivado de lo anterior, analizamos una realidad casi exclusiva del Derecho: el valor de las tesis subsidiarias.

Valga decir que estas reflexiones siguen la senda de la actividad argumentativa, sin desviarse al estudio del derecho procesal, lo que requeriría otras premisas y un sinfín de referencias, para desviarnos de foco.

LA SENTENCIA COMO ESPACIO ARGUMENTATIVO

En el capítulo III, examinamos la diferencia entre fundamentación y argumentación. A grandes rasgos, recordamos que el razonamiento tiene su centro en la persona que enuncia, mientras que la argumentación tiene como núcleo la persona *a la que* se enuncia. Cuando el juez escribe, expone su propio razonamiento de acuerdo con las pruebas presentadas, las causas que le han llevado a decidir, mientras que el que argumenta, además de constituir un razonamiento lógicamente aceptable y persuasivo, se preocupa de enunciarlo con elementos lingüísticos, de contenido y forma, que faciliten la *aceptación* por parte del interlocutor de la tesis que pretende hacer valer.

La sentencia es, por tanto, un discurso decisional. El juez decide, y decide lo mejor. La fundamentación de la sentencia es, pues, la justificación *razonada* de la decisión, y debe estar bien detallada, para explicar a las partes acerca de su acierto, manifestando también a los órganos jurisdiccionales, como ya se ha dicho, que no es fruto de la mera discrecionalidad, en cualquiera de sus apartados, sino de una progresión lógica de aplicación de la ley al caso concreto. La sentencia puede fallar en cualquier sentido, siempre que utilice la razón y la coherencia. Como ya hemos comentado, sólo se legitima una sentencia *coherente*. Esa coherencia ha de tener en cuenta muchos factores, internos y externos al caso —pruebas, alegaciones, sistema jurídico, realidad del mundo— y su combinación, hemos aprendido, puede tender al infinito. En esta posibilidad infinita, en los llamados mundos posibles que la sentencia puede crear, sólo se legitiman los coherentes.

Si mantenemos el foco en el hecho de que toda argumentación, por tanto también la decisión judicial, tiene una estructura equiparable a la narrativa, entramos en un punto relevante de esta legitimidad. Los argumentos de las partes *ex adversas* en el proceso son entonces como personajes, que entran en una relación conflictiva y esperan una solución. Esto significa que ellos mismos —o los argumentos del litigio— interactúan, coexisten, se transforman. Por tanto, la decisión final debe, para tener esa mínima coherencia que exige la norma, tener en cuenta todos esos argumentos, igual que el desenlace de una narración, aunque sea de forma mínima, debe dar cierre a todos los personajes. El final de una novela que no pone fin a todos los subconflictos creados, a los seres que interactuaron, es tan insatisfactorio como una sentencia que no finaliza todas las líneas argumentales aportadas por las partes.

En otras palabras, el acto decisorio sería sencillo si consistiera únicamente en reproducir las razones para estar de acuerdo con uno de los discursos argumentativos de las partes litigantes. Al fin y al cabo, si el discurso de una de las partes no es contradictorio (y esta contradicción es muy rara), bastaría con que el texto decisorio lo parafraseara, y entonces, sólo por eso, ya nacería una decisión judicial perfecta. Perfecta en su contenido interno, pero ilegítima cuando se coloca como final de un conflicto, como punto final del proceso. En términos más jurídicos, la gran labor del acto de decisión, razonada a nuestro juicio, es la explicación a la parte *perdedora* (aunque ambas no tengan éxito) de las razones por las que no se aceptó cada una de sus pretensiones. Eso es decidir.

El juez podrá desestimar los argumentos de las partes *en los extremos a los que ha accedido* a lo pedido por tales alegatos, en virtud del sentido de sus demás fundamentos. Sin embargo, como escritor que está finalizando un guión, tienes que encargarte de finalizar el texto y responder a las expectativas de desenlace que el propio proceso ha creado. Así, toda decisión judicial que no justifique las razones por las que no ha aceptado cada argumento importante de la parte sería arbitraria. Sólo ese comportamiento da coherencia al resultado; sólo ese comportamiento, por así decirlo, legitima la sentencia como un poder no arbitrario.

TESIS SUBSIDIARIAS Y EFECTO ARGUMENTATIVO

Una vez, en el aula, provocamos un fructífero debate con un ejercicio que, si dio lugar a una investigación con criterios tan imperfectos que no nos autoriza a utilizar sus conclusiones, al menos propició buenas reflexiones sobre un tema que los profesionales del Derecho encuentran a menudo, pero comentan poco[206]: la pertinencia y los factores de persuasión de la tesis subsidiaria.

El ejercicio consistía en un caso penal en el que los alumnos debían presentar por escrito sus alegaciones finales. El acusado,

---

206 Véase nuestro Laboratorio de Derecho Penal, São Paulo: Editora Almedina. Caso "*O assalto ao posto de gasolina*".

acusado de robo, quería participar en un delito menos grave, el hurto, y, según las pruebas, no podía prever la muerte de la víctima, ejecutada por su cómplice; de hecho, su participación, incluso en el robo, era de menor importancia. Si las alegaciones lograran probar esta tesis, la pena del acusado, en comparación con la solicitada en la acusación, se reduciría considerablemente.

Sin embargo, en el expediente había pruebas fehacientes (aunque no irrefutables) de que el mismo acusado *no había participado en el delito*, porque en ese caso ficticio ningún testigo lo reconoció personalmente; había otros indicios que apuntaban a su culpabilidad, pero no es necesario mencionarlos. La negación de la autoría, de aceptarse, era sin duda más favorable al acusado, sin embargo era difícil —pero no imposible— probarla.

El problema estaba claro: había que decidir entre dos argumentos de la defensa: ¿debía mantenerse la negación de la autoría o de la participación menor? ¿Debía optarse por el más ventajoso para el acusado (negación de la autoría), pero con menor contenido probatorio, o por el menos interesante (participación menor), con mayor contenido probatorio? ¿O deben articularse ambas?

En este último caso, que no es inusual en nuestro Derecho, hay una evidente falta de coherencia entre las tesis: si el acusado no cometió el delito, porque no participó en la escena criminal, ¿cómo puede decirse, después, que su participación —que no existió— fue de menor importancia? Parece un argumento autofágico, en el que una tesis destruiría a la otra; de ahí, la alta probabilidad de que ninguna de ellas sea aceptada por el juez.

En este contexto, la negación de la autoría sería la tesis principal, más ventajosa, y las otras, menos ventajosas, funcionarían como tesis subsidiarias, es decir, aquellas que sólo deberían tenerse en cuenta en el caso de que se descartara la principal. Las cuestiones, pues, articuladas anteriormente, son comunes a todos los supuestos de *tesis subsidiaria*, incluso en la enunciación de cuestiones previas antes de entrar en el fondo del asunto.

Para abordarlas, desde un punto de vista argumentativo, conviene hacer algunas consideraciones iniciales.

ARGUMENTAR ES PONER EN DUDA

Para comenzar el análisis, invoquemos un texto argumentativo. Este es un fragmento de un artículo del intelectual Noam Chomsky, en respuesta a la prensa sobre si la política estadounidense fue la causante del atentado contra el World Trade Center[246], en el año 2001:

> *¿No pidió Estados Unidos estos atentados? ¿No son consecuencia de la política estadounidense?*
>
> Los atentados no son consecuencia directa de la política estadounidense. Pero indirectamente sí lo son: no hay la menor duda al respecto. Parece haber pocas dudas de que los responsables proceden de una red de terrorismo que tiene sus raíces en los ejércitos mercenarios que han sido organizados, entrenados y armados por la CIA, Egipto, Pakistán, la inteligencia francesa, los fondos de Arabia Saudí y similares.

El discurso de Chomsky es bastante ejemplar: en primer lugar, afirma que no existe controversia sobre el hecho de que la política norteamericana fue responsable indirecta del ataque terrorista en territorio estadounidense; sin embargo, al tiempo que afirma expresamente que no existe tal duda, se extiende sobre la política norteamericana de formación de un cuerpo de mercenarios, al que se habría incorporado en 1980 el señalado como principal autor del atentado contra las torres gemelas. ¿Con qué intención desarrolla Chomsky este contenido informativo? ¿Sólo para enseñar o presumir de su erudición? No es razonable.

Chomsky habla de la política estadounidense porque, aunque afirma que no existe controversia sobre el vínculo entre ésta y el atentado del 11 de septiembre de 2001, *quiere demostrar este vínculo a su interlocutor*. Y entonces la conclusión es inevitable: si el orador pretende demostrar este vínculo, persuadiendo al interlocutor de su existencia, es porque dicho vínculo —en contra de lo que dice el autor— *no es incontrovertible*[207]. No hay necesidad de discutir sobre lo que es incuestionable[208], y todo interlocutor lo sabe bien[247].

Cuando se comienza una argumentación, por tanto, ya se debería conocer la desventaja, a partir de lo que enunciamos. Toda argumentación comienza —lo quiera o no el argumentador— mostrando una duda sobre lo que se pretende probar, y en ciertas ocasiones esto puede tener un efecto deletéreo —aquí sí, vale toda la carga semántica de la expresión latina "*excusatio non petita, accusatio manifesta*"[209]—, por ejemplo, cuando los argumentos no son más fuertes ni más persuasivos que la presunción de duda de quien inició la defensa de una determinada tesis. A veces, muy revestido de certeza (cuidando de no parecer arrogante o irrespetuoso), el mejor discurso que puede hacer un abogado es callar, decir que su afirmación no necesita argumentos que la apoyen. Es incontrovertible.

Cuando Chomsky comenzó su texto a favor de la tesis que predicaba como incontrovertible, ésta pasó inmediatamente a depender de los argumentos que esgrimía, y entonces ya no pudo adoptarla como premisa absoluta, sino sólo como un hecho que necesitaba apoyo argumentativo, aunque fuera mínimo. Evidentemente, se trata de una estrategia bien concebida: tuvo en cuenta que sus argumentos reforzarían su tesis, aunque se negara expresamente, a partir de una prueba innecesaria. Es posible construir un texto con el propósito de fundamentar una tesis inexplicada, como ya hemos visto aquí.

---

207 En el discurso, la afirmación de Chomsky de que "no existe la más mínima controversia al respecto" significa "no hay controversia entre los expertos", pero sí la hay en relación con el oyente, pues de lo contrario el argumento sería absolutamente innecesario.

208 Evidentemente, hay posibilidades de refuerzo de lo obvio, como en el argumento de sentido común, pero son temas distintos. El sentido común es la presentación de lo evidente, mientras que acá cuidamos de una serie de argumentos que se juntan para probar lo que el enunciante dice ser irrefutable, pero materialmente no lo es.

209 Quien se disculpa sin razón se acusa a sí mismo.

Puesto que lo que nos preocupa es la coherencia —y aquí nos hemos ocupado continuamente de ella—, no puede decirse que la abundancia nunca sea perjudicial. Los argumentos superfluos pueden afectar a la coherencia y, lo que es peor, poner en duda lo que ya iba camino de parecer al interlocutor una premisa indiscutible. Plantear un argumento adicional puede significar una confesión de debilidad que no existía cuando el argumento no formaba parte del *corpus* de la argumentación. Al igual que con la narrativa, también puede haber una cuestión de ritmo: incluir un personaje o un subconflicto extra en la narrativa como "complemento" a una línea argumental puede ser interesante en términos informativos, pero interfiere con la línea argumental en su conjunto, restando importancia al desenlace o forzando más información para concluir lo que parecía ser sólo una información integradora.

Ahora, sí, podemos volver a las tesis subsidiarias.

TESIS SUBSIDIARIAS Y ACEPTABILIDAD EN JUICIO

La teoría de la argumentación ya muestra la posición sobre las tesis subsidiarias en juicio, aunque implique poco razonamiento *contrario sensu*: por más que se recurra a artificios de enunciación como *por amor al argumento*, "en la absurda hipótesis de no aceptación de la tesis principal (de negación de autoría, ilegitimidad de parte, falta de justa causa, de exoneración de fianza, inexistencia de deuda...)", la mera enunciación de la tesis y su argumentación conducen lógicamente al interlocutor a la densa posibilidad de que la tesis subsidiaria sea probable, y a veces incluso más fuerte que la principal: si esta última fuera válida en absoluto, el argumentador no se tomaría el trabajo de articular otra, de repuesto.

La enunciación de la tesis subsidiaria debilita la tesis principal, ya que ambas se apoyan en argumentos diferentes, que compiten entre sí, lo que abre la posibilidad de que la tesis subsidiaria aparezca como más fundamentada y equilibrada.

Pero esto es muy distinto de afirmar que existe una incompatibilidad lógico-jurídica entre la tesis principal y la subsidiaria, aunque ambas apunten a caminos distintos que no cohesionan. Todo magistrado conoce, o debería conocer, el principio de que el defensor está obligado a sostener todas las alegaciones que sean de interés de aquellos a quienes defiende, dentro de los principios éticos. Así, lo que puede resultar incompatible frente a lo que impropiamente se denomina lógica común, en el contexto jurídico debe ser aceptado con naturalidad, sin ningún prejuicio. Sería una afrenta al derecho de petición, que existe en todas las democracias[248].

En nuestro caso comentado al principio de este capítulo, pues, parece claro que la tesis de la negación de la autoría y la participación de menor importancia, a primera vista incompatibles, pueden sostenerse paralelamente, sin que ello implique un debilitamiento de ninguna de las dos tesis. Al menos para el magistrado técnico; frente al jurado popular, sería seriamente recomendable que el ponente sostuviera sólo una de ellas y dejara de lado otras tesis, como si no existieran, porque será difícil explicar al jurado todo el curso de la subsidiariedad, con pruebas más importantes que debatir. Debe tomar su decisión.

En otras palabras, la tesis subsidiaria, en nuestro concepto de texto coherente, asociada básicamente a una vía de resolución de conflictos, es extremadamente perjudicial. Sin embargo, se trata de una posibilidad narrativa abierta por un derecho fundamental, la amplia defensa. Por tanto, el lector está obligado a prescindir de posibles discrepancias de la lógica más formal en nombre de este derecho y, si lo hace, sabrá separar las tramas paralelas, aceptando la que le parezca más correcta.

SENTENCIA: FUNDAMENTACIÓN Y REALISMO JURÍDICO

En relación con el razonamiento de la sentencia, se puede plantear una pregunta relevante para el estudio argumentativo. Garantizado la fundamentación de todas las sentencias por la fuerza constitucional, y sabiendo que responde a los principios de construcción del discurso, con lenguaje natural, premisas verosímiles y camino seleccionado por el argumentador, se puede imponer la pregunta: ¿el texto motivador de la sentencia representa efectivamente el camino que siguió el magistrado para llegar a su conclusión? ¿O, por el contrario, se trata de un discurso creado para apoyar una conclusión ya formada, tal vez por razones que no coinciden con las que se expresarán en el texto de sustentación?

Esta discusión se une a la eventual confirmación de las teorías del realismo jurídico[249]. En la década de 1930, Llevellyn demostró que la visión de un orden jurídico completo desprovisto de moralidad no tenía aplicación práctica, porque los magistrados deciden a partir de valores internos, desvinculados del ordenamiento. En otras palabras, la pura letra de la ley, con su interpretación lógica, no era la razón para decidir. Décadas más tarde, en 1983, Hart entendió predicar, en las tendencias del realismo de la época, la "pesadilla" de que simplemente ya no había ningún tipo de razón jurídica, de interpretación coherente en el ordenamiento. Las decisiones se tomarían por valores extralegales, por impresiones personales, y el texto de la sentencia no sería sino una forma de ratificar, de dar forma a esas impresiones surgidas sin conexión directa con el ordenamiento jurídico. En otras palabras, el juez imaginaría un resultado "justo", por criterios que sólo él conoce, y luego utilizaría argumentos jurídicos para hacer persuasiva su decisión, porque esta persuasión conduce a la legitimación de su sentencia.

A este respecto, deben hacerse algunas consideraciones. La primera es que, en la vida forense cotidiana, no es infrecuente que algunas sentencias sean parcialmente obras de ficción. Por desgracia. Los abogados en su día a día, especialmente en sistemas jurídicos donde la legalidad es frágil (y aquí incluimos nuestro país de origen), se encuentran con fundamentos en la sentencia que sólo formalizan ilegalidades o influyen en relaciones de poder que nunca aparecerán en el texto legal. Nuestra tendencia, como hemos dicho, siempre de visión ampliada del fenómeno jurídico, no dejará de señalar tales posibilidades, y esto ya ha sido comentado en este trabajo: la corrupción, los lazos de amistad, los favores en sociedades secretas, todo existe y está presente en gran parte del sistema judicial[250].

Sin embargo, estos factores corruptos son excepcionales, o por lo menos minoritarios. No puede llevar a admitir, en retórica, que todos los condicionantes de una decisión estén viciados o sean extralegales. Nuestra experiencia, habiendo trabajado en el Poder Judicial, es que las pruebas y las razones son tenidas en cuenta y no sólo influyen en la decisión final, sino que son parte integrante de la misma, en una relación de narratividad e intertextualidad, de la que se hablará a continuación.

Pero más allá de estos factores de corrupción del sistema está el hecho de la forma en que la mente humana toma decisiones. Si creemos en un ser humano no libre en sus preceptos (visión determinista), no significa que el juez no pueda ser influido por razones; al contrario, si la mente humana no tiene libertad[251], es una razón adicional para argumentar: la razón del argumentador *obliga* a la decisión del juez; si entendemos al ser humano como libre en sus decisiones, la argumentación de las partes sería, si no una condición obligatoria, uno de los elementos a tener en cuenta en la libertad mental para buscar lo más justo. De ahí que las diatribas sobre los procesos de toma de decisiones nos parezcan aquí inocuas, aunque hermosas para las justas pretensiones filosóficas de buscar nuestra esencia como seres humanos.

PARA LAS RAZONES DEL JUEZ: EL TEXTO MÁS FUERTE QUE EL AUTOR

Nuestra solución sobre el realismo jurídico y la construcción de la sentencia sigue la misma línea que hemos venido defendiendo aquí. Es posible, como dicen los realistas, que el juez tenga efectivamente una *hunch*[252], una inclinación al leer las pruebas. Es un primer paso, que sin embargo vuelve a lo que hemos dicho en el párrafo anterior: la *corazonada*, la inclinación puede estar compuesta, sin que se note, por el propio ordenamiento jurídico, que el juez trae a la memoria de su época de estudiante de derecho, o por las razones que presentan las partes. Sin embargo, esto es sólo el principio del proceso de toma de decisiones, porque luego viene lo más relevante: la construcción del texto.

Y aquí nos encontramos con lo que parece más relevante en todo este asunto: como ya hemos dicho, el texto tiene el poder de construirse a sí mismo. Al menos, el buen texto. Es el escritor quien tiene que saber hacia dónde conducirlo, pero, en esa conducción, el texto escrito impone sobre todo su coherencia, y ésta transforma a menudo la idea inicial del autor, que se convence por su propio proceso de construcción textual, en un sistema de *feedback* constante, de retroalimentación. Es importante reconocer que, incluso en una argumentación que parece predestinada, porque hay un punto de vista que apoyar, el juez puede cambiar sus conclusiones cuando se da cuenta de que, en el conjunto de sus fundamentos, sus preconclusiones no se sostienen. Si el juez tiene la voluntad de ejercer su actividad de forma imparcial, la invocación de la ley, de la jurisprudencia, la respuesta a los argumentos de las partes, cuando se insertan en el texto, pueden llevarle a una conclusión diferente, por inducción de la lógica interna de su construcción textual. En palabras más sonantes, el texto que el juez escribe se convence a sí mismo[253].

Este proceso —de nuevo en nuestro paralelo— suele ocurrir con quien escribe textos narrativos de ficción. Al construir el personaje, diseña un final para él, pero este mismo personaje, al asumir nuevas características a partir de las interacciones que realiza a lo largo del tiempo (y estas interacciones, sabemos, son idénticas a las de los argumentos), cambia el desenlace que el autor le había planeado. Luego convence al propio autor, toma su fuerza de la coherencia con las interacciones que han tenido lugar. Eso puede sonar raro, porque filosóficamente es contraintuitivo: si el escritor es la única fuente de la creación de su texto, su creación no puede ser más fuerte que su propia mente[210], pero es obvio que no se trata de una competición de fuerzas, sino del hecho que el escritor es a la vez lector, entonces se puede influenciar por su propia creación, ya que el proceso creativo se da a lo largo del tiempo.

En el proceso argumentativo de las partes, como los abogados, este cambio de conclusión no puede producirse por regla general, porque el argumentador tiene que llegar a una tesis favorable al cliente. Pero también hay ocasiones en las que la propia construcción argumentativa del abogado le convence para cambiar de rumbo. Sin embargo, lo más habitual es que haga lo contrario: que elimine las ideas que no colaboran con su tesis, que las aparte de su camino, para que no interfieran en su propio pensamiento. Por eso se dice tanto que la argumentación del abogado tendrá mucho más de goma de borrar que de lápiz, mucho más de tijera que de bolígrafo. Todos estos son elementos que demuestran el poder que el texto ejerce en el propio autor[254].

Para el juez, es diferente. En efecto, es posible que quiera llegar a un resultado y luego elimine todas las ideas que no se ajusten a él, pero, de nuevo, éste no es el método ordinario. Ordina-

---

210 Nos referimos al axioma de que la causa no puede ser más grande (o más fuerte) que su efecto. Es una idea revisitada por muchos filósofos, incluso para comprender la existencia del Universo o alcanzar la existencia de Dios. En un ejemplo muy sencillo, si el agua en contacto con un cuerpo se calienta hasta la temperatura del cuerpo, es una transmisión física. Pero, si el agua se calienta a una temperatura más alta que la del cuerpo, existe una segunda causa para el calentamiento, para allá del cuerpo, porque el efecto está más fuerte que la causa. Bueno, aplicar la máxima a la composición textual no es una ofensa a ese principio, sino decir que el texto acumula momentos distintos, investigaciones variadas, pruebas y arquitectura que la mente de su autor no consigue acumular en un único momento. Así, figurativamente, la estructura del texto es, en nuestra opinión, una causa independiente. Una reflexión sobre la causa y el efecto en filosofía estará en LLOYD, A.C, The Principle That the Cause Is Greater than Its Effect, *Phonesis*: A Journal for ancient philosophy, Vol. 21, n 02, 1976, pp. 146-156

riamente, al menos en los asuntos más complejos, no es tan raro que el juez cambie su opinión —y, por tanto, la parte dispositiva de su sentencia— en el mismo momento en que motiva su pronunciamiento. Al consultar la jurisprudencia, al responder a los argumentos de las partes. Al igual que la obra de un escritor de ficción, para un juez que cumple con sus obligaciones, el momento de redactar la sentencia, aunque no sea consciente de ello, su dispositivo será siempre un proceso *in fieri*, no terminado, a la espera de factores que lo modifiquen.

En este punto más avanzado de nuestro trabajo, podemos señalar que la inserción de ideas en el texto y, sobre todo, del razonamiento —que debe responder a los argumentos de las partes— es libre, pero no tanto como parece. Un jugador de ajedrez sabe que las combinaciones de jugadas que puede hacer tienden al infinito, pero eso no significa que cualquier jugada sea aceptable: la hipermultiplicidad de opciones no implica que sean aleatorias, que es muy distinto. Del mismo modo, en la redacción de la sentencia: el juez tiene multitud de caminos a seguir, pero a menudo estos caminos se imponen, de lo contrario, si no se siguen, deslegitiman la decisión en su conjunto. Filosóficamente, no resistimos a solamente enunciar que, en lógica formal, la gran pregunta sobre validar si **P=NP,** uno de los siete problemas matemáticos del milenio[211], si transportado al derecho, tiene el mismo trasfondo: en caso se ser afirmativa la igualdad, si el juez encuentra el dispositivo (la solución final) para una lide, entonces ya tiene la fórmula exacta para presentar cómo la lide fue solucionada (su logaritmo perfecto). En otras palabras, el sueño de que la solución de la lide sea un razonamiento perfecto, lo que pasa por decir que esa solución, totalmente complexa, es reductible a un cierto número de pasos textuales, lo que en matemática sería el tiempo polinomial (P). Claro, es solo una abstracción, para cuya explicación mínima

---

211 Uno de ellos ya fue solucionado. Véanse los siete en: https://www.claymath.org/millennium-problems/

remitimos a los apéndices de esta obra[255], pero no deja de ser algo a considerarse.

La importancia práctica de esta nueva consideración de procesos causales involucrados en la redacción de la sentencia judicial es fácil de alcanzar: si no es el juez que *participa* de la redacción de su sentencia, si no es él quien escribe cada fundamento de su decisión, sino, por ejemplo, un letrado o una computadora[212], el proceso de convicción por el propio texto no se opera. En el realismo jurídico, si el juez, solo a partir de su toma de posición, delega la escritura del razonamiento a otra mente (humana o electrónica), se pierde una de las funciones principales del texto: el modo como él mismo convence a su autor, o, filosóficamente, como cualquier parte dispositiva depende del acto creativo de su razonamiento.

CONCLUSIÓN

En la película *Los buenos compañeros*, un clásico de Scorsese, Robert de Niro, interpretando un famoso gángster, lleva un robo muy exitoso. Todo su equipo de ladrones cobra lo acordado: una gran suma de dinero y otras recompensas por el éxito de la operación delictiva, excepto uno de ellos, que insiste en todo momento en recibir su parte. De Niro no lo verbaliza, pero deja claro que el otro personaje no recibe su dinero sólo porque lo ha pedido demasiadas veces. Quizá el hecho de que insista tanto revela que, en el fondo, el personaje no se cree tan merecedor de su satisfacción; o, simplemente, al capo mafioso, interpretado por De Niro, le ofende que le recuerden una y otra vez su propia responsabilidad. El caso es que, si el bandido de apoyo no insistiera tanto, tendría su paga.

Cosas de gángsters. Todo interlocutor puede ver cuándo una argumentación excesiva es perjudicial, pero el buen operador del

212 Véase capítulo XVIII, sobre inteligencia artificial.

Derecho no puede actuar como el personaje del cine, despreciando al que, por exceso de celo, se excede en lo solicitado.

Cuando se trata de argumentación jurídica, hay que tener en cuenta al interlocutor principal, el juez. Como juez, es consciente de su deber de provisión judicial. Por ello, exige a los responsables de la sentencia que presten atención a los argumentos esgrimidos, y ello se hace a través del razonamiento, con la valoración de todas las tesis articuladas. Las subsidiarias, aunque puedan tender al exceso, no representan elementos capaces de poner en peligro las tesis principales, aunque sean lógicamente incompatibles. Al menos, en el contexto jurídico, debería ser así. El argumentador más prudente, por supuesto, trabajará con todos los riesgos de su actividad, incluido el de ser indebidamente sancionado, insistiendo en todas las posibilidades de su defensa.

El argumentador debe tener en cuenta que su texto será uno de los factores que convencerán a la persona que debe decidir. Y, si esa persona juzga con agudeza, los argumentos que se le lancen se convertirán en una composición obligatoria de su decisión, aumentando la posibilidad de que se conduzca al dispositivo deseado. Además, como tenemos insistido, la actividad de fundamentación, de aparentemente 'exponer' las razones, es el momento de construcción determinada del dispositivo. O sea, exponer a las partes las razones de la decisión puede implicar resultado distinto.

Capítulo XV

Peculiaridades del discurso oral

DISCURSO ORAL Y DISCURSO ESCRITO

Las formas de comunicar, como sabemos, son muy diversas. De hecho, cualquier acción humana tiene un significado comunicativo, siempre que se transmita en un comportamiento social; incluso la omisión humana, la inercia, también puede verse como una omisión comunicativa, el "silencio elocuente" de muchos discursos.

Al variar los medios de comunicación y las formas de comunicar, también se alteran los argumentos, ya que éstos, como se ha definido anteriormente[213], son *elementos lingüísticos* destinados a persuadir al oyente. En el discurso judicial, algo se cuestiona sobre la forma que adoptan los argumentos, la manera en que se transmiten. Aunque esté entre nosotros vigente el principio de oralidad en los procesos[256], es cierto que la práctica lleva a que la mayoría de las razones que se dan en el discurso judicial aparezcan en el texto escrito[214]. La técnica de producción de este tipo de texto, el texto escrito, se comentará en el capítulo siguiente. En cuanto al discurso oral, se trata de la oratoria, una de las dimensiones del estudio de la argumentación.

---

213 Véase el capítulo II.

214 En los últimos años, la tecnología ha permitido grabar todas las declaraciones de los testigos como parte del proceso. Al principio, se pensó que el discurso oral suplantaría a todo discurso escrito. Luego se comprobó lo contrario: la lectura es más cómoda, más directa e incluso más rápida que escuchar un vídeo. Tocaremos este tema al final de este capítulo.

No es posible definir la mejor manera de presentar el argumento. Cada una tiene sus propios recursos y limitaciones. Por ejemplo, mientras que en la argumentación escrita existe la gran desventaja de que el lector puede ser invitado a leer con menos atención, "saltándose" muchos pasajes por leer, por otro lado existe la ventaja de que la *predisposición* del interlocutor es mayor, en la medida en que él mismo se inclina por la lectura, se sitúa frente al texto escrito y regula su propia concentración. Sin embargo, la imposibilidad para el orador de seguir las reacciones de su interlocutor hace que su discurso no pueda variar en función de la aceptabilidad de cada argumento; en cambio, al no actuar de forma improvisada, el texto escrito permite una mayor pesquisa, completitud y perfección.

Para cada medio, su manera particular. Un director de cine puede pensar que es imposible producir una buena obra por falta de efectos especiales; un director de teatro puede considerar difícil grabar una película por la imposibilidad del contacto del actor con el público, creyendo que los recursos técnicos sólo entorpecen la comunicación. Está claro, sin embargo, que la forma influye en el contenido, y este último debe planificarse siempre con arreglo a los instrumentos y técnicas adecuados para su soporte. Los argumentos cambian en función de su soporte, de forma análoga a cómo un escritor tiene que introducir cambios radicales en el argumento de un libro que intenta convertir en guión cinematográfico. Nos ocuparemos de esto más adelante.

DISCURSO ORAL, PAPEL Y EVIDENCIA

Cada vez que hablamos, estamos en una relación interpersonal. En esta relación, entablamos conversaciones que se rigen por normas de conducta social, porque la sociedad espera de cada uno de sus componentes un determinado tipo de comportamiento, con el que el hombre se conforma. Incumplir las normas, salvo en momentos en los que existe una intención muy calculada, provoca reacciones comunicativas no deseadas.

La acción humana, en el contexto social, tiene cualidades *dramatúrgicas*, representaciones que determinan situaciones estándar para los oyentes. Por ejemplo, el vestido blanco de un médico, el sobrio traje y corbata de un parlamentario o incluso el acento regional de un candidato gubernamental que quiere identificar su origen, idéntico al de muchos de sus votantes, etc. Cuando el orador busca la aceptación de su discurso y de su imagen, pretende no sólo ser aceptado, sino ser aceptado de una *determinada manera*, que infiere de las reglas sociales, o al menos de su propio público.

En toda acción, en virtud de la necesaria adecuación social, existen ciertos patrones de estilo que acercan la acción humana —es justo decirlo— a la representación teatral[257]; esta representación está presente en nuestro comportamiento, ya que siempre desempeñamos un determinado *papel social*: abogado, juez, padre, alumno, profesor, vendedor, comprador, cliente, visitante, anfitrión, etc.

Frente a las convenciones sociales, y conscientes de su existencia y límites, nos representamos a nosotros mismos en todo momento, no como una forma de fingimiento, sino como una manera de adaptarnos a las normas sociales, en un acto acorde con lo que el ambiente espera. Pues bien, si el objetivo de la argumentación es que el interlocutor acepte nuestras ideas y opiniones, la regla (que, como tal, tiene excepciones) es que el argumentador busque cumplir esas mismas normas, facilitando la permeabilidad de la mente del interlocutor a las ideas y opiniones que él emite. En tiempos de corrección política, es difícil hablar de juego de roles, ya que muchos abogan por "ser uno todo el tiempo", como una sinceridad que incluso forma parte de la ética empresarial. Pero esta supuesta sinceridad no intermitente es, en nuestra concepción, más bien un enorme engaño. Los roles sociales nos imponen acciones que frenan nuestro deseo de que cada uno de nuestros actos sea la mejor traducción de nuestra personalidad y forma de ver el mundo. Así, cumplimos unas normas de conducta en función de cada contexto[258], que crea ciertas expectativas en la sociedad[259].

El cumplimiento de estas normas aparece en el texto escrito: desde el buen lenguaje, la observación de las reglas gramaticales, el texto que busca que sea cómodo de leer, hasta el tamaño casi estandarizado del papel en el texto impreso. Sin embargo, es en el discurso oral donde se hace más patente el cumplimiento, a veces dramático, de estas normas de adecuación social, porque el hablante se sitúa en el punto de mira como imagen individual.

Tras observar todas las reglas de argumentación ya mencionadas, el orador debe tener en cuenta, en primer lugar, que será puesto en *exposición individual*, es decir, observado libremente por todos sus interlocutores. Si el orador quiere que los oyentes asuman su pensamiento, debe desear despertar la atención de todos ellos, y es esta atención (la puesta en evidencia de sí mismo) la que aporta peculiaridades a su discurso.

Tener miradas atentas dirigidas hacia ti, pues, importa grandes diferencias entre el habla ordinaria y el *discurso oral*, al menos si se pretende un discurso fructífero. Cuando la figura, la imagen del cuerpo, se convierte en objeto del análisis visual del interlocutor, éste empieza a observar formas en las que nunca antes se había fijado: una persona que tiene la espalda encorvada, una postura poco apropiada, al pronunciar un discurso, colocada ante el público puede, si no tiene cuidado de enderezarla, transmitir a su oyente la imagen de una persona débil, cuando no de una discapacidad física grave, que ni siquiera existe. Si existe, no tiene nada de malo ni perjudicial, pero debe tenerse en cuenta. Un pequeño tartamudeo, ropa sucia o demasiado ajustada[260], todo se convierte en objeto de apreciación para el espectador, ya que está viendo a un discursante expuesto como individuo. ¿Cuántas veces hemos observado, al ver a un entrevistado en televisión, que el nudo de su corbata está torcido, que tiene cierta dificultad para hablar, que repite demasiado una palabra en un cacareo? Muchas. ¿Cuántas veces nos fijamos en esos mismos detalles en una simple conversación de negocios, en una comida o en una reunión con alguien? Muy pocas, seguramente.

El discurso oral del argumentador debe ser mucho más cuidadoso y alerta cuando se sitúa en la evidencia a la que nos hemos referido. Sin que el espectador se dé cuenta, se vuelve mucho más crítico con la imagen que se pone en primer plano, lo que debería propiciar serias transformaciones en el discursante, el orador. El abogado, cuando se presenta ante el jurado, pretende mantener su atención al menos durante el tiempo de su primera intervención, que dura aproximadamente dos horas. Durante ese tiempo, estarás en el punto de mira del público, y serás, gesto a gesto —eso es lo que quieres— observado de cerca por los ojos de tu audiencia. Consciente de ello, debes cuidar los detalles que, por la magnitud de la atención que tendrás de tus oyentes, son elementos decisivos para tu comunicación: presentación, dicción, movimientos, expresión facial.

La magnitud de la atención también permite una expresividad más exacerbada. Los gestos más grandes y firmes, como los de un político acostumbrado a discursos inflados, pueden parecer, ante un público reducido, como una reunión de empresa o una audiencia en una pequeña sala del foro, un acto de absoluto desequilibrio. Y, *contrario sensu*, requieren que el orador sea más sereno y calculado (intencionado) en sus gestos y palabras: un discurso poco apasionado, adecuado para una presentación tranquila ante un panel o unos pocos oyentes, puede parecer ante un público más numeroso una falta de confianza, valor o personalidad por parte del oyente; quizá timidez.

INTENCIONALIDAD EN EL HABLA

En el texto oral, con imágenes del ponente —que es lo más habitual en estos tiempos en que los vídeos se producen con cualquier teléfono móvil—, éste debe tener tanto dominio de toda su imagen como un escritor de las palabras escritas de su texto. Pero, claro, el control de las imágenes es una tarea mucho más difícil, por su complejidad, su relación con el tiempo y el espacio.

Permítanme relatar un hecho que ocurrió hace más de dos décadas. En la defensa de un caso ante un alto tribunal, el equipo contrató a un abogado específico para el momento del alegato oral. Me entristeció bastante tal nombramiento (para que vean que mi punto de vista está bastante comprometido en la narración), porque esperaba que la persona contratada fuera yo mismo. Al fin y al cabo, yo había trabajado en toda la defensa, redactado todo lo que había que decir, pero el cliente decidió que el alegato oral lo dirigiera un tercero, y tenía sus razones: el orador era un antiguo juez de ese mismo tribunal. Cuestiones éticas aparte, era la razón por la que el orador estaría allí, delante de sus ex homólogos.

Pues bien, comenzó su alegato oral. Tenía derecho a quince minutos de uso de la palabra, pero lo ideal sería no emplear más de ocho o nueve minutos. Quince minutos, según mi experiencia, es mucho más de lo necesario para transmitir el mensaje, de forma que el riesgo de desatención. El discurso de Abraham Lincoln en Gettysburg tenía algo así como 300 palabras y no debió durar más de tres minutos; los discursos de Churchill no sólo dejaron huella en la historia, sino que cambiaron el destino del mundo al animar a los Aliados en la guerra, y creo que no llegaron a los cinco minutos. Bueno, la comparación es injusta con ese abogado (de nuevo, mi opinión), cuya oratoria no era la de Churchill, como tampoco lo es la mía.

Lo que quiero decir es que, cuando empezó su alegato oral, a los cuatro minutos —que no era más que un saludo fastidioso— el orador pidió a sus asistentes un vaso de agua. El tiempo del discurso corría, los jueces en teoría tenían toda su atención centrada en sus palabras, pero nuestro orador tenía la garganta seca. Bebió el agua y continuó su discurso. Mi historia es sólo eso: se bebió el agua deliciosamente durante su tiempo de discurso.

Esa es la historia, pero no es pequeña, tanto que, si me siguen permitiendo hablar en primera persona, el hecho queda marcado como ejemplo de una de las peores intervenciones que he presenciado: en un discurso que se prepara durante *días*, en un momento en el que todo el mundo está atento a cada palabra que se dice, cortar la atención de los oyentes porque uno tiene *sed* es algo inaceptable. En esta época de excesivo victimismo, se podría decir que no estaba obligado a tener sed, pero ése no es el mensaje: el mensaje es que no sacrificaría otros cuatro o cinco minutos con su necesidad corporal, sólo porque tenía que pronunciar un discurso. Me imaginé, en ese momento, a un boxeador que detiene el *round* a mitad de camino porque se siente deshidratado: perderá la pelea con un solo golpe de su oponente, y eso es más o menos lo que ocurrió en esa prueba. Perdimos.

No descarto que la intención del argumentador fuera demostrar tal intimidad con sus antiguos compañeros, los jueces que debían juzgar el caso, que bebiera un agua proporcionada por el copero que siempre le había servido cuando era miembro del tribunal. O, tal vez, para hacer una pausa y reflexionar, pero nada de esto funcionó: el acto fue tomado como una falta de respeto, porque no se había preparado para hablar, porque parecía nervioso o porque creía que todas las miradas debían dirigirse a su maravillosa figura, sorbiendo agua. Cuando intentó reanudar su discurso, ya debidamente hidratado, por supuesto, las miradas de los interlocutores ya no volvieron a él.

Repito, mi visión del caso no es neutral, sino que sirve de experimento: la preparación del discurso oral, su interacción con el entorno, con el paso del tiempo, con el cuerpo y las actitudes no están desligadas del contenido del texto. Por lo tanto, sus peculiaridades son numerosas.

PREDISPOSICIÓN A LA ARGUMENTACIÓN EN EL DISCURSO ORAL

En relación con el texto escrito, a menudo se señala la ventaja del discurso oral, ya que es más estrictamente dialógico. Esto significa que el que argumenta puede dirigir su discurso al auditorio, hacerlo en función de sus reacciones, en una estricta interactividad. Esta idea, sin embargo, no siempre se corresponde con la realidad, ya que hay muchos auditorios hostiles, que no están en absoluto predispuestos ni siquiera a escuchar al orador, y mucho menos a cambiar una determinada postura que ya tienen asumida, a causa de los argumentos que se les lanzan oralmente.

Conquistar a un auditorio sólo con palabras no es tarea fácil y depende mucho del factor ilocutivo del discurso, es decir, de lo que no se expresa: el poder del orador y el interés que cada oyente pueda tener en el tema desarrollado. Ciertamente, un diputado lo tendrá más fácil para ganarse la atención de los oyentes cuando el tema sobre el que habla sea controvertido, del mismo modo que un abogado puede conseguir más atención de los jueces para los que argumenta si su tesis aporta algo nuevo, o si la causa que defiende tiene un gran interés público o académico. Todas estas son cuestiones en las que debe basarse el orador, y que no necesariamente se presentan en el texto escrito de forma tan dinámica.

El interés por la materia objeto de la argumentación debe ser fomentado por el orador[215]. Para ello, se sirve no sólo de la entonación de la voz y de los gestos, sino también de argumentos que pretenden subrayar ante el oyente la necesidad de prestarle atención, el hecho de que el discurso aporta alguna novedad, que seduce el intelecto del interlocutor.

Si el ponente parte de la base de que sus oyentes son pasivos y sólo merecen ideas ya hechas, fáciles de entender, porque así no generará dudas ni preguntas y ahorrará a sus oyentes el ejercicio de razonar (y muchos defienden este tipo de construcción, en una utópica defensa de la *claridad* del discurso oral), puede estar utilizando una técnica errónea o incluso deletérea, debido al mayor carácter dialógico del texto oral: ante la posibilidad de interactuar, o al menos de percibir la presencia física del hablante, el oyente está sometido a mayores estímulos para su propio ra-

---

215 Winston Churchill enunció bien la dificultad de mantener la atención de un público con estas palabras: "¿Diez mil personas entre el público? Diez veces más vendrían a mi ahorcamiento". Citado en la revista Veja, 14/8/2002, p. 82.

zonamiento. Sin sentirse estimulado, el oyente tiende a imaginar las palabras del orador como obvias o repetitivas, lo que reduce su atención. Beber agua en medio de un discurso, como se narra, puede ser fatal para la persuasión.

Por eso, en el tribunal del jurado, el defensor que sabe contar, al inicio de su discurso, normalmente con poca atención de los jurados —porque la *expectativa* de conocer los hechos relacionados con el caso ya fue agotada con toda la producción probatoria en el plenario, seguida de la exposición de la fiscalía—, busca siempre aportar *nuevos* elementos a su discurso, explicando expresamente al jurado cuáles hechos serán narrados de forma diferente de los revelados durante toda la instrucción y exposición anteriores. De este modo, anima al jurado a entablar una interacción dialógica y, aunque no pueda expresar su opinión sobre el fondo del asunto, manifiesta su acuerdo o desacuerdo en relación con el discurso de la defensa, lo cual es mejor que mostrar apatía o falta de atención.

El problema de la falta de atención a los debates en la sala del jurado no es nuevo. Bettyruth Walter, académica estadounidense, realizó una investigación sobre la influencia de los debates en los jurados, deseando saber, en definitiva, si se retiraban a la sala secreta para votar habiendo estado atentos a la producción probatoria y a los debates o sólo a esa primera fase, seguida de la acusación. La intención del investigador, si fuera posible, sería producir, en un caso real, dos tipos de juicios: uno en el que los jurados conocieran las pruebas del caso, vieran todos los actos del plenario excepto los debates, y otro escucharan todos los debates, en su totalidad, como ocurre normalmente, para comparar la divergencia de resultados. Un caso real de este tipo de investigación sería imposible, pero por otros métodos (preguntar a los jurados qué creían que representaban los debates de la acusación y la defensa), arrojó resultados bastante significativos[261], y quizás no alentador para el argumentador.

De las muchas conclusiones importantes a las que llega la encuesta, merece la pena destacar esta última. Se preguntó a los miembros del jurado: "¿Cambió de opinión después de escuchar los debates entre el fiscal y el abogado?". Respondieron:

	Fiscal	Defensor
Sí	14%	11%
No	82%	85%
No me acuerdo	4%	4%

Una aplastante mayoría de los más de 250 jurados escuchados señalaron entonces que no habían cambiado de opinión tras escuchar las razones expuestas por los ponentes. Por supuesto, hay que tener en cuenta dos factores para orientar cualquier conclusión que se extraiga de las cifras anteriores: el primero, que esto es lo que los jurados *consideran* que ocurrió, y el segundo, que el hecho de que *no cambiaran de opinión no* significa necesariamente que no estuvieran atentos.

No es tarea fácil influir en los oyentes, ni siquiera en el discurso oral. Sin embargo, se puede aprovechar la interactividad, el diálogo mantenido en presencia del oyente para comprobar sus reacciones y establecer la coherencia del discurso, que ya hemos estudiado, en función de lo que más provoque su interés. A la vista de las conclusiones de esa investigación, está claro que el oyente al que se deja cómodamente en su pasividad se verá menos influido, mientras que el que es invitado, estimulado a participar, será una fuente de atención, porque, aunque no pueda manifestarse, al menos creará la expectativa de ser llevado a una conclusión diferente. En este punto, el de la estimulación, puede innovar gran parte del contenido argumentativo del discurso oral. El buen orador se da cuenta de que el núcleo de su discurso no es transmitir su tesis en un orden lógico impecable, como se hace en la redacción de una disertación científica; el orador sabe que, si no dedica sus esfuerzos a captar la atención, los argumentos brillantes pueden ir a la basura. El profesor que sólo da una conferencia expositiva se dará cuenta de que, por muy perfecto que sea el tema de su discurso, no puede motivar a sus alumnos, que, salvo raras excepciones, se distraen con mucha facilidad. Por eso, todo orador necesita pausas calibradas, gestos diversos, movimiento contenido pero presente (cuando sea posible), entonación de voz intencionada y no monótona[262]. Pero eso no es todo: también son necesarios contenidos que motiven la participación, el razonamiento: preguntas retóricas, lectura de textos, mostrar imágenes y figuras, para estimular, aunque no sea precisamente la mejor forma lógica de discurso.

No son raros los ejemplos de interactividad[263]: el fiscal que observa a un miembro del jurado menos atento en el pleno no puede pedirle que lea una parte del caso, sino que entrega el expediente al miembro del jurado poco atento, pidiéndole que *siga su lectura*; el profesor, ante el alumno menos interesado, lo utiliza como ejemplo, le hace una pregunta fácil pero estimulante, lo que da al alumno la oportunidad (o la ilusión) de demostrar sus conocimientos; el abogado, ante el juez menos atento, cita un pasaje de su libro o sentencia, o al menos menciona su nombre, para que se sienta motivado a participar; o incluso (ocurre) aquel abogado o fiscal que simula un tropiezo o la caída de un bolígrafo al suelo, haciendo una pausa importante para la reanudación de su discurso, ahora con otro ritmo. Son formas de explotar los recursos del discurso oral que, obviamente, acaban alterando el contenido previsto de algunos pronunciamientos.

Para compensar la falta de atención del oyente, estos recursos son válidos y, siempre que sean intencionados y respetuosos, pueden aumentar considerablemente las posibilidades de obtener resultados eficaces en el discurso oral.

DISCURSO PARLAMENTARIO Y DISCURSO POLÍTICO

Puesto que hablamos de política y de discurso oral, conviene hacer algunas consideraciones sobre el discurso parlamentario.

Los discursos parlamentarios son por naturaleza discursos epideícticos o deliberativos[264]. En comparación con el alegato inicial del juicio con jurado, que dura más de una hora, los discursos parlamentarios suelen ser breves, de entre cinco y veinte minutos[265], en la que se debaten asuntos a elección de cada parlamentario o se pronuncian discursos sobre temas predeterminados en el orden del día. Cuando un parlamentario se presenta ante sus compañeros para pronunciar un discurso, es consciente de que tendrá que compartir la atención de su intervención con otros elementos que pueden distraer a sus oyentes: otros trabajos, conversaciones paralelas y posibles desatenciones. Por ello, debe hacer que su discurso resulte interesante para el oyente, ya sea por su contenido (el tema sobre el que debe hablar) o por su forma —la enunciación que busca la mayor atención del lector.

En los parlamentos latinos, desgraciadamente, la capacidad de persuasión de los discursos en el Pleno es más bien escasa, quizá porque las alianzas por los votos —el verdadero convencimiento de los parlamentarios— se hace entre bastidores. Los lectores brasileños recordarán el histórico primer discurso del diputado Clodovil Hernandes, un señor que se atreviera en la política, al final de una brillante carrera dedicada al diseño de ropas femeninas: como primer pronunciamiento ante sus pares diputados, criticó a todos diciendo que, mientras él hablaba, todos le daban la espalda en conversaciones laterales. “Esto parece un mercado”,[266] fue la frase que logró mantener la atención de sus homólogos durante 18 minutos.

Para sus pares, los parlamentarios deben mantener una postura coherente con la imagen que se han forjado: el joven empresario, el representante de las clases bajas, el elitista progresista, etc. Para el elector, el orador busca un discurso coherente —además de la imagen que ya se ha formado en relación con la representatividad que desea— con su capacidad para cumplir la *función pública.*[267]. Esto implica que el deseo de ocupar un cargo público impone al político un discurso coherente con la imagen que el votante se hace del ideal del poder público: honestidad, equilibrio, liderazgo. Para ello, mucho más que el discurso y las promesas —que cada vez son más amplias y de menor valor— hay que cuidar la construcción de prototipos de empatía, antes analizados, que están más relacionados con la labor del publicista y del jefe de prensa que con la propia argumentación jurídica.

Quienes construyen discursos parlamentarios deben tener en cuenta la distinción que existe entre el discurso escrito y el oral. Del mismo modo que un buen libro no hace necesariamente un buen guión cinematográfico, un discurso escrito interesante puede no hacer un discurso brillante del parlamentario, aunque éste no lo lea. Si lo lee directamente, peor aún. Las diferencias circunstanciales entre la expresión escrita y la oral[268] debe contaminar el contenido del texto. Un discurso realizado en el lenguaje formal escrito, con sus factores de cohesión y coherencia, puede sonar artificial y pedante cuando se recita bajo las características de un orador. Del mismo modo, un excelente discurso oral, que emociona a las multitudes y es por ello extremadamente eficaz, puede sonar tonto y cursi cuando se reduce al papel.

Son cuestiones de tiempo y oportunidad. Para facilitar el análisis del discurso, veamos estos dos fragmentos, traducidos libremente. Estos son dos discursos de Winston Churchill[269] ante el Parlamento. Fueron capaces de transformar la historia de la humanidad:

I

> Señor, formar una Administración de esta envergadura y complejidad es una tarea seria en sí misma, pero hay que recordar que estamos en las fases preliminares de una de las mayores batallas de la historia (...). Espero que cualquiera de mis amigos y colegas, o antiguos colegas, que se hayan visto afectados por esta reconstrucción política sean comprensivos con la falta de ceremonia con la que he tenido que actuar. Diría a la Cámara, como dije a los que se unieron al Gobierno: "No tengo nada que ofrecer salvo sangre, trabajo, lágrimas y sudor" (o "sangre, sudor y lágrimas"). [270]"

II

> La gratitud de todos los hogares de nuestra Isla, de nuestro Imperio y, de hecho, de todo el mundo, excepto en las moradas del enemigo, se dirige a los aviadores británicos que, intrépidos ante el peligro, desesperados en su constante desafío y peligro mortal,

> están cambiando el rumbo de la Guerra Mundial por su destreza y su devoción. Nunca en la historia de los conflictos tantos han debido tanto a tan pocos[271]."

Cada discurso político puede sonar como una promesa vacía. Por supuesto, ahora los discursos se analizan a posteriori por su éxito: Churchill ganó la guerra que libró al planeta del dominio nazi, así que cada palabra se redime con más heroísmo. Pero, aun así, se trataba de fragmentos meditados y bien construidos que no surgieron de la improvisación. Si tiene curiosidad, eche un vistazo a otros en la misma línea, como el discurso de Barack Obama como precandidato, cuando dijo que su padre, inmigrante, había elegido un nombre musulmán para él (Barack), creyendo que EE UU era un país de diversidad. Como resultado, fue elegido candidato de su partido y, por tanto, primer presidente negro de Estados Unidos.

Puede ser aquí un momento importante para escribir algo sobre las características del discurso político, aunque no sea necesariamente oral. Existen estudios sobre la política, sobre los grandes discursos, tanto en lingüística como en ciencia política. De todas las características que lo marcan, el carácter genérico y eufemístico, inmortalizado en un ensayo de Orwell[216], es para nosotros la más oportuna. En primer lugar, el carácter genérico: los políticos dependen generalmente de los votos, por lo que no pueden desagradar a segmentos. A diferencia de un abogado, que defiende un único punto de vista en su discurso, un político suele tener que hacer su discurso más obtuso, más abierto. Por lo tanto, evitarán respuestas contundentes y específicas, no porque ellos mismos se sientan inseguros, sino porque saben que adoptar una postura desagradará a muchos. Como dijo un tribunal brasileño, analizando la negativa de los diputados a votar sobre cuestiones controvertidas: "De hecho, los actores políticos son conscientes de que están más fácilmente responsables, ante sus votantes, de sus

---

216 ORWELL, George, *Politics and the English Language* (1946), in: Why I write, London: Penguin Books, 2004.

acciones que de sus omisiones.[272]". En efecto, es característico del discurso político que evite la confrontación, y mientras pueda omitir su posición, lo hará. Está claro que tomar posición, como en los discursos de Churchill, es excepcional.

Por otra parte, el discurso político se ve obligado a tratar temas delicados que a menudo no se pueden evitar: la guerra, la violencia, el encarcelamiento, la tortura, la subida de precios o la impunidad. Para no suscitar hostilidad entre la opinión pública, si el político se ve obligado a entrar en materia, recurrirá a constantes eufemismos para evitar utilizar la palabra habitual para designar determinados elementos. Así, para los tiempos de guerra (el año era 1946), Orwell escribió, en un ensayo que ya hemos mencionado:

> "El lenguaje político tiene que consistir en gran medida en eufemismos, preguntas abiertas y respuestas nebulosas. Se bombardean pueblos indefensos, se desplaza a los habitantes de sus hogares, se ametralla al ganado, se queman chozas con balas incendiarias: a esto se le llama 'pacificación'"[273].

Al final del ensayo, Orwell concluye con una frase que, en su época, tuvo gran resonancia: "el lenguaje político —desde los conservadores hasta los anarquistas— está diseñado para hacer que las mentiras suenen como verdades, que el asesinato parezca noble y que el viento tenga una apariencia sólida"[274]. Por supuesto, su visión es imagista y algo hiperbólica, pero también es sensiblemente práctica: cuando tiene que volverse obtusa y divulgar temas delicados y sensibles, los eufemismos y las generalizaciones son habituales[275]. Infelizmente, Tampoco es monopolio de la política: la prensa, cuando se adhiere a las tesis de ciertos partidos, reproduce el mismo discurso eufemístico cuando llega el momento de dar a los fenómenos su verdadero nombre. "Call a spade a spade", como dicen los ingleses, ya que los hemos mencionado.

Este "softening", este aligeramiento eufemístico del lenguaje no es exclusivo del discurso oral, objeto de este capítulo, pero es un punto específico a mencionar aquí, ya que hoy en día la mayoría de los discursos políticos se pronuncian en los parlamentos y ante las cámaras.

DISCURSO ANTE EL JURADO

La institución del jurado representa la cumbre de la argumentación y la oratoria. Podríamos dedicarle un capítulo entero, pero decidimos impregnar sus ejemplos a lo largo de la obra, diluyéndolos en nuestras lecciones. Justificamos aquí este comportamiento con unas palabras personales, en una exposición más libre.

Nos hemos especializado en la práctica del derecho penal[276], como el lector podrá darse cuenta, ya que la mayoría de los ejemplos aquí expuestos tocan esta área del conocimiento. Por lo tanto, entendemos que discutir puramente sobre la argumentación en el jurado sin gastar el estrecho vínculo con las tesis allí defendidas, que son todas pertenecientes al derecho penal, sería repetición, sólo que bajo un nuevo nombre.

Pero eso no significa que las lecciones aquí presentadas, especialmente las relativas a la intertextualidad y la oratoria, no sean de utilidad para el orador en la sala del jurado. Enfrentado al juez lego y a la gran cantidad de tiempo (en relación con el reservado a otros discursos) de que dispone para argumentar, el orador en la sala del tribunal se enfrenta a algunos puntos a tener en cuenta sobre la materia.

La primera de ellas, ya comentada aquí, es la falta de atención al discurso por parte del interlocutor. Escuchando, aunque aparentemente atentos, las palabras de los debatientes, pocos jurados creen estar efectivamente influidos por sus discursos. Esta reacción es natural: tras haber (re)producido todas las pruebas posibles en su presencia, los jurados tienden a prescindir de los comentarios sobre lo que ya saben, sobre lo que ya conocen. Esto es aún más cierto cuando habla el abogado defensor, tras una larga y detallada exposición de los hechos expuestos por la parte acusadora. Así pues, son necesarias las técnicas ya presentadas aquí: la innovación, aunque a veces sea tenue, de los hechos, enunciados inequívocamente al jurado. Si el orador no piensa que sus consideraciones son ideas nuevas que estimularán su razonamiento, la reacción natural es la falta de atención y la percepción del discurso repetitivo como una mera letanía fastidiosa. En general, hay que tomar un nuevo camino, una ruta diferente, a la narración ya contada, y esta diferencia debe enunciarse desde el principio. Esto no difiere de cualquier texto que quiera captar la atención, incluso de un artículo académico: "la historia ya la conoce todo el mundo, pero nosotros tenemos un punto de vista diferente, que puede cambiar mucho de lo que se ha pensado hasta ahora, alterando radicalmente las conclusiones. Escuche con atención". Algo en esta línea, que, lejos de ser una fórmula prefabricada, es la realidad enunciativa de un discurso basado en elecciones de premisas y progresiones distintas, ya sea en el eje figurativo, con el paso del tiempo, o en el temático, con la relación tiempo-lógica.

El segundo punto es la menor discrecionalidad del jurado a la hora de valorar las pruebas, lo que nos parece indiscutible. Impulsados por otros elementos de convicción, los jurados tienden a valorar argumentos distintos de los sopesados y considerados por el juez. Imágenes, frases efectistas, pequeños enlaces y desenlaces de discusiones en medio del debate, comparecencia de testigos y del propio acusado son más valorados por el juez lego, poco acostumbrado a los criterios de valoración de la prueba y a la necesidad de persuasión racional de su convicción, incluso porque no está obligado a razonar sobre ella. Estos factores no convierten al tribunal del jurado en palco de un teatro, como dicen quienes quieren deshacerse de la institución, pero obligan al orador a replantearse toda su estructura argumentativa para seguir la que consiga acercarse al miembro del jurado, con sus razonamientos, sus sentimientos y su idiosincrasia[277].

CONCLUSIÓN

El Derecho, con las transformaciones tecnológicas, se ha desplazado hacia lo audiovisual. Soportes digitales que se incorporan al expediente, videoconferencias directamente con el magistrado, testimonios grabados a los que se puede acceder en cualquier momento.

Al principio, la novedad de los medios digitales, a través del discurso oral, entusiasmó a casi todos. Parecía más fácil "limitarse a hablar", o "remitirse directamente a la grabación en vídeo del testimonio", pero la experiencia resultó ser todo lo contrario. Leer es más rápido, directo y objetivo. Además, preparar un discurso oral no es tan fácil como parece, no es simplemente "hablar", por muy desprendido e ingenioso que sea el orador. Un político puede repetir un discurso muchas veces en el escenario, variando sus frases hechas, y agradar al público; pero el discurso que realmente puede representar un cambio en su carrera, como el ya mencionado de Obama, que le llevó a convertirse en el candidato de su partido, está mucho más pensado, revisado, en texto escrito. En Derecho, el discurso realmente decisivo tiene que pasar por una estructura escrita, y tramitarlo no es tan sencillo como puede parecer a primera vista.

Las peculiaridades de la oratoria son para los especialistas, pero la estructura del discurso —oral o escrito— es objeto de argumentación. En el capítulo siguiente nos ocuparemos de las peculiaridades del texto escrito y, a continuación, analizaremos las discrepancias y complementariedades entre ambos. Aquí es donde creemos tener la mayor especialidad: la transcripción de la oralidad al texto escrito, sus posibilidades coloquiales, su referencia al tiempo y al espacio, los elementos auxiliares indispensables con los que hay que contar. El discurso oral puede definirse en mayor contraste con la escritura, sobre todo cuando, al tratarse de un libro, sólo disponemos de este último tipo de registro lingüístico, la escritura. Lo que, de hecho, no es poco.

Capítulo XVI

Peculiaridades del texto escrito

Un capítulo no basta para abordar lo que la escritura, como herramienta y técnica, aporta al tema de la argumentación. El lenguaje escrito tiene un potencial de estudio casi infinito, desde su elemento más básico, las propias letras, hasta la gramaticalidad, la expresividad, la imagen y el soporte. Cualquiera que lea un poema concretista, por ejemplo, hecho para el ordenador, se da cuenta de que la escritura tiene diferente expresividad según el medio en que se difunda. Sus potencialidades son infinitas, por lo que acá hacemos un resumen de ellas.

En nuestra sección sobre retórica y argumentación, comenzamos recordando la imposibilidad de separar contenido y forma. Ya hemos insistido en que los grandes argumentadores son, a su manera, literatos, y que el jurista es un profesional de la comunicación. Es algo adecuado afirmar, en una obra como ésta, que el gran error de la retórica es acercarse a la hermenéutica y no a las técnicas literarias y lingüísticas, que, al fin y al cabo, son las que marcan la pauta de la expresividad. Siempre hemos puesto de relieve que, como técnica humana, la transmisión del Derecho depende de la expresividad. Como ella está generalmente escrita, es en la evolución de la enunciación/expresividad donde debemos buscar el camino de la reconstrucción del derecho, que, como la percepción del lenguaje, debe actualizarse siempre. En un segundo punto, la lógica informal, la única que es capaz de lidiar directamente con la estrecha relación del derecho con el mundo real, se basa, como hemos argumentado, en una estructura que se reaprende de las narraciones, hasta un grado de complejidad que sólo el texto escrito hace posible.

No se nos escapa que algún crítico dirá que estas palabras nuestras intentan transformar la ciencia en arte, el derecho en poesía o cualquier otra asertiva análoga, pero esta crítica en sí misma sería una figura retórica, incluso porque no pocas veces recurrimos al esqueleto de la lógica formal para explicar las bases de evolución de la expresividad coherente. Lo inequívoco es que el derecho está envuelto en conflictos, que parten de estructuras dialécticas pero que evolucionan a partir de *marcos* narrativos típicos. En este capítulo, sólo hacemos un recorte sobre el estudio de la lengua escrita en sí, que es sencillamente una ideación sobre las prácticas de escritura y las ideas de composición literaria. Al fin y al cabo, cuando estábamos en un libro, todo nuestro lenguaje, incluso cuando nos *referíamos* a la oralidad, era escrito: hasta las referencias a ilustraciones visuales o a la música eran en palabras escritas.

UNA PREMISA: ¿QUIÉN LEE LO QUE ESCRIBIMOS?

Asumiendo el riesgo de parecer reduccionistas —porque el arte de escribir revela mucho más de lo que se dirá a continuación— establecemos como premisa, para la argumentación, esta característica generalizadora sobre el texto escrito: que nunca quien argumenta escribiendo tendrá la garantía de que su texto será leído, al menos con atención.

Esto se explica: cuando uno pronuncia un discurso oral, cuando está en presencia del oyente, puede exigir que oigan lo que dice. Delante del jurado, el abogado o el fiscal está seguro de que oyen su discurso. Puede que no le presten suficiente atención, puede que estén distraídos por sus propios pensamientos, como ya hemos comentado, pero le escuchan. Su distracción puede, por otra parte, ser advertida por el acusado, que repetirá una parte importante de su discurso, esta vez utilizando recursos argumentativos que le robarán su atención.

Pero no ocurre lo mismo con el discurso escrito. Nunca puede garantizarse que un lector vea con la debida diligencia lo que se le ofrece, por mucho que podamos garantizarle medios para probar la realización de la lectura. Cuando se trata de argumentación, no nos satisface la afirmación de que el juez, para dictar una resolución judicial adecuada, tiene la obligación de leer íntegramente lo que le argumentan las partes en litigio. Se trata de un nivel superior del discurso: incluso ante excelentes razones de un recurso judicial, nadie puede impedir que el lector se salte fragmentos del texto o evite prestar atención a una frase muy larga, un texto con puntuación confusa, repeticiones constantes o una estructura de frases deficiente. Póngase a prueba, lector: ¿cuántas veces en su estudio ha acelerado la lectura de pasajes que le parecían menos importantes? ¿Cuántas veces has mirado los subtítulos de los capítulos para saber si te interesaba o no leer lo que venía por delante? Es una realidad común a todos nosotros, y el escritor debe estar preparado para afrontarla y manejarla.

Esta advertencia es necesaria por dos razones principales. La primera de ellas es que el estilo de la argumentación jurídica difiere del de la literatura. No tendríamos ninguna autoridad para despreciar esta última porque le tenemos mucho apego. Pero hay que señalar que quienes construyen literatura gozan de la premisa del interés por parte del lector, que está dispuesto a interpretar, lo que no ocurre necesariamente con quienes tejen argumentos jurídicos. James Joyce abarca decenas de páginas en una sola frase, García Márquez y Camilo José Cela confunden al lector menos atento con una miríada de personajes con aparente poca intervención directa en la trama, Góngora y Calderón utilizan palabras preciosas que obligan a consultar el diccionario, y todos han producido o producen —cada uno en su tiempo, estilo y con sus propios objetivos— una escritura excelente. Todos ellos, sin embargo —volvemos a la intertextualidad—, lo hacen porque dirigen su texto a un público cuyas características conocen: un público dispuesto a experimentar y que, al leer la obra, tiene un interés natural por ella. El interlocutor de la literatura siempre estará atento porque, si el ejercicio no le agrada, deja de ser lector.

Esta consideración nos lleva a la segunda parte de nuestra advertencia: si el lector de la argumentación no está tan dispuesto e interesado, es natural que el escritor-argumentador considere siempre que debe, al escribir, *estar invitando al interlocutor a esta lectura.* Un capítulo de muchas páginas, una frase larga y excesivamente intercalada, una copia innecesaria de un artículo de ley, una referencia fuera de lugar pueden ser *correctos,* pero al mismo tiempo desincentivan mucho la lectura, porque dificultan la comprensión. ¿Y de qué sirve un buen argumento si ni siquiera es considerado por el lector?

Se puede poner un ejemplo sencillo: un estilo de letra muy pequeño en una petición de papel puede ser un gran incentivo para que el lector mire el texto lo más diagonal posible, porque leer los caracteres diminutos cansa la vista. Si el lector ya tiene una edad avanzada, esto supone un obstáculo aún mayor.

En otras ediciones de este libro, hemos ampliado algunos de los consejos para la redacción y la formación de frases, pero aquí preferimos reducir al mínimo los llamados "consejos". En las sucesivas ediciones del libro, con perdón del metalenguaje, nos ha quedado claro que el método del análisis del discurso es mucho más productivo. En otras palabras, en lugar de enunciar una regla, es mejor observar cómo se utiliza en algunos ejemplos. Esto permite al lector de esta obra extraer quizá las reglas de la escritura, pero también reconocer sus momentos de excepción.

Como consecuencia de este principio, ante la ausencia de garantías de que alguien lea nuestro texto en su totalidad, utilizamos dos puntos de análisis: el macrotexto y el microtexto.

EN EL MACROTEXTO: EXTENSIÓN Y ORIENTACIÓN

En una ocasión, mientras leíamos un texto académico que abarcaba cientos de páginas, recomendamos al autor que definiera mejor los subtítulos y, al final, resumiera las ideas principales, o al menos las conclusiones. Ante nuestra recomendación, la reacción del autor fue negativa porque, en su opinión, si hubiera subtítulos o temas de conclusión claros, el lector de la obra iría directamente a ellos, y no se ocuparía del texto.

Había algo de razón en la afirmación, y de nuevo se trataba de un juego de riesgo. Habrá lectores que vayan directamente a las conclusiones, es cierto. Pero, en ese caso, intenté argumentar con el autor que, si sus conclusiones estaban bien construidas, tendrían el efecto inverso: invitarían al lector al cuerpo del texto, a sus extensas páginas, para saber cómo se ha llegado a ellas, en qué se apoyan exactamente; del mismo modo, en la misma intensidad en que un subtítulo, si es bien descriptivo de su contenido, puede hacer que el lector se salte el fragmento, sabiendo ya de qué va, se da la fuerza vectorial contraria: el subtítulo puede ser la más poderosa invitación a la lectura. Ejemplo claro es el titular de un periódico, que bien puede ser una frase suficiente para entender la noticia y generar desinterés por las explicaciones, o bien funcionará como punto de atracción de una lectura atenta. Dependerá de la fuerza del tema, del interés del lector, de su tiempo y de su disponibilidad. Por supuesto, la redacción puede ayudar bastante.

Veamos un ejemplo hipotético. El periódico del lunes tiene que informar sobre algo deportivo. Sabe que tiene lectores para eso y, en algunos casos, pocos que conozcan siquiera los resultados de los partidos del domingo. Así que escribe el titular "Madrid y Barça empatan a cero". Uno se pregunta: ¿la redacción del texto atrae a los lectores a leer el contenido o los repele? Ya se sabe: depende del lector. Alguien que sólo quiera buscar el resultado del partido tiene todo lo que necesita en este titular, y ya está satisfecho (no necesariamente contento) con la información: el partido acabó en empate. Alguien más fanático del fútbol, que seguramente habrá ya visto el partido, espera más del texto, y para él ese titular puede resultar poco atractivo. Si el texto dijera "Bajo las críticas de la afición, Madrid y Barça empatan sin goles", el lector crearía otras expectativas: ¿qué aficionados critican? ¿Critican al árbitro o al equipo? ¿O al entrenador? ¿Coinciden las críticas de los aficionados con las mías?

El segundo titular tiene más calidad. Quizá atraiga incluso a los que sólo quieren saber el resultado del partido. Pero el escritor debe tener cuidado de no frustrar al lector: si promete criticar al equipo en el cuerpo del texto, debe describirlo, y de forma satisfactoria. No se puede crear interés donde no existe en todo momento. En este caso, si hubo un empate sin goles en un partido sin conflicto, es mejor acercarse a los hechos: no hubo nada en el partido en sí digno de una crítica, y a partir de ahí mostrar otras reflexiones: ¿qué pasa en el fútbol para que no haya goles? ¿Por qué equipos tan poderosos juegan un partido sin ataque?

Lo mismo ocurre con los textos jurídicos. Sea o no atractivo lo que hay dentro de cada capítulo, la mejor forma de comunicar es ser honesto con el lector: describir lo más exactamente posible lo que hay dentro. Por ejemplo, un fragmento que, en derecho penal, diga que "la prueba de la negación de la autoría" o, en derecho de la competencia, que "la imposibilidad de monopolio en el mercado del café" tiene el potencial de atraer la atención del juez, tanto como puede repelerlo, pero no será en vano: el juez que lea el subtítulo tendrá dos informaciones relevantes: primero, el subtítulo como subtítulo, es decir, como enunciado en sí. Sabrá que en el mercado del café es imposible tener el monopolio y eso, para el texto, ya es mucho; en el primer caso, delictivo, sabrá que las pruebas no avalan la autoría. Como segundo dato, sabrá que el fragmento de texto que sigue —el desarrollo del subtítulo— aporta detalles sobre este tema, que también se bifurca en dos subexposiciones: que el texto, leído o no por el destinatario, forma parte de la estructura del razonamiento del argumentador, por un lado; por otro, que el juez, cuando quiera, tendrá acceso a esa información.

La división del texto en subtítulos es un factor de orientación que sólo la escritura aporta, y su relevancia es notable. Los capítulos son una parte formativa del razonamiento y su definición implica intertextualidad, estética, ritmo o incluso dialéctica.

En textos más largos, como monografías o incluso peticiones que requieren largas páginas de exposición y argumentación, se forma un índice. El escritor más detallista sabe que el destinatario de su texto acude al índice y lo ve como una estructura propia: los títulos y subtítulos, sin la redacción a la que se refieren, deben transmitir un mensaje autónomo: organización, ritmo, armonía y, por supuesto, lógica que lleva a la persuasión. A partir de ahí, el lector selecciona qué leer, y gran parte de esta elección no está bajo el control ni la interferencia del escritor: el lector tiene su propio interés, elementos que ya conoce, disponibilidad de tiempo. Es posible, a veces, invitarles a un punto con especial vehemencia, mediante la redacción de un título específico, pero no siempre puede hacerse. Las llamadas a la lectura deben ser excepcionales.

Muy distinto es, sin embargo, el arte de organizar el texto topográficamente, de modo que el lector pueda entender lo principal, incluso saltándose partes. Saber cuál es el segmento relevante, la que aporta más detalles, y saber qué es más periférico, qué es información prescindible: esto ayuda al lector en su proceso de selección de fragmentos. Se trata de realismo.

Si se nos permite opinar por simple observación, un gran número de los que escriben no aceptan la idea de que su texto sea leído en parte. Puede que este rechazo provenga de la vanidad, reforzada por una credulidad fantasiosa que la experiencia agrava: nadie le ha dicho nunca, ni le dirá, que su petición no fue leída porque era larga. El juez siempre dirá —entre otras cosas porque la obligación de prestar auxilio judicial no puede apuntar en sentido contrario— que ha leído atentamente tus escritos en su totalidad. Como la escritura es un proceso de creación personal, su autor no puede soportar el desprecio por su texto, lo que es natural. Pero es necesario hacer el ejercicio de escribir con detalle, con la mayor perfección posible, cada línea, cada palabra, sabiendo que el lector puede abandonar la lectura en cualquier momento o pasar a otro tema.

Aceptar que algunos textos se leen sólo en fracciones no significa irrealidad o fantasía. Empezar por reconocer que leemos tramos de libros, seleccionados por el índice, y que aun así pueden ser grandes extractos que nos han atraído a leer (nunca a leer realmente) la obra completa es un buen paso. Imaginar un periódico sin *headlines*, que el lector esté obligado a leer el asunto desde la primera línea hasta la última, sin seleccionar un tema, es demasiado utópico. Como en una narración, el lector tiene derecho a seguir una progresión, a buscar los elementos conflictivos y su solución[278].

EN EL MICROTEXTO: LA COHESIÓN TEXTUAL

Todo texto, pero con mucho mayor énfasis el escrito, debe estar dotado de cohesión. Es el nivel de conexión entre las palabras que lo componen[279].

La cohesión textual, por tanto, es el nivel de conexión entre las palabras de un texto[280]. Cuando se construye un texto escrito, en contra de lo que pueda parecer, las palabras no están llenas de significado y dependen de las demás para perfeccionarse como elementos de sentido, es decir, como factor de comunicación[281].

Tomemos un ejemplo sencillo: todos sabemos lo que significa la palabra "padre". Sabemos tanto que es difícil definirla. Sin embargo, cuando se incluye en un texto, sólo adquiere sentido si depende de otro elemento, de otra palabra: en este caso, la indicación del "hijo". Mientras no aparezca el hijo o la hija, la palabra "padre" carece de sentido. ¿El padre de quién? Padre sólo en relación con un hijo, que debe especificarse en el texto.

Del mismo modo, un verbo transitivo (hacer) sólo tiene sentido en una frase si tiene un complemento (¿hacer qué?) y un sujeto (¿quién lo hizo?). Si escribo el nombre "Juan", sólo adquiere sentido si le atribuyo, la mayoría de las veces, una acción (verbo) (Juan se comió la manzana).

Un texto cohesionado es aquel que puede leerse rápidamente porque las relaciones de significado que se forman entre las palabras de la frase son siempre *evidentes* para el lector. En las frases cortas, la relación de significado es clara, pero en las construcciones oracionales más complejas (que necesitamos argumentar), esta inmediatez se hace más difícil de establecer. Un texto escrito con ambigüedad, con frases largas, con errores de puntuación, con un uso incorrecto de los pronombres tiende a no ser cohesivo, y por tanto a hacer la lectura menos fluida, más difícil y confusa.

Las relaciones de anáfora y catáfora (reanudación y anticipación)[282] de significado, respectivamente), están presentes en toda la composición: la transitividad del verbo se refiere al objeto, los sustantivos tienen pronombres, los adjetivos y adverbios deben centrarse específicamente en una palabra. Las relaciones extratextuales, que ya hemos estudiado, también forman parte de la cohesión, ya que son esenciales para que el texto asuma un significado u otro. Para ello, no se puede prescindir del reestudio de las estructuras gramaticales, algo que muchos juristas ya han echado de menos y que, quizás, pueda ser el momento de revisar, profundizando en el estudio.

COHESIÓN ELEMENTAL Y COHESIÓN AVANZADA

El grado de cohesión de un texto puede definirse en función de distintos niveles. En este subtítulo, utilizaremos esta disyuntiva y expondremos la cohesión en dos niveles, elemental y avanzado. El primero puede comprenderse con unas pocas reglas; el segundo depende de un análisis más profundo del discurso.

En un nivel básico, la cohesión da sentido a las palabras, que a su vez derivan significado del propio texto o del exterior, y acaban remitiendo significado de un punto a otro de la estructura de la frase. Los traductores pueden observar claramente este fenómeno: al cambiar las reglas gramaticales de una lengua a otra, también cambian los significados de las palabras. Así, la frase "El policía y el bandido entraron en la tienda cuando él disparó" carece de cohesión. Por supuesto, el pronombre "él" puede referirse tanto al policía como al bandido. En un caso concreto, ya nos han anulado una acusación penal porque contenía una construcción más o menos así: "Joaquin entró dos minutos más tarde, porque Hermes fue el primero en entrar en la casa. El primero fue quien efectuó los disparos, el segundo, según los testigos, no ordenó a nadie que utilizara las armas". Al escribir, el autor de la frase ya cometió el error de no narrar los hechos en orden cronológico, invirtiendo el orden de entrada. Relató antes la acción que ocurrió después (nótese aquí la distinción entre tiempo textual y tiempo cronológico, de la que ya hemos hablado). Esto creó una ambigüedad en el término "primero", que podría haber tenido un significado si se tratara de una anáfora relativa al orden de la frase (el primer sujeto de la frase) o al orden cronológico (el primero en entrar). Los puntos elementales de la cohesión están en la gramática y en el enlace de los puntos dentro de la frase. Aunque elementales, son esenciales para agilizar la lectura y, aunque no creen ambigüedad, son factores de claridad en la decodificación del texto. Si se repiten elementos que interrumpen la fluidez, el lector abandona el texto. Así, vuelvo a invocar a Orwell, reflexionando sobre su propia escritura, planteando seis preguntas sobre la escritura en cada frase (microtexto)[217]:

> Un escritor escrupuloso, en cada frase que escriba, se hará al menos cuatro preguntas, a saber ¿Qué quiero decir? ¿Qué palabras lo expresan? ¿Qué imagen o modismo lo aclarará? ¿Es esta imagen suficientemente clara para comunicar? Y el escritor se hará dos preguntas más: ¿Puedo enunciar de forma más breve? ¿He dicho algo estéticamente inapropiado que podría recortarse?

Este es el primer nivel: el de cada frase. Para dominar este primer punto, nos atrevemos aquí a aportar al lector una pequeña referencia a la estructura de la frase. No es exactamente nuestro objetivo repasar la gramática, y si el lector ya se siente preparado en el nivel elemental de la sintaxis, puede —aquí como metalenguaje— abandonar la lectura de los dos temas siguientes. Sin

---

217 "A scrupulous writer, in every sentence that he writes, will ask himself at least four questions, thus: What am I trying to say? What words will express it? What image or idiom will make it clear? Is this image fresh enough to have an effect? And he will probaly ask himself two more: Could I put it more shortly? Have I said anything that is avoidably ugly?" ORWELL, George, *Politics and the English Language* (1946), in: Why I write, London: Penguin Books, 2004, p. 113.

embargo, al menos a efectos de que tome conciencia de lo que necesita saber, resultará beneficioso para algunos.

GRAMÁTICA Y PUNTUACIÓN

Para atribuir a un texto escrito la calidad de cohesión que permite una lectura fluida, hay que tener en cuenta varias condiciones. No profundizaremos en todas ellas, pero podemos ilustrarlas, por ejemplo, con una buena selección del vocabulario. Quien dice que "*La cosecha de lo que habían plantado los agricultores no fue satisfactoria cayó una lluvia muy fuerte*" tiene una frase menos cohesionada del que dice que "*La cosecha no fue satisfactoria porque llovió fuerte*", simplemente por falta de una *selección* adecuada del *vocabulario.* En un discurso oral, quizá los fallos hubieran pasado desapercibidos, pero por escrito eran imperdonables: si hubo cosecha, es porque se plantó; si hay lluvia, sólo puede caer, porque no se puede imaginar una lluvia subiendo[218]. Algunos elementos más detallados de la cohesión pueden explicar la elección de la redundancia, pero no vamos a llegar a eso ahora[219].

Sin embargo, aunque hay otros factores de la escritura que influyen en la buena o mala cohesión textual, uno de ellos merece ser destacado aquí: la puntuación. Lo hemos considerado sobre todo por pura experiencia, ya que muchos alumnos creen que el *uso de las comas* es el principal factor de dificultad de la escritura.

---

218 Bien es verdad que la usanza del idioma español, en comparación, por ejemplo, con el portugués, admite muchas más redundancias.

219 Nota: la palabra "engranaje" es demasiado corta para un fenómeno poco frecuente. Así que el escritor, a veces inconscientemente, intenta enfatizarlo alargando la frase en lo que es más relevante. Puede hacerlo con adjetivos y adverbios (heló copiosamente, hubo una fuerte helada), lo que evitaría el pleonasmo. El pleonasmo demuestra poco dominio de la lengua y, por supuesto, repele al lector, salvo en espacios de habla muy informales.

Y, para mejorar la puntuación, se buscan diversas reglas de uso de la coma en la gramática normativa, la gramática oficial de la lengua vernácula, como si eso fuera a resolver sus problemas. Encuentran sorprendentemente *pocas* reglas al respecto, las estudian, las memorizan, pero siguen teniendo dificultades. ¿Por qué?

Porque las reglas de la coma son realmente muy pocas y, si se estudian de forma aislada, no sirven de nada. Dependen del conocimiento y el uso eficaz de otras nociones gramaticales, especialmente las estructuras sintácticas. No vamos a profundizar en ellas aquí, pero quizá convenga una noción —atendiendo a la peculiaridad del discurso escrito— como estímulo para el estudio.

Cuando enseñábamos el tema en concreto, preferíamos decir que la coma es como un escalón. Un escalón, por ejemplo, entre el salón y la cocina de un piso no aparece por sí mismo: se ha colocado ahí porque hay una discontinuidad del suelo entre esas dos estancias. Así pues, estudiar la coma como una mera separación entre pequeñas palabras es tan miope como intentar comprender la presencia de un escalón sin tener en cuenta qué desnivel del suelo marca. La coma está allí directamente para señalar el rompimiento de una estructura sintáctica directa.

Es, pues, en la *estructura sintáctica* de las oraciones y de los períodos donde se encuentran los principales puntos que conducen a una buena puntuación y, en consecuencia, a uno de los principales factores de cohesión textual. No vamos a decir que el punto más importante de todo un proceso comunicativo sea la corrección gramatical; sin embargo, quien desee una buena construcción de frases no debe engañarse: es el primer factor de puntuación. Como no vamos a extendernos en el tema de la gramática normativa, el único consejo que nos queda es: no intente empezar a construir una casa por el tejado. Quien pretenda tener una buena construcción de frases y una puntuación perfecta sin hacer uso del conocimiento de los temas de gramática formal del idioma.

El estilo y las intenciones, el ritmo y los casos opcionales pueden determinar en ocasiones el uso de la coma. Sin embargo, el fundamento de la pausa en el discurso escrito, a diferencia del hablado, no es el ritmo del discurso, sino la estructura sintáctica de la frase y el punto. Después, el resto son añadidos, que no son menos importantes.

Esto muestra en gran medida la diferencia entre la argumentación oral y la escrita. En esta última, el ritmo viene determinado, en definitiva, por la sintaxis[283], que, aunque está presente en el discurso oral, no es tan decisivo en su fluidez, en su progresión concebida por las estructuras menores, las palabras.

La fluidez con que el lector lee depende en gran medida de la comprensión que el autor tenga de la gramaticalidad de la frase. Al escribir, identificar los bloques sintácticos que se introducen es la única forma de determinar con certeza la existencia de puntuación, recordando siempre que, para el lector, una puntuación mal diseñada es siempre un factor de confusión[284], aunque apenas recuerde las reglas de uso de la coma.

Así pues, la puntuación no es la causa de la estructura de la frase, sino su efecto. Ésta es quizá la regla no escrita más importante de la fluidez del texto.

COHESIÓN AVANZADA

A un nivel más profundo, el autor observará que la estructura de la frase, además del locus gramatical de la palabra, tiene una conexión mucho más intensa con la producción de sentido que el lector puede hacer en cada momento, con elementos más distantes en su texto (de nuevo, la noción espacio/tiempo, incluso en el texto temático). De ello depende un número aún mayor de factores, como cuánto sabe ya el lector sobre lo que se dice. Cuando la construcción del significado es antecedente —cuando el lector ya tiene mucha información previa sobre lo que se está diciendo—, la necesidad de conectores, cuya función es reducir la polisemia y atribuir un significado exacto a las palabras, e incluso a los nombres (sustantivos y adjetivos) disminuye significativa y progresivamente. En nuestra opinión, el nivel de cohesión de una frase sólo puede medirse a partir de lo que el lector reconoce en ella; por tanto, no puede decirse que haya falta de cohesión *per se* en algunos casos[220]. He aquí un texto, extraído de un libro de ficción:

> ¿No hay cerveza? Un buen guijarro es el que golpea rápido, Traga-tum, directo al cerebro, todo guay, dolor en el hombro que se pasa, cabeza que vuela en pensamiento, todo contento, si da rabia es rabia de la buena. Fiesteros, todos unos hijos de su madre, porque me dejaron sin pistola, con una pistola de juguete, una pistola sin bala que supuestamente me iba a matar después y no tardaron mucho en intentar hacer el trabajo porque ese tiro en el hombro yo podía estar casi seguro de que no había venido de la policía para nada, fue ese maldito que estaba al lado en el banco que en medio del tiroteo ya aprovechó para hacer su trabajo que era apuntarme a mí. Incluso después en el campo donde cambiamos el coche pero como había disparos por todos lados el payazo adelantó el servicio allí en el coche y pensó que yo no podía colaborar nada en ese momento porque mi pistola no funcionaba pero funcionó porque era otro y se acabó lo de los polis y ahora todos me tratan como a un rey con cama y buen de—... pero no han dicho nada del dinero que conseguimos en el peaje y si hago el tonto la próxima vez que hable de dinero me matarán sin piedad porque las cosas van quedando claras que *Claudeir* no está muy interesado en el Partido, no responde a su invitación y si el viejo se mete en líos con el crimen organizado seguro que yo también muero porque soy su uña y su carne. *Peruca* trató de recordar muchos momentos que había pasado con *Claudeir*, en los que había estado más seguro, o al menos así lo sentía. El viejo era un sinvergüenza pero me enseñó mucho y estoy sufriendo porque siento que los del Partido no lo quieren pero saben que siempre les es útil porque tiene clientes y buenos planes y siempre está metido para sacar una nota y el plan de ellos es eliminarme para que *Claudeir* se quede solo. En la Zona Norte para matar a *Apagão* y lo hicieron y saben que *Claudeir* sin alguien que lo mate termina abriéndole las piernas definitiva-

[220] Por ejemplo, decir que “La mujer estaba sujetando a la gallina cuando ésta puso un huevo” puede ser interesante para hacer un poco de humor, pero por lo demás no hay ambigüedad: la mujer no pone un huevo, por lo que la segunda acción hay que atribuirla al animal.

> mente al Partido pero no me van a matar ahora porque el viejo sabe que me dispararon y ahora quiere saber si voy a mejorar y voy a mejorar pero cuando mejore me van a meter en otra y me voy a morir y entonces ese abogado-abogado y *Claudeir* no podrán resistir y en esta historia yo soy el que siempre está huyendo y no voy a conseguir dinero y voy a morir en manos de uno de ellos un día porque es una lástima que *Claudeir* salga de la cárcel con ese tipo si doy la cara me encierran a mí también y la cosa es que yo abandone esta historia de crimen y salga de esta vida que *Lissa* dice que no hablo bien que soy tonto y soy tonto pero no hablo bien pero sé pensar porque *pensando en piedra* veo cosas solo que no puedo hablar y la decisión está tomada y ya está.
>
> No hay vuelta atrás.

Observe cómo se repiten las palabras en el fragmento y los signos de puntuación están casi ausentes. Sería una frase larga e ininteligible si contuviera información nueva, si describiera hechos concretos. Sin embargo, es la memoria de un personaje: relata hechos que el lector de la obra ya conoce uno a uno. El lector, en el momento en que recoge este fragmento, conoce todas las escenas a las que se hace referencia, por lo que el escritor puede ser mucho más rápido y directo en su escritura, preocupándose menos por las referencias intrafrásicas, porque el sentido ya está preconstituido. El único elemento nuevo, que proyecta la expectativa del lector, es la "decisión" que toma el personaje, después de todo este *flashback*, que inaugura un nuevo conflicto, una expectativa del lector: ¿qué decisión tomó? Como esta decisión no forma parte de los elementos ya informados, el texto interrumpe su ritmo trepidante y su anodina cohesión, para volver a la gramaticalidad, con una frase corta: "no volvería atrás".

Por supuesto, así es como se comporta el texto en literatura, pero la regla general de la escritura sigue siendo la misma: cuanto mayor es el nivel de información externa, más puede el lector completar el significado de cada palabra, más directamente se puede formar la frase, sin tener que cerrarla con referencias constantes. Como ya hemos señalado, volvemos al punto de la intertextualidad: necesitamos conocer el nivel de información del lector, así como —en el caso de la ficción— cuánto tiene en la memoria. En determinados momentos, la repetición de la información será esencial, porque el lector no siempre la capta inmediatamente. Así se complementa el sentido de la frase haciendo referencia al propio texto, aunque sea en un momento muy anterior, como los primeros capítulos del mismo libro.

Pero la complementación del significado puede ser externa al propio texto, y aun así prescindir de las referencias frasales para rescatarlo.

Un buen ejemplo de complementación externa del significado es la conocida historia del Papa Juan XXIII. Un periodista, para insinuar que el Sumo Pontífice empleaba a mucha gente en la sede de la Iglesia, le preguntó: "Santidad, ¿sabe cuánta gente trabaja en el Vaticano?" Juan XXIII, de quien se decía que estaba dotado de un excelente sentido del humor, respondió: "Sí, lo sé: la mitad". Resposta genial, claro. Nótese que la pregunta del reportero no había sido ambigua en el habla ordinaria, pero el entrevistado aprovechó la polisemia del verbo "trabajar" (tener un trabajo/trabajar eficazmente) para transformar el significado de "la cantidad de personas". No conoce el número de personas, pero sabe que los que efectivamente trabajan son la mitad de la cantidad a la que se refería el periodista. Así pues, la respuesta se ha dado satisfactoriamente, utilizando la misma referencia externa en la que se había basado el periodista, pero cambiando el significado interno.

La cohesión avanzada va más allá de los límites de la gramaticalidad normativa y, contrariamente a lo que podría pensarse, no es exclusiva de los textos literarios. La escritura jurídica presenta niveles de cohesión avanzada que van mucho más allá de las normas de la lengua vernácula: repetición de palabras, (cuasi) sinonimia, longitud de las frases y párrafos, orden de las palabras, estructura de las ideas dentro de cada párrafo, forma de empezar cada estructura (frase, punto, oración, párrafo), selección del vocabulario en general, y muchas otras técnicas que ya se han mencionado aquí en alguna medida.

ANALIZAR LA ESCRITURA PERSUASIVA

Cuando tratamos anteriormente el argumento de la competencia lingüística, observamos que la disociación real entre contenido y forma no existe, en un elemento de contaminación bastante evidente de lo que a veces invocamos bajo el nombre de pensamiento mágico-crítico. La forma contamina el contenido, como si fueran una misma cosa, como si la expresividad diera razón lógica al argumento, y disociar estos elementos —evitar la llamada contaminación— es casi imposible. Al menos en lo que respecta al lenguaje.

No vamos a tratar aquí todos los temas interesantes de la escritura, pero conviene recordar que el texto escrito tiene sus peculiaridades. Entre ellas, la exigencia de un uso más estricto de la cohesión y la gramática, de modo que, además de enunciar correctamente el texto, invite constantemente a leerlo. Hoy en día no podemos ignorar el hecho de que la escritura, debido a los textos de Internet, ha perdido gran parte de su formalismo. Hay alguna ventaja en ello, porque hacer la escritura más fluida, más cercana al discurso oral, no es en principio condenable. El problema radica en confundir el coloquialismo, o lenguaje directo, con el desconocimiento de las técnicas que hacen cohesivo, inteligible, el texto en cualquiera de sus presentaciones. Ausentes los recursos del habla como el énfasis, la repetición, la gesticulación, y aún con una distancia típica del texto plasmado en el papel o en la pantalla, el ejercicio de intelección del texto escrito es más arduo, por lo que su construcción tiene que seguir preceptos más rígidos, simplemente porque resultan en una dirección más exacta del significado. En los textos más complejos, esta cohesión es esencial, lo que quizá sea prescindible en la mayoría de las composiciones escritas en el mundo virtual, porque trabajan en un contexto que ya está bastante dirigido (simplificado) por la disposición del espacio, por las fotografías o incluso por los recursos audiovisuales, que hoy se funden con el texto escrito de forma cada vez más natural.

No es cierto que el mundo virtual sea el responsable del fin de la escritura. La producción de textos escritos sigue vigente y la accesibilidad de las publicaciones —lejos de todos los inconvenientes del soporte físico en papel— ha permitido escribir mucho. La escritura sigue siendo un factor comunicativo predominante, incluso para quienes tienen acceso a otros medios: las aplicaciones de comunicación de los *smartphones* permiten una perfecta comunicación por vídeo y audio, pero siguen predominando los mensajes escritos, que en inglés curiosamente crearon un nuevo significado al verbo "to text"[285]. El verbo de hacer el texto, de comunicar a través de la escritura, diferenciándolo de otras formas de comunicación que se suponen predominantes. Nunca se ha escrito tanto como hoy.

Nunca se ha escrito tanto, pero, hay que decirlo, nunca se ha escrito tan mal. Un reportaje periodístico, incluso uno bueno, rara vez resiste un análisis lógico, una revisión de las técnicas de cohesión, alguna nueva selección de vocabulario, sin preciosismos. Esto se debe en gran parte a la falta de tiempo, porque el texto que va a los periódicos tiene que producirse inmediatamente. Pero no sólo eso: se debe en gran medida a la falta de cuidado y conocimiento estructural.

Si nos trasladamos al mundo jurídico, el panorama es algo peor. A veces, en el trabajo en el Tribunal Supremo de nuestro país, nos hemos enfrentado a escritos apenas comprensibles —lo que equivale a decir persuasibles. La estructura de la redacción es el mayor punto de persuasión, y la adquirimos mediante la repetición de construcciones y ejercicios: sino también que, al leer cualquier texto, la comprensión de sus cualidades, su configuración, sus mecanismos de coherencia.

PERCEPCIÓN TEXTUAL: EXPRESIÓN ORAL Y ESCRITA

Si, en el nivel más básico, la escritura se practica repasando la gramática, el vocabulario y las reglas de cohesión, en el nivel más avanzado es necesario trabajar su expresividad. En qué momento escribir, a qué ritmo, con qué palabra, con qué nivel de sinonimia, cuando sea posible. Hasta qué punto mi texto puede dejar de ser ambiguo, ser más directo.

Una de las mejores formas de practicar la escritura de forma constante es trazar la línea divisoria entre ésta y el discurso oral. A la hora de escribir, ya con la estructura del texto, empezar por captar cómo contaría alguien la historia oralmente, y luego transcribirla a las letras. Al menos, es una técnica que hemos utilizado constantemente para nosotros mismos: pensar cómo *contar* la historia (reiterando siempre que la argumentación también es narrativa) y, a partir de ahí, transformarla en un texto escrito. Pero esta transformación tiene una técnica. Al menos, la técnica que nosotros utilizamos. Muchos escritores cuentan experiencias muy distintas, como Haruki Murakami, que cuenta que su estilo de escritura se debió a intentar escribir en una lengua extranjera: el hecho de tener poco vocabulario en un idioma extranjero (el inglés, para él) le obligó a ser directo, evitar los adjetivos y buscar la objetividad y la claridad. Con este primer borrador, con pocos recursos lingüísticos, lo pasó luego a su lengua materna, el japonés, pero con la estructura ya contaminada por la objetividad. Parece bastante convincente[286].

Cuando escribimos lo que sería un discurso oral e intentamos pasarlo al texto escrito, debemos darnos cuenta de lo que se *pierde* al prescindir necesariamente de la imagen y el sonido. Cuestiones espaciales, gestos, rasgos, pausas. Las referencias de lugar, espacio, persona, interlocutor, que faltan cuando un texto se pone sobre el papel. Al identificar lo que falta, se construye un discurso escrito más cohesionado. Nótese la diferencia entre lo que proponíamos en el capítulo anterior y éste: antes, proponíamos que todo discurso oral va precedido de un texto escrito. Pero este texto escrito no tiene tanta preocupación por la estructura cohesiva, ni por la expresividad, porque tiene en mente las herramientas disponibles en el momento de la enunciación oral. Ahora, el camino es inverso, pero también funcional: cuáles son los recursos de la escritura, sólo de la escritura, que deben sustituir a la expresividad perdida del audio y de los gestos.

Con una (equivocada) noción intuitiva de esta transformación, algunos juristas transportan sus entonaciones directamente al texto escrito: negritas, subrayados, signos de exclamación, letras grandes, elementos que nada tienen que ver con el código escrito propiamente dicho. Hay que tener en cuenta que no se trata de una mera transposición, de una "fotografía" del texto oral, sino de otro tipo de expresividad, con recursos diferentes, con una estructura distinta. En algunos países eso es mucho más grave, como en Brasil, donde el nivel de coloquialidad de la lengua oral difiere mucho del de la lengua escrita.

Proponemos, para no quedarnos en la pura abstracción, analizar un texto completo. Se trata de un diálogo, de una serie que venimos escribiendo desde hace años en una revista jurídica. Un diálogo que, sin embargo, es en lenguaje escrito. Como un texto adaptado para añadir un discurso visual. En este tipo de construcción, es más fácil identificar: ¿qué recursos utilizó el autor para captar el diálogo y transformarlo en un texto escrito? ¿Existen elementos de oralidad que serían inadecuados si no se tratara de un texto preparado para la representación? ¿O, por el contrario, su estructura es la misma?

El lector puede entonces responder a estas preguntas:

a) ¿Qué existe de discurso oral?

b) ¿Qué rasgos de la escritura apuntan a elementos que serían prescindibles en el discurso oral?

c) ¿Qué características de escritura no tendría el texto oral?

d) ¿Cuál es el conflicto principal del texto?

e) ¿Cuál es la intención del autor al revelar el texto?

Guión para cortometraje:

Centro de São Paulo. Empieza a oscurecer en la calle donde se vende droga. El hombre de mediana edad, con una chaqueta de cuero ***MARRÓN****, camina por la calle. Dobla la esquina y es sorprendido por dos policías uniformados a pie. Se nota que MARRÓN, a pesar de sentir la pistola casi pegada a la cara, está tranquilo. Unas palabras, que no se oyen, y los policías bajan sus armas, respetuosamente. Ahora se alejan, hacia el centro del punto de menudeo de drogas, en la calle. MARRÓN se detiene en la esquina, observando* *a los policías que caminan. Caminan unos pasos, esperan un rato. Hasta que se acercan a un joven, con camisa de franela a cuadros, que dobla la esquina. MARRÓN cruza la calle, hacia el foco de la cámara. Ahora se nota que la cámara estaba simulando el punto de vista del hombre* ***AZUL****, un hombre negro de unos treinta años, vestido con vaqueros y una sudadera roja sucia, que miraba todo desde la otra esquina. Ahora se filma el diálogo entre ambos, que no se conocen. MARRÓN se acerca con los brazos en alto, en señal de que no ofrece peligro a AZUL, naturalmente un soldado del narcotráfico local.*

Marrón: Sólo les dije que vivo en el edificio de allí. No soy policía. Soy abogado.

Azul: Qué bueno que me lo aclaraste, yo ya no te veía con buenos ojos. Pero la policía realmente deja en paz a los que viven en tu castillo. Tú pasas, nosotros no interferimos, ellos no interfieren. [Como cortando el diálogo]: No tenemos que intercambiar palabras, tú y yo.

MARRÓN *se quita la chaqueta de cuero y la deja en la acera. Se sienta sobre ella, con la espalda apoyada en la pared, casi a los pies de AZUL. Mira a los policías, que siguen sujetando al joven a cuadros, y habla:*

Marrón: ¡Siéntate, soldado! Y dígame, ¿llama a mi edificio "Castillo"? [Señalando a los policías]: Están liberando al chico. Sin una moneda en el bolsillo.

Azul: Sí.

Marrón: No quiero llenarte con mi charla, sólo observar. Porque escribo cosas, textos sobre la vida del narcotráfico, para juristas, ¿sabes? No, no lo sabes. Mira qué interesante: el policía le quita el dinero al chico, que en realidad era lo que el niño traía para comprar drogas contigo. Para el policía no es un robo, es una incautación de dinero que alimentaría el crimen, el bandidaje. Él simplemente no declara lo que incautó, y así no se siente como un bandido.

Azul: [Doblando la rodilla lentamente, hasta sentarse] ¿Declarar qué, hermano?

Marrón: El policía no entrega el dinero decomisado a su Jefatura, al Estado. Se lo quedan ellos. Pero en el fondo, en sus mentes, no son corruptos. Ladrones, quiero decir. Se apoderan del dinero del tráfico, así que reducen el flujo económico. Y la vida sigue. [Gesticulando, con el índice en la frente] Es la naturaleza humana, alivian así su culpa. La conciencia duele, acusa, ¿entiendes?

Azul: Yo tengo que guardar siempre un billete de cincuenta reales en el bolsillo. Cuando no tengo, me cachean y me pegan. Si lo tengo, se van enseguida. Allí adelante, en la avenida, es diferente: cuatrocientos en el bolsillo a la vez. Mañana y noche. Si no, la cosa se calienta. Los niños se vuelven locos. Bajan más coches de policía, recogen mercancía. Cosa de locos. Yo soy acá del minudeo, donde todo es más barato.

Marrón [riendo] Lo sabía, pero no sabía que era tan caro. Pero lo que realmente me interesa es el proceso, la toma de conciencia. Sin diálogo, sin acuerdo expreso. Y con eso la mente de todos funciona bien. Como si todo fuera una condición de la naturaleza o un deber del oficio.

El hombre azul mira bien a su interlocutor. En primer plano, la cámara muestra su rostro desconfiado, su duda, hasta que se relaja, pero aún cauteloso. El hombre moreno saca del bolsillo de su chaqueta, en la que estaba sentado, una caja de plata que contiene cigarrillos y se la ofrece a Azul. Éste la acepta y empieza a fumar. Todo muy despacio. Cuando el humo se eleva, él habla:

Azul: Esas cosas de la culpa, ¿verdad?

Marrón: Conciencia, sí. Oye, tienes algo que contar. Fuma un poco más. Mira, la policía está subiendo por la calle. Volverán dentro de poco. Pero tú, se nota, quieres contarme algo. Es de lo que vivo: de las historias que la gente suelta. Cuéntame.

Azul: Mi madre era de la iglesia. Yo era de la iglesia, pero sin creer mucho. No me va eso de Dios. Mi madre era una fanática. Pero solía ir con ella, porque había muchas mujeres hermosas en cada función, cada servicio. Conocí a una de ellas, una chica. La dejé embarazada, así que tuve que traerla a vivir conmigo.

Marrón: Justo. Tenías que cuidar de tu hijo.

Azul: Hija. Cuando nació, las cosas se pusieron muy mal. Mi mujer no trabajaba, mi madre y ella no salían de la iglesia y yo tenía que poner comida en casa todos los días. Comida, leche, pañales, chupete...

Marrón: Hablas bien. Es bueno contar estas cosas. Nos alivia.

Azul: Tranquilo. Luego fue sólo humillación para mí. Humillación, humillación. Porque no tenía dinero, ayudante de panadero que no sabía hacer pan. Es necesario un curso, o alguien te lo enseñe. Y me echaron, también porque dormía en el trabajo, y luego fue peor, las dos maldiciéndome, mi mujer quería un móvil. Dijo que el pastor le había sugerido que tuviera un móvil, ¿tú cres?

Marrón: Son los días de hoy.

Azul: Humillación, humillación. Y ofende, y habla, y compara con su vecina, con su ex novio. Con mi hermano, que desapareció. Fue entonces cuando me uní al movimiento acá, lo de la droga. Pero me metí definitivamente, porque soy un buen vendedor, cogí una moto y repartí mucho, día y noche, crack y todo. Mucha piedra, dentro del tanque. Y de madrugada seguía haciendo mis movimientos. Llené mi casa de dinero.

Marrón: Entonces la humillación paró.

Azul: Eso es. Mi mujer era tan dulce con su celular, mi mamá me dijo que me amaba cuando le regalaron un televisor, sólo mi hija seguía igual, tan hermosa. Hermosa. Y yo tenía un cajón en la cocina que llenaba de dinero. Que mi madre solía llevar a la iglesia.

Marrón: Por supuesto. Ahora entiendo exactamente a qué viene tu historia. Tu familia utilizaba el dinero, las mujeres sabían que procedía del narcotráfico, pero no reprochaban tu actividad. ¿Es cierto?

Azul: Por la sangre de Jesús. No dijeron nada. Pero yo sabía que no era dinero de la panadería, ¿de acuerdo? Y ellas no son tontas. Recogí una bolsa de dinero y la escondí en el patio trasero. Aprendí: tubo de pvc, plástico, escombros y puedes enterrarlo. Dinero y una pistola cara, en la caleta.

Marrón: La caleta para el futuro.

Azul: Y luego, como yo ya esperaba, me pillan y voy a la cárcel y ¿quién viene a visitarme? Nadie. Casi nadie. Porque vinieron dos al penal: primero, mi hermano, al que no veía desde hacía más de diez años. Volvió para decir que mi madre se avergonzaba de mí, que mi mujer no venía a verme ni a traer a la niña. Que soy un bandido, que tengo que saber cuál es mi lugar. [*Tose*] Y adivina quién más...

Marrón: Ya me imagino.

Azul: ¡El pastor! Con una Biblia y una corbata, también para decir que se avergonzaban de mí. La misma charla: que mi madre lloraba y rezaba porque me había criado para ser un trabajador. [Se enciende otro cigarrillo. En el primer plano, se ven lágrimas formándose en sus ojos, que contiene].. Sólo le dije al tipo que no viniera a convertirme. Porque mi madre me humillaba, incluso cuando era auxiliar de panadería, cuando me convertí en bandido todo era felicidad. Incluso para la Iglesia, que me quitaba los diezmos de lo que ponía en casa, y mucho más.

Marrón: Y el pastor, claro, fingió no haber oído esa parte.

Azul: Tenía más que decir, habló que mi hija se moría de hambre, y yo estaba en entre verjas. ¿Puede? Se fue, y volvió a la semana siguiente, calculó el tiempo en que yo me torturaba pensando en mi hija. Hice el ridículo: hablé de la caleta en el patio.

Marrón: Imbécil.

Azul: Entonces todos desaparecieron para siempre. Mamá, esposa, hija, pastor, dinero, arma, todo a la casa del diablo.

Marrón: [*Sonriendo*]. Sí, creo que el pastor tomó su dinero.

Azul: Y mi esposa, si te interesa saberlo. Con mi hija por ahí, un pervertido de esos.... [hace una pausa, bajando la mirada] ¿Y quién es el malo de esta historia? [se miran en primer plano] El malo es aquí, Azul, que tiene que llevar en el bolsillo la carta del directivo del penal, que me autoriza a la prisión domiciliaria, con restricciones.

Marrón: La carta y cincuenta reales.

Azul: Sí. Y los cincuenta reales. Para ello, aliviar la culpa de los demás. Para cuidar de los... ¿Cómo has dicho?

Marrón: Conciencia. He dicho "conciencia".

Marrón enciende lentamente un cigarrillo. Dos niñas, menores de nueve años, pasan jugando con una cuerda. La escena termina, en un fundido, con el sonido de una música rap.

[Fin]

No enunciaremos grandes conclusiones de la lectura, salvo que es posible conservar parte de la dinámica y el ritmo del discurso oral en la escritura, sin tener que aumentar necesariamente el vocabulario. Sin embargo, los elementos de cohesión son más laxos en el discurso oral, y un texto largo con estructura oral cansaría al lector por tener que establecer relaciones contextuales de significado, lo que podría facilitarse con conectivos en periodos más extendidos. Además, los recursos orales, aunque más inmediatos y expresivos, son mucho menos precisos que el discurso escrito, por lo que no admiten estas construcciones complejas. Son fatigosos, no aceptan pausas y no admiten carga de informaciones más amplia, como se verá más adelante.

Es muy notable hasta qué punto un discurso oral pierde en carga semántica. La expresión escrita tiene sus propios recursos, que facilitan eliminación de ambigüedades y suma y convergencia de conceptos. Por supuesto, a algunas personas les resulta más difícil desarrollarlo, y el discurso oral es más objetivo, pero todos estos obstáculos pueden remediarse, dependiendo del nivel de conciencia linguística de cada persona. Que los cursos jurídicos se hayan dedicado o no a impartir estas competencias a los estudiantes es una cuestión bastante distinta.

PAPEL EN BLANCO: MICROTEXTO Y MACROTEXTO

Son muchos los que dicen tener grandes dificultades para empezar un texto, para enfrentarse al papel en blanco, y este tema, cuando se trata de retórica, debe abordarse más de una vez, cuando proceda. Cuando se estudia la escritura en concreto, hay que plantear la cuestión con más razón. Consideramos brevemente dos hipótesis diferentes: las dificultades del microtexto y del macrotexto.

A veces, los escollos para producir un texto escrito provienen de la falta de dominio de los elementos del microtexto: variación y precisión del vocabulario, estructura de las frases, puntuación. Esto significa que un repaso constante de las reglas gramaticales y luego de algunos tópicos idiomáticos más avanzados puede ayudar mucho en esta tarea de transponer el pensamiento al lenguaje escrito[287].

Pero la dificultad de la propia escritura puede resultar evidente cuando se asigna al macrotexto. Basta señalar que, como hemos reiterado, el texto escrito es el soporte de las ideas más completas. Por lo tanto, es muy natural sentir que un discurso que parecía totalmente estructurado para el plano oral (o el plano mental, pensado como discurso), parece frágil cuando se trata de la escritura. En otras palabras, la sensación de que gran parte de las ideas, en el momento de la transposición a la escritura, se escapan es meramente ilusoria. No existe tal cosa como una "fuga" de ideas en el momento de la redacción, sencillamente porque esas ideas, esos argumentos, jamás existieron. Se trata de una intrincación natural del entorno que sólo se supera complejizando el propio pensamiento —lo que, una vez más, no significa utilizar jerga y palabras difíciles—, elevando el texto a un plano superior, lo que requiere otro grado de perfeccionamiento, por tanto de elaboración. Si podemos comparar, es como si una canción compuesta por acordes de guitarra tuviera que ser interpretada por un pianista, solo, con su gran instrumento: suena naturalmente pobre. Para transportar la canción de los acordes de la guitarra a los recursos del piano, se necesita un compositor que haga nuevos arreglos. Y al hacerlo, no puede escapar a la regla: la partitura será más detallada, requerirá nuevos recursos, porque el medio es otro. No se puede decir que la guitarra sea mejor que el piano, ni al revés: cada uno tiene su propio abanico de posibilidades y, aunque utilicen el mismo material (la música, los sonidos, las notas), conviven con estructuras y funcionalidades diferentes.

Si tenemos que transportar un cuento de la tradición oral y popular a un texto escrito, como una novela o incluso un cuento literario, sabemos que la trama tiene que ser más detallada [288]. Intervendrán otros personajes, o habrá más detalles descriptivos, o sub-conflictos. No hay otra forma.

Nuestras observaciones no significan que el lenguaje escrito sea un obstáculo insalvable, sino todo lo contrario. Nos limitamos a señalar que tal vez el primer paso para empezar a escribir un texto sea estructurarlo con un nivel de argumentación, conflicto, clímax y solución suficientes para que el texto fluya con naturalidad, sin que pueda atribuirse ningún obstáculo a la forma de expresión en sí, sino a la adaptación previa de la composición a este medio.

CONCLUSIÓN

La escritura tiene su propia lógica. Gramática normativa, organización, impacto potencial. Esto no significa que haya que formalizarla. Basta con conocer su método. En un nivel más avanzado, la transposición del discurso oral al escrito revela cuáles son los recursos de este último que le dan ventaja sobre el primero, y de ahí puede surgir un primer borrador de texto escrito a partir de un pensamiento que se aproxime al discurso oral. Ambos coexisten, se relacionan y se retroalimentan, y eso es lo más interesante de la expresividad.

En la actualidad, en Derecho, empezamos a experimentar, en ese movimiento espiralado que aparentemente siempre se repite[221], una vuelta a la valorización del texto escrito. La facilidad de los medios audiovisuales trajo una primera impresión de que primarían los textos orales: alegaciones de las partes, que pueden ser grabadas por teléfono móvil y unidas a plataformas electrónicas; vistas grabadas en vídeo que no requieren la transcripción de los discursos; testimonios también en vídeo, que en teoría permiten analizar la reacción corporal de cada testigo en sus respuestas; o incluso decisiones judiciales pronunciadas oralmente en vistas grabadas por cámaras. Todo esto resultó, aunque conveniente al principio, inviable en un segundo momento. La escritura es más objetiva, soporta mayor peso estructural y, sobre todo, permite orientarse y comprender rápidamente su fuerza o su fisura lógica.

Esto ha facilitado a los juristas constatar lo que aquí se ha subrayado desde los primeros capítulos: el texto escrito tiene su orientación espacial y temporal. También nos orientamos en él a partir de sus referencias, su extensión, sus espacios, escritos y sus blancos.

Por supuesto, la tecnología tiene sus grandes ventajas, que acabamos de mencionar: las audiencias virtuales agilizan el trabajo de todos, y la producción de pruebas reconstruye la realidad. En el ámbito penal, las cámaras de vigilancia, la grabación de transacciones financieras y las localizaciones registradas en teléfonos móviles permiten disponer de pruebas en cualquier lugar del crimen. La tecnología es una realidad invencible, pero no es el ocaso de la escritura, sino todo lo contrario: los tribunales virtuales siguen demandando argumentaciones escritas, y una decisión judi-

---

[221] Véase capítulo 01.

cial hecha oralmente no tiene un mínimo de garantías necesarias para el análisis de sus fundamentos. Cuando nos referimos a la escritura, no estamos hablando de impresoras tirando tinta sobre, como dijo algún poeta, árboles muertos. El papel es sólo uno de los posibles soportes de la escritura, pero ésta se mantiene como la principal herramienta del Derecho.

Capítulo XVII
Estilo y creatividad

Si la argumentación en sí misma ya es un elemento del *pensamiento mágico,* en el sentido de que suponemos que no puede tratarse de ciencia propiamente dicha, cuando nos ocupamos del estilo[289] y subjetividad, los elementos de inseguridad son aún mayores. Sin embargo, muchos estudios, por ejemplo de psicología, pueden aportar algunas pruebas sobre el tema de la persuasión y la interacción personal[290], no nos serían adecuados. No sólo dejarían de ser nuestra especialidad, sino que nunca podrían ser fiablemente útiles en la construcción argumentativa.

Este capítulo se divide en dos partes. En primer lugar, la comprensión del estilo y, derivadas de ella, las técnicas de creatividad. Ambas coinciden al menos en dos elementos distintos. En primer lugar, son expresiones de la propia personalidad, que exigen un ejercicio constante de recreación y autopercepción; en segundo lugar, son elementos de proyección hacia el futuro, lo que justifica que, en la topografía de este libro, ya estemos avanzando hacia su final: cómo debe pensar el escritor a partir de este momento, para seguir en la senda de que cada construcción de texto le pueda servir de entrenamiento y, sobre todo, oportunidad crítica.

En la primera parte, nos valemos de métodos triviales de análisis del discurso para demostrar la aplicación de la ley de la contaminación en el momento de la escritura: algo del hablante impregna su discurso, de una doble manera: tanto él transforma su discurso como el discurso acaba transformándole a él. Ser consciente de hasta dónde el orador forma parte de su propio texto, en cual medida su figura influye en lo que dice, es un trabajo que lleva tiempo, también en un doble sentido: (a) en primer lugar, sólo la experiencia, dirigida, es capaz de hacernos reconocer en qué medida nuestro producto final argumentativo depende de nuestra personalidad. Esto distingue entre lo que es un estilo sedimentado y lo que son sólo vicios expresivos[222]; (b) en segundo lugar, la creación de nuestro propio estilo depende de este ejercicio de producción, de modo que hay suficientes textos para reconocer características comunes y características propias de su autor. Un nuevo sentido de la retroalimentación.

Para empezar, leamos este breve fragmento de *Momo*, de Michael Ende[223]. En la historia, Momo es una chica que vive sola, aislada en una pequeña plaza, en el barrio de una ciudad de Europa. Los habitantes de la ciudad se acercan a ella y, deseosos de conocer su vida, entablan este diálogo:

> —Quiero decir, ¿no tienes que irte a casa?
>
> —Mi casa está aquí —respondió ella, con prontitud.
>
> —Pero, ¿de dónde viene, señorita?
>
> Momo hizo un gesto vago hacia el horizonte.
>
> —¿Y quiénes son tus padres? —insistió el hombre.
>
> La chica miró a cada uno de ellos, perpleja, y se encogió de hombros.
>
> Todos se miraron, suspirando.
>
> —"No tienes que tener miedo", continuó el hombre. —No vamos a echarte. Queremos ayudarte.
>
> Momo negó con la cabeza, en voz baja, sin mucha convicción.
>
> —Has dicho que te llamas Momo, ¿verdad?
>
> —Sí.
>
> —És un nombre bonito, pero que nunca había oído antes. ¿Quién le dio ese nombre?
>
> —Yo misma.
>
> —¿A ti misma?...
>
> —Sí.
>
> —¿Cuándo naciste?
>
> Momo pensó un poco y al final dijo:

---

222 Como se verá en otro momento, la forma de dar objetividad al texto también cuenta como modo de

223 *Momo y el Señor del Tiempo, pp. 6-7.*

—Que yo recuerde, siempre existí.

Observa cómo la niña Momo, que vivía aislada de sus compañeros, cuando le preguntaron por su edad, respondió: "*Que yo recuerde, siempre existí*" Menuda idea, ¿verdad? De hecho, desde tu punto de vista, ha existido siempre. Antes de su nacimiento, le era imposible saber si existía: desde su punto de vista, el mundo nació a partir de ella, y no al revés.

Porque cada vez que describimos una realidad, transformándola en punto de partida de un discurso, imprimimos nuestros puntos de vista personales, nos guste o no. Cuando enunciamos un texto argumentativo, es normalmente mala técnica servirse de enunciados subjetivos, como "en mi opinión", "yo pienso", "desde mi punto de vista", pero lo cierto es que cualquier expresión discursiva, al ser el resultado del razonamiento de un sujeto, siempre refractan su opinión, sus deseos, prejuicios y experiencias.

No sólo en la literatura. Cuando un juez, en su sentencia, afirma que "la doctrina dice que ésta es la interpretación válida del texto legal", hay que leer, claramente, "la doctrina que conozco (o que he leído) dice que ésta es la interpretación válida del texto legal". Por muy objetiva que pretenda ser el fallo, éste trabaja con la información y las experiencias que una determinada mente humana tiene —o a las que el cerebro puede acceder en ese momento—, basándose en sus sentimientos y en su conocimiento del mundo, que es tan pequeño comparado con el conjunto del conocimiento humano.

Es muy cierto, por lo tanto, que el escritor no debe enunciarse directamente en el texto, revelando su yo, con sus limitaciones y defectos, porque el ideal es siempre que el argumento alcance la mayor objetividad posible. Sin embargo, ya en nuestro nivel de estudio del tema, podemos afirmar claramente que el hecho de que esta subjetividad no aparezca enunciada no significa que no deba ser *considerada*, en cualquier ejercicio discursivo, por el argumentador.

Pues es del carácter subjetivo de la argumentación —y de la advertencia para que el argumentador se dé cuenta de ello— de donde se desprenden dos consecuencias diferentes, como instrumento de reflexión en nuestro estudio: la construcción del estilo y la humildad del argumentador.

Los dos puntos siguientes pueden parecer contradictorios si no lo tomamos con la debida atención. Por supuesto, como en toda materia humana —las ventajas y desventajas de lo que se le va a enseñar según su nivel actual de construcción del discurso— es siempre responsabilidad de cada cual.

CONSTRUIR UN ESTILO, EDIFICAR UNA IMAGEN

La primera consecuencia de la subjetividad es el hecho evidente de que la persona del argumentador es inseparable de sus argumentos. Aunque el interlocutor nunca haya reflexionado específicamente sobre esta cuestión, es cierto que asocia el contenido de las ideas que se le lanzan con quien las profiere, como se ha observado al trabajar con la argumentación *ad hominem* y, en cierto modo, con el argumento de autoridad.

El interlocutor realiza esta asociación individuo-idea porque busca la coherencia en el conjunto de la construcción discursiva. Por tanto, es deber del hablante preocupado por la eficacia de su discurso *establecer dicha coherencia*, que procede de su propia imagen que se construye a sí mismo.

Obsérvese, a título ilustrativo, el comentario pertinente de Schwartzenberg[291]:

> El hombre político busca cada vez más imponer una imagen de sí mismos que capte y mantenga la atención del público.
>
> Esta imagen es una reproducción más o menos fiel de sí mismo. Es el conjunto de rasgos que prefería presentar a la observación pública. Es una selección, una recomposición.
>
> Este modelo reducido es, por tanto, una representación figurativa de la realidad. Y, al mismo tiempo, una reconstrucción de la realidad.

> Esta reconstrucción recuerda a la obra del artista. Pero esta vez el artista se toma a sí mismo como material de trabajo, como en la autobiografía, en el autorretrato. Pero esta vez el escultor esculpe su propia estatua. Amasa su propia arcilla. Es a la vez artista y modelo, creador y creación.

No estamos predicando el narcisismo y el culto a la personalidad, propios de políticos y estadistas. Pero es cierto que, con el tiempo, la construcción de una imagen que parezca coherente al interlocutor es un factor complementario de la persuasión, que un estudio argumentativo no puede dejar de mencionar. Si un argumentador llega a ser suficientemente conocido porque escribe a menudo textos o pronuncia discursos orales defendiendo determinadas posiciones, el interlocutor empieza a apoyarse en esos otros discursos en su intertextualidad para complementar el significado del que se le pronuncia.

Una vez, un abogado del tribunal del jurado, de gran competencia, sintiendo que los jurados se conmovían con su discurso, se dio cuenta de que podía plantear una tesis de legítima defensa a favor de su cliente, aunque había pensado pedir el beneficio del arrebato. Desaconsejó la idea más radical, a pesar de la posibilidad de absolver a su cliente con cierta justicia. Explicó entonces: "Correría un gran riesgo si lo hiciera. No sólo de perder, sino de establecer mi imagen como abogado que hace afirmaciones poco realistas. Eso sería muy perjudicial para mí". Verdad: el abogado consideró que uno de los jurados que le asistiera en su próxima defensa podría utilizar la alegación poco razonable de legítima defensa para constituir una mala predisposición para el nuevo discurso: la imagen del argumentador como distorsionador de la razonabilidad, que, inseparable de su nuevo discurso, no se renueva fácilmente.

Otra faceta de la coherencia y la intertextualidad.

Pues el nivel de intencionalidad en la construcción de la imagen del orador también forma parte de su discurso y de su técnica argumentativa. Dado que es imposible evitar imprimir rasgos de personalidad en cada texto que construye, utiliza estas peculiaridades como factor de coherencia, demostrando *intencionadamente* —aunque no de forma explícita— que estos trazos personales siguen la misma dirección que los argumentos realmente enunciados.

La tarea de construir una imagen coherente no tiene nada de criticable en derecho: en publicidad, no se llamará al obeso para protagonizar un anuncio de edulcorantes, ni al calvo para anunciar tónicos capilares. Nos guste o no, la asociación de imágenes individuales con mensajes es habitual, y el individuo no puede escapar en absoluto a su realidad ontológica. Lo que parece depende en gran medida de lo que realmente es. En el ejemplo de los anuncios de televisión, esta imagen es visual, corpórea, pero no es necesariamente así en derecho: un jurista sólo puede crear su imagen mediante sus textos escritos, que conforman un ideal en la mente del lector, y que nada tiene que ver con la forma corporal de quien argumenta.

La subjetividad también aparece en la construcción del *estilo*. Con el tiempo, las convicciones, la idiosincrasia, la selección del vocabulario y la propia imagen constituyen rasgos de personalismo discursivo que pueden ser identificados por los interlocutores. Este estilo, cuando está bien utilizado, es una marca característica que funciona como factor de persuasión, en la medida en que representa un diferencial con el que el receptor puede identificarse y que puede servir como factor complementario de sentido a un texto.

En cualquier caso, a nuestros efectos, lo relevante es que este factor se trabaje con intencionalidad y conciencia. La coherencia en la formación de la imagen y el estilo puede ser un factor de persuasión, si se tienen en cuenta todas las circunstancias que rodean a esta técnica.

SUBJETIVIDAD Y CONCIENCIA

Un contrapunto a lo estudiado es el hecho de que la experiencia individual, en lugar de construir un estilo, que impregna la argumentación como pensamiento mágico, es un impedimento para que el argumentador ejerza su factor de alteridad, de saber que edifica una argumentación que se centra en un tercero. Algo parecido al ejercicio de humildad científica, de no situarse como centro gravitatorio de todo el discurso, pero va mucho más allá.

En nuestra opinión, la experiencia con el propio texto lleva a mantener una distancia de él, o, más o menos lo mismo, a conocer el momento en que el individuo puede insertarse en su propia creación, aunque no sea explícitamente. La frase ya citada, por la cual "el joven escritor habla de sí mismo, incluso cuando habla de otros"[[292]]" enuncia bien lo que pretendemos decir: el proceso de conocimiento de la subjetividad conduce a la intencionalidad. La subjetividad que no va acompañada de un proceso de concienciación puede ser deletérea, llevando el argumento a momentos de autorrepetición y, además, de centralización en la persona del discursante, hasta el punto de que puede producir un discurso intrascendente. En derecho, esto le ocurre a mucha gente: su visión del mundo, su compromiso con el caso, sus prejuicios o incluso su indignación ante la injusticia concretada guían la construcción del texto a un nivel deletéreo, un nivel en el que hay poca subjetividad consciente y, por tanto, ninguna intencionalidad.

En la primera novela del Maravilloso Mago de Oz, el personaje del Hombre de Hojalata, que se está buscando un corazón, se dirige a sí mismo un brillante lamento. Tiene que seguir el camino dorado, como sus compañeros, pero la caminata le cuesta mucho esfuerzo. Él no tiene corazón, no tiene sentimientos, entonces piensa que "si fuera capaz de tener sentimientos, tendría intuición, y entonces no se preocuparía tanto con el camino"[224]. El fragmento es magnífico, y en nuestra opinión refleja parte de la ilusión del personaje, que es la ilusión de cada uno: León, Espantapájaros y Hombre de Hojalata dan gran importancia a aque-

224 "You people with hearts," he said, "have something to guide you, and need never do wrong; but I have no heart, and so I must be very careful. When Oz gives me a heart of course I needn't mind so much." (p. 36).

llo que *no poseen*, pero que no es más que parte de su personalidad. En el caso de este último, sobrevalora los sentimientos[293], porque no los tiene, pero quizá la obra insinúa, creemos, que la confianza en el propio camino, esa llamada intuición, no es papel del corazón que desea, sino de la experiencia y la racionalidad. Dejarse llevar, en la metáfora, por el corazón puede ser bastante útil en algunos instantes, pero es la frialdad para racionalizar el propio yo lo que empuja a la construcción de un estilo, éste el que guiará las elecciones enunciativas.

Al repetir tantas veces un movimiento correcto, el futbolista no "razona" su tiro; es más, mantiene una noción espacial tan constante que hace que cualquier gran jugada parezca, a un tercero —e incluso a sí mismo— intuitiva. El resultado de mucho entrenamiento, repeticiones y correcciones. El ajedrecista conoce tan bien las jugadas básicas sobre el tablero, ha calculado tantas veces las posibilidades a partir de esa posición de juego, que están almacenadas en su memoria[294], por lo que sus jugadas también parecen un movimiento reflejo, inspirado por una mano invisible. Ninguno de ellos tiene un *estilo* propio, al contrario: es superando los elementos fundamentales como el individuo se eleva a un nivel, el de la originalidad. En el fondo, los ajedrecistas y los futbolistas saben lo que les funciona mejor, pero no como una repetición, sino como una espiral evolutiva.

En la argumentación, no es diferente: los que todavía están luchando con la gramática o los primeros discursos pueden *tal vez* tener un estilo, algo transcendente de su personalidad, pero eso no hay como comprobarlo de modo satisfactorio. Lo que se sabe es que este estilo, si ya existe, hay que modificarla, reformarla, todo el tiempo, mediante la autocrítica, desde la visión exterior.

DEL ESTILO A LA CREATIVIDAD

Una famosa canción dice que "no hay dos sin tres". Frase más que real, en la canción se transportaba, con precisión poética, a temas de pareja, insinuando, creemos, una infidelidad conyugal. Puede ser. Pero el hecho es que la visión triangular es la base de toda observación, la perspectiva. Sólo se pueden observar dos puntos desde un tercero; Así, cualquier dibujante, cuando concibe un cuadro, crea inmediatamente sus referencias de dimensión: dos puntos que serán dibujados y un tercero, obligatorio, que no es más que el punto de vista. Sin el tres, como decía el poeta, el uno y el dos no pueden existir.

Este punto de perspectiva transforma el texto. La tridimensionalidad es lo que nos permite alejarnos en todo momento de nuestro propio papel. Verse a uno mismo desde fuera, poner en marcha la autocrítica e intervenir en el debate desde un punto de vista objetivo. Paradójicamente, solo ese alejamiento nos permite construir la subjetividad. En caso contrario, nuestra visión del mundo será como la del personaje Momo: el mundo existe a partir de lo que vemos.

Esta toma de conciencia de que existe un modo de crear un estilo personal conduce, con el tiempo, a la mejora completa y continua de la propia capacidad argumentativa. Junto a la imagen, se define la coherencia entre el discurso y otros factores diversos —incluidos otros discursos— que se consolidan para la atribución de significado por parte del interlocutor. Se trata de un factor sobre el que hay que reflexionar a largo plazo, en un ejercicio constante también.

Pero imaginar la definición de estilo e imagen no puede implicar altanería. El estilo se moldea, se forja, si su eje principal es siempre el interlocutor. Es a él a quien debe llegar el argumento y para él se construye el discurso. Para recordarlo, quien escribe un texto centrándose en su propio razonamiento está a un paso de hacer un bello ejercicio, pero una muy mala argumentación. La creación argumentativa parte de la conciencia de las propias capacidades, unida a la necesidad de evolucionar para llegar a la mente del interlocutor: en otras palabras, el gran riesgo de la creación de estilo es que el autor intente comunicarse consigo mismo.

LA CREATIVIDAD

Si entendemos la argumentación como una actividad comunicativa dentro del Derecho, y la forma de argumentar como una que implica técnicas de persuasión, sujetas a algunos aspectos que tocan la subjetividad, como la competencia lingüística, el estilo y la intertextualidad, es cierto que el tema de la creatividad puede aparecer, si no como fundamental, al menos como muy pertinente. Por supuesto, existen barreras para la creación de textos jurídicos, porque no son tan libres como la poesía o la literatura: están sujetos a cuestiones formales y, sobre todo, a la funcionalidad del resultado pretendido.

Aun así, en la fase actual ya se sabe que, incluso dentro de esta funcionalidad, hay un grado muy alto de libertad en la construcción del texto, especialmente en la forma en que se formulan y seleccionan los argumentos. Luego, como en la narración, en el conjunto sistémico en que interactúan y se transforman, como ya hemos explicado repetidamente.

¿Qué significaría, entonces, crear un nuevo texto?

SI HAY MIEDO AL CAMBIO

La creatividad es lo diferente.

Pero parece ser un instinto natural del ser humano repeler lo diferente, porque genera inseguridad. El instinto de conservación indica que lo desconocido siempre es peligroso. El ser humano tiende a preservar costumbres y tradiciones porque está demostrado que mantienen normas que alejan los riesgos, como ilustra el llamado mito de la caverna.

Pero el mundo contemporáneo —o postmoderno, como prefieren algunos— ha traído como una de sus consecuencias la volatilización de las relaciones humanas. En este proceso, como en todo proceso humano, hay ventajas e inconvenientes, sobre los que conviene reflexionar brevemente, dentro de los estrechos límites de la argumentación.

"Todo lo sólido se desvanece en el aire". La conocida frase procede del Manifiesto Comunista. Ideologías aparte, en 1848 Marx y Engels describieron lo que representaría la modernidad, cuáles serían sus principales valores. Marx subrayó que la revolución incesante, la transformación constante, era la regla de la sociedad que entonces se estaba instaurando..[295]. Las relaciones sociales "se vuelven anticuadas antes de tener un esqueleto que las sostenga", esta fue la afirmación de Marx, ya en su época.

En 1981, Marshall Berman, en su obra *Todo lo sólido se desmorona en el aire,* recuperó la frase de Marx. Observa el nihilismo de la sociedad moderna en su búsqueda de desarrollo, y la paradoja, en un sentido un tanto inverso al de Marx: querer cambiar, pero también querer conservarnos frente a todo el deshacer del mundo que nos rodea.[296].En el mundo del Derecho hacemos algo paralelo. Al mismo tiempo que colaboramos para los cambios, intentamos mantener un nivel de seguridad, de conservación de lo conocido, para poder instrumentalizar las decisiones, legitimándolas, al menos, con el velo de la tradición. Esta sería una discusión que iría muy lejos en términos filosóficos, y que nos gustaría construir, sobre todo por lo que, en otros textos, hemos llamado, en alusión a la obra de la literatura italiana, *el gatopardismo.* Pero aquí nos ceñimos a una observación más instrumental, más útil para nosotros: mantener la liturgia y cierta tradición para no perder la legitimidad de la ley no significa tener que repetir soluciones de forma autómata, ni dejar de cuestionarse en qué momento se puede dar el *twist,* el giro argumental, que coja por sorpresa a todos los oyentes, o al juez, y le obligue a decidir sobre una nueva realidad. O de una realidad que ya existía, pero que sólo en ese momento, mediante un argumento innovador, le fue revelada y sometida a la decisión.

Puede haber errores en la innovación y en el proceso creativo, y de esto hablaremos más adelante, como contrapunto. Ahora, por el momento, es el momento de citar la reflexión idiosincrásica pero tan ilustrativa del narrador-personaje de Clarice Lispector.

> Y no olvidar, al empezar a trabajar, prepararme para cometer errores. Y no olvidar que los errores se habían convertido a menudo en mi camino. Cada vez que lo que pensaba o sentía no funcionaba, se abría por fin una brecha, y si antes hubiera tenido el valor necesario, la habría atravesado. Pero siempre había tenido miedo al engaño y al error. Mi error, sin embargo, debió de ser el camino hacia una verdad: porque sólo cuando cometo un error salgo de lo que conozco y entiendo. Si la "verdad" fuera lo que puedo comprender, acabaría siendo sólo una pequeña verdad, de mi tamaño[225].

Sin duda, la creatividad en la argumentación jurídica se ve lastrada por el miedo a enfrentarse al error, a la exageración. Pero no sería excesivo afirmar que en las investigaciones que venimos promoviendo desde hace tiempo investigando sobre la materia, los argumentos más persuasivos son los inusuales, los sorprendentes. La novedad tiene mayor poder de atracción, y ello quizá compense la natural repulsión que el operador jurídico tiene a los razonamientos que aún no se han consolidado, a los argumentos que no han cristalizado en la doctrina y la jurisprudencia.

De ahí la audacia[297] y creatividad, en cierta medida, van de la mano. Las reflexiones sobre la modernidad, que aquí se hacen a modo de introducción, fomentan al menos la pregunta: ¿no sería imprescindible, incluso en Derecho, un esfuerzo constante del profesional actualizado por cambiar su realidad y revisar formas y argumentos? Esto se discutirá a continuación.

CREATIVIDAD E INFORMACIÓN

Estudiar la creatividad exige libertad a la hora de abordar el tema. He aquí un fragmento de *La historia sin fin*, del autor que ya hemos mencionado en este capítulo, Michael Ende:

> Había allí un gran grupo de personas, hombres y mujeres, jóvenes y viejos, todos vestidos de las formas más extrañas, pero sin hablar. En el suelo había un montón de dados grandes, que tenían letras

---

225 *La Pasión según G. H., p. 183.*

> en las seis caras. Esta gente seguía tirando los dados y luego mirándolos fijamente durante mucho tiempo.
>
> —¿Qué haces?", murmuró Bastian. ¿Qué es ese juego? ¿Cómo se llama?
>
> —Es el juego del azar, respondió Argax. Saludó a los jugadores y gritó—: ¡Bien hecho, hijos míos! ¡Continuad! ¡No os rindáis!
>
> Luego se volvió de nuevo hacia Bastian y le susurró al oído:
>
> —Ya no saben contar historias. Han olvidado cómo hablar. Por eso inventé este juego para ellos. Para pasar el tiempo. Y es muy sencillo. Cuando lo piensas, tienes que estar de acuerdo en que, en esencia, todas las historias del mundo están formadas por sólo veintiséis letras. Las letras son siempre las mismas, sólo varía su combinación. Las letras forman palabras, las palabras frases, las frases capítulos y los capítulos historias. Mira lo que nos ha dado:
>
> Bastian leyó:
>
> H G I K L O P F M W E Y V X Q
>
> Y X C V B N M A S D F G H J K L O A [...]
>
> —Sí, se rió Argax, casi siempre es así. Pero cuando juegas a este juego sin parar durante mucho tiempo, durante años, a veces las palabras se forman por casualidad. Puede que no tengan mucho sentido, pero son palabras. Por ejemplo, "espinacas amarillas", "salchichas" o "guisantes moteados". Sin embargo, si sigues jugando a este juego durante cientos, miles o cientos de miles de años, es probable que alguna vez, por casualidad, consigas un poema. Y si juegas para siempre, toda la poesía y todas las historias del mundo tendrán que salir a la luz, y todas las historias de las historias, e incluso esta historia en que estamos viviendo. Es lógico, ¿no crees?
>
> —Es horrible, dijo Bastian.[226]

El texto critica duramente la falta de creatividad: el personaje Bastian se encuentra con quienes "ya no son capaces de contar historias"; por lo tanto, no son creativos. Su capacidad creativa también se deja al azar aquí, en los dados con letras en la cara. En la narración de Ende, en perfecta armonía con el título de la obra, la lógica exacta del número infinito es la que recibe el encargo de la actividad creadora.

---

226 *A história sem fim*, pp. 338-339.

La crítica que subyace al fragmento es sagaz. La capacidad creativa, diferencial del intelecto humano, surge de la combinación de elementos, como la materia prima para una escultura, los ladrillos para un muro. No hay idea que pueda surgir de la nada[227]. Incluso el mundo, en la descripción del Génesis, comenzó en el Verbo y, en la Ciencia, teorías como el big bang no explican la primera materia del universo. Pero el exceso de material informativo, como los dados lanzados exhaustivamente en el "juego de azar", no crea por sí mismo las grandes ideas. Puede parecer una paradoja, pero también puede ser sumamente coherente que el exceso de información funcione más como factor de confusión que como catálisis para la creación, si la capacidad creadora no progresa. En este sentido, la crítica de Ende coincide con la metáfora de Coledridge, de la que nos apropiamos en el primer capítulo de este trabajo: muchos elementos a disposición del ser humano, que configuran una constante evolución tecnológica, pero no necesariamente activan el intelecto y la creación. Todo lo contrario. Basta ilustrar que Aristóteles ni siquiera debía saber que la sangre corre por dentro de venas, o que Cervantes tal vez no había aceptado la realidad, entonces ya demostrada, de que la Tierra orbita el sol. Mínima información, pero aun así los problemas del alma humana, la justicia, el derecho y —en el caso de Cervantes, incluso el lenguaje— se resolvían en sus obras de forma más coherente que muchos manuales jurídicos actuales. Corresponde a la mente humana utilizar los elementos de la información para emplearlos en el discurso. Las formas de adquirir información, así como los medios mentales para adaptar el aprendizaje continuo en el lenguaje, son infinitos. La impresión de que, en la construcción de un texto persuasivo, se acaban los argumentos no es más que ilusoria[298], porque el lenguaje se reproduce constantemente en la sociedad, y la actividad de creación humana —no la nuestra, sino la de los demás— es incesante.

227 Véase lo ya discutido en el Capítulo XIV.

La renovación de la información, del lenguaje y, en consecuencia, de los recursos argumentativos es siempre constante: que sea para bien o para mal es un juicio de valor que no cabe consignar aquí.

INTERTEXTUALIDAD CREATIVA

Aquí nos permitimos algo de mayor libertad. Por un lado, algunos de los llamados manuales de creatividad ofrecen una serie de ejercicios para el proceso creativo; por otro, los neurocientíficos y filósofos de la mente tratan incesantemente de explicar de dónde vienen las ideas, como, bajo una perspectiva bastante distinta, vamos a analizar en el próximo capítulo. Incluso sería posible, aquí, construir algunas ilusiones sobre la forma en que se crean los pensamientos, a partir de las observaciones de estas dos áreas del conocimiento, en las *hard sciences*, experimentales, y la Filosofía, que se ocupa de aportar observaciones coherentes, en el pensamiento mágico, de aproximación y contaminación, para que el individuo comprenda la realidad neurocientífica. La ciencia experimental se convierte en lenguaje y entonces la entendemos y la utilizamos.

Pero aquí, basándose en las *hard sciences,* Por paradójico que parezca, da causa a una una vaguedad. La filosofía de la mente ha creado varias corrientes de interpretación del origen del pensamiento, basadas en gran medida en tesis biológicas, no del todo demostradas, sobre el funcionamiento cerebral, lo que nos lleva a infinidad de hipótesis sobre cómo se produce el proceso creativo humano. Para ser coherentes con lo que hemos desarrollado, llevamos el proceso creativo desde las relaciones intertextuales. Para ilustrarlo, les traemos este fragmento, de una obra de cierta pretensión literaria, en el que dos personajes conversan sobre la adquisición de conocimientos y el significado de las ideas. Los dos personajes se encuentran en la biblioteca y luego salen de ella para entablar este diálogo:

> —Los lectores se levantan de las mesas de lectura y deja los libros donde están. Los libros sólo los puede guardar el bibliotecario.

La gente hace una pausa para tomar café, deja los libros sobre la mesa, y yo entonces aprovecho para conocer la historia de los lectores. Es así.

—¿Cómo conocer las historias de los lectores?

—Vengo aquí y observo al mayor número posible de personas que están leyendo. Siempre gente rara, porque, piénsalo, ¿quién viene hoy a leer ficción a una biblioteca? Veo cómo visten, veo sus rasgos, el color de su pelo, su edad, que intento adivinar. Y cuando terminan de leer el libro y lo dejan sobre la mesa, voy directamente a mirar lo que estaban leyendo, así que tengo una doble historia: en el libro leído y en quien lo estaba leyendo. Hay muchas historias en un libro que no son el contenido que el autor pretendía darle, en el propio ejemplar del libro hay tantas historias que pueden ser más interesantes que lo que originalmente se imprimió allí. ¿Has pensado en ello?

Yo, por supuesto, respondí que no.

—Sí, pero las hay. Como ya he dicho, primero hay que tratar el libro como un objeto. Si tienes la suerte de que el lector haya olvidado un marcapáginas en él, ya sabrás qué es lo que más le interesaba, o al menos cuáles fueron las últimas palabras que habrá mirado. Esto le permitirá saber lo que tiene en mente, porque el buen lector no deja de leer cuando decide que el texto es aburrido o porque cree que se ha quedado sin tiempo para dedicar a la lectura, de ningún modo.

—¿No?

—Jamás. El lector espera llegar a un punto que exija reflexión, salir de la biblioteca reflexionando sobre ese fragmento concreto. Pues descubrir ese fragmento significa para mí ganar el alma de esa persona, al menos en ese momento.

—¿Como un vampiro? pregunté, pero ella ignoró el comentario.

—Si la persona no deja un marcador, tampoco es difícil averiguar dónde dejó de leer. El giro de las hojas deja una marca en el libro, porque se desprende en el lomo, de modo que la última hoja desprendida corresponde a la última página leída. Eso en el aspecto particular, pero está el especto general.

—¿Cuál?

(...)

228

---

228 RODRÍGUEZ, Víctor Gabriel, El caso del matemático homicida, 2ª edición, p. 79

Desde nuestro punto de vista, la creatividad surge de la capacidad de combinar los textos que conocemos[299]. No basta, por supuesto, con conocer muchos textos, sino tener la percepción, a medida que el personaje narra, de lo que son esos fragmentos[229] que son capaces de dirigir nuestro pensamiento o, mejor dicho, que en algún futuro serán capaces de formarnos nuevas percepciones y, a partir de ahí, reacciones originales a los problemas, incluidos los de enunciación y expresividad. Así, se puede hablar de una **intertextualidad creativa**, en el sentido de que nuestra creación está hecha en parte de la propia lengua, en algo tangente a la *autopoiesis,* de que se aprovechó Luhmann. Es el caso de la lengua que se crea a sí misma, pero con una gran diferencia: el centro es el individuo, que combina estas expresiones según su intelecto. Los textos se recrean a sí mismos, pero mediados por la capacidad individual de intelección.

Nuestras soluciones de expresión son, en gran medida, soluciones de otros textos, que tenemos la capacidad de interpretar y recrear, para un determinado momento de influencia en tercera persona. Este punto de vista nuestro explica también el proceso de **decisión**: el juez, al tener que crear una decisión, se adhiere, por su intelecto, al texto que más se parece a los que tuvieron su formación, y luego, como tiene que recrear un nuevo texto (la sentencia), toma prestadas las conclusiones de aquella argumentación que más se acercó a su formación individual. Y ahí tenemos un proceso de convencimiento.

La sentencia del juez es, por tanto, la finalización de un proceso creativo individual, en el que utiliza sus propios textos para adaptarlos al problema que se le ofrece, como obligación de finalización. Finalizarlo, como dice Luhmann, en un sentido binario, pero, decimos, a partir del texto que le es más próximo, la argumentación de las partes. Pero hay que señalar que esta proximi-

---

229 En esto coincidimos con Bohm, quien, tras preguntarse qué es la creatividad científica, destaca el papel del arte en este estímulo. BOHM, David. *On creativity.* Routledge, 2004, especialmente el capítulo 02.

dad tiene un triple nivel: está más cerca en el tiempo, porque es el texto que acaba de leer; está más cerca en el tema, porque se dirige directamente a su proceso decisorio; está más cerca en la intertextualidad, porque habla más directamente con los textos que la forman, y así se amolda más fácilmente al proceso creativo que tiene que ejercer en ese momento.

Esta explicación nos parece bastante objetiva y funcional, evitando decir que hay espíritus que se adhieren, individuos que simpatizan, psiques que buscan rescatar o compensar momentos traumáticos o neuronas que se combinan en un proceso físico-químico común al funcionamiento de cualquier partícula del universo. Nada de esto es necesario: nuestro proceso de creación es un proceso de textos que son rescatados de nuestra capacidad de conocer su significado y su *potencial*, en el momento en que los absorbemos; y con nuestra posibilidad de rescatarlos, en el momento en que tenemos que expresarnos; el proceso de decisión es una forma del proceso creativo, en el que la persona que decide rescata lo que es más útil para crear su proceso de razonamiento.

Por eso explicamos en un punto anterior que la redacción de la sentencia, su composición, es un proceso único de comprensión de la realidad con vistas a un razonamiento convincente. Se trata de recuperar los textos que formarán la manera más coherente de redactar el texto de la decisión, que no es más que la segunda etapa de un texto que ya está formado, con palabras, para el proceso decisorio. No es posible tomar una decisión jurídica sin palabras, porque no es racional de este modo.

Creación y decisión son el mismo proceso, nombrado sólo en, respectivamente, contingencia y contenido, y no a la inversa. Por otra parte, hemos propuesto que la combinación de estos textos obedece a una expectativa de resolución del conflicto, como en toda narración, pero sobre esto ya hemos diseccionado bastante, en el capítulo correspondiente[230].

---

230 Véase esencialmente el capítulo VI.

NOVEDAD, SEGURIDAD Y HABILIDADES

Si entendemos esta constante relación intertextual como un proceso de creación, hay aquí dos elementos útiles para estudiar el tema que nos ocupa. En primer lugar, la creatividad se adquiere a través de un doble proceso de introyección constante de nuevos textos (input), no necesariamente literarias: pueden ser textos visuales, palabras, gestos, construcciones, figuras retóricas, uno u otro elemento del vocabulario que destaque por su significado. O, por supuesto, nuevas e impactantes tesis jurídicas.

En segundo lugar, pero no menos importante, está la comprensión de la creatividad: no siempre un argumento innovador es algo *alejado* de lo que tradicionalmente se podría argumentar o decidir. Si la innovación es la combinación de textos[300], pueden ser tremendamente innovadores y creativos si buscan la amalgama de elementos lingüísticos **de ese** proceso, combinando el proceso personal de creación[301] a las circunstancias específicas del juez concreto. Así, un sastre puede ser sumamente creativo si es capaz de adaptar un traje a un individuo concreto, para que pueda lucirlo en un evento específico, sin tener que construir un atuendo indiscreto o que llame demasiado la atención. Del mismo modo, un escritor de ficción no necesita fantasías grandiosas ni neologismos constantes para conseguir un libro muy original: basta con que cuente su propia historia, de forma diferente a los demás, y las miles de combinaciones de palabras e ideas harán que su obra sea única, diferente, y tal vez influya en los lectores como ninguna otra.

Esta es la advertencia que ya habíamos anticipado: muchos tienen la impresión de que creatividad significa *grandes* innovaciones, y esta pretensión puede esconder una aguda falta de intencionalidad, de conciencia de lo que el propio texto trata. Se hace dentro de unos límites de expresión y coherencia que son creativos sin ser necesariamente ser una sublevación en contra de un status.

CONCLUSIÓN

Los grandes argumentos son ciertamente innovadores, pero esta innovación debe entenderse desde los límites que marca la necesidad enunciativa de ese momento[302]. La mejor manera de innovar es conocer sus propios instrumentos[303], y ahí radica el estudio constante de la argumentación: nombrar posibilidades, estructuras, analizar y reconocer los recursos de cada texto leído o creado, identificar errores y definir objetivos momentáneos. Este es el ejercicio constante que nos acompaña.

Capítulo XVIII

Inteligencia artificial: argumentos a su favor

La película data de 1968. El director, Stanley Kubrick, junto con el autor Arthur C. Clarke, produce una de las escenas más antológicas del cine, conocida como "El amanecer del hombre"[304]: una tribu de primates lucha contra sus enemigos, pero con una notable ventaja: utilizan armas para atacar. Blandiendo grandes huesos en forma de garrote con los que golpean a sus oponentes, éstos sucumben. Uno de los primates vencedores, en señal de celebración, lanza su arma al aire, que luego, en el efecto visual del cine, se convierte en un satélite artificial que rodea la Tierra, ejemplo de la tecnología más avanzada, en el entonces imaginario siglo XXI. La primera escena de *2001: Odisea del espacio*, muestra la génesis de toda evolución tecnológica, advirtiendo de sus riesgos, de ahí el sentido de la primera escena: ese predecesor de la especie humana descubre una extensión de su propio cuerpo, la primera herramienta[305].

El hueso utilizado como cayado era una extensión para el brazo de aquel simio guerrero, del mismo modo que, miles de años después, la bicicleta o el automóvil funcionan para potenciar la capacidad de locomoción ya existente en las piernas y pies del *Homo sapiens* contemporáneo, o los telares de la Revolución Industrial son prolongaciones mecánicas de nuestras manos. O el avión, por las alas que, como demuestra Ícaro, siempre anhelamos poseer. En este camino de ampliación de nuestras propias capacidades, no tardaría en buscarse un sustituto del cerebro: alguien que pensara por nosotros. El ordenador, en sus más diversas presentaciones, culmina este proceso. Tardó un poco, pero a día de hoy, aunque le falte algún perfeccionamiento[231], tiene capacidad argumentativa.

En este libro, siempre nos hemos referido a las transformaciones que el ordenador inflige a quienes argumentan: textos más largos, posibilidad de extraer datos como la jurisprudencia, lectura en un soporte distinto del papel, producción audiovisual en lugar de texto escrito. Ahora ha llegado el momento de invertir la polaridad, el local de trabajo de cada cual: se trata del momento en que la máquina dice cómo debe ser la argumentación humana.

Quienes, en aquellos años de finales de los sesenta, ante la obra de Kubrick/Clarke, pensaban que la ficción no era para nada verosímil, ahora se dan cuenta de hasta qué punto la humanidad ha superado los pronósticos en pocas décadas. Así, una mirada prudente al mundo que nos rodea dibujará una *foresight*, una predicción realista: los ordenadores, que ya analizan textos y construyen relatos muy aceptables, en poco tiempo serán capaces de evaluar complejas pruebas y alegatos procesales, para concederles una solución, diciéndolo de un modo un poco impropio, debidamente fundamentada.

Dada esta perspectiva, planteamos tres interrogantes, por orden de convergencia con nuestro tema. La primera parte de la pregunta es: (1) ¿Es la toma de decisiones humana diferente de la de las máquinas? ¿O nos alcanza en perfección? (2) Como secuela: si no nos alcanza en perfección, o incluso si se produce este emparejamiento o superación, ¿hay derecho a que nuestras decisiones sean tomadas exclusivamente por humanos? Así pues, pasamos a nuestra intervención: (3) ¿cómo debe adaptarse la argumentación a una decisión tomada por máquinas?

SENTENCIAS ARTIFICIALES

La inteligencia artificial (IA) ya está en nuestros tribunales. Está presente y en uso, aunque se aplica con bastante moderación,

---

231 Perfeccionamiento que, como sabemos, ocurre en escala exponencial

si consideramos el potencial tecnológico existente. Los *softwares* que filtran argumentos, identificar temas, repeticiones e incluso estructurar (lo que serán) decisiones judiciales[306]. Según una interpretación literal de las peticiones, están en funcionamiento, pero con desempeño restringido, lo que significa también que vivimos una época de debate sobre los límites éticos de la IA en la vida forense cotidiana[307].

Tenemos que entender cómo funciona la IA y compararla mínimamente con la toma de decisiones humana, para luego sacar conclusiones sobre sus posibles cambios en la retórica y la argumentación

INTELIGENCIA ARTIFICIAL

En primer lugar, hay que darse cuenta de que no todo el software es inteligencia artificial. Buscar o, por analogía, extraer datos dentro de otros datos es una de las primeras funciones de los ordenadores más incipientes, todavía del siglo XX. Este proceso de filtrado, por supuesto, ha mejorado mucho, pero puede no ser cualitativamente superior a un procedimiento de organización de datos.

Un ordenador sólo se convierte en IA cuando aprende. Así, la afirmación de que la inteligencia artificial es "la ciencia de hacer máquinas capaces de realizar tareas que requerirían inteligencia si fueran realizadas por humanos"[308] sólo puede entenderse como correcta si se acepta que la inteligencia está dotada de razonabilidad, creatividad y aprendizaje[309]. Encontrar *soluciones* fuera de la programación. Por lo tanto, es más fácil adoptar definiciones que asocien la inteligencia artificial con el propio proceso de aprendizaje automático (*machine learning*).

Existe entonces una gran cantidad de programación avanzada, en lo que se denomina *machine learning*, el proceso por el cual la máquina puede resolver continuamente problemas, crear nuevos caminos, que la mente humana no sería apta a encontrar por si misma. O lo sería, pero no tan rápido. En el campo de la ingeniería, el funcionamiento de las máquinas, la logística, los vehículos autoconducidos, que ya son una realidad; los ordenadores que —como volveremos a tratar aquí unas cuantas veces— juegan al ajedrez han demostrado ser capaces de vencer a *cualquier* ser humano; o tecnologías más avanzadas que, tratando de imitar el cerebro animal, como las *artificial neuronal networks* (ANN) promover el *deep learning*, potenciando su propio proceso de aprendizaje, ya sea a partir de las experiencias de los demás o de sus propios "errores"[310]. Hoy en día, procesos muy avanzados de creación de textos, incluyendo un alto grado de creatividad, están ya al alcance de cualquier usuario[311] y ya hay noticias de que se han redactado sentencias utilizando estos instrumentos[312].

Quién no apuesta por el potencial del *deep learning* para el futuro próximo estará, en nuestra opinión, muy alejado del análisis de lo que ya está ocurriendo en el ámbito tecnológico, no sólo en la capacidad de las máquinas que se están construyendo, como los ordenadores cuánticos, con potencial para escapar al sistema binario de ejecución, sino también en lo que ya se está realizando, como los ordenadores capaces de crear poesía.

Otra cuestión, bien distinta, es si creemos o no que una inteligencia artificial superpoderosa pueda superar a la humanidad, emancipándose de ella, como ya predijo Asimov en su obra de 1956. Allí, las máquinas ya se encontraban en un dilema frente a las leyes de la robótica, que, en definitiva, les impedían anular en modo alguno la voluntad humana.

Un ordenador cuántico que pueda operar aprendiendo tan rápido que supere nuestra lógica de elegir sí o no, es decir, que supere la base binaria de lo legal-ilegal, o lo justo-injusto que , de Kelsen a Luhmmann[313], es la más lógica respuesta a los conflictos pasa a ser un fenómoeno no muy alejado de nuestra realidad tecnológica. Esta distopía, ahora sí, asusta: los procesos de *machine learning* por los ordenadores cuánticos. Éstos superan la lógica del sí o no, de lo binario tal como lo conocemos; por lo tanto, si le dan la capacidad de aprehender el mundo, tendrán una comprensión del universo mejor que la que tiene el hombre, tal vez comprendiendo plenamente el mundo multidimensional que la ciencia sólo está empezando a imaginar, con hipótesis plausibles pero solo virtualmente calculadas. Para, al final, alcanzar el pensmiento por hipótesis de experiencia, la lógica abductiva, en escenario que, aunque interesante, está fuera de nuestro alcance.

Reservamos esta diferenciación para el último capítulo de esta breve obra: un alegato a favor de la intervención humana en el derecho, a la vez que no se renuncia a aceptación de la utilidad del ordenador, lo que implica estudio incesante de los adelantos informáticos. Comprender argumentación no significa alejarse de la tecnología, sino todo lo contrario. Solo como mera técnica expositiva es que tomamos, acá, camino ortodoxo: primero, repasamos las claves del proceso humano de toma de decisiones. Luego las comparamos con el proceso de decisión artificial, que ya se utiliza.

DECISIÓN HUMANA: QUERER Y DETERMINISMO

El proceso humano de toma de decisiones es objeto de estudio de muchas ciencias y áreas del conocimiento. El Derecho ha de ocuparse fundamentalmente de él, porque las acciones del individuo (y, por tanto, su forma previa de decisión sobre cómo actuar) son su objeto —y medio— de trabajo. Así, gran parte del derecho civil depende de un acuerdo de *voluntades;* también el derecho electoral, muy claramente, tiene (o debería tener) como núcleo la capacidad humana de decidir libremente. Sin embargo, en el derecho penal, la cuestión es más delicada, ya que la decisión individual de cometer un delito da lugar a un proceso de reacción estatal, en una retribución legitimada. Por lo tanto, al menos en teoría, este ámbito del Derecho debería ocuparse de todo lo que se descubra sobre el funcionamiento del cerebro humano.

Muchos autores de Derecho visitan la neurociencia para averiguar si ya existe una respuesta tanto a la causa (el proceso de toma de decisiones del individuo) como a la eventual reacción del Estado. Si realmente se desentraña el código de actuación del cerebro, las propuestas para curar al delincuente serán las más adecuadas al Estado de Derecho. Para tal finalidad, sin embargo, cabería a las ciencias médicas explicar el cerebro con mucho más detalle, y no parece que sea el caso por el momento. Sin embargo, podemos importar un poco de lo que se ha discutido entre el proceso de toma de decisiones en neurociencia y el derecho penal para responder a nuestra primera pregunta para el proceso retórico: ¿hay algo en la toma de decisiones humana que la diferencie en esencia de lo que puede imitar una máquina?

Tal pregunta significa lo mismo que cuestionar si la voluntad humana es *libre*. Si existe el libre albedrío, la voluntad de querer. Tal vez una de las interrogantes más antiguas de la filosofía.

Tenemos algunos escritos más sólidos sobre la libertad de la voluntad, pero aquí nos contenemos en su uso argumentativo. A partir de ahí, nos haremos una idea de cómo debemos pensar la argumentación ante un juez artificial. Así pues, la cuestión problemática puede enunciarse ahora del siguiente modo: ¿existe un diferencial de libertad en el pensamiento humano, que ninguna máquina sea capaz de imitar?

NUESTRO CEREBRO: ALGO SOBRE LOS EXPERIMENTOS DE LAS NEUROCIENCIAS

Los médicos que estudian el cerebro han intentado, por supuesto, explicar el método humano de toma de decisiones. Aunque no del todo actualizados, los experimentos más referidos[314] por los juristas son las desarrolladas por Benjamin Libet, que tuvo la idea de monitorizar las ondas electromagnéticas del cerebro del individuo, en el momento en que debe tomar una decisión. *Grosso modo,* su experimento consistía en someter a los participantes en la investigación a un electroencefalograma, mientras observaban un cronómetro muy preciso[315]. Cuando se les estimula en momentos diferentes e inciertos, se proponen (en su controvertida '*urge to move*') un movimiento de muñeca y anotar el momento exacto en que fueron conscientes de este impulso. A continuación, el propio sujeto de la investigación señalaba, y luego informaba, el instante en que había tomado conciencia de su resolución, la decisión de moverse.

Utilizando la encefalografía, el médico californiano demostró que el cerebro humano empieza a reaccionar una centésima de segundo antes de que el individuo se dé cuenta de que ha decidido moverse. Esto significa que el proceso consciente de elección es *posterior* a una decisión inconsciente previamente tomada; por tanto, la conciencia de la decisión es ilusoria. Uno de los primeros estudios de Libet publicados en este sentido, en 1983, concluye, tras analizar los datos de dos grupos de tres personas cada uno, que "la iniciativa cerebral de un acto libre y espontáneo puede comenzar de forma inconsciente, antes de cualquier toma de conciencia de que la decisión ya ha comenzado en el cérebro"[316].

Estos estudios han reforzado la hipótesis de que el cerebro decide por sí mismo, independientemente de una voluntad exterior a él.[317] Más de quince años después de este primer experimento —en 1999 para ser exactos— Libet lo retomó y volvió a realizarlo para revisar sus conclusiones. Ahora ha reproducido sus experimentos con técnicas más avanzadas, y confirma una vez más que las decisiones libres van precedidas de un cambio eléctrico específico en el cerebro, 550 microsegundos antes de que se produzca la acción[318], y unos 200 microsegundos antes de darse cuenta de que se desea actuar. Tiempo más que suficiente, por tanto, para seguir afirmando que el proceso de decidir moverse es anterior a la conciencia. Década y media después, Libet repite el experimento, con mayor precisión, y retoma la posibilidad de que el cerebro actúe mecánicamente pero el individuo pueda vetar *libremente* la acción[319]. Para él, las consecuencias sociales de declarar que el hombre no es libre para decidir serían inaceptables[320], pero estas consideraciones iban más allá de lo que había observado.

Se han desarrollado nuevas técnicas,[321], especialmente en aquellos investigadores que, a diferencia de Libet, no están tan dispuestos a revisar sus conclusiones para confirmar el "free will", o libre albedrío. En 2008, Haynes reprodujo un experimento similar[322]-[323], de las nuevas tecnologías. Ithzak Fried y su equipo han remodelado[324] lo mismo, ahora con la introducción de electrodos para monitorizar las neuronas de los pacientes epilépticos, y concluyeron casi lo mismo[325]: el cerebro se altera antes de ser consciente de la decisión.

Los estudios neurocientíficos siempre seguirán la línea de que el sistema cerebral anticipa las decisiones. No habrá ningún lugar, como el llamado *teatro cartesiano*, en el cerebro donde las decisiones se produzcan libremente. Esto no significa, sin embargo, que somos el *automaton materiale*, una m*aterielle Maschine* a la que se refiere Kant. La filosofía, además, relativizará mucho estas cuestiones.

INTERPRETAR LA LIBERTAD DE DECISIÓN

Aunque los nieguen en algún momento, los neurocientíficos pretenden demostrar el determinismo, es decir, el hecho de que todos nuestros pensamientos y decisiones siguen una regla físico-química, según la cual funciona el cuerpo humano y todo el universo conocido.

Este determinismo biológico, por muy avanzada que sea la tecnología, será objeto de varias críticas a lo largo de los escritos filosóficos, porque el libre albedrío es lo más fundamental a considerar para la autoconciencia del individuo, como responsable de sus actos.

Entre estas miles de críticas a las conclusiones deterministas precipitadas, ofrecemos humildemente la nuestra, que resumimos aquí para los fines de este capítulo[326]. La primera de ellas (1) es que, tratándose de experimentos tan simples como los de Libet, no alcanzan, ni siquiera en hipótesis remotas, el verdadero proceso humano de toma de decisiones. Se refieren a elecciones sobre apretar botones, que es muy distinto de emitir un juicio. Meditar, por ejemplo, sobre el hecho de que una persona sea acusada de difamación en plena campaña electoral, lo que demanda reflexionar sobre los límites de la libertad de expresión, el derecho a la información en tiempos de competición, las exigencias lingüísticas, la legitimidad y las consecuencias de la sanción, todo al mismo tiempo, no es lo mismo que pulsar un botón. Así pues, la existencia de una variación cerebral previa a la conciencia no anula la libertad de querer —dondequiera que se oculte.

Como consecuencia de (2), la combinación de factores que intervienen en la decisión es mucho mayor de lo que puede controlarse, por lo que adoptamos un punto de vista algo más categórico[327]. Significa que identificar grandes zonas del cerebro que se modifican para inducir comportamientos desviados no significa desvelar cómo funciona este órgano en todas sus resoluciones. Estamos condicionados por elementos físico-químicos, pero no sólo: nuestra memoria, nuestra educación (los textos que conocemos y reproducimos), nuestro propio carácter, todo ello aún no ha sido desentrañado.

Es interesante el contraargumento de que la distancia entre estos experimentos de laboratorio, que localizan grandes zonas del cerebro, y una comprensión completa de las decisiones humanas es una simple cuestión cuantitativa: si se procesaran más datos, incluso casi infinitamente, conoceríamos todos los elementos que se combinan para determinar el cerebro y, consecuentemente, todo el pensamiento humano. Esto permitiría, para nuestros fines, recrear en una máquina la forma individual de tomar decisiones. Lo que sería un juez electrónico perfecto.

El argumento no es aceptable, y resumimos dos razones para nuestra negativa. En primer lugar, el número de combinaciones cerebrales es muy superior al que cualquier máquina puede controlar. No son sólo vibraciones, sino vibraciones influidas por una cadena de elementos, que se extiende a todo el universo: las cadenas químicas del cuerpo estarán sin duda influidas por todo el entorno, incluidos los planetas[328]. Si la posición de la luna determina las cosechas y las mareas, evidentemente tendrá una reacción en nuestras decisiones, caso estas sean un fenómeno del mundo físico. Miles de millones de neuronas, en reacciones multidimensionales, con los demás factores de todo el universo, todo esto hace que ningún ordenador lo imite jamás.

Si hacemos el paralelismo, tan de nuestro gusto, con una partida de ajedrez, la cuestión se aclara. Por muy avanzados que sean los ordenadores actuales, que hacen sucumbir a cualquier jugador humano en una disputa sobre el tablero, ninguna de estas máquinas ha conseguido "cerrar" la partida (*solve the game*), es decir, calcular todas sus posibilidades[232]. Esto significa, para los informáticos, que un ordenador siempre puede ser superado por otro más potente, pero para nosotros tiene una implicación adicional: si es imposible calcular todo el funcionamiento de un simple juego bidimensional, con sólo 32 piedras moviéndose por sólo 64 posiciones, qué decir de una combinación de unos cuantos miles de millones de neuronas con todos los demás elementos del universo[329]. Cuando mucho, vamos construir ordenadores que superan matemáticamente los sistemas conocidos de criptografía, utilizados, por ejemplo, para sistemas de mensajes en los móviles, o seguridad bancaria. Pero el universo está criptografado de modo mucho algo más complejo que la contraseña del banco.

El tercer punto (3) es que la física cuántica ha demostrado que las posibilidades binarias de sí y no se superan cuando llegamos al universo subatómico. Esto significa que allí, aunque no lo deseemos, existe, si no una situación de caos, una situación imposible de prever, porque cualquier observación de la misma, por teoría, la cambia sustancialmente. En otras palabras, si el cerebro, en algún momento de sus operaciones, invade el "reino" de la mecánica cuántica en lugar de la física newtoniana, habrá un momento en que sus reacciones sean científicamente inobservables, como en el dilema del gato de Schrödinger, o dependientes de un entrelazamiento que involucra, en acción y reacción, a partículas (sin exagerar) de toda la galaxia, como en la teoría del entrelazamien-

---

232 Véase, en el capítulo XV, algo sobre la diferencia entre los algoritmos P y NP, y sus consecuencias en la escritura de las decisiones judiciales.

to cuántico. Ésta ya está largamente comprobado. Como mínimo, se muestra que, en aquel conjunto de factores de influencia para el determinismo cerebral, tendríamos que incluir la posibilidad de que partículas subatómicas a años luz de nuestro cuerpo ejerzan su influencia, de un modo que siquiera podemos observar.

A estos tres puntos debo añadir sólo uno más (4), tan rudimentario como difícil de responder. Se trata de la afirmación circular de Cohen, según la cual: "si nuestros cerebros fueran lo suficientemente simples como para ser comprendidos, no seríamos lo suficientemente inteligentes como para comprenderlos"[330]. Comprender nuestro pensamiento significa, decimos, crear otro pensamiento, lo que requeriría una nueva comprensión, y así *ad infinitum.* Es una paradoja que no se solventa.

En resumen, sin menoscabar en absoluto la relevancia de la neurociencia, ésta no logrará comprender el proceso de toma de decisiones del individuo en su conjunto, que es diferente del proceso del cerebro como órgano formado por miles de millones de neuronas en constante interacción. La toma de decisiones está vinculada a muchos procesos concomitantes que, por fuerzas metafísicas o caos combinatorio, dan lugar al libre albedrío. Esto, aunque ilusorio en cierto plano dimensional, está mucho más allá de lo que cualquier ordenador, por potente que sea, podrá procesar.

DERECHO A UNA DECISIÓN NO ARTIFICIAL

No es difícil conciliar dos posturas que hemos adoptado aquí, aparentemente contradictorias. Por un lado, hemos dicho que los ordenadores ya aprenden, que son capaces de crear (para lo que nos importa) textos muy específicos. Quizá mejor que los seres humanos[331]. Por otra, damos a entender que no imitan la capacidad humana para tomar una decisión justa, que no es lo mismo que escribir una frase formalmente perfecta.

Un ordenador podría crear juicios basados en tantos criterios que podría reproducir juicios más perfectamente que los realizados por jueces humanos. Serían mejores en la forma, estadísticamente más equitativas, incluso con variaciones estéticas, lo que no implicaría necesariamente justicia. Entre los muchos argumentos que pueden esgrimirse para razonar esta falta de justicia, uno nos parece de lo más elemental: el ordenador puede utilizar infinitos criterios para tomar una decisión, pero nunca puede elegir *cuál* de estos parámetros utilizar. Y si desarrolla una forma de hacerlo, esta elección no será libre, lo que le llevará a cuestionarse qué criterios ha puesto en marcha *para* elegir sus criterios, en una espiral de interrogantes que, una vez más, tenderá al infinito. La decisión humana tampoco puede ofrecer estos criterios, porque nuestro cerebro puede *decidir*, como diría Frankfurt[332], lo que quiere, pero no *querer lo que quiere*. Así pues, las motivaciones de *fondo* de cualquier decisión humana nunca podrán presentarse, porque el individuo no será consciente de ellas. La nota distintiva, sin embargo, será que se trata de una decisión libre, si es formulada por un ser humano.

En otras palabras, un ordenador puede imitar nuestra decisión, incluso mejor que el propio ser humano, pero nunca la igualará. Cómo un falsificador pinta un Van Gogh más identificable como Van Gogh que uno auténtico[333], pero jamás sería un cuadro original. Si un coleccionista decide que quiere un Van Gogh, pintado por el propio holandés, una imitación más que perfecta carece de valor. La razón por la que un coleccionista quiere un cuadro *original* es aparentemente un axioma, es decir, algo tan evidente que no debería cuestionarse. Sin embargo, sólo el pensamiento mágico lo explica: desear la obra original de Van Gogh, y no otra más perfecta que la suya, implica relacionarse con el hecho de que cada movimiento del pintor queda marcado en el cuadro y, de algún modo, se transfiere a quien lo observa o, más aún, a quien lo adquiere. Incluso menos perfecto técnicamente que su réplica, el original es objeto de deseo.

Nuestro paralelismo ya está establecido: el individuo tiene derecho a que una disposición judicial sea dictada por seres humanos, aunque técnicamente sea menos refinada que la del ordenador. De forma tácita, asumimos que cualquier imperfección judicial es la regla del juego, y debe ser corregida, pero la cuestión filosóficamente va más allá: el ser humano es el fin último de toda norma y, aunque lo consideremos una colectividad, ésta no incluye a las personas electrónicas. El individuo, como centro del ordenamiento jurídico, tiene derecho a ser juzgado por un homólogo. Eso es un querer humano.

Y la base de esta exigencia es, sin exageración alguna, todo lo que se expone en esta obra: el ciudadano-individuo necesita a un conciudadano como juez porque es con él con quien sabe dialogar, es a él a quien puede dirigir sus argumentos, de modo que una defensa planteada ante la máquina, por perfecta que sea, no es una defensa, es una guerra de capacidad de cálculo entre *softwares*, como ocurre cuando dos megaordenadores se enfrentan en programas de ajedrez: bonito de ver como enfrentamiento tecnológico o incluso como lección para futuras técnicas a adoptar por los individuos, pero totalmente inválido en los parámetros del juego como deporte. Y, si se nos permite estirar un poco más el paralelismo, este mismo deporte, aun siendo uno de los grandes temas para los retos de cálculo informático, sólo tiene funcionalidad como entretenimiento de gran valor histórico, no como cálculo en sí mismo. Es decir, salta de los tableros y se inserta en las máquinas como una forma de ilustración para el humano; pero dentro del ordenador, no será más que un conjunto de algoritmos programados y aplicados, porque la máquina nunca entenderá su paralelismo con la realidad, con la guerra entre reinos, el poder bélico de la reina, el movimiento sesgado de los alfiles, la imprevisibilidad de los caballos o la función de retaguardia de las torres. También la literatura: el ordenador de hoy puede construir un poema o un ensayo con sentido del estilo, pero no será literario porque le faltará la interacción, el sentido de la observación que lleva a la creación[233]. Del mismo modo, el Derecho (como dogma)

---

[233] La cuestión es más sensible de lo que puede aparentar. Si asumimos que el ordenador construye una obra de arte sin la capacidad de asociación

puede insertarse en la máquina, sí, como un conjunto de reglas, pero nunca existirá para un procesador electrónico como sentido de la justicia. Sólo devolverá lo que se le haya programado, o lo que haya aprendido que sería correcto por ese mismo programa; el hecho de que, en el aprendizaje automático, la computadora aprenda elementos de decisión, y que tales elementos sean, de tan complejos, inaccesibles para el ser humano, no significa que sean justos. La complejidad del cálculo, que despierta nuestra admiración, no importa en la distribución de la justicia.

Para hacernos una idea más práctica, los estudiosos de la ingeniería lingüística más avanzada en la actualidad señalan tres debilidades principales para el lenguaje artificial, que sin embargo no son insuperables: (a) en textos largos, en algún momento tendrán lagunas de coherencia; (b) pueden estar llenos de prejuicios, y no habrá forma de filtrarlos; (c) pueden aportar información falsa, ya que sus fuentes serán desconocidas[334]. Uno puede, utilizando el ejemplo de los autores, pedir que se construya un texto sobre la supremacía de un determinado grupo étnico sobre otro, y el ordenador, si no está entrenado por una contrainteligencia, lo hará. Por supuesto, se basará en mentiras, pero será un argumento for-

---

entre lo que allá está se representa y su propia vida (porque no la tiene), entonces hay que asumir que cualquier obra, como un romance, es una copia de estilos que no fueron comprendidos, sino sencillamente combinados. Eso también pasa, a día de hoy, muy claramente en la música. Con lo cual, se podrá construir un buen romance o una excelente música sólo por *machine learning*, pero la cuestión es si ella puede será aceptada por la sociedad. Sería, en nuestra opinión, siempre como una copia impresa de un cuadro de Van Gogh: la misma imagen, sin ningún valor. De ahí nace otro problema, que son los individuos que sencillamente prestan su nombre a creaciones del ordenador, como si fuesen los verdaderos creadores de las obras hechas mecánicamente. Eso ya pasa en la música, en los trabajos escolares, en alguna sentencia judicial. El ordenador puede ser un excelente auxiliar para un fallo, pero, como se dirá, no puede hacerlo por sí mismo, al faltarle la experiencia de vida necesaria a la decisión.

malmente perfecto. No hay que ir mucho más lejos para decir que la ley no debería admitirlo[234].

Podríamos ir más lejos, a cuestiones más abstractas, sobre todo al decir que la inteligencia artificial, aunque capaz de un aprendizaje mucho mayor que el humano, nunca podrá hacerse *preguntas*, saber qué debe *resolver*, porque no está afligida por los dramas y problemas que rigen la creación, incluso en el Derecho. Es lo que tenemos llamado, recordando a Pierce, de pensamiento abductivo, es decir, las hipótesis que solo la experiencia sabe plantear. También se cuestionará hasta qué punto se admitirá que el ordenador intervenga por sí mismo en la decisión, ya que, como sabemos, todo conocimiento social es participativo, es decir, el propio observador forma parte de él. Más aún, todo conocimiento jurídico es proposicional (propone interpretaciones y cambios), de ahí la cuestión de qué interés protegería un ordenador-decisor.

En este punto, sin embargo, hay una gran paradoja, casi oximorónica, que nosotros hemos detectado y a la que nos gustaría encontrar propuestas para una relativa solución. En definitiva, la justicia sólo la hará la inteligencia artificial a través de un algoritmo cuyo procesamiento nuestro cerebro no será capaz de entender debido a su complejidad. Ahí radica la primera parte de la paradoja, típica de la informática: el ser humano es apto a desarrollar una máquina precisamente para que procese muchos más datos de los que la inteligencia del creador puede alcanzar, como en el ejemplo de los programas de ajedrez, pero esto ya está trasnochado. El núcleo de nuestro oxímoron es la transparencia[235]: a diferencia de una decisión judicial humana, cuyo sen-

---

234 Ese ejemplo es extremo, pero ya hay muchas injusticias cometidas por la inteligencia artificial debidamente comprobadas: usar el promedio de criminalidad del barrio en que vive el reo para determinar su culpabilidad, usar género y color de piel para seleccionar plazas para empleo, sin que los propios empleadores supieran que

235 Oxímoron, como en el caso, con alguna licencia poética, podríamos decir que es una *transparencia opaca,* o una desinformación total, por

tido de la justicia, por muy racional que sea, cuenta con un núcleo impenetrable (el libre albedrío), la decisión informática tiene un algoritmo programado y cuyo despliegue, en conjunción con los datos que recoge de los hechos del caso, la información que tiene de los individuos en su base de datos, además del ordenamiento jurídico completo, hasta llegar a la decisión judicial final, quedará todo registrado, paso a paso. Sin embargo, a pesar de todas estas combinaciones y acoplamientos, este verdadero *rastro digital*, por complejo que sea, nunca será comprendido por el ser humano. Por lo tanto, la *motivación* de la decisión, derecho fundamental del tribunal, **está tan minuciosamente registrada que no existe**, porque nuestra razón no llega a ella. Si se pide a un ordenador que desvele sus razones para decidir, o bien (a) presentará su propio algoritmo, indescifrable para los operadores del derecho, o bien (b) creará, mediante otro algoritmo de inteligencia artificial de texto, un escrito que fundamente la decisión en lenguaje humano. El caso (a) implica la práctica inexistencia de razonamiento, ya que la explicación de las razones para decidir es el propio algoritmo. Por tanto, el fundamento es el propio ordenador, como si un juez humano nos dijera, al estilo de Luis XIV: "las razones de la sentencia son mi cerebro y mi alma"; (b) en el segundo caso, la razón para decidir sería un texto creado *ex post*, en el peor sentido del realismo jurídico, en una farsa preprogramada, porque no corresponde al algoritmo, sino a un constructo desvinculado de la realidad digital, pero que agrada a las partes jurisdiccionadas, al imitar la estética de sentencia judicial humana. En otras palabras, se trataría de una estafa programada[335]. Una solución no imposible sería que el poder judicial se viera obligado a someter cada proceso a una decisión por IA, y luego mostrar esa sentencia artificial a las partes de la demanda. El juez no estaría obligado a seguir la decisión, pero la sometería a la dialéctida de los demandantes. La IA funcionaría entonces como un elemento para investigar y aconsejar, proporcionando al juez información y razonamientos

el exceso informativo. Algo que, en derecho tecnológico, ya no es novedad.

que pueden habérsele escapado[336] o que, de modo sesgado, no haya deseado considerar. Así, se alcanzaría la seguridad jurídica, la homogeneidad de las decisiones, que es tan necesaria. Por supuesto, esto requeriría la aceptación del mismo sistema de IA para toda la judicatura, además de otras cuestiones administrativas.

El derecho a ser juzgado por un ser humano no implica no creer en la posible perfección del juicio de un ordenador: menos sujeto a errores, desigualdades, quizá incluso prejuicios. Sin embargo, toda condena tiene un reproche moral, y será difícil aceptar que un ordenador tenga autoridad moral sobre los seres humanos, por muy imperfectos que seamos.

Resumiendo: (a) el centro del orden jurídico es el ser humano, individual o colectivamente pensado; (b) como tal, tiene derecho a ser juzgado por otro individuo, porque sólo puede dialogar con su contraparte —y este diálogo es el que ejerce la defensa; (c) siempre quedará la cuestión de que cualquier consideración jurídica, aunque sea formal, parte de un punto de vista del observador, del sujeto cognoscente. Un juicio artificial otorga al ordenador el derecho de ser el conocedor y el decisor de la sociedad, incluso en la construcción del texto más formal; (d) un ordenador aporta en su procesamiento todas las razones para decidir, pero no puede transmitirlas al ser humano, lo que imposibilita cualquier tipo de respuesta dialéctica; (e) es a través de los derechos fundamentales como se impedirá que los ordenadores, aunque sean capaces de construir textos técnicamente perfectos, decidan judicialmente o escriban el razonamiento de las sentencias; (f) algo totalmente distinto es que los jueces humanos utilicen la IA para orientar sus decisiones, incluso enseñando a las partes cuál sería la forma que un ordenador interpreta las pruebas y, especialmente, cómo las compara con la jurisprudencia, las decisiones anteriores del mismo tribunal.

¿CÓMO PERSUADIR A UN ORDENADOR?

Si planteas esta pregunta a un entusiasta de la inteligencia artificial, de todos sus algoritmos de toma de decisiones, te responderá que la gran ventaja del ordenador-juez es que, frente a él, será innecesario argumentar. Tal vez esta "innecesariedad" esconda algún eufemismo para la afirmación de que sería *inútil* discutir, pero esto no es más que una especulación mía. Sin embargo, ya hemos hablado del tema con algunos expertos y, con pocas variaciones, la respuesta es la siguiente: el ordenador sólo tiene que alimentarse con *información*. Con datos, no con conceptos o ideas. Menos aún con argumentos. La respuesta, en un decepcionante movimiento circular, se remonta al primer capítulo de este libro, en nuestra necesidad, como juristas, de explicar que los conflictos sociales no pueden ser abarcados por decisiones exactas y, a partir de ahí, todo lo ya expuesto en este sentido.

Ahora, a los hechos.

Ya se utiliza la inteligencia artificial para seleccionar argumentos en nuestros tribunales[337]. Según sus desarrolladores, de momento, al menos en los países iberoamericanos, las computadoras se limitan a cotejar datos para interpretar los recursos y, a partir de ellos, recopilar jurisprudencia y formular proyectos de resolución. Esto, en nuestra opinión, es casi como decir que ellos mismos dictan sentencia, dada la realidad de que los recursos repetitivos, en regla general, apenas son leídos por los magistrados. No es el punto álgido de la IA generativa, pero es una capacidad de combinación de datos muy elevada.

Si se acepta, quizá en un delirio eufemístico, que estos procesos son meramente auxiliares, podemos establecer otra premisa: que el ordenador *transforma* la argumentación de la parte —en su amplio derecho de acceso al poder judicial— en un resumen que debe valorar el magistrado. En este sentido, todo el grado de argumentación, expresividad, orden, organización, cohesión y coherencia también cambia, dentro de ese nuevo interlocutor, en una nueva gramática, es decir, en un conjunto de reglas diverso, que tiene por función dar sentido al mensaje, en el nuevo mundo creado dentro del interlocutor mecánico.

Si el objetivo de la inteligencia artificial en estos robots-lectores es, en efecto, aglutinar temas para interpretar peticiones, se desarrolla un sistema de reglas que no es el de la gramática normativa (los recursos sobre el uso de las comas y la longitud de las frases no importarían, por tanto) y, sobre todo, una valoración semántica reducida diferente de la del lenguaje natural. La (casi) sinonimia, por ejemplo, quedaría excluida de su interpretación, principalmente cuantitativa, ya que el ordenador —según han dilucidado los Tribunales— leería la argumentación de la parte, cazaría palabras repetidas, mientras que el recurso semántico-estilístico utilizado por el argumentador sería justamente huir de la repetición, aunque eso se pague con alguna ambigüedad. Por no hablar de los regionalismos, las peculiaridades fácticas de cada caso, entre otros.

En cualquier caso, dado que la comunicación debe ser un conjunto de reglas, cuando el ordenador abandone esa gramática y semántica del lenguaje natural, lo mínimo que deberá existir será información sobre ese conjunto de reglas del lenguaje, que no son más que una gramática (reglas para ordenar el lenguaje) y una semántica (asignación de significado a las palabras y a las formaciones en general) también artificiales.

Cuando estas reglas estén totalmente demostradas a los argumentadores, seguramente podrán crear su propio *software*, que transformará el lenguaje natural de la petición en lo más persuasivo para el criterio de la máquina. Será algo así como un *software* de contrainteligencia artificial, como, de nuevo en el mismo paralelismo, los ordenadores enfrentados para jugar al ajedrez: con reglas claras, las inteligencias no compiten exactamente, sino que se complementan, con una rapidez y con un lenguaje que incluso podemos comprender o desvelar *a posteriori*, pero somos incapaces de recrearlo e interpretarlo en el momento en que se procesan, a causa de su velocidad. En Derecho, un robot judicial actuaría en simbiosis colaborativa con otro, aunque éste se le enfrentara, y ambos convergerían para facilitar la toma de decisiones por el hombre.

Por ejemplo, lo que se informa sobre el sistema actualmente en vigor en el Tribunal Superior de Brasil es que, al recibir los llamados Recursos Especiales (que superan el doble grado de jurisdicción), la inteligencia artificial aglutina el número de treinta palabras clave del argumento ofrecido por la parte, y a partir de ahí selecciona qué decisión debe tomarse, incluyendo recortes de los precedentes del Tribunal. Estas treinta palabras del alegato presentado son, según se informa, sólo por cantidad, ya que son las treinta palabras más frecuentes[338].

Una vez superadas las cuestiones planteadas al ordenador —si la IA se utiliza sólo como filtro— quedan todas las necesidades relacionadas con el proceso de convencimiento, en la argumentación.

Sin embargo, en nuestra opinión, tras analizar la tecnología disponible en la actualidad, hay que señalar que el *software* puesto en práctica por los tribunales es bastante rudimentario. Esto no significa que el software sea malo, simplemente que la técnica actualmente disponible en el mercado para leer peticiones y crear decisiones automáticamente es mucho más avanzada que este mero escaneo de palabras para identificar de antemano el tema principal de la argumentación de la parte. Esta configuración tecnológica ya disponible obliga a una limitación ética del uso de instrumentos que ya podrían leer peticiones, evaluar pruebas y redactar sentencias, con un estilo, como ya se ha dicho, mucho mejor que la escritura de muchos respetados juristas.

La solución sería mantener los niveles de IA bajo control, restringiéndolos a aplicaciones mínimas y, siempre, informando a los ciudadanos de cómo funciona la máquina, para que pueda ejercer su derecho de petición con un mínimo de efectividad. O, caso se opte por ponerla en rendimiento extremo, que su decisión sea una forma de transparencia del Poder Judicial, haciendo que la IA produzca una sentencia previa, que luego sea sometida a la crítica de las partes en el proceso y, al fin, a la revisión del juez humano.

CONCLUSIÓN

Como advertimos al principio, el tema de la inteligencia artificial y la libertad de pensamiento nos es muy caro. Hemos dedicado mucho a la comprensión filosófica del tema, que no cabe tanto aquí, salvo de forma tangencial: argumentar es trabajar comunicativamente para la toma de decisiones. Y, hasta aquí, hemos trabajado con la suposición de que las nuestro auditorio-decisor estaría compuesto por seres humanos.

De ahí que podamos responder a las preguntas que nos planteábamos al principio del capítulo: (1) la capacidad de decisión humana es cualitativamente distinta de la de las máquinas, aunque estas últimas puedan ser, según el criterio, más perfectas; (2) si el Derecho está concebido para servir a los seres humanos, surge la obligación democrática de que las decisiones más relevantes sean adoptadas por nuestros homólogos, aunque estén asistidos por cualquier ordenador; (3) la adaptación de la argumentación a las máquinas dependerá de un esfuerzo de los Poderes por desvelar todos los criterios de funcionamiento de los jueces-robot, incluida la posibilidad de simulación previa. De lo contrario, el derecho a la disposición jurisdiccional —de todas las Constituciones democráticas y que es el fundamento de la propia argumentación— se verá vulnerado. Se imagina, de ahí, un derecho de doble filo: que las partes siempre puedan acceder a un borrador de decisión judicial, hecho por una excelente herramienta oficial de IA, a la vez que, siempre, la decisión final será del juez humano.

En cuanto a la importancia de la argumentación como epistemología, se está creando un ciclo que merece la pena observar: con la inteligencia artificial, muchos ya no se dedicarán a leer y construir textos. Ya es preocupante, en la enseñanza de jóvenes, que se utilice la IA para redactar tareas escolares, sin que el profesor se dé cuenta de que el alumno simplemente ha encargado al ordenador que haga la faenar: escribir un texto absolutamente original y adaptado al nivel de conocimientos del usuario.

El estudio de la argumentación y el lenguaje, en este contexto, es aún de mayor relevancia, ya que la práctica está desapareciendo en la vida cotidiana, al igual que el uso de máquinas calculadoras nos ha transformado en personas incapaces de resolver las cuentas más básicas de la vida diaria. Sin embargo, no hay salida: el mejor jurista será el que conozca la lengua, sus códigos y su construcción textual — y su capacidad mental no puede ser sustituida por el ordenador. Esto puede formar parte de nuestro trabajo textual, pero nunca dará al individuo la capacidad de razonar, igual que la máquina calculadora resuelve cuentas pero no enseña matemáticas. Muy al contrario.

Como en la escena de Kubrick, el hombre ha agrandado incluso su cuerpo para construir un cerebro electrónico. Y, como todas las máquinas, un cerebro mucho más potente que el humano, aunque con la contradicción, que sería espacio para otro libro, de que se descubre que el poder de las máquinas está en lo más pequeño, así como el universo y las matemáticas. Sin embargo, el ser individuo sigue siendo el centro de decisión de toda esta maquinaria. La capacidad de comunicarse, de tener sentido de la justicia, de liderar la sociedad, sigue perteneciendo al hombre, y el uso de la inteligencia artificial no puede alterar este proceso.

Epílogo

Un programa de argumentación jurídica

Nuestra intención, especialmente a partir de la séptima edición de este libro y de su actualización en castellano, es lograr un Programa de Argumentación Jurídica para facultades Iberoamericanas. Para ello, hay dos tareas primordiales: (**I**) definir las habilidades que se pretende que el lector adquiera al entrar en contacto con la obra, y luego (**II**) planificar meticulosamente los medios para adquirir esas habilidades. Al tratarse de un libro, esto implica definir lo que se debe presentar al lector y lo que, después y por su cuenta, éste puede ejercitar por su propia cuenta.

En el proceso de redacción de una obra de este tipo surgen espontáneamente dos tareas secundarias que hemos ido perfeccionando: (**III**) para evitar falacias e inseguridades epistemológicas, se forma un *corpus* teórico. Debido a que, como *ciencia humana* (con todas las limitaciones que el vocablo *ciencia* acá asume, como ya comentado), este corpus depende de la presencia del observador, hemos desarrollado y establecido algunas posiciones filosófico-dogmáticas, que a menudo se encuentran en otros textos de nuestra autoría. He aquí, en un brevísimo resumen, el reconocimiento del pensamiento mágico —o cualquier otro nombre que se dé a la percepción por atracción y semejanza— como parte del arte de la argumentación, sin dejar de buscar la pureza racional, por lo que lo sometemos a una intensa resignificación. Y también la comprensión de la aplicación del derecho como forma narrativa, que aún está en desarrollo en otros de nuestros textos, incluso en derecho penal; también recurrimos a la lógica formal y, a veces, a los problemas o a la notación matemática, que, aunque tengan sus atonías en el momento de explicar el derecho, son imprescindibles para estructuras mentales y, mucho más, para retirar ambigüedades de pensamiento; (**IV**) la otra tarea secundaria, consecuencia de la anterior, es la posición crítica ante algunas reconocidas obras de argumentación que se han acercado al derecho. Bien porque se limitaron a reproducir clásicos antiguos que, aunque excelentes, no tienen la amplitud necesaria para dar cuenta del espectro comunicativo de la contemporaneidad; bien porque, buscando fundamentar su *corpus*, terminaron por reproducir la Hermenéutica y la Filosofía del Derecho, con método más endeble. Esta confusión o invasión epistemológica contamina algunos libros, que se convierten en estructuras frágiles tanto en la hermenéutica como en las teorías retóricas.

Para quienes hayan terminado de leer este libro, o deseen aplicarlo en el aula, esbozamos una serie de competencias/habilidades obligatorias con las que trabajar, tanto dentro como fuera del manejo de este volumen. En nuestra opinión, enumerarlas ayuda al lector a seguir el desarrollo de sus estudios. Por supuesto, hay otras, incluso mentadas en la obra, pero destacamos estas principales, aunque con una advertencia inicial: algunas de ellas, como "reconocer el texto" o "dominar la gramática (en sentido amplio)" pueden parecer sencillas, pero requieren muchos años de formación, incluso para los juristas más experimentados, para que alcancen el nivel necesario para su usanza en el Derecho. Vamos a ellas:

(**1**) Conocer las características de un texto, partiendo de la unidad de sentido; (**2**) conocer el papel y los límites de la argumentación, esencialmente en Derecho; (**3**) reconocer las formas lingüísticas y su relación con el espacio y el tiempo; (**4**) señalar las cualidades del texto escrito, desde la coherencia más básica hasta sus juegos de significado en la selección del vocabulario, su ritmo y su referenciación; (**5**) conocer la estructura mínima de la semántica, con dualidades polisémicas y monosémicas; (**6**) sistematizar los argumentos como medio para obtener recursos macrotextuales; (**7**) desarrollar técnicas reactivas al propio argumento, como elementos para cambiar el pensamiento del oyente; (**8**) reconocer la estructura de la gramática en un sentido amplio, no sólo como un conjunto de reglas formales de la lengua vernácula, sino como una estructura mínima que garantiza la comprensión por parte del lector o del oyente; (**9**) estudiar en profundidad la progresión del texto, en particular la progresión narrativa, con su estructura temporal; (**10**) trabajar con la intertextualidad, reconociendo los textos que forman el propio pensamiento, antes de transmitirlo al interlocutor; (**11**) identificar el potencial de los textos orales y escritos, dominando los recursos que conducen al interlocutor a los centros específicos de cambio del pensamiento en una u otra forma de exteriorización; (**12**) saber reconocer principios y sistemas de lógica formal, estimulando su estudio para que sirvan como base argumentativa (**13**) acompañar los cambios discursivos que la evolución social y, más específicamente, la tecnología venga a exigir.

Para tales habilidades, habría un *Programa* o un *Temario,* un conjunto de temas adecuados para desarrollarlos. Tal temario, a diferencia de las habilidades, no se escribirá aquí, porque nuestra esperanza es que este libro en su conjunto coincida con él. Es decir, que nuestros subtítulos son los que, de momento, responden a la formación del jurista con alta capacidad argumentativa. Paralelamente, deben justificarse las razones de la selección de los temas, para que no parezcan arbitrarias o basadas en la experiencia individual del autor, que sólo cuenta indirectamente.

Las próximas ediciones de la obra seguirán el mismo camino, de actualización y perfeccionamiento, para que el lector —en sus más diversos niveles de expresividad— alcance, mejore y supere estas facultades. Estos objetivos justifican por sí solos la construcción de un texto de esta naturaleza.

La colaboración de los lectores e investigadores más críticos, y especialmente de los profesores que adoptan este libro, ha sido indispensable.

Bibliografía

AARONSON, Scott. "P=NP?." *Open problems in mathematics* (2016): 1-122.

ADAMS, Douglas. *The restaurant at the end of Universe*, New York: Ballantine Books, 1995.

ADGER, David; SMITH, Jennifer. Variation and the minimalist program. *Syntax and variation*: Reconciling the biological and the social. vol.265, 2005.

AIKIN, Scott F. Tu Quoque Arguments and the Significance of Hypocrisy. *Informal Logic*. vol. 28, n.2, 2008

ALVES, Alaor Caffé, Lógica, pensamento formal e argumentação, elementos para o discurso jurídico, Bauru: Edipro, 2000

AMADO, Jorge. Tereza Batista cansada de guerra. São Paulo: Martins, 1972.

AMBROSCH, Gerfried. The poetry of punk: The meaning behind punk rock and hardcore lyrics. New York: Routledge, 2018.

AMEZÚA AMEZÚA, Luís Carlos, La Elasticidad de la Razón de Estado, Anuario de Filosofía del Derecho, 16, 1999, págs 185-198

AMSTERDAM, Anthony G.; BRUNER, Jerome. Minding the Law. Cambridge: Harvard University Press, 2000.

ARANTES, Paulo Eduardo. Hegel: A ordem do tempo. São Paulo: Hucitec, 2000.

ARENAS DOLZ, Francisco. El modelo retórico deliberativo aristotélico. Revista de Estudios Políticos. n.142, 2008.

ARENDT, Hannah. *The life of the mind II*. San Diego: Harcourt Publishing, 1981.

ATIENZA, Manuel. *As razões do direito*. São Paulo: Landy, 2000.

AUGUSTO LORENZINO, Gerardo. *El lunfardo en la evolución del español argentino* Lit. lingüíst., Santiago, n. 34, p. 335-356

AUMANN, R, .*Agreeing to disagree*, The Annals of Statistics, 4 (6), 1236–1239, 1976

AUMANN, R., BRANDENBURGER, A. 'Epistemic conditions for Nash equilibrium', Econometrica, 63(5), 1161–1180, 1995

AYTAN, Allahverdiyeva, *et al*. Euphemisms and dysphemisms as language means implementing rhetorical strategies in political discourse. *Journal of Language and Linguistic Studies*. vol. 17, no 2, 2021.

BAKER, Scott; MEZZETTI, Claudio. A theory of rational jurisprudence. *Journal of Political Economy*. vol.120, n.3, 2012.

BARNES, Jonathan. Aristotle's theory of demonstration. *Phronesis*, vol.14, n.2, 1969.

BARNES, Ralph M et al. "The effect of ad hominem attacks on the evaluation of claims promoted by scientists." *PloS one* vol. 13,1 e0192025. 30 Jan. 2018

BARRY, Brian M. *How judges judge*: Empirical Insights into Judicial Decision Making. New York: Routledge, 2021.

BATES, Joseph, *et al*. The role of emotion in believable agents. *Communications of the ACM*. vol.37, n.7, 1994.

BERGER, Peter L. *Risa redentora*. Barcelona: Editorial Kairós, 1999.

BERNAL PULIDO, Carlos. La fuerza vinculante de la jurisprudencia en el orden jurídico colombiano. *Precedente. Revista Jurídica*. Anuario Jurídico, 2003.

BERNÁNDEZ, Enrique. La coherencia textual como autorregulación en el proceso comunicativo. *Boletín de Filología*. vol.34, n.1, 1993.

BIBER, Katherine. *Captive images*: Race, crime, photography. New York: Routledge-Cavendish, 2007.

BLACK, Harold. *La historia cíclica de Cien años de soledad*. Tesis Doctoral. Bucknell University, 1972.

BOHM, David. *On creativity*. London: Routledge, 2004.

BOOTH, Wayne C. *The Company We Keep*: An Ethics of Fiction. Los Angeles: University of California Press, 1988.

BORWEIN, Jonathan. Aesthetic for Working Mathematician. *Queens University Simposium on Beauty and the Mathematical Beast: Mathematics and Aesthetics*, 2001.

BOULIANNE, Shelley. Revolution in the making? Social media effects across the globe. *Information, communication & Society*. vol.22, n.1, 2019.

BRADBURY, Ray. *Fahrenheit 451: The gripping and inspiring classic of dystopian science fiction*. HarperCollins Publishers. Kindle Edition, 2022

BRAGA JUNIOR, Sebastião Jairo Lima. O jargão LGBTQ em Rupaul's Drag Race traduzido e legendado por fãs: um estudo baseado em *corpus*. 2020. 96f. Dissertação (mestrado) – Universidade Federal do Ceará, Centro de Humanidades, Programa de Pós-Graduação em Estudos da Tradução, Fortaleza (CE), 2020.

BRENNAN, Jason, *Against democracy*. Princeton: Princeton University Press, 2016.

BROOKS, Cleanth. *Modern rhetoric.* San Diego: Harcourt Brace Jovanovich, 1979.

BRUNER, Jerome. *Actual minds, possible worlds.* Cambridge: Harvard University Press, 1986.

BRUNER, Jerome. *La fabbrica delle storie.* Diritto, letteratura, vita. Trad. Mario Carpitella. Bari: Editori Laterza, 2002.

BRUNER, Jerome. The conditions of creativity. In: *On Knowing.* Essays for the left hand. Massachusets: Harvard University Press, 1997.

BUNGE, Mario. *Intuición y razón.* Buenos Aires: Sudamericana, 2013.

BUNGE, Mario. *La ciencia:* su método y su filosofía. Pamplona: Laetoli, 2018.

BUNGE, Mario; ARDILA, Rubén. *Filosofía de la psicología.* Buenos Aires: Siglo XXI, 2002.

BURGESS, Anthony, *A Clockwork Orange,* New York: Ballantine Books, 1972

CALVO GONZÁLEZ, José. Desde una encrucijada junto a Borges: sobre ciencia jurídica y producción normativa. *Anuario de filosofía del derecho.* n.32, 2016.

CAMPBELL, Joseph. *Myths to live by.* New York: Joseph Campbell Foundation, 2017.

CAMPBELL, Joseph. *The inner reaches of outer space:* Metaphor as myth and as religion. Novato: New World Library, 2002.

CAMPOS OCAMPO, Melvin; HERRERA ÁVILA, Tatiana. Sancho Panza y el carnaval salomónico (batucada barataria). *Revista de Filología y Lingüística de la Universidad de Costa Rica.* vol.32, n. 1, 2018.

CANO ALONSO, Pere Luis. De la creación al guión. *Instituto Oficial de Radio y televisión,* 1993.

CANTIN, Montse; RÍOS, Antonio. Análisis experimental del ritmo de la lengua catalana. *Anuario del Seminario de Filología Vasca" Julio de Urquijo".* vol.25, n.2, 1991.

CAÑELLES, Isabel. *La construcción del personaje literario:* un camino de ida y vuelta. Madrid: Ediciones y Talleres de Escritura Creativa Fuentetaja, 1999.

CAPLE, Helen. *Photojournalism:* A social semiotic approach. London: Springer, 2013.

CAPLE, Helen; KNOX, John S. A framework for the multimodal analysis of online news galleries: What makes a "good" picture gallery? *Social Semiotics.* vol.25, n.3, 2015.

CARO REY, Jonatan. La Metafilosofía de Eugenio Trías. *Pensamiento. Revista de Investigación e Información Filosófica.* vol.71, n.268, 2015.

CARO, Antonio. Para una fundamentación científica del concepto de lenguaje publicitario. *Área 5inco.* vol.6, 1999.

CARVER, Raymond, *What we talk When we talk about love.* New York: Gardner Publishers (Vintage Carver Collection), 2009.

CARVER, Raymond. On writing. *Mississippi review.* vol.14, n.1/2, 1985.

CASTILLO CÓRDOVA, Luis. Las posibles injusticias que genera la aplicación de la técnica del prospective overruling. *Diálogo con la jurisprudencia: actualidad, análisis y crítica jurisprudencial.* n.129, 2009.

CESIO, Fidias. La transferencia en el sueño y en el tratamiento psicoanalítico. *Revista de psicoanálisis.* vol.4, 1967.

CHAMBLISS, M. J.; GARNER, R. Do Adults Change their Minds after Reading Persuasive Text? *Written Communication.* vol.13, n.3, 1996.

CHARAUDEAU, Patrick. La argumentación persuasiva. El ejemplo del discurso político. In: SHIRO, M. *et al. Haciendo discurso. Homenaje a Adriana Bolívar.* Caracas: Universidad Central de Venezuela, 2009.

CHOMSKY, Noam. *11 de setembro.* Rio de Janeiro: Bertrand Brasil, 2002.

CHOMSKY, Noam. The language capacity: architecture and evolution. *Psychon Bull Review.* vol.24, 2017.

CHOMSKY, Noam. *The minimalist program.* Massachusetts: MIT Press, 2015.

CHRISTENSEN-BRANUM, Lezlie; STRONG, Ashley; JONES, Cindy D. On. Mitigating myside bias in argumentation. *Journal of Adolescent & Adult Literacy.* vol.62, n.4, 2019.

CHRISTIE, Agatha. *Lord Edgware Dies* (Poirot) (Hercule Poirot Series Book 9) (p. 202). HarperCollins Publishers. Kindle Edition

CLARKE, Arthur C. *2001: a space Odissey.* New York: ROC Penguin Books, 1993.

CLAVIJO POVEDA, Jairo; OSPINA DEAZA, Juan Camilo; SANCHEZ PRIETO, Valeria. Lenguaje y dispositivo. Un análisis de la serie Dr. House como caso paradigmático de la práctica médica colombiana. *Anthropía.* n.16, 2019.

CLAYTON, John B. *Influence and intertextuality in literary history.* Madison: University of Wisconsin Press, 1991.

COHEN, Jack; STEWART, Ian. *The collapse of chaos*: discovering simplicity in a complex world. London: Penguin Paperbacks, 1995.

COLE, Thomas. Who was Corax? *Illinois Classical Studies.* vol.16, n.1/2, 1991.

COLERIDGE, Samuel. *The Complete Poems of Samuel Taylor Coleridge.* London: Penguin UK, 2004.

COMPARATO, Doc; VÁZQUEZ, Pilar; CANO ALONSO, Pere Lluis. *De la creación al guión.* Madrid: Instituto Oficial de Radio y Televisión, 1993.

CORTRIGHT, Rupert. *Técnicas construtivas de argumentação e debate.* São Paulo: Ibrasa, 1963.

COSERIU, Eugenio. *Lingüística del texto:* introducción a la hermenéutica del sentido. Navarra: Óscar Loureda Lamas, 2007.

CRAFT, Anna. Fostering creativity with wisdom. *Cambridge Journal of Education.* vol.36, n.3, 2006.

CRANE, Diana. Clothing behavior as non-verbal resistance: marginal women and alternative dress in the nineteenth century. *Fashion theory.* vol.3, n.2, 1999.

CROPLEY, Arthur J. Fostering creativity in the classroom: General principles. *The creativity research handbook.* vol.1, n.84, 1997.

CROSSLEY, Scott; MCNAMARA, Danielle. Text coherence and judgments of essay quality: Models of quality and coherence. In: *Proceedings of the Annual Meeting of the Cognitive Science Society.* 2011.

CRYSTAL, David. The scope of Internet linguistics. In: *Proceedings of American Association for the Advancement of Science Conference.* Washington: American Association for the Advancement of Science Conference, 2005.

D. CLARK, Meredith. DRAG THEM: A brief etymology of so-called "cancel culture". *Communication and the Public.* vol.5, n.3/4, 2020.

DALE, Robert. *GPT-3:* What's it good for? *Natural Language Engineering.* vol.27, 2021.

D'ALMEIDA, Luís Duarte. Arguing a fortiori. *The Modern Law Review,* vol.80, n.2, 2017.

DARWIN, Charles, *El origen de las Especies,* Madrid: EDAF, 1965

DAVIS, L. H. 'Prisoners, paradox, and rationality', American Philosophical Quarterly, 14(4), 319–327, 1977

DE MORAES, João Batista Ernesto. O satírico nas crônicas de Stanislaw Ponte Preta. *ITINERÁRIOS-Revista de Literatura.* n.10, 1996.

DELL'SOLA, Regina Lúcia. A interação sujeito-linguagem e leitura. In: *As múltiplas faces da linguagem.* Brasília: UnB, 1996.

DELLINGER, Hampton. Words are enough: the troublesome use of photographs, maps, and other images in Supreme Court Opinions. *Harvard Law Re*view. vol.110, 1996.

DESCARTES, René. *Discurso del Método,* Madrid: Espasa-Calpe, 1943.

DI BELLO, Marcello. Statistics and probability in criminal trials. PhD. Stanford University, 2013.

DIAMOND, Larry. Rebooting Democracy. *Journal of Democracy*. vol.32, n.2, 2021.

DÍAZ, Álvaro. *La argumentación escrita*. Antioquia: Universidad de Antioquia, 2002.

DIP, Ricardo. *Seguridad jurídica y crisis del mundo posmoderno*. Madrid: Marcial Pons, 2016.

DOUGLASS, Ellen H., „Dressing Down" the Warrior Maiden: Plot, Perspective, and Gender Ideology. In: FITZ, Earl; BROWER, Keith; MARTINEZ-VIDAL, Enrique (Ed.). *Jorge Amado:* new critical essays. New York: Routledge, 2013.

DOUZINAS, Costas; WARRINGTON, Ronnie; MCVEIGH, Shaun. *Postmodern jurisprudence:* the law of the text in the text of the law. New York: Routledge, 1993.

DUDEK, Michał, *et al.* A Few Questions Concerning Photographs in Court Decisions. *Archiwum Filozofii Prawa i Filozofii Społecznej*. vol.17, n.2, 2018.

DUGUIT, Léon. *Law in the Modern State*. New York: Huebsch, 1919.

DUNNETT, J.; HOEK, J. An evaluation of cinema advertising effectiveness. *Marketing bulletin*. vol.7, 1996.

EGRI, Lajos. *The art of dramatic writing*: Its basis in the creative interpretation of human motives. New York: Simon and Schuster, 1972.

ELIO, Renâee, *et al.* (ed.). *Common sense, reasoning, & rationality*. Oxford: Oxford University Press on Demand, 2002.

EMEIRA, G et al Mathematical proof analysis using mathematical induction of grade XI students, 2020 J. Phys.: Conf. Ser. 1480 012044DOI 10.1088/1742-6596/1480/1/012044

ESTÉVEZ FLORES, María Del Mar. La estructuración del discurso político: la coherencia textual. *Política y Oratoria*: El lenguaje de los políticos. Actas del II seminario Emilio Castelar, Cádiz, 2002.

FAIRCLOUGH, Isabela. *Political Discourse Analysis*: A Method for Advanced Students. London: Routledge, 2012.

FAIRCLOUGH, Norman. *Language and power*. New York: Routledge, 2013.

FAORO, Raymundo. *Os donos do poder:* formação do patronato político brasileiro. São Paulo: Companhia das Letras, 2021.

FELDMAN, David H. The development of creativity. *Handbook of creativity*. vol.169, 1999.

FIORIN, José Luiz. As astúcias da enunciação: as categorias de pessoa, espaço e tempo. São Paulo: Ática, 1996.

FONSECA, María do Carmo; MIRANDA-RIBEIRO, Paula. Novelas y telenovelas: el caso brasileño en el contexto latinoamericano. *Anàlisi: Quaderns de comunicació i cultura.* n.23, 1999.

FONTALVO, Orlando Araújo. Cronotopía y Modernidad en Cien años de soledad. *Revista de Estudios Literarios,* n.23, 2003.

FORD, Richard Thompson. *Dress codes*: How the laws of fashion made history. New York: Simon and Schuster, 2021.

FRANKFURT, Harry G. Freedom of the will and the concept of a person. *The Journal of Philosophy.* vol.68, n.1, 1971.

FRAZER, James George. *The Golden Bough*: a study in Magic and Religion. New York: The McMillan Company, 1947.

FREEBORN, Dennis. What is style? *Style.* London: Palgrave, 1996.

FREEMAN, James B. Informal Logic. In: WOODS John (Org.). *Errors of Reasoning, Naturalizing the Logic of Inferences*. London: College Publications, 2013.

FREUD, Sigmund. El uso de la interpretación de los sueños en psicoanálisis. In: *Sobre un caso de paranoia descrito autobiográficamente (Schreber). Trabajos sobre técnica psicoanalítica y otras obras:* 1911-1913. Buenos Aires: Amorrortu editores, 2007.

FRIED, Ithzak; MUKAMEL, Roy; KREIMAN, Gabriel. Internally generated preactivation of single neurons in human medial frontal cortex predicts volition. *Neuron* vol.69, n.3, 2011.

GAO, Lingxiao "*A Revolution of Language: Pamphlet Literature and Public Speeches during the French Revolution,*" Liberated Arts: a journal for undergraduate research: Vol. 8: Iss. 1, Article 1, p. 02

GAOS, José. Notas sobre la historiografía: A Arturo Arnáiz y Freg. *Historia mexicana.* vol.9, n.4, 1960.

GARCÍA AMADO, Juan Antonio. *Razonamiento Jurídico y Argumentación:* Nociones Introductorias. Puno: Zela, 2017.

GARCÍA AMADO, Juan Antonio. Sobre el argumento a contrario en la aplicación del derecho. *Doxa. Cuadernos de Filosofía del Derecho.* n.24, 2001.

GARCÍA HERNÁNDEZ, Benjamín. La sinonimia: relación onomasiológica en la antesala de la semántica. *Revista española de lingüística.* vol.27, n.2, 1997.

GARCÍA RODRÍGUEZ, Yadira; CHINEA GUEVARA, Josefina. El ideal de justicia en los consejos de Don Quijote a Sancho Panza. *Islas.* n.145, 2005.

GARCÍA-HERNÁNDEZ, Benjamín. Sinonimia y diferencia de significado. *Revista española de lingüística.* vol.27, n.1, 1997.

GARRET, Brandon, *Too Big to Jail:* How Proecutors compromisse with corporations. New York: Belknap Press, 2016.

GASTIL, John. Undemocratic discourse: A review of theory and research on political discourse. *Discourse & Society.* vol.3, n.4, 1992.

GAUT, Berys. The philosophy of creativity. *Philosophy Compass.* vol.5, n.12, 2010.

GEERAERTS, Dirk. Classical definability and the monosemic bias. In: *Words and Other Wonders.* Berlin: De Gruyter Mouton, 2009.

GENETTE, Gérard. Discurso del relato. *Figuras iii.* Paris. Editions du Seuil, 1989.

GENNAIOLI, Nicola; SHLEIFER, Andrei. Overruling and the Instability of Law. *Journal of Comparative Economics.* vol.35, n.2, 2007.

GENÓ, Orlando J. El origen mágico del lenguaje. *Cuadernos de Literatura:* Revista de Estudios Lingüísticos y Literarios. n.7, 1996.

GIMBERNAT ORDEIG, Enrique. *Concepto y método de la ciencia del derecho penal.* Madrid: Tecnos, 1999.

GIORA, Rachel. Notes towards a theory of text coherence. *Poetics today.* vol.6, n.4, 1985.

GIVEN, T. Coherence in text vs. coherence in mind. *Coherence in spontaneous text.* vol.31, 1995.

GLÄNZEL, Wolfgang; SCHOEPFLIN, Urs. Little scientometrics, big scientometrics... and beyond? *Scientometrics.* vol.30, n.2/3, 1994.

GOANTA, Catalina; RANCHORDÁS, Sofia. The regulation of social media influencers: an introduction. GOANTA, Catalina; RANCHORDÁS, Sofia. (ed.). *The regulation of social media influencers.* Cheltenham: Edward Elgar Publishing, 2020.

GOMES, Mariângela Magalhães. *Direito Penal e Interpretação Jurisprudencial.* Do Princípio da Legalidade às Súmulas Vinculantes. São Paulo: Atlas, 2008.

GONZÁLEZ MARTÍN, Juan Antonio. Teoría General de la Publicidad. Madrid: Fondo de Cultura Económica de España, 1996.

GONZÁLEZ MARTÍNEZ, Juan Miguel. La sinonimia: Problema metalingüístico. *Anales de Filología Hispánicas.* vol. 4, 1988-1989.

GONZÁLEZ, C. La intertextualidad literaria como metodología didáctica de acercamiento a la literatura: aportaciones teóricas. *Lenguaje y Textos.* vol.21, 2003.

GORDLEY, James. Myths of the French civil code. *The American Journal of Comparative Law.* vol.42, n.3, 1994.

GÖSSEL, Karl Heinz. Réplica al derecho penal del enemigo: sobre individuos y personas del derecho. *Revista penal.* n.20, 2007.

GOVIER, Trudy. Problems in argument analysis and evaluation. In: *Problems in Argument Analysis and Evaluation.* Berlin: De Gruyter Mouton, 2019.

GOVIER, Trudy. Worries about *tu quoque* as a fallacy. *Informal Logic.* vol.3, n.3, 1980.

GOVIER, Trudy. *A practical study of argument.* Wadsworth: Cengage Learning, 2013.

GRAHAM, Gordon. *Philosophy of the arts*: An introduction to aesthetics. New York: Routledge, 2005.

GRISWOLD, C. L. *Forgiveness*: a philosophical exploration. New York: Cambridge University Press, 2007.

GUTHRIE, Chris; RACHLINSKI, Jeffrey J.; WISTRICH, Andrew J. Blinking on the bench: how judges decide cases. *Cornell Law Review.* vol.93, 2007.

HANISCH, H. El latín, lengua jurídica. *Revista Chilena de Derecho.* vol.3, n.1, 1976.

HANKS, W. *Intertexts writings on language, utterance, and context.* Lanham: Rowman & Littlefield Publishers, 2000.

HANSEN, Hans. "Fallacies". *The Stanford Encyclopedia of Philosophy.* Disponível em: <https://plato.stanford.edu/archives/sum2020/entries/fallacies/>.

HARARI, Orna. *Knowledge and demonstration*: Aristotle's posterior analytics. London: Springer Science & Business Media, 2004.

HARRIS, W. Towards Principles of Overruling – When Should a Final Court of Appeal Second Guess? *Oxford Journal of Legal Studies.* vol.10, 135, 1990.

HAYNES, John Dylan; SOON, Chun Siong; BRASS, Marcel; HEINZE, Hans Jochen. Unconscious determinants of free decision in the human brain. *Nature Neuroscience.* vol.11, n.5, 2008.

HEBEL, Udo. *"Introduction", Intertextuality, Alusion, and Quotation.* Westport: Greenwood Press, 1989.

HEGEL, G. Wilhelm Friedrich, *Fenomenología del Espíritu,* México: Fondo de Cultura Económica, 2007

HEGEL, G. Wilhelm Friedrich. *Filosofía del Derecho.* Buenos Aires: Claridad, 1968.

HEMPEL, C. G, (1945) Geometry and Empirical Science, The American Mathematical Monthly, 52:1, 7-17, DOI: 10.1080/00029890.1945.11991492

HENRIKSEN, Birgit. Three dimensions of vocabulary development. *Studies in second language acquisition.* vol.21, n.2, 1999.

HERMES, Dik J.; VAN GESTEL, Joost C. The frequency scale of speech intonation. *The Journal of the Acoustical Society of America.* vol.90, n.1, 1991.

HERNÁNDEZ SANDOICA, Elena; PESET, José Luis; PESET REIG, José Luis. *Universidad, poder académico y cambio social:* (Alcalá de Henares 1508-Madrid 1874). Madrid: Ministerio de Educación, 1990.

HERRANZ, Miguel. Brocardos, latines y latinajos: una aproximación a los porqués de la pervivencia del latín dentro del lenguaje jurídico español. *Anuario Jurídico y Económico Escurialense.* vol.55, 2022.

HINKS, D. A. G. Tisias and Corax and the Invention of Rhetoric. *The Classical Quarterly.* vol.34, n.1/2, 1940.

HIRST, Russel. Scientific jargon, good and bad. *Journal of technical writing and communication.* vol.33, n.3, 2003.

HITCHCOCK, David. Is there an argumentum ad hominem fallacy? In: *On Reasoning and Argument.* Hamilton: Springer, 2017.

HITTERS, Juan Carlos. ¿Son vinculantes los pronunciamientos de la Comisión y de la Corte Interamericana de Derechos Humanos? (Control de constitucionalidad y convencionalidad). *Revista Iberoamericana de Derecho Procesal Constitucional.* vol.10, n.19, 2008.

HOFSTADTER, D. R. Metamagical themas: Questing for the essence of mind and pattern, New York: Basic Books, 1985

HORRIGAN, Bryan. Towards a Jurisprudence of High Court Overruling. *Australian Law Journal.* vol.66, n.205, 1992.

HOTHO, Andreas; NÜRNBERGER, Andreas; PAAß, Gerhard. A brief survey of text mining. In: *Ldv fórum,* vol.20, 2005.

HUME, David. *Investigación sobre el entendimiento humano.* Madrid: Ediciones AKAL, 2004.

HUR, Jane; GUPTA, Mayank. Growing up in the web of social networking: Adolescent development and social media. *Adolescent Psychiatry.* vol.3, n.3, 2013.

HUTCHBY, I. Power in Discourse: The Case of Arguments on a British Talk Radio Show. *Discourse & Society.* Vol.7, n.4, 1996.

HYLAND, Ken; TSE, Polly. Is there an "academic vocabulary"? *TESOL Quarterly,* vol.41, n.2, 2007.

ISRAEL, Hans; RUCKHABER, Erich; WEINMANN, Rudolf (Hrsg.): *Hundert Autoren gegen Einstein.* Leipzig: Voigtländer, 1931.

JÄGER, Christian. Willensfreiheit, Kausalität und Determination: Stirbt das moderne Schuldstrafrecht durch die moderne Gehirnforschung? *Goltdammer's Archiv für Strafrecht.* n.01, 2013.

JANSEN, H. Refuting a Standpoint by Appealing to Its Outcomes: Reductio ad Absurdum vs. Argument from Consequences. *Informal Logic.* vol.27, n.3, 2007.

JAY, David M. No photographs in court. *Australian Law Journal.* vol.72, n.11, 1998.

JIMÉNEZ ALEIXANDRE, María Pilar; DÍAZ DE BUSTAMANTE, Joaquín. Discurso de aula y argumentación en la clase de ciencias: cuestiones teóricas y metodológicas. *Enseñanza de las ciencias*: revista de investigación y experiencias didácticas. vol.21, 2003.

JIMÉNEZ ALEIXANDRE, María Pilar; ERDURAN, Sibel. Argumentation in science education: An overview. In: JIMÉNEZ ALEIXANDRE, María Pilar; ERDURAN, Sibel. (ed.). *Argumentation in science education.* Dordrecht: Springer, 2007.

JOHNS, Ann M. Coherence and academic writing: Some definitions and suggestions for teaching. *TESOL Quarterly.* vol.20, n.2, 1986.

JOHNSON, Christopher M. Reconsidering the ad hominem. *Philosophy.* vol.84, n.2, 2009.

JOHNSTONE, H. A New Theory of philosophical argumentation. *Philosophy and Phenomenological Research.* vol.15, n.2, 1954.

JOHNSTONE, Henry W. Philosophy and argumentum ad hominem. *The Journal of Philosophy.* vol.49, n.15, 1952.

JUVAN, Marko. Towards a history of intertextuality in literary and culture studies. *CLCWeb: Comparative Literature and Culture.* vol.10, n.3, 2008.

KAPLAN, Alice. *Looking for The Stranger*: Albert Camus and the Life of a Literary Classic. Chicago: University of Chicago Press, 2016.

KAYE, David H. Beyond uniqueness: the birthday paradox, source attribution and individualization in forensic science. *Law, Probability and Risk.* vol.12, n.1, 2013.

KAYE, David H. Probability, individualization, and uniqueness in forensic science evidence. *Brooklyn Law Review.* vol.75, n.4, 2010.

KELSEN, Hans, Reine Rechslehre. Wien: Franz Deuticke Verlag, 1967.

KENNEDY, G. *A new history of classical rhetoric.* Princeton: Princeton University Press, 1994.

KENRICK, Douglas T. Evolutionary theory versus the confederacy of dunces. *Psychological Inquiry.* vol.6, n.1, 1995.

KHOKHLOV, A. N. How scientometrics became the most important science for researchers of all specialties. *Moscow University Biological Sciences Bulletin.* vol.75, n.4, 2020.

KLINE, Michael. Narrating the Grotesque: The Rhetoric of Humor in John Kennedy Toole's "A Confederacy of Dunces". *Southern Quarterly.* vol.37, n.3, 1999.

KLOOSTERHUIS H. Ad Absurdum Arguments in Legal Decisions. *Logic, Argumentation and Interpretation/Lógica, Argumentación e Interpretación, Archiv für Rechts-und Sozialphilosophie,* Beiheft 110, 2007.

KLUG, U. *Lógica jurídica.* Bogotá: Temis, 1990.

KNOBLAUCH, A. Abby. A textbook argument: Definitions of argument in leading composition textbooks. *College Composition and Communication.* vol.62, n.2, 2011.

KONISKY, David M.; REENOCK, Christopher. Compliance bias and environmental (in)justice. *The Journal of Politics.* vol.75, n.2, 2013.

KRAUS, Manfred. Perelman's interpretation of reverse probability arguments as a dialectical mise en abyme. *Philosophy & Rhetoric.* vol.43, n.4, 2010.

KRISTEVA, Julia. Word, Dialogue and Novel. In: *The Kristeva Reader.* New York: Columbia University Press, 1986.

KRUMMHEUER, Gotz. The ethnography of argumentation. In: COBB, Paul; BAUERSFELD, Heinrich. (Ed.). *The emergence of mathematical meaning.* New York: Routledge, 2012.

KUHN, Thomas S. *La estructura de las revoluciones científicas.* México: Fondo de cultura económica, 2019.

LAMOND, Grant. Precedent and Analogy in Legal Reasoning. *The Stanford Encyclopedia of Philosophy.* Disponível em: <https://plato.stanford.edu/archives/spr2016/entries/legal-reas-prec/>

LARA, Luis Fernando. El ejemplo en el artículo lexicográfico. BERNAL, Elisenda; DeCESARIS, Janet. (Ed.). Palabra por palabra: estudios ofrecidos a Paz Battaner. Barcelona: Institut Universitari de Lingüística Aplicada Universitat Pompeu Fabra, 2006.

LARENZ, Karl, *Metodología de la ciencia del Derecho.* Trad. Rodríguez Molinero. Barcelona: Ariel, 1994.

LAVAL, Ramón Arminio. *Del latín en el folklore chileno.* Santiago: Imprenta Cervantes, 1910.

LEE, Stan. Stan Lee's How to Draw Superheroes. Clarkson Potter/Ten Speed. Edição do Kindle. Watson-Guptill Publications, 2013.

LEITER, Brian. American Legal Realism. *University of Texas Law.* Public Law Research Paper n. 42, 2002.

LENOBLE, Jacques. Narrative Coherence and the Limits of the Hermeneutic Paradigm. In: NERHOT, Patrick (ed.). *Law, Interpretation and Reality.* Dordrecht: Springer,1990.

LEVI, Jennifer L. Some modest proposals for challenging established dress code jurisprudence. *Duke Journal of Gender Law & Policy.* vol.14, 2007.

LEVIS, John; PICKERING, Lucy. Teaching intonation in discourse using speech visualization technology. *System.* vol.32, n.4, 2004.

LEWIS, David. General Semantics. *Synthese.* vol.22, n.1/2, 1970.

LIBET, Benjamin. Do we have free will? *Journal of Consciousness Studies.* vol.6, n. 8/9, 1999.

LIBET, Benjamin; GLEASON, Curtis; WRIGHT, Elwood; PEARL, Dennis. Time of conscious intention to act in relation to onset of cerebral activity (readiness-potential): the unconscious initiation of a voluntary act. *Brain.* n.106, 1983.

LIND, Douglas. Logic, Intuition, and the Positivist Legacy of H.L.A. Hart. *SMU Law Review.* vol.52, 1999.

LIU, Xiao, *et al.* GPT understands, too. *arXiv preprint arXiv:2103.10385*, 2021.

LLEWELLYN, Karl N. Some realism about realism. Responding to Dean Pound. *Harvard Law Review.* vol.44, 1930.

LLEWELYN, Karl N. A Realistic Jurisprudence – The Next Step. *Columbia Law Review.* vol.30, n.4, 1930.

LLOYD, A.C, The Principle That the Cause Is Greater than Its Effect, *Phonesis*: A Journal for ancient philosophy, Vol. 21, n 02, 1976, pp. 146-156

LOCKE, John. *Essay Concerning Human Understanding.* Pennsylvania: Pennsylvania State University, 1999.

LOPE BLANCH, Juan M. El supuesto arcaísmo del español americano. *Anuario de Letras. Lingüística y Filología.* vol.7, 1968.

LOPE BLANCH, Juan M. La falsa imagen del español americano. *Revista de Filología Española.* vol.72, n.3/4, 1992.

LOPES, M. I. V.; OROZCO GÓMEZ, G. (Coords). *A ficção televisiva em países ibero-americanos: narrativas, formatos e publicidade.* Anuário OBITEL. São Paulo: Globo Universidade, 2009.

LUHMANN, Niklas, *Das Recht der Gesellschaft.* Frankfurt am Main: Suhrkamp, 1995.

LUHMANN, Niklas. El derecho como sistema social. In: GÓMEZ-JARA DÍEZ, Carlos (Org.). *Teoría de Sistemas y derecho penal*: fundamentos y posibilidades de aplicación. Granada: Comares, 2005.

LUHMANN, Niklas. *Organización y Decisión*. Autopoiesis, acción y entendimiento comunicativo. Barcelona: Anthropos, 1997.

LUNA SALAS, Fernando. Fiabilidad de la prueba testimonial: breve análisis desde la psicología del testimonio y los errores de la memoria. *Prolegómenos. Derechos y Valores*. vol.24, n.48, 2021.

LYNCH, Andrew, *The Routledge Handbook of Spanish in the Global City*, NY: Routledge, 2020;

LYONS, John. *Natural Language and Universal Grammar*. New York: Cambridge University Press, 1991.

MACKIE, J.L. *Truth, Probability, and Paradox: Studies in Philosophical Logic. Oxford: Clarendon Press*, 1973

MACRI JR., José Roberto. *O engano típico no Estelionato*. Tese de Doutorado-Direito. Universidade de São Paulo, 2022.

MAJONE, Giandomenico. *Evidencia, argumentación y persuasión en la formulación de políticas*. México: Fondo de cultura económica, 1997.

MARCHI, Eduardo C. Silveira. *Guia de metodologia jurídica*, Lecci: Edizioni del Griffo, 2001

MARTÍN JIMÉNEZ, Alfonso *et al*. *Literatura y ficción*. La ruptura de la lógica ficcional. Lausanne: Peter Lang, 2015.

MARTÍNEZ ALFARO, María Jesús. Intertextuality: Origins and development of the concept. *Atlantis*. vol.18, 1996.

MARZOCCO, Valeria. El realismo jurídico americano: perspectivas de reconstrucción y nuevas trayectorias interpretativas. Derechos y Libertades, n.39, 2018.

MCGUFFIE, Kris; NEWHOUSE, Alex. The radicalization risks of GPT-3 and advanced neural language models. *arXiv preprint arXiv:2009.06807*, 2020.

McKUSICK, James C. Coleridge and Language Theory. In: BURWICK, Frederick (ed.). *The Oxford Handbook of Samuel Taylor Coleridge*. Oxford: Oxford Academic, 2012.

MCNAMARA, Danielle S. Aprender del texto: Efectos de la estructura textual y las estrategias del lector. *Revista signos. Valparaíso*. vol. 37, n. 55, 2004.

MCNAMARA, Danielle S. *et al*. Are good texts always better? Interactions of text coherence, background knowledge, and levels of understanding in learning from text. *Cognition and instruction*. vol.14, n.1, 1996.

MEDVE, Vesna Bagarić; TAKAČ, Višnja Pavičić. The influence of cohesion and coherence on text quality: A cross-linguistic study of foreign language learners' written production. In: SZYMAŃSKA-CZAPLAK, Elżbieta; PIECHURSKA-KUCIEL, Ewa (ed.). *Language in cognition and affect*. Berlin: Springer, 2013.

MÉNDEZ RAMÍREZ, Hugo. La reinterpretación paródica del código de honor en Crónica de una muerte anunciada. *Hispania*. vol.73, n.4, 1990.

MEZGER, Edmund, *Strafrecht*: ein Lehrbuch. Munique: Duncker & Humbolt, 1949.

MIGUEL-STEARNS, Teresa M. Judicial power in Latin America: a short survey. *Legal Information Management*. vol.15, n.2, 2015.

MIHAS, Elena. Non-literal language in political discourse. *LSO Working Papers in Linguistics 5: Proceedings of WIGL 2005*, 2005.

MINSKY, Marvin. *Society of mind*. Amsterdam: Simon and Schuster, 1988.

MOBERGER, Víctor, Not Just Errors: A New Interpretation of Mackie's Error Theory, Journal for the History of Analytical Philosophy vol. 5 no. 3, 2017

MOLINA-LUQUE, Fidel. Conflicto y colaboración en la organización y gestión universitaria: vida cotidiana y cultura institucional. *Revista Internacional de Organizaciones*. n.19, 2017.

MONTEIRO, Lucira Freire. Direito e literatura: Tereza Batista Cansada de Guerra e a atual legislação brasileira protetiva da mulher. SWARNAKAR, Sudha *et al.* (Org.). *Nova leitura crítica de Jorge Amado*. Campina Grande: Eduepb, 2014.

MONTGOMERY, Lucy Maud (2022-03-15T22:58:59.000). *Anne of Green Gables* . Feedbooks. Kindle Edition, 2022

MONTI, Federico *et al.* Fake news detection on social media using geometric deep learning. *arXiv preprint arXiv:1902.06673*, 2019.

MONTOYA, Mario. El funcionamiento del género discursivo epidíctico. *Enunciación*. vol.17, n.1, 2012.

MOREIRA ALVES, José Carlos. *Direito romano*. Vol.1. 13.ed. Rio de Janeiro: Forense, 2002.

MORENO CRUZ, Rodolfo. Argumentación jurídica, por qué y para qué. *Boletín Mexicano de Derecho Comparado*. vol.45, n.133, 2012.

MORIN, Marie-France; LAVOIE, Natalie; MONTÉSINOS-GELET, Isabelle. The effects of manuscript, cursive or manuscript/cursive styles on writing development in Grade 2. *Language and literacy*. vol.14, n.1, 2012.

MOYA, Eugenio. Alan D. Sokal, Thomas S. Kuhn y la epistemología moderna. *Revista de Filosofía 3ª época*. vol.13, n.23, 2000.

MUÑOZ HINCAPIÉ, Jaime. Reflexiones sobre la estética fotográfica. La representación en fotografía. *Estudios de Filosofía.* n.12, 1995.

MURAKAMI, Haruki. *Killing Commendatore.* Random House. Edição do Kindle. 2018.

MURAKAMI, Haruki. *Novelist as a Vocation.* Random House. Edição do Kindle. 2022.

NAGY, William; TOWNSEND, Dianna. Words as tools: Learning academic vocabulary as language acquisition. *Reading research quarterly.* vol.47, n.1, 2012.

NASCIMENTO, Dilene Raimundo; SILVA, Matheus Alves Duarte. A peste bubônica no Rio de Janeiro e as estratégias públicas no seu combate (1900-1906). *Territórios e Fronteiras.* vol.6, n.2, 2013.

NASCIMENTO, Dilene Raimundo; SILVA, Matheus Alves Duarte. Caça ao rato: no início do século XX, os cariocas trocavam roedores por dinheiro e ajudavam no combate à peste. *Revista.de história da biblioteca nacional.* vol.67, n.6, 2011

NASH W. *Jargon*: Its Uses and Abuses. Oxford: Blackwell Publishers, 1993.

NEWMAN, Peter, *Common Knowledge and the Game of Red Hats* New Series, Vol. 27, Special Number in Memory of Sukhamoy Chakravarty (1992), pp. 451-457

NG, Eve. No grand pronouncements here...: Reflections on cancel culture and digital media participation. *Television & New Media.* vol.21, n.6, 2020.

NIETZSCHE, Friedrich, *Así habló Zaratustra,* Trad. Juan Bergua, Madrid: Esfera de los Libros, 2011.

NIETZSCHE, Friedrich, *Ocaso de los ídolos,* Madrid: Mestas, 2008

NOBLES, Richard; SCHIFF, David. *A sociology of jurisprudence.* London: Bloomsbury Publishing, 2006.

OESTERREICHER, W. Lo hablado en lo escrito. Reflexiones metodológicas y aproximación a una tipología. In: KOTSCHI, Thomas et al. (Coord.). *El español hablado y la cultura oral en España e Hispanoamérica.* Frankfurt: Vervuert, 1996.

ÖHMAN, Lars-Daniel, "*A Beautiful Proof by Induction,*" Journal of Humanistic Mathematics, Volume 6 Issue 1 (January 2016), pages 73-85. DOI: 10.5642/jhummath.201601.06. Available at: https://scholarship.claremont.edu/jhm/vol6/iss1/6

OLGUÍN VILCHES, Nelly. Noam Chomsky, Reflexiones sobre el lenguaje. *Boletín de Filología.* vol.29, 2017.

ORBEN, Amy; TOMOVA, Livia; BLAKEMORE, Sarah-Jayne. The effects of social deprivation on adolescent development and mental health. *The Lancet Child & Adolescent Health.* vol.4, n.8, 2020.

ORTS LLÓPIS, María Ángeles. El Sistema Legal Inglés y su Hermenéutica: La Importancia del Lenguaje en el Derecho Anglosajón. *Revista de Lenguas para Fines Específicos.* n.7/8, 2001.

ORWELL, George, Politics and the English Language. In: *Why I write.* London: Penguin Books, 2004.

OSAKABE, Haquira. *Argumentação e discurso político.* São Paulo: Martins Fontes, 1999.

OSTERMANN, Fernanda. A epistemologia de Kuhn. *Caderno Brasileiro de Ensino de Física.* vol.13, n.3, 1996.

PAOLI, Roberto. Carnavalesco y tiempo cíclico en "Cien años de soledad". *Revista Iberoamericana.* vol.50, n.128, 1984.

PASTOR, Daniel, *¿Sueña el sistema penal con jueces electrónicos?*, in: *Derecho Penal y Comportamiento Humano,* Eduardo Demetrio Crespo (Director), Valencia: Tirant lo Blanch, 2022

PAULUS, Nelson. La universidad desde la teoría de los sistemas sociales. *Calidad en la educación.* n.25, 2006.

PEREDA, C. ¿Qué es un buen argumento?: La argumentation: Logica y retorica. Parte II. *Theoria.* vol.11, n.25, 1996.

PETERS, John G. "To Strive, To Seek, To Find, and Not To Yield": Ulysses as Siren in Tennyson's Poem. *Victorian Review.* vol.20, n.2, 1994.

PINTO, Elisa Guimarães. Figuras de retórica e argumentação. In: *Retóricas de ontem e de hoje.* São Paulo: Associação Editorial Humanitas, 2004.

PIRANDELLO, Luigi. *Seis personajes en busca de autor.* Trad. Ildefonso Grande y Manuel Bosch Barrett. Editor digital: IbnKhaldun, disponível na página https://ministeriodeeducacion.gob.do/docs/biblioteca-virtual/AHFb-luigi-pirandello-obras-completaspdf.pdf, p. 44.

PISTORI, Maria Helena Cruz. Discurso jurídico e imagens. *Filologia e Linguística Portuguesa.* vol.17, n.2, 2015.

POLLOCK, Jonathan. *¿Qué es el humor?* Buenos Aires: Paidós, 2003.

PORTANTIERO, Juan Carlos; DE IPOLA, Emilio. Lo nacional popular y los populismos realmente existentes. *Nueva Sociedad.* vol.54, n.1, 1981.

POZO, Hurtado. *La Ley Importada.* Lima: Cedys, 1979.

QUIROZ, Alfonso W. *Historia de la corrupción en el Perú.* Lima: Instituto de Estudios Peruanos, 2014.

RABINOW, Paul; DREYFUS, Hubert. *Michael Foucault*. Más allá del estructuralismo y la hermenéutica. México: UNAM, 1988.

RAITER, Alejandro. *Lenguaje y sentido común*: las bases para la formación del discurso dominante. Buenos Aires: Editorial Biblos, 2003.

RASTIER, François, *Artes y Ciencias del texto*, Madrid: Biblioteca Nueva, 2012

RATNAPALA, Suri. *Jurisprudence*. Cambridge: Cambridge University Press, 2017.

RATZINGER, Joseph. *Luz del Mundo*: el Papa, la Iglesia y los signos de los tiempos. Barcelona: Herder, 2010.

RAVEN, John C.; JOHN HUGH COURT. *Raven's progressive matrices and vocabulary scales*. Oxford: Oxford Pyschologists Press, 1998.

REBOUL, Olivier, *Introdução à Retórica*, São Paulo: Martins Fontes, 1998

REISMAN, Abby; BRIMSEK, Emily; HOLLYWOOD, Claire. Assessment of Historical Analysis and Argumentation (AHAA): A new measure of document-based historical thinking. *Cognition and Instruction*. vol.37, n.4, 2019.

REISMAN, W. Michael. Theory about law: jurisprudence for a free society. *Yale Law Journal*. vol.108, 1998.

RICOEUR, Paul. *The art of narrative*. vol.3. Chicago: University of Chicago, 1988.

RICOEUR, Paul. The human experience of time and narrative. *Research in phenomenology*. vol.9, 1979.

ROBLES ÁVILA, Sara. Realce y apelación en el lenguaje de la publicidad. Madrid: Arco/Libros. S. L., 2004.

RODRÍGUEZ CENTENO, Juan Carlos. La publicidad como herramienta de las distintas modalidades de comunicación persuasiva. *Global Media Journal México*. vol.1, n.1, 2004.

RODRÍGUEZ TOUBES MUÑIZ, Joaquín. La interpretación "a contrario" de disposiciones jurídicas. *Anuario de filosofía del derecho*, n.34, 2018.

RODRÍGUEZ TOUBES MUÑIZ, Joaquín. La Reducción al Absurdo como argumento jurídico. *Doxa: Cuadernos de Filosofía del Derecho*. vol.35, 2012.

RODRÍGUEZ, Víctor Gabriel, *O Ensaio como tese*: estética e narrativa na composição do texto científico. São Paulo: Martins Fontes, 2016.

RODRÍGUEZ, Víctor Gabriel. Correccionalismo y no-repeticion: el papel de las neurociencias en un derecho penal sin dolor. In: DEMETRIO CRESPO, Eduardo (Coord.). *Derecho Penal y Comportamiento Humano*: avances desde la neurociencia y la inteligencia artificial. Valencia: Tirant lo Blanch, 2022.

RODRÍGUEZ, Víctor Gabriel. *Fundamentos de Direito Penal Brasileiro.* São Paulo: Atlas, 2008.

RODRÍGUEZ, Víctor Gabriel. O buen vivir latino: primeiros lineamentos para a funcionalidade do Sumak Kawsay na Constituição Brasileira. In: RODRIGUES, Dennys Albuquerque *et al.* (Org.). *Democracia, Humanismo e Justiça Constitucional.* Belo Horizonte: Forum, 2022.

RODRÍGUEZ, Víctor Gabriel. *Pela radical alteração dos trajes forenses.* Carta Forense, outubro, 2017.

RODRÍGUEZ, Víctor Gabriel. *Tutela penal da intimidade.* São Paulo; Atlas, 2008.

ROJAS BONILLA, Fabián Andrés. *El papel de la dogmática en la concepción del precedente jurisprudencial.* Bogotá: Facultad de Derecho. Ciencias Políticas y Sociales, 2015.

ROMERO NIETO, Alejandro. El humor como instrumento de digresión temática en el debate parlamentario español. *RASAL lingüística.* n.1, 2018.

ROOK F., *Slaying the English Jargon.* Arlington: STC Press, 1983.

ROSENBERG, Alex. Strong scientism and its research agenda. In: BOUDRY, Maarten; PIGLIUCCI, Massimo. (ed.). *Science Unlimited? The Challenges of Scientism.* Chicago: University of Chicago Press, 2017.

ROTENBERG, Mordechai (1983). *Dialogue with deviance: the Hasidic ethic and the theory of social contraction.* Lanham: University Press of America.

ROSENKRANTZ, Jessica; LOUIS-ROSENBERG, Jesse. Dress/code democratising design through computation and digital fabrication. *Architectural Design.* vol.87, n.6, 2017.

ROTH, Wolff-Michael. Reflections During the COVID-19 Pandemic: Science, Education, and Everyday Life. *Canadian Journal of Science, Mathematics and Technology Education.* vol.22, 2022.

ROUTLEY, R.; ROUTLEY, V. Ryle's reductio ad absurdum argument. *Australasian Journal of Philosophy.* vol.51, n.2, 1973.

ROWAN, K. E. Moving Beyond the What to the Why: Differences in Professional and Popular Science Writing. *Journal of Technical Writing and Communication.* vol.19, n.1, 1989.

ROZIN, Paul; NEMEROFF, Carol. 11. Sympathetic Magical Thinking: The Contagion. GILOVICH, Thomas *et al.* (Ed.). *Heuristics and biases: The psychology of intuitive judgment.* Cambridge: Cambridge university Press, 2002.

RUBIA, Francisco J. El controvertido tema de la libertad. *Revista de Occidente.* n.356, 2011.

RUBINSTEIN, Ruth P. *Dress codes*: Meanings and messages in American culture. New York: Routledge, 2018.

RUHL, Charles, *On Monosemy*, New York: State of New York University Press, 1989.

RUPPERSBURG, Hugh. The South and John Kennedy Toole's "A Confederacy of Dunces". *Studies in American Humor.* vol.5, n.2/3, 1986.

SALTE, Luise. Visual, Popular and Political: The Non-Profit Influencer and the Public Sphere. *Javnost-The Public.* vol.29, n.4, 2022.

SAVIOLI, Francisco Platão; FIORIN. José Luiz. *Lições de texto.* São Paulo: Ática, 2011.

SCHERER, Donald. The form of reductio ad absurdum. *Mind.* vol.80, n.318, 1971.

SCHÜNEMANN, Bernd. Libertad de voluntad y culpabilidad. En: *Temas actuales y permanentes del derecho penal después del milenio.* Madrid, Tecnos, 2002.

SCHWARTZENBERGER, Roger-Gérard, *O Estado Espetáculo,* RJ: Difel, 1978

SCHWARZ, Monika. Establishing coherence in text. Conceptual continuity and text-world models. *Logos and Language.* vol.2, n.1, 2001.

SCOTT, Sandra Davidson. Winning with words: Reductio ad absurdum arguments. *ETC: A Review of General Semantics.* vol.47, n.2, 1990.

SEWELL, Willian H., *A Rhetoric of Bourgeois Revolution: The Abbe' Sieyes and What Is the Third Estate?* N.C: Duke University Press, 1994

SHANNON, Claude E. A Chess-Playing Machine. *Scientific American.* vol.182, n. 2, 1950.

SHEEHAN, K.M. Measuring Cohesion: An Approach That Accounts for Differences in the Degree of Integration Challenge Presented by Different Types of Sentences. *Educational Measurement: Issues and Practice.* vol.32, 2013.

SHU, Kai, *et al.* Fake news detection on social media: A data mining perspective. *ACM SIGKDD explorations newsletter.* vol.19, n.1, 2017.

SIMMONS, Solon. *Root narrative theory and conflict resolution:* Power, justice and values. New York: Routledge, 2020.

SMITH, Christian A. *Shakespeare's Influence on Karl Marx:* The Shakespearean Roots of Marxism. New York: Routledge, 2022.

SMITH, Kerri. Taking aim at free will. *Nature.* vol.477, 2011.

SMITH, Robin. Aristotle on the Uses of Dialectic. *Synthese.* vol.96, n.3, 1993.

SNODGRASS, Klyne R. From allegorizing to allegorizing: A history of the interpretation of the parables of Jesus. In: DUNN, James D. G.; McKNIGHT, Scot. (Ed.). *The historical Jesus in recent research.* Pennsylvania: Penn State University Press, 2021.

SNODGRASS, Klyne R. *Stories with intent:* A comprehensive guide to the parables of Jesus. Michigan: Wm. B. Eerdmans Publishing, 2018.

SOLOW, D., *How to Read and Do Proofs– an introduction to mathematical thought processes,* NY: John Wiley & Sons, 1990.

SPEAKS, Jeff. Theories of Meaning. In: ZALTA, Edward N. (Ed.). *The Stanford Encyclopedia of Philosophy.* Stanford: Spring, 2021.

STAAT, Wim. "On Abduction, Deduction, Induction and the Categories." *Transactions of The Charles S Peirce Society* 29 (1993): 225-237

STEIN, Robert H. *An introduction to the parables of Jesus.* Westminster: John Knox Press, 1981.

STERLING, Cheryl. Women-space, power, and the sacred in Afro-Brazilian culture. *The Global South.* vol.4, n.1, 2010.

STIVALA, Ariel *et al.* Genealogía del estilo personal. *VIII Jornadas de Investigación en Disciplinas Artísticas y Proyectuales.* La Plata, 6 y 7 de octubre de 2016.

SUM-HUNG LI, Eden, *Systemic Functional Political Discourse Analysis:* A Text-based Study. London: Routledge, 2021.

SUSANTI, Puji; IRWANSYAH, Irwansyah. Social Media Influencers and Digital Democracy. *Budapest International Research and Critics Institute-Journal (BIRCI-Journal).* vol.5, n.3, 2022.

TAGLIAMONTE, Sali A. *et al.* So sick or so cool? The language of youth on the internet. *Language in Society.* vol.45, n.1, 2016.

TAITAGUE, Alex. The Ramones: A Preliminary Towards the Poetics of Punk. *Berkeley Undergraduate Journal.* vol.25, n.3, 2012.

TAYLOR, J. R., An Introduction to Error Analysis 2nd Ed., University Science Books, ISBN 0-935702-75-X, April 1997.

THIELE, Martina. Political correctness and cancel culture – a question of power. *Journalism Research.* vol.4, n.1, 2021.

TODOROV, Tzvetan. *As estruturas narrativas.* Trad. Leyla Perrone-Moisés. São Paulo: Perspectiva, 2013.

TODOROV, Tzvetan. The 2 principles of narrative. *Diacritics.* vol.1, n.1, 1971.

TOLSTÓI, Liev. *Anna Kariênina.* Trad. Rubens Figueiredo. São Paulo: Cosac Naify, 2005.

TOOLE, John Kennedy. *A confederacy of dunces.* New York: Grove Press, 2015.

TORRADOS CESPÓN, Milagros. Uso del Smartphone y su reflejo en la escritura entre estudiantes de secundaria bilingües gallego-español. *Digital Education Review.* n.28, 2015.

TOWNSEND, Dabney. *An introduction to aesthetics.* Oxford: Blackwell. 1997.

TRÍAS, Eugenio. *Metodología del Pensamiento Mágico.* Barcelona: Edhasa, 1970.

UPRIMNY, Rodrigo. The recent transformation of constitutional law in Latin America: trends and challenges. *Law and Society in Latin America,* 2014.

VALERIO BÁEZ, San José. *Introducción crítica a la gramática generativa.* Barcelona: Editorial Planeta, 1975.

VAN DEN BERGHE, Rene Alphonse. *Por amor al arte*: memorias del ladrón más Famoso del mundo. Barcelona: Planeta, 2012.

VAN DIJK, Teun A. Critical Discourse Analysis. In: TANNEN, Deborah *et al.* (Ed.). *The Handbook of Discourse Analysis.* vol.1. 2.ed. Oxford: Wiley Blackwell, 2015.

VAN DIJK, Teun A. *Society and Discourse*: How Social Contexts Influence Text and Talk. Cambridge: Cambridge University Press, 2009.

VAN DIJK, Teun A. *Discourse and power.* London: Bloomsbury Publishing, 2017.

VAN DIJK, Teun A. *La ciencia del texto*: un enfoque interdisciplinario. Buenos Aires: Paidós, 1983.

VAN EEMEREN, Frans H.; GROOTENSDORST, Rob. *Argumentation, Communication and Fallacies*: A Pragma-Dialectical Perspective. New York: Routledge, 2016.

VAN EEMEREN, Frans H.; HOUTLOSSER, Peter. More about fallacies as derailments of strategic maneuvering: The case of tu quoque. *OSSA Conference Archive.* vol.93, 2003.

VAN EEMEREN, Frans H.; MEUFFELS, Bert; VERBURG, Mariël. The (un) reasonableness of ad hominem fallacies. *Journal of language and social psychology.* vol.19, n.4, 2000.

VILARNOVO, Antonio. Coherencia textual: ¿coherencia interna o coherencia externa? *Estudios de Lingüística.* vol.6, 1990.

VINKLER, Peter. *The evaluation of research by scientometric indicators.* Amsterdam: Elsevier, 2010.

VOGLER, Christopher. A practical guide to Joseph Campbell's the hero with a thousand faces. *Hero's Journey*. 1985.

VON STREBER LEE, Guilherme. *Paraguay y las complejidades de una nación bilingüe: la contradicción del idioma guaraní como símbolo nacional y su condición de diglosia.* Encuentros, Barranquilla, v. 16, n. 1, p. 107-119, June 2018

VREDEVELD, Harry. "Deaf as Ulysses to the Sirens Song": The Story of a Forgotten Topos. *Renaissance Quarterly*. Vol.54, n.3, 2001.

VROOMEN, Jean; COLLIER, René; MOZZICONACCI, Sylvie JL. Duration and intonation in emotional speech. In: EUROPEAN SPEECH COMMUNICATION ASSOCIATION. *Eurospeech*: 3rd European Conference on Speech Communication and Technology, 1993.

WALTER, Bettyruth. *The Jury Summation as Speech Genre*: Meaning of the Summation to Jurors. Amsterdam: John Benjamins Publishing Company, 1988.

WALTON, D. N. *Begging the Question*. New York: Greenwood, 1991.

WALTON, Douglas N. The ad hominem argument as an informal fallacy. *Argumentation*, vol.1, n.3, 1987.

WALTON, Douglas, *A Pragmatic Theory of Fallacies*. Tuscaloosa: University of Alabama Press, 1995.

WALTON, Douglas. Ad hominem *arguments*. Tuscaloosa: University of Alabama Press, 1998.

WALTON, Douglas. *Appeal to Expert Opinion*. Pennsylvania: Pennsylvania State University Press, 1997.

WALTON, Douglas. Defeasible reasoning and informal fallacies. *Synthese*, n.179, 2011.

WALTON, Douglas. Why fallacies appear to be better arguments than they are. *Informal Logic*. vol.30, 2010.

WALTON, Douglas. *One-sided arguments*: A dialectical analysis of bias. Albany: State University of New York Press, 1999.

WANG, Chen *et al.* A Schrödinger cat living in two boxes. *Science*. vol.352, n.6289, 2016.

WASHBURN, Jimmy. Discurso medico: fijación de realidades: I parte. *Revista de filosofía de la Universidad de Costa Rica*. vol.39, n.97, 2001.

WATSON, Alan. The Law of Citations and Classical Texts in the Post-Classical Period. *Legal History Review*. vol.34, n.3, 1996.

WEST, Jevin D.; BERGSTROM, Carl T. Misinformation in and about science. *Proceedings of the National Academy of Sciences*. vol.118, n.15, 2021.

WEST, Robin. Jurisprudence as narrative: An aesthetic analysis of modern legal theory. *NYUL Review*. vol.60, 1985.

WHITE, Robert S. Shakespeare's cinema of love: A study in genre and influence. In: *Shakespeare's cinema of love*. Manchester: Manchester University Press, 2016.

WICHMANN, Anne. *Intonation in text and discourse*: Beginnings, middles and ends. New York: Routledge, 2014.

WIGDERSON, Avi. Knowledge, Creativity and P versus NP. *URL http://www.math.ias.edu/~avi/PUBLICATIONS/MYPAPERS/AW09/AW09. pdf. Circulated manuscript*, 2009

WILLIAMS, Anne. The Horror, The Horror: Recent Studies in Gothic Fiction. *MFS Modern Fiction Studies*. vol.46, n.3, 2000.

WOLEŃSKI, Jan. Formal and informal in legal logic. In: GABBAY, Dov M. et al. (Ed.). *Approaches to legal rationality*. Dordrecht: Springer, 2010.

WOLFE, Christopher R.; BRITT, M. Anne; BUTLER, Jodie A. Argumentation schema and the myside bias in written argumentation. *Written Communication*. vol.26, n.2, 2009.

WORSWORTH. William, COLERIDGE, Samuel Taylor. *Lyrical Ballads*. London: Pearson Education, 2007.

YABLON, Charles M. Justifying the Judge's Hunch: An Essay on Discretion. *Hastings Law Journal*. vol.41, 1989.

YORIS-VILLASANA, Corina. *Analogía y Fuerza Argumentativa*. Santiago: Universidad Católica Andrés Bello, 2014.

YOUNG, J. G. What is creativity? *The Journal of Creative Behavior*. vol.19, n.2, 1985.

YUAN, Sheng. An investigation of the influence of cinema environment on advertising effectiveness. *International Journal of Advertising*. vol.37, 2017.

ZEITLIN, Solomon. Hillel and the hermeneutic rules. *The Jewish Quarterly Review*. vol.54, n.2, 1963.

ZHANG Delu, LIU Rushan, *New research on cohesion and Coherence in Linguistics*. New York: Routledge, 2022.

ZHURAVSKAYA, Ekaterina; PETROVA, Maria; ENIKOLOPOV, Ruben. Political effects of the internet and social media. *Annual review of economics*. vol.12, 2020.

ZUREK, Thomas. Modelling of a fortiori reasoning. *Proceedings of the 13th international conference on Artificial intelligence and law*. 2011.

Notas al final

[1] COLERIDGE, Samuel. *The Complete Poems of Samuel Taylor Coleridge.* London: Penguin UK, 2004.

[2] Existen numerosos estudios sobre Coleridge y la teoría del lenguaje. Recomendamos la lectura de *The Oxford Handbook of STC*, que recoge los diversos aspectos del poeta. Entre ellos, en el marco de una teoría de la gramática generativa en Coleridge, véase el capítulo McKUSICK, James C. Coleridge and Language Theory. In: BURWICK, Frederick (ed.). *The Oxford Handbook of Samuel Taylor Coleridge.* Oxford: Oxford Academic, 2012.

[3] Sobre los aspectos terroríficos en Coleridge: WILLIAMS, Anne. The Horror, The Horror: Recent Studies in Gothic Fiction. *MFS Modern Fiction Studies.* vol.46, n. 3, 2000.

[4] Por supuesto, somos conscientes, especialmente en América Latina, del hecho de que generaciones que han tenido una educación primaria y secundaria deficiente acceden a la universidad. En cierta medida, esto denota la llegada de los menos favorecidos a la universidad, lo cual está bien, pero es, creemos, una parte insignificante del problema. Sin datos suficientes, no nos atrevemos a aventurar una afirmación sobre cuánto del problema proviene de una formación menos cualificada en la construcción e interpretación de textos, y cuánto de una nueva generación que ha tenido poca necesidad de leer, aunque haya pasado por las mejores escuelas. Esta categorización de los orígenes no nos interesa en absoluto.

[5] CHAMBLISS, M. J.; GARNER, R. Do Adults Change their Minds after Reading Persuasive Text? *Written Communication.* vol.13, n.3, 1996.

[6] Las relaciones de poder para la construcción del discurso, incluso dentro de las ciencias duras, están en Foucault. Entre otras obras, véanse las esclarecedoras RABINOW, Paul; DREYFUS, Hubert. Michael Foucault. Más allá del estructuralismo y la hermenéutica. México: UNAM, 1988, pp.102 a 104. En un caso concreto, véase HUTCHBY, I. Power in Discourse: The Case of Arguments on a British Talk Radio Show. *Discourse & Society.* Vol.7, n.4, 1996, pp.481–497; también la reconocida obra: FAIRCLOUGH, Norman. *Language and power.* New York: Routledge, 2013.

[7] En varias ocasiones nos ocuparemos aquí de la teoría del derecho de Luhmann, a menudo aplicada al derecho público, especialmente al derecho penal. Su construcción de la sociedad basada en la comunicación evidentemente nos acerca mucho, pero existen discrepancias en cuan-

to al papel del individuo en el contexto de la reacción del derecho. Nos remitimos a otras obras de nuestra autoría para profundizar en el tema.

[8] JOHNSTONE, H. A New Theory of philosophical argumentation. *Philosophy and Phenomenological Research.* vol.15, n.2, 1954, pp. 244-252.

[9] Sobre la aproximación entre la justicia de Salomón y la justicia de Sancho Panza, véase CAMPOS OCAMPO, Melvin; HERRERA ÁVILA, Tatiana. Sancho Panza y el carnaval salomónico (batucada barataria). *Revista de Filología y Lingüística de la Universidad de Costa Rica.* vol.32, n. 1, 2018. Sobre la visión de Don Quijote aconsejando a Sancho para sus futuras pruebas, entre otras muchas, véase GARCÍA RODRÍGUEZ, Yadira; CHINEA GUEVARA, Josefina. El ideal de justicia en los consejos de Don Quijote a Sancho Panza. *Islas.* n.145, 2005, pp.88-93.

[10] Es muy interesante conocer cómo la Revolución Francesa formaba *su* propia retórica de libertad, influenciado por la industria gráfica que entonces nacía, permitiendo la producción de panfletos de propaganda. Véase, en ese sentido, Gao: "he pamphlet industry's large scale and influential power posed a threat to the declining monarchy. The monarch, Louis XVI, with whom the public were becoming illusioned, appeared incapable to contain the spread of pamphlets and revolutionary sentiments, which further suggested the vitality of this written culture". GAO, Lingxiao "A Revolution of Language: Pamphlet Literature and Public Speeches during the French Revolution," Liberated Arts: a journal for undergraduate research: Vol. 8: Iss. 1, Article 1, p. 02. También SEWELL, Willian H., *A Rhetoric of Bourgeois Revolution: The Abbe' Sieyes and What Is the Third Estate?* N.C: Duke University Press, 1994

[11] En la última edición de *su Origen de las Especies,* Darwin hace algunas evasivas para llegar a decir que sí cree que un único "prototipo" de vida puede haber dado lugar a todos los animales y plantas de la tierra ("y, si admitimos esto, también tenemos que admitir que todos los seres orgánicos que en todo tiempo han vivido sobre la tierra descienden tal vez a partir de una sola forma primigenia"). E incluso admite la hipótesis de que la vida en la Tierra surgió simultáneamente en varias especies, pero con una enorme salvedad, porque "si es así, podemos llegar a la conclusión de que tan solo poquísimas han dejado descendientes modificados". DARWIN, Charles, *El origen de las Especies,* Madrid: EDAF, 1965, p. 476.

[12] Entre muchos otros: FREUD, Sigmund. El uso de la interpretación de los sueños en psicoanálisis. In: *Sobre un caso de paranoia descrito autobiográficamente (Schreber). Trabajos sobre técnica psicoanalítica y otras obras:* 1911-1913. Buenos Aires: Amorrortu editores, 2007, pp. 85-92. O bien

CESIO, Fidias. La transferencia en el sueño y en el tratamiento psicoanalítico. *Revista de psicoanálisis.* vol.4, 1967.

[13] En Duguit valoramos su idea de la responsabilidad del Estado. La exclusión mutua entre la responsabilidad del Estado y la soberanía de sus decisiones puede ser matizada. Véase Cap. VII (pp. 202-203) do *Law in Modern State.* Es, en nuestra opinión, uno de los grandes hitos hacia el fin del absolutismo, avanzando no sólo hacia un Derecho Administrativo que reconozca la responsabilidad del ente colectivo, sino hacia los Tribunales de Derechos Humanos, tal y como hoy los conocemos. DUGUIT, Léon. *Law in the Modern State.* New York: Huebsch, 1919.

[14] Larenz bem resume: "según la concepción positivista, lo único que es accesible al conocimiento científico, prescindiendo de la Lógica y la Matemática, son los 'hechos' perceptibles junto con la 'legalidad', corroborable experimentalmente, que en ellos se manifiesta. En este planteamiento aparece decisivo el modelo de la Ciencias naturales exactas. En esto el positivismo es 'naturalismo'. Ahora bien, la Ciencia del Derecho ha de ser elevada a una 'Ciencia verdadera' fundamentándola, lo mismo que la Ciencia natural, sobre hechos indubitables" LARENZ, Karl, *Metodología de la ciencia del Derecho.* Trad. Rodríguez Molinero. Barcelona: Ariel, 1994, p. 58. De modo parecido, Gimbernat define o positivismo e aponta que sua superação houve com o neokantismo, porque "el carácter científico de la dogmática penal —y, en general, de toda la dogmática jurídica— sólo podia fundamentarse dentro de una dirección distinta del naturalismo. Esto es lo que intento el neokantismo, efectuando una tajante distinción entre ciencias de la naturaleza y ciencias del espíritu". GIMBERNAT ORDEIG, Enrique. *Concepto y método de la ciencia del derecho penal.* Madrid: Tecnos, 1999, p. 41.

[15] LOBINGIER, Charles Summer. Napoleon and his Code. *Harvard Law Review.* vol.32, 1918, p. 114; também GORDLEY, James. Myths of the French civil code. *The American Journal of Comparative Law.* vol.42, n.3, 1994, pp.459-505, más concretamente sobre las influencias de otras legislaciones en las disposiciones del Código Napoleónico. De todos modos, para lo que nos interesa, fue un hito de seguridad jurídica para un imperio aspirante que se iniciaba.

[16] "El moralismo de los filósofos griegos que aparece a partir de Platón está condicionado patológicamente; y lo mismo cabe decir de su afición por la dialéctica. Razón = virtud = felicidad equivale sencillamente a tener que imitar a Sócrates". NIETZSCHE, Friedrich, *Ocaso de los ídolos,* cit., p.31.

[17] "¡Ante Dios! Pero Dios ha muerto. Este Dios, hombres superiores, ha sido vuestro mayor peligro. Para que resucitarais ha sido preciso que yaciera él en su tumba. Sólo ahora vendrá el gran mediodía y también el

hombre superior para ser el Señor. (...) Pues bien, ¡adelante hombres superiores! Sólo ahora va a dar a luz la montaña del porvenir humano. Dios ha muerto; nosotros queremos que viva el Superhombre" NIETZSCHE, Friedrich. *Así habló Zaratustra.* Trad. Juan Bergua, Madrid: Esfera de los Libros, 2011, p. 287.

[18] Schünemann, por ejemplo, denomina el nazismo de "régimen social-darwinista del nacional-socialismo". Cf. SCHÜNEMANN, Bernd. Libertad de voluntad y culpabilidad. En: *Temas actuales y permanentes del derecho penal después del milenio.* Madrid, Tecnos, 2002, p. 30.

[19] Como bien sabemos, esta es la elevación de Hanna Arendt, en su obra "Eichmann en Jerusalén". Pero es realmente más relevante para nosotros, en la autora, la forma en que trató de construir una visión de la mente, en su *Life of Mind.*

[20] Sobre la complejidad de la cuestión, véase, entre otros, DIP, Ricardo. *Seguridad jurídica y crisis del mundo posmoderno.* Madrid: Marcial Pons, 2016.

[21] Como la conocida crisis del cientificismo de Hume. Véase, por ejemplo, ROSENBERG, Alex. Strong scientism and its research agenda. In: BOUDRY, Maarten; PIGLIUCCI, Massimo. (ed.). *Science Unlimited? The Challenges of Scientism.* Chicago: University of Chicago Press, 2017, pp.203-24, además de los ya citados Thomas Kuhn e Mario Bunge, entre tantos otros.

[22] Véase CALVO GONZÁLEZ, José. Desde una encrucijada junto a Borges: sobre ciencia jurídica y producción normativa. *Anuario de filosofía del derecho.* n.32, 2016, pp.187-212.

[23] Este es el caso de las nuevas leyes que requieren la creación de normas internas, via *compliance.* De hecho, son poderes que se enfrentan al propio Estado y a cualquier forma de su *aplicación.* Véase, entre otros, GARRET, Brandon, *Too Big to Jail:* How Proecutors compromisse with corporations. New York: Belknap Press, 2016.

[24] HITTERS, Juan Carlos. ¿Son vinculantes los pronunciamientos de la Comisión y de la Corte Interamericana de Derechos Humanos? (Control de constitucionalidad y convencionalidad). *Revista Iberoamericana de Derecho Procesal Constitucional.* vol.10, n.19, 2008, pp.149-150.

[25] Entre las muchas, están las del intercambio autoritario del lenguaje común o, en los tribunales, la criminalización excesiva. En el caso brasileño, puedo citar fácilmente la criminalización hecha por analogía y lejos del principio de reserva legal por el Tribunal Supremo, cuando creó, por jurisprudencia, el crimen de homofobia. Nunca se entenderá que la homofobia no sea un delito grave. Sin embargo, delegar un proceso de criminalización en el Poder Judicial supone enfrentarse a principios básicos de separación de poderes. Véase ADO 26 do STF.

[26] Al menos, como reacción a los mitos no científicos que se difundieron sobre la enfermedad, en la llamada "desinformación". Véase, entre muchos, ROTH, Wolff-Michael. Reflections During the COVID-19 Pandemic: Science, Education, and Everyday Life. *Canadian Journal of Science, Mathematics and Technology Education*. vol.22, 2022. Também WEST, Jevin D.; BERGSTROM, Carl T. Misinformation in and about science. *Proceedings of the National Academy of Sciences*. vol.118, n.15, 2021. El error, en nuestra opinión, radica en el intento de transponer las ciencias experimentales a las no experimentales, como el derecho.

[27] Esta es la paradoja que Ratzinger denominó de "dictadura del relativismo": "Gran parte de la filosofía actual consiste realmente en decir que el hombre no es capaz de la verdad. (...) Por eso es preciso tener la osadía de decir: sí, el hombre debe buscar la verdad, es capaz de la verdad. Es evidente que la verdad necesita criterios para ser verificada y falsada. También ha de ir acompañada de tolerancia". RATZINGER, Joseph. *Luz del Mundo*: el Papa, la Iglesia y los signos de los tiempos. Barcelona: Herder, 2010. p. 64.

[28] https://www.stj.jus.br/sites/portalp/Paginas/Comunicacao/Noticias/09032021-Inteligencia-artificial-esta-presente-em-metade-dos-tribunais-brasileiros–aponta-estudo-inedito.aspx

[29] Entre tantos, véase ZHURAVSKAYA, Ekaterina; PETROVA, Maria; ENIKOLOPOV, Ruben. Political effects of the internet and social media. *Annual review of economics*. vol.12, 2020, pp.415-438, ou BOULIANNE, Shelley. Revolution in the making? Social media effects across the globe. *Information, communication & Society*. vol.22, n.1, 2019, pp.39-54.

[30] ORBEN, Amy; TOMOVA, Livia; BLAKEMORE, Sarah-Jayne. The effects of social deprivation on adolescent development and mental health. *The Lancet Child & Adolescent Health*. vol.4, n.8, 2020, pp.634-640; também HUR, Jane; GUPTA, Mayank. Growing up in the web of social networking: Adolescent development and social media. *Adolescent Psychiatry*. vol.3, n.3, 2013, pp.233-244. No es nuestra intención entrar en cuestiones médicas, aquí sólo usamos como ejemplo.

[31] Existen mecanismos informáticos para detectar noticias falsas, pero no son suficientes. Véase. SHU, Kai, *et al.* Fake news detection on social media: A data mining perspective. *ACM SIGKDD explorations newsletter*. vol.19, n.1, 2017, pp.22-36. Também: MONTI, Federico *et al.* Fake news detection on social media using geometric deep learning. *arXiv preprint arXiv:1902.06673*, 2019.

[32] Ya hay estudios, desde los más conceptuales, D. CLARK, Meredith. DRAG THEM: A brief etymology of so-called "cancel culture". *Communication and the Public*. vol.5, n.3/4, 2020, pp.88-92, incluso los más prácticos, como NG, Eve. No grand pronouncements here...: Reflections on

cancel culture and digital media participation. *Television & New Media.* vol.21, n.6, 2020, pp.621-627.

[33] En el texto escrito, como se verá, la progresión narrativa y argumentativa no se mezclan, pero la estructura se aproxima.

[34] RODRÍGUEZ, Víctor Gabriel. *Fundamentos de Direito Penal Brasileiro.* Derecho penal y teoría general del delito. São Paulo: Atlas, 2010, p.185.

[35] AMSTERDAM, Anthony G.; BRUNER, Jerome. *Minding the Law.* Cambridge: Harvard University Press, 2000, pp.113-114; BRUNER, Jerome. *Actual minds, possible worlds.* Cambridge: Harvard University Press, 1986; BRUNER, Jerome. *La fabbrica delle storie.* Diritto, letteratura, vita. Trad. Mario Carpitella. Bari: Editori Laterza, 2002.

[36] Por supuesto, nos referimos a Luhmann. Hemos analizado su obra en otros textos nuestros. A los efectos que nos ocupan, hemos criticado su afirmación de que la sociedad es en sí misma comunicación por reduccionista: "La controvertida aplicación de la teoría biológica del sistema por parte de Luhmann a sistema sociales llevó a la crítica de Maturana. Una teoría de los sistemas sociales no puede hacer referencia solamente a la coordinación de comunicaciones, sino que, en contra de Luhmann, debe incluir seres humanos" GÖSSEL, Karl Heinz. Réplica al derecho penal del enemigo: sobre individuos y personas del derecho. *Revista penal.* n.20, 2007, p.95.

[37] Hay muchas definiciones de argumento. Véase la búsqueda de "buena argumentación" en P PEREDA, C. ¿Qué es un buen argumento?: La argumentation: Logica y retorica. Parte II. *Theoria.* vol.11, n.25, 1996, pp.7-20. Também: KNOBLAUCH, A. Abby. A textbook argument: Definitions of argument in leading composition textbooks. *College Composition and Communication.* vol.62, n.2, 2011, pp.244-268. No vamos a ocuparnos de ellos en este momento, porque tenemos nuestra definición, que es instrumental: un elemento lingüístico destinado a persuadir. La distinción entre persuasión y persuasión, aunque se abordará en el futuro, no está lo suficientemente consolidada como para cambiar nuestra definición.

[38] "Both rethorical and dialectical arguments rely on assumptions or premises that are not established as true, but are only reputable or accepted by one group or the other (*endoxa*)". SMITH, Robin. Aristotle on the Uses of Dialectic. *Synthese.* vol.96, n.3, 1993, pp.335–58.

[39] "El género deliberativo trata tanto de los argumentos sobre los cuales decide una asamblea como de los fines y los múltiples medios que hay para conseguirlos. Se delibera sobre lo posible, pero nunca sobre lo que es imposible, lo que ocurre con necesidad o lo que es posible por naturaleza o causalidad, puesto que sobre esto último el hombre no tiene ningún control. Pero no basta con decir que se delibera sobre lo po-

sible, porque no puede deliberarse sobre todos los posibles". ARENAS DOLZ, Francisco. El modelo retórico deliberativo aristotélico. *Revista de Estudios Políticos.* n.142, 2008, pp.173-200. Também: KENNEDY, G. *A new history of classical rhetoric.* Princeton: Princeton University Press, 1994.

[40] "Dicho esto en términos epidícticos, diremos que se alaba o se censura algo y en este proceso ubicamos el mundo entre lo que consideramos bueno y lo que consideramos malo. Así, podríamos afirmar que ningún proyecto ético está por fuera de lo que es el epidíctico". MONTOYA, Mario. El funcionamiento del género discursivo epidíctico. *Enunciación.* vol.17, n.1, 2012, pp. 7-21.

[41] El excelente ensayo de Orwell, que se recordará aquí más de una vez, sobre el tema ya se ha dicho que "Thus political language has to consist largely of euphemism, question-beggin na sheer cloudy vagueness". Ou, dissertando sobre os eufemismos no discurso de guerra (...) "Such phraseology is needed if one wants to name things without calling up mental pictures of them". ORWELL, George, Politics and the English Language. In: *Why I write.* London: Penguin Books, 2004, p.115.

[42] "La afirmación de que una virtud es el término medio entre un vicio de carencia y un vicio de exceso, como entre algo que es poco y algo que es demasiado, implica la idea de que la relación entre virtud y vicio es una relación de grados. Pero como la virtud consiste en la conformidad, y el vicio en la no conformidad de una conducta con una norma moral, la relación entre virtud y vicio no puede ser una relación de diferentes grados. Pues en lo que respecta a la conformidad o disconformidad, no hay grados posibles. Una conducta no puede ser ni mucho ni poco, sólo puede ser conforme o no conforme a una norma (moral o jurídica); sólo puede contradecir o no contradecir una norma. Si presuponemos la norma: los hombres no deben mentir, o —expresado positivamente— los hombres deben decir la verdad, una afirmación concreta hecha por un hombre o es verdad o no es verdad, es mentira o no es mentira. Si fuera verdad, la conducta del hombre será conforme a la norma; si fuera mentira, la conducta del hombre será contraria a la norma" *¿Qué es la justicia?* p. 118.

[43] En este sentido no hay oposición directa a Luhmann, si entendemos que su punto de partida es sociológico. Sólo hay diversidad de objeto.

[44] En nuestras palabras, publicadas en otro momento: "El derecho es uno de estos subsistemas, que no se confunde con su entorno (*Umfeld*), pero que depende de él para existir porque se relaciona con él, aunque, por ser autopoiético, es autónomo en su funcionamiento: sólo él puede determinar lo que es legal o ilegal, ante la obligación de reproducir su propia capacidad operativa, de forma autorreferencial, pero siempre a

través de ese trabajo de remover mediante el significado lo que le pertenece, lo que es jurídico en el entorno. Como subsistema, el Derecho no puede cumplir la función de otros sistemas, ya que tiene un papel concreto que desempeñar, es la *función de garantizar las expectativas de comportamiento.* Es decir, determina las conductas que se desean (de las que se espera), sin garantizar que éstas, las expectativas, no se frustren; pero al menos las mantiene como expectativas, de ahí que Luhmann afirme que el derecho procesa "expectativas normativas capaces de mantenerse en situaciones de conflicto". Esta es la *estabilidad contrafáctica* de la normatividad, es decir, cuando el Derecho cumple su función de proteger las expectativas, nos libera de la obligación de adaptarnos a sus frustraciones, aunque existan. Todo ello se produce a través de una descodificación binaria que el propio sistema desarrolla, determinando la diferenciación entre justo/injusto y, como dice el propio sociólogo, liberando al sistema de contradicciones internas (ser justo lo que no lo es y al revés) y de otros valores que no le son propios, como la utilidad y los fines políticos. Operando así, el sistema aclara que el cumplimiento de las expectativas o su incumplimiento tendrá, respectivamente, una respuesta positiva o negativa y, con ello, "actualiza su memoria", alimentando su relación autopoiética basada en la compatibilidad con comportamientos anteriores e indicando la consistencia de las operaciones futuras". Libre albedrío y Derecho penal, cit. Véase: LUHMANN, Niklas, *Organización y Decisión. Autopoiesis, acción y entendimiento comunicativo.* Barcelona: Anthropos, 1997, p. 11. Vide também p. 81; LUHMANN, Niklas. El derecho como sistema social. In: GÓMEZ-JARA DÍEZ, Carlos (Org.). *Teoría de Sistemas y derecho penal*: fundamentos y posibilidades de aplicación. Granada: Comares, 2005, pp.73.

[45] Decimos "insinúa" porque el texto escrito deja deliberadamente cierta ambigüedad sobre a qué se refería al señalar la inexperiencia del argumentador más joven. (En las palabras originales, "He's still wet behind the ears").

[46] No podemos resistirnos a señalar que en física cuántica se ha demostrado que coexisten dos realidades, como en el dilema del gato de Schrödinger. Esto, por cierto, es la base del ordenador cuántico, dejando la lógica binaria. Sin embargo, esta coexistencia deja de existir cuando un observador interfiere. Como siempre hay un observador en la situación argumentativa, la lógica cuántica de superposición de realidades no puede aplicarse. Muchos experimentos recrean hoy la idea de Schrödinger, reconfirmándola siempre, más allá. Véase, por ejemplo, WANG, Chen *et al.* A Schrödinger cat living in two boxes. *Science.* vol.352, n.6289, 2016, pp.1087-1091.

[47] A veces, repetiremos esta crítica: el uso de la hermenéutica jurídica es, evidentemente, la base de toda argumentación, incluso cuando el objeto de controversia son elementos fácticos. Sin embargo, la desviación del estudio argumentativo a las reglas hermenéuticas es una de las principales causas de malentendidos en la episteme y, por tanto, en el estudio de la argumentación y la retórica.

[48] Para los penalistas, el tema se estudia ampliamente dentro de la culpabilidad. Si fuera posible reproducir las *mismas circunstancias* de decisiones complejas y evaluar la reacción de cada individuo, el grado de desaprobación podría alcanzarse. Pero es absolutamente imposible reproducir la complejidad de las circunstancias que llevan a un individuo a tomar una decisión, desde su entorno hasta toda su composición biopsíquica. Véase RODRÍGUEZ, Víctor Gabriel. *Fundamentos de Direito Penal Brasileiro.* São Paulo: Atlas, 2008, pp. 278 e ss.

[49] "The most distinctive characteristics which differentiates mathematics from the various branches of empirical science, and which accounts for its fame as the queen of sciences, is no doubt the peculiar certainty and necessity of its results. No proposition in even the most advanced parts of empirical science can ever attain this status; a hypothesis concerning 'matters of empirical fact' can at best acquire what is loosely called a high probability or a high degree of confirmation, on the basis of the relevant evidence available; but however well it may have been confirmed by careful tests, the possibility can never be precluded that it will have to be discarded later in the light of new and disconfirming evidence. Thus, all the theories and hypotheses of empirical science share this provisional character of being established and accepted 'until further notice'. Whereas a mathematical theorem, once proved, is established once and for all; it holds with that particular certainty which no subsequent empirical discoveries, however unexpected and extraordinary, can ever affect to the slightest extent". HEMPEL, C. G, (1945) Geometry and Empirical Science, The American Mathematical Monthly, 52:1, 7-17

[50] Há hipóteses matemáticas e, muitas vezes, a forma de as tornar inteligíveis é recorrer à linguagem natural. Ver: "No discurso natural, neste tipo de situações, por exemplo, na resolução de um problema na aula de ciências ou no laboratório, podem ser formuladas afirmações que não são inteiramente correctas ou mesmo falácias do ponto de vista da lógica formal, mas que, ao mesmo tempo, constituem passos frutuosos na construção do conhecimento". JIMÉNEZ ALEIXANDRE, María Pilar; DÍAZ DE BUSTAMANTE, Joaquín. Discurso de aula y argumentación en la clase de ciencias: cuestiones teóricas y metodológicas. *En-*

señanza de las ciencias: revista de investigación y experiencias didácticas. vol.21, 2003, p. 359.

[51] En criminalística, el valor de las probabilidades es un viejo debate. La monografía de Di Bello revela la diatriba que sigue existiendo entre probabilistas y tradicionalistas. Por supuesto, siempre será difícil elevar la cuestión de las pruebas a una "probabilidad de culpabilidad", que escapa incluso a los más apegados a la idea de probabilidad. Véase "We can also think of the quantification claim as expressing a mere idealization or a regulative ideal. The latter interpretation seems more plausible. It has become clear, after all, that it is unrealistic to effectively quantify the probability of guilt, and the probabilists themselves have come to admit that." DI BELLO, Marcello. Statistics and probability in criminal trials. PhD. Stanford University, 2013, p.41. Também: KAYE, David H. Probability, individualization, and uniqueness in forensic science evidence. *Brooklyn Law Review*. vol.75, n.4, 2010, pp.1174–1186, 2010. KAYE, David H. Beyond uniqueness: the birthday paradox, source attribution and individualization in forensic science. *Law, Probability and Risk*. vol.12, n.1, 2013, pp.3-11.

[52] Esto es lo que hace que el autor defina la persuasión como un medio de llevar a la acción, sin convencer necesariamente. Se trataría entonces de un medio de control social. Véase: DÍAZ, Álvaro. *La argumentación escrita*. Antioquia: Universidad de Antioquia, 2002, p.2.

[53] Una discusión que, sin embargo, tangencia nuestro tema, en la intertextualidad: a quién va dirigida la argumentación. Sobre el lenguaje publicitario y su dependencia económica, Caro define: "La expresión 'lenguaje publicitario' hace referencia a un lenguaje de carácter instrumental inasimilable a las lenguas naturales, tras el que cabe desvelar la presencia de determinadas estrategias discursivas y cuyo contenido semántico desborda el ámbito de los significados convencionales; lenguaje, por lo demás, sometido en la actualidad a una importante transformación; que implica una labor de retroacción por parte de su destinatario que en ocasiones trasciende la simple recepción para adquirir dimensiones sociales y cuyas claves significativas hay que buscar en la acción intencional, de naturaleza predominantemente económica, que está en su base". CARO, Antonio. Para una fundamentación científica del concepto de lenguaje publicitario. *Área 5inco*. vol.6, 1999, pp.151-164. Sobre el lenguaje publicitario en general, véase GONZÁLEZ MARTÍN, Juan Antonio. Teoría General de la Publicidad. Madrid: Fondo de Cultura Económica de España, 1996; também RODRÍGUEZ CENTENO, Juan Carlos. La publicidad como herramienta de las distintas modalidades de comunicación persuasiva. *Global Media Journal México*. vol.1, n.1, 2004.

[54] Existen críticas a esta postura, que no dejamos de considerar. Principalmente, el hecho de que el argumentador se pone ante una obra inútil, si su idea no es necesariamente llevar al argumentado a actuar como se pretende. Sin embargo, reconocer los límites no implica dejar de trabajar con el contexto más amplio para la acción del oyente, sino todo lo contrario: implica enfrentarse al mundo de forma real y dividir las tareas. Así, el anunciante, creador de un anuncio, hará que el consumidor elija el producto que se anuncia. Se trata de una tarea comunicativa. El profesional de *marketing* garantizará que el producto elegido sea encontrado por el consumidor y esté a un precio que pueda pagar, dentro de los límites de *cuanto* ha obtenido de su propio deseo. Ambas son tareas relevantes pero diferentes.

[55] Investigaciones vinculadas a la Fundación para el Proceso Legal revelan la actualidad de la corrupción judicial (en este caso, en Centroamérica y el Caribe), principalmente a cambio de dinero y factores políticos: "La democratización de los regímenes políticos en Centroamérica no ha significado per se la consolidación del Estado de derecho en toda la región. Los sistemas judiciales de Centroamérica han logrado mejoras importantes en sus marcos legales, infraestructura y presupuesto, pero en su mayoría continúan sujetos a la interferencia de otros poderes del estado y actores de la sociedad. Esta realidad se ve reflejada en los resultados de nuestra investigación, que señalan como principales manifestaciones de la corrupción al interior de los sistemas de justicia no sólo el soborno sino la interferencia política en las decisiones judiciales" *Controles y descontroles de la corrupción judicial*, 2007 Fundación para el Debido Proceso Legal, Washington, DC 20036 www.dplf.org, p. 08.

[56] Somos conscientes, porque trabajamos con el tema, de la necesidad de conceptualizar la corrupción si hubiera un estudio más profundo del tema. Utilizamos brevemente la definición en el estudio antes citado de la corrupción *judicial*:" Conscientes del debate que existe alrededor del concepto de corrupción, y en particular, acerca del concepto de corrupción judicial, la investigación decidió utilizar una definición operativa de actos de corrupción judicial, entendiendo éstos como aquellos actos en los cuales la conducta de un juez o empleado judicial vulnera el principio de imparcialidad en un proceso judicial, con mira a la obtención de un beneficio indebido e ilegal para sí mismo o para un tercero". *Controles y descontroles de la corrupción judicial*, 2007 Fundación para el Debido Proceso Legal, Washington, DC 20036 www.dplf.org, p. 08 Aquí sólo hacemos notar que en otro de nuestros trabajos hemos revelado que la sociedad latinoamericana no puede aceptar la etiqueta de ser más corrupta que otras, sin datos concretos. Sin embargo, vivimos un sistema de corrupción de autoridades mucho más visible, en gene-

ral, y nos negamos a dejar de observar aquí sus consecuencias. Para que no piense que estamos asumiendo la idea de una sociedad corrupta per se, vea nuestras advertencias en sentido contrario en RODRÍGUEZ, Vìctor, Nuevas tendencias del perdón en Dereho penal: utilitarismo, justicia y concreción de la paz, Anuario de filosofía del derecho, ISSN 0518-0872, Nº 38, 2022, págs. 215-250; Também: RODRÍGUEZ, Víctor Gabriel. O buen vivir latino: primeiros lineamentos para a funcionalidade do Sumak Kawsay na Constituição Brasileira, cit., entre outros.

[57] Hay que entender que, al decir que el razonamiento transmitido es simple, en un silogismo que parte de la premisa de que un atleta de renombre utiliza buenos productos, no significa que el anuncio en el que aparece deje de ser una obra de creación compleja: las escenas, la fotografía, el mensaje, todo ello tiene un relieve semiótico bien pensado por el escritor. Habrá quien transforme todos estos elementos en sintagmas para el inconsciente, en neurolingüística. Nuestro enfoque aquí será siempre evitar las concepciones neurológicas y psicológicas, porque, aunque muy interesantes como área de conocimiento, a menudo no se constituyen en absoluto como ciencia (como el Derecho y la Argumentación) y, por tanto, nos desvían de la construcción de un sistema mínimamente teórico para el lenguaje y la comunicación.

[58] Alaôr Caffé Alves expone este tema: "Por lo tanto, la lógica formal nunca puede guiar las acciones de los hombres. En consecuencia, no puede ser la lógica dominante en los asuntos humanos, y la teoría de la argumentación retórica debe ser la única forma de justificar los valores y los actos morales de los hombres. La argumentación retórica, a diferencia de la lógica simbólica o matemática —caracterizada por ser universal y, por tanto, impersonal, neutra y monológica—, presupone siempre el choque (dialéctico) de opiniones o la confrontación de ideologías y conciencias dentro de situaciones y circunstancias históricas concretas y particulares". *Lógica, pensamento formal e argumentação, elementos para o discurso jurídico*, p. 165.

[59] Gran parte de nuestro trabajo se desarrolla en el ámbito del arte narrativo. Con el debido respeto a las concepciones filosóficas y a la Filosofía del Derecho, la preocupación por el dominio del lenguaje es prácticamente nula. Hemos llegado al punto de tener más estudios sobre Argumentación que argumentación propiamente dicha, y esto es deletéreo. La construcción del texto narrativo es relevante desde el punto de vista de todas las tesis.

[60] Sobre la argumentación en la demostración matemática, véase: KRUMMHEUER, Gotz. The ethnography of argumentation. In: COBB, Paul; BAUERSFELD, Heinrich. (Ed.). *The emergence of mathematical meaning.* New York: Routledge, 2012. pp.236-276.

[61] Como se verá más adelante en este capítulo, a un nivel más detallado existe un discurso propio de la ciencia, con su propia estética y cierta capacidad de mayor adhesión a partir de determinados elementos. Así, decir que en el contexto de las ciencias duras se encuentra un trabajo argumentativo no es exagerado. Además, incluso una demostración matemática tendrá algunos elementos escritos en lenguaje ordinario, como frases introductorias, explicaciones mínimas sobre la elección del método, etc.

[62] BARNES, Jonathan. Aristotle's theory of demonstration. *Phronesis*, vol.14, n.2, 1969, pp.123-152. También: HARARI, Orna. *Knowledge and demonstration*: Aristotle's posterior analytics. London: Springer Science & Business Media, 2004.

[63] Juega en contra del orador el hecho de que los medios sociales implican que la persona tiene que dar su opinión directamente, sin ningún tipo de filtro. Esto es realmente malo. El espacio argumentativo es cada vez peor. Una tendencia sería que esto llevara a la sistematización, pero es todo lo contrario. Lleva a más magia, a que la argumentación acabe acercándose a la simple propaganda. Así que existe esta discrepancia de la que no podemos salir: la teoría se vuelve más compleja, lo cual es natural. Pero la práctica, comunicativa en sí misma, está lejos de ser comprendida por la filosofía jurídica. En esto, una vez más, me apoyo en el genio de Kelsen: saberlo todo es perdonarlo todo.

[64] El estudio más clásico sobre lo que sería una lengua natural o no natural (natural, non-natural e unnatural), en palabras del autor está en LYONS, John. *Natural Language and Universal Grammar*. New York: Cambridge University Press, 1991.

[65] La gramática es el conjunto de reglas para utilizar la lengua. Puede aparecer como un elemento normativo, como un conjunto de reglas impuestas, pero en lingüística se entenderá mucho más fácilmente como la manera en que el lenguaje se organiza de forma natural, partiendo de elementos formativos básicos. Es muy conocida la gramática generativa de Chomsky, que mezcla elementos de aprendizaje para intentar conseguir un conjunto de reglas básicas de organización, que están en todas las lenguas. Esto acerca mucho la gramática a la psicología, que no es nuestro tema aquí. Chomsky y sus seguidores ya han proporcionado muchos modelos teóricos para una concepción tan profunda de la gramática. Ver, en los principios: VALERIO BÁEZ, San José. *Introducción crítica a la gramática generativa*. Barcelona: Editorial Planeta, 1975. De modo crítico, pero aún así bastante claro por el propio autor, véase: CHOMSKY, Noam. The language capacity: architecture and evolution. *Psychon Bull Review*. vol.24, 2017, pp.200–203. Pero la gramática, como

conjunto de reglas de comunicación, también entra en el lenguaje informático y en la propia genética.

[66] "Definition: I distinguish two topics: first, the description of possible languages or grammars as abstract semantic systems whereby symbols are associated with aspects of the world; and, second, the description of the psychological and sociological facts whereby a particular one of these abstract semantic systems is the one used by a person or population. Only confusion comes of mixing these two topics". LEWIS, David. General Semantics. *Synthese.* vol.22, n.1/2, 1970, pp.18–67. SPEAKS, Jeff. Theories of Meaning. In: ZALTA, Edward N. (Ed.). *The Stanford Encyclopedia of Philosophy.* Stanford: Spring, 2021.

[67] Por ejemplo: CARO REY, Jonatan. La Metafilosofía de Eugenio Trías. *Pensamiento. Revista de Investigación e Información Filosófica.* vol.71, n.268, 2015, pp.845-876; ou GENÓ, Orlando J. El origen mágico del lenguaje. *Cuadernos de Literatura*: Revista de Estudios Lingüísticos y Literarios. n.7, 1996; ROZIN, Paul; NEMEROFF, Carol. 11. Sympathetic Magical Thinking: The Contagion. GILOVICH, Thomas *et al.* (Ed.). *Heuristics and biases: The psychology of intuitive judgment.* Cambridge: Cambridge university Press, 2002, p.201.

[68] Es algo parecido a que Gilbert va a llamar de dimensiones visceral y *kisceral* de la comunicación. "The point of view I am defending is one that I have argued over the last ten years: all communication, and argumentation in particular, must be viewed as involving four modes, often highly intertwined and only separated with an analytical eye. These modes are the logical, the emotional, the visceral (or physical and contextual,) and the kisceral (the intuitive, mystical and religious)" GILBERT, Michael A. 2004. "Emotion, Argumentation & Informal Logic." Informal Logic 24, p. 247

[69] Entre tantos: LUNA SALAS, Fernando. Fiabilidad de la prueba testimonial: breve análisis desde la psicología del testimonio y los errores de la memoria. *Prolegómenos. Derechos y Valores.* vol.24, n.48, 2021, pp.53-67.

[70] "At best, theories focusing on the "logical" mode offer an incomplete picture of argumentative reality. While our focus on the logical might provide adequate tools for theorizing that aspect of argumentation, our neglect of the non-logical means that existing theories fail to address themselves to normatively significant features of our arguings associated with those other modes. When responding to the "traditionalist's" answer that "it is a fallacy to take those things [here, Gilbert is specifically referencing examples of situational features which, on his multi-modalism, comprise the physical mode] into account when evaluating an argument," Gilbert replies: "But it is impossible not to take them into account when having an 524 Godden © David Godden. Informal Logic,

Vol. 42, No. 3 (2022), pp. 521–562. argument" (2018, p. 322; cf. 2002). As such, existing theories provide only partially adequate analytical, regulative, and evaluative frameworks for our argumentative activities. David Godden. Informal Logic, Vol. 42, No. 3 (2022), pp. 521–562 GILBERT, M. 2004. *Emotion, argumentation and informal logic.* Informal Logic 24(3): 245-264.

[71] Las definiciones de estética son variadas y como parte de la filosofía vinculada al encuentro de la belleza y, con Hegel, la simetría y el orden. En el campo de las artes, la obra muy completa: GRAHAM, Gordon. *Philosophy of the arts*: An introduction to aesthetics. New York: Routledge, 2005; também TOWNSEND, Dabney. *An introduction to aesthetics.* Oxford: Blackwell. 1997.

[72] "Ciertamente, de forma similar a lo que pasa en la argumentación práctica general, en la argumentación jurídica se genera legitimidad por el mismo proceso dialéctico de argumentar y contra argumentar. Esto se podrá entender mejor si se tienen en cuenta las razones que se pueden ofrecer a favor de la argumentación jurídica: el rechazo al autoritarismo, la apertura a la diferencia, la publicidad, sirve como medio de investigación, y, finalmente, la satisfacción de obtener un resultado común bajo el ejercicio de ciertas reglas". MORENO CRUZ, Rodolfo. Argumentación jurídica, por qué y para qué. *Boletín Mexicano de Derecho Comparado.* vol.45, n.133, 2012, pp.165-192.

[73] La obra de Thomas Kuhn, ya referida en más de una ocasión, como el conocimiento humano a partir de factores distintos a la mera acumulación tecnológica del saber ha sido mi formación desde la Universidad, y siempre se refracta en los movimientos históricos que tratamos de adaptar al estudiar Retórica. Desgraciadamente, el carácter más elemental del presente libro no me permite diseccionar directamente otros temas. Explica bien la epistemología de Kuhn, en breve OSTERMANN, Fernanda. La epistemología de Kuhn. *Caderno Brasileiro de Ensino de Física.* vol.13, n.3, 1996, pp.184-196. Também MOYA, Eugenio. Alan D. Sokal, Thomas S. Kuhn y la epistemología moderna. *Revista de Filosofía 3ª época.* vol.13, n.23, 2000, pp.169-194. Traducción al español: KUHN, Thomas S. *La estructura de las revoluciones científicas.* México: Fondo de cultura económica, 2019. Obras posteriores de Kuhn se han fijado más en la noción de especialización del conocimiento que en el propio paradigma, como sabemos. Sin embargo, este concepto, de fondo lingüístico, que aporta la idea de cientificidad sigue siendo esencial para cualquiera que estudie el Derecho o un saber aplicado a él, como ocurre con la Argumentación y la retórica.

[74] Cf. MARCHI, Eduardo C. Silveira. *Guia de metodologia jurídica*, p. 36.

[75] Tenemos algunas publicaciones que reflexionan sobre la introducción del sistema anglosajón en nuestra realidad. Sin embargo, en términos de lenguaje, recomiendo: ORTS LLÓPIS, María Ángeles. El Sistema Legal Inglés y su Hermenéutica: La Importancia del Lenguaje en el Derecho Anglosajón. *Revista de Lenguas para Fines Específicos.* n.7/8, 2001.

[76] Nuevamente, el derecho penal entabla una discusión muy similar, al observar en el tipo penal sólo elementos fácticos, para luego observar que allí había elementos normativos. Nosotros, en algún momento, paralelamente como aquí, encontramos en el tipo penal un factor reductor mucho más elemental: la composición narrativa. Lo llamamos de Relato Típico, en nuestro manual: RODRÍGUEZ, Víctor Gabriel. *Fundamentos de Direito Penal Brasileiro.* São Paulo: Atlas, 2008.

[77] Cuidando dos limites na linguagem: ROBLES ÁVILA, Sara. Realce y apelación en el lenguaje de la publicidad. Madrid: Arco/Libros. S. L., 2004.

[78] Evidentemente, existe una relación intertextual con los mensajes bíblicos. Los ángeles se presentan inmediatamente a los hombres con la frase: "no tengáis miedo". Por supuesto, esto es secundario, pero forma parte de la construcción textual.

[79] Los siguientes términos se utilizan como sinónimos fundamención y motivación. La Constitución prefiere el primer término (art. 93, IX, del CF 88, y art. 489 del CPC. Aunque el CPC también se refiere, varias veces, a decisiones "motivadas"). Por nuestra parte, preferimos, en portugués, el sustantivo *fundamentação* y la palabra 'fundamentado', porque la motivación conlleva una carga semántica de confusión entre las razones de la propia decisión y las razones que se dan para ella. En este sentido, la palabra motivación tiene una carga retórica, como si quisiera decir que contiene todos los elementos que llevaron a la decisión. Desgraciadamente, esto no es cierto, como se verá en este capítulo: el juez puede tener razones ocultas para tomar la decisión en una determinada dirección, que nunca estarán en el texto. En el texto de la sentencia están sus razones, en el sentido de persuasión racional. Si las razones fallan en su lógica interna o externa, o en su correspondencia con los hechos, la sentencia debe ser reformada. Este sentido demostrativo de sus razones no significa exactamente motivación.

[80] Como penalista, no podemos evitar decir que el concepto de "falso" es una de las principales preocupaciones del Derecho penal, incluso desde bases éticas. La idea de fraude, de la que se deriva la estafa, parte de los límites éticos de lo que es falso y lo que es verdadero. A nosotros también nos preocupan estas cuestiones dentro del derecho penal, desde las mismas bases. Por ejemplo, cuando las técnicas modernas de investigación permiten la existencia de un "agente encubierto" o

"agente encubierto", el Estado está mintiendo a los ciudadanos sobre la identidad de su representante. El Estado está mintiendo, disimulando, y esto quizás sobrepasa los límites éticos, sólo suplantados por una lógica utilitarista. Por supuesto, esta discusión tiene otros ejes temáticos sobre la relación entre el Estado y el ciudadano, pero nuestra observación es que la preocupación por la verdad, en el sentido de correspondencia con los hechos, y los límites de su ocultación no están sólo en la argumentación o en la deontología profesional. Una vez más, la transposición de la preocupación por la "verdad" únicamente como una prerrogativa de que los Abogados son propensos a tergiversar es, una vez más, el elemento paradójico en el uso de un elemento retórico para criticar el propio estudio de la Retórica. El Código Brasileño de Autorregulación Publicitaria, un excelente texto básico para medir los límites del discurso, establece en su artículo 23: Artículo 23: La publicidad debe realizarse de forma que no abuse de la confianza del consumidor, explote su falta de experiencia o conocimientos y se beneficie de su credulidad. En derecho penal, véase la tesis doctoral dirigida por mí, MACRI JR. *O engano típico no Estelionato.* Tesis doctoral-Derecho. Universidad de São Paulo, 2022. Sobre los límites de la verdad y la mentira en Derecho, véase nuestro "Testamento de Calatrava", publicado en nuestro Laboratorio de Derecho Penal. São Paulo: Almedina, 2015.

[81] Ver el clásico de POZO, Hurtado, *La Ley Importada.* Lima: Cedys, 1979, p.21: "La tercera etapa consiste en la asimilación del derecho importado a la vida del país recepcionador. Esta asimilación puede ser parcial o total, o bien puede no darse del todo. Sin embargo, esto no significa que no se plantee, en los hechos, la aplicación del nuevo derecho sino que su vigencia efectiva pueda ser exitosa o fracasar".

[82] Luhmann dice que la función del Derecho puede analizarse de dos maneras (*auf zwei verschiedene Gleise gesetz*). De modo abstrato, se refiere a los costes sociales de las relaciones temporales de las expectativas (mit den sozialen Konstender zeitlichen Bindung von Erwartungen zu tun). Concretamente, su función es estabilizar las expectativas normativas regulando su generalización temporal, objetiva y social. El derecho permite saber qué expectativas tienen respaldo social y cuáles no (Das Recht ermöglich es, wissen zu können, mit welchen Erwartungen man sozialen Rückhalt finden, und mit welchen nicht"), así como hacer posible la vida en una sociedad compleja, en la que el Derecho cumple una función simbólica de garantía de la confianza. Estas son algunas subfunciones, basadas en la estabilización de las expectativas. LUHMANN, Niklas. *Das Recht der Gesellschaft.* Frankfurt am Main: Suhrkamp, 1995, pp.131-132.

[83] Así pues, sobre la Cancel Culture, que mencionaremos aquí más de una vez: "Cancel Culture is not a new phenomenon. Time and again, various parties have made demands that something not be shown, not be said, not be exhibited publicly, as in the case Lüth vs. Harlan, which I mentioned earlier. But Cancel Culture as a new battle cry of PC critics is more than that: It serves as a smoke screen for the enduring privilege of the powerful to decide where publicity, art, culture, assembly, and free speech are possible. Although national and international laws guarantee freedom of information, of opinion, and of the media; and even though access to the public seems to have been democratized, especially by 'social' media, the power and ownership structures in digital capitalism have actually changed very little". THIELE, Martina. Political correctness and cancel culture – a question of power. *Journalism Research.* vol.4, n.1, 2021, p. 54.

[84] Sin embargo, no estamos de acuerdo con Luhmann en afirmar que la sociedad es comunicación. Este es un debate para otro momento, pero tangencializado en este trabajo en algunos fragmentos.

[85] Un fragmento del libro La Naranja Mecánica lo ilustra. La ficción es una obra indispensable en derecho penal, para discutir la ética del castigo en sentido positivo. En una de estas discusiones, el personaje dice: "*A perverse nature can be stimulated by anything. Any book can be used as a pornographic instrument, even a great work of literature if the mind that so uses it is off-balance. I once found a small boy masturbating in the presence of the Victorian steel-engraving in a family Bible*". La ilustración es dura pero real: los ojos del interlocutor son los que hacen la imagen. BURGESS, Anthony, *A Clockwork Orange,* New York: Ballantine Books, 1972

[86] "A través del proceso de interacción sujeto-lenguaje generado por la lectura, el lector será coproductor del texto, completándolo con su bagaje histórico-sociocultural. Para que se produzca esta coproducción es necesario activar todo un proceso cognitivo, desde la percepción del texto y su posterior descodificación, pasando por la comprensión, los procesos inferenciales hasta la interpretación, que es un nuevo texto". DELL'SOLA, Regina Lúcia. La interacción sujeto-lenguaje y lectura. En: Las múltiples caras del lenguaje. Brasilia: UnB, 1996, p. 73.

[87] Entre otros, véase: HEBEL, Udo. *"Introduction", Intertextuality, Alusion, and Quotation.* Westport: Greenwood Press, 1989; também HANKS, W. *Intertexts writings on language, utterance, and context.* Lanham: Rowman & Littlefield Publishers, 2000. Também GONZÁLEZ, C. La intertextualidad literaria como metodología didáctica de acercamiento a la literatura: aportaciones teóricas. *Lenguaje y Textos.* vol.21, 2003, pp.115-128. En el artículo, Gónzález muestra la existencia de un concepto más estre-

cho y otro más amplio de intertextualidad: "En su concepción general, la intertextualidad se contempla como una cualidad de todo texto entendido como un tejido de alusiones y citas y, en su visión restringida, como la presencia efectiva en un texto de otros textos anteriores. Y, aún cabe una concepción conciliadora de los dos extremos: la de quienes la entienden como un espacio discursivo en el que una obra se relaciona con varios códigos formados por un diálogo entre textos y lectores" (p. 116). También trae a colación la crítica de Steiner de que la intertextualidad no es más que una nueva forma de constatar la obviedad de que un texto siempre se construye a partir de fragmentos de otros. La crítica es pertinente: cualquiera que lea un texto de Ulpiano ya ve cómo se cita a otros autores, por lo que su obra, aunque sea original, no surge de un vacío. Ni siquiera un texto de ficción.

[88] "Daher das Sprichwort: Alles verstehen heisst alles verzeihen. Das Verhalten eines Menschen verstehen heisst: darauf verzichten, ihn für dieses Verhalten zur Verantwortung zu ziehen, ihn dafür zu tadeln oder zu bestrafen, mit seinem Verhalten eine Unrechtsfolge zu verknüpfen, das heisst zuzurechnen. Aber in sehr vielen Fällen, in denen man die Ursachen seines Verhaltens sehr wohl kennt und es somit versteht, wird keineswegs afur Zurechnung verzichtet, wird dieses Verhalten durchaus nicht verziehen. Das Sprichwort beruht auf dem Irrtum, dass Kausalität Zurechnung ausschliesst". KELSEN, Hans. Reine Rechslehre. Wien: Franz Deuticke Verlag, 1967, pp.101-102.

[89] Hay que tener mucho cuidado antes de afirmar que existe una correspondencia entre el pensamiento dogmático precipitado y el positivismo, que reconoce que el Derecho es dogmático (en sentido estricto). El positivismo jurídico, como el de Hans Kelsen, es exactamente el reverso de la ceguera con la que muchos juristas observan su área de conocimiento. Kelsen fue el primero en declarar la necesidad de momentos de corte en la argumentación y el análisis de los hechos, para que el Derecho funcione como elemento de orden y resolución de conflictos.

[90] Introducción para que se comprenda el concepto de least upper bound está en https://web.ma.utexas.edu/users/perutz/ResMethods2011/Notes/L7.pdf y https://www.math.uh.edu/~dblecher/C2seq.pdf

[91] En ingeniería y física, el estudio de la *teoría de los errores* en la aplicación de la realidad es una asignatura importante. Para nuestros objetivos, se puede comprender que existen errores en la aplicación como *error de aproximación, errores de medición,* errores de escalas, errores estadísticos, errores eventuales o sistemáticos etc. Véase, entre tantos, TAYLOR, J. R., An Introduction to Error Analysis 2nd Ed., University Science Books, ISBN 0-935702-75-X, April 1997. La teoría de los errores en la Filosofía, claro, es bastante más amplia y gran parte de ella tiene que ver con la

aplicación del lenguaje y el modo cómo lleva a la confusión. Algunas veces tocamos esta teoría en la obra, sin profundizar sobre ella, lo que desborda nuestros objetivos. Para comprenderla, a partir de Mackie, véase mínimamente MACKIE, J.L. *Truth, Probability, and Paradox: Studies in Philosophical Logic. Oxford: Clarendon Press,* 1973. Y la crítica en: MOBERGER, Víctor, Not Just Errors: A New Interpretation of Mackie's Error Theory, Journal for the History of Analytical Philosophy vol. 5 no. 3, 2017

[92] Entre los muchos: Hacia un análisis de los textos de la Odisea a lo largo de los siglos, Vredeveld, Harry. "Deaf as Ulysses to the Sirens Song": The Story of a Forgotten Topos. *Renaissance Quarterly*. Vol.54, n.3, 2001. En un breve texto sobre las variantes del momento en que Ulises se queda sordo para no oír las sirenas, véase PETERS, John G. "To Strive, To Seek, To Find, and Not To Yield": Ulysses as Siren in Tennyson's Poem. *Victorian Review*. vol.20, n.2, 1994, pp.134-141.

[93] Enunciamos aquí el concepto de idea como representación mental del concepto o de la realidad, sin menoscabo de toda la construcción filosófica que hay detrás. En otros trabajos nuestros se han analizado los conceptos de idea en Tomás de Aquino, Hume, Leibniz y Kant. Aquí sólo presentamos una conceptualización de Descartes, que es bastante objetiva: la forma que adopta cualquier pensamiento, la percepción inmediata por la que tomamos conciencia del pensamiento mismo ("the form of any given thought, immediate perception of which makes me aware of the thought"). Hay que tener en cuenta que Descartes propuso que el pensamiento era la única característica bajo control humano: : "Mi tercera máxima fue procurar siempre vencerme a mí mismo antes que a la fortuna, y alterar mis deseos antes que el orden del mundo, y generalmente acostumbrarme a creer que nada hay que esté enteramente en nuestro poder sino nuestros propios pensamientos, se suerte que después de haber obrado lo mejor que hemos podido, en lo tocante a las cosas exteriores, todo lo que falla en el éxito es para nosotros absolutamente imposible". DESCARTES, René. *Discurso del Método*. Madrid: Espasa-Calpe, 1943, p. 46. Por lo tanto, la idea sería, en nuestras palabras, el pensamiento traído a la conciencia.

[94] "In this view, coherence can best be described as conceptual continuity in the sense that the events expressed by parts of the text can be connected and integrated into the text-world model; furthermore, this is done automatically and without effort, and on the basis of our linguistic and conceptual competence. Hence it should come as no surprise that as a rule coherence is not recognized by readers (except by linguistic searching for it), only incoherence is recognized". SCHWARZ, Monika. Establishing coherence in text. Conceptual continuity and text-world

models. *Logos and Language.* vol.2, n.1, 2001, p.20. Para otras definiciones más sistematizadas, que por el momento no están disponibles en este trabajo, remitimos al artículo correspondiente: JOHNS, Ann M. Coherence and academic writing: Some definitions and suggestions for teaching. *TESOL Quarterly.* vol.20, n.2, 1986, pp.247-265. El autor resumirá dos reglas que aparecerán aquí en algunos puntos: "Coherence is text based and consists of the ordering and interlinking of propositions within a text by use of appropriate information structure (including cohesion). At the same time, coherence is reader based; the audience and the assignment must be consistently considered as the discourse is produced and revised" (p. 249)

[95] Es lo que hace Cervantes en "La conversación de los perros", cuando también se ve obligado a demostrar que existen perros antropomorfizados. El espíritu de la época exige (que es también una cuestión de coherencia) una explicación más contundente, estableciendo —todavía bajo presión religiosa— que la razón es exclusiva del ser humano, y cualquier excepción es un milagro. Así reza una de las primeras líneas, del perro Cipión a su compañero Venganza, en el hospital cercano a Valladolid: "CIPIÓN.—Así es la verdad, Berganza; y viene a ser mayor este milagro en que no solamente hablamos, sino en que hablamos con discurso, como si fuéramos capaces de razón, estando tan sin ella que la diferencia que hay del animal bruto al hombre es ser el hombre animal racional, y el bruto, irracional".

[96] Véase "El Estado espectáculo", así como muchas otras investigaciones sobre el discurso político. También FAIRCLOUGH, Isabela. *Political Discourse Analysis*: A Method for Advanced Students. London: Routledge, 2012. Também SUM-HUNG LI, Eden, *Systemic Functional Political Discourse Analysis*: A Text-based Study. London: Routledge, 2021. Específicamente sobre coherencia y discurso político: ESTÉVEZ FLORES, María Del Mar. La estructuración del discurso político: la coherencia textual. *Política y Oratoria*: El lenguaje de los políticos. Actas del II seminario Emilio Castelar, Cádiz, 2002, p.39.

[97] En este sentido, el texto es muy puntual: VILARNOVO, Antonio. Coherencia textual: ¿coherencia interna o coherencia externa? *Estudios de Lingüística.* vol.6, 1990, pp.229-239.

[98] Muchos tribunales intentan aplicar formas que limitan las extensiones argumentativas. Esto no nos parece correcto, dada la libertad de defensa. Otra cosa son los formularios para la narración de los hechos como primera denuncia, como existen en organizaciones acreditadas como el CoIDH.

[99] Clásico sobre la necesidad de tener en cuenta la *background* del lector para establecer la coherencia del texto, por muy objetivo que sea (en

este caso, el texto científico), está en MCNAMARA, Danielle S. *et al.* Are good texts always better? Interactions of text coherence, background knowledge, and levels of understanding in learning from text. *Cognition and instruction.* vol.14, n.1, 1996, pp.1-43. En un estudio empírico, intentar medir la coherencia (y también la cohesión) como cualidad textual de quien se inicia en un idioma, es muy interesante de leer: MEDVE, Vesna Bagarić; TAKAČ, Višnja Pavičić. The influence of cohesion and coherence on text quality: A cross-linguistic study of foreign language learners' written production. In: SZYMAŃSKA-CZAPLAK, Elżbieta; PIECHURSKA-KUCIEL, Ewa (ed.). *Language in cognition and affect.* Berlin: Springer, 2013, pp.111-131.

[100] Sobre la relevancia de las telenovelas brasileñas, véase: FONSECA, María do Carmo; MIRANDA-RIBEIRO, Paula. Novelas y telenovelas: el caso brasileño en el contexto latinoamericano. *Anàlisi: Quaderns de comunicació i cultura.* n.23, 1999, pp.93-103.

[101] Sobre la relación entre cohesión y coherencia, a debatir si puede considerarse parte de esta: "Given that coherence is independent of cohesion, it is necessary to explain why texts tend, nevertheless, to be cohesive, that is to explicate the function of cohesion. I suggest that we regard cohesion as a derivative notion stemming from a higher principle of coherence. It seems plausible that cohesion and topic control in particular, can be functional in delineating and constructing the discourse topic". GIORA, Rachel. Notes towards a theory of text coherence. *Poetics today.* vol.6, n.4, 1985, p.700.

[102] Sobre coherencia y dinámica, véase: BERNÁNDEZ, Enrique. La coherencia textual como autorregulación en el proceso comunicativo. *Boletín de Filología.* vol.34, n.1, 1993, pp.9-32.

[103] Se dice que la canción está inspirada en una historia real: alguien puso LSD en la bebida de Richie Ramone. Esto es lo que informó Los Angeles Times en 1986. Esta realidad, sin embargo, no forma parte de la canción. Cf. https://www.latimes.com/archives/la-xpm-1986-08-17-ca-16302-story.html

[104] Sobre la métrica de la poesía en otras canciones de la misma banda, véase: TAITAGUE, Alex. The Ramones: A Preliminary Towards the Poetics of Punk. *Berkeley Undergraduate Journal.* vol.25, n.3, 2012. Em análise bem mais densa, veja-se AMBROSCH, Gerfried. *The poetry of punk:* The meaning behind punk rock and hardcore lyrics. New York: Routledge, 2018.

[105] Hay que señalar, como punto metalingüístico, que este capítulo comienza con la repetición de lo que se había dicho en un subtítulo no inmediatamente anterior. Se trata de una cuestión de ritmo calculado: ralentiza la lectura, porque da una información que el lector ya tenía,

pero esta ralentización no es perjudicial, porque se trata de un cambio de subtítulo, en el que naturalmente es necesario reiniciar la concentración. Además, muestra directamente al lector que el tema anterior se continúa en una progresión. Esto hace que el lector vuelva a toda la información que ya tenía para seguir el estudio. Así, lo que parecía un recurso que consumía indebidamente el tiempo y la concentración del lector se convierte en un catalizador de la comprensión, ya que abre la licencia para volver a toda la información anterior sin necesidad de mencionarla. El riesgo, sin embargo, no es pequeño: si el recurso se utiliza repetidamente, lo que era una forma explícita de indicar la anáfora se convierte en un infantilismo que luego reduce la atención del lector al texto. Véase la regla sobre los conectores en este subtítulo, así como la clásica discusión en las notas a pie de página sobre si la cohesión textual es un componente de la coherencia.

[106] Cf. SCHWARZ, Monika. SCHWARZ, Monika. Establishing coherence in text. Conceptual continuity and text-world models. *Logos and Language*. vol.2, n.1, 2001, p. 20.

[107] Recordar a Rupert Cortright: "La primera idea es la de tiempo. Tanto los oradores como sus oyentes deben aprender a relacionar la noción de tiempo con la aparición de hechos, descripciones, inferencias y generalizaciones sobre lo que se está diciendo, y a acompañarlas de referencias a la fecha, la hora, etc.". Muchas discusiones inútiles en medio de las conferencias se deben a que se olvidan por completo las fechas o a que se discrepa sobre su exactitud en relación con nuestros postulados. João Qualquer, 1959, difere tanto de João Qualquer, 1949, cuánto difieren entre sí los coches fabricados en esas fechas". CORTRIGHT, Rupert. *Técnicas construtivas de argumentação e debate*. São Paulo: Ibrasa, 1963, p.153.

[108] Enseña José Luiz Fiorin: "Si el ahora es generado por el acto del lenguaje, se desplaza a lo largo del hilo del discurso permaneciendo siempre ahora. Se convierte, por tanto, en un eje que ordena la categoría topológica de concomitancia vs. no concomitancia. Ésta, a su vez, se articula en anterioridad vs. posterioridad. Así, todos los tiempos están intrínsecamente relacionados con la enunciación. El momento que indica la concomitancia entre la narración y lo narrado permanece a lo largo del discurso y, por tanto, es una mirada del narrador sobre el transcurso. A partir de esta coincidencia, surgen dos no-coincidencias: la anterioridad del acontecimiento en relación con el discurso, cuando ya no es y por lo tanto debe ser evocado por la memoria, y su posteridad, es decir, cuando todavía no es y por lo tanto aparece como una expectativa". FIORIN, José Luiz. La astucia de la enunciación: las categorías de persona, espacio y tiempo. São Paulo: Ática, 1996, pp.142-143.

[109] A propósito de fútbol, no podemos resistirnos a hacer una observación, *muy* ilustrativa de lo que es la relación narración-intertextualidad. Como brasileño, este autor encuentra muy extraña la forma de trabajar de los locutores, llamados narradores, del fútbol televisado en los países europeos, especialmente Italia, España y Portugal. Me explico: los locutores de estos países siguen hablando demasiado rápido, con demasiados elementos descriptivos sobre la trayectoria del balón, con información que sobra e incluso perjudica la interacción entre imagen y narración, simplemente porque esta última reproduce (y repite) aquella. Sin embargo, aún prevalece el legado de la radio, y los locutores europeos —con todos mis respetos— no han superado en general este tiempo para darse cuenta de que las imágenes suplantan la necesidad de información constante. La locución rápida se ha transmitido como cultura, pero no cumple una función textual directa. Del mismo modo, si se nos permite la transposición, cuando se cuenta a un oyente cualquier hecho jurídico, hay que preguntarle *cuánta* información necesita antes de organizarla en un discurso.

[110] Igualmente, si un personaje de una telenovela o del cine lleva una determinada marca de ropa, el *merchandising* es mucho más eficaz que anunciar la misma ropa en horario comercial. En Brasil, véase la colección: LOPES, M. I. V.; OROZCO GÓMEZ, G. (Coords). *La ficción televisiva en los países iberoamericanos: narrativas, formatos y publicidad.* Anuário OBITEL. São Paulo: Globo Universidade, 2009. En el cine, vea, entre muchos: YUAN, Sheng. An investigation of the influence of cinema environment on advertising effectiveness. *International Journal of Advertising.* vol.37, 2017, pp.1-18.

[111] Aquí diferenciamos entre textos narrativos y temáticos, conscientes de que existen otras distinciones más amplias que no nos resultan tan útiles. François Rastier habla de transformación temática, transformación narrativa, transformación dialógica (con diferencias de enfoque entre interlocutores, en el caso de los diálogos) e inversiones tácticas, con progresión debida a cambios de sucesión (inversión o quiasmos). En nuestra opinión, las dos últimas encajan perfectamente dentro de las dos primeras (temática y narrativa). Véase RASTIER, François, *Artes y Ciencias del texto,* Madrid: Biblioteca Nueva, 2012, .pp. 52 e ss

[112] El paso del tiempo es ampliamente estudiado por los lingüistas. Pero también en filosofía, el punto de vista dialéctico es ampliamente revisado. Véase, entre otros que serán comentados, Arantes, Arendt e Ricoeur. Este, en su RICOEUR, Paul, *The art of narrative.* vol.3. Chicago: University of Chicago, 1988, p. 192, coloca: "Should we confront Hegel?" En el momento de la formulación de su teoría, véase: RICOEUR,

Paul. The human experience of time and narrative. *Research in phenomenology*. vol.9, 1979, pp.17-34.

[113] Sobre la anacronía, véase GENETTE, Gérard. Discurso del relato. *Figuras iii.* Paris. Editions du Seuil, 1989, pp.75-327. También MARTÍN JIMÉNEZ, Alfonso *et al. Literatura y ficción*. La ruptura de la lógica ficcional. Lausanne: Peter Lang, 2015.

[114] Sobre la moralidad de la muerte de Nasar, véase MÉNDEZ RAMÍREZ, Hugo. La reinterpretación paródica del código de honor en Crónica de una muerte anunciada. *Hispania.* vol.73, n.4, 1990, pp.934-942. Por supuesto, hay una idea de fatalismo, derivada de la moral local, que permite la inversión temporal: es imposible que el personaje escape a su destino, dentro de lo que determina el código de honor del pueblo local. Esto nos muestra que, para invertir el tiempo, el narrador necesita tener como centro gravitatorio otro elemento (aquí, el fatalismo), que funciona como su base. Son preguntas que el narrador, también el narrador jurídico, gradualmente se da cuenta en el ejercicio de su actividad enunciativa.

[115] Los estudiosos del Derecho penal ya encontrarán principalmente en Edmund Mezger este vínculo entre culpabilidad y personalidad. En otros trabajos nuestros, hemos insistido en que el autor alemán une a propósito, en ocasiones, *carácter* y *personalidad*. En cualquier caso, su noción de reproche reside en el acto que no se corresponde con la personalidad del agente. "Jede genaue, auf wissenschaftliche Beachtung Anspruch erhebende Persönlichkeitforschung geht aus von der biologisch-psycologischen Gesamtpersönlichkeit. In diesem Sinne gibt es überhaupt kein Tun, das nicht Ausdruck der Persönlichkeit zur Zeit der Tat wäre, nicht einmal das in transitorischer Geistesstörung". MEZGER, Edmund. *Strafrecht*: ein Lehrbuch. Munique: Duncker & Humbolt, 1949, p.279. Consulte más detalles en nuestra sección Libre albedrío y Derecho penal.. São Paulo: Marcial Pons, pp.190 e ss.

[116] Existe una amplia bibliografía sobre el tema: CAÑELLES, Isabel. *La construcción del personaje literario*: un camino de ida y vuelta. Madrid: Ediciones y Talleres de Escritura Creativa Fuentetaja, 1999. También COMPARATO, Doc; VÁZQUEZ, Pilar; CANO ALONSO, Pere Lluis Cano. *De la creación al guión.* Madrid: Instituto Oficial de Radio y Televisión, 1993.

[117] El personaje debe ser verosímil, basarse en características que, incluso antes de provocar empatía, hagan creer al lector como tal. Así, "There is a notion in the Arts of believable character. It does not mean an honest or reliable character, but one that provides the illusion of life, and thus permits the audience's suspension of disbelief". BATES, Joseph, *et al.* The role of emotion in believable agents. *Communications of the ACM.* vol.37, n.7, 1994, pp.123.

[118] El proceso de creación de El extranjero se analiza en profundidad en KAPLAN, Alice. *Looking for The Stranger*: Albert Camus and the Life of a Literary Classic. Chicago: University of Chicago Press, 2016.

[119] Por supuesto, mantener durante mucho tiempo esta aparente ausencia de conflicto externo, con el fin de mantener el conflicto psicológico meramente sugerido, es algo más difícil y puede conducir al desinterés. Por tanto, el ejemplo citado, de Raymond Carver, es un relato corto. Extenderlo supondría una pérdida de progresión. La elección del relato corto la explica el propio autor en CARVER, Raymond. On writing. *Mississippi review*. vol.14, n.1/2, 1985, pp.46-51.

[120] En nuestro texto sobre Perdón y Justicia Restaurativa, trazamos el camino inverso: cómo la narración de hechos traumáticos es necesaria para comprender los conflictos. Para llegar a ellos. Sobre este tema, ya existen hoy obras de referencia. Por ejemplo: GRISWOLD, C. L. *Forgiveness*: a philosophical exploration. New York: Cambridge University Press, 2007, p.250. Também SIMMONS, Solon. *Root narrative theory and conflict resolution:* Power, justice and values. New York: Routledge, 2020. Consulte nuestro RODRÍGUEZ, Víctor Gabriel. Nuevas Tendencias del Perdón en Derecho Penal. *Anuario de Filosofía del Derecho*. Madrid: BOE, 2022.

[121] Un anuncio puede decir simplemente: "Compre este detergente porque lava mejor que los de la competencia". En este sentido, no hay narrativa, aunque puede sugerirse: lavas ropa, buscas el mejor producto, los productos de la competencia no te satisfacen, nuestro detergente resuelve tu problema.

[122] Bruner sostiene, en el mismo sentido, que pensamos narrativamente. Con palabras parecidas (*protagonist, trouble, verossimilitude)*, el autor sostiene que la principal forma de aprendizaje es la categorización y, entre ellas, la narrativa. La estructura de personaje, problema y solución verosímil se mantiene siempre, aunque se haga más compleja. "(...) So predisposed is the human mind to narrative that we even experience the events of everyday life in narrative form and assign them to categories derived from some particular kind of story. It simply will not do that events roll by us purposelessly, One Damn Thing After Another. We shape them into strivings and adversities, contests and rewards, vanquishings and setbacks. We do this, however sophisticated we may be. Indeed, sophistication may be nothing else tan overlaying more and more elaborate stories on the simpler ones that continue to enthrall our imagination". AMSTERDAM, Anthony G.; BRUNER, Jerome. *Minding the Law*. Cambridge: Harvard University Press, 2000, p.31.

[123] Un abogado en el estrado del jurado puede decir: "Llegados a este punto de mi intervención, sería el momento de mostrar el historial de la

víctima, de demostrar que el acusado no mató a un santo, sino a alguien con toda una vida dedicada al crimen. Por respeto a su condición humana, e incluso a su familia, que puede estar aquí, me saltaré esa parte tan obligada en los manuales de defensa." Es uno de los muchos ejemplos en los que el autor explica la propia estructura de su texto, con una función mucho más de mostrar un argumento de fondo que de aclarar adecuadamente su curso.

[124] La palabra gramática es en sí misma polisémica. Puede ser la gramática de la lengua natural o un conjunto de reglas que estructuran otro proceso lingüístico. A continuación, utilizamos el segundo sentido de la gramática que nos da la Routledge Dictionary: "*Grammar*: 1. Grammar as the knowledge and study of morphological and syntactic regularities of a natural language. 2. Grammar as a system of structural rules (in the sense of Saussure's langue) fundamental to all processes of linguistical production and comprehension". Cf. *Routledge Dictionary,* la palabra "grammar". En la misma línea, Jota contrapone la gramática normativa o descriptiva a la gramática general o estructural. En el caso del tipo penal, nos referimos a esta última, que se define así: "la gramática estructural estudia el lenguaje por sí mismo, en términos de forma únicamente, desconectándose así de otras disciplinas como la psicología, la lógica, la sociología, etc. Y a través de las lenguas particulares se perfila una pancronía (o metacronía), que sería una gramática estructural general, que estudia la estructura y el funcionamiento del sistema abstracto del lenguaje, del que las lenguas particulares serían meras proyecciones" JOTA, Z. S., *Dicionário,* p. 157. En este caso, evitamos hablar de *gramática normativa,* que sería la correcta, sólo para evitar equívocos con el normativismo penal, que tiene un significado muy diferente. Hablar de *gramática del idioma* nos parece bastante claro

[125] Las reglas gramaticales del tipo penal siguen abiertas, y sólo se plantean algunas cuestiones: ¿Contiene (o no) el tipo como unidad de sentido las causas de justificación? ¿Es posible construir una distinción segura entre elementos descriptivos, normativos y científicos del tipo (del mismo modo que es posible, en gramática, definir qué es un sustantivo, un verbo o un adjetivo; o, en sintaxis, un sujeto y un objeto)? ¿Cuál es el papel del verbo en el tipo penal (coincide con el núcleo oracional, como en la gramática de la lengua)? ¿O puede hablarse de acción y omisión, con independencia de la figura verbal, basándose sólo en un concepto penal de acción? ¿Constituye el bien jurídico la unidad lingüística del tipo? En caso afirmativo, ¿dónde se describe? ¿Cuál es su función gramatical en esta unidad de significado? ¿Los Derechos Fundamentales desempeñan un papel en el significado típico, o están ausentes de él, fuera de este núcleo interpretativo? Lo mismo puede decirse de la pro-

bable adecuación social de la acción. ¿Formarían parte del tipo otros elementos de la descripción legal, como el epígrafe que da nombre al delito (tantas veces definitivo en su interpretación) o el nombre del título o capítulo en el que se inserta en el Código? En caso afirmativo, ¿cuál es su función efectiva en este lenguaje: algo así como un complemento de la sintaxis lingüística? ¿Un mero incidente de un tipo que sólo tiene un significado subsidiario, una complementación exofórica del significado, ajena a la unidad típica? ¿Cómo puede atribuirse significado a cada palabra (¿son las palabras realmente subdivisiones del tipo?) Mientras no se defina con precisión la extensión del tipo penal?

[126] Nótese que el hecho de que la narración sugiera un conflicto —y no lo enuncie directamente— es una virtud garante del sistema. La mera enunciación del conflicto reduciría el relato a una acción abierta con un trasfondo moralista, como en los tiempos del *Volksgemeinschaft*, de mera ofensa a los principios. Con la denuncia se hace un análisis combinatorio: el primer filtro es la ocurrencia de los hechos así descritos. En segundo lugar, para ver si estos hechos son conflictivos.

[127] Así, em el original "A experiência que a consciência faz de si mesma não pode compreender em si mesma, segundo o seu próprio conceito, nada menos do que o sistema total da consciência ou a totalidade do reino da verdade do espírito; de tal modo que os momentos da verdade se apresentam sob a peculiar determinabilidade de não serem momentos abstractos, puros, mas tal como são para a consciência ou tal como esta aparece na sua relação com eles, através dos quais os momentos do todo são figuras da consciência". HEGEL, G. W. F., *Fenomenología del Espíritu*, cit., p. 60.

[128] Y aclara: "But in Hegel the mind produces time only by virtue of the will, its organ for the future, and the future in this perspective is also the source of the past, insofar as that is mentally engendered by the mind's antecipation of a second future, when the inmediate I-shall-be will have become an I-shall-have-been. In this schema, the past is produced by the future, and thinking, which contemplates the past, is the result of the Will. For the will, in the last resort, anticipates the ultimate frustration of the will's projects, which is death". ARENDT, Hannah. *The life of the mind II.* San Diego: Harcourt Publishing, 1981, p.43.

[129] La afirmación está en la brillante monografía de Paulo Arantes, que disecciona toda la relevancia del Tiempo en Hegel: "Así como el tiempo se apodera de todo ser y lo transforma prontamente en no-ser, el concepto penetra en las categorías finitas para mostrar en cada una de ellas la presencia del Otro en la constitución de su significado. Al negativo del proceso conceptual concreto corresponde el negativo del proceso abstracto del tiempo. 'El tiempo es un elemento negativo del mundo

sensible. El pensamiento es la misma negatividad, pero es la forma más íntima, la forma infinita en la que se disuelve todo lo que existe en general y, ante todo, todo ser finito, toda forma determinada. El tiempo es, ciertamente, la acción corrosiva de lo negativo, pero el Espíritu mismo es tal que disuelve todo contenido determinado'". ARANTES, Paulo Eduardo. *Hegel*: A ordem do tempo. São Paulo: Hucitec, 2000, pp.169-170.

[130] HEGEL, G. W. F., *Fenomenología del Espíritu*, cit., p. 278

[131] Ricoeur, analizando el tiempo en la narrativa, se muestra extremadamente crítico con la postura hegeliana de que este presente se proyecta hacia el futuro y resume el pasado conocido. En su opinión, Hegel superpone conceptos que fomentan la confusión: "Starting from the end and returning toward the beginning, in a backward reading, our suspicion finds an initial handhold in the final equating of the *Stufengang der Entwicklung* and the eternal present. The step we can no longer take is this one that equates with the eternal present the capacity of the actual present to retain the known past and anticipate the future indicated in the tendencies of this past. The very notion of history is abolished by philosophy as soon as the present, equated with what is real, abolishes its difference from the past. The self-understanding that goes with historical awareness is born precisely from the unescapable fact of this difference. What stands out, for us, is the mutual overlapping of the three terms, Spirit in itself, development, and difference, that, taken together, make up the concept of the *Stufengang der Entwicklung*". RICOEUR, Paul, *Time and Narrative. Op.cit*, p.202.

[132] Por supuesto, existe una diferencia entre el tiempo narrativo y el tiempo real. Esto lo estudiará en profundidad Ricoeur, y la propia distinción también estará en Bruner. (BRUNER, Jerome. *La fabbrica delle storie.* Diritto, letteratura, vita. Trad. Mario Carpitella. Bari: Editori Laterza, 2002, p.38). Pero esta división ya se demuestra intuitivamente al lector de nuestro trabajo, porque siempre tratamos la argumentación —narrativa o no— como representación de la realidad.

[133] De nuevo, es Todorov quien, al principio de sus análisis literarios, dirá que incluso cuando se narran elementos aparentemente simultáneos, hay en ellos un orden temporal. TODOROV, Tzvetan. The 2 principles of narrative. *Diacritics.* vol.1, n.1, 1971, p.39.

[134] Há uma corrente de pensamento que defende a existência da falácia na lógica informal, de um modo muito menor rígido. "The informal logic approach to fallacies is taken in Johnson and Blair's *Logical Self-Defence,* a textbook first published in 1977. It was prompted in part by Hamblin's indictment of the standard treatment and it further develops an initiative taken by Kahane (1971) to develop university courses

that were geared to everyday reasoning. Johnson and Blair's emphasis is on arming students to defend themselves against fallacies in everyday discourse, and a fundamental innovation is in their conception of a good argument. In place of a sound argument—a deductively valid argument with true premises—Johnson and Blair posit an alternative ideal of a *cogent argument,* one whose premises are acceptable, relevant to and sufficient for its conclusion. Acceptability replaces truth as a premise requirement, and the validity condition is split in to two different conditions, premise relevance and premise sufficiency. Acceptability is defined relative to audiences — the ones for whom arguments are intended — but the other basic concepts, relevance and sufficiency, although illustrated by examples, remain as intuitive, undefined concepts (see Tindale, 2007). Premise sufficiency (strength) is akin to probability in that it is a matter of degree but Johnson and Blair do not pursue giving it numerical expression. HANSEN, Hans. "Fallacies". *The Stanford Encyclopedia of Philosophy.* Disponível em: <https://plato.stanford.edù/archives/sum2020/entries/fallacies/>

[135] É como assenta Freeman, na resenha crítica à conhecida obra de John Woods, *Errors of Reasoning, Naturalizing the Logic of Inferences* London: College Publications, 2013. pp. xvii, 1-572. Freeman sintetiza que "To do better, logic needs some reconstruction to become "empirically sensitive," taking account of empirical information, and also 'epistemologically aware' taking account of the 'cognitive natures' of 'real life' reasoners". FREEMAN, James B. Informal Logic. In: WOODS John (Org.). *Errors of Reasoning, Naturalizing the Logic of Inferences.* London: College Publications, 2013, pp.395-426.

[136] Nuestro metalenguaje aquí es deliberado: invocamos directamente a una autoridad en la materia. En este caso, se trata de un autor que ha escrito un libro entero sobre el argumento de autoridad. Se entiende, lo que puede resultar una falacia, que (a) hay un gran conocimiento adquirido por escribir un libro entero sobre el tema, o, por utilizar un tópico, dedicar gran parte de su vida a este estudio. Además, se entiende que (b) cada afirmación del libro refleja este profundo conocimiento. WALTON, Douglas N. *Appeal to Expert Opinion.* Pennsylvania: Pennsylvania State University Press, 1997, p. 2: "... Instead we have to assume and guess and, very often, trust or rely on the opinion of those who have presumably taken the effort to study the matter – the experts. So we have to fix on or accept certain opinions or beliefs as the best information or advice we have to act on for the moment. But there is also a widespread tendency to fix onto these beliefs that cannot be questioned". Walton tem obra bastante referenciada no tema. Vejam-se, entre outras, WALTON, D. N. *Begging the Question.* New York: Greenwood,

1991. WALTON, Douglas. *A Pragmatic Theory of Fallacies.* Tuscaloosa: University of Alabama Press, 1995. WALTON, Douglas. Ad hominem *arguments.* Tuscaloosa: University of Alabama Press, 1998. WALTON, Douglas. Why fallacies appear to be better arguments than they are. *Informal Logic.* vol.30, 2010, pp.159–84. WALTON, Douglas. Defeasible reasoning and informal fallacies. *Synthese,* n.179, 2011, pp. 377–407.

[137] LOCKE, John. Essay Concerning Human Understanding. Pennsylvania: Pennsylvania State University, 1999, p. 616: "*Argumentum ad verecundiam.* The first is, to allege the opinions of men, whose parts, learning, eminency, power, or some other cause has gained a name, and settled their reputation in the common esteem with some kind of authority. When men are established in any kind of dignity, it is thought a breach of modesty for others to derogate any way from it, and question the authority of men who are in possession of it. This is apt to be censured, as carrying with it too much pride, when a man does not readily yield to the determination of approved authors, which is wont to be received with respect and submission by others: and it is looked upon as insolence, for a man to set up and adhere to his own opinion against the current stream of antiquity; or to put it in the balance against that of some learned doctor, or otherwise approved writer. Whoever backs his tenets with such authorities, thinks he ought thereby to carry the cause, and is ready to style it impudence in any one who shall stand out against them. This I think may be called *argumentum ad verecundiam*".

[138] En este segundo efecto, se acepta como argumento de autoridad doctrina que no necesariamente es tan profunda. Un libro de texto de Derecho no es algo de gran valor científico, pero alcanza el concepto más original de "clásico", es decir, aquel básico que se estudia en "clase", en el aula. Un libro de texto clásico de derecho penal puede no proceder de una gran autoridad, pero tiene la fuerza de la imparcialidad.

[139] La idea de *cientificidad* es un problema filosófico que sabemos se reduce aquí, desde nuestro punto de vista. Como antecedentes, adoptamos inicialmente los escritos de David Hume y sus seguidores, con la —de nuevo resumiendo— interesante crítica de que la relación entre causa y efecto puede ser mera costumbre, más ligada a la psicología que propiamente a la prueba de relaciones inductivas. Los postulados generales, decimos, pueden ser una ilusión. Véase HUME, David. *Investigación sobre el entendimiento humano.* Madrid: Ediciones AKAL, 2004.

[140] Govier explicará la fragilidad de este pensamiento como algo que puede traducirse como el efecto rebaño: "A claim may be widely believed only because it is a common prejudice. Thus, the fact that it is widely believed is irrelevant to its rational acceptability. Arguments in which there is a fallacious appeal to popularity are based on premises that des-

cribe the popularity of a thing ('Everybody's doing it', 'Everybody believes it'), and the conclusion asserts that the thing is good or sensible. The arguments are fallacious because the popularity of a product or a belief is in itself irrelevant to the question of its real merits. The fallacy of appealing to popularity is also sometimes called the bandwagon fallacy, or the fallacy of jumping on a bandwagon" GOVIER, Trudy. *A practical study of argument.* Wadsworth: Cengage Learning, 2013, p.189. Véase también el último: GOVIER, Trudy. Problems in argument analysis and evaluation. In: *Problems in Argument Analysis and Evaluation.* Berlin: De Gruyter Mouton, 2019. No ano de 2013, un volumen de la revista *Informal Logic* fue dedicada a la filósofa (*Informal Logic.* vol.33, n.2, 2013, pp.116-142).

[141] Nadie caerá en la ilusión de que no existe un entorno académico corrupto con las mismas relaciones de poder. Sólo se supone que la persona que está allí dedica su vida al estudio y se pone a prueba constantemente. Sin embargo, esta relación lleva en sí la semilla de su propio mal: la necesidad de producción significa que el individuo necesita una productividad constante. En ciencias empíricas, trocean sus experimentos en publicaciones que aún no están lo suficientemente maduras como para apuntar soluciones a problemas prácticos; en ciencias humanas, también publican meros esbozos de pensamiento o, peor aún, teorías absolutamente inaplicables, como se verá a su debido tiempo. Sobre esto, nuestro libro "El ensayo como tesis". Pero véase también: HERNÁNDEZ SANDOICA, Elena; PESET, José Luis; PESET REIG, José Luis. *Universidad, poder académico y cambio social:*(Alcalá de Henares 1508-Madrid 1874). Madrid: Ministerio de Educación, 1990. MOLINA-LUQUE, Fidel. Conflicto y colaboración en la organización y gestión universitaria: vida cotidiana y cultura institucional. *Revista Internacional de Organizaciones.* n.19, 2017, pp.7-28. PAULUS, Nelson. La universidad desde la teoría de los sistemas sociales. *Calidad en la educación.* n.25, 2006, pp.285-314. Diremos algo sobre el tema, relacionado con la producción científica, en los subapartados finales de este capítulo.

[142] Sólo para ser fiel al texto cervantino, hay que decir que Sancho, aun creyendo en su poder absoluto, consigue ser bastante justo en sus decisiones. Podría interpretarse que la obra alaba el poder absoluto cuando está en manos de un individuo justo, pero yo le doy una interpretación más atrevida: Cervantes muestra cómo cambia el sentido de la justicia si se entrega en manos de alguien de la plebe. Se niega el concepto de hombre ilustrado y se atribuyen otros requisitos al gobernante, estos de los que Sancho era el titular.

[143] De ahí también la brillante frase de la obra citada *Violinista no telhado:* "cuando eres rico, asumen que eres sabio"" (When you're rich, they think you really know).

[144] Por isso, *v.g.*, En el Código de Derecho Canónico, las sentencias pronunciadas por el Papa no pueden ser recurridas (c. 1629, §1.º).

[145] Muchos estudios recientes, debido a los llamados influenciadores en las redes sociales y el riesgo que causan al mantenimiento de la verdad, especialmente en las elecciones, se vuelven hacia el control de los medios de comunicación o, peor aún, invierten contra el propio sistema democrático. Véase, entre todos, BRENNAN, Jason, *Against democracy*. Princeton: Princeton University Press, 2016. También SUSANTI, Puji; IRWANSYAH, Irwansyah. Social Media Influencers and Digital Democracy. *Budapest International Research and Critics Institute-Journal (BIRCI-Journal)*. vol.5, n.3, 2022. DIAMOND, Larry. Rebooting Democracy. *Journal of Democracy*. vol.32, n.2, 2021, pp.179-183. GOANTA, Catalina; RANCHORDÁS, Sofia. The regulation of social media influencers: an introduction. GOANTA, Catalina; RANCHORDÁS, Sofia. (ed.). *The regulation of social media influencers*. Cheltenham: Edward Elgar Publishing, 2020, pp.1-20. SALTE, Luise. Visual, Popular and Political: The Non-Profit Influencer and the Public Sphere. *Javnost – The Public*. vol.29, n.4, 2022, pp.371-387.

[146] En un nivel más profundo, sabemos que toda argumentación, por ser lógica informal, se apoya en contaminaciones y generalizaciones. Si no fuera así, hay que repetirlo, la autoridad ni siquiera se pronunciaría como tal. Pero el equilibrio está en la exigencia de que la propia autoridad presente su trayectoria argumentativa, para someterla a crítica.

[147] Es el caso específico de las obras de Roald Dahl, que son "actualizadas" para no tener contenido ofensivo a, así se dice, lectores más sensibles. https://www.nytimes.com/2023/02/20/books/roald-dahl-books-changes.html

[148] MOREIRA ALVES, José Carlos. *Direito romano*. Vol.1. 13.ed. Rio de Janeiro: Forense, 2002, p. 44. Também: WATSON, Alan. The Law of Citations and Classical Texts in the Post-Classical Period. *Legal History Review*. vol.34, n.3, 1996, p.405.

[149] Sólo como ejemplo, entre otras muchas producciones sobre los criterios de valoración contemporánea de la independencia, en las más diversas áreas de estudio, pero más esencialmente en la política y el derecho, pasando por la psicología social, como ya se ha dicho. KONISKY, David M.; REENOCK, Christopher. Compliance bias and environmental (in)justice. *The Journal of Politics*. vol.75, n.2, 2013, pp.506-519. WOLFE, Christopher R.; BRITT, M. Anne; BUTLER, Jodie A. Argumentation schema and the myside bias in written argumentation. *Written Communi-*

cation. vol.26, n.2, 2009, pp.183-209. CHRISTENSEN-BRANUM, Lezlie; STRONG, Ashley; JONES, Cindy D. On. Mitigating myside bias in argumentation. *Journal of Adolescent & Adult Literacy.* vol.62, n.4, 2019, pp.435-445. Walton, volvió a dedicar un libro entero al tema, concretamente en la argumentación: WALTON, Douglas. *One-sided arguments*: A dialectical analysis of bias. Albany: State University of New York Press, 1999.

[150] Artículo 473 del CPC vigente en Brasil.

[151] Sobre la relación entre el Estado y el individuo en América Latina, véase nuestra *Delación Premiada: límites éticos al Estado.* Allí comentamos, basándonos en una escena de la serie de televisión *Los Soprano,* cómo difiere el trato entre los poderes públicos y los particulares en América Latina en comparación con otros países. Se trata de una cuestión sumamente importante cuando se trata de peritajes.

[152] Cf. Eemeren: "The *tu quoque* variant of the *argumentum ad hominem* can also cause complications. This form of falllacy is, for example, committed if one reject one's opponent's standpoint on the grounds that he held a different opinion at some time in the past. Yet no fallacy is committed by pointing out contradictions in the standpoints an argument that the opponent has advanced in the course of the discussion. On the contrary, such criticism is highly relevant contribution to the resolution process. Admitting inconsistent statements within one and the same discussion makes it impossible to resolve the dispute. It is therefore necessary to differentiate between discrepancies inside and outside the discussion. Only in the second case can there be a *tu quoque.* Unfortunately, where exactly one discussion ends and the next begins is in real life sometimes hard to determine". VAN EEMEREN, Frans H.; GROOTENSDORST, Rob. *Argumentation, Communication and Fallacies*: A Pragma-Dialectical Perspective. New York: Routledge, 2016, p.114. Também VAN EEMEREN, Frans H.; HOUTLOSSER, Peter. More about fallacies as derailments of strategic maneuvering: The case of tu quoque. *OSSA Conference Archive.* vol.93, 2003.

[153] AIKIN, Scott F. Tu Quoque Arguments and the Significance of Hypocrisy. *Informal Logic.* vol. 28, n.2, 2008. Também: GOVIER, Trudy. Worries about tu quoque as a fallacy. *Informal Logic.* vol.3, n.3, 1980.

[154] "Vengamos ahora a la citación de los autores que los otros libros tienen, que en el vuestro os faltan. El remedio que esto tiene es muy fácil, porque no habéis de hacer otra cosa que buscar un libro que los acote todos, desde la A hasta la Z, como vos decís. Pues ese mismo abecedario pondréis vos en vuestro libro; que puesto que a la clara se vea la mentira, por la poca necesidad que vos teníades de aprovecharos dellos, no importa nada, y quizá alguno habrá tan simple que crea que de todos

os habéis aprovechado en la si de autores a dar de improviso autoridad al libro. Y más, que no habrá quien se ponga a averiguar si los seguistes o no los seguistes, no yéndole nada en ello. Cuanto más que, si bien caigo en la cuenta, este vuestro libro no tiene necesidad de ninguna cosa de aquellas que vos decís que le falta, porque todo él es una invectiva contra los libros de caballerías, de quien nunca se acordó Aristóteles, ni dijo nada San Basilio, ni alcanzó Cicerón, ni caen debajo de la cuenta de sus fabulosos disparates las puntualidades de la verdad, ni las observaciones de la astrología, ni le son de importancia las medidas geométricas, ni la confutación de los argumentos de quien se sirve la retórica, ni tiene para qué predicar a ninguno, mezclando lo humano con lo divino, que es un género de mezcla de quien no se ha de vestir ningún cristiano entendimiento. Solo tiene que aprovecharse de la imitación en lo que fuere escribiendo, que, cuanto ella fuere más perfecta, tanto mejor será lo que se escribiere".

[155] Las mediciones científicas ya están bien estudiadas hoy en día y este tipo de críticas que hacemos aquí no son nuevas. Sin embargo, rara vez llegan a la comunidad científica que no se dedica a este tipo de metaanálisis. Véase, por ejemplo, VINKLER, Peter. *The evaluation of research by scientometric indicators.* Amsterdam: Elsevier, 2010. Já em 1994, o excelente GLÄNZEL, Wolfgang; SCHOEPFLIN, Urs. Little scientometrics, big scientometrics... and beyond? *Scientometrics.* vol.30, n.2/3, 1994, pp.375-384. Ou os artigos da revista *Scientometrics,* da Ed. Springer, dedicado exclusivamente al tema.

[156] Escribimos el libro "El ensayo como tesis: estética y narrativa en la composición del texto científico" diciendo ya que nuestra lucha por escapar de la cárcel de las citas no podía significar que el escritor de ciencia jurídica se alejara de la lectura, la reflexión y, sobre todo, la prueba documental de todas sus ideas. Desgraciadamente, a pesar del *disclaimer* de responsabilidad, el trabajo se interpretó a menudo como una licencia de la autoridad para que el investigador jurídico escribiera sin pruebas concretas.

[157] "Cuanto más que, si bien caigo en la cuenta, este libro no tiene necesidad de ninguna cosa de aquellas que vos decís que le faltan, porque todo él es una invectiva contra los libros de caballerías, de quien nunca se acordó Aristóteles, ni dijo nada San Basilio, ni alcanzó Cicerón".

[158] Algunas obras son adaptaciones casi confesadas de los conflictos de Shakespeare, aunque no se note al principio. El Rey León" de Disney es una adaptación de Hamlet; "Ran" de Kurosawa es una adaptación del Rey Lear y "Trono de sangre" de Macbeth; "El planeta prohibido" de 1956 se basa en "La tempestad"; West Side Story es el revival de Romeo y Julieta, como tantas otras historias de amor prohibido. Además de otros

muchos diálogos, que son adaptaciones de diálogos del bardo inglés. Véase, entre otros muchos estudios, WHITE, Robert S. Shakespeare's cinema of love: A study in genre and influence. In: *Shakespeare's cinema of love.* Manchester: Manchester University Press, 2016. Más atrevido, sin embargo, es el estudio que acerca la obra de Marx a los escritos de Shakespeare, lo que, para nosotros, ya no es sorprendente, puesto que, en este libro nuestro, sostenemos la tesis de que los grandes conflictos, como el relatado por Marx, son en estructura narrativa. Además, está toda la cuestión de la intertextualidad, en el sentido de que si un autor se forma bajo la influencia de la obra del bardo inglés, difícilmente se librará de repetirla en su forma de discurso (aunque sea inconscientemente, narrativa). Véase SMITH, Christian A. *Shakespeare's Influence on Karl Marx:* The Shakespearean Roots of Marxism. New York: Routledge, 2022.

[159] Ya en la década de los setenta: BLACK, Harold. *La historia cíclica de Cien años de soledad.* Tesis Doctoral. Bucknell University, 1972. Também do século passado: PAOLI, Roberto. Carnavalesco y tiempo cíclico en "Cien años de soledad". *Revista Iberoamericana.* vol.50, n.128, 1984, pp.979-998. Também FONTALVO, Orlando Araújo. Cronotopía y Modernidad en Cien años de soledad. *Revista de Estudios Literarios,* n.23, 2003.

[160] Evidentemente, esta relación de poder en la judicatura latina influye en el tratamiento de la jurisprudencia. Al respecto, el excelente artículo MIGUEL-STEARNS, Teresa M. Judicial power in Latin America: a short survey. *Legal Information Management.* vol.15, n.2, 2015, pp.100-107.

[161] Einstein también era agnóstico, porque defendía el determinismo, en contra de las teorías de la mera probabilidad o del caos que se comprobaron en la mecánica cuántica. Su frase "Dios no juega a los dados con el universo" es un ejemplo de que mantiene convicciones personales, de hipótesis que no han sido probadas, o más bien que han sido probadas de forma diferente a la hipótesis en la que él creía.

[162] El término "jurisprudencia" no puede referirse únicamente a los precedentes judiciales. El estudio de la jurisprudencia es mucho más amplio que eso, convirtiéndose ya en un ámbito de estudio, que se refiere a la forma en que se crean y repiten las sentencias con coherencia. Así, Historia, Política, Sociología, Criminología, entre otras, tienen cabida en este concepto. Un intento de teoría completa de la jurisprudencia en este sentido se encuentra en RATNAPALA, Suri. *Jurisprudence.* Cambridge: Cambridge University Press, 2017. También: NOBLES, Richard; SCHIFF, David. *A sociology of jurisprudence.* London: Bloomsbury Publishing, 2006. Também: DOUZINAS, Costas; WARRINGTON, Ronnie; MCVEIGH, Shaun. *Postmodern jurisprudence:* the law of the text in the text of the law. New York: Routledge, 1993. En este trabajo, intentamos

utilizar la diferencia entre *precedentes/* sentencias y *jurisprudencia*, pero no siempre es posible, dado el uso más común que asume el término en la realidad procesal latinoamericana.

[163] Véase la obra completa de YORIS-VILLASANA, Corina. *Analogía y Fuerza Argumentativa.* Santiago: Universidad Católica Andrés Bello, 2014.

[164] Entre otros: UPRIMNY, Rodrigo. The recent transformation of constitutional law in Latin America: trends and challenges. *Law and Society in Latin America*, 2014, pp.105-123.

[165] Assim: REISMAN, W. Michael. Theory about law: jurisprudence for a free society. *Yale Law Journal.* vol.108, 1998, p.935.

[166] Así, en Colombia, la definición de Bernal Pulido: "De esta manera la Corte Constitucional contempla la posibilidad de que en Colombia se aplique la idea del distinguish, es decir, de que el juez pueda inaplicar la jurisprudencia a un determinado caso posterior, cuando considere que las diferencias relevantes que median entre este segundo caso y el primer caso en que se estableció la jurisprudencia, exigen otorgar al segundo una solución diferente. Como es evidente en la lectura del pasaje, la Corte no determina cuándo las diferencias con "reales" o sólo "aparentes". Expresado de otra forma, la Corte no esboza los criterios de los que el intérprete puede valerse para distinguir u homologar dos casos similares". BERNAL PULIDO, Carlos. La fuerza vinculante de la jurisprudencia en el orden jurídico colombiano. *Precedente. Revista Jurídica.* Anuario jurídico, 2003, pp.13-43. En el mismo sentido: ROJAS BONILLA, Fabián Andrés. *El papel de la dogmática en la concepción del precedente jurisprudencial.* Bogotá: Facultad de Derecho. Ciencias Políticas y Sociales, 2015.

[167] HARRIS, W. Towards Principles of Overruling – When Should a Final Court of Appeal Second Guess? *Oxford Journal of Legal Studies.* vol.10, 135, 1990. HORRIGAN, Bryan. Towards a Jurisprudence of High Court Overruling. *Australian Law Journal.* vol.66, n.205, 1992.

[168] "[W]e assume that changing precedent is personally costly to judges: it requires extra investigation of facts, extra writing, extra work of persuading colleagues when judges sit in panels, extra risk of being criticized, and so on." GENNAIOLI, Nicola; SHLEIFER, Andrei. Overruling and the Instability of Law. *Journal of Comparative Economics.* vol.35, n.2, 2007, pp.309–328.

[169] "Cuando un Tribunal de justicia con capacidad de crear precedentes toma la decisión de cambiar de precedente, surge un problema sumamente serio: el valor jurídico de las decisiones y de las relaciones jurídicas adoptadas con base en el precedente original". CASTILLO CÓRDOVA, Luis. Las posibles injusticias que genera la aplicación de la técnica del prospective overruling. *Diálogo con la jurisprudencia:* actuali-

dad, análisis y crítica jurisprudencial. n.129, 2009, p. 52; Véase también GOMES, Mariângela Magalhães. Direito Penal e Interpretação Jurisprudencial. Del principio de legalidad a los precedentes vinculantes. São Paulo: Atlas, 2008.

[170] Sin querer volver conceptualmente a la intertextualidad (véase el capítulo IV), cabe señalar que gran parte de la posibilidad de la ilustración reside en que el lector sea capaz de comprender su referencia. En el texto, el autor nos dice que los buscadores de Internet forman parte de la comprensión del propio texto: si el lector desconoce el cuento de Monteiro Lobato y no quiere perder este fragmento de significado, puede encontrar fácilmente en el universo virtual un resumen de esta obra del autor paulista.

[171] Cf. REBOUL, Olivier. *Introdução à retórica*, pp. 181 ss.

[172] Hoy en día, ya existe una adhesión casi total al realismo del falsacionismo, a partir de Popper, Kuhn e Lakatos, pero este tema se deja para una discusión más profunda sobre el método. No obstante, hay que señalar que conocer la discusión sobre cuál es el método para alcanzar la verdad tangible siempre ayuda a la argumentación, siempre y cuando se reconozcan los límites a la hora de trasladarlo a la construcción del texto, con todas las circunstancias aquí estudiadas. En el caso del ejemplo, la figuración está plagada de limitaciones, pero tiene un evidente efecto persuasivo.

[173] El autor del texto sabe que su público son personas que están escribiendo tesis académicas en ese momento. Por lo tanto, se apoya en la intertextualidad de saber que el lector es uno de los que experimentan las mismas sensaciones que el texto atribuye a personajes reales y famosos.

[174] Existe poca bibliografía sobre la eficacia del ejemplo en sí mismo. Sobre el valor semántico del ejemplo, especialmente para dar esa mencionada concreción a un término, véase LARA, Luis Fernando. El ejemplo en el artículo lexicográfico. BERNAL, Elisenda; DeCESARIS, Janet. (Ed.). Palabra por palabra: estudios ofrecidos a Paz Battaner. Barcelona: Institut Universitari de Lingüística Aplicada Universitat Pompeu Fabra, 2006, pp.1000-1008. Y sobre cómo, tras la definición del diccionario, la inserción del ejemplo aporta concreción a la comprensión, por lo que no puede hacerse sin criterios correctos.

[175] Sancho insiste en que el ejemplo es real, dándole propiedad y crédito: "—Digo, pues, señores míos —prosiguió Sancho—, que este tal hidalgo, que yo conozco como a mis manos, porque no hay de mi casa a la suya un tiro de ballesta, convidó un labrador pobre, pero honrado".

[176] "Gran gusto recibían los duques del disgusto que mostraba tomar el buen religioso de la dilación y pausas con que Sancho contaba su cuento, y don Quijote se estaba consumiendo en cólera y en rabia".

[177] No sería necesario invocar el ejemplo de los Evangelios, pero también vale como ilustración para nuestro texto. Jesucristo hablaba en parábolas, es decir, sus lecciones morales aparecían en relatos cortos y figurados, la mayoría de los cuales eran captados inmediatamente por los oyentes. Un trasfondo conceptual de los mismos eliminaría la comprensión. Evidentemente, sus parábolas sólo apoyan una regla porque están respaldadas por su autoridad, pero seguían siendo una forma indispensable de argumentar. Véase SNODGRASS, Klyne R. *Stories with intent*: A comprehensive guide to the parables of Jesus. Michigan: Wm. B. Eerdmans Publishing, 2018. También S STEIN, Robert H. *An introduction to the parables of Jesus.* Westminster: John Knox Press, 1981. SNODGRASS, Klyne R. From allegorizing to allegorizing: A history of the interpretation of the parables of Jesus. In: DUNN, James D. G.; McKNIGHT, Scot. (Ed.). *The historical Jesus in recent research.* Pennsylvania: Penn State University Press, 2021, pp.248-268.

[178] Al respecto, Elisa Guimarães comenta: "La suposición de que hay dos maneras básicas y equivalentes de decir las cosas —una propia y otra figurada— condujo el análisis retórico a una visión paradigmática del significado figurado, ya que éste resultaría de la sustitución de dos significantes entre sí, en el caso de las figuras. El problema de las opciones expresivas era un punto importante para la retórica y se refería a un principio más general entendido en el concepto aptum, o, en la forma griega, prepon, es decir, la virtud de armonizar las partes de un todo, dándoles unidad. Según este principio, las distintas formas del lenguaje deben estar en consonancia con las diferentes situaciones en las que se emplean: persona, lugar, género literario, etc. De ahí la necesidad de disponer de un léxico amplio y diferenciado para responder a los múltiples contextos". PINTO, Elisa Guimarães. Figuras retóricas y argumentación. En: *Retóricas de ontem e de hoje.* São Paulo: Associação Editorial Humanitas, 2004, p. 151.

[179] La derivación de ideas a partir de la figuración ha sido siempre un amplio recurso literario. Tales son las parábolas, las leyendas. Bien conocida es la Magdalena de Proust, que comienza el primer volumen de *En busca del tiempo perdido.* Mas nós gostamos de trabalhar, em sala de aula, com a música "One-Trick poney", de Paul Simon. Desde el punto de vista de un poni (aprovechando la antonomasia de la expresión, en inglés) que sólo realiza un número en escena, el yo lírico reflexiona sobre la complejidad de su día a día, de lo mucho que hay que hacer para mantenerse en la vida. ("*He makes me Think about, all these extra moves I've made/And all this herky-jerky motion / And the bag of tricks it takes/ To get me through my working day).*

[180] Hoy en día, en Internet, se pueden conseguir discursos históricos, como, en vídeo, el discurso de Barack Obama en 2004, sin duda responsable de su elección como candidato y futura elección al gobierno de los EE.UU.; en audio, discursos de Churchill (13 de maio e 04 de junho de 1940), con magníficas y sucintas descripciones de la guerra y del estado de ánimo de las naciones; en piezas escritas, el manifiesto de Cartagena (1812) y la Carta de Bolívar desde Jamaica (1915), entre muchas otros.

[181] Preferimos analizar el fotoperiodismo. Observar cómo las fotografías que se seleccionan para ilustrar las noticias diarias no están en absoluto exentas, y que, como ya hemos estudiado, aparecen con un punto de vista obligatorio pero nunca revelado. Hay muchos casos interesantes de fotografías que dicen más que el propio texto escrito, y la tendencia es que este poder de lo visual no hará sino aumentar. En un planteamiento más general: CAPLE, Helen. *Photojournalism:* A social semiotic approach. London: Springer, 2013. De manera más conceptual, del mismo autor: CAPLE, Helen; KNOX, John S. A framework for the multimodal analysis of online news galleries: What makes a "good" picture gallery? *Social Semiotics*. vol.25, n.3, 2015, pp.292-321.

[182] El tipo de letra del texto escrito es formal y monocorde, mientras que la imagen es visualmente impactante y tiene proporciones innovadoras. De nuevo con el ejemplo del cómic, esto se resuelve ahí con la armonía entre las letras y el dibujo. Los globos de diálogo también están dibujados, y hacerlos es un arte, que sigue la estética de la imagen principal.

[183] Sobre las distorsiones que la imagen aporta al juicio, el libro es indispensable.: BIBER, Katherine. *Captive images*: Race, crime, photography. New York: Routledge-Cavendish, 2007. Sobre cuestiones de procedimiento, concretamente sobre fotografías de personas asesinadas, véase JAY, David M. No photographs in court. *Australian Law Journal*. vol.72, n.11, 1998, pp.856-857.

[184] Rodríguez Toubes ofrece un ejemplo similar al establecer cuatro etapas para el argumento *a contrario*. En el segundo, al comparar su paradigma con la premisa, puede extraer una obligación que en realidad no existe. En sus palabras: "Deducción o postulación de la prescripción implícita. La argumentación *a contrario*, entendida como un razonamiento válido y útil para interpretar el derecho, se concreta al final en deducir la consecuencia jurídica que la disposición prescribe implícitamente para el caso que no regula explícitamente. Pero en ocasiones el intérprete postula una solución que no se sigue de las premisas, típicamente porque rebasa la implicación fundada. Por ejemplo, si el supuesto explícito está prohibido, normalmente la implicación positiva es que el caso en contraste está permitido, pero un intérprete podría ir más allá y postular que es obligatorio". RODRÍ-

GUEZ TOUBES, Joaquín. La interpretación "a contrario" de disposiciones jurídicas. *Anuario de filosofía del derecho,* n.34, 2018, pp.423-454.

[185] Esto es lo que sostiene García Amado, siguiendo a Klug. GARCÍA AMADO, Juan Antonio. Sobre el argumento a contrario en la aplicación del derecho. *Doxa. Cuadernos de Filosofía del Derecho.* n.24, 2001, p.107.

[186] Exemplos didáticos como esse aparecem em SCOTT, Sandra Davidson. Winning with words: Reductio ad absurdum arguments. *ETC: A Review of General Semantics.* vol.47, n.2, 1990, pp.154-160. Clásico y esquemático sobre la valorización del argumentum *ad absurdum* es en SCHERER, Donald. The form of reductio ad absurdum. *Mind.* vol.80, n.318, 1971, pp.247-252. Igualmente ROUTLEY, R.; ROUTLEY, V. Ryle's reductio ad absurdum argument. *Australasian Journal of Philosophy.* vol.51, n.2, 1973, pp.124-138.

[187] Si trasladamos el mismo delito a la "asociación para el tráfico", en una interpretación amplia del tipo, el resultado es aún más absurdo. Al no notificar el delito a las autoridades, una gran parte de la población de todas las metrópolis de América Latina está cometiendo el delito. Este razonamiento bastaría por sí solo para demostrar que algo falla en la criminalización.

[188] Para una interpretación del libro desde una perspectiva de género, véase DOUGLASS, Ellen H., „Dressing Down" the Warrior Maiden: Plot, Perspective, and Gender Ideology. In: FITZ, Earl; BROWER, Keith; MARTINEZ-VIDAL, Enrique (Ed.). *Jorge Amado:* new critical essays. New York: Routledge, 2013, pp.83 e ss. Também STERLING, Cheryl. Women-space, power, and the sacred in Afro-Brazilian culture. *The Global South.* vol.4, n.1, 2010, pp.71-93. Mencionando especificamente a "greve do balaio fechado", véase MONTEIRO, Lucira Freire. Direito e literatura: Tereza Batista Cansada de Guerra e a atual legislação brasileira protetiva da mulher. SWARNAKAR, Sudha *et al.* (Org.). *Nova leitura crítica de Jorge Amado.* Campina Grande: Eduepb, 2014, p.88.

[189] AMADO, Jorge. *Tereza Batista cansada de guerra.* São Paulo: Martins, 1972.

[190] Véase RODRÍGUEZ TOUBES MUÑIZ, Joaquín. La Reducción al Absurdo como argumento jurídico. *Doxa: Cuadernos de Filosofía del Derecho.* vol.35, 2012, pp.91-124, especialmente p. 93. KLOOSTERHUIS H. Ad Absurdum Arguments in Legal Decisions. *Logic, Argumentation and Interpretation/Lógica, Argumentación e Interpretación, Archiv für Rechts-und Sozialphilosophie.* Beiheft 110, 2007, pp.68-74.

[191] En la brillante síntesis de García, el convencimiento de que "el Derecho tiene como fin la resolución de problemas y no la creación de otros mayores". GARCÍA AMADO, Juan Antonio. *Razonamiento Jurídico y Argumentación:* Nociones Introductorias. Puno: Zela, 2017, p.190.

[192] JANSEN, H. Refuting a Standpoint by Appealing to Its Outcomes: Reductio ad Absurdum vs. Argument from Consequences. *Informal Logic.* vol.27, n.3, 2007, pp.249-266.

[193] NASCIMENTO, Dilene Raimundo; DA SILVA, Matheus Alves Duarte. Caza de ratas: a principios del siglo XX, los cariocas cambiaban roedores por dinero y ayudaban a combatir la peste. *Revista.de história da biblioteca nacional.* vol.67, n.6, 2011, pp.33-37. NASCIMENTO, Dilene Raimundo; DA SILVA, Matheus Alves Duarte. La peste bubónica en Río de Janeiro y las estrategias públicas para combatirla (1900-1906). *Territórios e Fronteiras.* vol.6, n.2, 2013, pp.109-124.

[194] Sobre la definición de humor y su papel, los clásicos BERGER, Peter L. *Risa redentora.* Barcelona: Editorial Kairós, 1999; POLLOCK, Jonathan. *¿Qué es el humor?* Buenos Aires: Paidós, 2003.

[195] En este sentido, el estudio de Romero Nieto demuestra que, en discursos formales y conflictivos como el del Parlamento, el humor se utiliza como mecanismo para suavizar el clima de conflicto. Ver ROMERO NIETO, Alejandro. El humor como instrumento de digresión temática en el debate parlamentario español. *RASAL lingüística.* n.1, 2018, pp.41-65.

[196] Sobre el humor en este autor, véase DE MORAES, João Batista Ernesto. O satírico nas crônicas de Stanislaw Ponte Preta. *ITINERÁRIOS-Revista de Literatura.* n.10, 1996.

[197] RUPPERSBURG, Hugh. The South and John Kennedy Toole's "A Confederacy of Dunces". *Studies in American Humor.* vol.5, n.2/3, 1986, pp.118-126.

[198] Incluso imagina a su amiga, a la que considera libertina, juzgada por un "tribunal del gusto y la decencia". TOOLE, John Kennedy. *A confederacy of dunces.* New York: Grove Press, 2015, p.335.

[199] Em análise mais profunda: KENRICK, Douglas T. Evolutionary theory versus the confederacy of dunces. *Psychological Inquiry.* vol.6, n.1, 1995, pp.56-62.

[200] KLINE, Michael. Narrating the Grotesque: The Rhetoric of Humor in John Kennedy Toole's "A Confederacy of Dunces". *Southern Quarterly.* vol.37, n.3, 1999, pp.283.

[201] "First, you must learn how to handle a brush. I would suggest that you all get together and paint someone's house for a start." "Go away." "Had you 'artists' had a part in the decoration of the Sistine Chapel, it would have ended up looking like a particularly vulgar train terminal," Ignatius snorted". TOOLE, John Kennedy. *A confederacy of dunces.* New York: Grove Press, 2015, p. 244.

[202] El ridículo se utiliza en los discursos políticos, cuando los candidatos se enfrentan entre sí, pero en ese momento no intentan ganar audiencia

(que ya está definida), sino sólo preservar la animosidad, el enfrentamiento. Este no es el caso de la argumentación jurídica, por regla general.

[203] En este sentido, Zeitling da un ejemplo religioso en la interpretación de las Escrituras. Según él, el hermeneuta Hillel habría creado la interpretación A minori ad maius disolviendo el problema sobre la precedencia entre el sacrificio ordinario, el sacrificio pascual y el sábado. En su ejemplo: "since the slaughtering of the tamid takes precedence over the Sabbath, so the slaughtering of the pascal lamb takes precedence over the Sabbath". ZEITLIN, Solomon. Hillel and the hermeneutic rules. *The Jewish Quarterly Review.* vol.54, n.2, 1963, p.161.

[204] Interesante explicación de la prueba por inducción en matemáticas, incluso con algún análisis estético y lingüística está en ÖHMAN, Lars-Daniel, "*A Beautiful Proof by Induction,*" Journal of Humanistic Mathematics, Volume 6 Issue 1 (January 2016), pages 73-85. DOI: 10.5642/jhummath.201601.06. Available at: https://scholarship.claremont.edu/jhm/vol6/iss1/6. También: EMEIRA, G et al Mathematical proof analysis using mathematical induction of grade XI students, 2020 J. Phys.: Conf. Ser. 1480 012044DOI 10.1088/1742-6596/1480/1/012044

[205] Encontrará una explicación esquemática de este argumento en ZUREK, Thomas. Modelling of a fortiori reasoning. *Proceedings of the 13th international conference on Artificial intelligence and law.* 2011, pp.96-100. También en WOLEŃSKI, Jan. Formal and informal in legal logic. In: GABBAY, Dov M. et al. (Ed.). *Approaches to legal rationality.* Dordrecht: Springer, 2010, pp.73-86. Também de modo exemplificativo: D'ALMEIDA, Luís Duarte. Arguing a fortiori. *The Modern Law Review,* vol.80, n.2, 2017, pp.202-237.

[206] *Introdução,* cit., p. 3.

[207] Córax es señalado como uno de los inventores de la retórica, que habría transmitido su arte a Tisias. Se enfrentarían entonces en un pleito y crearían así la tautología: si Croix perdiera el pleito, diría Tisias, no sería el autor de la Retórica, porque no dominaría los argumentos; Córax habría respondido que sería al revés: si perdía, significaría que Tisias, como alumno suyo, había aprendido bien los conceptos, por lo que Córax sería el gran maestro de la retórica. La historia y sus transformaciones se narran en COLE, Thomas. Who was Corax? *Illinois Classical Studies.* vol.16, n.1/2, 1991, pp.65-84. También: HINKS, D. A. G. Tisias and Corax and the Invention of Rhetoric. *The Classical Quarterly.* vol.34, n.1/2, 1940, pp.61-69.

[208] Entre tantos ejemplos, en "*Lord Edgware dies*", el investigador de Scotland Yard se queja de que, para el protagonista Poirot, la solución fácil

de un delito nunca es verdadera: "'You have the confidence—always the confidence! You never stop and say to yourself—can it be so? You never doubt—or wonder. You never think: This is too easy!' 'You bet your life I don't. And that's just where, if you'll excuse me saying so, you go off the rails every time. Why shouldn't a thing be easy? What's the harm in a thing being easy?' Poirot looked at him, sighed, half threw up his arms, then shook his head. 'C'est fini! I will say no more.' CHRISTIE, Agatha. Lord Edgware Dies (Poirot) (Hercule Poirot Series Book 9) (p. 202). HarperCollins Publishers. Kindle Edition

[209] KRAUS, Manfred. Perelman's interpretation of reverse probability arguments as a dialectical mise en abyme. *Philosophy & Rhetoric*. vol.43, n.4, 2010, pp. 362-382.

[210] Entre tantos ejemplos, en "*Lord Edgware dies*", el investigador de Scotland Yard se queja de que, para el protagonista Poirot, la solución fácil de un delito nunca es verdadera: "'You have the confidence—always the confidence! You never stop and say to yourself—can it be so? You never doubt—or wonder. You never think: This is too easy!' 'You bet your life I don't. And that's just where, if you'll excuse me saying so, you go off the rails every time. Why shouldn't a thing be easy? What's the harm in a thing being easy?' Poirot looked at him, sighed, half threw up his arms, then shook his head. 'C'est fini! I will say no more.' CHRISTIE, Agatha. Lord Edgware Dies (Poirot) (Hercule Poirot Series Book 9) (p. 202). HarperCollins Publishers. Kindle Edition

[211] Cf. WALTON, Douglas. *Informal Logic*, cit., p. 134: "*is the kind of argument that criticizes the arguer rather than his argument*".

[212] En su clásico artículo sobre el tema, Johnstone demuestra la posibilidad restringida, pero a veces filosóficamente posible, de la argumentación *ad hominem*. Se trataría de los casos en los que el propio retórico está implicado en el problema discutido. JOHNSTONE, Henry W. Philosophy and argumentum ad hominem. *The Journal of Philosophy*. vol.49, n.15, 1952, especialmente p.493. No mesmo sentido, de modo mais aprofundado: JOHNSON, Christopher M. Reconsidering the ad hominem. *Philosophy*. vol.84, n.2, 2009, pp.251-266.

[213] WALTON, Douglas N. The ad hominem argument as an informal fallacy. *Argumentation*, vol.1, n.3, 1987, pp.317-331. Também: HITCHCOCK, David. Is there an argumentum ad hominem fallacy? In: *On Reasoning and Argument*. Hamilton: Springer, 2017. pp.409-419.

[214] La intimidad tiene límites y hace tiempo que dejó de ser absoluta. Consulte nuestro "Tutela penal da intimidade". São Paulo; Atlas, 2008.

[215] Entre tantos, véase BARNES, Ralph M et al. "The effect of ad hominem attacks on the evaluation of claims promoted by scientists." *PloS one* vol. 13,1 e0192025. 30 Jan. 2018, doi:10.1371/journal.pone.0192025

[216] VAN EEMEREN, Frans H.; MEUFFELS, Bert; VERBURG, Mariël. The (un)reasonableness of ad hominem fallacies. *Journal of language and social psychology*. vol.19, n.4, 2000, pp.416-435.

[217] En las matemáticas, el teorema de Aumann demuestra como se pueden actualizar informaciones que parecen obvias, pero que encuentran efectos lógicos determinantes. Cuando todos los que interactúan son racionales en un diálogo (el concepto de *Superrational*, en Hofstadter), una información que no ultrapasa lo que todos ya saben puede ser la clave de solución. Claro, eso ocurre en situaciones ideales. En secuencia, los artículos determinantes para esa relación, ente los cuales el "Agreeing to Disagree" es referente: DAVIS, L. H. 'Prisoners, paradox, and rationality', American Philosophical Quarterly, 14(4), 319–327, 1977; AUMANN, R.'Agreeing to disagree', The Annals of Statistics, 4 (6), 1236–1239, 1976; HOFSTADTER, D. R. Metamagical themas: Questing for the essence of mind and pattern, New York: Basic Books, 1985; AUMANN, R., BRANDENBURGER, A. 'Epistemic conditions for Nash equilibrium', Econometrica, 63(5), 1161–1180, 1995.

[218] En este sentido: RAITER, Alejandro. *Lenguaje y sentido común*: las bases para la formación del discurso dominante. Buenos Aires: Editorial Biblos, 2003.

[219] Próximo a éste, en el ámbito político, es el excelente ensayo de MAJONE, Giandomenico. *Evidencia, argumentación y persuasión en la formulación de políticas*. México: Fondo de cultura económica, 1997. También: PORTANTIERO, Juan Carlos; DE IPOLA, Emilio. Lo nacional popular y los populismos realmente existentes. *Nueva Sociedad*. vol.54, n.1, 1981, pp.7-18.

[220] Si el rey no tiene escapatoria, entonces sucumbe al bello "mate asfixiado" (jaque de la coz), que es tan raro como bello.

[221] *La argumentación*, cit., p. 25.

[222] Por otra parte, existe una corrupción de este mismo principio: muchos de los que escriben tesis académicas tienen la falsa impresión de que deben crear un concepto, a ser posible bautizar un instituto o crear un neologismo. Interpretan la obligación de "originalidad" de su trabajo con la aparición de un nuevo término. Sin embargo, un término nuevo rara vez se sostiene por las razones de la tesis.

[223] Aquí, sí, tendrían un papel importante todos aquellos que creen en la capacidad innata del ser humano para aprender una lengua, formando, a partir de una gramática primaria, infinitas construcciones del lenguaje. Aunque las palabras de las lenguas sean finitas, la aprehensión de su significado es constante, porque son polisémicas. Si a esto añadimos la posibilidad de combinación, tenemos infinitos recursos para la persuasión a través de los textos. Para los lingüistas, existen varios

métodos de aproximación a esta gramática primaria. Una de las más debatidas es la gramática generativa de Noam Chomsky, que propone una forma dinámica de construir el significado a través del lenguaje. En cuanto a la sintaxis, que desarrollamos aquí, Chomsky propone la existencia de un complejo sistema que asigna significado a las palabras a partir de interacciones que, en última instancia, conducirían a un único significado final. Las primeras explicaciones de esta concepción se encuentran en su obra "El programa minimalista", una revista como medio de formación del lenguaje. A partir de ella, muchos lingüistas han incorporado a su estudio el sistema de aprendizaje del lenguaje del niño, algunos de ellos, si se nos permite la crítica, sin propiedad específica. Las propuestas más fundamentales de la gramática generativa se encuentran en el "Programa Minimalista" de 1993, del que existen sucesivas ediciones. CHOMSKY, Noam. *The minimalist program.* Massachussets: MIT Press, 2015. En nuestra opinión, sin ser grandes especialistas en el lingüista, pero habiendo leído ampliamente su obra, hay que hacer dos consideraciones: el modo de adquisición del lenguaje es relevante para situaciones como la pedagogía y el desarrollo del lenguaje en la inteligencia artificial, ya que Chomsky trata de encontrar reglas para atribuir significado a los fonemas, la incorporación al lenguaje por el léxico, la estructura de la oración, con la eliminación de elementos de poco significado, hasta la sedimentación de un lenguaje natural. Sin embargo, está sobrevalorada por quienes trabajan con el lenguaje natural y no necesitan ponerse al día con el significado de los sistemas de aprendizaje del lenguaje o de inteligencia artificial. Su teoría se propone explicar el desarrollo del lenguaje, su depuración y su movimiento. Ademais, a leitura de seus trabalhos fundamentais demonstra uma série de hipóteses, ainda sujeitas a uma serie de experimentos para confirmarlas, so pena de convertir la lingüística en algo dogmático (cuando no en una ciencia formal, como la lógica y las matemáticas), cuando es eminentemente factual, es decir, ha de partir de repetidas observaciones del sistema humano de desarrollo del lenguaje. La aplicación de fórmulas específicas a la generación del lenguaje exige mayores pruebas, sobre todo cuando se transfiere a una lengua distinta de aquella de la que se deriva la teoría, aunque ésta pretenda ser universal. Esto no significa desmerecer el trabajo de los lingüistas, y menos aún el de Chomsky, sólo constatamos su distorsión en gran medida. Las tesis académicas que pretenden aplicar la gramática generativa, tan seminal, a obras literarias enteras cometen errores metodológicos, como el físico que intenta explicar el movimiento de un coche con teorías subatómicas. Además, al proponer que existe una variedad de sistemas gramaticales, entre los que el usuario de la lengua puede elegir, está ADGER,

David; SMITH, Jennifer. Variation and the minimalist program. *Syntax and variation*: Reconciling the biological and the social. vol.265, 2005, especialmente pp.162-164. Essa variação será vista mais adiante.

[224] Em la obra "Anne of Green Gables", de Lucy Montgomery, la protagonista, Anne, es una chica visiblemente inteligente con grandes pretensiones filosóficas. En un momento dado, dice que la gente se ríe de ella porque utiliza "grandes palabras". Pero ésa, dice la protagonista, es la única manera de expresar grandes ideas. "And people laugh at me because I use big words. But if you have big ideas you have to use big words to express them, haven't you?" MONTGOMERY, Lucy Maud (2022-03-15T22:58:59.000). Anne of Green Gables . Feedbooks. Kindle Edition, pos. 233. El humor y la expresividad de la niña, como bien muestra el libro, influyen en su selección de palabras: complejidad y tamaño. Es una observación real: adquirimos vocabulario y nos esforzamos menos o más por ponerlo en práctica, según nuestra voluntad. En el libro de Montgomery, debido a la situación conflictiva, algo puede hacer que la protagonista cambie de opinión sobre el uso de palabras complejas. Se trata de un proceso de aprendizaje intuitivo, que con el tiempo y la educación se va perfeccionando. Para quienes deseen profundizar, además de la gramática natural (generativa) de Chomsky, existe una enorme variedad de estudios sobre la adquisición de palabras, ya sea desde una perspectiva pedagógica, psicológica o lingüística. En nuestra época hemos estudiado el tema para comprender el proceso de adquisición de vocabulario en una segunda lengua, intentando acercarnos al texto argumentativo. Esta obra está aún por publicar y no ocupa un lugar exacto en este trabajo, aunque se hacen algunas referencias a ella. He aquí, a título meramente documental, algunos de los textos relevantes que conocemos sobre el tema: HENRIKSEN, Birgit. Three dimensions of vocabulary development. *Studies in second language acquisition.* vol.21, n.2, 1999, pp.303-317. Indispensável: NAGY, William; TOWNSEND, Dianna. Words as tools: Learning academic vocabulary as language acquisition. *Reading research quarterly.* vol.47, n.1, 2012, pp.91-108. RAVEN, John C.; JOHN HUGH COURT. *Raven's progressive matrices and vocabulary scales.* Oxford: Oxford Pyschologists Press, 1998.

[225] En nuestra opinión, todo discurso merece ser actualizado a su contexto y lenguaje. En la época de Rui Barbosa, un discurso tenía más tiempo para sus oyentes y, sobre todo, también se construía para ser incluido en las actas de las sesiones de las Cámaras, para su posterior consulta. El número de leyes votadas era diferente, la influencia potencial de un discurso en el Parlamento era totalmente distinta. Así que, por supuesto, cuando describimos al "Águila de La Haya" como un gran orador, tenemos que situar esa descripción en su tiempo.

[226] El portugués que se habla en Portugal, a oídos de un brasileño, está muy próximo a su modo de expresión escrito; del mismo modo, el español del centro de España, a los ojos del hispano americano, está próximo al uso más formal de la lengua, aunque existe, en América, la conservación de otros muchos formalismos, que han desaparecido en la península. Sobre el tema: LOPE BLANCH, Juan M. La falsa imagen del español americano. *Revista de Filología Española.* vol.72, n.3/4, 1992, pp.313-336. Do mesmo autor, em detalhe específico: LOPE BLANCH, Juan M. El supuesto arcaísmo del español americano. *Anuario de Letras. Lingüística y Filología.* vol.7, 1968, pp.85-109.

[227] Sobre el tema, véase, en sentido general: LYNCH, Andrew, *The Routledge Handbook of Spanish in the Global City,* NY: Routledge, 2020; AUGUSTO LORENZINO, Gerardo. *El lunfardo en la evolución del español argentino* Lit. lingüíst., Santiago, n. 34, p. 335-356, 2016 . Disponible en <http://www.scielo.cl/ scielo.php?script=sci_arttext&pid=S0716-58112016000200016&lng=es&nrm=iso; entre las lenguas indígenas, entre tantas, el Quechua, el Guaraní, el Aymara, entre tantas otras, tienen merecido estudio, por los decolonialistas principalmente, que revelan su capacidad expresiva y sus influencias en el español oficial. Las naciones andinas son las más conocidas por sus idiomas múltiples, incluso reconocidos constitucionalmente, pero también hay otros más en América. Como ejemplo, véase: VON STREBER LEE, Guilherme. *Paraguay y las complejidades de una nación bilingüe: la contradicción del idioma guaraní como símbolo nacional y su condición de diglosia.* Encuentros, Barranquilla, v. 16, n. 1, p. 107-119, June 2018

[228] Hay que adaptarse a los tiempos, pero resulta irónico que el lenguaje actual sea tan técnico o incluso políticamente correcto, mientras que los fallos en las reglas básicas de la estructura idiomática, que ponen en peligro la expresividad, son cometidos por quienes más defienden el poder del vocabulario. Sólo una observación. Por supuesto, el lenguaje implica una relación de poder, como hemos dicho en el cuerpo del texto. Así, analizando este lenguaje desde Nietzsche y Foucault, está WASHBURN, Jimmy. Discurso medico: fijación de realidades: I parte. *Revista de filosofía de la Universidad de Costa Rica.* vol.39, n.97, 2001, pp.67-74. En un excelente análisis del poder del lenguaje médico, basado en una obra de ficción, véase CLAVIJO POVEDA, Jairo; OSPINA DEAZA, Juan Camilo; SANCHEZ PRIETO, Valeria. Lenguaje y dispositivo. Un análisis de la serie Dr. House como caso paradigmático de la práctica médica colombiana. *Anthropía.* n.16, 2019, pp.106-120.

[229] Por supuesto que hay excepciones, y algunas bastante interesantes, de oradores que se ganan al público por su sencillez, por su inseguridad; pero aquí tenemos que trabajar con generalizaciones.

[230] En este sentido, es interesante la tesis de maestría que revela la diferencia entre la jerga del colectivo LGBT en Brasil y en Estados Unidos, a partir del análisis de obras de ficción. BRAGA JUNIOR, Sebastião Jairo Lima. O jargão LGBTQ em Rupaul's Drag Race traducido y subtitulado por aficionados: un estudio basado en *corpus*. 2020. 96f. Dissertação (mestrado) – Universidade Federal do Ceará, Centro de Humanidades, Programa de Pós-Graduação em Estudos da Tradução, Fortaleza (CE), 2020.

[231] En inglés, todavía existe cierta confusión entre "jargon" y lenguaje técnico. Pero poco a poco se va definiendo como el lenguaje más carente de sentido, aunque imprescindible para confirmar el conjunto de conocimientos. Véase: NASH W. *Jargon*: Its Uses and Abuses. Oxford: Blackwell Publishers, 1993. ROWAN, K. E. Moving Beyond the What to the Why: Differences in Professional and Popular Science Writing. *Journal of Technical Writing and Communication*. vol.19, n.1, 1989, pp.161–179. ROOK F., *Slaying the English Jargon*. Arlington: STC Press, 1983. Também: HIRST, Russel. Scientific jargon, good and bad. *Journal of technical writing and communication*. vol.33, n.3, 2003, pp.201-229.

[232] El Diccionario Aurélio, al definir una de las acepciones de jerga como argot profesional, trae como ilustración interesante el texto de Lima Barreto, extraído de la obra *Histórias e sonhos*, de la que aquí nos apropiamos: "Para ellos [los doctores javaneses] la buena literatura es la que se compone de vastas recopilaciones de cosas de su profesión, laboriosamente escrito en una jerga tediosa con *pretensión de lenguaje arcaico.* "

[233] Véase, en este sentido, el ensayo *Politics and the English Language*, de Orwell. Demuestra cómo el uso de eslóganes puede socavar la creatividad. ORWELL, George, *Politics and the English Language. Op.cit.*p. 106. Este ensayo de Orwell será citado varias veces en este libro, dada su relevancia y precisión sobre la formulación de discursos para el gran público.

[234] La imposición de lo políticamente correcto, como se ha dicho, conduce a menudo más bien al vaciamiento del significado de las palabras, a su polisemia extrema, que al enriquecimiento real del vocabulario. Orwell constató, justo al final de la Segunda Guerra Mundial (el texto se publicó en 1946), el abuso de la palabra "fascismo" para designar, en lugar del régimen que había aterrorizado aquella época, "cualquier cosa que uno no quisiera". Véase: "Many political words are similarly abused. The word Fascism has now no meaning except in so far as it

signifies 'something not desirable'". ORWELL, George, *Politics and the English Language. Op.cit.*p. 109.

[235] "En presencia de la osa, no busques sus huellas", y "llevarías leña al bosque". In: TOSI, Renzo. *Dicionário de sentenças latinas e gregas,* p. 222.

[236] "A ello hay que sumarle además la posibilidad de que hayan sobrevivido, también, por una cuestión de economía del lenguaje, puesto que su uso en latín simplifica expresiones que en español tienen a ser más largas y compleja". HERRANZ, Miguel. Brocardos, latines y latinajos: una aproximación a los porqués de la pervivencia del latín dentro del lenguaje jurídico español. *Anuario Jurídico y Económico Escurialense.* vol.55, 2022, p.219.

[237] What we talk When we talk about love. CARVER, Raymond, *What we talk When we talk about love.* New York: Gardner Publishers (Vintage Carver Collection), 2009, p.104.

[238] González Martínez mencionará, en este sentido, la acepción "afectiva" del término, que depende de una relación subjetiva y arbitraria. GONZÁLEZ MARTÍNEZ, Juan Miguel. La sinonimia: Problema metalingüístico. *Anales de Filología Hispánicas.* vol. 4, 1988-1989, p.200.

[239] La profesora Mercedes Alonso, en Derecho Penal, utilizando la teoría del lenguaje, aporta la figura de la "polisemia de la retribución".

[240] Investigando una lista de vocabularios científicos, autores de Londres y Hong Kong descubrieron conjuntamente lo que denominan "sesgo monosémico", en lugar de polisemia, en las listas de vocabulario técnico y científico. Según la subespecie de la ciencia, las palabras varían de significado. Según los autores: "There is a further difficulty with compiling a so-called common core of academic vocabulary in that not only should it include items that meet frequency and range criteria, also in roughly similar ways across disciplines. reading academic texts, students need to be confident that they are understanding words in the right way, which means a vocabulary list must either avoid items with clearly different meanings and dissimilar co-occurrence patterns, or these items must be taught separately rather than as parts of families. We need, then, to be cautious about claiming generality for families whose meanings and collocational environments may differ across each inflected and derived word form". HYLAND, Ken; TSE, Polly. Is there an "academic vocabulary"? *TESOL Quarterly,* vol.41, n.2, 2007, p.243. Véase, sobre *monosemic bias,* GEERAERTS, Dirk. Classical definability and the monosemic bias. In: *Words and Other Wonders.* Berlin: De Gruyter Mouton, 2009, p.149-174. Según el autor, el problema de definir el sentido es que, aunque se opte por una definición clásica, hay que ser capaz de prever todos sus usos. Esto es prácticamente imposible. Otros autores serán más conservadores, para encontrar la posibilidad, si no de un

sentido único, de un sentido predominante en cada palabra. RUHL, Charles. *On Monosemy*, New York: State of New York University Press, 1989. Sobre las distorsiones conscientes e inconscientes del lenguaje, véase pp.128 e ss.

[241] Sinonimia perfecta, que solía ser tener dos símbolos para el mismo referente. GARCÍA HERNÁNDEZ, Benjamín. La sinonimia: relación onomasiológica en la antesala de la semántica. *Revista española de lingüística*. vol.27, n.2, 1997, p.383.

[242] Benjamín García, mencionando seudónimos, destaca que "los sinónimos son expresiones dobles de cierto significado; es característica del ser doble el poder reemplazar al otro y la suplantación es tanto más perfecta cuanto más inadvertida pasa; pero, por más que el doble pueda ser el mismo (*idem*) nunca será él mismo (*ipse*)". GARCÍA-HERNÁNDEZ, Benjamín. Sinonimia y diferencia de significado. *Revista española de lingüística*. vol.27, n.1, 1997, pp.1-32.

[243] Vale la pena copiar su lección: "La segunda característica de un texto es que está delimitado por dos blancos. Si un texto es un conjunto organizado de sentido, puede ser verbal (un cuento, por ejemplo), visual (un cuadro), verbal y visual (una película), etc. Pero en todos estos casos estará delimitado por dos espacios sin sentido, dos espacios en blanco, uno antes de que empiece el texto y otro después. Es el espacio en blanco del papel antes del principio y después del final del texto; es el tiempo de espera a que empiece la película y lo que hay después de la palabra Fin; es el momento antes de que el director de orquesta levante la batuta y el momento después de que la baje, etc.". SAVIOLI, Francisco Platão; FIORIN. José Luiz. *Lições de texto*. São Paulo: Ática, 2011, p.17.

[244] https://kr.usembassy.gov/martin-luther-king-jr-dream-speech-1963/#:~:text=I%20have%20a%20dream%20that,skin%20but%20by%20their%20character.

[245] En este sentido, sólo para mostrar empatía y algo de autoridad, tenemos la experiencia de haber sido asesores de un Ministro en el Tribunal Supremo de Brasil, siendo responsables —porque es el cargo— de redactar los borradores de las sentencias del más alto tribunal del país. Esto también nos dio la oportunidad de ver qué razones son más persuasivas.

[246] CHOMSKY, Noam. *11 de setembro*. Rio de Janeiro: Bertrand Brasil, 2002, p. 94.

[247] A modo de paralelismo, éste es el primer fundamento del finalismo de Welzel, que tanto altera el Derecho penal. Welzel, basándose en el neokantianismo, en Radbruch y especialmente en el ontologismo de Hartmann, exigía estructuras ontológicas previas a la incidencia de la norma penal. Esto significa que la norma sólo puede afectar a la acción

humana, y es imposible que regule lo que no está al alcance de la acción humana. Este principio puede trasladarse al Derecho en su conjunto, en la argumentación, lo que no es difícil: sólo debatimos aquello que es susceptible de un cambio de interpretación jurídica, por lo que sólo debatimos aquello que es controvertido. La norma sólo actúa sobre lo que se puede cambiar, sobre lo que existe la posibilidad de reducir — ahora con Luhmann, a una decisión binaria: legal-no legal. Si esta duda no está presente, la argumentación es vana. Por supuesto, el argumentador, que trabaja con impresiones, puede dar la impresión de que la duda no existe, por lo que su discurso es mera exaltación. Se trata, por supuesto, de una técnica.

[248] En Brasil, art. 5º, XXXV, e 93, IX, da CF88.

[249] No ignoramos toda la teoría, gran parte de la cual es correcta, del *realismo jurídico,* que sostiene que el juez toma decisiones *ex ante*, y lo fundamenta argumentativamente. Se suele hacer referencia al texto de Karl Llewellyn: *A Realistic Jurisprudence – The Next Step* (1930), como inicio del realismo jurídico. El texto, para su época, es uno de los más relevantes que, creemos, pueden existir para la argumentación jurídica. Llewellyn defiende que los operadores jurídicos trabajan mucho más con los *intereses,* superponiéndolos al propio derecho sustantivo, sin ignorar a los juristas históricos ni la disociación realizada por Jhering. En sus palabras: "the substantives rights and rules should be removed from their present position at the *focal point* of legal discussion, in favor of the *area of contact* between judicial behavior and the behavior of laymen; that substantives rights and rules should be studied not as self-existents, nor as a major point of reference, but themselves with the constant reference to the area of behavior contacts" (p. 442). "The approach here argued for addmits, then, out of hand, some relation between any accepted rule and judicial behavior; and then proceeds to deny that that admission involves anything but a problem for investigation in the case in hand; and to argue that the significance of the particular rule will appear only after the investigation of the vital, focal phenomenon: the behavior. And if an empirical science of the law is to have any realisitic basis, any responsability to the facts, I see no escape from moving to this position". (p. 444). LLEWELYN, Karl N. A Realistic Jurisprudence – The Next Step. *Columbia Law Review.* vol.30, n.4, 1930, pp. 431-465. Véase también, del mismo autor, LLEWELLYN, Karl N. Some realism about realism. Responding to Dean Pound. *Harvard Law Review.* vol.44, 1930. Em uma visão atualizada do realismo jurídico, veja-se: MARZOCCO, Valeria. El realismo jurídico americano: perspectivas de reconstrucción y nuevas trayectorias interpretativas. Derechos y Libertades, n.39, 2018, pp.157-176. Também nesse sentido: LEITER, Brian. American Legal

Realism. *University of Texas Law.* Public Law Research Paper n. 42, 2002. LIND, Douglas. Logic, Intuition, and the Positivist Legacy of H.L.A. Hart. *SMU Law Review.* vol.52, 1999.

[250] Como en nuestro programa de doctorado nos dedicamos a los estudios latinoamericanos, sería hipócrita no ocuparnos de las relaciones de poder que corrompen la aplicación del derecho. Hay muchos textos sobre el tema, pero recomendamos el clásico, publicado por primera vez en 1958, FAORO, Raymundo. *Os donos do poder*: formação do patronato político brasileiro. São Paulo: Companhia das Letras, 2021. También ilustrativo QUIROZ, Alfonso W. *Historia de la corrupción en el Perú.* Lima: Instituto de Estudios Peruanos, 2014. Entre muchos otros.

[251] Sobre el tema, consulte nuestro *Livre Arbítrio e Direito Penal.* São Paulo: Marcial Pons, 2018.

[252] YABLON, Charles M. Justifying thc Judge's Hunch: An Essay on Discretion. *Hastings Law Journal.* vol.41, 1989, pp. 231.

[253] En el capítulo sobre la coherencia textual, ya habíamos adelantado que plantearíamos esta tesis: el autor controla el texto, pero el texto también influye en su autor. Ser consciente del momento en que la coherencia de la propia creación habla más claramente que los deseos subjetivos del autor es una precaución esencial para cualquiera que trabaje con texto.

[254] Es imposible, a este nivel de referencia, no aludir a los "Seis personajes en busca de autor" de Pirandello. Crea la ficción de un autor que ha rechazado a sus personajes, pero éstos han cobrado vida propia y quieren que sus historias sean narradas e interpretadas por ellos mismos. En su metalenguaje, nos sirve este proceso de creación, que no es tan libre como parece, pues está constreñido por las limitaciones del propio texto. Resalto palabras de la introducción, aunque toda la obra está llena de referencias a este estado de cosas: "¿Por qué — me dije — no presento este novísimo caso de un autor que se niega a dar vida a algunos de sus personajes, nacidos vivos en su fantasía, y el caso de estos personajes que, teniendo infusa ya en ellos la vida, no se resignan a permanecer excluidos del mundo del arte? Ellos se han separado ya de mí, viven por su cuenta; han adquirido voz y movimiento; en esta lucha que han tenido que sostener conmigo por su vida se han convertido, pues, por sí solos, en personajes dramáticos, personajes que pueden hablar y moverse solos; se ven ya a sí mismos como tales; han aprendido a defenderse de mí, y sabrán defenderse de los demás. De manera que voy a dejarlos ir a donde suelen ir los personajes dramáticos para tener vida: a un escenario. Y a ver qué pasa. PIRANDELLO, Luigi. *Seis personajes en busca de autor.* Trad. Ildefonso Grande y Manuel Bosch Barrett. Editor digital: IbnKhaldun, disponível na página https://ministeriodeeducacion.gob.

do/docs/biblioteca-virtual/AHFb-luigi-pirandello-obras-completaspdf.pdf, p. 44.

[255] Es la pregunta lógico-matemática acerca de la equivalencia del problema de solución polinomial y el no-determinístico polinomial (P=NP). Uno de los siete (ahora seis) problemas que el instituto Clay premia a sus participantes es la cuestión de confirmar o no esa equivalencia Eso, dicho a grandes rasgos, significa asumir que, si se puede comprobar que, si es posible *verificar* una respuesta positiva para un problema en tiempo polinomial (un número de etapas calculable), es posible *solucionar* ese problema también en tiempo polinomial. Acá no cabe una explicación profundizada, incluso porque no es nuestro tema, pero un problema NP es aquél en que no hay un algoritmo para buscar sus soluciones óptima; sin embargo, si se ofrece una hipótesis cuya respuesta se garantiza ser positiva, es posible que tal respuesta sea *verificada*. Por ejemplo, como ya hemos tocado, no es posible construir el algoritmo que *cierra* el juego de ajedrez, pero es posible verificar, en el ordenador, caso alguien trajera una secuencia que se alega ganadora, si ella es capaz de vencer absolutamente a otro jugador. Un problema NP solo puede, de momento, ser solucionado por hipótesis —por aproximación, como se hace en la práctica— o por una imaginaria máquina no-determinística, que por pura suerte diese siempre con el resultado óptimo. Con ese resultado óptimo, se reduce el problema a lo que se conoce polinomial y, de ahí, se confirma —de modo posible— la solución. No es tanta osadía como pueda parecer nuestro intento de traer el problema P=NP para el campo jurídico, diciendo que, en la hipótesis de que de P=NP sea verdadero, el dispositivo final que un juez da a un problema jurídico *equivale* a toda su fundamentación, porque, si se llegó a una solución, es porque se puede encontrar una fundamentación argumentativa óptima. Porque ambos serían lo mismo. Decimos que ese paralelo no es absurdo porque son los propios matemáticos quiénes afirman que, si P=NP, toda la creatividad humana estaría explicada. Así "To illustrate, suppose we wanted to program a computer to create new Mozart-quality symphonies and Shakespeare-quality plays. If P = NP via a practical algorithm, then these feats would reduce to the seemingly easier problem of writing a computer program to recognize great works of art.". AARONSON, Scott. "P=\limits^? NP." *Open problems in mathematics* (2016): 1-122.https://www.scottaaronson.com/papers/pnp.pdf, p. 05; También COOK, Steve A., "The P vs. NP Problem", CLAY Mathematics Foundation Millenium Problems, http://www.claymath.org/millennium; WIGDERSON, Avi. Knowledge, Creativity and P versus NP. *URL http://www. math. ias. edu/~avi/PUBLICATIONS/MYPAPERS/AW09/AW09. pdf. Circulated manuscript*, 2009.

[256] Cf. arts. 474, 554, 538, § 2.°, 610, 613, III, do CPP, e c. 1.657 e 1.658 del Código Canónico, entre otros.

[257] "Para ciertos propósitos las personas controlan el estilo de sus acciones (...) y lo sobreponen a otras actividades. Por ejemplo, el trabajo puede ser realizado de un modo que se ajuste a los principios de una representación dramática con el fin de proyectar una cierta impresión de la gente que está trabajando a un inspector o a un directivo [...] en realidad lo que la gente está haciendo rara vez queda adecuadamente descrito como solamente comer o solamente trabajar, siempre tiende ciertos rasgos estilísticos que poseen significados convencionales asociados con tipos reconocidos de papeles dramáticos". GOFFMAN. In: HABERMAS, Jurgen. *Teoría de la acción comunicativa I*: Racionalidad de la acción y racionalización social, pp.131-132.

[258] No podemos resistirnos a señalar cómo esta idea deriva en derecho del concepto de "persona" tan desarrollado por Hegel. O que interessa são as posições objetivas do indivíduo. "§ 36: La personalidad encierra, en general, la capacidad jurídica y constituye el concepto y la base también abstracta del derecho abstracto y por ello, formal. La norma jurídica, por lo tanto, se personifica y respeta a los demás como personas". Essa ideia aparecerá em muitos hegelianos, como Luhmann e Jakobs, como sabem todos os penalistas. HEGEL, G. Wilhelm Friedrich, *Filosofía del Derecho*. Buenos Aires: Claridad, 1968, p.68.

[259] Cf. LUHMANN, Niklas. *Das Recht der Gesellschaft*. Frankfurt am Main: Suhrkamp, 1995, pp.131-132.

[260] En otros textos hemos defendido el uso de atuendos menos formales pero uniformes. También es nuestro sueño promover un concurso para conseguir algún atuendo forense que evite que los operadores jurídicos se preocupen tanto por su vestimenta diaria (especialmente las mujeres, a las que, al menos de momento, se les exige una mayor variación en el vestir). En la sala del tribunal, las togas tienen esta función, pero no son de uso común: en el gabinete, en la oficina. Una vez escribimos: "Dejemos de lado el punto de vista comprometido según el cual yo, individualmente, siempre he odiado llevar traje, y hoy sólo lo llevo cuando me obligan". El hecho es que no sería demasiado replantearse el atuendo forense, que es anacrónico, vicioso, elitista y, sobre todo, antiecológico". RODRÍGUEZ, Víctor Gabriel. *Pela radical alteração dos trajes forenses*. Carta Forense, Octubre, 2017. Para los curiosos, existen varios estudios sobre la capacidad comunicativa de la ropa, en los ámbitos más variados. CRANE, Diana. Clothing behavior as non-verbal resistance: marginal women and alternative dress in the nineteenth century. *Fashion theory*. vol.3, n.2, 1999, pp.241-268. LEVI, Jennifer L. Some

modest proposals for challenging established dress code jurisprudence. *Duke Journal of Gender Law & Policy*. vol.14, 2007, p.243. FORD, Richard Thompson. *Dress codes*: How the laws of fashion made history. New York: Simon and Schuster, 2021.

[261] Vide WALTER, Bettyruth. *The Jury Summation as Speech Genre*: Meaning of the Summation to Jurors. Amsterdam: John Benjamins Publishing Company, 1988, pp.193-199

[262] En nuestra investigación, hemos encontrado una serie de estudios, con diferentes métodos, sobre el análisis del sonido y la frecuencia de la voz humana, y sus variaciones, cuando en diferentes tipos de discurso oral. Todos ellos son muy interesantes, incluso para la logopedia, pero también para profundizar en momentos más vibrantes o intencionadamente más discretos del discurso oral. Basta con que conozcamos la existencia de estos estudios, porque pueden desvelarnos alguna curiosidad sobre la forma en que varían los sonidos, pero se trataría de un estadio muy avanzado de la oratoria. Aquí es mejor reconocer el propio estilo, la conveniencia de hablar más alto o más rápido, o más despacio y con un volumen más agradable. No hay forma de establecer una fórmula única y, con cierta sinceridad, los manuales de oratoria que conocemos tienen reglas poco útiles, dada la variedad idiosincrática de cada orador, empezando por su condición física. Sólo por curiosidad, conoce a: HERMES, Dik J.; VAN GESTEL, Joost C. The frequency scale of speech intonation. *The Journal of the Acoustical Society of America*. vol.90, n.1, 1991, pp.97-102; VROOMEN, Jean; COLLIER, René; MOZZICONACCI, Sylvie JL. Duration and intonation in emotional speech. In: EUROPEAN SPEECH COMMUNICATION ASSOCIATION. *Eurospeech*: 3rd European Conference on Speech Communication and Technology, 1993, todos disponibles en Internet. Hay un estudio que defiende la pertinencia de utilizar programas informáticos que permiten visualizar la entonación de cada uno, y esto parece interesante, o al menos bastante más personalizado que los consejos de los libros de texto. Consulte LEVIS, John; PICKERING, Lucy. Teaching intonation in discourse using speech visualization technology. *System*. vol.32, n.4, 2004, pp.505-524. Como se dijo, no es exactamente nuestra área de estudio, pero es propósito de este trabajo orientar el estudio de la retórica en general, y la oratoria es parte de ella. Tal vez, algún profesor, en el Curso de Derecho, podría poner a disposición del alumno la visualización de su discurso, que hoy cualquier *software* de audio promueve con mucha figuración.

[263] En clase, trabajamos con los alumnos un extracto de la obra *Pollyana*, de E. Porter, traducido por Monteiro Lobato. En un breve diálogo, la protagonista, con su famosa simpatía, llama a la discusión, aunque de

forma irritante, a un anciano que no hablaba con nadie más. Animado a hablar de sí mismo, el hombre acaba abriendo su atención al interlocutor, y así, como ocurre repetidamente en la obra, otro oyente acaba coincidiendo con las ideas del protagonista. Se trata de una ilustración interesante, que pretende inculcar al alumno que la participación, la interacción con el oyente, es un argumento de primer orden en el discurso oral. Para ello, el interlocutor debe sentirse animado a aportar sus propias experiencias o (en la medida de lo posible) compartir opiniones, de lo contrario no se fomenta la participación.

[264] Una definición aproximada del discurso político como subgénero se encuentra en: VAN DIJK, Teun A., *et al. Political discourse and ideology*. 2003.

[265] Véase, por ejemplo, en el Reglamento Interno de la Cámara de Diputados del Estado de São Paulo, la defensa de cinco minutos del Acto Menor (artículo 113, párrafo 5) y de quince minutos del Acto Mayor (artículo 116), sobre un tema de libre elección, o, en el Reglamento del Senado, el artículo 158, aquí transcrito.: "Art. 158. El tiempo que sigue a la lectura del Acta se asignará a los oradores de la Hora de Despacho, cada uno de los cuales podrá intervenir durante un máximo de veinte minutos. § Párrafo 1: El Presidente podrá prorrogar el tiempo de uso de la palabra, una sola vez, por un período máximo de quince minutos, a fin de que el orador concluya su intervención, si no ha agotado el tiempo de que dispone, o para dar cumplimiento a lo dispuesto en el Párrafo 2, después de lo cual se iniciará sin demora el Orden del Día."

[266] https://www1.folha.uol.com.br/folha/brasil/ult96u89335.shtml. Este discurso, como casi todos a los que aludiremos aquí, se encuentra fácilmente en Internet, en forma de audio y vídeo.

[267] Cf. OSAKABE, Haquira. *Argumentação e discurso político*. São Paulo: Martins Fontes, 1999, p.72.

[268] Ver Capítulos XVI e XVII.

[269] https://winstonchurchill.org/resources/speeches/1940-the-finest-hour/we-shall-fight-on-the-beaches/

[270] "Sir, to form an Administration of this scale and complexity is a serious undertaking in itself, but it must be remembered that we are in the preliminary stage of one of the greatest battles in history, that we are in action at many points in Norway and in Holland, that we have to be prepared in the Mediterranean, that the air battle is continuous and that many preparations have to be made here at home. In this crisis I hope I may be pardoned if I do not address the House at any length today. I hope that any of my friends and colleagues, or former colleagues, who are affected by the political reconstruction, will make all allowances for any lack of ceremony with which it has been necessary to act. I would

say to the House, as I said to those who have joined the government: "I have nothing to offer but blood, toil, tears and sweat". (Delivered in the House of Commons in Westminster on 13 May 1940) Disponível no https://winstonchurchill.

[271] "The gratitude of every home in our Island, in our Empire, and indeed throughout the world, except in the abodes of the guilty, goes out to the British airmen who, undaunted by odds, unwearied in their constant challenge and mortal danger, are turning the tide of the World War by their prowess and by their devotion. Never in the field of human conflict was so much owed by so many to so few" (20 August 1940, House of Commons, London,). Disponível no https://winstonchurchill.

[272] Voto del Min. Ricardo Lewandowski, en el Supremo Tribunal Federal, en el ADO 26, que, decidiendo sobre la criminalización de la homofobia. Vale la pena leer el fragmento: "La omisión parlamentaria de cumplir la orden de criminalización en los casos que nos ocupan puede entenderse como un fenómeno más político que jurídico: como explica Ran Hirschl, con el auge del concepto de supremacía constitucional en todo el mundo, los tribunales se han convertido en instituciones sensibles a las demandas de grupos sistemáticamente excluidos de la esfera política, contando con el apoyo —explícito o implícito— de los actores políticos, quienes, al transferir su responsabilidad a las instituciones judiciales, evitan su responsabilidad política por decisiones impopulares. En efecto, los actores políticos son conscientes de que responden más fácilmente ante sus electores por sus acciones que por sus omisiones" STF/ADO26/DF, Voto. Min. Ricardo Lewandowski.

[273] "Thus political language has to consist largely of euphemism, question begging and sheer cloudy vagueness. Defenseless villages are bombarded from *the air*, the inhabitants driven out into the countryside, the cattle machine-gunned, the huts set on fire with incendiary bullets: this is called pacification". ORWELL, George, *Politics and the English Language. Op.cit.*p.115. Analizando a autores como Maquiavelo, Amezúa trae a colación una cuestión históricamente cercana: el modo en que los intereses civiles se transforman discursivamente en religiosos, para justificar la Guerra. AMEZÚA AMEZÚA, Luís Carlos, *La Elasticidad de la Razón de Estado,* Anuario de Filosofía del Derecho, 16, 1999, págs 185-198

[274] "Political language —and with variations this is true of all political parties, form Conservatives to Anarchists— is designed to make lies sound truthful and murder respectable, and to give an appearence of solidity do pure wind". ORWELL, George, *Politics and the English Language. Op. cit.*p.120.

[275] En un estudio muy objetivo sobre el tema: MIHAS, Elena. Non-literal language in political discourse. *LSO Working Papers in Linguistics 5: Pro-*

ceedings of WIGL 2005, 2005; con más detalle: GASTIL, John. Undemocratic discourse: A review of theory and research on political discourse. *Discourse & Society*. vol.3, n.4, 1992, pp.469-500; también: AYTAN, Allahverdiyeva *et al.* Euphemisms and dysphemisms as language means implementing rhetorical strategies in political discourse. *Journal of Language and Linguistic Studies*. vol.17, n.2, 2021, p.741-754.

[276] En Brasil, el jurado popular está reservado a los delitos contra la vida. Otros países, como Colombia o España, ya han prescindido del jurado popular.

[277] WICHMANN, Anne. *Intonation in text and discourse*: Beginnings, middles and ends. New York: Routledge, 2014. GROSZ, Barbara; HIRSCHBERG, Julia. Some intonational characteristics of discourse structure. En *Second international conference on spoken language processing*. 1992.

[278] Una de las posibles reacciones al leer estas consideraciones es tratar de construir cualquier argumento como algo ultra-resumido, como "bullet-points". Esta técnica no funciona, porque las ideas tienen que progresar, y esto requiere una disertación más larga, la mayoría de las veces. Los "bullet points" serán los propios subtítulos, o un resumen final. La gran magia del texto escrito es, repetimos, que también el lector puede marcar su propio ritmo, orden de lectura, volver sobre lo que no entiende y saltarse lo que cree que ya sabe. Sólo hay que guiarles para que puedan tomar estas decisiones.

[279] SIREGAR, S. Tras analizar las definiciones de otros autores, Siregar propone: "Cohesion can be defined as an element of text which contains grammatical and lexical aspect to bond the meaning or point of the text by using one topic and one idea as a topic of discussion". SIREGAR, S. Understanding the Use of Cohesion Devices and Coherence in Writing, p. 70.

[280] Diferenciando cohesión y coherencia: "Cohesion refers to the presence or absence of explicit cues in the text that allow the reader to make connections between the ideas in the text, whereas coherence refers to the understanding that the reader derives from the text, which may be more or less coherent depending on a number of factors, such as prior knowledge, textual features, and reading skill". CROSSLEY, Scott; MCNAMARA, Danielle. Text coherence and judgments of essay quality: Models of quality and coherence. In: *Proceedings of the Annual Meeting of the Cognitive Science Society*. 2011, p.1236. Para un estudio cualitativo, consulte, entre muchos: SHEEHAN, K.M. Measuring Cohesion: An Approach That Accounts for Differences in the Degree of Integration Challenge Presented by Different Types of Sentences. *Educational Measurement: Issues and Practice*. vol.32, 2013, pp.28-37.

[281] "Un aspecto de la estructura del texto reside en su nivel de cohesión. Los elementos cohesivos de un texto están basados en elementos lingüísticos explícitos (es decir, palabras, rasgos, claves, señales, constituyentes) y sus combinaciones. El método generalizado para aumentar la cohesión textual consiste en aumentar, en el nivel superficial, los indicadores de relaciones entre las ideas del texto. Esas modificaciones pueden ir desde agregar información de bajo nivel, como sería la identificación de referentes anafóricos, términos sinónimos, enlaces conectores, o encabezados, hasta proporcionar información previa/ general no expresada en el texto." MCNAMARA, Danielle S. Aprender del texto: Efectos de la estructura textual y las estrategias del lector. *Revista signos. Valparaíso.* vol. 37, n. 55, 2004, pp.19-30.

[282] Para un estudio de cómo la memoria se mantiene en las estructuras gramaticales, y especialmente para la anticipación catafórica del significado, recordando que los estudios demuestran que "cataphoric grounding is a much more extensive grammar-cued phenomenon, involving referential, temporal and thematic coherence", consulte GIVEN, T. Coherence in text vs. coherence in mind. *Coherence in spontaneous text.* vol.31, 1995, p. 61.

[283] Sobre vírgula e ritmo, veja-se CANTIN, Montse; RÍOS, Antonio. Análisis experimental del ritmo de la lengua catalana. *Anuario del Seminario de Filología Vasca" Julio de Urquijo".* vol.25, n.2, 1991, pp.487-513.

[284] Por supuesto, el lenguaje actual de los medios digitales repele la coma, pero los factores de esta disolución no son necesariamente el desconocimiento de las reglas. Otra cosa es si, a largo plazo, este lenguaje digital contaminará el texto formal. Véase: TORRADOS CESPÓN, Milagros. Uso del Smartphone y su reflejo en la escritura entre estudiantes de secundaria bilingües gallego-español. *Digital Education Review.* n.28, 2015, pp.77-90.

[285] Un estudio muy completo sobre la comunicación textual escrita de los jóvenes, en correos electrónicos, mensajes de chat y teléfonos. Los autores llaman a los jóvenes de hoy "native speakers" del internet, a diferencia de aquellos, como este autor, para quienes Internet se introdujo cuando el nivel de alfabetización y escritura era ya bastante avanzado. Consulte TAGLIAMONTE, Sali A. *et al.* So sick or so cool? The language of youth on the internet. *Language in Society.* vol.45, n.1, 2016, pp.1-32.

[286] "Then I sat down and "translated" the chapter or so that I had written in English into Japanese. Well, "transplanted" might be more accurate, since it wasn't a direct verbatim translation. In the process, inevitably, a new style of Japanese emerged. The style that became mine, one that I had discovered. "Now I get it," I thought. "This is how I should be doing it." It was a moment of true clarity, when the scales fell from my eyes".

MURAKAMI, Haruki. *Novelist as a Vocation.* Random House. Edição do Kindle. 2022.

[287] One systematic feature of the organization of narrative that is quite relevant to the analysis of coherence is the way in which participants provide each Other with frameworks for the interpretation of the talk in progress" GIVEN, T. Coherence in text vs. coherence in mind. *Coherence in spontaneous text.* vol.31, 1995, p. 45.

[288] La cuestión de la inmediatez del lenguaje oral y la forma perenne de la escritura, aunque en nuestra opinión no es la diferencia esencial, también cuenta. "Lo que importa aquí es el hecho de que lo hablado, o la inmediatez comunicativa, presenta una afinidad, con la realización fónica pasajera y lo escrito, o la distancia comunicativa, a su vez con la realización gráfica perdurable. Por esta razón, es m uy difícil captar las manifestaciones espontáneas y extremadamente contextualizadas de la inmediatez comunicativa, lo que, claro está, representa un problema", p. 316.

[289] Investigadores de la Universidad de La Plata recuerdan que el concepto de "estilo" se remonta, inicialmente, a lo literario: "Desde sus orígenes la palabra estilo estuvo ligada a la escritura. Derivada del latín stilus que se utilizaba para nombrar a la herramienta puntiaguda con la cual se escribía sobre tablas recubiertas con una capa de cera. De herramienta para escribir el stilus pronto pasó a significar el modo particular de aquel que escribía. Este primer acercamiento etimológico de la palabra prueba que, en las artes visuales, el concepto que nos ocupa es adquirido como herencia de lo literario." STIVALA, Ariel *et al.* Genealogía del estilo personal. *VIII Jornadas de Investigación en Disciplinas Artísticas y Proyectuales.* La Plata, 6 y 7 de octubre de 2016. En busca de una definición basada en la referencia británica, véase: FREEBORN, Dennis. What is style? *Style.* London: Palgrave, 1996, pp.1-7. El autor se pregunta si el estilo puede dar parámetros para definir, para juzgar lo que sería "buena" literatura.

[290] Gaut construye un estudio relevante sobre la creatividad, pero prescinde de los relatos personales sobre el proceso creativo y los asigna a un objeto de estudio psicológico. La filosofía se basaría en un conocimiento más empírico. Quizá haya que pensar realmente en el proceso creativo como un conjunto de experiencias más bien trascendentales, pero no nos atrevemos a entrar aquí en ese campo. Consulte GAUT, Berys. The philosophy of creativity. *Philosophy Compass.* vol.5, n.12, 2010, pp.1034-1046.

[291] SCHWARTZENBERGER, Roger-Gérard, *O Estado Espetáculo,* RJ: Difel, 1978, *p. 3.*

[292] "El autor joven siempre escribe de sí mismo aun cuando hable de los demás, y el autor maduro siempre escribe de los demás aun si habla de sí mismo. Ése es el lugar que hay que ocupar. La distancia con lo narrado. No importa que el tema sea 'personal' si lo escribes desde fuera", sob o título "Diez Claves para escribir bien, según Rosa Montero" En el periódico El País de 29.11.2010.

[293] Esta sobrevaloración aparece momentos antes en la misma obra, cuando discute con el espantapájaros sobre qué es más útil: el cerebro o el corazón. Un clásico para aludir a la guerra entre el sentimiento y el razonamiento, al que se añadirá un tercer elemento: el coraje para ponerlo en práctica. Eso llegará cuando se presente al nuevo personaje, tal y como lo conocemos: el león cobarde. He aquí el diálogo: "'All the same', said the Scarecrow, 'I shall ask for brains instead of a heart; for a fool would not know what to do with a heart if he had one'. 'I shall take the heart', returned the Tin Woodman, 'for brains do not make one happy, and happiness is the best thing in the world'". p. 32.

[294] No deja de ser un problema lógico-formal muy interesante saber si el ajedrez se transformará un día en un juego sólo de memoria, sin estrategia o creatividad, la llamada maldición de Bob Fischer. Eso se aproxima mucho del problema del milenio P=NP, de que ya cuidamos.

[295] La burguesía sólo puede existir a condición de revolucionar incesantemente los instrumentos de producción, y por tanto las relaciones de producción, y con ello todas las relaciones sociales. [...] Esta continua revolución de la producción, esta constante sacudida de todo el sistema social, esta permanente inquietud y falta de seguridad distinguen la época burguesa de todas las precedentes. [Todo lo que era sólido y estable se evapora, todo lo que era sagrado se profana, y los hombres se ven por fin obligados a afrontar con serenidad sus condiciones de existencia y sus relaciones recíprocas. MARX, K. y ENGELS, F. *Manifiesto del Partido Comunista*, p. 79.

[296] "Ser moderno es vivir una vida de paradojas y contradicciones. Es sentirse empoderado por las inmensas organizaciones burocráticas que detentan el poder de controlar y, a menudo, destruir comunidades, valores, vidas; y, sin embargo, sentirse obligado a enfrentarse a esas fuerzas, a luchar por cambiar su mundo, por transformarlo en nuestro mundo. Es ser a la vez revolucionario y conservador: abierto a nuevas posibilidades de experiencia y aventura, aterrorizado ante el abismo nihilista al que conducen tantas de las aventuras modernas, con la esperanza de crear y preservar algo real incluso cuando todo a su alrededor se desmorona", Berman, p. 12.

[297] En los subapartados anteriores, hemos utilizado la obra de Frank Baum, *El Mago de Oz,* demostrar la disputa entre subjetividad y racionalidad.

Era el corazón que le faltaba al Hombre de Hojalata contra el cerebro que le faltaba al Espantapájaros. Baum añade entonces un nuevo personaje: el León, que carece de valor. El mensaje del autor es que de nada sirven la racionalidad y la intuición si no hay audacia para ponerlas en práctica. La tríada metafórica perfecta.

[298] Los artistas, en metalenguaje, suelen informar sobre las crisis de creatividad de los artistas: Camões pide que no se ayude a su ingenio y a su arte en la escritura de las Lusiadas; el poeta del "Soneto de Navidad" de Machado de Assis (véase el capítulo anterior) también está en crisis frente a la sábana blanca; el protagonista de *Mala educación*, de Almodóvar, es un guionista de cine que no encuentra la inspiración para iniciar un nuevo guión, entre otros muchos ejemplos que dan cuenta, a través del arte, de que la capacidad de innovación es un factor perseguido por quienes deben crear.

[299] De hecho, es precisamente en la "eficacia en la combinación" en lo que se basa el concepto de creatividad de BRUNER. Dividiéndola en tres tipos distintos (predictiva, formal y metafórica), el segundo se basa en el modo matemático, partiendo de la definición de Henry, en el que la creatividad consistiría en encontrar, en los números, *relaciones* que no habían existido hasta entonces. Lo creativo se traduciría en coherencia y profundidad en las relaciones. BRUNER, Jerome. The conditions of creativity, In: *On Knowing-Essays for the left hand.* Massachusets: Harvard University Press, 1997.

[300] La creatividad como proceso de creación de nuevos conocimientos, consulte YOUNG, J. G. What is creativity? *The Journal of Creative Behavior.* vol.19, n.2, 1985, pp.77-87.

[301] Muchos escritores siempre han demostrado que escribir a mano, en lugar de a máquina, mejoraba el proceso cognitivo y creativo. Nos parece obvio, pero es de sentido común. Sin embargo, la investigación ya ha confirmado la utilidad del procedimiento: MORIN, Marie-France; LAVOIE, Natalie; MONTÉSINOS-GELET, Isabelle. The effects of manuscript, cursive or manuscript/cursive styles on writing development in Grade 2. *Language and literacy.* vol.14, n.1, 2012, pp.110-124.

[302] Es muy interesante preguntarse, con Feldman, hasta qué punto el entorno cultural actual desafía a la creatividad. Está claro que estamos rodeados de incentivos para ser creativos. Incluso los concursos, los premios o incluso las actividades universitarias intentan cumplir esta función. Por nuestra parte, intentamos crear ejercicios más complejos para que los alumnos puedan poner en práctica su enunciación dialéctica. Consulte FELDMAN, David H. The development of creativity. *Handbook of creativity.* vol.169, 1999, p.178.

[303] También es relevante el debatido documento del Reino Unido "All Our Futures: Creativity, Culture & Education.", que, em 1999, ponen la "Educación Creativa" como objetivo gubernamental. En un fragmento, resumen lo que defendemos aquí: la creatividad procede en cierto modo de la libertad, pero sobre todo del desarrollo de habilidades: "Creativity is not simply a matter of 'letting go'. It is sometimes assumed that creativity only emerges from 'free expression' and lack of inhibitions or constraints. This is very misleading. Freedom to experiment is essential for creativity. But so too are skills, knowledge and understanding. Being creative in music, or in physics, or dance, or mathematics, involves knowledge and expertise in the skills, materials and forms of understanding that they evolve" All Our Futures: Creativity, Culture & Education, Department for Culture, Media, and Sport, London (England), 1999, p. 27; Veja-se también: CROPLEY, Arthur J. Fostering creativity in the classroom: General principles. *The creativity research handbook.* vol.1, n.84, 1997, pp,1-46; también: CRAFT, Anna. Fostering creativity with wisdom. *Cambridge Journal of Education.* vol.36, n.3, 2006, pp.337-350.

[304] The Dawn of Man. O livro *2001: A Space Odyssey,* de Arthur Clarke, no contempla la escena con toda esta figuración, aunque describe un proceso análogo. El libro se escribió al mismo tiempo que la película. Por lo tanto, la película se concibió a partir de un escrito previo. De hecho, el cuento *The Sentinel,* del mismo autor, que es de 1950. En el libro *Space Odissey,* el autor relata una serie de logros de los hombres-simio, como utilizar una piedra como arma para atacar a un cerdo: "It was a heavy, pointed stone about six inches long (...) As he swung his hand around, puzzled by its suddenly increased weight, he felt a pleasing sense of power and authority" (p. 19). Luego, más temáticamente, sobre el desarrollo del hombre: "For in using clubs and flints, their hand had developed a dexterity found nowhere else in the animal Kingdom, permitting them to make still better tools, which in turn had developed their limbs and brains yet further. It was an accelerating, cumulative process; and at its end was Man" (p. 30). CLARKE, Arthur C. *2001: a space Odissey.* New York: ROC Penguin Books, 1993.

[305] Mi comparación es más sencilla: el ser humano consiguió quien fuera la extensión de su brazo, con el hueso de Stanley Kubrick. Entonces, el ordenador amplía sin duda su cerebro, pero no puede ser capaz de sustituir su sensibilidad, su sentido común, su experiencia vital. Aunque defectuosa, tenemos derecho a esta innovación. Por ejemplo, cuál es el momento en que el juez puede saber cuándo es el mejor momento para juzgar. Tampoco creo que una decisión pueda ser tomada básicamente por el ordenador en una vista previa, por elementos repetitivos.

Lo vivimos en gran medida. Como en el ajedrez, un ordenador lucha contra otro y no tenemos definiciones.

[306] Conviene señalar, en aras de la precisión del vocabulario, que nunca podrá decirse que el ordenador construye una decisión judicial, a menos que esté investido como juez. Lo que hace es producir textos que se adoptarán como decisiones.

[307] Pastor, aunque muy crítico con la justicia basada en la inteligencia artificial, en algún momento aclara lo que muchos hemos intuido: que puede "superar la jerga de los parlamento y las divugaciones de la jurisprudencia, ofreciendo a la vez un oásis de certidumbre para la orientación normativa de los ciudadanos". PASTOR, Daniel, *¿Sueña el sistema penal con jueces electrónicos?*, En: *Derecho Penal y Comportamiento Humano*, Eduardo Demetrio Crespo (Director), Valencia: Tirant lo Blanch, 2022, p. 540. Por nuestra parte, entendemos que esta *incertidumbre* de las decisiones colectivas debe ser reparada por la propia lógica humana, de lo contrario no habrá lugar para toda la narrativa que hay detrás de cada caso, que no sólo debe introducirse, con límites, en cada proceso, sino también en el proceso de la decisión colectiva. También es necesario que el ser humano conozca el proceso que hay detrás de la decisión, todos los factores que se han tenido en cuenta y en qué medida. Esto, en un algoritmo complejo, es imposible.

[308] "*AI* is the science of making machines capable of performing tasks that would require intelligence if done by humans". MINSKY, Marvin. *Society of mind.* Amsterdam: Simon and Schuster, 1988, p. 64.

[309] La definición de la Brittannica es la siguiente: "The term is frequently applied to the project of developing systems endowed with the intellectual processes characteristic of humans, such as the ability to reason, discover meaning, generalize, or learn from past experience". In: https://www.britannica.com/technology/artificial-intelligence

[310] El hecho de que un ordenador pueda mejorar un procedimiento que ya ha realizado no autoriza directamente a calificar de error el procedimiento anterior, menos eficaz. Discutirlo, sin embargo, implicaría entrar en la definición filosófica del error, que es muy interesante incluso dentro del Derecho penal, pero no procede aquí, por razones puramente espaciales.

[311] Aunque sabemos que esta observación quedará obsoleta a un ritmo muy rápido, la herramienta de lenguaje artificial más abierta para la creación de textos es GPT-4, que efectivamente es capaz de crear textos con un gran grado de "corrección" estilística y, si se puede decir así, técnica. Además, está aprendiendo en escala exponencial, recogiendo informaciones de la red. De momento, muchísimas respuestas son sesgadas, pero tal vez el trabajo de comparación mejore ese aspecto. Chat-

GPT se lanzó oficialmente, por OpenAI, en 2023, y estamos seguros de que otras similares o más avanzadas ya estarán funcionando cuando usted lea este libro. La existencia de estas aplicaciones da mayor concreción a los debates, incluso éticos, por los que nos hemos movido en este trabajo. Otras herramientas como "Shortly" o "Write up" son más tradicionales en el mercado.

[312] "A judge in Colombia used ChatGPT to make a court ruling, in what is apparently the first time a legal decision has been made with the help of an AI text generator—or at least, the first time we know about it.Judge Juan Manuel Padilla Garcia, who presides over the First Circuit Court in the city of Cartagena, said he used the AI tool to pose legal questions about the case and included its responses in his decision, according to a court document dated January 30, 2023". (https://www.vice.com/en/article/k7bdmv/judge-used-chatgpt-to-make-court-decision)

[313] La solución legal/ilegal de Luhmann, basado en Maturana, e piensa entonces en una máquina que hace un *output* binario. Si pensamos en esta máquina como un ordenador que, en lugar de bits (0 ó 1), funciona con *cubits* (0 y 1), cambiaríamos toda la lógica jurídica, en el sentido de la toma de decisiones. Y supondríamos, como una obra de ciencia ficción, que existe una Ley que dice que algo es y no es al mismo tiempo: que sería la teoría de la Argumentación siendo tomada *ex machina*.

[314] Consulte: JÄGER, Christian. Willensfreiheit, Kausalität und Determination: Stirbt das moderne Schuldstrafrecht durch die moderne Gehirnforschung? *Goltdammer's Archiv für Strafrecht*. n.01, 2013, pp.8 e ss, (adiante comentados). Também RUBIA, Francisco J. El controvertido tema de la libertad. *Revista de Occidente*. n.356, 2011, p.7.

[315] El cronómetro, llamado "reloj osciloscopio", se reproduce de forma esquemática en un artículo más reciente de Libet. Se trata de un punto luminoso que se desplaza alrededor de un círculo, marcado con puntos del 00 al 60, como si fuera un reloj que marca los sesenta segundos de un minuto. Sin embargo, como describe la figura, el punto de luz rodea la periferia del reloj a los 2,56 segundos, en lugar de los 60 segundos del reloj, con lo que "each maked off 'second' (in the total of 60 markings), representes 43 msecs of actual time here". LIBET, Benjamin. Do we have free will? *Journal of Consciousness Studies*. vol.6, n. 8/9, 1999, p.48 (Figure 01).

[316] "It is concluded that cerebral initiation of a spontaneous, freely voluntary act can begin unconsciously, that is, before there is any (at least recallable) subjective awareness that a 'decision' to act has already been initiated cerebrally. This introduces certain constraints on the potentiality for conscious initiation and control of voluntary acts". LIBET, Benjamin; GLEASON, Curtis; WRIGHT, Elwood; PEARL, Dennis. Time

of conscious intention to act in relation to onset of cerebral activity (readiness-potential): the unconscious initiation of a voluntary act. *Brain.* n.106, 1983, p. 623.

[317] Desde aquel experimento de 1983, pues, las conclusiones de Libet ya han sido controvertidas por los propios investigadores, lo que no quiere decir que el estudio sea menos relevante. Se asume, como se ha dicho, la conclusión a la que llegó Rubia, disertando sobre los experimentos de Libet: "Éstos son los experimentos que han llevado a pensar que la impresión subjetiva de la voluntad libre es una ficción. (...) La hipótesis construida sobre estos datos sí puede discutirse y de hecho así se ha hecho. Pero hoy por hoy estos datos apuntan a que la libertad, tal y como la entendemos, es decir de acción y de decisión, parece una ficción". RUBIA, Francisco J. El controvertido tema de la libertad. cit. p.9.

[318] "Freely voluntary acts are preceded by a specific electrical change in the brain (the 'readiness potential', RP) that begins 550 ms before the act. Human subjects became aware in intention to act 350-400ms after RP starts, but 200ms before the motor act." LIBET, Benjamin. Do we have free will? *Op.cit.*p.24

[319] "All of us, not just experimental subjects, have experienced our vetoing a spontaneous urge to perform some act. This often occurs when the urge to act involves some socially unacceptable consequence, like an urge to shout some obscenity at the professor". LIBET, Benjamin. Do we have free will? *Op.cit.*p.52.

[320] Esto se debe a que el texto muestra que el científico no rehace los experimentos ni niega rotundamente lo que ya había concluido. Se limita, como decíamos, a subrayar una hipótesis que ya se había planteado en el momento del estudio original (la posibilidad de veto). Y el texto termina sintomáticamente con la cita de una entrevista concedida por Isaac B. Singer, el escritor, afirmando que el libre albedrío es el gran don recibido por la humanidad. Con esto sólo mostramos el subjetivismo de la interpretación, que sólo resulta de la convicción personal de la libertad.

[321] Así, Smith: "Libet's result was controversial. Critics said that the clock was distracting, and the report of a conscious decision was too subjective." SMITH, Kerri. Taking aim at free will. *Nature.* vol.477, 2011, p.24.

[322] "Second, the time delay between the onset of the readiness potential and the decision is only a few hundred milliseconds. It has been repeatedly argued that potential inaccuracies in the behavioral measurement of the decision time at such short delays could lead one to misjudge the relative timing of brain activity and intention". HAYNES, John Dylan; SOON, Chun Siong; BRASS, Marcel; HEINZE, Hans Jochen. Uncons-

cious determinants of free decision in the human brain. *Nature Neuroscience.* vol.11, n.5, 2008, p.543.

[323] "To rule out the idea that any leading activity merely reflects unspecific preparatory activation, it is necessary to study free decisions between more than one behavioral options". HAYNES, John Dylan; SOON, Chun Siong; BRASS, Marcel; HEINZE, Hans Jochen. Unconscious determinants of free decision in the human brain. *Nature Neuroscience.* vol.11, n.5, 2008, p.543.

[324] "We adopted a paradigm originally described by Libet and colleagues (Libet et al, 1983). Subjects were presented with an analogue clock depicted in a laptop and were instructed to fixate at the center. A clock dial rotated on the screen with a period of 2,568 ms. Subjects were instructed to place their right index finger on a key on the laptop keyboard, to wait for at least one complete revolution of the dial, and then press the key whenever 'they felt the urge to do so'. (...) We note that this 'urge to move' can be interpreted as a decision for self-initiated movement". FRIED, Ithzak; MUKAMEL, Roy; KREIMAN, Gabriel. Internally generated preactivation of single neurons in human medial frontal cortex predicts volition. *Neuron* vol.69, n.3, 2011, p.551.

[325] Por razones éticas, pues, todos los sujetos del experimento tenían algún tipo de enfermedad cerebral ya diagnosticada, pero esto no parece ser tan relevante para el método en sí mismo.

[326] Ver RODRÍGUEZ, Víctor Gabriel. Libre albedrío y derecho penal. São Paulo: Marcial Pons, 2019.

[327] Actualmente estamos escribiendo artículos sobre las enseñanzas cuánticas y las consecuencias sobre el libre albedrío.

[328] La física cuántica ha confirmado hasta ahora la comunicación (interacción) de partículas a una velocidad superior a la de la luz, en la paradoja Einstein-Podolslki-Rosen.

[329] De hecho, las posibilidades del ajedrez, que, por lo que se sabe, llegan a 10120, fueron calculadas y publicadas en 1950 por Shannon, en un artículo en el que ya se cuestionaba que el ordenador pudiera "pensar". En 1950. El artículo original está disponible en los portales de investigación científica: "Electronic computers can be set up to play a fairly strong game, raising questions of whether they can think" SHANNON, Claude E. A Chess-Playing Machine. Scientific American. vol.182, n. 2, 1950, pp.48-51.

[330] Jack Cohen e Ian Stewart *"If our brains were simple enough for us to understand them, we'd be so simple that we couldn't."* (COHEN, Jack; STEWART, Ian. *The collapse of chaos*: discovering simplicity in a complex world. London: Penguin Paperbacks, 1995, p.8). La afirmación nos fue presentada

por la tesis de máster de Thales Coelho, supervisada por nosotros, USP, 2018.

[331] Dentro de unos años, no me cabe duda, por ejemplo, de que un ordenador será capaz, procesando sin cesar las grandes piezas musicales de la historia, de componer una sinfonía extremadamente compleja y, además, muy agradable al gusto humano. Sin embargo, el ordenador no podrá emocionarse al escucharla. Aunque, si está programado para ello, puede identificar los elementos que provocan emociones en los humanos y, a partir de ahí, reproducir las reacciones estándar ante ellos.

[332] "A person who is free to do what he wants to do may yet not be in a position to have the will he wants". FRANKFURT, Harry G. Freedom of the will and the concept of a person. *The Journal of Philosophy*. vol.68, n.1, 1971, p.17.

[333] Puede ocurrir, por ejemplo, que un cuadro original de Van Gogh, pintado al principio de su carrera, no contenga los rasgos que los caracterizan. Sobre la falsificación de obras de arte y su curioso método, léase VAN DEN BERGHE, Rene Alphonse. Por amor al arte: memorias del ladrón más Famoso del mundo. Barcelona: Planeta, 2012.

[334] "Its outputs may lack semantic coherence, resulting in text that is gibberish and increasingly nonsensical as the output grows longer. Its outputs embody all the biases that might be found in its training data: if you want white supremacist manifestos, GPT-3 can be coaxed to produce them endlessly. Its outputs may correspond to assertions that are not consonant with the truth". DALE, Robert. *GPT-3:* What's it good for? *Natural Language Engineering*. vol.27, 2021, pp. 116 e ss. Veja-se também: LIU, Xiao, *et al.* GPT understands, too. *arXiv preprint arXiv:2103.10385*, 2021, e MCGUFFIE, Kris; NEWHOUSE, Alex. The radicalization risks of GPT-3 and advanced neural language models. *arXiv preprint arXiv:2009.06807*, 2020.

[335] Tener un humano como juez es, por tanto, una forma de entender la sociedad, inscrita como derecho fundamental desde el deber de prestación jurisdiccional. En lugar de demostrarlo con otros argumentos que nos distraerían del tema, nada mejor que una ilustración tan paradigmática como la de Orwell en 1984, cuando nos habla del mundo en el que las máquinas componen poemas. "Cuando la boca de la mujer no estaba ocupada por broches y ropa, cantaba con una poderosa voz de contralto: 'Fue sólo una ilusión sin esperanza/que pasó como un día de abril; pero esa mirada, esa palabra/y los sueños que despertó/se apoderaron de mi corazón' Aquella canción había sido la moda en Londres durante varias semanas. Era una de las producciones de la subsección del Departamento de Música, destinada a los proles. Las letras

de estas canciones se componían sin intervención humana, mediante un aparato llamado "versificador". Pero la mujer las cantaba con tan buen gusto que el horrible ritmo se convertía en sonidos casi agradables" ORWELL, G. 1984, p. 141 (traducción libre). El "versificador" en la obra de Orwell produjo una canción exitosa. Poética, políticamente correcta y agradable para el ser humano hasta el punto de ser un "hit". En términos tecnológicos, ya no es una utopía, una ficción, pues ya existen programas capaces de construir textos estéticamente agradables. Sólo su uso nos parece distópico, pero aquí ya hemos cerrado nuestro paralelismo.

[336] Se trata de la solución buscada por China en los próximos años, conforme su programación oficial. Véase: https://www.chinajusticeobserver.com/law/x/the-supreme-people-s-court-the-opinions-on-regulating-and-strengthening-the-applications-of-artificial-intelligence-in-the-judicial-field-20221208

[337] Así, la página web del Tribunal Superior de Justicia de Brasil informa de que la mitad de los tribunales del país utilizan inteligencia artificial. https://www.stj.jus.br/sites/portalp/Paginas/Comunicacao/Noticias/09032021-Inteligencia-artificial-esta-presente-em-metade-dos-tribunais-brasileiros–aponta-estudo-inedito.aspx, la noticia es de 2021.

[338] "Sin pretender sustituir la inteligencia, la competencia y el trabajo humanos, Sócrates 2.0 fue concebido como una plataforma compuesta por: 1) Sistema de Gestión de Reglas, 2) Sistema de Gestión de Controversias, 3) Sistema de Gestión de Modelos, 4) Búsqueda Automática de Jurisprudencia, 5) Búsqueda Automática de Doctrina; y 6) Sistema de Gestión de Colecciones por Controversias". https://www.migalhas.com.br/depeso/346278/a-inteligencia-artificial-na-formacao-dos-precedentes-do-stj